Über dieses Buch

Der Einfluß des Frankfurter Instituts für Sozialforschung und seiner Vertreter im Nachkriegsdeutschland nicht nur auf die Studentenschaft dürfte hinlänglich bekannt sein. Nicht oder nur wenig bekannt dagegen ist die außergewöhnliche Geschichte dieses Instituts und seiner Philosophie von ihren Anfängen in der Weimarer Republik an, das heißt die Entwicklung des heute als Kritische Theorie weltweit bekannten Denkens.
Diese erste zusammenfassende Darstellung der Geschichte der Frankfurter Schule aus den Jahren 1923 bis 1950 zeichnet die politische ebenso wie die wissenschaftliche Entwicklung des Instituts auf. Der Verfasser hatte Zugang zu bis dahin unbekannt gebliebenen Dokumenten und Briefen. Daneben vermittelten Gespräche mit über 20 wichtigen Gestalten der Institutsgeschichte intime Kenntnisse der vielfältigen Institutsarbeiten sowie der inneren und äußeren Probleme des Instituts und der wissenschaftlichen Auseinandersetzungen mit Gegnern und in den eigenen Reihen.
Jay rückt mit seiner differenzierten Arbeit die Frankfurter Schule und die keineswegs uniformen Positionen ihrer Vertreter in ein klares Licht und erschwert es den Kritikern – von rechts wie von links –, allzu leichtfertig beim Etikettieren dieser wichtigen Gruppe von Intellektuellen zu verfahren.

Der Autor

Martin Evan Jay, 1944 in New York geboren, studierte an der London School of Economics und erwarb 1971 in Harvard den Doktorgrad mit einer Arbeit über die Frankfurter Schule. Er ist Professor an der Universität von Kalifornien in Berkeley. Sein Spezialgebiet ist moderne europäische Geistesgeschichte.

Martin Jay

Dialektische Phantasie

Die Geschichte der Frankfurter Schule und des Instituts für Sozialforschung

Aus dem Amerikanischen
von Hanne Herkommer und Bodo von Greiff

Fischer
Taschenbuch
Verlag

Redaktion der Originalausgabe: Willi Köhler

Fischer Taschenbuch Verlag
Februar 1981

Umschlagentwurf: Jan Buchholz / Reni Hinsch

Fischer Taschenbuch Verlag GmbH, Frankfurt am Main
Lizenzausgabe mit freundlicher Genehmigung
des S. Fischer Verlags, Frankfurt am Main
Titel der amerikanischen Ausgabe:
»The Dialectical Imagination; A History of the Frankfurt School
and the Institute of Social Research 1923–1950«
erschienen bei Little, Brown and Company, Boston–Toronto 1973

Druck und Bindung: Clausen & Bosse, Leck
Printed in Germany
1480-ISBN-3-596-26546-0

Für meine Eltern, Edward und Sari Jay

Inhalt

Vorwort zur deutschen Ausgabe 3
Die Aktualität der »Geschichte der Frankfurter Schule« . . . 6
Vorwort von Max Horkheimer 9
Einleitung 11
Persönlicher Dank 17
I. Die Gründung des Instituts für Sozialforschung und seine ersten Frankfurter Jahre 21
II. Die Genese der Kritischen Theorie 63
III. Die Integration der Psychoanalyse 113
IV. Die ersten Untersuchungen des Instituts über Autorität 143
V. Die Nazismus-Analyse des Instituts 175
VI. Ästhetische Theorie und Kritik der Massenkultur . . . 209
VII. Die empirische Arbeit des Instituts in den vierziger Jahren 261
VIII. Zu einer Geschichtsphilosophie: Die Kritik der Aufklärung 297
Epilog 327

Anhang
Anmerkungen 347
Literaturverzeichnis 405
Namen- und Sachregister 423

Vorwort zur deutschen Ausgabe

Im Jahre 1973, als das vorliegende Buch unter dem Originaltitel *The Dialectical Imagination* zuerst in Amerika und in Großbritannien erschien, war die Kritische Theorie außerhalb einiger weniger isolierter Zirkel in den Randzonen der Neuen Linken allenfalls vom Hörensagen her bekannt. Herbert Marcuse war gewiß Gegenstand nicht weniger, häufig erhitzter Diskussionen, doch man vernachlässigte dabei fast völlig die Tradition, aus der sein Werk sich speist. Theodor Adorno war bei Sozialwissenschaftlern eigentlich nur als einer der Verfasser von *Die autoritäre Persönlichkeit* ein Begriff – und dies zum Teil auch nur aufgrund des Zufalls, daß sein Name mit dem ersten Buchstaben des Alphabets beginnt und seine drei Mitarbeiter folglich unter die anonyme Rubrik *et al.* zusammengefaßt wurden. Zu seinem Tode im Jahre 1969 veröffentlichte die *New York Times* einen heute weithin bekannten Nachruf, der sich des längeren über eine dunkle Schrift ausließ, die Adorno einst über den Jitterbug geschrieben hatte, und der die große Zahl seiner anderen Schriften praktisch nicht berücksichtigte. Max Horkheimer und Friedrich Pollock kannten im Grunde genommen nur einige Intellektuelle, deren Wege sich mit den ihren während ihres amerikanischen Exils gekreuzt hatten, und andere Institutsmitglieder wie Erich Fromm, Leo Löwenthal, Friedrich Neumann und Karl August Wittfogel, die in der englischsprachigen Welt, in der sie nach 1945 geblieben waren, durchaus Ansehen genossen, wurden selten, wenn überhaupt, in Zusammenhang mit dem Institut gebracht.

Für den Unterschied zwischen damals und heute gebührt das Hauptverdienst den zahlreichen Übersetzungen von Texten der Frankfurter Schule, wie sie in den Verlagen Beacon, Heinemann Educational Books, New Left Review Books und Seabury veröffentlicht wurden. Zu ihnen zählen Arbeiten der zweiten Generation von Mitgliedern der Frankfurter Schule wie Jürgen Habermas, Alfred Schmidt und Albrecht Wellmer, weiche die ungebrochene Lebenskraft dieser Tradition zur Genüge nachgewiesen haben. In diesem Kontext vermochte das zur rechten Zeit erschienene Buch *The Dialectical Imagination* durch seine synoptische Darstellung der ersten entscheidenden Entwicklungsjahre seinen Beitrag zur Rezeption der Kritischen Theorie beizusteuern. Bald darauf folgten andere Bücher von jüngeren Gelehr-

ten, häufig Anhängern der Neuen Linken, wie Bruce Brown, Russell Jacoby, William Leiss und Trent Schroyer, die sich dem Vermächtnis der Frankfurter Schule auf unterschiedlichen Wegen näherten. Zur gleichen Zeit widmete eine wachsende Zahl von Zeitschriften, unter ihnen vor allem *Telos, New German Critique, Theory and Society, New Left Review, Cultural Hermeneutics* und *Salmagundi,* einer sich lebhaft entwickelnden und ständig sich ausweitenden Diskussion über die Verdienste der Kritischen Schule (und in verschiedenen Fällen auch meiner Darstellung ihrer Geschichte) immer mehr Raum.
Die von einigen Kreisen geäußerte Befürchtung, all dies laufe auf eine »Industrie in Frankfurter Schule« hinaus, vermag ich nicht zu teilen; die darin anklingende Vorstellung, der kritische Impuls der Frankfurter Schule sei erlahmt, scheint mir nicht der wirklichen Sachlage zu entsprechen, jedenfalls weniger als im Fall von anderen theoretischen Alternativen auf seiten der Linken. Inmitten der Verwirrung und der Desillusionierung im Gefolge des Verfalls der Neuen Linken in Amerika und in Großbritannien ist die Kritische Theorie erneut zur Hauptstütze radikaler Hoffnungen geworden, wie zur Zeit ihrer Flucht aus Europa vor mehr als vierzig Jahren. Doch heutzutage ist sie nicht mehr das Reservat eines isolierten esoterischen Zirkels, dessen Stimmen sich im Getöse des orthodoxen Marxismus und des nicht weniger orthodoxen Liberalismus kaum bemerkbar machen konnten. Welchen Einfluß die Arbeit der Frankfurter Schule letztlich auf die angelsächsische Welt ausübt, läßt sich noch immer nicht abschätzen, doch ich glaube, es darf als ausgemacht gelten, daß keine künftige soziale Theorie oder radikale Bewegung, die diesen Namen verdient, es sich leisten kann, den Problemen aus dem Wege zu gehen, welche die Frankfurter Schule in so kritischer Schärfe aufgeworfen hat, auch wenn sie sie in vielen Fällen nicht zu lösen vermochte.
Angesichts der leidvollen Geschichte der deutschen Linken in den Jahren, nachdem sie die Frankfurter Schule für »überholt« erklärt hatte, dürfte eine ähnliche Prognose auch auf die deutsche Situation zutreffen. So ist es vielleicht angebracht, daß diese Übersetzung zu einem Zeitpunkt erscheint, da es der Mühe wert sein sollte, einige der nüchternen, verstandesklaren Lehren der Kritischen Theorie erneut zu überdenken. Obwohl die heftige Kontroverse der sechziger Jahre um die Frankfurter Schule einige ihrer Schwächen bloßlegte, so ist es ihr doch nicht gelungen, ihren vielen Stärken den Boden zu entziehen. In der Kritischen Theorie liegt ein dauerhafter Kern von Wahrheit beschlossen, der ihre Verleumder überdauert hat, aus welcher Ecke sie ihren Angriff auch vorgetragen haben mögen.
Dieser mein Ausdruck ungeschmälerten Glaubens an die heutige Bedeutung der Kritischen Theorie ist am rechten Platz in einer Zeit, da eine Anzahl von Lesern auf einen elegischen Unterton in der *Dialektischen Phantasie* hinweist. Der Hinweis ist nicht unberechtigt, doch der

genannte Unterton gilt weniger den Ideen und Hoffnungen, die in dem Buch erörtert werden und von denen ich glaube, daß sie immer noch sehr lebendig sind, als vielmehr einigen der Männer, die sich für ihre Verbreitung eingesetzt haben. Seit der ersten Veröffentlichung des Buches haben sich Max Horkheimer, der wahre »Meister« der Frankfurter Schule, und Felix Weil, ihr Hauptförderer, Theodor Adorno und Friedrich Pollock und damit jenen Institutsmitgliedern angeschlossen, die mir einst Hilfe gewährt haben und die nun nicht mehr unter den Lebenden sind. In der Hoffnung, daß dieses Buch einen, wenn auch bescheidenen, Beitrag zu ihrem Gedächtnis und zu der ungebrochenen Lebenskraft ihrer Ideen leistet, übergebe ich es der deutschen Öffentlichkeit.

Die Möglichkeit dazu, dies sei zum Schluß hinzugefügt, verdanke ich einzig und allein der liebevollen und überaus sorgfältigen Arbeit von Hanne Herkommer und Bodo von Greiff. Ich bin sehr dankbar, daß ich hier Gelegenheit habe, ihnen zu versichern, wie sehr ich in ihrer Schuld bin. Wenn ich auch Adornos Behauptung, das Deutsche sei seinem Charakter nach dialektischer als das Englische, nicht vorbehaltlos unterschreiben kann, so bin ich doch durchaus bereit, die Möglichkeit in Erwägung zu ziehen, daß hier der Fall eingetreten ist, daß ein Text durch die Übersetzung eher gewonnen als verloren hat.

Berkeley, im Juni 1976 — Martin Jay

(Aus dem Amerikanischen v. W. Köhler)

Die Aktualität der »Geschichte der Frankfurter Schule«
Vorbemerkung zur deutschen Ausgabe

Der wahre Pluralismus gehört dem Begriff einer zukünftigen Gesellschaft an.
MAX HORKHEIMER
Vernunft und Selbsterhaltung

Die intensiven Bemühungen von Vertretern der Stadt und der Universität Frankfurt um eine Rückkehr des *Instituts für Sozialforschung* aus Amerika, mit der sie sichtbar und demonstrativ an die Zeit der Demokratie vor der Naziherrschaft anknüpfen wollten, hatten Erfolg: Der unmittelbar nach der Machtergreifung durch die Nazis in die Emigration gezwungene und im April 1933 als einer der ersten offiziell aus dem Lehrkörper der Universität verstoßene Max Horkheimer trat 1949 seinen sechzehn Jahre zuvor abgeschafften und nun zur Doppelprofessur für Philosophie und Soziologie erweiterten Lehrstuhl an der Universität Frankfurt wieder an. Mit ihm kehrte auch das Institut nach Deutschland zurück.
»Die Geschichte der Frankfurter Schule und des Instituts für Sozialforschung von 1923–1950«, auf die der Historiker Martin Jay sich im vorliegenden Buch konzentriert, schien gleichsam ein gutes Ende gefunden zu haben. Und als Jay – in den späten sechziger Jahren – an der *Dialektischen Phantasie* arbeitete, erfuhr die Frankfurter Schule und mit ihr die im Kampf gegen den Faschismus entwickelte *Kritische Theorie* ihre größte wissenschaftliche und gesellschaftliche Anerkennung. Horkheimer war 1951 der erste remigrierte jüdische Rektor einer deutschen Universität, er hatte mit der Goethe-Plakette die höchste Ehrung der Stadt Frankfurt entgegengenommen und war 1960 zum Ehrenbürger der Stadt ernannt worden. Ein Rückblick zu den Anfängen aus einer soweit gesicherten Position, wie sie ein an demokratischen Ansprüchen orientierter Staat auch seinen Kritikern gewährt, eine »Geschichte« schien angemessen. – Wie wenig an der *Kritischen Theorie* Geschichte war und welche Aktualität ihr nur wenige Jahre später zukommen würde, konnte Martin Jay kaum ahnen.
Wenn heute, 1976, die Übersetzung der *Dialectical Imagination* in Deutschland erscheint, wird der politisch wache Leser die Informationen über die erzwungene Odyssee des Frankfurter Instituts kaum mehr unbefangen zur Kenntnis nehmen können; er wird Schriften wie den *Autoritären Staat* oder die *Dämmerung* nicht nur verstehen, wie Jay es tun konnte, als Einsichten in den gehabten Faschismus, in eine vergangene Zeit – Gedanken an das Berufsverbot und die von ihm

Betroffenen werden sich ihm notwendig aufdrängen. Der politisch wache Leser wird in der *Dialektischen Phantasie* nicht nur die Geschichte einer philosophischen und soziologischen Schule lesen, er wird bei der Rezeption der Institutsschriften die Gegenwart mitreflektieren und erkennen, wie lebendig und aktuell die Geschichte der Frankfurter Schule ist.
Die neuerlich repressiven politischen Verhältnisse in der Bundesrepublik sind es, die der *Kritischen Theorie* ungewollt Aktualität im doppelten Sinn verschaffen. Angesichts des sogenannten »Ministerpräsidentenerlasses« und der Paragraphen 88a und 130a zum »Schutze des Gemeinschaftsfriedens« ist sie nämlich nicht nur ihres emanzipatorischen Gehaltes und ihrer in der marxistischen Tradition stehenden Kapitalismuskritik wegen wissenschaftlich und politisch sozusagen »positiv« aktuell; eine negative und traurige Aktualität erfährt die *Kritische Theorie* auch dadurch, daß ihr heute – keine 30 Jahre nach der gefeierten Rückkehr ihrer Vertreter aus der Emigration – bereits wieder ein politisches Verdikt droht.
Diejenigen, die den Boden der *freiheitlich-demokratischen Grundordnung* für sich gepachtet haben und jeden, der ebenfalls darauf steht – wenngleich im Geiste praktizierter demokratischer Freiheit und damit auch von Kritik – von diesem Grundbesitz herunterjagen, werden hier entrüstet einwenden, sie kennten kein solches drohendes Verdikt, sie werden nach dem Beleg dafür fragen, weil sie es nachlesen möchten. Und auf eine merkwürdig konkretistische Weise haben sie sogar recht: einen Paragraphen gegen die *Kritische Theorie* gibt es nicht. Der herrschende Geist oder Ungeist als solcher reicht aus, um die *Kritische Theorie* und ihre Repräsentanten – auch jene, die in Amt und Würden stehen – an den Rand der Wissenschaft zu drängen.
Ohne daß ein formelles Verbot sie dazu zwingt, fragen Studenten den Philosophiedozenten, an dessen Seminar über Horkheimer sie teilnehmen, ob man ein solches Thema im Studienbuch vermerken und beim Staatsexamen vorweisen könne, ohne bei der späteren Aufnahme in den Schuldienst in Schwierigkeiten zu geraten. So geschehen im Sommersemester 1975 an der Freien Universität Berlin. – Die Studenten üben vorbeugende Selbstzensur. Eine Selbstzensur allerdings, die auch und gerade in ihrer Unangemessenheit feinen Realitätssinn verrät: Jüngst wurde von den CDU/CSU-Kultusministern eine Rahmenrichtlinie für *Politische Bildung* an Schulen herausgegeben[1], die sich in ihrem ministeriellen Vorwort ausdrücklich als verfassungstreue »Alternative zu jenen Ansätzen, die der Kritischen Theorie verhaftet bleiben« vorstellt. Es ist die erste explizite Erwähnung der *Kritischen Theorie* von Amts wegen und damit derer, die sie verbreiten – in einem Kontext, der nachdrücklich suggeriert, wer in der Tradition der Frankfurter Schule stehe, sei nicht geeignet, Unterricht an deutschen Schulen im Sinne des Demokratieverständnisses

der Verfassung zu erteilen. Man versteht, warum auch Jürgen Habermas aus der Frankfurter Nachfolgegeneration in München auf Einspruch der Fakultät nicht zum Honorarprofessor berufen wurde[2].
Als Opfer des Nazi-Regimes und zu den seltenen Ausnahmen unter den deutschen Wissenschaftlern zählend, die den Faschismus weder selbst propagierten, noch passiv hinnahmen, sondern frühzeitig die heraufziehende Dämmerung erkannten und zum Gegenstand ihrer Analysen machten, wurden die Mitglieder der Frankfurter Schule nach dem Kriege in die Bundesrepublik ehrerbietig zurückgebeten. Heute wird einer ihrer prominentesten Vertreter, Theodor W. Adorno, von einem pluralistisch eingestellten Wissenschaftler mit Heidegger in einem Atemzug genannt und seinerseits der »Unterstützung politischer Tendenzen mit absolutem oder totalitärem Anspruch« verdächtigt[3]. Die Zeiten haben sich gewandelt, der »Bezug zum Totalitären«, wie es zeitgemäß heißt, wird auf jene projiziert, die ihn bekämpfen. Ob das *Institut für Sozialforschung* auch heute noch zurückgerufen würde?
Die sorgfältige *Geschichte der Frankfurter Schule,* die Jay aufgezeichnet hat, verdient mehr als nur historisches Interesse –: sie hat noch nicht ihr Ende gefunden.

Hanne Herkommer und Bodo von Greiff

Anmerkungen

[1] Grosser, Hättich, Oberreuter, Sutor, *Politische Bildung;* hrsg. u. mit einem Vorwort vers. von Braun, Hahn, Maier, Remmers, Scherer u. Vogel, Stuttgart 1976.

[2] Vgl. *Frankfurter Rundschau* v. 8. 11. 1973.

[3] Schwan, Alexander, »Nihilismus – Dogmatismus – Pluralismus«, in: *Wahrheit – Pluralität – Freiheit,* Hamburg 1976, S. 36.

Vorwort

Lieber Martin Jay,
ich bin um ein Vorwort zu Ihrem Buch über die Geschichte des Frankfurter Instituts für Sozialforschung gebeten worden und komme diesem Wunsch nach der Lektüre Ihrer interessanten Arbeit nur allzu gerne nach. Mein Gesundheitszustand zwingt mich allerdings, meine Einleitung in die Form eines kurzen Briefes zu kleiden. – Dank gebührt Ihnen in erster Linie für die Sorgfalt, die Ihre Arbeit durchweg auszeichnet. Vieles fiele ohne Ihre Darstellung zweifellos der Vergessenheit anheim.
Die Arbeit, der sich das Institut vor seiner Emigration aus Deutschland widmete – ich denke u. a. an *Die planwirtschaftlichen Versuche in der Sowjetunion, 1917–1927* von Friedrich Pollock oder die später veröffentlichte Gemeinschaftsarbeit *Studien über Autorität und Familie* –, stellte, verglichen mit dem, was damals im offiziellen Universitätsbetrieb üblich war, etwas Neues dar. Uns ging es um eine Art von Forschung, für die es an der Universität in jenen Tagen keinen Platz gab. Unser Vorhaben konnte auch nur gelingen, weil – dank der Unterstützung Hermann Weils und der Initiative seines Sohnes Felix – eine Gruppe von Leuten mit unterschiedlicher wissenschaftlicher Ausbildung und einem gemeinsamen Interesse an Gesellschaftstheorie sich in der Überzeugung zusammenfand, in der Epoche des Übergangs sei es wichtiger, das Negative zu artikulieren, als die je einzelne akademische Karriere zu verfolgen. Was die Gruppe miteinander verband, war ihre Kritik an der bestehenden Gesellschaft.
Bereits gegen Ende der zwanziger, ganz gewiß aber zu Beginn der dreißiger Jahre waren wir von der Wahrscheinlichkeit eines Sieges der Nationalsozialisten ebenso überzeugt wie davon, daß ihm nur durch revolutionäre Aktion entgegenzutreten sei. Daß ein Weltkrieg nötig sein würde, sahen wir damals noch nicht. Wir dachten an einen Aufstand im eigenen Land; und in diesem Zusammenhang begann auch der Marxismus seine maßgebliche Bedeutung für unser Denken zu gewinnen. Nach unserer Emigration über Genf nach Amerika blieb die marxistische Interpretation sozialer Geschehnisse ohne Zweifel weiterhin bestimmend für uns, was allerdings nicht hieß, daß wir unsere Position am Leitfaden eines dogmatischen Materialismus orientiert hätten. Die Be-

trachtung und Analyse politischer Systeme lehrte uns vielmehr, daß es, wie Adorno einmal gesagt hat, notwendig war, »die Forderung nach dem Absoluten nicht als bestimmte zu denken, und dennoch uneingeschränkt an der Berufung auf den emphatischen Begriff von Wahrheit festzuhalten.«

Berufung und Verweis auf ein ganz Anderes, auf eine ganz andere Welt als diese, hatten einen vornehmlich sozialphilosophischen Impuls. Letzten Endes führten sie aber auch zu einer positiveren Einschätzung bestimmter metaphysischer Tendenzen; denn: das empirische »Ganze ist das Unwahre« (Adorno). Die Hoffnung, irdisches Grauen möge nicht das letzte Wort haben, ist zweifellos ein nichtwissenschaftlicher Wunsch.

Diejenigen, die dem Institut einst verbunden waren, werden, soweit sie noch am Leben sind, in Ihrem Buch gewiß dankbar die Geschichte ihrer eigenen Ideen wiedererkennen. Ich möchte Ihnen, lieber Martin Jay, auch im Namen derer, die nicht mehr leben, wie Friedrich Pollock, Theodor W. Adorno, Walter Benjamin, Franz Neumann und Otto Kirchheimer, meine Anerkennung und meinen Dank für Ihre Arbeit aussprechen.

Montagnola, Schweiz
Dezember 1971
Herzlichst
Max Horkheimer

Einleitung

Es ist üblich geworden, die Intellektuellen als unangepaßte, unzufriedene und ihrer Umwelt entfremdete Menschen zu betrachten. Sie als Außenseiter, Störenfriede, als Randseiter und dergleichen mehr anzusehen beunruhigt uns allerdings keine Spur, wir haben uns im Gegenteil zunehmend an dieses Bild gewöhnt. Das Wort von der »Entfremdung«, das unterschiedslos herhalten muß zur Erklärung der einfachsten Dyspepsie wie tiefster metaphysischer Ängste, ist zur wichtigsten Phrase unserer Zeit geworden. Auch dem aufmerksamsten Beobachter fällt es heute schwer, Realität und Pose auseinanderzuhalten. Zum Entsetzen derer, die mit Grund sagen können, daß sie unter ihren Auswirkungen zu leiden haben, hat sich Entfremdung als äußerst profitträchtige Ware auf dem Kulturmarkt erwiesen. Die moderne Kunst mit ihren Dissonanzen und Verzerrungen ist zur Massenkost eines immer gierigeren Heeres von Kulturkonsumenten geworden, die den Anlagewert in ihr erkennen. Die Avantgarde, sofern man diesen Begriff überhaupt noch verwenden kann, ist längst geschätztes Ornament unseres Kulturlebens, mehr gefeiert als gefürchtet. Die Existenzphilosophie, um ein anderes Beispiel zu nennen, für die vorige Generation durchaus noch eine frische Brise, ist zu einem Repertoire von Klischees, deren man sich jederzeit leicht bedienen kann, und von traurig-leeren Gesten herabgesunken. Ihr Zerfall trat ein – und das ist wichtig –, nicht weil analytische Philosophen die Bedeutungslosigkeit existentialistischer Kategorien aufgedeckt hätten, sondern infolge der unheimlichen Fähigkeit unserer Kultur, auch ihre unbeugsamsten Gegner zu vereinnahmen und sie aufzuweichen. Und ein letztes Beispiel: Kaum ein paar Jahre sind ins Land gegangen seit der so vielgepriesenen Geburt einer vermeintlichen Gegenkultur, und schon ist es – wir schreiben das Jahr 1972 – nur allzu offensichtlich, daß das Neugeborene, wenn schon nicht in der Wiege zu ersticken, so doch ganz leicht nach dem Muster seiner älteren Geschwister zu domestizieren war. Auch hier haben sich die Mechanismen von Absorption und Kooptation als enorm wirksam erwiesen.

Die Anmerkungen befinden sich am Ende des Bandes (S. 347).

Die Folge von alledem ist, daß Intellektuelle, die ihre kritische Funktion ernst nehmen, sich der zunehmend schärferen Herausforderung gegenübersehen, der Kultur in ihrer Fähigkeit, Protest zu betäuben, Einhalt zu gebieten, indem sie sie hinter sich lassen. Die immer krampfhaftere Flucht in den kulturellen Extremismus, der Wunsch, durch bewußtes Überschreiten der bisherigen kulturellen Toleranzgrenzen zu schockieren und zu provozieren, ist eine Art der Reaktion auf diese Situation, wobei sich diese Grenzen allerdings als sehr viel elastischer erweisen als vorhergesehen –: Was gestern noch obszön war, ist heute vielfach nur noch langweiliger Gemeinplatz. Die Unzulänglichkeit einer rein kulturellen Lösung vor Augen, haben viele kritische Intellektuelle versucht, ihren kulturellen Protest mit dem politischen zu verbinden. Radikale politische Bewegungen, bezeichnenderweise auf der Linken, sind für unzufriedene Intellektuelle heute so attraktiv wie ehedem. Dennoch erweist sich eine Allianz zwischen ihnen in den meisten Fällen als schwierig; insbesondere dann, wenn die an der Macht befindlichen Linksbewegungen Fakten schaffen, deren Widerwärtigkeit sich nicht mehr ignorieren läßt. Es ist also nicht verwunderlich, wenn die Fluktuation radikaler Intellektueller in den verschiedenen Linksparteien zu einem Dauerthema in der modernen Geschichte der Intellektuellen geworden ist.
Diesem Schwanken liegt indes noch ein zweites und tieferes Dilemma zugrunde, ein Dilemma, vor dem allein die Linksintellektuellen stehen. Das elitäre Bewußtsein jener nämlich, die ihren Extremismus ausschließlich auf die kulturelle Sphäre beschränken und sein politisches Korrelat ablehnen, zieht nicht notwendig Schuldgefühle nach sich. Für den radikalen Intellektuellen hingegen, der sich für ein politisches Engagement entscheidet, stellt sein Bestreben, sich eine kritische Distanz zu bewahren, ein besonderes Problem dar. Sich nicht nur aus der Gesellschaft als Ganzem herauszuhalten, sondern auch aus der Bewegung, auf deren Sieg man rechnet, erzeugt jene scharfe Spannung, die im Leben ernsthafter Linksintellektueller stets spürbar ist. Die endlose Selbstkritik der Neuen Linken in den vergangenen Jahren, darauf aus, auch die letzten Spuren elitären Bewußtseins abzubauen, zeugt überdeutlich von der Hartnäckigkeit dieses Problems. Schlimmstenfalls erwächst daraus eine sentimentale *nostalgie de la boue*; im besten Falle kommt es zum ernsthaften Versuch, Theorie und Praxis miteinander zu verbinden, ein Versuch freilich, der die Chancen einer solchen Einheit in einer unvollkommenen Welt realistisch in Rechnung stellt.
Was jedoch häufig vergessen wird bei dem Wunsch, den Begriff des »aktivistischen Intellektuellen« von seinen scheinbar widersprüchlichen Bedeutungselementen zu befreien, ist die Tatsache, daß Intellektuelle immer auch Akteure sind, allerdings in einem besonderen Sinne. Der Intellektuelle ist permanent in *symbolischer* Aktion, indem er sich seines Denkens auf vielerlei Weise entäußert. »Denker« sind nur dann

von Bedeutung, wenn ihre Gedanken anderen durch dieses oder jenes Medium vermittelt werden. Die kritische Schärfe intellektuellen Daseins hat ihren Grund vornehmlich im Auseinanderklaffen von Symbol und dem, was wir in Ermanglung eines besseren Begriffs mit Realität bezeichnen wollen. Und paradoxerweise laufen die Intellektuellen, sobald sie versuchen, sich selbst zur Kraft zu machen, welche diese Kluft überbrückt, Gefahr, die kritische Perspektive, die ihnen eben diese Kluft ermöglicht, zu verlieren. Was gewöhnlich darunter leidet, ist die Qualität ihrer Arbeit, die zur Propaganda verkommt. Der kritische Intellektuelle ist in gewissem Sinne weniger *engagé*, wenn er befangen und parteilich ist, als wenn er an den Integritätsnormen festhält, die sein Handwerk ihm setzt. Yeats hat einmal gesagt, »der Geist des Menschen ist gezwungen, zu wählen zwischen der Perfektion des Lebens und der Perfektion der Arbeit«.[1] Identifiziert sich der radikale Intellektuelle bei dem Versuch, aus seinem elfenbeinernen Turm herauszukommen, allzu stark mit den allgemeinen Kräften der Veränderung, dann setzt er beiderlei Perfektion aufs Spiel. Zwischen der Scylla bedingungsloser Solidarität und der Charybdis eigensinniger Unabhängigkeit muß er sich einen Mittelweg bahnen oder scheitern. Wie gefährlich dieser Mittelweg sein kann, läßt sich am besten bei den radikalen Intellektuellen lernen, die das Thema der vorliegenden Untersuchung bilden.

An der sogenannten Frankfurter Schule, gebildet von bestimmten Mitgliedern des Instituts für Sozialforschung*, wird das Dilemma, in dem Linksintellektuelle in unserem Jahrhundert sich befinden, geradezu modellhaft sichtbar. Nur wenige ähnlich denkende Zeitgenossen empfanden und erkannten die alles integrierende Kraft der herrschenden Gesellschaft und ihrer angeblichen Gegner so deutlich wie sie. Solange das Institut existierte, ganz besonders jedoch in den Jahren zwischen 1923 und 1950, waren seine Mitglieder nie frei von der Furcht, vereinnahmt und integriert zu werden. Auch wenn sie, durch die historische Situation zum Exil gezwungen, Mitteleuropa erst nach 1933 gemeinsam mit dem Intellektuellentreck verließen, waren sie, was ihr Verhältnis zu ihrer Umwelt anlangte, doch bereits zu Beginn ihrer gemein-

* Wenn wir von »dem Institut« sprechen, meinen wir stets das Institut für Sozialforschung im Unterschied zu allen anderen möglicherweise zu nennenden Instituten. »Das Institut« wird außerdem synonym gebraucht mit »Frankfurter Schule« in der Zeit nach 1933. Dabei ist zu beachten, daß der Begriff einer eigenen und besonderen Schule sich erst herausbildete, *nachdem* das Institut gezwungen war, Frankfurt zu verlassen (die Bezeichnung selbst fand ihre Anwendung erst, als das Institut im Jahre 1950 nach Deutschland zurückkehrte). Wie wir im ersten Kapitel zeigen werden, war das Institut der Weimarer Zeit in seinem Marxismus viel zu pluralistisch, als daß der Historiker seinen theoretischen Ansatz mit dem der Frankfurter Schule aus ihren späteren Jahren gleichsetzen dürfte.[2]

samen Arbeit ins Exil gegangen. Indes, weit davon entfernt, diesen Status zu beklagen, akzeptierten, ja hegten sie ihn als die *conditio sine qua non* ihrer intellektuellen Produktivität.

Mit ihrer unnachgiebigen Weigerung, ihre theoretische Integrität auf der Suche nach einer gesellschaftlichen Agentur zur Verwirklichung ihrer Vorstellungen aufs Spiel zu setzen, antizipierten die Angehörigen der Frankfurter Schule viele eben der Probleme, die eine spätere Generation engagierter Intellekueller zur Verzweiflung bringen sollten. Hauptsächlich aus diesem Grunde erregten die Arbeiten ihrer frühen Jahre das Interesse der Nachkriegslinken in Europa und neuerdings auch in Amerika. Raubdrucke ihrer längst vergriffenen Schriften kursierten in einer ungeduldigen deutschen Studentenbewegung, deren Wißbegier geweckt und angestachelt worden war durch den lebendigen Kontakt mit dem Institut nach seiner Rückkehr nach Frankfurt im Jahre 1950. Der Ruf nach Wiederveröffentlichung von Aufsätzen, die seinerzeit für das Hausorgan des Instituts, für die *Zeitschrift für Sozialforschung,* geschrieben worden waren, hatte in den sechziger Jahren das Erscheinen von Sammlungen, wie Herbert Marcuses *Negations*[3] und Max Horkheimers *Kritische Theorie*[4], zur Folge; sie ergänzten die bereits neu aufgelegten ausgewählten Schriften anderer Institutsmitglieder, so von Theodor W. Adorno, Leo Löwenthal, Walter Benjamin und Franz Neumann.[5] Wenngleich es nicht in meiner Absicht liegt, die Geschichte des Instituts nach seiner Rückkehr nach Deutschland in extenso zu kommentieren, so möchte ich doch darauf hinweisen, daß ein Großteil der Aufmerksamkeit, die ihm heute zuteil wird, dem Wiedererscheinen von Arbeiten zuzuschreiben ist, die in der relativen Verborgenheit seiner ersten 25 Jahre entstanden sind.

Warum bislang keine Geschichte dieser Periode geschrieben wurde, ist nicht schwer auszumachen. Die Arbeit der Frankfurter Schule umfaßt so viele verschiedene Gebiete, daß zur bündigen Analyse eines jeden einzelnen eine ganze Gruppe von Wissenschaftsexperten erforderlich wäre; die Musikwissenschaftler dürften ebensowenig fehlen wie die Sinologen. Kurz, eigentlich bedürfte es dazu einer eigenen Frankfurter Schule. Die Schwierigkeiten, die den vereinzelten Historiker erwarten, liegen damit auf der Hand. Und sie waren es auch, die mich bei der Entscheidung zögern ließen, mich überhaupt auf dieses Projekt einzulassen. Sobald ich mich aber dazu entschlossen hatte und mich in die Arbeit des Instituts vertiefte, stellte ich fest, daß die Fachkenntnis, die mir in spezifischen Disziplinen fehlte, gerade dadurch aufgewogen wurde, daß mein Ansatz umfassend war. Denn ich begriff, daß im Denken der Frankfurter Schule eine fundamentale Kohärenz bestand, eine Kohärenz, die sich auf die gesamte Arbeit in nahezu allen Bereichen erstreckte. Rasch erkannte ich, daß Erich Fromms Erörterung des sado-masochistischen Charakters und Leo Löwenthals Abhandlung über den norwegischen Romanschriftsteller Knut Hamsun sich gegen-

seitig Lichter aufsetzten und in erklärendem Zusammenhang standen; daß Theodor W. Adornos Kritik an Strawinsky und Max Horkheimers Widerlegung der Schelerschen philosophischen Anthropologie eng zusammengehörten, daß Herbert Marcuses Begriff von der eindimensionalen Gesellschaft in Friedrich Pollocks Modell vom Statskapitalismus bereits vorgeprägt war und noch vieles mehr. Ich sah auch, daß selbst dort, wo sich Streitpunkte und Kontroversen ergaben, wie etwa zwischen Fromm und Horkheimer oder Pollock und Neumann, sie in einem gemeinsamen Vokabular und auf der Basis mehr oder weniger gemeinsamer Voraussetzungen artikuliert waren. Eine Übersicht über die Entwicklung des Institutes erschien mir deshalb – trotz der möglicherweise oberflächlichen Behandlung einzelner Punkte – als ein vertretbares Vorhaben.
Zudem schien mir bei der Entscheidung für ein solches Projekt der Zeitpunkt eine maßgebliche Rolle zu spielen. Zwar war eine Reihe von Institutsmitgliedern nicht mehr am Leben – wie Franz Neumann, Walter Benjamin, Otto Kirchheimer und Henryk Grossmann, um nur die wichtigsten zu nennen –, viele aber lebten noch, waren aktiv und in ihrer wissenschaftlichen Laufbahn an einem Punkt angelangt, an dem ein historischer Bericht auf Gegenliebe rechnen durfte. Meine ersten Bekundungen von Interesse an der Geschichte des Instituts wurden denn auch durchweg positiv aufgenommen. Wieviel Unterstützung ich bei der Arbeit letztlich erfuhr, zeigen die folgenden Seiten, auf denen ich meinen Dank abstatten will.
Bei aller Hilfe, die mir bei der Rekonstruktion der Vergangenheit des Instituts zuteil wurde, möchte ich das Resultat keinesfalls als »Hofbericht« verstanden wissen. Offen gestanden sah ich mich aufgrund der widersprüchlichen Darstellungen einzelner Begebenheiten und der häufig differierenden wechselseitigen Beurteilung von Arbeiten ehemaliger Institutskollegen mitunter in die Lage des Beobachters aus dem japanischen Film *Rashomon* versetzt, der nicht weiß, welche Version er als die richtige ansehen soll. Meine jeweiligen Entscheidungen werden sicher nicht bei allen meinen Informanten Anklang finden; trotzdem hoffe ich auf ihren Beifall bei meinen Bemühungen, so viele kontroverse Punkte wie möglich zu klären. Hinzu kommt, daß meine Einschätzung der Leistung des Instituts keinesfalls gleichzusetzen ist mit der seiner einzelnen Mitglieder. Daß ich einen Großteil ihrer Arbeit bewundere, ist nicht zu leugnen; daß ich auf Kritik nicht verzichte, wo ich sie für berechtigt halte, wird – so hoffe ich – gleichermaßen deutlich. Dem kritischen Geist der Frankfurter Schule durch Kritik treu zu bleiben, scheint viel eher der ihr zukommende Tribut zu sein als fraglose und kritiklose Billigung alles dessen, was sie gesagt oder getan hat.
Wenn mir irgendein Zwang auferlegt war, so allein der der Diskretion. Mein Einblick in die äußerst informative Korrespondenz zwischen

Horkheimer und Löwenthal mußte notwendig dort auf Grenzen stoßen, wo die Korrespondenten noch lebende Personen vor Peinlichkeiten oder Schwierigkeiten bewahren wollten. Diese Art von Kontrolle, die im übrigen nur sehr selten ausgeübt wurde, war der einzige Nachteil, der mir aus der Tatsache erwuchs, daß ich über Lebende schreibe. Kaum ein Historiker hat die Möglichkeit, seine Fragen so direkt an die zu richten, denen seine Untersuchung gilt. Ich habe dadurch nicht nur viele Dinge erfahren, die aus Dokumenten einfach nicht hervorgehen können, sondern ich hatte auch Gelegenheit, das Leben der Institutsmitglieder aus erster Hand kennenzulernen und gleichsam an Ort und Stelle das Maß an Bedeutung einzuschätzen, das ihren persönlichen Erfahrungen als Intellektuelle im Exil zukommt. Wenn ich mich in meinem Buch hauptsächlich mit dem Denken der Frankfurter Schule befasse, so hoffe ich doch, daß es mir daneben auch gelingt, einige jener Lebenserfahrungen und ihren Stellenwert in diesem Denken sichtbar zu machen. In vieler Hinsicht, im Guten wie im Bösen, sind dies nämlich die ganz besonderen und einmaligen Erfahrungen einer ungewöhnlichen Generation, deren historischer Augenblick heute unwiderruflich vorbei ist.

Persönlicher Dank

Eine besonders erfreuliche Seite meiner Arbeit an der *Dialektischen Phantasie* bestand darin, daß sie mir Gelegenheit gab, mit Leuten zusammenzutreffen, die in der Geschichte der Frankfurter Schule eine maßgebliche Rolle gespielt haben. Ich lernte sowohl Kritiker wie Verfechter ihrer historischen und geistesgeschichtlichen Leistung kennen, einer Leistung, die im übrigen stets kontroverse Ansichten hervorgerufen hat. Ich habe von beiden Seiten viel gelernt und freue mich, hier allen meinen Dank aussprechen zu können. Gleichermaßen froh bin ich über die Gelegenheit, Freunden, Lehrern und Kollegen danken zu können, die mir in allen Stadien der Abfassung dieses Buches mit Rat und Tat zur Seite standen.

Zu den ehemaligen Institutsangehörigen, die mir freundlicherweise Interviews gewährten, zählen Max Horkheimer, Herbert Marcuse, Theodor W. Adorno (kurz vor seinem Tode im Sommer 1969), Erich Fromm, Karl August Wittfogel, Paul Massing, Ernst Schachtel, Olga Lang, Gerhard Meyer, M. I. Finley sowie Joseph und Alice Maier. Horkheimer, Marcuse, Fromm und Wittfogel nahmen außerdem die Mühe auf sich, Teile des Manuskripts nach seiner Fertigstellung als Dissertation im Fach Geschichte an der Harvard-Universität mit Anmerkungen zu versehen. Auch Jürgen Habermas, Alfred Schmidt und Albrecht Wellmer, das heißt Vertreter der jüngeren Generation der Frankfurter Schule, waren bereit, mir Fragen zu beantworten. Felix J. Weil habe ich zwar niemals persönlich kennengelernt, doch führten wir eine ausgedehnte und lebhafte Korrespondenz über das Institut, an dessen Gründung er einen so großen Anteil hatte. Seine Kommentare zu meinem Manuskript waren ungeheuer wertvoll für mich, wenngleich in der Interpretation gewisser Punkte eine Übereinstimmung zwischen uns ausblieb. Auch Gretel Adorno und Gladys Meyer habe ich für ihre briefliche Unterstützung zu danken.

Es gibt drei an der Geschichte des Instituts Beteiligte, deren Kooperation weit über das hinausging, was ich billigerweise erwarten durfte. Friedrich Pollock ließ im März 1969 in Montagnola in der Schweiz während unzähliger Stunden die fast fünfzig Jahre seiner Verbundenheit mit dem Institut vor mir wiederaufleben. Nach meiner Rückkehr nach Cambridge korrespondierten wir kontinuierlich über den Fortgang meiner Arbeit. Die Kapitel, auf die sein prüfender Blick vor seinem Tode im Dezember 1970 noch fiel, kommentierte er mit großer Genauigkeit. Der große Stolz Professor Pollocks auf die Leistungen des Instituts läßt mich zutiefst bedauern, daß ich ihm nicht mehr das gesamte Manuskript vorlegen konnte.

Leo Löwenthal war einer der ersten aus der Frankfurter Schule, mit denen ich zu Beginn meiner Forschungsarbeit sprechen konnte. Er widmete mir im Sommer 1968 in Berkeley viel Zeit und versah mich großzügig mit Informationen, indem er mich geduldig auf wichtige Punkte in seiner aufschlußreichen Korrespondenz mit Horkheimer hinwies, die mir entgangen waren. Sein Interesse an meiner Arbeit erlahmte auch in den folgenden Jahren nicht, und er ging, wie Pollock, mit großer Sorgfalt und Aufmerksamkeit den ersten Entwurf des Buches kapitelweise durch. Wich meine Interpretation eines bestimmten Sachverhalts von der seinen ab, was gelegentlich vorkam, so versuchte er niemals, mir seine Auffassung aufzunötigen. Er begleitete die Fertigstellung meines Manuskripts, die, seit ich in Berkeley lebe, unter seinen Augen vonstatten ging, stets mit Rat und Tat. Unter all dem Nutzen, den meine Forschungsarbeit mir eintrug, stellt Löwenthals Freundschaft einen Gewinn dar, den ich besonders hoch schätze. Und schließlich förderte auch Paul Lazarsfeld durch beständige Ermutigung und klugen Rat den Fortgang meiner Arbeit. Obgleich er nie zum inneren Kreis des Instituts gehörte, war er aber stets an seiner Arbeit interessiert und seit Mitte der dreißiger Jahre am Rande auch mit seinen Unternehmungen beschäftigt. Dokumente und Briefe aus jener Zeit, die er aufbewahrt hat, stellte Lazarsfeld mir bereitwillig zur Verfügung. Mehr noch, seine theoretische Distanz zur Frankfurter Schule half mir eine Perspektive gewinnen, unter der ich ihre Arbeit sonst möglicherweise gar nicht gesehen hätte.

Kurz, ich stehe bei den noch lebenden Mitgliedern des Instituts in tiefer Schuld. Nichts zeugt mehr davon als Professor Horkheimers Bereitschaft, meiner Arbeit trotz seiner sehr ernsten Erkrankung einige einleitende Bemerkungen mit auf den Weg zu geben.

Kein geringerer Dank gebührt all jenen, die nicht zum Institutskreis gehören und ebenfalls zur Entstehung dieses Buches beigetragen haben. Ich denke insbesondere an H. Stuart Hughes, einen meiner Lehrer; er betreute meine Dissertation stets mit großem Wohlwollen. Auch Fritz K. Ringer bin ich verpflichtet; er war es, der mein Interesse an deutscher Geistesgeschichte weckte und mein Manuskript mit Sorgfalt und Strenge prüfte. Meinen Freunden in Cambridge kann ich hier nur noch einmal bestätigen, was sie hoffentlich längst wissen, nämlich wie sehr ich sie schätze. Paul Breines, Michael Timo Gilmore, Paul Weismann und Lewis Wurgaft haben nach meinem Universitätsabschluß viel mehr für mich getan, als nur meinen Text mit kritischen

Augen zu lesen. Auch meinen neueren Freunden, mit denen mich ein gemeinsames Interesse an der Frankfurter Schule verbindet, danke ich für ihre Hilfe; ich spreche von Matthias Becker, Edward Breslin, Susan Buck, Sidney Lipshires, Jeremy J. Shapiro, Trent Shroyer, Gary Ulmen und Shierry Weber. Natürlich habe ich auch viel von Gesprächen mit älteren Wissenschaftlern profitiert, die sich bereits früher mit dem Werk der Frankfurter Schule befaßt haben, unter ihnen Everett C. Hughes, George Lichtheim, Adolph Löwe und Kurt H. Wolff.
Meine neuen Kollegen in Berkeley haben mir in der kurzen Zeit, die ich hier bin, bewiesen, daß die alte Vorstellung von einer Gemeinschaft von Gelehrten nicht tot ist, sondern voller Leben sein kann. So sind insbesondere die Hinweise von Fryar Calhoun, Gerald Feldman, Samuel Haber, Martin Malia, Nicholas Riasanovsky, Wolfgang Sauer und Irwin Schreiner meiner Arbeit, wie sie heute vorliegt, förderlich gewesen. Weiter möchte ich William Philipps vom Verlag Little, Brown danken, dessen unerschütterliche Begeisterung und dessen wachsames verlegerisches Auge mir große Unterstützung waren. Annette Slocombe aus Lexington, Massachusetts, und Bojano Ristich mit ihrem Personal am *Institute of International Studies* in Berkeley leisteten mir einen unschätzbaren Dienst, indem sie das Manuskript zur Veröffentlichung fertigstellten, ebenso wie Boris Frankel, der mir beim Register half. Und schließlich ist es mir eine besondere Freude, der Danforth-Stiftung für die finanzielle und anderweitige Unterstützung zu danken, die mir nach meinem Studium den Lebensunterhalt sicherte.
Ich hoffe, die Liste von Dankesbezeugungen scheint nicht über Gebühr lang; aber es ist mir einfach daran gelegen zu zeigen, wie sehr die *Dialektische Phantasie* einem Gemeinschaftsprojekt nahekommt. Viele der Stärken im Text beruhen gerade auf dieser Tatsache; die Schwächen allerdings fallen allein in meine Verantwortung.

M. J.

I Die Gründung des Instituts für Sozialforschung und seine ersten Frankfurter Jahre

Eine der folgenschwersten Veränderungen, die der Erste Weltkrieg mit sich brachte, zumindest in ihrer Auswirkung auf die Intellektuellen, war die Verlagerung des sozialistischen Gravitationszentrums nach Osten. Der unerwartete Erfolg der bolschewistischen Revolution – ganz im Gegensatz zum dramatischen Fehlschlag ihrer Nachahmung in Mitteleuropa – stellte all jene vor ein schweres Dilemma, die bis dahin im Zentrum des europäischen Marxismus gestanden hatten, nämlich die Linksintellektuellen in Deutschland. Ihnen blieben, grob gesprochen, nur folgende Möglichkeiten: Entweder sie unterstützten die gemäßigten Sozialisten und ihre eben gegründete Weimarer Republik, was bedeutete, daß sie sich gegen Revolution wie auch gegen das russische Experiment aussprachen; oder sie akzeptierten Moskaus Führung, schlossen sich der neugegründeten Kommunistischen Partei Deutschlands an und arbeiteten an der Unterminierung des bürgerlichen Kompromisses von Weimar.

Obwohl durch den Krieg und den Aufstieg der gemäßigten Sozialisten zur Macht viel konkreter und drängender geworden, hatte diese Alternative in der einen oder anderen Form bereits über Jahrzehnte hinweg im Mittelpunkt sozialistischer Kontroversen gestanden. Ein dritter möglicher Aktionskurs ergab sich indes, man könnte fast sagen folgerichtig, aus der tiefen Zerrissenheit marxistischer Vorstellungen, einer Zerrissenheit, die der Krieg und seine Nachwirkungen hinterlassen hatten. Diese dritte Möglichkeit war die gründliche Neuüberprüfung der Grundlagen marxistischer Theorie, verbunden mit der doppelten Hoffnung, in der Vergangenheit begangenen Irrtümern und Fehlern auf die Spur zu kommen, sie zu erklären und zugleich zukünftiges Handeln vorzubereiten. Damit setzte ein Denkprozeß ein, der zwangsläufig in die spärlich erhellten Regionen von Marx' philosophischer Vergangenheit zurückführte.

Eine der entscheidenden Fragen in der unter dieser Perspektive vorgenommenen Analyse betraf das Verhältnis von Theorie und Verfahren oder präziser von Theorie und *Praxis*, wie der gebräuchliche marxistische Terminus dafür lautet. Locker definiert, stand Praxis für eine Art von sich selbst hervorbringendem Handeln im Unterschied zu äußer-

lich motiviertem Verhalten, welches durch Kräfte verursacht wird, die nicht der Kontrolle des Einzelnen unterliegen. Obwohl ursprünglich, soll heißen in der *Metaphysik* von Aristoteles, als Gegensatz zur kontemplativen *theoria* verstanden, implizierte Praxis im marxistischen Sprachgebrauch ein dialektisches Verhältnis zur Theorie. Tatsächlich bestand ein ganz wesentliches Kriterium von Praxis im Gegensatz zu bloßem Handeln darin, daß sie aus theoretischen Überlegungen gespeist wird. Als Ziel revolutionärer Aktivität wurde die Einheit von Theorie und Praxis angesehen, eine Einheit also, die in direktem Gegensatz zu der unter dem Kapitalismus herrschenden Situation steht.
Wie problematisch dieses Ziel in Wirklichkeit war, wurde in den Nachkriegsjahren, als erstmals sozialistische Regierungen an der Macht waren, immer deutlicher. Die sowjetische Führung sah ihre Aufgabe in erster Linie im Überleben und erst in zweiter Linie in der Verwirklichung sozialistischer Ziele – eine keineswegs unrealistische Einschätzung unter den herrschenden Umständen, aber kaum dazu angetan, Sozialisten vom Schlage einer Rosa Luxemburg zu beruhigen, die lieber überhaupt keine Revolution wollte als eine verratene. Auch die sozialdemokratische Führung der Weimarer Republik sah, wenngleich unter anderer Perspektive, ihr vordringlichstes Ziel im Erhalt der neuen Staatsform und nicht in der Verwirklichung des Sozialismus. Dem Gewerkschaftsbewußtsein, das sich, wie Carl Schorske gezeigt hat,[1] lange vor Ende des Zweiten Reiches in der Sozialdemokratie breitmachte, ist zuzuschreiben, daß alle, aber auch alle Chancen und Gelegenheiten einer Revolution in Deutschland vergeben und vertan wurden. Die Spaltung der Arbeiterbewegung in der Weimarer Zeit in eine bolschewisierte kommunistische Partei (KPD) und eine nichtrevolutionäre sozialdemokratische Partei (SPD) war für alle, die an der Reinheit der marxistischen Theorie festhielten, ein trauriges Schauspiel. Einige versuchten, sich der einen oder anderen Fraktion anzunähern. Aber wie die Geschichte von Georg Lukács zeigt, der gezwungen war, sich von seinem klugen Buch *Geschichte und Klassenbewußtsein* kurz nach dessen Erscheinen im Jahr 1923 zu distanzieren, bedeutete dies in vielen Fällen das Opfer der intellektuellen Integrität auf dem Altar der Parteisolidarität.
Wenn sich hingegen infolge persönlicher Vorlieben eine stärkere Bindung an die Theorie entwickelte als an die Partei, dann waren, selbst wenn damit auf die Einheit von Theorie und Praxis zeitweilig verzichtet wurde, die Ergebnisse im Hinblick auf theoretische Innovation mitunter außerordentlich fruchtbar. Eine zentrale These dieses Buches wird denn auch sein, daß die relative Autonomie jener Wissenschaftler, die die sogenannte Frankfurter Schule des Instituts für Sozialforschung bildeten, zwar einige Nachteile mit sich brachte, daß sie aber eine der Grundbedingungen für die theoretischen Leistungen war, die aus ihrer

Zusammenarbeit hervorgingen. Ohne großen Einfluß in der Weimarer Republik und fast bedeutungslos in der Folgezeit des Exils, sollte die Frankfurter Schule in der Nachkriegszeit zu einer ganz entscheidenden Kraft bei der Wiederbelebung des Marxismus in Westeuropa werden. Und schließlich verschaffte Herbert Marcuses plötzliche Popularität in den späten sechziger Jahren in den Vereinigten Staaten der Kritischen Theorie der Frankfurter Schule einen erheblichen Einfluß auch auf die Neue Linke in den USA.

Unabhängigkeit wurde im Institut von Anfang an als notwendige Voraussetzung für eine Arbeit erachtet, die Theoriebildung und uneingeschränkte Sozialforschung zum Inhalt haben sollte. Glücklicherweise standen die Mittel, die solche Bedingungen garantierten, auch zur Verfügung. Der Gedanke, diese Ziele im Rahmen eines Instituts zu verwirklichen, kam Felix J. Weil im Jahr 1922[2]. Er war der einzige Sohn des deutschstämmigen Getreidegroßkaufmanns Hermann Weil, welcher um 1890 aus Deutschland nach Argentinien ausgewandert war und dort ein beträchtliches Vermögen durch Weizenexport nach Europa erworben hatte. 1898 in Buenos Aires geboren, kam Felix Weil im Alter von neun Jahren nach Frankfurt aufs Goethe-Gymnasium, um sich später auch an der neugegründeten Universität dieser Stadt zu immatrikulieren. Von zwei wichtigen Semestern 1918–1919 in Tübingen abgesehen – Weil engagierte sich hier zum erstenmal für die Sache der Linken –, blieb er bis zu seiner Promotion (*magna cum laude*) in politischer Wissenschaft in Frankfurt. Seine Dissertation über die praktischen Probleme der Verwirklichung des Sozialismus[3] erschien in einer Monographienreihe, deren Herausgeber Karl Korsch war; Korsch war es übrigens auch, der als einer der ersten Weil für den Marxismus interessierte. Aus seinem ansehnlichen mütterlichen Erbe sowie aus dem Vermögen seines Vaters begann Weil eine ganze Anzahl radikaler Aktivitäten in Deutschland zu finanzieren.

Da war zunächst die *Erste Marxistische Arbeitswoche* (EMA), die im Sommer 1922 in Ilmenau in Thüringen stattfand. »Ihr zugrunde lag«, so Weil, »die Hoffnung, die verschiedenen marxistischen Strömungen könnten, wenn man ihnen nur Gelegenheit gab, ihre Differenzen auszudiskutieren, zu einem ›wahren‹ oder ›reinen‹ Marxismus gelangen.«[4] Unter den Teilnehmern der einwöchigen Konferenz befanden sich Georg Lukács, Karl Korsch, Richard Sorge, Friedrich Pollock, Karl August Wittfogel, Bela Fogarasi, Karl Schmückle, Konstantin Zetkin (der jüngere der beiden Söhne von Klara Zetkin), Hede Gumperz (damals mit Julian Gumperz, einem der Herausgeber der *Roten Fahne*, später mit Gerhart Eisler und schließlich mit Paul Massing verheiratet),[5] sowie etliche Ehefrauen, darunter Hedda Korsch, Rose Wittfogel, Christiane Sorge und Käthe Weil. Den größten Teil der Zeit verbrachte man mit der Diskussion von Korschs noch nicht veröffentlichtem Manuskript »Marxismus und Philosophie«. »Die EMA«, so schrieb Weil,[6]

»war völlig informell, es hatten sich ausschließlich Intellektuelle zusammengefunden«, und »weder der Intention noch dem Resultat nach hatte sie auch nur im entferntesten etwas mit Fraktionierung oder Parteibildung zu tun.« Zu einer erwarteten *Zweiten Marxistischen Arbeitswoche* kam es deshalb nicht, weil eine ambitiösere Alternative an ihre Stelle trat.

Während der EMA war Weil die Idee einer festeren Institution gekommen; verschiedene Freunde an der Frankfurter Universität bestärkten ihn darin, und in gemeinsamen Überlegungen kristallisierte sich rasch eine klare Vorstellung davon heraus. Einer dieser Freunde war Friedrich Pollock; er hatte ebenfalls an den Diskussionen in Ilmenau teilgenommen. 1894 als Sohn eines assimilierten jüdischen Kaufmanns in Freiburg geboren, hatte sich Pollock, ehe er Soldat wurde, auf den Beruf des Kaufmanns vorbereitet. Nach Kriegsende nicht länger an Handel und Geschäft interessiert, studierte er an den Universitäten München, Freiburg und Frankfurt Politik und Ökonomie. 1923 promovierte er in Frankfurt *summa cum laude* zum Doktor rer. pol. mit einer Arbeit über die Theorie des Geldes bei Marx. Pollock hatte bereits vor dem Kriege, im Jahre 1911, Max Horkheimer kennengelernt, sie waren Freunde geworden, und nun pflichtete Horkheimer, der später zur wichtigsten Figur in der Geschichte des Instituts werden sollte, Pollock in der Unterstützung des Weilschen Planes zur Gründung eines Instituts für Sozialforschung bei.

Horkheimer, neun Monate jünger als Pollock, war 1895 in Stuttgart geboren. Auf Drängen seines Vaters Moritz, eines prominenten jüdischen Fabrikanten, erhielt auch er eine kaufmännische Ausbildung, ehe er in den Militärdienst trat. Horkheimer befolgte den Rat seines Vaters indes auch in anderen Dingen und unternahm 1913 und 1914 ausgedehnte Reisen nach Brüssel und London, um Englisch und Französisch zu lernen; er machte diese Reisen übrigens gemeinsam mit Pollock. Zu keinem Zeitpunkt jedoch waren seine Interessen allein die eines aufstrebenden Geschäftsmannes. Beweis dafür sind die zahlreichen Romane, die er (wenn auch, ohne sie zu veröffentlichen) in dieser Phase seines Lebens schrieb. Nach 1918 besuchte er in der Absicht, sich eine solide und profunde geistige Ausbildung zu erwerben, die drei Universitäten, an denen auch Pollock studierte. Er arbeitete zunächst auf dem Gebiet der Psychologie, und zwar unter dem Gestaltpsychologen Adhemar Gelb, schlug dann aber einen andern Weg ein, als er in Frankfurt erfuhr, daß ein dem seinen ganz ähnliches Projekt anderswo bereits ausgeführt war. Das Gebiet, dem er sich nun zuwandte, war die Philosophie, und sein neuer Mentor war Hans Cornelius.

Obgleich Cornelius niemals in direkter Verbindung zum Institut stand, übte er auf Horkheimer und seine Freunde großen Einfluß aus; wie groß er war, wird im nächsten Kapitel deutlich, wo wir die Elemente der Kritischen Theorie diskutieren wollen. Horkheimer promovierte

1922 *summa cum laude* bei Cornelius mit einer Arbeit über Kant.[7] Drei Jahre später habilitierte er sich mit einer weiteren kritischen Würdigung von Kants Werk und hielt im Mai 1925 seine Antrittsvorlesung als Privatdozent über Kant und Hegel.[8]

Horkheimers Verhältnis zu Pollock war einer der Eckpfeiler des Instituts; es sei deshalb hier kurz erörtert. Aufschluß darüber gibt beispielsweise eine Passage in Ludwig Marcuses Autobiographie. Ludwig Marcuse – er hat nichts zu tun mit Herbert Marcuse – war in den zwanziger Jahren Theaterkritiker bei einer Frankfurter Zeitung. Eines Tages brachte Cornelius seine beiden jungen Schützlinge zu ihm ins Büro. Er hatte bei sich »einen werbenden, von Herzlichkeit überquellenden Mann, Max Horkheimer, und seinen reservierten, äußerlich strengeren Freund, Fritz Pollock; aber man sah auch ihm ein wenig an, was sich hinter seiner Zurückhaltung verbarg.«[9] Zu den Eigenschaften Pollocks, auf die Marcuse angespielt haben dürfte, gehörte eine außerordentliche Bescheidenheit und eine bedingungslose Ergebenheit Horkheimer gegenüber, die beider Freundschaft während der sechzig Jahre ihrer Dauer bis zu Pollocks Tod im Winter 1970 kennzeichnete. Von kurzen Unterbrechungen abgesehen, lebten die beiden Männer ihr ganzes Leben lang stets in nächster Nähe zueinander. Pollock übernahm die Rolle des pragmatischen, besonnenen Realisten, der in vielen Fällen die Angelegenheiten des Alltags regelte, um Horkheimer ein Höchstmaß an Zeit für seine wissenschaftliche Arbeit zu sichern. Horkheimer war ein sehr behütetes Kind gewesen; später fungierte Pollock immer wieder als Puffer zwischen ihm und der rauhen Wirklichkeit. Horkheimer, so erinnert sich ein Beobachter[10], war oft launisch und reizbar. Pollock dagegen war ausgeglichen, geradezu stur-solide. Die wechselseitige Ergänzung dieser beiden Charaktere war eine der Quellen für den Erfolg des Instituts. Daß Pollocks eigene wissenschaftliche Karriere bis zu einem gewissen Grad darunter litt, war ein Preis, den er zu zahlen gewillt schien. Obendrein war ein solches Ergebnis in den zwanziger Jahren natürlich kaum vorauszusehen.

Eigentlich hätten beide Männer und vermutlich auch Weil auf ihrem jeweiligen Gebiet mit einer erfolgreichen Karriere rechnen dürfen. Das äußerst rigide deutsche Universitätssystem hätte von ihnen dafür allerdings die Beschränkung ihrer umfassenden Interessen auf eine Disziplin, auf ein Fach verlangt. Zudem stieß die Art von radikaler Wissenschaft, die sie treiben wollten, auf wenig Gegenliebe in der etablierten akademischen Hierarchie. Selbst der nichtmarxistische, aber unkonventionelle Cornelius wurde von seinen Kollegen nicht als einer der Ihren betrachtet. Vor diesem Hintergrund schien Weils Idee eines selbstfinanzierten, eigenen Instituts für Sozialforschung eine ausgezeichnete Möglichkeit, sich den üblichen Kanälen universitären Lebens zu entziehen. Themen wie Geschichte der Arbeiterbewegung und Ursprünge des Antisemitismus, die im Standardlehrplan für die deutsche Universitätsausbildung nicht vorkamen, konnten hier mit einer bislang unbekannten Sorgfalt und Gründlichkeit erforscht werden.[11] Der Plan wurde Felix' Vater, Hermann Weil, vorgetragen und fand seine Zustimmung. Hermann Weil stellte als Anfangsfinanzierung zunächst 120 000 Mark im Jahr zur Verfügung. Pollock schätzte den damaligen Wert dieses Geldes auf ein Vierfaches seines Nennwerts im Jahre 1970. Ein unverheirateter Assistent am Institut brauchte für seinen Unterhalt ungefähr 200 Mark im Monat. Im Lauf der Zeit wurde dieses Anfangskapital durch weitere Geldspenden, zum Teil von Weil, zum Teil aus anderen Quellen, erweitert. Es gibt jedoch meines Wissens keinerlei Anhaltspunkte dafür, daß irgendwelche politischen Geldgeber im Spiel waren, auch wenn in späteren Jahren Verleumder des Instituts entsprechende Behauptungen in Umlauf setzten. Jedenfalls erlaubte Hermann Weils Stiftung, wenngleich es sich nicht um Riesensummen handelte, die Gründung und Erhaltung eines Instituts, dessen finanzielle Unabhängigkeit sich in seiner späteren Geschichte stets als großer Vorteil erwies. Obgleich Unabhängigkeit, und zwar finanzielle wie geistige, oberstes Ziel der Institutsgründer war, hielten sie es für tunlich, eine lockere Angliederung an die Frankfurter Universität anzustreben, zu der es allerdings erst im Jahr 1924 kam. Die ursprüngliche Idee, dem Institut den Namen *Institut für Marxismus* zu geben, wurde als zu provokant wieder fallengelassen und eine eher aesopische Alternative gesucht (übrigens nicht zum letzten Mal in der Geschichte der Frankfurter Schule). Der Vorschlag des Kultusministeriums, es Felix-Weil-Institut für Sozialforschung zu nennen, wurde von Weil mit dem Argument abgelehnt, »das Institut möge bekannt, vielleicht sogar berühmt werden aufgrund seiner Beiträge zum Marxismus als einer wissenschaftlichen Disziplin, nicht aber wegen des Geldes seines Begründers.«[12] Man entschloß sich zu dem schlichten Namen »Institut für Sozialforschung«. Weil lehnte auch ab, sich zu habilitieren und Privatdozent zu werden oder die Möglichkeit einer weiteren akademischen Karriere ins Auge zu fassen, um dann Direktor des Instituts werden zu können, weil, wie er meinte, »viel zu viele Leute denken würden, ich hätte mir die ›venia legendi‹ und später den Lehrstuhl ›gekauft‹«.[13] Der Leiter des Instituts mußte allerdings – so war es in der mit dem Kultusministerium erreichten Übereinkunft als Bedingung festgelegt – ordentlicher Professor an der Universität, d. h. Staatsbeamter sein. Weil schlug als Kandidaten einen Ökonomen von der Technischen Hochschule Aachen, Kurt Albert Gerlach, vor. Er selbst übernahm den Vorsitz in der *Gesellschaft für Sozialforschung,* dem Finanz- und Verwaltungsgremium des Instituts.

Gerlach teilte mit den Institutsgründern eine ästhetische und politische Abneigung gegen die bürgerliche Gesellschaft. Die ästhetische Abneigung hatte er im Kontakt zum Stefan-George-Kreis entwickelt, die po-

litische durch Bekanntschaft mit den *Fabians** während seiner Studienzeit in England. Sein Herz schlug eindeutig links. Pollock spricht von ihm viele Jahre später als einem nichtparteigebundenen Sozialisten[14], während die englischen Historiker F. W. Deakin und G. R. Storry in ihrer Studie über Richard Sorge schreiben: »Wahrscheinlich war er damals, ebenso wie Sorge, Mitglied der Kommunistischen Partei.«[15] Wie im einzelnen die politische Linie Gerlachs auch ausgesehen haben mag, er wurde auf Vorschlag Weils von der Wirtschafts- und Sozialwissenschaftlichen Fakultät als Professor und vom Kultusministerium als erster Direktor des Instituts akzeptiert. Anfang 1922 schrieb er ein »Memorandum zur Gründung des Instituts für Sozialforschung an der Universität Frankfurt am Main«[16], in dem er die einzelnen Ziele des Instituts und ihren Zusammenhang klarlegte. Bald darauf kündigte er seine erste Vorlesung über Anarchismus, Sozialismus und Marxismus an, zu der es allerdings nicht kam, weil Gerlach bereits im Oktober 1922 im Alter von sechsunddreißig Jahren der Zuckerkrankheit erlag. (Seine Bibliothek von achttausend Bänden hatte er Weil vermacht, der sie dem Institut überließ.)
Die Suche nach einem Nachfolger konzentrierte sich auf einen älteren Wissenschaftler, der die Zeit überbrücken sollte, bis eines der jüngeren Gründungsmitglieder alt genug für ein Ordinariat an der Universität sein würde. In Betracht kam zunächst Gustav Mayer, der bekannte Historiker des Sozialismus und Biograph von Engels. Die mit ihm geführten Verhandlungen scheiterten jedoch nach Mayers Erinnerung an dem Anspruch Weils – den er später kurzerhand als Edelkommunisten abtat – auf totale Kontrolle über das geistige Leben des Instituts.[17] Falls dem so war, beharrte Weil zumindest nicht lange auf dieser Forderung; denn der nächste Kandidat, der den Posten dann auch übernahm, setzte sich sehr schnell durch. Weils Einfluß auf die geistigen Belange scheint in Wirklichkeit nie sehr groß gewesen zu sein.
Die Wahl des Nachfolgers für Gerlach fiel schließlich auf Carl Grünberg, der nach vielem Zureden seine Professur in Rechts- und Politikwissenschaft an der Universität Wien aufgab und nach Frankfurt kam.[18] Grünberg war 1861 in Foscani in Rumänien als Sohn jüdischer Eltern geboren (um in Wien einen Lehrstuhl übernehmen zu können, war er später zum Katholizismus übergetreten). Von 1881 bis 1885 hatte er in der österreichischen Hauptstadt Jura studiert, um danach – ebenfalls dort – die Laufbahn eines Juristen mit der eines Hochschullehrers zu verbinden. 1909 wurde er in Wien Professor, ein Jahr später begann er mit der Herausgabe des *Archivs für die Geschichte des Sozialismus und der Arbeiterbewegung,* kurz als *Grünbergs Archiv* bekannt geworden. Politisch war Grünberg erklärter Marxist, er wurde sogar als

* Anhänger der *Fabian Society* und des Fabianismus, einer englischen sozialistischen Lehre. Anm. d. Red.

»Vater des Austromarxismus« bezeichnet.[19] Der Historiker dieser Bewegung hat die Berechtigung einer solchen Charakterisierung allerdings in Zweifel gezogen, als er schrieb, sie sei gerechtfertigt nur »insofern, als die Repräsentanten des Austromarxismus an der Universität Wien seine Schüler waren, nicht aber in dem Sinn, daß Grünberg selbst den Austromarxisten zuzuzählen wäre, da seine Arbeiten überwiegend historischen Charakter hatten und nicht dazu bestimmt waren, eine Einheit von Theorie und Praxis herzustellen.«[20] Grünberg scheint seine relative Indifferenz theoretischen Fragen gegenüber auch in Frankfurt nicht verloren zu haben. Auch wenn seine Zeitschrift hie und da einen theoretischen Artikel brachte, wie etwa im Jahr 1923 Karl Korschs wichtigen Aufsatz über »Marxismus und Philosophie« oder drei Jahre später Georg Lukács' Kritik an Moses Hess[21], war sie doch vornehmlich historischen und empirischen Untersuchungen vorbehalten, die gewöhnlich auf einem recht undialektischen, mechanistischen Marxismus der Engels-Kautskyschen Prägung fußten. Mit Weils theoretischen Interessen stand es nicht viel anders, und Grünberg dürfte sich in voller Übereinstimmung mit der herrschenden Zielvorstellung von einem interdisziplinären Institut befunden haben, das seine Aufgabe in der radikalen Analyse der bürgerlichen Gesellschaft sah. Das Problem der Nachfolge für Gerlach war damit zu dem Zeitpunkt, da das Institut mit der Arbeit beginnen konnte, befriedigend gelöst. Grünberg war, nebenbei gesagt, der erste erklärte Marxist, der in Deutschland einen Lehrstuhl innehatte.

Die offizielle Gründung des Instituts fand am 3. Februar 1923 aufgrund einer Verfügung des Kultusministeriums statt; ihr war eine Übereinkunft zwischen dem Ministerium und der *Gesellschaft für Sozialforschung* vorausgegangen. Professor Drevermann vom Senckenberg-Museum für Naturwissenschaft hatte dem Institut seine Räume zur vorübergehenden Benutzung angeboten, eine Einladung, die gerne angenommen wurde; man begann sofort mit der Arbeit, »inmitten von halbausgepackten Bücherkisten, an improvisierten Schreibtischen aus Brettern und unter den Skeletten eines Riesenwals, eines Diplodokus und eines Ichthyosauriers«, wie Weil sich erinnert.[22]

Im März 1923 wurde mit der Errichtung eines Gebäudes, welches das Institut beherbergen sollte, in der Viktoriaallee 17, nahe der Bockenheimer Landstraße im Universitätsviertel, begonnen. Franz Röckle, der von Weil beauftragte Architekt, entwarf einen schmucklosen, kubischen, fünfstöckigen Bau im Stil der Neuen Sachlichkeit, den die Avantgarde Weimars damals in Mode brachte. Die Ironie, daß das Institut in einem Haus logierte, dessen Architektur den Geist reiner »Sachlichkeit« spiegelte, über den die Kritische Theorie so häufig spottete[23], entging seinen Mitgliedern später keineswegs. Trotz alledem leisteten der Lesesaal mit seinen sechsunddreißig Plätzen, die sechzehn kleinen Arbeitszimmer, die vier Seminarräume mit hundert Plätzen und die Bibliothek, die Raum hatte für 75 000 Bände, dem jungen Institut gute Dienste.

Am 22. Juni 1924 wurde das eben fertiggestellte Haus offiziell eröffnet. Grünberg hielt die Festrede.[24] Er betonte zunächst die Notwendigkeit einer forschungsorientierten Akademie, die er im Gegensatz sah zu der im deutschen Bildungswesen damals üblichen Tendenz, der Lehre auf Kosten von Forschung und Wissenschaft den Vorzug zu geben. Obwohl das Institut mit einem gewissen Lehrangebot aufwarte, wolle es unbedingt vermeiden, eine Ausbildungsstätte für »Mandarine«[25] zu werden, die nichts anderes gelernt hätten, als im Sinne des Status quo zu agieren. Indem er auf die Tendenz deutscher Universitäten hinwies, zu Zentren eines Spezialunterrichts – Institute zur Ausbildung von »Mandarinen« – zu werden, legte er den Finger auf eine alte Wunde der deutschen Geschichte. Mehr als hundert Jahre zuvor hatte Wilhelm von Humboldt versucht, eine Verbindung herzustellen zwischen »Universitäten«, die sich mit praktischer Ausbildung befaßten, und »Akademien«, die reine Forschung pflegten.[26] Im Laufe der Zeit war die kritische »Akademie« jedoch eindeutig von der auf Anpassung bedachten Universität als dem gültigen Modell höherer Ausbildung in Deutschland zur Seite gedrängt worden. Das Institut wollte diesem Trend von Anfang an entgegenwirken.

Des weiteren skizzierte Grünberg die Unterschiede zwischen der Verwaltung des Instituts und der anderer neugegründeter Forschungsgesellschaften. Im Unterschied etwa zum Führungskollegium des neu geschaffenen Kölner Forschungsinstituts für Sozialwissenschaften, das von Christian Eckert, Leopold von Wiese, Max Scheler und Hugo Lindemann geleitet wurde, werde das Frankfurter Institut nur einen einzigen Direktor mit »diktatorialen« Befugnissen haben. Zwar sei die Unabhängigkeit seiner Mitglieder gesichert, die Bestimmung über die finanziellen Mittel des Instituts und über die Konzentration seiner Energien liege jedoch fest in der Hand der Leitung. Entsprechend war auch der dominierende Einfluß Max Horkheimers in Institutsangelegenheiten in späteren Jahren unbestritten. Dies mag zwar weitgehend der Kraft seiner Persönlichkeit und seines Intellekts zuzuschreiben sein, doch wurzelte seine Macht auch in der Struktur des Instituts, wie sie ursprünglich konzipiert war.

Grünberg schloß seine Eröffnungsansprache mit einem klaren Bekenntnis zum Marxismus als wissenschaftlicher Methode. So wie Liberalismus, Staatssozialismus und historische Schule in anderen Instituten beheimatet seien, werde das bestimmende Prinzip am Institut der Marxismus sein. Grünbergs Vorstellung von materialistischer Analyse war unkompliziert. Sie sei, so sagte er, »eminent induktiv; ihre Resultate beanspruchen keine Geltung in Zeit und Raum«, sondern hätten »nur relative, jeweils geschichtlich bedingte Bedeutung«.[27] Wahrer Marxismus, so fuhr er fort, sei nicht dogmatisch und suche nicht nach ewigen

Gesetzen. Mit dieser Feststellung befand sich Grünberg in voller Übereinstimmung mit der Kritischen Theorie, wie sie später entwickelt wurde. Seine induktive Erkenntnistheorie hingegen fand nicht die Billigung von Horkheimer und den anderen jüngeren Mitgliedern der Gruppe. Dennoch war in den ersten Jahren des Instituts der Grünbergsche Ansatz bestimmend. In *Grünbergs Archiv* lag das Hauptgewicht stets auf der Geschichte der Arbeiterbewegung, auch wenn dann und wann eine theoretische Schrift erschien, z. B. Pollocks Untersuchung über Werner Sombart oder Horkheimers Aufsatz über Karl Mannheim.[28] Der Ton der Grünberg-Jahre, ein erheblich anderer, als er hernach mit Horkheimer als leitendem Direktor im Institut herrschte, ist recht gut eingefangen in einem Brief, den Oscar H. Swede, Student am Institut, im Jahre 1927 an den amerikanischen Marxisten Max Eastman richtete. Die relative Orthodoxie des Marxismus am Institut frustrierte den jungen Schweden, der darüber klagte, er verbringe seine Zeit

»... mit stundenlangen, ärgerlichen Diskussionen in einem marxistischen Institut, an dem eine jüngere Generation sich einer orthodoxen Religion und der Anbetung einer ikonographischen Literatur verschreibt, gar nicht zu reden von den Tafeln, voll gekritzelt mit mathematischen Kunststücken wie 1 000 c + 400 v, soll heißen mit Marxschen Ausrechnungen von Kapitalfunktionen und dergleichen. Mein Gott! Wie viele Stunden habe ich damit zugebracht, Debatten in Seminaren und Studentenzirkeln zu lauschen, die sich um die Hegelsche Dialektik drehten, und keine einzige Stimme erhob sich, die darauf hingewiesen hätte, daß sich die Probleme nicht mehr durch »philosophische« Haarspaltereien lösen lassen (wenn sie sich überhaupt jemals so lösen ließen). Selbst der Leiter des Instituts [Grünberg] ist, konfrontiert mit einem Auditorium von enthusiastischen jungen Leuten, die davon überzeugt sind, daß die Relativitätstheorie nur eine Fortführung der bürgerlichen Ideologie ist, ersetze sie doch Newtons absoluten Materialismus durch beständig sich ändernde Vorstellungen, ferner, daß der Freudianismus (sic) und der Bergsonismus heimtückische Attacken aus dem Hinterhalt sind, und schließlich, daß der Krieg geführt werden kann mit dem Schwert in der einen und der ›Geschichte des Historiko-Materialismus‹ in der andern Hand ... selbst er ist konstant dazu gezwungen, gegen die inneren Widersprüche einer marxistischen M. I. H.* zu argumentieren, und muß Abwehrmittel gegen die logische Folgerung ersinnen, wir könnten ruhig die Arme unter der Brust kreuzen und auf das Paradies warten, das aus dem Kompost kapitalistischer Fäulnis erblühen werde. Tatsache ist, daß ökonomischer Determinismus weder kämpferische noch schöpferische Kräfte hervorbringt; es wird keinen Kommunismus geben, wenn wir uns auf Kälte, Hunger und niedrige Löhne als Schleifer unserer Rekruten verlassen müssen.«[29]

* Ausgeschrieben: *Materialist Interpretation of History* (die Übers.).

Den von Swede geäußerten Unwillen über den phantasielosen Marxismus der Grünbergschen Jahre verspürten auch jene, die später das Institut leiten und schließlich die Frankfurter Schule bilden sollten; dennoch geschah in den zwanziger Jahren auf theoretischem Gebiet wenig Neues in dem von den Studenten so genannten »Café Marx«. Symptomatisch für seine Position waren die engen Bande, die zwischen dem Frankfurter Institut und dem Marx-Engels-Institut in Moskau unter der Leitung von David Ryazanow bestanden.[30] Man fotokopierte unveröffentlichte Marx- und Engels-Manuskripte, die ein Kurier jede Woche aus der SPD-Zentrale in Berlin brachte, und sandte sie anschließend nach Moskau, wo sie in die gesammelten Werke, in die berühmte MEGA (Marx-Engels Historisch-Kritische Gesamtausgabe)[31] aufgenommen wurden.
Zur gleichen Zeit begann sich im Institut eine Gruppe junger Assistenten zu etablieren, deren Vergangenheit und Interessen recht unterschiedlich waren. Unter ihnen befand sich auch Richard »Ika« Sorge, der zwar für die spätere Entwicklung des Instituts die geringste Bedeutung hatte, dafür aber eine der faszinierendsten Figuren war, die je zum Institut gehörten. Die ungewöhnliche Geschichte seiner Spionagetätigkeit für die Russen im Fernen Osten während des Zweiten Weltkrieges und in der Zeit davor braucht nicht rekapituliert zu werden; sie ist allseits bekannt. Zunächst unabhängiger Sozialist und nach 1918 Kommunist, war Sorge Doktorand von Gerlach in Aachen. Er verband seine akademischen Aktivitäten mit Parteiarbeit; beispielsweise organisierte er illegal Arbeiter im Ruhrgebiet. 1921 heiratete er Gerlachs geschiedene Frau Christiane, was ihn erstaunlicherweise nicht die Freundschaft mit seinem Professor kostete. Als Gerlach ein Jahr später nach Frankfurt übersiedelte, folgte ihm Sorge dorthin. Nach dem plötzlichen Tod Gerlachs, der erster Direktor des Instituts hatte werden sollen, blieb Sorge noch für kurze Zeit Assistent; er wurde mit dem Aufbau der Bibliothek betraut. Das war eine Arbeit, die ihm gar nicht schmeckte, und als die Partei ihn 1924 nach Moskau rief, stand seinem Gehorsam nichts im Weg; er verließ Frankfurt ohne Zögern. Seine Verbindung zum Institut kann laut Deakin und Storry »nur eine nominelle, eine Möglichkeit der Tarnung«[32] seiner Arbeit für die Partei gewesen sein. Die übrigen Institutsmitglieder erfuhren jedenfalls erst in den vierziger Jahren, nach Sorges Enttarnung als Spion, von seiner beachtlichen Karriere als Geheimagent.[33]
Andere Assistenten am Institut betätigten sich trotz des offiziellen Vorsatzes der Gründungsmitglieder, das Institut von jeder Parteibindung freizuhalten, offen linkspolitisch. Karl August Wittfogel, Franz Borkenau und Julian Gumperz waren alle drei Mitglieder der Kommunistischen Partei. Politische Betätigung als solche stellte demnach also keinen Grund für Ablehnung oder Ausschluß aus der Gruppe dar. Dennoch konnte sie sich als hinderlich erweisen, wie das Beispiel von

Karl Korsch zeigt, der in der thüringischen Regierungskoalition von SPD und KPD im Jahr 1923 Justizminister gewesen war und auch danach noch bis 1926 als prominenter Linksoppositioneller in der KPD arbeitete. Allein Wittfogel erinnert sich der Rolle Korschs in den ersten Jahren des Instituts als einer zentralen Rolle, alle anderen noch lebenden Mitglieder weisen diese Version zurück. Tatsächlich war Korsch an einigen Seminaren im Institut beteiligt und schrieb auch vor und in der Emigration hin und wieder Rezensionen für Institutspublikationen, eine volle Zugehörigkeit wurde ihm jedoch nie angeboten.[34] Die Gründe dafür waren ohne Zweifel komplexer Natur; dennoch dürfte Korschs Betonung von Praxis, die ihn in späteren Jahren immer weiter von der philosophischen Theorie wegführte, mit Sicherheit ebensosehr eine Rolle gespielt haben wie die charakterliche Labilität, die die andern ihm nachsagten.[35]

Die Frage, ob Horkheimer möglicherweise der KPD angehört habe, wurde immer wieder gestellt. Eindeutige Beweise dafür scheint es nicht zu geben, und viel von dem, was Horkheimer tat und schrieb, spricht durchaus für seine heutige Verneinung einer Mitgliedschaft. In ihren gemeinsamen Münchner Studententagen im Jahr 1919 waren Horkheimer und Pollock unbeteiligte Zeugen der kurzlebigen revolutionären Aktivitäten der bayerischen Literaten. Sie halfen zwar, linke Opfer des weißen Terrors, der damals sofort einsetzte, zu verstecken, nahmen jedoch selbst an der Revolution nicht teil, die nach ihrer Überzeugung verfrüht und aufgrund der fehlenden objektiven Bedingungen, die einen wirklichen sozialen Wandel hätten begünstigen können, unweigerlich zum Scheitern verurteilt war.[36] Horkheimers erste politische Sympathien gehörten Rosa Luxemburg, insbesondere ihrer Kritik des bolschewistischen Zentralismus wegen.[37] Nach ihrer Ermordung im Jahre 1919 gab es für ihn nie wieder einen sozialistischen Führer, dem er gefolgt wäre. In einer seiner ganz wenigen konkreten politischen Analysen aus der Zeit vor der Emigration, in der kleinen Schrift über »Die Ohnmacht der Deutschen Arbeiterklasse«, die 1934 in jener Sammlung von Aphorismen und kurzen Aufsätzen erschien, welche unter dem Titel *Dämmerung*[38] bekannt wurde, nannte Horkheimer die Gründe für seine Skepsis gegenüber den verschiedenen Arbeiterparteien. Die Spaltung der Arbeiterklasse in eine verdienende, integrierte Arbeiterelite einerseits und eine Masse von empörten, frustrierten Arbeitslosen andererseits, wie sie der Kapitalismus in seiner derzeitigen Form hervorbringe, habe, so lautete Horkheimers Überlegung, zu einer entsprechenden Dichotomie geführt zwischen einer Sozialdemokratischen Partei, der es an Motivation fehle, und einer Kommunistischen Partei, die in theoretischer Stumpfheit verharre. Die SPD habe »viel zu viele Gründe«, die Kommunisten, die häufig auf den Zwang setzten, hätten viel zu wenige. Die Aussichten, die beiden Positionen zu versöhnen, seien, so schloß Horkheimer pessimistisch, »in letzter

Linie durch den Gang des ökonomischen Prozesses« bestimmt. »In beiden Parteien existiert ein Teil der Kräfte, von denen die Zukunft der Menschheit abhängt.«[39] Das Institut hat sich denn auch niemals, weder unter Grünberg noch unter Horkheimer, mit einer bestimmten Partei oder Fraktion der Linken liiert. Eines seiner Mitglieder hat 1931 das Verhältnis des Instituts zur Arbeiterbewegung wie folgt charakterisiert:

»Es [das Institut, d. Ü.] ist eine *neutrale* Institution an der Universität, die für jeden zugänglich ist. Seine Bedeutung liegt darin, daß es zum ersten Mal alles, was die Arbeiterbewegung in den wichtigsten Ländern der Welt betrifft, sammelt. Vor allem Quellen (Kongreßprotokolle, Parteiprogramme, Statuten, Zeitungen und Zeitschriften) . . . Wer heute in Westeuropa über die Strömungen in der Arbeiterpartei schreiben will, *muß* zu uns kommen, da wir die einzige Sammelstelle dafür sind.«[40]

Wenn das Institut Mitarbeiter aufnahm, die politisch gebunden waren, dann ausschließlich ihrer nichtpolitischen Arbeit wegen. Der bedeutendste Aktivist in seinen Reihen war Karl August Wittfogel.[41] Der Sohn eines lutherischen Lehrers war 1896 in Woltersdorf, einem kleinen Ort bei Hannover, geboren worden. In der deutschen Jugendbewegung vor dem Kriege aktiv, wurde er gegen Kriegsende immer engagierter und radikaler. Im November 1918 schloß er sich der USPD an und zwei Jahre später ihrer kommunistischen Nachfolgeorganisation. In der Weimarer Zeit investierte er seine beachtliche Energie hauptsächlich in die Parteiarbeit, auch wenn ihm in Moskau wegen der Heterodoxie seiner Positionen immer wieder der Kopf gewaschen wurde. Neben der zunehmend mehr Zeit in Anspruch nehmenden Parteiarbeit für die Kommunisten gelang es Wittfogel dennoch, in seiner wissenschaftlichen Laufbahn rasch und erfolgreich voranzukommen. Er studierte in Leipzig bei Karl Lamprecht, in Berlin und schließlich in Frankfurt, wo er in Carl Grünberg seinen Doktorvater fand. Er veröffentlichte Untersuchungen über die bürgerliche Wissenschaft sowie über die bürgerliche Gesellschaft, ehe er sich jenem Gegenstand zuwandte, dem in späteren Jahren sein Hauptinteresse gelten sollte, der asiatischen Gesellschaft.[42] Bereits 1922 hatten Gerlach und Weil Wittfogel aufgefordert, an dem von ihnen geplanten Institut mitzuarbeiten. Erst drei Jahre später nahm er das Angebot an; Rose Schlesinger, seine Frau, arbeitete zu der Zeit bereits als Bibliothekarin am Institut.
Obgleich Wittfogels neue Kollegen seine Beiträge zum Verständnis dessen, was Marx die asiatische Produktionsweise genannt hatte, anerkannten, scheint seine Arbeit kaum wirklich in die der anderen integriert gewesen zu sein. Horkheimer und die übrigen jüngeren Institutsmitglieder, die die traditionelle Interpretation der marxistischen

Theorie anzweifelten, hielten ihn in theoretischen Dingen für naiv. Wittfogels Ansatz war umstandslos und offen positivistisch, und die Geringschätzung, mit der man sich begegnete, beruhte gewiß auf Gegenseitigkeit. Kennzeichnend dafür ist die Tatsache, daß Wittfogel 1932 eines seiner Bücher unter dem Pseudonym Carl Peterson selbst rezensieren mußte, weil sich niemand dafür fand. Seine Untersuchung *Wirtschaft und Gesellschaft in China* erschien zwar im Jahre 1931 unter der Schirmherrschaft des Instituts, Wittfogel hatte jedoch zu diesem Zeitpunkt seinen Wirkungsbereich bereits nach Berlin verlegt. Hier betätigte er sich unter anderem als Verfasser einer Artikelserie über ästhetische Theorie für *Die Linkskurve.* Diese Artikel sind als »der erste Versuch in Deutschland« bezeichnet worden, »Ansätze und Prinzipien einer marxistischen Ästhetik darzustellen«.[43] Wittfogel, der in den zwanziger Jahren etliche Stücke geschrieben hatte, die von Piscator und anderen inszeniert wurden, entwickelte eine anspruchsvolle hegelianische Ästhetik, in der viel von Lukács' späterer Position vorweggenommen war. Ein weiteres Zeichen für die Distanz zwischen ihm und seinen Institutskollegen ist darin zu sehen, daß seine Schrift auf Löwenthal, Adorno oder Benjamin, und damit auf die wichtigsten Ästhetiker der Frankfurter Schule, keinerlei Einfluß gehabt zu haben scheint. Wittfogel erschien Horkheimer und seinen Kollegen als jemand, der die chinesische Gesellschaft erforschte; man förderte zwar seine Analysen dessen, was er später als die »hydraulische Gesellschaft« oder die »orientalische Despotie« bezeichnete, mehr aber auch nicht. Sein Aktivismus wurde in gewisser Weise als peinlich empfunden, umgekehrt allerdings betrachtete Wittfogel die politische Neutralität seiner Kollegen nicht minder verächtlich.

Wenn Wittfogel weder vor noch nach der Emigration dem inneren Kreis des Instituts zugerechnet werden kann, so gilt dies noch viel nachdrücklicher für Franz Borkenau. 1900 in Wien geboren, war Borkenau aktives Mitglied der Kommunistischen Partei und der Komintern von 1921 bis zu seiner Enttäuschung im Jahr 1929. Wie er überhaupt in den Dunstkreis des Instituts gelangte, ist schwer zu sagen, vermutlich war er einer von Grünbergs Schützlingen. Sein politisches Engagement scheint ebenso stark gewesen zu sein wie das von Wittfogel, seine wissenschaftliche Aktivität dagegen eher etwas gehemmt. Den größten Teil seiner Zeit am Institut verbrachte er mit der Analyse der ideologischen Veränderungen, die den aufstrebenden Kapitalismus begleiteten. Das Resultat war ein Buch, das mit einiger Verspätung 1934 in der Reihe der Institutsveröffentlichungen unter dem Titel *Der Übergang vom feudalen zum bürgerlichen Weltbild* erschien.[44] Obwohl heute weitgehend vergessen, hält es dem Vergleich mit Lucien Goldmanns späterer Arbeit, *Der verborgene Gott*[45], durchaus stand. Borkenaus zentrale These war, die Entstehung der abstrakten, mechanischen Philosophie, bestens exemplifiziert im Werk von Descartes, hänge aufs engste mit der Entstehung von abstrakter Arbeit im kapitalistischen Produktionssystem zusammen. Dieser Zusammenhang sei nicht als Kausalverhältnis in nur einer Richtung zu begreifen, sondern als eine wechselseitige Abhängigkeit. Kurz darauf erschien in der *Zeitschrift für Sozialforschung* ein Artikel, der sich kritisch mit dieser These Borkenaus auseinandersetzte – das einzige öffentliche Zeugnis seiner Isolierung von den andern im Institut.[46]

Der Autor dieser Kritik, Henryk Grossmann, gehörte zwar von 1926 bis 1940 ebenfalls zum Institutskreis, dennoch läßt sich auch von ihm kaum sagen, er habe großen Einfluß auf die geistige Entwicklung des Instituts ausgeübt. Im Alter und in seinen geistigen Neigungen Grünberg näher als manchen jüngeren Mitgliedern, wurde Grossmann 1881 in Krakau, damals zu Österreichisch-Galizien gehörig, als Sohn eines reichen jüdischen Minenbesitzers geboren. Vor dem Krieg studierte er Ökonomie in Krakau und Wien – hier bei Böhm-Bawerk – und schrieb u. a. eine historische Arbeit über Österreichs Handelspolitik im 18. Jahrhundert.[47] In den ersten Kriegsjahren war er Artillerieoffizier, danach hatte er bis zum Zusammenbruch des Habsburgischen Kaiserreichs im Jahr 1918 verschiedene Posten in der österreichischen Verwaltung in Lublin inne. Nach dem Krieg entschloß sich Grossmann, im neu konstituierten Polen zu bleiben, wo man ihm die Überwachung der ersten statistischen Erhebung des Volksvermögens anbot und ihn zum Leiter der ersten polnischen Volkszählung im Jahr 1921 ernannte. Ein Jahr später wurde er Professor für Nationalökonomie in Warschau, wo er lehrte, bis er sich durch den Sozialismus, den er vertrat, bei der Pilsudski-Regierung mißliebig gemacht hatte und 1925 gehen mußte. Grünberg, der ihn noch aus seinen Wiener Vorkriegstagen kannte, lud ihn ein, nach Frankfurt zu kommen, und verschaffte ihm eine Privatdozentur an der Universität sowie eine Assistentenstelle bei sich am Institut.

Außergewöhnlich gebildet und über ein immenses Wissen in Wirtschaftsgeschichte verfügend, war Grossmann für viele, die ihn gekannt haben[48], die Inkarnation des europäischen Wissenschaftlers: korrekt, peinlich genau und vornehm. Seinen Marxismus hatte er sich zu einer Zeit erarbeitet, da Engels' und Kautskys monistische materialistische Auffassung bestimmend war. Da er dieser Interpretation stets treu blieb, konnte er dem dialektischen, neuhegelianischen Materialismus der jüngeren Institutsmitglieder nie viel abgewinnen.

Dennoch sollte man Grossmanns Unempfänglichkeit für Horkheimers Arbeit nicht überbetonen. Schrieb er doch beispielsweise am 18. Juli 1937 an Paul Mattick:

»In der letzten Nummer der *Zeitschrift* ist ein besonders gelungener Aufsatz Horkheimers mit einer scharfen, prinzipiellen Kritik des neuen (logischen) Empirizismus erschienen. Sehr lesenswert, weil gerade in sozialistischen Kreisen vielfach der Marxsche Materialismus mit dem Empirizismus verwechselt wird, respektive weil man für diesen Empirizismus – als angeblich antimetaphysische Richtung – Sympathien zeigt.«[49]

Wie Wittfogels und Borkenaus politische Linie beruhte auch die von Grossmann auf einer relativ unreflektierten Begeisterung für die Sowjetunion; obgleich er in Warschau der polnischen KP angehört hatte, scheint es doch unwahrscheinlich, daß er in seiner Frankfurter Zeit jemals der deutschen KP beigetreten ist. Im Unterschied zu Wittfogel und Borkenau jedoch fühlte er sich später nicht vom Kommunismus enttäuscht, auch nicht in den zehn Jahren seines Exils in Amerika, als viele, die eine ähnliche Geschichte hatten wie er, ihrer Vergangenheit abschworen.

Die scharfe Kritik Grossmanns an Borkenaus Buch in seinem Artikel in der *Zeitschrift* galt der Bestimmung des Zeitpunktes für den Übergang von der feudalen zur bürgerlichen Ideologie – Grossmann setzte ihn hundertfünfzig Jahre früher an als Borkenau – sowie der Einschätzung der Bedeutung der Technologie für diesen Wandel –, für Grossmann war eher Leonardo als Descartes die paradigmatische Figur. Bei alledem stellte Grossmann den fundamentalen Kausalzusammenhang zwischen Basis und Überbau jedoch niemals in Frage. In seinem 1935 in der *Zeitschrift* erschienenen Artikel hält er an den Orthodoxien des Marxismus, wie er sie verstand, durchaus fest; wenn auch nicht ohne jede Abweichung, wie seine Betonung des technologischen Impulses für Veränderungen im Gegensatz zu dem größeren Gewicht zeigt, welches Borkenau auf die kapitalistischen Produktionsformen legt. Ein viel deutlicherer Ausdruck seines Festhaltens an den Grundsätzen orthodoxen Marxismus sind die Vorlesungen, die er zwischen 1926 und 1927 am Institut hielt und die 1929 gesammelt unter dem Titel *Das Akkumulations- und Zusammenbruchsgesetz des kapitalistischen Systems*[50] in Buchform erschienen, übrigens der erste Band der *Schriften* des Instituts.

Seit Eduard Bernstein 1890 in seinen Artikeln in *Der Neuen Zeit* empirische Einwände gegen die Prognose einer zunehmenden proletarischen Verelendung vorgetragen hatte, stand die Streitfrage, ob der Kapitalismus zwangsläufig seinen eigenen Zusammenbruch bewirke, beständig im Mittelpunkt der Diskussionen in sozialistischen Zirkeln. Drei Jahrzehnte hindurch mühten sich Rosa Luxemburg, Heinrich Cunow, Otto Bauer, M. J. Tugan-Baranowski, Rudolf Hilferding und andere auf theoretischer wie auf empirischer Ebene mit dieser Frage ab. Fritz Sternbergs Schrift *Der Imperialismus,* in der die Luxemburgsche These, der Imperialismus habe für das Ende des Kapitalismus nur aufschiebende Wirkung, in pessimistischer Richtung modifiziert wird, war der letzte größere Beitrag zu diesem Thema vor Grossmanns Arbeit

über *Das Akkumulations- und Zusammenbruchsgesetz.* Grossmann beginnt sein Buch mit einer ausgezeichneten Analyse der zu diesem Problem vorliegenden Literatur. Es folgt die Darlegung der Marxschen Auffassung und schließlich Grossmanns Versuch, auf Otto Bauers mathematischen Modellen ein deduktives System zu errichten, mit dem sich die Richtigkeit der Marxschen Voraussagen beweisen läßt. Die Verelendung, von der Grossmann sprach, bezog sich nicht auf das Proletariat, sondern meinte die Kapitalisten, deren Neigung zur Überakkumulation zwangsläufig einen Fall der Profitrate innerhalb eines bestimmten Zeitraums bewirken werde. Grossmann sah zwar auch Gegentendenzen wie die wirksamere Nutzung von Kapital, behauptete aber zuversichtlich, daß sie die letzte Krise des kapitalistischen Systems höchstens mildern, aber nicht verhindern könnten. Wir brauchen auf seine Beweisführung und die auf ihr beruhenden Voraussagen, die sich offensichtlich nicht bewahrheitet haben, in ihren einzelnen Verästelungen hier nicht weiter einzugehen[51]; es sei nur angemerkt, daß die quietistischen Implikationen der Grossmannschen These, wie sie ähnlich in allen Marxinterpretationen enthalten sind, welche die Betonung auf die objektiven Kräfte legen, im Gegensatz zu subjektiver revolutionärer Praxis einigen seiner Zeitgenossen durchaus nicht entgingen.[52]
Pollock, der andere ökonomische Kopf des Instituts, kritisierte Grossmann aufgrund anderer Überlegungen. Die Inadäquanz des Marxschen Begriffs der produktiven Arbeit hervorhebend, weil mit ihm die Vernachlässigung von nichtmanueller Arbeit verbunden sei, wies Pollock auf die Dienstleistungsindustrien hin[53], deren Bedeutung im 20. Jahrhundert zunehmend größer werde. Aus den Arbeitern dieser Industrien lasse sich, so sagte Pollock, ebenso gut Mehrwert herauspressen wie aus den in den warenproduzierenden Industrien Beschäftigten, und damit werde das Leben des Systems verlängert. Grossmann seinerseits hielt prinzipiell an seinem Standpunkt fest, mit dem Ergebnis, daß es während ihrer gemeinsamen Zugehörigkeit zum Institut bis nach dem Zweiten Weltkrieg, als Grossmann ging, in ökonomischen Fragen zwischen beiden Männern niemals zu einer Einigkeit kam. Liest man in Pollocks Arbeit über *Die planwirtschaftlichen Versuche in der Sowjetunion (1917–1927)*[54] (der zweite Band der *Schriften* des Instituts) auch zwischen den Zeilen, findet man dort weiteren Aufschluß über diesen Disput.
Pollock wurde zur Zehnjahresfeier in die Sowjetunion eingeladen; die Einladung stammte von David Ryazanow, der in den frühen zwanziger Jahren einige Zeit in Frankfurt verbracht hatte und dem Institut verbunden blieb, indem er gelegentlich einen Artikel für Grünbergs *Archiv* schrieb.[55] Wenngleich aufgrund seiner wissenschaftlichen Arbeit als Leiter des Marx-Engels-Instituts in der Sowjetunion hoch angesehen, wurde Ryazanow politisch eher als exzentrischer Atavismus aus den Tagen der vorbolschewistischen Sozialdemokratie betrachtet.

Trotz seiner häufigen Kritik an der Parteipolitik[56] konnte er sich halten, bis Stalin ihn ein paar Jahre nach Pollocks Besuch gemeinsam mit den Wolga-Deutschen ins Exil schickte, eine Maßnahme, welche scherzhaft als Stalins einzig wirklicher »Beitrag« zur marxistischen Wissenschaft bezeichnet wurde. Neben den Studien, die Pollock auf seiner Reise zum Thema sowjetische Planwirtschaft machte, hatte er dank seiner Freundschaft mit Ryazanow und dessen Vermittlung auch Gelegenheit, mit Mitgliedern der dahinschwindenden Opposition innerhalb der bolschewistischen Partei zu sprechen. Die Eindrücke, mit denen er einige Monate später nach Hause kam, waren denn auch nicht ausschließlich günstig. In seinem Buch vermeidet Pollock es sorgfältig, die politischen Konsequenzen der Revolution und die Zwangskollektivierungen der zwanziger Jahre zu kommentieren. In der Behandlung seines Zentralthemas – der Übergang von einer Markt- zu einer Planwirtschaft – erweist er sich weniger als begeisterter Verfechter von bestimmten Vorstellungen denn als distanzierter und kluger Analytiker der Realität, nicht bereit, vorschnell Urteile abzugeben. Auch in diesem Punkte waren Grossmann und Pollock äußerst verschieden.
Dennoch wäre es falsch, würde man sagen, die allgemeine Einstellung der Institutsmitglieder zum sowjetischen Experiment habe im Jahr 1927 mehr der Skepsis Pollocks als der Begeisterung Grossmanns zugeneigt. Wittfogel stand so fest zur Partei wie eh und je, Borkenaus Entschluß, der Partei den Rücken zu kehren, lag damals noch in der Zukunft, und selbst Horkheimer behielt die optimistische Hoffnung, der humanistische Sozialismus lasse sich im nachleninschen Rußland doch noch verwirklichen. Die Empfindungen, die Horkheimer in jenen Tagen hatte, schlugen sich nieder in den Aphorismen, die wenige Jahre später unter dem Titel *Dämmerung* gesammelt erschienen:

»Wer Augen für die sinnlose, keineswegs durch technische Ohnmacht zu erklärende Ungerechtigkeit der imperialistischen Welt besitzt, wird die Ereignisse in Rußland als den fortgesetzten schmerzlichen Versuch betrachten, diese furchtbare gesellschaftliche Ungerechtigkeit zu überwinden, oder er wird wenigstens klopfenden Herzens fragen, ob dieser Versuch noch andauere. Wenn der Schein dagegen spräche, klammerte er sich an die Hoffnung wie ein Krebskranker an die fragwürdige Nachricht, daß das Mittel gegen seine Krankheit wahrscheinlich gefunden sei.«[57]

Es gab heiße Privatdiskussionen um die Pollockschen Befunde, die allerdings niemals gedruckt wurden. Vielmehr herrschte nach dem Erscheinen von Pollocks Buch im Jahre 1929 nahezu völliges offizielles Schweigen im Institut, was die Ereignisse in der UdSSR anlangte, ein Schweigen, das nur durchbrochen wurde durch einen zusammenfassenden Literaturüberblick über neuere Schriften, den Rudolf Schlesinger, in den zwanziger Jahren Student bei Grünberg, gab.[58] Erst zehn Jahre später, d. h. nach den Moskauer Säuberungsprozessen, ließen Horkheimer und die anderen, mit der einzigen Ausnahme des halsstarrigen Grossmann, ihre Hoffnung auf die Sowjetunion sinken. Und selbst dann konzentrierten sie sich, vertieft in Probleme, die später besprochen werden sollen, in der Kritischen Theorie niemals auf das linksautoritäre Stalin-Regime. Ein Grund dafür war sicherlich der Mangel an verfügbaren Daten; man darf aber auch die Schwierigkeiten nicht vergessen, die eine marxistische Analyse der Fehlschläge des Kommunismus impliziert, und sei sie noch so heterodox.

Das bisher Gesagte ist allerdings insofern zu ergänzen, als die Kritische Theorie, wie sie von bestimmten Mitgliedern des Instituts artikuliert wurde, die sowjetische ideologische Rechtfertigung dessen, was geschah, implizit recht massiv kritisierte. Wenngleich die meisten der von uns bisher Genannten, die dem Institut in seiner frühen Phase angehörten – Grünberg, Weil, Sorge, Borkenau, Wittfogel und Grossmann –, sich für die Überprüfung der Grundlagen des Marxismus nicht interessierten, war Horkheimer, der sich mehr und mehr dieser Arbeit widmete, keineswegs allein und ohne Bundesgenossen. Pollock, dessen Hauptinteresse ohne Zweifel der Ökonomie galt, hatte ebenfalls bei Cornelius Philosophie studiert und teilte seines Freundes Ablehnung eines orthodoxen Marxismus. Als Grünberg im Spätjahr 1927 einen Schlaganfall erlitt und die Verwaltung des Instituts immer mehr Pollock zufiel, fand dieser trotz allem Zeit, in den Seminaren, die das Institut veranstaltete, für Horkheimers Position einzutreten. In den späten zwanziger Jahren schlossen sich ihm dabei zwei junge Intellektuelle an, die in der Folgezeit ständig an Einfluß gewinnen sollten; es waren Leo Löwenthal und Theodor Wiesengrund-Adorno (der nach der Emigration nur noch den Namen seiner Mutter führte und fortan Theodor W. Adorno hieß).

Löwenthal, im Jahr 1900 in Frankfurt als Sohn eines jüdischen Arztes geboren, leistete genau wie die andern Kriegsdienst, ehe er an die Universität ging. Er studierte in Frankfurt, Heidelberg und Gießen Literatur, Geschichte, Philosophie und Soziologie und erwarb 1923 in Frankfurt den Doktorgrad in Philosophie mit einer Arbeit über Franz von Baader. An der Universität bewegte er sich in denselben radikalen Studentenkreisen wie Horkheimer, Pollock und Weil, mit dem er bereits auf dem Gymnasium befreundet gewesen war. Auch war er der Gruppe jüdischer Intellektueller um den charismatischen Rabbi Nehemiah A. Nobel[59] verbunden, zu der unter anderen Martin Buber, Franz Rosenzweig, Siegfried Kracauer und Ernst Simon gehörten. Als Mitglied eben dieser Gruppe, die 1920 das berühmte *Freie Jüdische Lehrhaus* gründete, kam Löwenthal auch wieder in Kontakt mit einem alten Freund aus der Studentenzeit, mit Erich Fromm, der später selbst dem Institut angehören sollte. Löwenthals Eintritt ins Institut fiel ins

Jahr 1926; anderweitige Interessen setzten seiner Mitarbeit damals jedoch noch Grenzen. Zum einen blieb er weiterhin im preußischen höheren Lehrbetrieb beschäftigt, und zum anderen war er künstlerischer Berater der Volksbühne, einer großen links-liberalen Institution. Die ganzen späten zwanziger Jahre hindurch schrieb er kritische Artikel über ästhetische und kulturelle Fragen für eine Reihe von Zeitungen und Zeitschriften, an erster Stelle für das Organ der Volksbühne, und verfaßte für mehrere Periodika historische Beiträge über jüdische Religionsphilosophie. Auch als Redakteur und Herausgeber sammelte er Erfahrungen, die sich als außerordentlich nützlich erwiesen, als die *Zeitschrift für Sozialforschung* das *Archiv* Grünbergs als Hausorgan ablöste.

Nachdem er 1930 volles Mitglied des Instituts geworden war (sein offizieller Titel war der eines Hauptassistenten; nur Grossmann befand sich im gleichen Rang), bestand Löwenthals Beitrag zur Arbeit des Instituts vor allem in literatursoziologischen Untersuchungen über Massenkultur. Wenn das Institut sich in seinen ersten Jahren vornehmlich der Analyse der sozioökonomischen Basis der bürgerlichen Gesellschaft widmete, so galt in den Jahren nach 1930 sein Hauptinteresse deren kulturellem Überbau. Tatsächlich, so werden wir sehen, wurde die traditionelle marxistische Formel hinsichtlich des Verhältnisses von Basis und Überbau durch die Kritische Theorie in Frage gestellt. Dabei trug Löwenthal zwar zur Verlagerung des Schwerpunktes in der Arbeit bei, er hatte jedoch einen geringeren Anteil am theoretischen Wandel als der zweite wichtige Neuling, der in den späten zwanziger Jahren in den Institutskreis trat: Theodor Wiesengrund-Adorno.

Nach Horkheimer ist Adorno, wie wir ihn künftig nennen wollen, derjenige, der am engsten mit den Geschicken des Instituts, dessen offizieller Mitarbeiter er im Jahr 1938 wurde, identifiziert wird. In der Zeit vor der Emigration verteilten sich seine – stets enormen – Energien auf eine Reihe von verschiedenen Projekten, die ihn zum Teil von Frankfurt fernhielten. Selbst als er Europa verlassen hatte und das Institut der bestimmende institutionelle Rahmen für seine Arbeit wurde, beschränkte sich Adorno nicht auf eine Einzeldisziplin. Bereits während seiner Schulzeit war er mit Siegfried Kracauer, dem um vierzehn Jahre Älteren, befreundet gewesen.[60] Über ein Jahr lang verbrachte er seine Samstagnachmittage regelmäßig mit Kracauer, um Kants *Kritik der Reinen Vernunft* zu lesen; Adorno hat diese Anleitung durch seinen Freund später stets als viel wertvoller bezeichnet als die Unterweisung, welche ihm während seiner formalen Ausbildung an der Universität zuteil wurde. In Kracauers Ansatz verband sich das Interesse für die Ideen selbst mit strenger Wissenssoziologie. Sein Mißtrauen hermetischen Systemen gegenüber und seine Hervorhebung des Gegensatzes von Besonderem und Allgemeinem hinterließen bei seinem jungen Freund einen bleibenden Eindruck. Nicht anders war es mit Kracauers

neuartigen Untersuchungen von Kulturphänomenen wie dem Film, in denen er philosophische und soziologische Einsichten auf eine Weise miteinander verband, wie sie bis dahin kaum jemand praktiziert hatte. Die Freundschaft zwischen beiden Männern blieb auch nach ihrer Emigration in die Vereinigten Staaten von Amerika herzlich und eng. Für jeden, der Kracauers berühmte Schrift *Von Caligari bis Hitler*[61] kennt, ist die Verwandtschaft mit Adornos Arbeiten, auf die wir an anderer Stelle zu sprechen kommen, verblüffend deutlich.
Der junge Adorno wollte jedoch mehr, als sich intellektuell betätigen. Wie bei Horkheimer paarte sich bei ihm ein scharfer philosophischer Verstand mit einer eher ästhetischen als wissenschaftlichen Sensibilität. Während Horkheimers künstlerische Neigungen der Literatur galten und in einer ganzen Anzahl von niemals veröffentlichten Romanen ihren Ausdruck fanden, fühlte sich Adorno in besonderem Maße zur Musik hingezogen – kein Wunder angesichts der hochmusikalischen Umgebung, in der er von Geburt an lebte. Adorno, jüngste unter den Frankfurter Leuchten, wurde 1903 in Frankfurt geboren. Sein Vater, ein erfolgreicher assimilierter jüdischer Weingroßkaufmann, vermittelte ihm den Sinn für die feineren Dinge des Lebens; Interesse am Kaufmannsberuf vermochte er bei Adorno jedoch nicht zu wecken. Seine Mutter scheint letztlich einen nachhaltigeren Einfluß auf seine Interessen ausgeübt zu haben. Tochter einer deutschen Sängerin und eines französischen Offiziers (dessen korsische und ursprünglich Genueser Vorfahren den italienischen Namen Adorno erklären), war sie bis zu ihrer Heirat eine außerordentlich erfolgreiche Sängerin gewesen. Ihre unverheiratete Schwester, die im Wiesengrund-Haushalt mitlebte, war eine ausgezeichnete Konzertpianistin; sie begleitete lange Zeit die berühmte Sängerin Adelina Patti. Von beiden ermuntert, lernte »Teddie« früh Klavierspielen und studierte bereits in jungen Jahren unter Anleitung von Bernhard Sekles Kompositionslehre.
Frankfurt hatte jedoch über eine traditionelle musikalische Ausbildung hinaus wenig zu bieten, und Adorno drängte es, sich mit der neueren Musik, wie sie damals von Wien ausging, zu beschäftigen. Im Frühjahr oder Sommer des Jahres 1924 lernte er während der von der Allgemeinen Deutschen Gesellschaft für Musik veranstalteten Frankfurter Musiktage Alban Berg kennen und war fasziniert von drei Fragmenten aus der damals noch nicht aufgeführten Oper *Wozzeck*.[62] Er beschloß sofort, Berg nach Wien zu folgen und sein Schüler zu werden. Von seinen Universitätsstudien noch für kurze Zeit in Frankfurt festgehalten, traf er im Januar 1925 in Wien ein. Das Wien, in das er sich begab, war weniger die Stadt von Otto Bauer und Karl Renner, von Rudolf Hilferding und Max Adler (die Welt, die Grünberg verlassen hatte, um nach Frankfurt zu gehen), es war das apolitische, dafür aber kulturell radikale Wien von Karl Kraus und dem Schönberg-Kreis. Einmal dort, gelang es Adorno, Berg zu zwei Stunden Kompositionsunterricht pro

Woche zu überreden, während Eduard Steuermann ihn in Klaviertechnik unterwies. Seine eigenen Kompositionen scheinen von Schönbergs Experimenten mit Atonalität, nicht aber von dessen späterem Zwölfton-System beeinflußt gewesen zu sein.[63] Neben seiner musikalischen Ausbildung schrieb Adorno zahlreiche Artikel für avantgardistische Zeitschriften, darunter auch für den *Anbruch*, dessen Herausgeber er 1928 wurde, zugleich das Jahr, in dem er nach Frankfurt zurückkehrte. Er leitete die Zeitschrift trotz seiner neuerlichen akademischen Verpflichtungen noch bis 1931.

Die drei Jahre, die Adorno in Wien zubrachte, waren mehr als eine bloße Episode in seiner wissenschaftlichen Laufbahn. Arthur Koestler, der 1925 nach seiner Ankunft in Wien zufällig in derselben Pension mit Adorno wohnte, erinnert sich seiner als »eines scheuen, etwas verwirrten und esoterischen jungen Mannes mit einem subtilen Charme, den ich, unreif und grün, nicht zu begreifen vermochte.«[64] Dem ebenso exaltierten, aber nicht so kultivierten Koestler erschien Adorno als ein Mensch von autoritärer Herablassung. Selbst sein Lehrer Berg empfand Adornos kompromißlose Intellektualität als leicht ärgerlich. Adorno sagte dazu später selbst: »Mein eigener philosophischer Ballast fiel wohl für Berg zuweilen unter die Kategorie dessen, was er fad nannte . . . Sicherlich war ich damals tierisch ernst, und das konnte einem reifen Künstler auf die Nerven gehen.«[65]

Die drei Jahre in Wien scheinen ihm viel von seiner Scheu genommen zu haben, wobei das neue Selbstvertrauen seinen tiefen Ernst und seine Treue zu den anspruchsvollsten Kulturformen kaum minderte. Im Gegenteil, seine häufige Anwesenheit bei Lesungen von Karl Kraus, jenem unerbittlichen Verfechter kultureller Maßstäbe, und seine Teilnahme an den geheimnisumwitterten Musikdiskussionen der Wiener Avantgarde verstärkten seine Neigung in dieser Richtung sogar noch. Adorno hat auch später sein kulturelles Elitedenken nie abgelegt.

Aber auch in einem anderen Sinne war die Zeit in Wien für seine Entwicklung von Bedeutung. Viele Jahre später hat Adorno zugegeben, eine der Attraktionen des Schönberg-Kreises habe in seiner Exklusivität gelegen, in dem Charakter des Zirkels, der ihn an den Stefan-George-Kreis in Deutschland erinnert habe.[66] Die größte Enttäuschung während der drei Jahre in Österreich bedeutete für Adorno denn auch die Auflösung dieses Kreises, zu der es kam, nachdem Schönbergs neue Frau ihren Mann von seinen Schülern fernhielt. Wäre dies nicht geschehen, ließe sich zumindest vorstellen, daß Adorno nicht nach Frankfurt zurückgekehrt wäre. Kaum dort, war es wieder der Charakter des Cliquenhaften, der ihn in den Kreis um Horkheimer und die jüngeren Mitglieder des Instituts zog.

Adorno hatte Horkheimer bereits 1922 in einem Seminar über Husserl kennengelernt, das Hans Cornelius damals hielt. Außerdem studierten beide bei dem Gestaltpsychologen Gelb. 1924 hatte Adorno bei Cornelius seine Dissertation über Husserls Phänomenologie geschrieben.[67] Als er aus Wien zurückkehrte, war Cornelius emeritiert, und den Lehrstuhl für Philosophie hatte – nach einem kurzen Zwischenspiel Max Schelers – Paul Tillich inne.[68] Tillich war eng befreundet mit Horkheimer, Löwenthal und Pollock; man traf sich regelmäßig in einem Diskussionskreis, dem auch Karl Mannheim, Kurt Riezler, Adolph Löwe und Karl Mennicke angehörten. Das »Kränzchen«, wie es genannt wurde, fand übrigens, nachdem die meisten seiner Mitglieder emigrieren mußten, in New York noch für einige Jahre seine Fortsetzung. Diese Gruppe hieß Adorno nach seiner Rückkehr nach Frankfurt willkommen. Tillich verhalf ihm 1931 nach der Habilitation über Kierkegaards Ästhetik[69] zu einer Privatdozentur.

Im Institut hatte sich zu diesem Zeitpunkt viel verändert. Als sich Grünbergs Gesundheitszustand nach dem Schlaganfall, den er im Jahr 1927 erlitten hatte, nicht bessern wollte, entschloß er sich 1929, in seinem neunundsechzigsten Lebensjahr, vom Posten des Leitenden Direktors zurückzutreten. Grünberg lebte noch bis 1940, jedoch ohne im Institut jemals wieder eine Rolle zu spielen. Die drei Gründungsmitglieder der Gruppe waren inzwischen alt genug, um für eine Professur an der Universität in Betracht zu kommen, eine in der Institutsverfassung verankerte Voraussetzung für die Leitung. Pollock war, bis Grünberg kam, und dann wieder nach dessen Erkrankung – wenngleich nicht nominell –, der einstweilige Leiter des Instituts gewesen und begnügte sich auch weiterhin mit administrativen Aufgaben. Weil war, wie schon erwähnt, Privatgelehrter geblieben, ohne sich zu habilitieren oder berufen zu werden.[70] Er schrieb zwar noch den einen oder anderen Artikel für *Grünbergs Archiv*[71] und betreute die Finanzen des Instituts, seine Interessen wandten sich jedoch anderen Dingen zu. 1929 verließ er das Institut und zog nach Berlin, wo er sich in zwei Verlagen engagierte, dem linken Malik-Verlag und der mehr wissenschaftlich orientierten Soziologischen Verlagsanstalt; daneben arbeitete er für das radikale Piscator-Theater. 1930 ging er nach Argentinien, um das Familienunternehmen zu überwachen, dessen Leitung ihm als dem älteren der beiden Weil-Erben nach dem Tode seines Vaters Hermann im Jahre 1927 übertragen worden war, eine Aufgabe, der er sich nur sehr zögernd unterzog. Jedenfalls übte Weil nach 1923 keinen wesentlichen Einfluß darauf aus, welche Theorie im Institut betrieben wurde, wozu auch beigetragen haben mag, daß ihm praktische Dinge ohnehin mehr lagen als theoretische Fragen. In späteren Jahren tauchte er sporadisch im Institut auf; die von ihm gewährte finanzielle Unterstützung ging äußerst zuverlässig ein, er war aber niemals Hauptkandidat für den Posten des Institutsdirektors, und er wollte es auch gar nicht sein. Die Wahl des Grünberg-Nachfolgers fiel damit klar auf Horkheimer. Zwar war Horkheimer während der ersten Jahre durchaus keine dominierende Erscheinung im Institut gewesen, doch stieg sein Stern deutlich während der Zeit, da sein Freund Pollock vorübergehend die Leitung innehatte. 1929 wurde mit Unterstützung von Tillich und anderen Mitgliedern der Philosophischen Fakultät eigens für Horkheimer ein neuer Lehrstuhl für »Sozialphilosophie« eingerichtet; es war der erste seiner Art an einer deutschen Universität. Weil hatte das Kultusministerium dafür gewonnen, den Grünbergschen Lehrstuhl für politische Wissenschaft, den Weils Vater einst finanziert hatte, in einen Lehrstuhl für Sozialphilosophie umzuwandeln. Teil der Absprache war Weils Versprechen, einen weiteren Lehrstuhl für Nationalökonomie mitzufinanzieren; ihn besetzte Adolph Löwe, ein Freund Horkheimers aus beider Kindertagen; er verließ die Universität Kiel, um in Frankfurt zu lehren. *Die Anfänge der bürgerlichen Geschichtsphilosophie*[72], eine Untersuchung über Machiavelli, Hobbes, Vico und andere frühe bürgerliche Geschichtsphilosophen, war die wissenschaftliche Empfehlung, die Horkheimer für seine neue Position mitbrachte. Mit Horkheimers Übernahme der Leitung im Juli 1930 – er war damals erst fünfunddreißig Jahre alt – begann für das Institut für Sozialforschung die Phase seiner größten Produktivität, eine Tatsache, die um so eindrucksvoller ist, wenn man sie vor dem Hintergrund der Emigration und der kulturellen Desorientierung sieht, die bald folgen sollten.

Im Januar 1931 wurde Horkheimer offiziell in sein neues Amt eingeführt. Bei einem Festakt hielt er eine Rede über »Die gegenwärtige Lage der Sozialphilosophie und die Aufgaben eines Instituts für Sozialforschung«.[73] Die Unterschiede zwischen seiner Auffassung und der seines Vorgängers wurden sofort sichtbar. Statt sich einfach mit dem Etikett des guten Marxisten zu versehen, beschäftigte sich Horkheimer mit der Geschichte der Sozialphilosophie, um ihre derzeitige Situation ins Blickfeld zu rücken. Beginnend bei der Begründung von sozialer Theorie aus dem Individuum, die im klassischen deutschen Idealismus vorherrschte, verfolgte er ihre Entwicklung über Hegels Opfer des Individuums vor dem Staat bis hin zum Zusammenbruch allen Glaubens an eine objektive Totalität bei Schopenhauer. Danach ging er auf die neueren Sozialtheoretiker, wie die Neukantianer der Marburger Schule und die Vertreter des sozialen Holismus, wie Othmar Spann, ein, die Horkheimer zufolge alle versuchten, jenes Gefühl von Verlust, das den Zusammenbruch der klassischen Synthesis begleitete, zu überwinden. Scheler, Hartmann und Heidegger, so fügte er hinzu, teilten dieses Verlangen nach Rückkehr zu trostspendenden bedeutungsvollen Wesenheiten. Sozialphilosophie war für Horkheimer keine Einzelwissenschaft auf der Suche nach ewiger Wahrheit. Eher, so meinte er, sei sie zu begreifen als eine materialistische Theorie, die durch empirische Arbeit befruchtet und ergänzt werde, so wie die Naturphilosophie in einem dialektischen Verhältnis zu einzelnen Wissenschaftsdisziplinen stehe. Das Institut werde deshalb seine Energien weiterhin in mannigfaltiger Weise einsetzen, ohne seine interdisziplinären, übergreifenden

Ziele aus den Augen zu verlieren. Zu diesem Zwecke trat Horkheimer für die Beibehaltung von Grünbergs nichtkollegialer »Diktatur des Direktors« ein.

Horkheimer schloß mit der Skizzierung des ersten Institutsvorhabens unter seiner Leitung: einer Untersuchung über die Einstellung von Arbeitern und Angestellten zu einer Vielfalt von Problemen in Deutschland und dem übrigen entwickelten Europa. Was die Methoden angehe, so wolle man auch von amtlichen Statistiken sowie von Fragebogen Gebrauch machen, die dann soziologisch, psychologisch und ökonomisch zu interpretieren seien. Um das Material sammeln zu können, so kündigte Horkheimer an, habe das Institut ein Angebot von Albert Thomas, dem Leiter der Internationalen Arbeiterorganisation, angenommen, in Genf ein zweites Institutsbüro einzurichten. Das Genfer Büro war die erste solcher Zweigniederlassungen außerhalb Deutschlands; weitere sollten bald folgen. Hinter dem Entschluß, auf Thomas' Angebot einzugehen, verbarg sich mehr als der Wunsch, Daten zu sammeln; die unheilvolle politische Szene in Deutschland ließ zwangsläufig den Gedanken an eine zukünftige Emigration aufkommen. Pollock erhielt also den Auftrag, in Genf ein ständiges Büro einzurichten; Kurt Mandelbaum, sein Assistent, begleitete ihn dorthin. Sobald dieses Büro im Jahre 1931 fest etabliert war, transferierte das Institut den Hauptteil seines Stiftungskapitals stillschweigend an eine Gesellschaft im neutralen Holland.

Horkheimers Aufstieg zum Direktor des Instituts folgten weitere Veränderungen. *Grünbergs Archiv*, dessen Geist dem neuen Konzept nicht entsprach, stellte sein Erscheinen zwanzig Jahre nach seiner Gründung im Jahre 1910 ein; es lagen inzwischen fünfzehn Bände vor. Das *Archiv* hatte einer Vielfalt von unterschiedlichen Standpunkten innerhalb und außerhalb des Instituts als Plattform gedient und spiegelte teilweise auch noch immer Grünbergs Verwurzelung in der Welt des Austromarxismus wider. Die Notwendigkeit einer Zeitschrift, die in erster Linie und klar erkennbar die Stimme des Instituts war, wurde als äußerst dringlich empfunden. Horkheimer, dessen Vorliebe für Prägnanz sich in der Vielzahl von Aphorismen kundtat, die er in jener Zeit schrieb, mochte die für die deutsche Wissenschaft so charakteristischen dickleibigen Bände überhaupt nicht. Obwohl das Institut 1931 mit einem dritten Band in der Reihe der Institutsschriften, mit Wittfogels *Wirtschaft und Gesellschaft Chinas*[74], aufwartete, verlagerte sich das Gewicht nun mehr auf den Aufsatz. Während der folgenden zehn Jahre präsentierte das Institut den größten Teil seiner Arbeit in Form von Aufsätzen; sie erschienen in der *Zeitschrift für Sozialforschung* und hatten mitunter fast den Umfang von Monographien. Vor dem Druck erschöpfend diskutiert und kritisiert von den andern Institutsmitgliedern, waren viele dieser Artikel mindestens ebensosehr Kollektivarbeiten wie Produkte von einzelnen. Die *Zeitschrift* war, um mit Leo Löwenthal zu sprechen, »weniger ein Forum für unterschiedliche Standpunkte als eine Plattform zur Darlegung der Auffassungen des Instituts«[75]; daß auch fremde Autoren gelegentlich Artikel beisteuerten, änderte daran nichts. Die letzten redaktionellen Entscheidungen lagen bei Horkheimer, obgleich Löwenthal dank seiner großen Erfahrung die Funktion eines Leitenden Redakteurs ausübte und für den ausgedehnten Rezensionsteil voll verantwortlich zeichnete. Eine von Löwenthals ersten Aufgaben war eine Flugreise zu Leopold von Wiese, dem Doyen der deutschen Soziologen; von Wiese sollte wissen, daß die *Zeitschrift* durchaus nicht mit seinen *Kölner Vierteljahresheften für Soziologie* konkurrieren wollte.

Wie Horkheimer im Vorwort zur ersten Nummer der *Zeitschrift*[76] erklärte, war *Sozialforschung* nicht das gleiche wie die von Leopold von Wiese und anderen, eher traditionellen deutschen Universitätsmitgliedern praktizierte Soziologie. Gerlach und Grünberg folgend, unterstrich Horkheimer den synoptischen, interdisziplinären Charakter der Arbeit des Instituts. Er wies insbesondere auf die Rolle der Sozialpsychologie bei der Überwindung der Kluft zwischen Individuum und Gesellschaft hin. Der erste Artikel der *Zeitschrift* trug die Überschrift: »Bemerkungen über Wissenschaft und Krise«.[77] Horkheimer entwikkelte darin den Zusammenhang zwischen der üblich gewordenen Aufsplitterung von Wissen und den gesellschaftlichen Verhältnissen, die dazu führten. Eine alles umfassende ökonomische Struktur, monopolistisch und anarchisch zugleich, habe einen konfusen Zustand des Wissens herbeigeführt. Allein indem die fetischisierte Begründung wissenschaftlicher Erkenntnis im reinen Bewußtsein überwunden und die konkreten historischen Umstände, die alles Denken bedingten, erkannt und begriffen würden, so meinte Horkheimer, könne die herrschende Krise bewältigt werden. Die Wissenschaft dürfe ihre eigene gesellschaftliche Rolle nicht außer acht lassen, denn nur wenn sie sich ihrer Funktion in der gegebenen kritischen Situation bewußt sei, könne sie die Kräfte fördern, welche die notwendigen Veränderungen in Gang setzen.

Die Beiträge in der ersten Nummer der *Zeitschrift* spiegelten die Vielgestaltigkeit von *Sozialforschung* wider. Grossmann schrieb erneut über Marx und die Frage des Zusammenbruchs des Kapitalismus.[78] Pollock erörterte die Depression und die Aussichten einer planwirtschaftlichen Ordnung in kapitalistischen Systemen.[79] Löwenthal umriß die Aufgaben einer Literatursoziologie, und Adorno versuchte in entsprechender Weise, den Grund für eine Musiksoziologie zu legen.[80] Zwei weitere Aufsätze schließlich befaßten sich mit der psychologischen Dimension von Sozialforschung: der eine über »Geschichte und Psychologie«[81] stammte aus Horkheimers Feder, der andere von einem neuen Institutsmitglied, von Erich Fromm.[82] (Die Verbindung von Psychoanalyse und hegelianisiertem Marxismus im Institut soll im dritten Kapitel ausführlich besprochen werden.) Löwenthal, der seit 1918 mit Fromm befreundet war, führte ihn als einen der drei Psychoanalytiker in den Institutskreis ein, die in den frühen dreißiger Jahren dazustießen. Die beiden anderen waren Karl Landauer, Direktor des Frankfurter Instituts für Psychoanalyse, das mit dem Institut assoziiert war, und Heinrich Meng. Landauers Mitarbeit an der *Zeitschrift* beschränkte sich auf den Rezensionsteil. (Landauer befand sich damit in der ersten Nummer in außerordentlich guter Gesellschaft: zu den Rezensenten zählten u. a. Alexandre Koyré, Kurt Lewin, Karl Korsch und Wilhelm Reich.) Meng interessierte sich zwar mehr für Psychohygiene als für Sozialpsychologie, dennoch beteiligte er sich an Seminaren und schrieb Kritiken über Themen, die ins Interessengebiet des Instituts fielen.

Mit der Einführung der Psychoanalyse im Institut war die Grünberg-Ära endgültig vorbei. Die *Festschrift*[83] zu Grünbergs siebzigstem Geburtstag, die 1932, also ein Jahr darauf, vorlag, war der zweite deutliche Beleg dafür, daß man sich in einer neuen Phase befand. Zwar steuerten Pollock, Horkheimer, Wittfogel und Grossmann jeder einen Aufsatz bei, doch stammte die Mehrzahl der Beiträge von älteren Freunden Grünbergs aus dessen Wiener Tagen, so zum Beispiel von Max Beer und Max Adler. Der damit symbolisierte Wandel erhielt weiteren Auftrieb mit der Aufnahme eines neuen Mitglieds im Spätjahr 1932, mit Herbert Marcuse, der einer der wichtigsten Architekten der Kritischen Theorie werden sollte.

Marcuse, 1898 in Berlin geboren, war wie die meisten Institutsmitglieder Kind wohlhabender assimilierter Juden. Nach seiner Entlassung aus dem Militärdienst betätigte er sich für kurze Zeit politisch; er gehörte einem Soldatenrat in Berlin an. 1919 trat er aus der Sozialdemokratischen Partei, in die er zwei Jahre zuvor eingetreten war, aus Protest gegen ihren Verrat am Proletariat wieder aus. Nach dem Mißlingen der deutschen Revolution zog er sich ganz aus der Politik zurück, um in Berlin und Freiburg Philosophie zu studieren; seinen Doktor machte er 1923 in Freiburg mit einer Arbeit über den *Künstlerroman*. Während der folgenden sechs Jahre versuchte er sich im Buchhandel und als Verleger in Berlin. 1929 kehrte er nach Freiburg zurück, um bei Husserl und Heidegger zu studieren, die beide erheblichen Einfluß auf sein Denken hatten. Während dieser Zeit trat Marcuse mit einer Reihe von Artikeln in Maximilian Becks *Philosophischen Heften* und Rudolf Hilferdings *Die Gesellschaft* an die Öffentlichkeit. Sein erstes Buch, *Hegels Ontologie und die Grundlegung einer Theorie der Geschichtlichkeit*[84], erschien 1932 und trug deutlich den Stempel seines Mentors Heidegger, bei dem sich Marcuse mit dieser Arbeit ja auch habilitieren wollte. Ehe Heidegger jedoch Marcuse zu seinem Assistenten machen konnte, trübte sich ihr Verhältnis; die politischen Differenzen zwischen dem marxistisch orientierten Schüler und dem zunehmend rechten

Lehrer spielten ohne Zweifel eine Rolle dabei. Ohne Aussicht auf eine Stellung in Freiburg verließ Marcuse die Stadt im Jahr 1932. Der Kurator der Universität Frankfurt, Kurt Riezler, von Husserl gebeten, sich für Marcuse zu verwenden, empfahl ihn Horkheimer. In der zweiten Nummer der *Zeitschrift* rezensierte Adorno *Hegels Ontologie* . . . und beurteilte die sich ankündigende Distanzierung Marcuses von Heidegger als vielversprechend. Marcuse, so schrieb er, tendiere vom »›Sinn vom Sein‹ zur Erschließung des Seienden; von Fundamentalontologie zur Geschichtsphilosophie; von Geschichtlichkeit zur Geschichte«.[85] Obwohl Adorno sah, daß noch ein Stück Wegs zurückzulegen war, ehe Marcuse sich völlig von Heidegger gelöst haben würde, schien ihm die Chance einer produktiven Verbindung des Marcuseschen philosophischen Ansatzes mit dem des Instituts durchaus gegeben. Horkheimer stimmte zu, und schon 1933 gehörte Marcuse zu denjenigen im Institut, die ein dialektisches anstelle eines mechanistischen Marx-Verständnisses verfochten. Er wurde unmittelbar dem Genfer Büro zugeteilt.

Die Zukunft einer offen marxistischen Organisation, die fast ausschließlich aus Personen jüdischer Abstammung bestand – zumindest nach Nazi-Maßstäben –, sah nach der Machtübernahme durch die Nazis am 30. Januar 1933 zweifellos finster aus. Horkheimer war 1932 fast das ganze Jahr über in Genf gewesen, wo er an Diphtherie erkrankt war. Kurz bevor Hitler an die Macht kam, kehrte er nach Frankfurt zurück und zog mit seiner Frau aus seinem Heim im Vorort Kronberg in ein Hotel in der Nähe des Frankfurter Hauptbahnhofes um. Im Februar, also im letzten Monat des Wintersemesters, setzte er seine Vorlesung über Logik nicht fort, sondern sprach über das Problem der Freiheit, welches in der Tat von Tag zu Tag brisanter wurde. Im März überquerte er die Schweizer Grenze just in dem Augenblick, da das Institut wegen »staatsfeindlicher Tendenzen« geschlossen wurde. Der größte Teil der Institutsbibliothek im Haus an der Viktoriaallee, damals über 60000 Bände, wurde beschlagnahmt; der zwei Jahre zuvor erfolgte Transfer des Stiftungskapitals konnte das Institut vor der Konfiszierung seiner finanziellen Mittel bewahren. Am 13. April wurde Horkheimer die Ehre zuteil, als eines der ersten Mitglieder des Lehrkörpers offiziell aus Frankfurt verwiesen zu werden, zusammen mit Paul Tillich, Karl Mannheim und Hugo Sinzheimer.[86]

Zu diesem Zeitpunkt hatte das gesamte offizielle Institutspersonal Frankfurt bereits verlassen; mit einer einzigen Ausnahme – Wittfogel war aus der Schweiz nach Deutschland zurückgekehrt und wurde im März seiner politischen Aktivitäten wegen in ein Konzentrationslager gebracht. Seine zweite Frau, Olga Lang (ursprünglich Olga Joffé), später selbst Expertin in China-Fragen und Assistentin am Institut, versuchte, ebenso wie sein Freund R. H. Tawney in England und Karl Haushofer in Deutschland, seine Freilassung zu erwirken. Tatsächlich kam Wittfogel im November 1933 frei und erhielt die Erlaubnis, nach England zu emigrieren. Er ging bald darauf nach Amerika, wo er die andern wiedertraf. Adorno, der politisch weniger exponiert war als Wittfogel, behielt einen Wohnsitz in Deutschland bei, obwohl er die folgenden vier Jahre vornehmlich in England zubrachte, wo er am Merton College in Oxford studierte. Grossmann fand für die nächsten drei Jahre Zuflucht in Paris und ging von dort aus für ein weiteres, recht unglückliches Jahr, das Jahr 1937, nach England, ehe er schließlich in den Vereinigten Staaten anlangte. Löwenthal blieb nur noch bis zum 2. März in Frankfurt, um dann als letzter, ehe das Institut geschlossen wurde, Marcuse, Horkheimer und den anderen Institutsmitgliedern nach Genf zu folgen. Pollock befand sich zum Zeitpunkt der Machtergreifung durch die Nazis eigentlich bereits im Exil, allerdings ohne zu ahnen, daß es fast zwei Jahrzehnte währen und ihn auf einen anderen Kontinent führen sollte.

Im Februar 1933 wurde die Genfer Niederlassung mit einem Direktorium[87] von einundzwanzig Mitgliedern als Hauptverwaltung des Instituts amtlich eingetragen. Mit Rücksicht auf seinen europäischen Charakter nannte sich das Institut jetzt Société Internationale de Recherches Sociales, mit Horkheimer und Pollock als »Präsidenten«; Löwenthal, Fromm und Sternheim wurden zu ihren Nachfolgern nach Ablauf eines Jahres bestimmt.[88] Die »Frankfurter Schule« war damit aber nicht nur schweizerisch, sie war auch französisch und englisch, denn es kamen Hilfsangebote von Freunden aus Paris und London, die 1933 zur Gründung kleiner Zweigniederlassungen in diesen Städten führten. Célestin Bouglé, ehemaliger Durkheim-Schüler und Direktor des Dokumentationszentrums der Ecole Normale Supérieure seit 1920, bot Horkheimer an, in seinen Räumen in der Rue d'Ulm zugunsten des Instituts ein wenig zusammenzurücken. Obgleich politisch Proudhonist (er war Anhänger der Radikalsozialistischen Partei) und damit kein Sympathisant des marxistischen Ansatzes in der Arbeit des Instituts, war Bouglé bereit, angesichts der Notlage des Instituts die Politik zu vergessen. Maurice Halbwachs, ebenfalls prominenter Durkheim-Schüler und an der Universität Straßburg tätig, sowie Georges Scelle, der in Paris Jura lehrte, sofern er nicht im Haag als französischer Advokat am Internationalen Gerichtshof zu tun hatte, schlossen sich Bouglé an und beteiligten sich an den anfallenden Umzugskosten. Weitere Unterstützung kam von Henri Bergson, der sich von der Arbeit des Instituts sehr beeindruckt zeigte. Aus London erfolgte ein ähnliches Angebot; Alexander Farquharson, Herausgeber der *Sociological Review*, wollte im *Le Play House* für einige Räume sorgen. Sidney Webb, R. H. Tawney, Morris Ginsberg und Harold Laski unterstützten Farquharsons Vorschlag nach Kräften, und es wurde ein kleines Büro eingerichtet, das so lange bestand, bis 1936 die Mittel zur Neige gingen.

In der Zwischenzeit hatte der Leipziger Verleger der *Zeitschrift,* C. L.

Hirschfeld, Horkheimer mitgeteilt, man könne das Risiko ihrer Weiterveröffentlichung nicht länger eingehen. Bouglé schlug deshalb vor, die *Zeitschrift* von nun an durch die Librairie Félix Alcan in Paris herausbringen zu lassen. Die Idee erschien allen akzeptabel; die Verbindung mit Alcan dauerte bis 1940, das heißt, bis die Nazis abermals die Macht hatten, den Verleger der *Zeitschrift* unter Druck zu setzen.
Mit dem erstmaligen Erscheinen der *Zeitschrift* in Paris im September 1933 war die deutsche Anfangsphase des Instituts endgültig vorbei. In dem kurzen Jahrzehnt seines Bestehens hatte sich eine Gruppe junger Intellektueller zusammengefunden, die bereit waren, ihre vielfältigen Talente gemeinsam in den Dienst einer Sozialforschung zu stellen, wie sie dem Institut vorschwebte. Die ersten Frankfurter Jahre waren durchaus von Grünbergs Vorstellungen geprägt – wir haben darauf hingewiesen –, das Institut gewann unter seiner Leitung aber auch strukturelle Solidarität und konnte im intellektuellen Leben der Weimarer Republik Fuß fassen. Man konzentrierte sich zwar auf Forschung, bildete daneben aber auch Studenten vom Format eines Paul Baran aus[89], der 1930 an einem geplanten zweiten Band von Pollocks Untersuchung über die Sowjetwirtschaft arbeitete. Auch Hans Gerth, Gladys Meyer und Josef Dünner studierten in der Zeit vor der Emigration am Institut und vermochten später die amerikanischen Sozialwissenschaften nachhaltig zu beeinflussen. (Dünner schrieb übrigens 1937 einen Schlüsselroman mit dem Titel *If I Forget Thee* . . ., in dem etliche Institutsmitglieder unter Pseudonym auftreten.[90]) Sämtliche Institutsangehörige waren außerdem an den Diskussionen über die Zukunft des Sozialismus beteiligt, Diskussionen, die auch so renommierte Geister wie Hendrik de Man und Paul Tillich anlockten. Die Großzügigkeit Hermann Weils – auch über seinen Tod im Jahr 1927 hinaus – gestattete es dem Institut, stets frei von politischen oder akademischen Rücksichten und Verpflichtungen zu arbeiten. Dank dieser finanziellen Basis vermochte das Institut seine Identität auch im Exil zu wahren, zu einer Zeit also, da andere geflüchtete deutsche Wissenschaftler sich in einer fremden Welt ohne finanzielle Unterstützung durchschlagen mußten. Zusätzliche 100 000 Dollar, die Felix Weil beisteuerte, als er im Jahr 1935 in New York ans Institut zurückkehrte, sorgten für die finanzielle Sicherheit während der dreißiger Jahre.
Das Gefühl eines gemeinsamen Schicksals und eines gemeinsamen Ziels, ein Charakteristikum des Instituts, das jedem Außenstehenden auffällt – insbesondere nach der Übernahme der Leitung durch Horkheimer –, ließ sich in die neuen Heimstätten des Instituts nicht zuletzt auch dank der guten finanziellen Situation hinüberretten. Die Absicht der Gründungsmitglieder war gewesen, eine Gemeinschaft von Wissenschaftlern zu bilden, deren Solidarität einen mikrokosmischen Vorgeschmack auf die brüderliche Gesellschaft der Zukunft geben sollte. Die *Zeitschrift* half, dieses Gefühl der Gruppenidentität zu festigen;

und die gemeinsame Erfahrung von erzwungenem Exil und erneutem Zusammenschluß in Übersee verstärkte dieses Gefühl noch. Innerhalb des Instituts selbst entstand damals noch ein kleiner Kreis, in dessen Mittelpunkt Horkheimer stand; Pollock, Löwenthal, Adorno, Marcuse und Fromm zählten dazu. Die Schriften dieser Gruppe, in der zentralen Tradition europäischer Philosophie wurzelnd, offen für neue empirische Techniken und sich an aktuellen gesellschaftlichen Problemen orientierend, sind es denn auch, die zum Herzstück dessen wurden, was das Institut geleistet hat.

Sucht man nach dem gemeinsamen roten Faden in den einzelnen Biographien des inneren Kreises, dann fällt als erstes auf, daß seine Mitglieder sämtlich aus jüdischen Familien stammten, die dem Mittelstand oder dem oberen Mittelstand angehörten (bei Adorno war nur ein Elternteil jüdisch). Zwar ist hier nicht der Ort, eine umfassende Erörterung über den jüdischen Radikalen in der Weimarer Republik anzustellen, einige wenige Bemerkungen sind jedoch notwendig. Wie an anderer Stelle bereits gesagt, war eines der Argumente, mit denen Felix Weil und Pollock den alten Weil vom Sinn einer Finanzierung des Instituts zu überzeugen suchten, die Notwendigkeit einer Untersuchung über Antisemitismus in Deutschland. Die Ausführung dieser Aufgabe verzögerte sich allerdings bis ins Jahr 1940. Aufgefordert, die generelle Einstellung des Instituts zur »Judenfrage« zu charakterisieren, müßte man sie der vergleichen, die ein anderer radikaler Jude, nämlich Karl Marx, fast hundert Jahre früher zum Ausdruck gebracht hatte. In beiden Fällen ist das religiöse oder ethnische Phänomen dem gesellschaftlichen eindeutig nachgeordnet. Horkheimer hat in der *Dämmerung* jüdische Kapitalisten scharf kritisiert, die sich gegen Antisemitismus nur wendeten, weil sie sich wirtschaftlich bedroht fühlten. »Die Opferbereitschaft von Leben und Glauben«, so Horkheimer, »ist mit den materiellen Grundlagen des Ghettos überwunden worden. Die Rangordnung der Güter ist bei den bürgerlichen Juden weder jüdisch noch christlich, sondern bürgerlich . . . Der jüdische Revolutionär setzt in Deutschland wie der ›arische‹ für die Befreiung der Menschen das eigene Leben ein.«[91] Ein weiterer Beleg dafür, daß es rein jüdische im Gegensatz zu sozialer Unterdrückung in relevantem Maße für sie nicht gab, war ihre Indifferenz dem Zionismus als einer Lösung des jüdischen Problems gegenüber.[92]
Tatsächlich waren die Mitglieder des Instituts stets bestrebt, ihrer ethnischen Herkunft jegliche Bedeutung abzusprechen, eine Interpretation, die in den meisten Fällen auch die späteren Ereignisse nicht umstoßen konnten. So hat beispielsweise Weil in seiner ausgedehnten Korrespondenz mit mir auch die leiseste Vermutung, jüdische Abstammung – religiös, ethnisch oder kulturell definiert – habe bei der Auswahl der Institutsmitglieder oder in deren Denken eine Rolle ge-

spielt, lebhaft zurückgewiesen. Ja, er hat behauptet, die Assimilierung von Juden in Weimar sei so weit gediehen gewesen, daß es »Diskriminierung von Juden nur noch im Bereich des ›Clubwesens‹ gab«[93]; die Vernachlässigung der »Judenfrage« durch das Institut wurde letztlich damit gerechtfertigt, daß diese Frage praktisch gar nicht mehr existierte. Daß das Institut ein Jahr, nachdem der deutsche Außenminister Walter Rathenau ermordet worden war, und zwar in erster Linie seiner ethnischen Herkunft wegen, gegründet wurde, scheint die »assimilierten« Juden im Institut persönlich nicht erschreckt zu haben. Wittfogel, einer der Nichtjuden am Institut, hat diese allgemeine Blindheit mit seiner Feststellung bestätigt, er sei eine der seltenen Ausnahmen gewesen, die die prekäre Lage der Juden, auch der assimilierten, damals erfaßten.[94] Was dem heutigen Betrachter auffällt, ist die Heftigkeit, mit der viele Institutsmitglieder ihrer jüdischen Identität jede Bedeutung absprachen und zum Teil heute noch absprechen. Assimilierte deutsche Juden waren, wie man nur zu gut weiß, völlig überrascht, mit welcher Leichtigkeit in Deutschland die antisemitischen Maßnahmen der Nazis hingenommen wurden. Die Selbsttäuschung in diesem Punkt hielt in manchen Fällen bis zum Ende des Krieges an. Selbst ein so unsentimentaler Realist wie Franz Neumann konnte in *Behemoth* sagen, »das deutsche Volk ist das am wenigsten antisemitische von allen«[95], und er stand mit dieser Einschätzung der Situation keineswegs allein; nahezu alle seine Institutskollegen scheinen sie geteilt zu haben.

Angesichts der so leidenschaftlichen Weigerung, ihrer jüdischen Herkunft irgendeine besondere Bedeutung zuzumessen, läßt sich nur prüfen, inwiefern sie vielleicht indirekt eine Rolle gespielt hat. Von einem offenen Einfluß des Judentums als Glaubenssystem kann ganz sicher nicht die Rede sein, mit Ausnahme vielleicht bei Leo Löwenthal und Erich Fromm, die beide im Frankfurter *Lehrhaus* aktiv waren. Löwenthal hatte 1921 zur *Festschrift* für Rabbi Nobel einen Beitrag über das Dämonische in der Religion verfaßt[96] und veröffentlichte auch noch bis 1930 in Organen wie *Frankfurter Israelitisches Gemeindeblatt,* obwohl seine religiöse Phase damals bereits hinter ihm lag. Dennoch dürfte es außerordentlich schwerfallen, irgendwelche Spuren von Löwenthals Interesse an der jüdischen Religion in den Arbeiten nachzuweisen, die er für das Institut schrieb. Bei Fromm hingegen wurde immer wieder als charakteristisch hervorgehoben, er habe nach seiner Abkehr vom orthodoxen Glauben um die Mitte der zwanziger Jahre in seinen Schriften immer wieder säkulare Versionen jüdischer Themen behandelt.[97] Viele Vergleiche sind angestellt worden zwischen seinen Schriften und denen anderer Lehrhausmitglieder, insbesondere mit den Schriften von Martin Buber. Welcher Art die Verwandtschaft war, werden wir im dritten Kapitel zeigen. Allein Löwenthal und Fromm (und auch Walter Benjamin, der in späteren Jahren für die *Zeitschrift* schrieb) bekundeten jemals wirkliches Interesse an jüdischen theologischen Fragen. Für die andern war die jüdische Religion ein abgeschlossenes Kapitel.

Wenn der unmittelbare geistige Gehalt der jüdischen Religion im Denken der meisten Institutsmitglieder keine Rolle spielte, muß nach umfassenderen soziologischen oder kulturellen Erklärungen gesucht werden. Istvan Deak kommt in seiner Untersuchung über die vornehmlich jüdischen linken Literaten, die für die Berliner Zeitschrift *Die Weltbühne* schrieben, zu genau den gleichen Fragen, die auch in einer Untersuchung über die Frankfurter Schule zu stellen sind. Deak bemerkt zu Recht, daß der hohe Prozentsatz von Juden in der Linken in der Weimarer Republik – der Kreis um die *Weltbühne* war zwar viel größer als der ums Institut, doch bleibt die Relation dieselbe – keineswegs ein Zufall war. Vielmehr beruhte er, so Deak, auf »einer spezifischen Entwicklung: auf ihrer Erkenntnis der Tatsache, daß Einzelerfolge in Wirtschaft, Kunst und Wissenschaft das jüdische Problem nicht lösen konnten und das Weimarsche Deutschland eine ungeheuere Wandlung erfahren mußte, wenn der deutsche Antisemitismus ein Ende finden sollte«.[98] Die Mitglieder der Frankfurter Schule bestreiten indes, jemals auf solche Gedanken gekommen zu sein. »Keiner von uns«, schrieb mir Pollock, »fühlte sich unsicher seiner ethnischen Herkunft wegen, dieses Gefühl kam bei uns bis kurz vor der Machtergreifung einfach nicht auf. Zwar blieben uns bestimmte Positionen im Staatsdienst und in der Wirtschaft verschlossen, wenn wir uns nicht taufen ließen, aber das kümmerte uns wenig. Zudem waren in der Weimarer Republik viele dieser Barrieren gefallen.«[99] Ihr Radikalismus läßt sich folglich nur schwer mit einem überzeugten Bewußtsein vom Sozialismus als dem alleinigen Heilmittel gegen ein bitteres Gefühl ethnischer Unterdrückung erklären.

Und doch wird man bei all ihren Behauptungen über totale Assimilierung und ihren Versicherungen, es habe in Weimar keine Diskriminierung gegeben, das Gefühl nicht los, sie protestierten zu laut. Selbst wenn der Antisemitismus in Weimar tatsächlich im Schwinden begriffen war, was äußerst fraglich ist, steht doch fest, daß die Mitglieder des Instituts sämtlich vor dem Ersten Weltkrieg, d. h. in einem ganz anderen Deutschland, aufwuchsen. Noch die assimiliertesten Juden müssen im Wilhelminischen Deutschland eine gewisse Distanz zwischen sich und ihren nichtjüdischen Landsleuten verspürt haben; und eine solche Atmosphäre hinterläßt nun einmal bei Heranwachsenden ihre Spuren. Das Gefühl von Rollenspiel, das ein Jude in dem Bestreben, seine Herkunft zu verdrängen, haben mußte, ließ zwangsläufig Bitterkeit aufkommen, die leicht zur Nahrung einer radikalen Kritik an der Gesellschaft insgesamt werden konnte. Das soll nicht heißen, das Institutsprogramm lasse sich ausschließlich oder auch nur maßgeblich mit der ethnischen Herkunft seiner Mitglieder erklären; wir wollen damit nur sagen, wer diesen Punkt gänzlich außer acht läßt, verliert einen

Faktor aus den Augen, der neben anderen Faktoren ebenfalls eine Bedeutung hat.
Einmal in Amerika, dies sei in Parenthese gesagt, reagierten die Mitglieder des Instituts bereits sensibler auf die Judenfrage; ihre Augen sahen mehr. Zum Beispiel wurde Adorno von Pollock gebeten, auf Wiesengrund als Teil seines Namens zu verzichten, weil schon zu viele jüdisch klingende Namen auf der Institutsliste erschienen.[100] Paul Massing, einer der wenigen Nichtjuden am Institut, hat gesagt, seine nichtjüdische Herkunft sei zwar nicht wichtig, aber auch nicht bedeutungslos gewesen, denn zwischen ihm und seinen Kollegen habe sich dadurch stets eine gewisse Distanz erhalten.[101] Die Assimilierung war paradoxerweise in Amerika schwieriger als im vornazistischen Deutschland; zumindest empfanden viele Institutsmitglieder es so.
Neben der soziologischen Interpretation des Einflusses ihrer Herkunft finden wir auch eine kulturelle Interpretation. So hat Jürgen Habermas jüngst eine verblüffende Ähnlichkeit festgestellt zwischen bestimmten Merkmalen der jüdischen Kulturtradition und solchen des deutschen Idealismus, dessen Wurzeln häufig im protestantischen Pietismus gesehen werden.[102] Eine entscheidende Ähnlichkeit, die besonders wichtig ist für das Verständnis der Kritischen Theorie, liegt demnach in der alten kabbalistischen Vorstellung, Gott sei allein in der Rede, im Wort, nicht aber im Bild, im Abbild, erreichbar. Die Distanz zwischen dem Hebräischen, der heiligen Sprache, und der profanen Sprache der Diaspora blieb nicht ohne Wirkung auf Juden, die dem gebräuchlichen Sprachuniversum mißtrauten. Dies, so meinte Habermas, entspreche der idealistischen Kritik an der empirischen Wirklichkeit, die ihren Höhepunkt mit der Hegelschen Dialektik erreicht habe. Obwohl sich keine direkte Verbindungslinie von der jüdischen Herkunft so vieler Mitglieder der Frankfurter Schule zu ihrer dialektischen Theorie ziehen läßt, mag doch eine gewisse Prädisposition dafür vorhanden gewesen sein. Das gleiche ließe sich hinsichtlich der Psychoanalyse sagen: auch sie wurde bereitwillig akzeptiert, insbesondere assimilierten jüdischen Intellektuellen schien sie zu entsprechen. (Damit soll natürlich nicht gesagt sein, der Freudianismus sei eine »jüdische Psychologie« gewesen, so wie die Nazis es behaupteten; wir wollen nur auf einen möglichen Zusammenhang hinweisen.)
Ein weiterer wichtiger Faktor ist zu nennen. Innerhalb der deutschen Judengemeinde selbst brach immer wieder Streit zwischen Vätern und Söhnen über den Inhalt der jüdischen Religion und über die Zukunft des jüdischen Volkes aus. Dieser Konflikt erfuhr mitunter seltsame Lösungen. So schreibt etwa Hannah Arendt in ihrem Aufsatz über Walter Benjamin, dessen Streit mit seinem Vater besonders heftig war: »In der Regel wurden diese Konflikte gelöst, indem die Söhne für sich beanspruchten, Genies zu sein, oder, wie im Falle zahlreicher Kommunisten aus reichem Hause, in dem sie erklärten, sie widmeten sich dem

Wohle der Menschheit – allesamt jedoch, indem sie kundtaten, daß sie nach Höherem strebten als nach dem Mammon –, und die Väter bereitwilligst zugestanden, dies sei eine triftige Entschuldigung dafür, daß sie ihren Lebensunterhalt nicht verdienten.«[103] Wie in so vielen anderen Dingen, bildete Benjamin auch hier eine Ausnahme von der Regel, denn im Unterschied zu den Vätern seiner Freunde weigerte sich sein Vater, ihn zu unterstützen. Hermann Weil mag ein erfolgreicher argentinischer Getreidehändler gewesen sein, der sich mehr für Profite als für die Revolution interessierte; er war aber auch bereit, den Radikalismus seines Sohnes mit einer beachtlichen Großzügigkeit zu finanzieren. Auch Horkheimers Verhältnis zu seinen Eltern scheint nach anfänglichen Spannungen, die sein Entschluß auslöste, nicht in die Fußstapfen seines Vaters in der Firma zu treten, auf die Dauer keineswegs gelitten zu haben.[104] Einmal allerdings gab es eine Zeit der Entfremdung zwischen ihnen, und zwar als Horkheimer sich in die um acht Jahre ältere, nichtjüdische Sekretärin seines Vaters verliebte. Die beiden heirateten im März 1926, also etwa zu der Zeit, da Horkheimer anfing, an der Universität zu lehren. Pollock erinnert sich, »die Reibereien zwischen Horkheimer und seinen Eltern waren vorübergehender Natur . . . Der Entfremdung – sie währte immerhin ein paar Jahre – folgte die vollständige Aussöhnung, und Maidon Horkheimer wurde mit aufrichtiger Herzlichkeit aufgenommen.«[105] Horkheimers Eltern fiel es offensichtlich schwerer, sich an die Vorstellung zu gewöhnen, daß ihr Sohn eine Nichtjüdin zur Frau nahm, als daß er ein Revolutionär war.

Man könnte sogar sagen, daß der stark moralische Ton der Kritischen Theorie eine Folge der Übernahme jener Werte war, die mit großer Wahrscheinlichkeit in einem festgefügten jüdischen Heim galten. Jedenfalls spricht kaum etwas dafür, daß die Institutsmitglieder in ihrer Abneigung gegen die kommerzielle Mentalität ihrer Eltern bis zur offenen persönlichen Rebellion gegangen wären. Trotz der leidenschaftlichen Solidaritätsbekundungen für das Proletariat in allen Schriften vor der Emigration gab es kein Institutsmitglied, das jemals die Lebensweise der Arbeiterklasse übernommen hätte.

Nirgendwo sind die revolutionären Gefühle der Institutsmitglieder so klar artikuliert wie in dem Buch von »Heinrich Regius« – Horkheimer hatte sich diesen Namen von einem Naturphilosophen aus dem 17. Jahrhundert als Pseudonym entliehen und ihn auf die Titelseite der Aphorismen gesetzt, die er im ersten Jahr seines Exils in Zürich veröffentlichte. Und doch ist es eben in der *Dämmerung*, wo er unter der Überschrift »Ein Märchen von der Konsequenz« implizit die Verbindung von radikaler Überzeugung und bürgerlichem Lebensstandard rechtfertigt. In der Fabel bietet ein wilder Tyrann zwei armen Dichtern, deren Werk er schätzt, eine beträchtliche Pension an. Den einen stört der Makel, der an dem Gelde haftet. »Du bist inkonsequent«, sagt

da der andere. »Wenn du so denkst, hättest du weiterhungern müssen. Wer sich mit den Armen einig fühlt, muß auch so leben wie sie.«[106] Sein Kamerad pflichtet dieser Überlegung bei, lehnt die Pension des Königs ab und geht schließlich zugrunde. Der andere wird kurz darauf zum Hofdichter ernannt. Horkheimer schließt sein »Märchen« mit der Warnung: »Beide hatten die Konsequenzen gezogen, und beide Konsequenzen kamen dem Tyrannen zugute. Mit der allgemeinen moralischen Vorschrift scheint es eine eigene Bewandtnis zu haben: den Tyrannen ist sie freundlicher als armen Dichtern.«[107] So mögen die Institutsmitglieder unbeugsam in ihrer Gegnerschaft dem kapitalistischen System gegenüber gewesen sein, den Lebensstil der *haute bourgeoisie* legten sie niemals ab. Nichts ist einfacher, als solches Verhalten als elitär oder »mandarinenhaft« zu bezeichnen – um Grünbergs Wort eine etwas andere Bedeutung zu geben –, und etliche von denen, die die Gruppe verleumden wollten, haben sich auch so geäußert. Dennoch scheint es ziemlich unwahrscheinlich, daß die Aktualisierung der marxistischen Theorie, für die sie soviel getan haben, wesentlich vorangetrieben worden wäre, hätten sie sich Arbeitermützen aufgesetzt.
Hingegen läßt sich zumindest die These aufstellen, daß die Kritische Theorie bereichert worden wäre, wenn sich die Institutsmitglieder politisch stärker engagiert hätten. Sicherlich zeigt Lukács' Beispiel die Fallstricke, in die man mit einer engen Bindung an die eine oder andere Fraktion geraten konnte. Andererseits muß man aber auch den positiven Fall des italienischen Marxisten Gramsci zur Kenntnis nehmen, dessen politische Erfahrung vor seiner Inhaftierung durch Mussolini im Jahr 1926 seinen theoretischen Überlegungen stets eine Konkretion gab, die der Frankfurter Schule bisweilen abging. In gewisser Weise, so könnte man sagen, begann die Exilperiode für das Institut längst vor der tatsächlichen Vertreibung durch die Nazis. Nach dem Fehlschlag der deutschen Revolution entfremdeten sich die Institutsmitarbeiter, zumindest aber der Kreis um Horkheimer, sämtlichen politischen Fraktionen auf der Linken. Der SPD wurde die Verachtung zuteil, die sie durch ihre feige Kapitulation vor dem status quo verdiente – ja man könnte sagen, daß der Verrat der SPD an der Arbeiterklasse das spätere Mißtrauen der Frankfurter Schule allen »gemäßigten« Lösungen gegenüber begründete. Die KPD war gleichermaßen indiskutabel, und zwar wegen ihrer offenen Abhängigkeit von Moskau und ihres theoretischen Bankrotts. Und die rührenden Versuche einzelner Linksintellektueller wie Kurt Hiller und Carl von Ossietzky, die Differenzen zwischen den beiden Parteien zu überwinden oder eine gangbare Alternative anzubieten, wurden verworfen, weil sie eben nur Hirngespinste und Luftschlösser waren, als die sie sich ja auch alsbald herausstellten. Resultat war, daß die Frankfurter Schule die Reinheit ihrer Theorie über den Anschluß an eine Partei stellte, den der konkrete Versuch ihrer Verwirklichung erfordert hätte. Welche Vorteile und Nachteile mit

dieser Position verbunden waren, wird aus den folgenden Kapiteln ersichtlich werden.

Der außerordentlich kluge Transfer des Institutskapitals im Jahr 1931 nach Holland erlaubte die Fortsetzung der Arbeit ohne große Unterbrechung. Das erste Jahr in Genf war zwar eine Phase der Reorganisation, aber nicht der Stagnation. Das Projekt über Einstellung und Haltung von Arbeitern und Angestellten mußte nicht ernsthaft beschnitten werden. Andries Sternheim, ein holländischer Sozialist, der Verbindung zur Arbeiterbewegung hatte, war Horkheimer von jemandem aus Albert Thomas' Büro als Mitarbeiter empfohlen worden; er arbeitete in Genf zunächst als Assistent, um nach Pollocks Übersiedlung nach Amerika Direktor der Genfer Niederlassung zu werden. Er war eine große Hilfe bei der Sammlung des Materials für diese Untersuchung, spielte aber in der theoretischen Arbeit des Instituts kaum eine Rolle, sieht man von einigen Beiträgen zur Untersuchung über Freizeit in der modernen Gesellschaft ab.[108]
Die *Zeitschrift* litt zwar gelegentlich unter Problemen, wie sie die Einstellung auf einen neuen Verleger mit sich bringt, erschien aber weiterhin regelmäßig. Neue Namen tauchten neben den bisherigen Autoren auf. George Rusche schrieb über den Zusammenhang von Arbeitsmarkt und Strafvollzug[109], ein Thema, mit dem er sich später noch einmal in einem Buch auseinandersetzte, das durch Befürwortung von Otto Kirchheimer ebenfalls unter der Schirmherrschaft des Instituts veröffentlicht wurde. Kurt Mandelbaum (er benutzte häufig die Namen Kurt oder Erich Baumann) und Gerhard Meyer fügten den ökonomischen Aufsätzen von Pollock und Grossmann weitere hinzu.[110] Regelmäßige Beiträge kamen auch aus der Pariser Niederlassung, wo so fähige Assistenten saßen wie Raymond Aron und Georges Friedmann. Paul Ludwig Landsberg, ein Philosoph, in den das Institut große Hoffnungen setzte – die Nazis machten sie später mit der Ermordung Landsbergs zunichte –, schrieb über Rassenideologie und Pseudowissenschaft.[111] Amerikanische Probleme wurden von Julian Gumperz in einer Reihe von Artikeln aufgegriffen.[112] Aus dem Inhalt der *Zeitschrift* ging mehr als deutlich hervor, daß das Institut nicht nur dem Namen nach »international« war.
Bald sollte dieses Attribut aber noch viel mehr zu bedeuten haben, denn das Institut begann, sich nach einer neuen Heimat umzusehen. Horkheimer und die andern wußten genau, wie wichtig und nützlich die Genfer Niederlassung war, dennoch kam sie niemals als dauerndes Institutszentrum in Betracht. Im Mai 1933 hatte Grossmann der Sorge Ausdruck gegeben, die alle bedrückte, als er an Paul Mattick nach Amerika schrieb, daß »auch in der Schweiz der Faschismus große Fortschritte macht und unserem Institut auch dort neue Gefahren drohen«.[113] Pollock unternahm im Februar 1934 eine Reise nach London,

um die Möglichkeiten einer Etablierung des Instituts in England zu prüfen; ausgedehnte Verhandlungen mit Sir William Beveridge, dem Direktor der *London School of Economics,* sowie mit Farquharson und seinen Kollegen vom *Institute of Sociology* überzeugten ihn jedoch von der Unwahrscheinlichkeit, diese Idee verwirklichen zu können. Wie begrenzt die Möglichkeiten waren, die den Strom der 1933 aus Deutschland flüchtenden Wissenschaftler in England erwarteten, ist bekannt.[114] Von allen Institutsangehörigen entschloß allein Borkenau sich dazu, England zu seinem Dauerexil zu machen. Es gelang ihm, eine Stellung zu finden; er lehrte internationale Politik in der Abteilung für Erwachsenenbildung an der Universität London. Ein paar Jahre später besuchte er Spanien während des Bürgerkriegs, eine Reise, die seine sich entwickelnde Abneigung gegen den Kommunismus verstärkte und eine der klassischen Untersuchungen über diesen Krieg zur Folge hatte, *The Spanish Cockpit.*[115] Zu dieser Zeit bestand zwischen ihm und dem Institut, sieht man von einem letzten Aufsatz in den *Studien über Autorität und Familie* im Jahr 1936[116] ab, keine Verbindung mehr.

In Paris, wo das akademische Establishment noch abweisender und unzugänglicher als in London war, schienen die Aussichten gleichermaßen gering. Paul Honigsheim, der von Köln geflohen war und das Pariser Institut leitete, hat den kalten Empfang beschrieben, mit dem Emigranten in Frankreich gewöhnlich zu rechnen hatten:

»Der typische französische Intellektuelle, der auf Sicherheit und eine vorhersehbare Zukunft für sich und seine Familie aus war, sah seine Lebensweise durch jene verdammten deutschen Intellektuellen bedroht, die ihre Zeit nicht damit zubrachten, mit ihren Freunden beim Apéritif zu sitzen, sondern doppelt soviel arbeiteten wie die Franzosen. Sie arbeiteten zum Lobe Gottes oder, wenn sie nicht gläubig waren, eben um der Arbeit selber willen, was für einen echten deutschen Wissenschaftler fast das gleiche ist. Deshalb freute man sich in Frankreich ganz im Gegensatz zu den Vereinigten Staaten, wo Verständnis und Mitgefühl den Ausschlag gaben, keineswegs über Berufungen deutscher Wissenschaftler. Es bedurfte deshalb eines gewissen Mutes, sich offen zugunsten deutscher Emigranten einzusetzen.«[117]

Bouglé, Halbwachs und ihre Kollegen, so betont Honigsheim, besaßen diesen Mut, aber sie befanden sich in einer winzigen Minderheit; und damit schied auch Frankreich als mögliche neue Heimat für den Hauptsitz des Instituts aus.

Trotz der marxistischen Ausrichtung der Institutsmitglieder wurde der Gedanke, nach Osten, ins stalinistische Rußland zu gehen, niemals ernsthaft erwogen, nicht einmal von Wittfogel und auch nicht von Grossmann, der um die Mitte der dreißiger Jahre eine kurze und er-

folglose Reise nach Moskau unternahm. Als einzig konkrete Möglichkeit blieben damit die Vereinigten Staaten. So wurde Julian Gumperz 1933 beauftragt, die Lage dort zu sondieren. Gumperz war Pollock-Schüler seit 1929 und KP-Mitglied; später wandte er sich allerdings von der Linken ab, wurde Börsenmakler und schrieb in den vierziger Jahren ein antikommunistisches Buch[118]; er war in Amerika geboren und sprach fließend Englisch. Der Bericht, den er nach seiner Rückkehr gab, war ermutigend –, ließ sich doch für Horkheimer und die andern die Überzeugung daraus gewinnen, daß das Stiftungskapital des Instituts, welches immer noch annähernd 30 000 Dollar im Jahr einbrachte, ausreichen werde, die Existenz in einem Lande zu sichern, das sich noch tief in der Wirtschaftsdepression befand.
Im Lauf der Jahre hatte das Institut verschiedentlich mit prominenten Persönlichkeiten der akademischen Welt Amerikas Kontakt aufgenommen, unter anderem mit Charles Beard, Robert MacIver, Wesley Mitchell, Reinhold Niebur und Robert Lynd, alle Mitglieder der *Columbia University.* Dank diesen Verbindungen konnte Horkheimer, als er im Mai 1934 seine erste Reise nach Amerika antrat, damit rechnen, von Nicholas Murray Butler, Columbias patriarchalischem Präsidenten, freundlich empfangen zu werden. Zu seiner großen Überraschung bot Butler ihm die Angliederung des Instituts an die Universität und die Unterbringung in einem ihrer Gebäude in der 117. Straße 429 West an. Horkheimer, der befürchtete, er habe aufgrund seiner mangelhaften englischen Sprachkenntnisse Butler mißverstanden, bat ihn in einem vierseitigen Brief, sein Angebot zu bestätigen und zu erklären. Butlers Antwort war lakonisch: »Sie haben mich völlig richtig verstanden!«[119] So kam es, daß das Internationale Institut für Sozialforschung, so revolutionär und marxistisch es in den zwanziger Jahren in Frankfurt war, sich im Zentrum der kapitalistischen Welt, in New York City, niederließ. Marcuse übersiedelte im Juli, Löwenthal im August, Pollock im September und Wittfogel kurz danach. Fromm befand sich bereits seit 1932 aufgrund einer Einladung des Instituts für Psychoanalyse in Chicago in den Vereinigten Staaten. Diese Männer waren die Vorboten jener Welle aus Mitteleuropa flüchtender Intellektueller, die das amerikanische Kulturleben in den folgenden Jahrzehnten so nachhaltig bereichern sollten.[120]
Der Wechsel nach Amerika vollzog sich durchaus nicht ohne Schwierigkeiten. Doch verglichen mit den Angehörigen von Alvin Johnsons »Exiluniversität« an der *New School for Social Research,* die über nur ganz geringe oder über keinerlei finanzielle Mittel verfügten, die ihnen eine Neuordnung ihres Lebens hätten erleichtern können, befanden sich die Institutsmitglieder in einer günstigen Lage, und tatsächlich wurden die Spannungen, die sich zwischen den beiden Emigrantengruppen einstellten, wenngleich sie zum Teil auch auf ideologischen Differenzen beruhten[121], durch ihre unterschiedliche finanzielle Situa-

tion erheblich verschärft. Dazu ist allerdings zu sagen, daß in späteren Jahren das Institut ein starkes Gefühl der Verantwortung für Flüchtlinge entwickelte, die weniger gut gestellt waren. Wenn es Probleme für die Institutsmitglieder gab, dann waren es sprachliche und kulturelle, Probleme, die jedem Einwanderer zu schaffen machen; finanzielle waren es nicht. Die schwierigste intellektuelle Anpassungsleistung bestand, wie wir noch sehen werden, in der Koordination der philosophisch begründeten Sozialforschung, wie das Institut sie betrieb, mit der streng antispekulativen Sozialwissenschaft, die in Amerika vorwiegend betrieben wurde. Die Anwendung der in Amerika üblichen empirischen Methoden, von den Institutsmitgliedern im Exil gelernt, war eine wichtige Lektion, welche die Frankfurter Schule nach dem Kriege in Deutschland weitervermittelte; dennoch war man nur sehr zögernd darangegangen, sich diese Fertigkeiten anzueignen.
Insgesamt entwickelte das Institut keinen besonderen Eifer, seine Vergangenheit über Bord zu werfen und durch und durch amerikanisch zu werden. Wie zurückhaltend man war, läßt sich an dem Entschluß ablesen, Félix Alcan auch nach dem Weggang von Europa weiterhin als Verleger beizubehalten. Das Institut gab den eindringlichen Vorstellungen der neuen amerikanischen Kollegen, die *Zeitschrift* doch in Amerika herauszubringen, nicht nach, weil es glaubte, auf diese Weise an der deutschen Sprache als der Hauptsprache der *Zeitschrift* leichter festhalten zu können. Obwohl gelegentlich Artikel in Englisch und Französisch erschienen und jedem deutschen Aufsatz Zusammenfassungen in diesen Sprachen folgten, blieb die *Zeitschrift* bis Kriegsbeginn im wesentlichen deutschsprachig. Tatsächlich war sie das einzige Periodikum ihrer Art, das in der Sprache publiziert wurde, die herabzuwürdigen Hitler alles tat. Und genau in dieser Funktion wurde die *Zeitschrift* von Horkheimer und den andern gesehen: sie sollte ein lebendiger Beitrag sein zur Erhaltung der humanistischen Tradition in der deutschen Kultur, die von der Vernichtung bedroht war. In der Tat war eines der Schlüsselelemente im Selbstverständnis des Instituts das Gefühl, der letzte Außenposten einer vergehenden Kultur zu sein. Das Verhältnis von Sprache und Denken klar vor Augen, waren seine Mitglieder davon überzeugt, daß sie der Identifizierung des Nazismus mit allem Deutschen nur etwas entgegenzusetzen hatten, wenn sie fortfuhren, in ihrer Muttersprache zu schreiben. Obwohl die deutschsprachige Welt nahezu keine Möglichkeit hatte, Exemplare der *Zeitschrift* überhaupt in die Hand zu bekommen, war das Institut gewillt, auf eine sofortige Leserschaft zugunsten einer zukünftigen zu verzichten, die sich nach dem Sieg über Hitler auch sogleich einstellte. Die einzige bedauerliche Nebenerscheinung dieser Entscheidung war die partielle Isolierung von der akademischen Welt Amerikas, die unweigerlich damit verbunden war. Obwohl das Institut im Jahr 1936 mit seinen Vorlesungen in der sogenannten *Extension Division** der *Columbia Univer-*

sity begann und im Laufe der Zeit eine Reihe von Seminaren abhielt[122], standen Theorie und Forschung nach wie vor im Zentrum seiner Arbeit. Wieder vereint und in Sicherheit im neuen Heim auf den *Morningside Heights* – vom inneren Kreis fehlte nur Adorno, der noch einige Jahre in Europa blieb –, konnte das Institut ohne große Schwierigkeiten die in Europa begonnene Arbeit wiederaufnehmen. Ernüchtert zwar durch den Triumph des Faschismus in Deutschland, waren Horkheimer und die andern doch immer noch recht optimistisch, was die Zukunft anlangte. »Die Dämmerung des Kapitalismus« schrieb »Heinrich Regius« im Jahr 1934, »braucht nicht die Nacht der Menschheit einzuleiten, die ihr heute freilich zu drohen scheint.«[123] Die Intensivierung ihrer Untersuchungen über die Krise des Kapitalismus, über den Zusammenbruch des traditionellen Liberalismus, über die sich herausbildende autoritäre Gefahr und andere verwandte Themen erschien ihnen als der beste Beitrag, den sie zur Bekämpfung des Nazismus leisten konnten. Wie stets wurzelte ihre Arbeit in einer Sozialphilosophie, die zu artikulieren Horkheimer, Marcuse und in geringerem Ausmaß Adorno in den dreißiger Jahren vollauf beschäftigt waren. An diesem Punkt erhielt ihre Aufarbeitung des traditionellen Marxismus eine entscheidende Bedeutung. Wir wollen und müssen uns deshalb im Folgenden der Genese und Entwicklung der Kritischen Theorie zuwenden.

* Extension Division – eine der Universität angegliederte Abteilung ohne Prüfungsberechtigung (die Übers.).

II Die Genese der Kritischen Theorie

Von der Vernunfthöhe herunter sieht das ganze Leben einer bösen Krankheit und die Welt einem Tollhaus gleich. GOETHE

Ich mißtraue allen Systematikern und gehe ihnen aus dem Weg. Der Wille zum System ist ein Mangel an Rechtschaffenheit. NIETZSCHE

Den Kern der Kritischen Theorie bildete die Abneigung gegen hermetische philosophische Systeme. Sie ihrerseits als ein solches System zu präsentieren hieße, sie in ihrer wichtigsten Qualität verfälschen, in ihrer Fähigkeit offen, neugierig und unabgeschlossen zu sein. Es war kein Zufall, daß Horkheimer seinen Reflexionen in Aufsätzen und Aphorismen Ausdruck verlieh und nicht in den schwerfälligen, dickleibigen Wälzern, wie sie für die deutsche Philosophie so charakteristisch sind. Obwohl die Zurückhaltung, sich der Buchform zu bedienen, bei Adorno und Marcuse geringer war, widerstanden auch sie der Versuchung, aus ihren Büchern positive, systematisch-philosophische Abhandlungen zu machen. Statt dessen fand die Kritische Theorie, wie der Name impliziert, ihren Ausdruck in einer Reihe von Kritiken, die sich mit anderen Denkern und philosophischen Traditionen auseinandersetzten. Das heißt, sie erfuhr ihre Entwicklung im Dialog, und ihre Genese war so dialektisch wie die Methode, die sie auf gesellschaftliche Phänomene angewendet wissen wollte. Nur wenn man ihr mit ihren eigenen Begriffen gegenübertritt, sie als einen »Störenfried« anderer Systeme versteht, kann man sie voll begreifen. Wir wollen deshalb in diesem Kapitel versuchen zu zeigen, wie die Kritische Theorie sich in den dreißiger Jahren gleichsam kontrapunktisch zu anderen Schulen sowie zu einer sich wandelnden Realität entwickelte.

Die Ursprünge der Kritischen Theorie bis zu ihren allerersten Anfängen, bis zur Quelle zurückzuverfolgen, dazu bedürfte es einer umfassenden Analyse des geistigen Gärens in den Jahren zwischen 1840 und 1850, jenem vielleicht außergewöhnlichsten Jahrzehnt deutscher Geistesgeschichte im 19. Jahrhundert.[1] In jenen Tagen wandten Hegels Nachfahren zum erstenmal seine philosophischen Erkenntnisse auf die gesellschaftlichen und politischen Phänomene in Deutschland an, das gerade dabei war, sich auf den Weg rascher Modernisierung zu begeben. Die sogenannten Linkshegelianer standen natürlich bald im Schatten des fähigsten unter ihnen – Karl Marx. Der philosophische Ton in ihrem Denken, der sich auch beim jungen Marx findet, wurde im Lauf der Zeit bei Marxisten wie bei Nichtmarxisten von einem mehr »wissenschaftlichen«, zuweilen positivistischen Ansatz bei der Analyse der gesellschaftlichen Wirklichkeit überlagert.[2] Und im späten 19. Jahrhundert hatte Gesellschaftstheorie im allgemeinen aufgehört, »kritisch« und »negativ« in dem von uns sogleich zu explizierenden Sinne zu sein.

Ehe die hegelianischen Wurzeln des Marxschen Denkens schließlich von Marxisten wieder ins Blickfeld gerückt wurden, dauerte es aus Gründen, die als erster Karl Korsch 1923 in *Grünbergs Archiv* genannt hat, bis nach dem Ersten Weltkrieg.[3] Erst dann wurden ernsthafte erkenntnistheoretische und methodologische Fragen zur Marxschen Gesellschaftstheorie aufgeworfen, die trotz (oder vielleicht gerade wegen) ihrer wissenschaftlichen Ansprüche zu einer Art Metaphysik verkommen war, nicht unähnlich jener, die zu entlarven sich Marx selbst zum Ziel gesetzt hatte. Ironischerweise half ausgerechnet die Erkenntnis, wie sehr Marx Hegel, jenem metaphysischsten aller Denker, verpflichtet war, die verschiedenen Formen von Metaphysik zu unterminieren, welche sich durch die Hintertür des Szientismus in den »Vulgärmarxismus« eingeschlichen hatten. Hegels Hervorhebung des Bewußtseins als konstitutiv für die Welt stellte den passiven Materialismus der Theoretiker der Zweiten Internationale in Frage. Nichtmarxisten wie Croce und Dilthey hatten den Boden vorbereitet, indem sie bereits vor dem Krieg das philosophische Interesse an Hegel wieder geweckt hatten. Zur gleichen Zeit rüttelte auch Sorel mit seiner Betonung von Spontaneität und Subjektivität am mechanistischen Materialismus der orthodoxen Anhänger der Zweiten Internationale.[4] Im marxistischen Lager waren es Georg Lukács mit *Geschichte und Klassenbewußtsein* und Karl Korsch mit *Marxismus und Philosophie*, die zu Anfang der zwanziger Jahre die wichtigste Anregung zur Wiedergewinnung der philosophischen Dimension im Marxismus gaben.[5] Vieles, was sie sagten, erfuhr zehn Jahre später seine Bestätigung; zu einer Zeit nämlich, als die lange unbeachtet gebliebenen Pariser Manuskripte von Marx zirkulierten und es vielen wie Schuppen von den Augen fiel. Als aus dem einen oder anderen Grund ihre Bemühungen ins Stocken gerieten, wurde die Aufgabe, die marxistische Theorie neu zu beleben, vornehmlich von den jungen Denkern am Institut für Sozialforschung aufgenommen.

In einem bestimmten Sinn läßt sich deshalb sagen, daß die Frankfurter Schule auf die Vorstellungen der Linkshegelianer um 1840 rekurrierte. Wie jene erste Generation von kritischen Theoretikern hatten auch die Institutsmitglieder eine Verbindung von Philosophie und Gesellschaftsanalyse vor Augen. Wie jene beschäftigten auch sie sich mit der von Hegel entwickelten dialektischen Methode und suchten ihr, wie ihre Vorgänger, eine materialistische Orientierung zu geben. Und schließlich interessierten sie sich, wie viele Linkshegelianer, insbeson-

dere für die Erforschung der Möglichkeiten einer Veränderung der gesellschaftlichen Ordnung durch humane *Praxis*.
Die fast hundert Jahre, die inzwischen vergangen waren, hatten jedoch enorme Veränderungen bewirkt und damit weitgehend andere Voraussetzungen für die theoretische Arbeit geschaffen. Waren die Linkshegelianer die unmittelbaren Nachfolger der klassischen deutschen Idealisten gewesen, so trennten die Frankfurter Schule von Kant und Hegel immerhin Schopenhauer, Nietzsche, Dilthey, Bergson, Weber, Husserl und viele andere, von der Systematisierung des Marxismus selbst gar nicht zu reden. Die Kritische Theorie hatte sich folglich gegen eine ganze Phalanx von Konkurrenten zu behaupten, die Hegel aus dem Felde geschlagen hatten. Und natürlich konnte sie sich ihrem Einfluß nicht durchweg entziehen. Was aber viel wichtiger ist, die eingetretenen konkreten Veränderungen in den gesellschaftlichen, ökonomischen und politischen Verhältnissen hatten unverkennbare Rückwirkungen auf die neuerwachte Kritische Theorie. Und ihren eigenen Prämissen nach war dies ja auch unvermeidlich. Die Linkshegelianer verfaßten ihre Schriften in einem Deutschland, das gerade die Folgen kapitalistischer Modernisierung zu spüren bekam. Zur Zeit der Frankfurter Schule hatte der westliche Kapitalismus mit Deutschland als einem seiner führenden Repräsentanten eine qualitativ neue Stufe erreicht, die durch wachsende Monopole und immer häufigere staatliche Interventionen in der Wirtschaft bestimmt war. Die einzig wirklichen Beispiele von Sozialismus, auf welche die Linkshegelianer verweisen konnten, waren einige isolierte utopische Gemeinschaften gewesen. Die Frankfurter Schule hingegen hatte den zwiespältigen Erfolg der Sowjetunion zu reflektieren. Letzter und vielleicht entscheidender Punkt war, daß die ersten kritischen Theoretiker zu einer Zeit gelebt hatten, da eine neue »negative« (das heißt revolutionäre) Kraft in der Gesellschaft – das Proletariat – sich regte, eine Kraft, die sie als den Agenten betrachten konnten, der ihre Philosophie verwirklichen würde. In den dreißiger Jahren hingegen wurden die Anzeichen für die Integration des Proletariats in die Gesellschaft immer unverkennbarer; und gerade die Institutsmitglieder erkannten dies nach ihrer Emigration in die Vereinigten Staaten von Amerika besonders deutlich. Man könnte also sagen, daß die Kritik der ersten Generation kritischer Theoretiker um 1840 eine »immanente« Kritik der Gesellschaft war, die auf der Existenz eines realen historischen »Subjekts« beruhte. Zur Zeit ihrer Renaissance im 20. Jahrhundert war die Kritische Theorie durch das Dahinschwinden der revolutionären Arbeiterklasse mehr und mehr in eine Position der »Transzendenz« gezwungen.
Indes, die Zeichen standen in den zwanziger Jahren nicht eindeutig. Lukács selbst sprach von der Funktion der Arbeiterklasse als dem »Subjekt-Objekt« von Geschichte, ehe er zu dem Schluß kam, es sei tatsächlich die Partei, die die wahren Interessen der Arbeiter vertrete.

Und wie das Zitat aus der *Dämmerung* zeigt, glaubte auch Horkheimer, das deutsche Proletariat sei, trotz aller Gespaltenheit, keineswegs gänzlich am Ende. Die jüngeren Institutsmitglieder vermochten die Auffassung ihrer älteren und orthodoxeren Kollegen, der Sozialismus sei nach wie vor eine reale Möglichkeit für die entwickelten Staaten Westeuropas, durchaus zu teilen. Dies kommt nicht zuletzt in dem durchweg mahnenden Ton der meisten Institutsschriften aus der Zeit vor der Emigration zum Ausdruck.

Nach der Übersiedlung des Instituts an die *Columbia University* änderte sich dieser Ton allmählich, er wurde pessimistischer. In Aufsätzen für die *Zeitschrift* vermied man es peinlichst, Begriffe wie »Marxismus« oder »Kommunismus« zu verwenden, und sprach statt dessen von »dialektischem Materialismus« oder »der materialistischen Theorie der Gesellschaft«. In sorgfältiger Redaktion der Texte wurde darauf geachtet, daß ihre revolutionären Implikationen nicht hervorstachen. In der amerikanischen Institutsbibliographie[6] lautete der Titel des Grossmannschen Buches nur noch *The Law of Accumulation in Capitalist Society,* von dem »Gesetz des Zusammenbruchs« war im Unterschied zum Original nicht mehr die Rede. Ganz ohne Zweifel resultierten solche Veränderungen zum Teil aus der heiklen Situation, in der sich die Institutsmitglieder in Columbia befanden. Zum Teil waren sie aber auch ein Reflex ihrer tiefen Abneigung gegen jene Art Marxismus, wie ihn, nach Ansicht des Instituts, die Orthodoxie des sowjetischen Lagers darstellte. Darüber hinaus äußerte sich in ihnen auch der wachsende Verlust jenes tiefen Vertrauens in das revolutionäre Potential des Proletariats, das Marxisten bis dahin gleichsam traditionell gehabt hatten.

Bei ihrem Versuch, eine neue Perspektive aufzuzeigen, welche die neue Situation verständlich machen könnte, eine Perspektive durchaus innerhalb eines marxistischen Bezugsrahmens, kam den Mitgliedern der Frankfurter Schule ihre philosophische Ausbildung auch außerhalb der marxistischen Tradition zustatten. Wie viele von denen, die im 20. Jahrhundert zur Wiederbelebung des Marxismus beigetragen haben – Lukács, Gramsci, Bloch, Sartre, Merleau-Ponty –, waren auch sie zu Beginn ihres Studiums von eher subjektivistischen, ja von idealistischen Philosophien beeinflußt worden. Horkheimer, der in der Institutsarbeit den Ton angab, hatte sich für Schopenhauer und Kant interessiert, ehe er sich von Hegel und Marx faszinieren ließ. Das Interesse, das er in den sechziger Jahren für Schopenhauer[7] bekundete, war mithin nicht, wie häufig vermutet, Abtrünnigkeit, Abfall von einem bis dahin einzig geltenden hegelianisierten Marxismus, sondern Rückkehr zu einer frühen Liebe. Tatsächlich stammte das erste philosophische Buch, das Horkheimer gelesen hatte, von Schopenhauer, es waren die *Aphorismen zur Lebensweisheit*[8]; Pollock hatte sie ihm gegeben, als beide vor dem Krieg gemeinsam in Brüssel Französisch studierten.

Horkheimer und Löwenthal waren in ihren Studententagen Mitglieder der Schopenhauer-Gesellschaft in Frankfurt gewesen. Horkheimer interessierte sich damals außerdem sehr für Kant; seine erste Publikation – zugleich seine Habilitationsschrift, vorgelegt bei Hans Cornelius im Jahr 1925[9] – war eine Analyse von Kants *Kritik der Urteilskraft.*

Wenn es in Horkheimers Leben einen Menschen gab, den man Mentor nennen kann, dann war es Hans Cornelius. Pollock, zu jener Zeit gleichfalls Student bei Cornelius, erinnert sich heute, »sein Einfluß auf Horkheimer ist kaum zu überschätzen«.[10] Allerdings scheint dies mehr für die persönliche als für die theoretische Ebene gültig gewesen zu sein. Wenngleich schwer zu klassifizieren, war Cornelius' philosophische Konzeption antidogmatisch, er lehnte den Kantischen Idealismus ab und bestand auf der Bedeutung von Erfahrung. Seine ersten Schriften lassen den Einfluß von Avenarius und Mach erkennen, später entfernte er sich jedoch von deren Empiriokritizismus und näherte sich einer Art Phänomenologie.[11] Als Horkheimer bei ihm zu studieren begann, befand sich Cornelius auf dem Höhepunkt seiner Laufbahn, ein »passionierter Lehrer . . . in vieler Hinsicht das gerade Gegenteil des üblichen deutschen Universitätsprofessors, befand er sich in lebhaftem Widerspruch zu den meisten seiner Kollegen«.[12]

So bereitwillig der junge Horkheimer die kritische Haltung seines Lehrers sich zu eigen gemacht zu haben scheint, vom Inhalt der Corneliusschen Philosophie blieb wenig haften, und zwar um so weniger, je mehr er Hegel und Marx las. Prägend für Horkheimer dürften ganz sicher Cornelius' humanistisch-kulturelle Interessen gewesen sein. 1863 in München in eine Familie von Komponisten, Malern und Schauspielern hineingeboren, verfolgte Cornelius sein ganzes Leben hindurch seine ästhetischen Interessen. Begabt als Bildhauer und Maler, unternahm er wiederholt Reisen nach Italien, wo er sich zum Experten für klassische und Renaissance-Kunst entwickelte. 1908 veröffentlichte er eine Untersuchung über *Die Elementargesetze der bildenden Kunst*[13], und während des Krieges leitete er verschiedene Kunstschulen in München.

Horkheimer war zweifellos auch von Cornelius' progressiven politischen Neigungen angetan. Cornelius war erklärter Internationalist und Gegner der deutschen Kriegsanstrengungen. Obwohl kein Marxist, galt er bei den konservativeren Mitgliedern des Frankfurter Lehrkörpers als ausgesprochen radikal. Auch der kulturelle Pessimismus Cornelius', verbunden mit einer progressiven politischen Einstellung, verfehlte seine Wirkung auf Horkheimer nicht. Pollock erinnert sich, »Cornelius hat nie gezögert, offen auszusprechen, was er dachte, und er machte auch keinen Hehl aus seiner Verzweiflung über die moderne Kultur«.[14] Ein Beispiel für den nahezu apokalyptischen Ton, den er anschlug und den natürlich viele in den frühen Weimarer Tagen mit ihm gemein hatten, findet sich in einer autobiographischen Skizze aus dem Jahr 1923:

»Die Menschen haben verlernt, das Göttliche in sich und in den Dingen zu erkennen: Natur und Kunst, Familie und Staat haben nur noch das Interesse der Sensation für sie. Darum fließt ihr Leben sinnlos dahin, und ihre vermeintliche Kultur ist innerlich leer und wird zugrunde gehen, weil sie nur wert ist, daß sie zugrunde geht. Die neue Religion aber, deren die Menschheit bedarf, wird erst auf den Trümmern dieser Kultur erblühen.«[15]

Der junge Horkheimer war weit weniger bereit, sich einer so Spenglerschen Prognose anzuschließen; dennoch wurde im Lauf der Zeit Cornelius' Einschätzung der Situation immer mehr auch zu der seinen. In den zwanziger Jahren allerdings war er noch vollkommen überzeugt vom revolutionären Potential der Arbeiterklasse. In seiner Analyse der *Kritik der Urteilskraft* war denn auch von Resignation oder Verzweiflung kaum etwas zu spüren; vielmehr demonstrierte sie seine Überzeugung, daß Praxis die Widersprüche der gesellschaftlichen Ordnung überwinden und gleichzeitig zu einer kulturellen Erneuerung führen könne. Von Kant übernahm er übrigens bestimmte Betrachtungsweisen, die er niemals wieder aufgab. Horkheimers Kant-Lektüre schärfte seine Empfindsamkeit für die Bedeutung von Individualität als einem Wert, der niemals völlig den Ansprüchen der Totalität unterzuordnen sei. Des weiteren stärkte sie sein Verständnis der aktiven Elemente von Erkenntnis, was ihn davor bewahrte, die Abbildtheorie zu akzeptieren, die orthodoxere Marxisten verfochten. Eines vermochte diese Lektüre jedoch nicht, sie vermochte ihn nicht zu überzeugen von der Unvermeidlichkeit jener Gegensätze – zum Beispiel Phänomena und Noumena oder auch reine und praktische Vernunft –, die Kant als unüberwindliche postulierte. Horkheimer kam in seiner Arbeit zu dem Schluß, daß diese Gegensätze zwar noch nicht überwunden seien, daß er aber keinen zwingenden Grund sehe, weshalb sie nicht überwunden werden könnten. Kants elementarer Dualismus von Willen und Wissen, von praktischer und reiner Vernunft könne und müsse aufgehoben werden.[16] In dieser Argumentation Horkheimers ist der Einfluß der Hegelschen Kritik an Kant deutlich spürbar. Wie für Hegel waren für Horkheimer kognitives Wissen (Erkenntnis) und normative Gebote, »Sein« und »Sollen«, letztlich untrennbar.

Aufgrund dieser und anderer Übereinstimmungen mit Hegel in Fragen wie der Natur von Vernunft, der Bedeutung von Dialektik und der Existenz einer materiellen Logik ist die Versuchung groß, die Kritische Theorie eben als hegelianisierten Marxismus zu bezeichnen.[17] Dabei hat Horkheimer in verschiedenen Grundfragen stets eine gewisse Distanz zu Hegel bewahrt. So lehnte er die metaphysischen Intentionen und die Forderung Hegels nach absoluter Wahrheit grundsätzlich ab. »Ich weiß nicht«, schrieb Horkheimer in der *Dämmerung*, »wieweit die Metaphysiker recht haben, vielleicht gibt es irgendwo ein besonders treffendes metaphysisches System oder Fragment, aber ich weiß, daß die Metaphysiker gewöhnlich nur in geringem Maße von dem beeindruckt sind, was die Menschen quält.«[18] Zudem habe ein System, das sämtliche unvereinbaren Auffassungen als Bestandteile der Gesamtwahrheit toleriere, unweigerlich quietistische Implikationen.[19] Ein allumfassendes System wie das Hegelsche könne durchaus als Theodizee zur Rechtfertigung des status quo dienen. Tatsächlich sei auch der Marxismus in dem Maße, in dem er zu einem System erstarrt sei, welches den Schlüssel zur Wahrheit zu besitzen beanspruche, dieser Krankheit zum Opfer gefallen. Die wahre Aufgabe des Marxismus, sagt Horkheimer[20], bestehe nicht darin, unwandelbare und unverrückbare Wahrheiten zu enthüllen, sondern darin, die Veränderung der Gesellschaft voranzutreiben.

An anderer Stelle hat Horkheimer seine Einwände gegen Hegels Metaphysik dargelegt.[21] Seine schärfste Kritik betraf den vielleicht wichtigsten Leitsatz Hegelschen Denkens: die Vorstellung, alle Erkenntnis sei Selbsterkenntnis des unendlichen Subjekts – anders ausgedrückt, es bestehe eine Identität von Subjekt und Objekt, von Vernunft und Materie, die auf dem obersten Primat des absoluten Subjekts beruhe. »Der Geist«, schrieb Horkheimer, »vermag sich weder in der Natur noch in der Geschichte wiederzuerkennen, denn selbst wenn der Geist nicht bloß ein fragwürdiges Abstraktum wäre, so wäre er nicht identisch mit der Realität.«[22] In Wirklichkeit gebe es kein »Denken« schlechthin, es gebe nur das bestimmte Denken von bestimmten Menschen in konkreten gesellschaftlichen Verhältnissen. Es gebe auch kein »Sein« schlechthin, sondern nur »eine Vielfalt von Seiendem.«[23]

Horkheimers Ablehnung der Identitätstheorie bedeutete zugleich auch eine Kritik an Lukács, in dessen *Geschichte und Klassenbewußtsein* sie wieder anklingt. Für Lukács war das Proletariat Subjekt und Objekt von Geschichte zugleich, damit das klassische deutsche idealistische Ziel der Vereinigung von Freiheit als einer objektiven Realität und Freiheit als einem Produkt des Menschen erfüllend. In späteren Jahren sollte Lukács selbst die metaphysische Prämisse aufdecken, die seiner These von einem identischen Subjekt-Objekt in der Geschichte zugrunde lag: »Das Proletariat als identisches Subjekt-Objekt der wirklichen Menschheitsgeschichte ist also keine materialistische Verwirklichung, die die idealistischen Gedankenkonstruktionen überwindet, sondern weit eher ein Überhegeln Hegels, eine Konstruktion, die an kühner gedanklicher Erhebung über jede Wirklichkeit objektiv den Meister selbst zu übertreffen beabsichtigt.«[24]

Lukács schrieb diese Sätze 1967 als Begleittext zur Neuauflage seiner Arbeit, von deren Inhalt abzurücken er selbst vor vielen Jahren für richtig befunden hatte. Die Gründe für seine Selbstkritik haben endlose Spekulationen und vielfache Kritik ausgelöst. Und doch hat Lukács, indem er auf den metaphysischen Kern seiner Argumentation hinwies, nur wiederholt, was Horkheimer bereits vierzig Jahre zuvor über die Identitätstheorie gesagt hatte.

Alles Absolute, alle Identitätstheorien waren Horkheimer suspekt. Selbst das Ideal absoluter Gerechtigkeit in der Religion hatte für ihn, wie er später einmal sagte[25], die Qualität einer Chimäre, war Illusion. Die Idee der vollkommenen Gerechtigkeit »kann in der Geschichte niemals ganz verwirklicht werden; denn selbst wenn eine bessere Gesellschaft die gegenwärtige Unordnung abgelöst und sich entfaltet haben wird, ist das vergangene Elend nicht gutgemacht und die Not in der umgebenden Natur nicht aufgehoben«.[26] Philosophie, wie er sie verstand, läßt mithin stets einen unvermeidlichen Ton von Trauer anklingen, ohne allerdings der Resignation anheimzufallen.

Wenngleich Horkheimer selber Hegels Identitätstheorie kritisiert hat, so war er doch der Auffassung, daß die Kritik, die das 19. Jahrhundert zu diesem Punkt vortrug, zu weit getrieben sei. In ihrer Ablehnung der ontologischen Ansprüche, die Hegel für seine Philosophie des absoluten Geistes geltend machte, hätten die Positivisten dem Intellekt jedes Recht auf ein Urteil darüber abgesprochen, was im konkreten Fall richtig oder falsch sei.* Ihr übertriebener Hang zum Empirischen führe zur Verherrlichung von Fakten in einer Weise, die gleichermaßen einseitig sei. Horkheimer wies die Hobsonsche Alternative von metaphysischer Systembildung und antinomischem Empirismus stets zurück und plädierte statt dessen für eine dialektische Sozialwissenschaft, der keine Identitätstheorie zugrunde lag, die aber dennoch das Recht des Beobachters bewahrte, über die Gegebenheiten seiner Erfahrung hinauszudenken. Die Weigerung, sich auf die genannte Alternative einzulassen, war es, die der Kritischen Theorie ihre Schärfe verlieh.

Horkheimers massive Ablehnung von Metaphysik war zum Teil eine Reaktion auf die Verhärtung des Marxismus, die seine Transformation in ein System gültiger Wahrheiten mit sich brachte. Darüber hinaus spiegelte sich darin aber auch der Einfluß seiner Lektüre nichthegelischer und nichtmarxistischer Philosophie wider. Schopenhauers extremer Skeptizismus hinsichtlich der Möglichkeit, die Vernunft mit der Welt des Willens zu versöhnen, verfehlte seine Wirkung ganz sicher nicht. Größer noch war der Einfluß dreier Denker des ausklingenden 19. Jahrhunderts – von Nietzsche, Dilthey und Bergson – die allesamt den Zusammenhang zwischen Denken und menschlichem Leben hervorgehoben hatten.

* Die Frankfurter Schule hat den Begriff des »Positivismus« niemals streng definiert, sondern ihn stets locker zur Kennzeichnung jener philosophischen Strömungen benutzt, deren Vertreter man als Nominalisten, Phänomenologen (das heißt Anti-Essentialisten) und Empiristen bezeichnet und die der sogenannten szientifischen Methode huldigen. Viele Kontrahenten des Instituts, die so rubriziert wurden, haben die Anwendbarkeit dieses Terminus überhaupt bestritten; unter ihnen auch Karl Popper.

Für Horkheimer[27] hatte die *Lebensphilosophie*, die jene mitgeschaffen hatten, einen legitimen Protest geäußert gegen die zunehmende Rigidität des abstrakten Rationalismus und gegen die damit einhergehende Normierung der individuellen Existenz, die das Leben unter dem entwickelten Kapitalismus kennzeichneten. Sie hatte anklagend auf die Diskrepanz hingewiesen, die zwischen den Versprechen bürgerlicher Ideologie und der Wirklichkeit des Alltags in der bürgerlichen Gesellschaft herrschte. Die Entwicklung der Lebensphilosophie, so erklärte Horkheimer, entspreche einem tiefgreifenden Wandel im Kapitalismus selbst. Der einstige optimistische Glaube gewisser klassischer Idealisten an die Einheit von Vernunft und Wirklichkeit habe der Harmonievorstellung des Einzelunternehmers entsprochen, der seine eigenen Aktivitäten im Einklang mit dem Wohl der Gesamtwirtschaft sah. Die Auflösung dieser Überzeugung entspreche der Tendenz des späten 19. Jahrhunderts zum Monopolkapitalismus, unter dem das Individuum viel eher von der Totalität erdrückt werde, als daß es im Einklang mit ihr stehe.[28] Die Lebensphilosophie sei im Grunde ein Aufschrei gegen diese Veränderung. Wegen dieses kritischen Elements war Horkheimer sorgsam bemüht, zwischen dem »Irrationalismus«[29] der Lebensphilosophen und dem ihrer platten Epigonen im 20. Jahrhundert zu unterscheiden.
In den dreißiger Jahren, so erklärte Horkheimer, seien Angriffe auf die Vernunft einzig und allein auf eine Versöhnung des Menschen mit der Irrationalität der bestehenden Ordung aus.[30] Die sogenannte tragische Lebensauffassung sei nichts als eine verkappte Rechtfertigung unnötigen Elends. *Leben* und *Dienst* seien zu Synonymen geworden. Was einst kritisch gewesen, sei nun ideologisch geworden. Dasselbe gelte für den Angriff auf die Wissenschaft, der unter der Ägide der ersten Generation der Lebensphilosophen legitimes Korrektiv gegen den Dünkel des Szientismus gewesen, nun aber zur blinden Attacke auf die Gültigkeit wissenschaftlichen Denkens überhaupt verkommen sei. »Die philosophische Bagatellisierung der Wissenschaft«, so schrieb er 1937, »ist im Privatleben ein Trost, in der Gesellschaft ein Betrug.«[31]

Horkheimer sah im Irrationalismus der dreißiger Jahre vornehmlich eine Ideologie der Passivität[32] und übersah damit seine dynamischen und destruktiven Komponenten, die sich die Nazis so trefflich zunutze zu machen wußten. Dies war denn auch der blinde Fleck in seiner Analyse. Auf der anderen Seite bereicherte er jedoch die Diskussion um die historische Entwicklung des Irrationalismus. Indem er zwischen verschiedenen Formen von Irrationalismus unterschied, brach Horkheimer mit der traditionellen Ablehnung der Lebensphilosophie, die von nahezu allen marxistischen Denkern, den späteren Lukács[33] eingeschlossen, geteilt wurde. Horkheimer begrüßte die antisystematischen Impulse, die von ihr ausgingen, und spendete Dilthey und Nietzsche differenzierte Anerkennung für die Betonung, die sie in ihren Schriften auf das Individuum legten. Gleich ihnen war Horkheimer von der Bedeutung der Individualpsychologie für das Geschichtsverständnis überzeugt.[34] Ihre Arbeit auf diesem Gebiet war zwar weit weniger subtil als die Psychoanalyse, die er in die Kritische Theorie zu integrieren hoffte, dennoch hielt er sie für weitaus sinnvoller als den blanken Utilitarismus, auf den der Liberalismus und der orthodoxe Marxismus sich stützten.

Horkheimers Erörterung von Diltheys Methodologie[35] zeigt aber auch ganz klar seine Ablehnung eines rein psychologischen Ansatzes für die Erklärung von Geschichte. In Diltheys Begriff der *Verstehenden Geisteswissenschaft* (eine Sozialwissenschaft, die sich auf ihre eigenen Methoden von Verstehen und Erfahrung und nicht auf die der Naturwissenschaften stützt) steckte gewiß ein Verständnis von der Bedeutung historischer Strukturen, welches Horkheimer zu teilen vermochte. Was er hingegen ablehnte, war die Behauptung, der Historiker vermöge diese Bedeutung intuitiv zu erfassen, wenn er seinen Gegenstand in seinem eigenen Geist nacherlebe. Dieser Vorstellung, sagte Horkheimer, liege eine Überzeugung hegelscher Prägung von der Identität von Subjekt und Objekt zugrunde. Die Menschen könnten die wesentliche Struktur der Vergangenheit nicht innerlich widerspiegeln, weil diese Vergangenheit nicht immer mit Bewußtsein geschaffen worden sei. Vielmehr sei sie im allgemeinen »hinter dem Rücken und ohne den Willen« der Menschen gemacht, wie Marx es ausdrückte. Daß dem nicht immer so sein müsse, sei eine andere Frage. Und tatsächlich war einer von Horkheimers frühen Geisteshelden Vico[36], jener Vico, der als erster gesagt hatte, die Menschen könnten die Geschichte besser verstehen als die Natur, weil sie selbst die Geschichte machten und Gott die Natur. Dies allerdings war ein Ziel und nicht die Wirklichkeit. Falls überhaupt, so stellte Horkheimer pessimistisch fest, dann verlaufe die Entwicklung in neuerer Zeit weg von der bewußten Bestimmung der historischen Umstände und nicht auf sie zu. Geschichte könne deshalb nicht einfach »verstanden« werden, wie Dilthey in Horkheimers Augen es hoffte, vielmehr müsse sie »erklärt« werden. Immerhin gab Horkheimer eine leise Hoffnung auf die Erreichung des Zustands in der Gesellschaft nicht auf, der Diltheys methodologische Vision mit Leben erfüllen würde.

Horkheimers Bewunderung für Nietzsche war nicht minder gemischt. 1935 etwa schrieb er, Nietzsche sei ein genuin bürgerlicher Philosoph, was seine Überbewertung des Individualismus und seine Blindheit in gesellschaftlichen Fragen bewiesen.[37] Dennoch war es ebenfalls Horkheimer, der Nietzsche bereitwillig gegen jene verteidigte, die versuchten, ihn mit den Irrationalisten der dreißiger Jahre auf eine Stufe zu stellen. In einer langen Kritik zu Karl Jaspers' Arbeit über Nietzsche[38] wirft er dem Autor vor, er habe versucht, Nietzsche für den völkischen und religiösen Konsum zu »domestizieren«. Was er an Nietzsches Schriften am höchsten schätzte, war ihre kompromißlos kritische Qualität. In der Frage nach gesichertem Wissen beispielsweise pflichtete er voll Nietzsches Feststellung bei, »eine große Wahrheit will kritisiert, nicht angebetet sein«.[39]

Gleichermaßen beeindruckt zeigte sich Horkheimer von Nietzsches Kritik an dem masochistischen Charakter traditioneller westlicher Moral. Nietzsche war, wie Horkheimer anerkennend feststellte[40], der erste, der erkannte, wie Elend sich in eine gesellschaftliche Norm transformieren ließ, etwa im Falle von Askese, und wie diese Norm die westliche Kultur mit Hilfe der »Sklavenmoral« christlicher Ethik durchdrungen hatte.[41] Was die bedenklicheren Elemente Nietzscheschen Denkens anlangte, so neigte Horkheimer dazu, seine Mängel und Ungereimtheiten abzumildern. Die naive Glorifizierung des »Übermenschen« interpretierte er weg, indem er sie zum Preis für die Isolation Nietzsches erklärte. Nietzsches feindselige Ablehnung des Ziels einer klassenlosen Gesellschaft entschuldigte er mit der Begründung, als ihre einzigen Verfechter habe Nietzsche nur die Sozialdemokraten seiner Tage gekannt, deren Denkungsart nun einmal so langweilig und phantasielos gewesen sei, wie Nietzsche es behauptete. Nietzsche sei sogar, so Horkheimer, scharfsichtig gewesen, als er sich weigerte, die Arbeiterklasse zu romantisieren, die sich im Zuge der heraufkommenden Massenkultur bereits damals ihrer revolutionären Rolle zu entfremden begonnen habe. Geirrt habe sich Nietzsche hingegen in seiner ahistorischen Auffassung, Demokratisierung bedeute unweigerlich die Verwässerung von echter Kultur. Fehlgegangen sei er auch in seiner Verkennung des historischen Charakters der Arbeit, die er als invariant verabsolutiert habe, um seine elitären Schlußfolgerungen zu rechtfertigen. Kurzum, Horkheimer vertrat die Auffassung, Nietzsche, der so viel zur Aufdeckung der historischen Wurzeln bürgerlicher Moral beigetragen habe, sei selbst ein Opfer ahistorischen Denkens geworden.

Den dritten wichtigen Exponenten der Lebensphilosophie, Henri Bergson, der zugleich einer der Pariser Gönner des Instituts war, betrachtete Horkheimer mit kritischeren Augen.[42] Obgleich er den scharfen Argumenten der Bergsonschen Kritik am abstrakten Rationalismus beipflichtete, waren ihm die metaphysischen Sehnsüchte, die sich seiner Meinung nach dahinter verbargen, suspekt. Bergsons Vertrauen auf Intuition als Mittel zum Erkennen der allgemeinen Lebenskraft war für Horkheimer nichts als Ideologie. »Intuition«, schrieb er, »von der Bergson in der Geschichte wie in der Erkenntnis das Heil erhofft, hat einen einheitlichen Gegenstand: das Leben, die Schwungkraft, die Dauer, die schöpferische Entwicklung. In Wirklichkeit aber ist die Menschheit gespalten, und die durch die Gegensätze hindurchdringende Intuition verliert das historisch Entscheidende aus den Au-

gen.«[43] Horkheimers Abneigung dagegen, mit Hilfe von Intuition unvermittelt zu einer der Realität zugrunde liegenden Ebene vorzustoßen, galt übrigens auch vergleichbaren Bemühungen von Phänomenologen wie Scheler und Husserl.
In einem Artikel, der sich vornehmlich mit Bergsons Metaphysik der Zeit befaßt und von dem Bergson selbst gesagt hat, er sei »un sérieux approfondissement de mes travaux« und »d'un sens philosophique très pénétrant«[44], bejahte Horkheimer Bergsons Unterscheidung zwischen konkreter, »erfüllter« Zeit und der abstrakten Zeit der Naturwissenschaft, fügte jedoch sogleich einschränkend hinzu, Bergson sei mit dem Versuch, eine Metaphysik der Zeit zu schreiben, in die Irre gegangen. Er habe dabei nämlich eine Vorstellung von der Zeit als *durée* (Dauer) gewonnen, die fast genauso abstrakt und leer wie die der Naturwissenschaften sei. Die Realität als unaufhaltsamen Fluß ansehen heiße, die Realität von Leiden, Altern und Tod zu ignorieren. Es heiße, die Gegenwart zu verabsolutieren und so unwissentlich die Fehler der Positivisten zu wiederholen. Wirkliche, konkrete Erfahrung, sagte Horkheimer, widersetze sich solcher Homogenisierung. Aufgabe des Historikers sei es, die Erinnerung an erduldetes Unrecht, an Leid zu bewahren und seine Feder der Forderung nach qualitativer historischer Veränderung zu leihen.

In allen Schriften, in denen sich Horkheimer mit den Lebensphilosophen befaßt, tauchen immer wieder drei wichtige Kritikpunkte auf. Betrachtet man sie genauer, lassen sich zugleich auch die Grundlagen der Kritischen Theorie besser verstehen. Erster Punkt: Die Lebensphilosophen, deren Versuch, das Individuum vor den Gefahren der modernen Gesellschaft zu retten, durchaus richtig war, waren mit ihrer Betonung von Subjektivität und Innerlichkeit zu weit gegangen und hatten dabei die Bedeutung von Aktion in der historischen Sphäre bagatellisiert. Zweiter Punkt: Von gelegentlichen Ausnahmen wie Nietzsches Kritik an der Askese abgesehen, tendierten sie dazu, die materielle Dimension von Wirklichkeit zu vernachlässigen. Dritter und vielleicht wichtigster Punkt: In ihrer Kritik, der bürgerliche Rationalismus degeneriere zur bloßen Abstraktion und Formalität, überspannten sie zuweilen den Bogen, so daß es so aussah, als lehnten sie die Vernunft schlechthin ab. Das Resultat war in letzter Konsequenz schließlich der völlig unbekümmerte und geistlose Irrationalismus ihrer Epigonen im 20. Jahrhundert.
Wie zu erwarten führte Horkheimers Interesse an der Frage des bürgerlichen Individualismus ihn zurück zu Kant und zum Ursprung von *Innerlichkeit.*[45] Zu den dualistischen Elementen in Kants Philosophie, schrieb Horkheimer, gehöre die Trennung zwischen Pflicht und Interesse.[46] Individualmoral, ausfindig gemacht durch die praktische Vernunft, werde verinnerlicht und von der öffentlichen Moral abgespalten.

In diesem Punkt sei Hegels *Sittlichkeit*, mit ihrem Akzent auf der Überwindung des Gegensatzes von öffentlich und privat, der Kantischen *Moralität* überlegen. Dennoch spiegele Kants Auffassung die Verhältnisse im frühen 19. Jahrhundert viel eher wider; denn anzunehmen, es könne damals Harmonie bestanden haben zwischen persönlicher Moralität und öffentlicher Moral oder zwischen Eigeninteresse und einem allgemeinen Moralkodex, heiße die reale Irrationalität der äußeren Ordnung einfach verkennen. Allerdings habe Kant den Fehler begangen, diese Widersprüche für unabänderlich zu halten. Indem er den Unterschied zwischen Individuum und Gesellschaft hypostasierte, habe er zur Naturkonstanten gemacht, was bloß historische Gültigkeit besitze, und damit unbewußt den status quo gestützt. Dies war ja auch ein Fehler, den die Lebensphilosophen machten. In späteren Jahren jedoch kamen Horkheimer und die übrigen Institutsmitglieder zu der Überzeugung, daß die wirkliche Gefahr nicht bei jenen liege, die Subjektivität und Individualität überbetonten, sondern vielmehr dort, wo man sie zugunsten einer falschen Ganzheit zu eliminieren trachte. Die Furcht davor reichte so weit, daß Adorno in den *Minima Moralia* jenes immer wieder zitierte Wort niederschrieb: »Das Ganze ist das Unwahre.«[47] In den dreißiger Jahren indes befaßten sich Horkheimer und seine Kollegen noch mit der Individualität bei bürgerlichen Denkern von Kant bis zu den Lebensphilosophen.

Horkheimer problematisierte auch Kants kategorischen Imperativ. Zwar stimmte er Kant darin zu, daß es neben egoistischem Eigeninteresse tatsächlich einen moralischen Impuls gebe, meinte aber, die Art, in der dieser sich äußere, habe sich seit Kants Zeiten gewandelt. Während er sich im frühen 19. Jahrhundert als Pflicht manifestiert habe, tue er sich heute entweder als Mitleid oder als politisches Engagement kund. Mitleid, so sagte Horkheimer, sei die Antwort auf die Erkenntnis, daß der Mensch aufgehört habe, ein freies Subjekt zu sein, und statt dessen zum Objekt eines blinden Naturgeschehens geworden sei.[48] Kant selber habe diese Erfahrung nicht machen können, weil seine Zeit zumindest dem Unternehmer größere individuelle Freiheit einräumte. Und Politik als Ausdruck von Moralität sei für Kant, der die Bedeutung des Einzelgewissens überhöhe und zur Hypostasierung des status quo tendiere, ebenfalls nicht in Frage gekommen. Im 20. Jahrhundert hingegen sei die Politik zum eigentlichen Bereich moralischer Aktivität geworden, weil zum erstenmal in der Geschichte »die Hilfsmittel der Menschheit groß genug geworden (sind), daß ihre angemessene Verwirklichung als unmittelbare geschichtliche Aufgabe gestellt ist. Das Ringen um ihre Erfüllung kennzeichnet unsere Epoche des Übergangs.«[49] Sowohl frühbürgerliche Denker wie Kant als auch spätere wie die Lebensphilosophen seien unfähig gewesen, die Notwendigkeit von politischer Praxis zur Verwirklichung ihrer moralischen Visionen zu erkennen.

Horkheimers zweiter wichtiger Einwand gegen Nietzsche, Dilthey und Bergson war, wie schon gesagt, der des heimlichen Idealismus. Demgegenüber entwickelte Horkheimer eine materialistische Theorie der Gesellschaft, und zwar eine Theorie, die sich vom vermeintlichen Materialismus des orthodoxen Marxismus klar unterschied. In einem seiner wichtigsten Aufsätze in der *Zeitschrift*, in »Materialismus und Metaphysik«[50], ging es ihm darum, den Materialismus vor jenen zu retten, die in ihm nichts als ein Antonym zum Spiritualismus und eine Absage an jede nichtstoffliche Existenz sahen. Materialismus, richtig verstanden, so führte Horkheimer aus, bedeute keine neue Art von monistischer Metaphysik auf der Basis des ontologischen Primats von Materie. Die mechanistischen Materialisten des 19. Jahrhunderts wie Vogt und Häckel hätten sich hier ebenso geirrt wie die Marxisten, die aus der vermeintlich »objektiven« Sphäre des Materiellen einen Fetisch machten. Gleichermaßen irrig sei die These vom ewigen Primat der ökonomischen Basis von Gesellschaft. Zu allen Zeiten bedingten sich Basis und Überbau wechselseitig, auch wenn es zutreffe, daß im Kapitalismus die ökonomische Basis eine entscheidende Rolle spiele. Es müsse jedoch begriffen werden, daß dieser Umstand nur ein historischer sei und der Veränderung unterliege. Tatsächlich bestehe eines der wesentlichen Merkmale der Gesellschaft des 20. Jahrhunderts darin, daß die Politik ein Maß an Autonomie geltend zu machen beginne, das weit über alles hinausreiche, was Marx vorausgesagt habe. Sowohl die leninistische wie die faschistische Praxis demonstrierten diesen Wandel.
Horkheimer verübelte den Vulgärmarxisten ihre Neigung, den Materialismus zu einer Erkenntnistheorie hochzustilisieren, die mit dem gleichen Anspruch absoluter Gewißheit auftrete wie einst der Idealismus. Zu behaupten, eine materialistische Erkenntnistheorie vermöge die Realität erschöpfend zu erklären, heiße im Grunde nur, den Drang zur Beherrschung der Welt zu fördern, den der Fichtesche Idealismus so besonders lebhaft entfaltet habe. Dafür spreche auch die Tatsache, daß der monistische Materialismus bereits bei Hobbes zu einer manipulativen, dominierenden Haltung der Natur gegenüber geführt habe.[51] Die Beherrschung der Natur durch den Menschen sollte übrigens in späteren Jahren zu einem zentralen Thema für die Frankfurter Schule werden.
Trotz der Unmöglichkeit, absolutes Wissen zu erlangen, hielt Horkheimer daran fest, daß der Materialismus nicht notwendig einer relativistischen Resignation anheimfallen müsse. Die monistische materialistische Erkenntnistheorie des Vulgärmarxismus sei einfach zu passiv gewesen. Marx' fast hundert Jahre zurückliegende Kritik an Feuerbach wiederaufnehmend[52], unterstrich Horkheimer das aktive Element von Erkenntnis, das der Idealismus zu Recht konstatiert habe. Die Objekte der Wahrnehmung, so erklärte er, seien selbst Produkte menschlichen Handelns, wiewohl dieses Verhältnis leicht durch Verdinglichung ver-

schleiert werde. Tatsächlich enthalte die Natur selbst ein historisches Element, und zwar im doppelten Sinne: zum einen begreife der Mensch sie zu verschiedenen Zeiten unterschiedlich, und zum andern sei er aktiv bemüht, sie zu verändern. Der wahre Materialismus, so argumentierte Horkheimer, sei demnach ein dialektischer Materialismus, der den ständigen Prozeß einer Wechselwirkung zwischen Subjekt und Objekt impliziere. Hier kehrte Horkheimer wieder zu den Hegelschen Wurzeln des Marxismus zurück, die im Laufe von hundert Jahren verdeckt worden waren. Wie Marx, aber im Unterschied zu vielen selbsternannten Marxisten, weigerte er sich, die Dialektik als einen objektiven Prozeß, den der Mensch nicht kontrollieren könne, zu fetischisieren. Er sah in ihr auch kein methodologisches Konstrukt etwa im Sinne des Weberschen Idealtypus oder eines sozialwissenschaftlichen Modells, das man einer chaotischen, vielfältigen Welt überstülpte. Dialektik ergründete für ihn das, was Adorno[53] als das »Kraftfeld« zwischen Bewußtsein und Sein, Subjekt und Objekt bezeichnet hatte. Sie wollte und konnte nicht den Anspruch erheben, ontologische Grundprinzipien aufzudecken, und wies die Extreme von Nominalismus und Realismus zurück, gewillt, im ständigen Zustand eines in der Schwebe befindlichen, zeitweiligen Urteils zu operieren.
Daher auch die wichtige und kritische Bedeutung von Vermittlung für eine richtige Theorie der Gesellschaft. Keine einzige Facette gesellschaftlicher Realität dürfe der Beobachter als endgültig oder abgeschlossen begreifen. Soziale »Tatsachen« im Sinne der Positivisten, welche die Grundlage einer Theorie von der Gesellschaft bildeten, gebe es nicht. Statt dessen ging man von einem beständigen Wechselspiel zwischen Besonderem und Allgemeinem, zwischen »Moment« und Totalität aus. Wie Lukács in *Geschichte und Klassenbewußtsein* geschrieben hatte:

»Das Hinausgehen über die Empirie kann im Gegenteil nur soviel bedeuten, daß die Gegenstände der Empirie selbst als Momente der Totalität, d. h. als Momente der sich geschichtlich umwälzenden Gesamtgesellschaft erfaßt und verstanden werden. Die Kategorie der Vermittlung als methodischer Hebel zur Überwindung der bloßen Unmittelbarkeit der Empirie ist also nichts von außen (subjektiv) in die Gegenstände Hineingetragenes, ist kein Werturteil oder Sollen, das ihrem Sein gegenüberstände, *sondern ist das Offenbarwerden ihrer eigentlichen, objektiven, gegenständlichen Struktur selbst*.«[54]

Mehr noch, das Verhältnis zwischen der Totalität und ihren einzelnen Momenten war ein wechselseitiges. Die Vulgärmarxisten hatten den Fehler begangen, Kulturphänomene des Überbaus reduktionistisch aus ihrer ökonomischen Basis herleiten zu wollen. Kultur, so erklärten Horkheimer und seine Kollegen, sei, wenngleich niemals völlig auto-

nom, so doch keineswegs ein Epiphänomen. Ihr Verhältnis zur materiellen Basis der Gesellschaft sei vieldimensional. Sämtliche Kulturphänomene seien als durch die gesellschaftliche Totalität vermittelt zu sehen, und nicht als bloße Widerspiegelung von Klasseninteressen. Das bedeute, daß sich in ihnen zugleich die Widersprüche des Ganzen ausdrückten, einschließlich jener Kräfte, die den status quo negierten. Nichts oder zumindest fast nichts sei ausschließlich ideologisch.[55]
Mit dieser Argumentation stand Horkheimer Marx übrigens viel näher als jene selbsternannten Marxisten, die für sich in Anspruch nahmen, orthodox zu sein. So sah Marx im bürgerlichen Staat keineswegs nur das ausführende Organ der herrschenden Klasse, er sah in ihm auch eine – wenngleich völlig verzerrte – Vorahnung der Aufhebung jener gesellschaftlichen Widersprüche, die der Sieg des Proletariats bringen sollte.[56] Auch Engels zollte in seiner Abhandlung über den Realismus in der Literatur scheinbar reaktionären Autoren wie etwa Balzac für ihre progressiven Elemente Anerkennung, einfach weil sie es verstanden, die konkrete Totalität mit all ihren Widersprüchen zu porträtieren. Die umfangreiche Arbeit des Instituts zu ästhetischen und kulturellen Fragen ging von der gleichen Überlegung aus.
Selbst das Gewicht auf die Totalität legend, hat Horkheimer Gesellschaftstheoretiker, die sich auf einen Aspekt der Realität unter Ausschluß aller übrigen kaprizierten, stets entsprechend kritisiert. Dem methodologischen Fehler, den diese Sozialtheoretiker machten, d. h. der Fetischisierung, galten unzählige Attacken der Frankfurter Schule. Auch die orthodoxeren Marxisten im Institut selbst, wie zum Beispiel der Ökonom Henryk Grossmann, wurden wegen ihrer Überbetonung der materiellen Basis der Gesellschaft stets kritisiert. Die Zusammensetzung des Instituts, bei der bewußt auf Mannigfaltigkeit der Bereiche geachtet wurde, spiegelte klar die Bedeutung wider, welche die Kritische Theorie der Totalität dialektischer Vermittlungen beimaß, die es im Prozeß einer Analyse der Gesellschaft zu erfassen galt.
Horkheimers emphatisches Verhältnis zur Dialektik bestimmte auch sein Verständnis von Logik. Zwar lehnte er den übertriebenen ontologischen Anspruch ab, den Hegel hinsichtlich seiner logischen Kategorien erhoben hatte, verfocht aber gleichfalls die Notwendigkeit einer inhaltlichen anstelle einer rein formalen Logik. In der *Dämmerung* schrieb er: »Die Logik ist nicht unabhängig vom Inhalt. Angesichts der Tatsache, daß in der Wirklichkeit dem bevorzugten Teil der Menschen billig ist, was dem anderen unerreichbar bleibt, wäre eine unparteiische Logik so parteiisch, wie das Gesetzbuch, das für alle das gleiche ist.«[57]
Der Formalismus, Charakteristikum bürgerlichen Rechts (das Ideal des Rechtsstaats, welches von einer unparteiischen Allgemeingültigkeit ausging, ohne die politische Herkunft des Rechts zu beachten), bürgerlicher Moral (der kategorische Imperativ) und bürgerlicher Logik, war einst progressiv gewesen, diente inzwischen aber nur noch der Erhal-

tung des status quo. Wirkliche Logik und wirklicher Rationalismus mußten mehr sein als bloße Form, sie mußten die inhaltlichen Momente mit einschließen.

Diese Momente nun aber auch zu benennen, genau das war das Problem. Es war viel einfacher, inhaltliche Logik zu fordern, als sie zu erklären. Der Agnostizismus in Horkheimers Materialismusbegriff galt auch für seine Ansichten über die Möglichkeit einer philosophischen Anthropologie. Die Bemühungen Max Schelers, eine konstante menschliche Natur nachzuweisen, waren für ihn nichts als die verzweifelte Suche nach einem absoluten Sinn in einer relativistischen Welt.[58] Die Sehnsucht der Phänomenologen nach der Sicherheit ewiger Wesenheiten stellte eine Quelle der Selbsttäuschung dar, ein Punkt, auf den Adorno und Marcuse in ihren Kritiken an Husserl und Scheler ausführlich eingingen.[59]

Auf der Basis solcher Überlegungen verneinte die Kritische Theorie natürlich die Notwendigkeit oder auch nur die Möglichkeit einer detaillierten, abgeschlossenen Beschreibung des »sozialistischen Menschen«. Einige Kommentatoren haben diesen Widerwillen gegen anthropologische Spekulation dem noch vorhandenen Einfluß des wissenschaftlichen Sozialismus zugeschrieben.[60] Wenn »wissenschaftlich« dabei ausschließlich als Gegensatz zu »utopisch« verstanden wird, dann stimmt das. Angesichts der Abneigung der Frankfurter Schule gegen die Reduzierung von Philosophie auf Wissenschaft, scheint die Erklärung jedoch zu kurz zu greifen. Ein anderer möglicher Faktor, auf den Horkheimer in späteren Jahren selbst zu sprechen kam[61], war der unterschwellige Einfluß eines religiösen Moments auf den Materialismus der Frankfurter Schule. Tatsächlich wäre es falsch, ihre Mitglieder als dogmatische Atheisten zu betrachten. In fast allen Diskussionen über Religion, die Horkheimer führte, vertrat er eine dialektische Position.[62] In der *Dämmerung*, um nur ein Beispiel herauszugreifen, sagte er, die Religion dürfe deshalb nicht nur als falsches Bewußtsein verstanden werden, weil sie eine Hoffnung auf eine gerechte Zukunft bewahren helfe, die der bürgerliche Atheismus nicht kenne.[63] So gesehen, darf man Horkheimers Einlassung aus jüngerer Zeit, das traditionelle jüdische Verbot, Gott und das Paradies beim Namen zu nennen oder genau zu beschreiben, sei in der Weigerung der Kritischen Theorie, ihre utopische Version mit konkretem Inhalt zu füllen, wiederaufgenommen, einigen Glauben schenken. Jürgen Habermas hat in diesem Zusammenhang geschrieben, das Zögern der deutschen idealistischen Philosophie, ihre Vorstellungen von Utopia zu konkretisieren, entspreche durchaus der Betonung, die in der Kabbala dem Wort anstelle des Bildes zukomme.[64] Adornos Entscheidung für die Musik – die am wenigsten bildhafte unter allen ästhetischen Darstellungsweisen – als dem hauptsächlichsten Medium, mittels dessen er bürgerliche Kultur analysierte und nach Anzeichen ihrer Negation forschte, deutet auf die anhaltende Macht dieses Verbots hin. Von allen, die im Institut jemals eine wichtige Rolle gespielt haben, hat nur Marcuse den Versuch unternommen, eine positive Anthropologie zu formulieren.[65] Ob das jüdische Tabu Ursache oder nur ex post Rationalisierung dafür war oder nicht, läßt sich kaum mit Sicherheit klären. Was auch immer der Grund gewesen sein mag, die Kritische Theorie widerstand konsequent der Versuchung, »das Reich der Freiheit« aus der sicheren Entfernung des »Reichs der Notwendigkeit« zu beschreiben.

Und doch machte sich selbst in Horkheimers Schriften eine Art von negativer Anthropologie bemerkbar, implizit zwar, aber dennoch höchst präsent. Bis zu einem gewissen Grad durch Freud bestimmt, ist ihr Ursprung jedoch im Werk von Marx zu suchen. In seiner Erörterung des Feuerbachschen Versuchs, ein konkretes Bild der menschlichen Natur zu zeichnen, hatte Marx dessen überzeitliche, abstrakte und antihistorische Prämissen kritisiert. Die einzige Konstante, so hatte Marx gesagt, sei die Fähigkeit des Menschen zur eigenen Reproduktion. »Anthropogenese«, um den Terminus[66] eines späteren Kommentators zu benutzen, war das einzige, was Marx als menschliche Natur gelten ließ. Hier befand sich Horkheimer in voller Übereinstimmung mit Marx; auch für ihn war die befreite Gesellschaft eine Gesellschaft, in der der Mensch als freies Subjekt handelt, statt daß an ihm als einem zufälligen Objekt gehandelt wird. Während Marx sich in den *Ökonomisch-philosophischen Manuskripten* daranmachte, die Kategorien menschlicher Selbsterzeugung näher zu bestimmen, war Horkheimer hier eher zurückhaltend. Der Begriff der Arbeit, in Marx' Werk ganz zentral, sowie das Problem der entfremdeten Arbeit in der kapitalistischen Gesellschaft, bei Marx nicht minder wichtig, spielten in Horkheimers Schriften eine relativ geringe Rolle. In der *Dämmerung* schrieb er: »Die Arbeit zum Oberbegriff menschlicher Betätigung zu machen, ist eine asketische Ideologie . . . Indem die Sozialisten diesen Allgemeinbegriff beibehalten, machen sie sich zu Trägern der kapitalistischen Propaganda.«[67]
Dasselbe galt für Walter Benjamin und Theodor W. Adorno. Für Benjamin will der vulgärmarxistische Begriff von Arbeit »nur die Fortschritte der Naturbeherrschung, nicht die Rückschritte der Gesellschaft wahrhaben. Er weist schon die technokratischen Züge auf, die später im Faschismus begegnen werden. . . . Die Arbeit, wie sie nunmehr verstanden wird, läuft auf die Ausbeutung der Natur hinaus, welche man mit naiver Genugtuung der Ausbeutung des Proletariats gegenüberstellt. Mit dieser positivistischen Konzeption verglichen erweisen die Phantastereien, die so viel Stoff zur Verspottung eines Fourier gegeben haben, ihren überraschend gesunden Sinn.«[68] Und Adorno meinte in einem Gespräch mit mir im März 1969, Marx habe die ganze Welt in ein gigantisches Arbeitshaus verwandeln wollen.

In Horkheimers Widerstand gegen die Fetischisierung von Arbeit fand noch eine zweite Dimension seines Materialismus ihren Ausdruck: der Anspruch auf menschliches, sinnliches Glück. In »Egoismus und Freiheitsbewegung«[69], einem seiner scharfsinnigsten Aufsätze, befaßte sich Horkheimer mit der der bürgerlichen Kultur innewohnenden Verpönung von persönlichem Genuß und persönlichem Glück. Trotz des Utilitarismus eines Bentham oder Mandeville sei die charakteristische Ideologie der frühbürgerlichen Epoche die Kantische.[70] Keine Einheit zwischen individuellem Interesse und öffentlicher Moral sehend, habe Kant einen versöhnlichen Unterschied zwischen Glück und Pflicht konstatiert. Zwar habe er zunächst beiden Momenten eine gewisse Bedeutung zugestanden, doch mit der Entfaltung des Kapitalismus habe der Vorrang der Pflicht der Gesamtheit gegenüber vor dem persönlichen Glück ein solches Ausmaß erreicht, daß letzteres nahezu völlig vernachlässigt werde. Zur Kompensierung des unterdrückten genuinen individuellen Glücks habe man die Massenunterhaltung geschaffen, um in ihr vorhandene Unzufriedenheit aufzulösen.[71] Ein großer Teil der späteren Arbeit des Instituts über die »Kulturindustrie« hatte zum Ziel, zu zeigen, wie wirksam diese Palliativa sind.

Aber, so erklärte Horkheimer, selbst angeblich revolutionäre Bewegungen hätten die typisch bürgerliche Ablehnung des Glücksstrebens fortgesetzt.[72] So böten etwa im 14. Jahrhundert die Römer unter Cola di Rienzi oder zur Zeit Savonarolas die Florentiner zwei klare Beispiele für revolutionäre Bewegungen, die damit endeten, daß sie persönliches Glück im Namen irgendeines höheren Guts unterdrückten. Oder, was noch mehr erstaune, auch die Französische Revolution und insbesondere der sie begleitende Terror illustrierten dieses Thema. Robespierre habe ebenso wie Rienzi und Savonarola Liebe zum Volk mit dessen skrupelloser und unbarmherziger Unterdrückung verwechselt. Die Gleichheit, welche die Revolution gebracht habe, schrieb Horkheimer, sei das negative Gleichmachen durch die Guillotine gewesen, eine Gleichheit in der Entwürdigung statt in der Würde. Im 20. Jahrhundert sei mit dem Faschismus ein ähnliches Phänomen aufgetaucht. Der Führer und der Duce drückten in extremer Form die typisch bürgerliche Verbindung von romantischer Sentimentalität und höchster Skrupellosigkeit aus. Die Ideologie von Pflicht und Dienst an der Gesamtheit auf Kosten persönlichen Glücks erreiche ihre schärfste Ausprägung in der faschistischen Rhetorik. Das revolutionäre Auftreten der Faschisten sei nichts als ein Trick, dazu bestimmt, die Herrschaft der herrschenden Klassen zu verewigen.

Horkheimer kritisierte nicht nur die bürgerliche Moral der Selbstverleugnung, sondern verfocht zugleich die Dignität des Egoismus. Zur Zeit der Aufklärung hatten Helvétius und de Sade, wie verquer auch immer, gegen Askese im Namen einer höheren Moral protestiert. Viel nachdrücklicher noch hatte später Nietzsche die Verbindung von

Selbstverleugnung und Ressentiment aufgezeigt, die weithin in der westlichen Gesellschaft vorherrscht. Was Horkheimer von den Genannten unterschied, war seine Betonung der gesellschaftlichen Komponente menschlichen Glücks. Sein egoistisches Individuum erlebte im Unterschied zu dem der Utilitaristen, aber auch zu dem Nietzsches sein größtes Glück stets im Austausch, in der Beziehung zu anderen. Tatsächlich hat Horkheimer die Verdinglichung von Individuum und Gesellschaft als polare Gegensätze immer kritisiert, wie er auch die wechselseitige Exklusivität von Subjekt und Objekt in der Philosophie verneinte.

Zu den Verfechtern persönlichen Glücks als integralem Bestandteil eines Materialismus, wie ihn das Institut verstand, zählt unbedingt auch Marcuse mit seinem 1938 für die *Zeitschrift* verfaßten Artikel »Zur Kritik des Hedonismus«.[73] Im Gegensatz zu Hegel, der »im Interesse des geschichtlichen Fortschritts den Eudämonismus bekämpft hat«[74], verteidigte Marcuse die hedonistischen Philosophien, weil sie ein »Moment« von Wahrheit enthielten, indem sie auf das Glück pochten. Traditionellen Irrtum bescheinigte er ihnen allerdings dort, wo sie das konkurrierende Individuum als Modell höchster persönlicher Entfaltung blind akzeptierten. »Das rechtfertigende Moment im Hedonismus«, schrieb Marcuse, »liegt tiefer: in seiner abstrakten Fassung schon der subjektiven Seite des Glücks, in seiner Unfähigkeit, zwischen wahren und falschen Bedürfnissen und Interessen, zwischen wahrem und falschem Genuß unterscheiden zu können.«[75]

Indem er die Unterscheidung zwischen höheren und niedereren Genüssen aufrechterhielt, stand Marcuse dem epikureischen Typus von Hedonismus näher als dem kyrenäischen, die er beide in seinem Aufsatz ausführlich abhandelt. (Er befand sich damit übrigens in Gesellschaft eines kaum zu erwartenden Bundesgenossen, nämlich von John Stuart Mill, der in seinem *Utilitarismus* eine ähnliche Unterscheidung getroffen hatte.) Marcuse erklärte dazu: »Die Lust an der Demütigung anderer wie an der Selbstdemütigung unter einem stärkeren Willen, die Lust an den mannigfachsten Surrogaten der Sexualität, am sinnlosen Opfer, an der Heroizität des Krieges ist deshalb eine falsche Lust, weil die in ihr sich erfüllenden Triebe und Bedürfnisse die Menschen unfreier, blinder und armseliger machen, als sie sein müssen.«[76]

Wie zu erwarten, kritisierte Marcuse jedoch scharf die ungeschichtliche Vorstellung, die höheren Formen von Glück ließen sich unter den gegenwärtigen Verhältnissen verwirklichen. Tatsächlich, so argumentierte er, spreche die hedonistische Einschränkung des Glücks auf Konsum und Freizeit unter Ausschluß von produktiver Arbeit ein durchaus richtiges Urteil über eine Gesellschaft, in der Arbeit entfremdete Arbeit sei. Falsch dagegen sei die Annahme, diese Gesellschaft trage Ewigkeitscharakter. Wie ein historischer Wandel sich vollziehen werde, sei natürlich schwer vorauszusagen, denn »es zeigt sich, daß die Individuen, welche zur Einordnung in den antagonistischen Arbeitsprozeß erzogen worden waren, nicht Richter über ihr Glück sein können«.[77] Das Bewußtsein sei deshalb unfähig, sich aus sich heraus zu verändern; der Anstoß müsse von außen kommen:

»Sofern die Unfreiheit schon in den Bedürfnissen steckt und nicht erst in ihrer Befriedigung, sind sie zunächst zu befreien. Das ist kein Akt der Erziehung, der moralischen Erneuerung des Menschen, sondern ein ökonomischer und politischer Vorgang. Die Verfügung der Allgemeinheit über die Produktionsmittel, die Umstellung des Produktionsprozesses auf die Bedürfnisse der Gesamtheit, die Verkürzung des Arbeitstages, die aktive Teilnahme der Individuen an der Verwaltung des Ganzen gehören zu seinen Inhalten.«[78]

Hier schien Marcuse den orthodoxeren Marxisten, die mit allem Nachdruck von einer objektiven gesellschaftlichen Entwicklung sprachen, eine Auffassung, die vom Institut stets mit dem Hinweis auf das subjektive Moment von Praxis kritisiert wurde, gefährlich nahezukommen. Und in der Tat blieb – die Abschweifung sei gestattet – die Schlüsselfrage, wie gesellschaftlicher Wandel sich in einer Gesellschaft vollzieht, die das Bewußtsein ihrer Mitglieder bestimmt, auch in Marcuses späteren Schriften, insbesondere im *»Eindimensionalen Menschen*[79] ein unklarer Punkt.
Mit welchen Mitteln auch immer wahres Glück erlangt werde, meinte Marcuse, es lasse sich nur erreichen, wenn zugleich auch Freiheit allgemein verwirklicht sei. »Die Wirklichkeit des Glücks«, schrieb er, »ist die Wirklichkeit der Freiheit, als der Selbstbestimmung der befreiten Menschheit in ihrem gemeinsamen Kampf mit der Natur.« Und weil Freiheit gleichbedeutend sei mit der Verwirklichung von Vernunft, sollten »in ihrer vollendeten Gestalt, ... beide, Glückseligkeit und Vernunft, zusammenfallen«.[80] Was Marcuse hier vertrat, war die Konvergenz von partikularen und allgemeinen Interessen, gemeinhin als »positive Freiheit«[81] bekannt. Individuelles Glück sei ein Moment in der Totalität positiver Freiheit, Vernunft das andere.

Hervorstechendes Merkmal der Arbeit der Frankfurter Schule war die hohe Bedeutung, die sie der Vernunft beimaß.[82] Die Verbindung zu Hegel ist übrigens hier am deutlichsten zu erkennen. Wie bereits erwähnt, galt Horkheimers dritter Haupteinwand gegen die Lebensphilosophie ihrer Überreaktion auf den Verfall von Rationalität, die schließlich zu einer Ablehnung von Vernunft überhaupt geführt habe. Horkheimer ist niemals müde geworden zu wiederholen, daß Vernunft die Wurzel jeder progressiven Gesellschaftstheorie sei. Was er allerdings unter Vernunft verstand, war für ein Publikum, das sich in der Tradition klassischer deutscher Philosophie nicht auskannte, nur schwer zu verstehen. Implizit unterschied er in den meisten Fällen ganz im Sinne der Idealisten zwischen *Verstand* und *Vernunft*. Verstand war für Kant und Hegel eine Art von niederer Fähigkeit des Geistes, die Welt der Erscheinungen gemäß dem gesunden Menschenverstand zu ordnen. Für den Verstand bestand die Welt aus endlichen Entitäten, identisch nur mit sich selbst, allen anderen Dingen gegenüber fremd und feindlich. Dadurch vermochte er die Unmittelbarkeit auch gar nicht zu durchdringen und die dialektischen Zusammenhänge unter der Oberfläche nicht zu erfassen. *Vernunft* dagegen bedeutete eine Fähigkeit, die über die bloßen Erscheinungen hinaus diese tiefere Wirklichkeit erreichte. Obgleich Kant sich von Hegel darin unterschied, daß er die Möglichkeit einer Vereinigung der Welt der Erscheinungen mit der transzendentalen, noumenalen Sphäre der »Dinge an sich« verneinte, teilte er Hegels Überzeugung von der Erhabenheit der *Vernunft* über den *Verstand*. Unter den Institutsmitgliedern dürfte Marcuse derjenige gewesen sein, den die klassische Bedeutung von Vernunft am stärksten fesselte. 1937 versuchte er, Vernunft zu definieren und ihr eine materialistische Richtung zu geben; er schrieb:

»Vernunft ist die Grundkategorie philosophischen Denkens, die einzige, wodurch es sich mit dem Schicksal der Menschheit verbunden hält. Die Philosophie wollte die letzten und allgemeinsten Gründe des Seins erforschen. Unter dem Titel Vernunft hat sie die Idee eines eigentlichen Seins gedacht, in dem alle entscheidenden Gegensätze (zwischen Subjekt und Objekt, Wesen und Erscheinung, Denken und Sein) vereinigt sind. Mit dieser Idee war die Überzeugung verknüpft, daß das Seiende nicht unmittelbar schon vernünftig sei, sondern erst zur Vernunft gebracht werden müsse ... Wenn die gegebene Welt mit dem vernünftigen Denken verbunden, ja ihrem Sein nach auf es angewiesen war, dann war damit alles, was der Vernunft widersprach, was nicht vernünftig war, als etwas zu Überwindendes hingestellt. Die Vernunft war als kritische Instanz aufgerichtet.«[83]

Marcuse schien hier für eine Identitätstheorie zu argumentieren und sich damit in scharfem Gegensatz zu der allgemeinen von der Frankfurter Schule vertretenen Auffassung der Nichtidentität zu befinden. Tatsächlich war die Abneigung gegen die Identitätstheorie bei Marcuse stets viel schwächer als bei Horkheimer oder bei Adorno.[84] Aber auch in ihren Schriften tauchte die Vorstellung von der Vernunft als Höchstem und Heiligem und die damit implizierte Vereinigung von Gegensätzen stets als ein utopisches Ideal auf. Es mag den Juden untersagt sein, Gott beim Namen zu nennen oder ihn zu beschreiben, seine Existenz leugnen sie jedoch nicht. Richtmaß in allen Schriften des Instituts war eine zur Vernunft gebrachte, eine vernünftige Gesellschaft, vernünftig in dem Sinne, den die deutsche Philosophie traditionell mit dem Terminus verbunden hat. Vernunft war, wie das Marcuse-Zitat sagt, die »kritische Instanz«, auf die sich die Kritische Theorie in erster Linie berief. Die Irrationalität der bestehenden Gesellschaft wurde ständig herausgefordert durch die »negative« Möglichkeit einer wahrhaft rationalen Alternative.

Sosehr es Horkheimer widerstrebte, die völlige Identität von Subjekt und Objekt zu bestätigen, so fest war er in der Ablehnung des streng dualistischen Gegensatzes zwischen ihnen, den Descartes angenommen und dem modernen Denken hinterlassen hatte.[85] Das cartesianische Vermächtnis, erklärte Horkheimer, impliziere die Reduktion von Vernunft auf ihre subjektive Dimension. Das aber sei der erste Schritt dazu, Rationalität aus der Welt hinaus in eine kontemplative Innerlichkeit zu drängen, ein Schritt, der in seiner weiteren Konsequenz zu einer ewigen Trennung von Wesen und Erscheinung führe, welche die unkritische Hinnahme des status quo begünstige.[86] Schließlich werde Rationalität immer mehr mit dem *common sense* des Verstands gleichgesetzt statt mit der anspruchsvolleren synthetischen *Vernunft*. Im Grunde genommen habe denn auch der Angriff der Irrationalisten im späten 19. Jahrhundert auf die Vernunft in erster Linie ihrer Reduktion auf den analytischen, formalen, trennenden Verstand gegolten. Und dies war eine Kritik, der Horkheimer beizupflichten vermochte, auch wenn er analytische Rationalität keineswegs von der Hand wies. »Ohne Bestimmtheit und Ordnung der Begriffe, ohne Verstand«, hatte er geschrieben, »gibt es kein Denken, auch kein dialektisches.«[87] Und selbst Hegels dialektische Logik, von der Kritischen Theorie freudig aufgenommen, negierte die formale Logik nicht einfach. Das hegelische *»aufheben«* bedeutete bewahren ebenso wie transzendieren und aufheben im Sinne von beendigen. Wogegen Horkheimer sich sträubte, war die völlige Gleichsetzung von Vernunft und Logik mit der begrenzten Kraft des Verstandes.

In seiner gesamten Geschichte hat das Institut in einem Zweifrontenkrieg die Vernunft stets energisch verteidigt. Neben dem Angriff von seiten der Irrationalisten, den im 20. Jahrhundert allerdings eine ausgesprochen obskurantistische Geistlosigkeit auszeichnete, kündigte sich eine neue und vielleicht ernstere Gefahr an, die aus einer ganz anderen Ecke drohte. Mit dem Zusammenbruch der Hegelschen Synthese in der zweiten Hälfte des 19. Jahrhunderts hatte Hand in Hand mit der zunehmenden Herrschaft der Naturwissenschaften über das Leben der Menschen die auf Empirie beruhende Sozialwissenschaft ihren Aufschwung genommen. Der Positivismus bestritt die Gültigkeit der traditionellen Vorstellung von ratio als Vernunft, die er kurzerhand als leere Metaphysik abtat. Die prominentesten Vertreter dieser Auffassung, mit denen die Frankfurter Schule es zu ihrer Zeit zu tun hatte, waren die logischen Empiristen des Wiener Kreises; auch sie waren gezwungen, nach Amerika zu emigrieren, und zwar fast zur gleichen Zeit wie das Institut.[88] Ihr Einfluß in den Vereinigten Staaten war dank der Kongruenz zwischen ihren Vorstellungen und den bestimmenden Traditionen amerikanischer Philosophie indes unvergleichlich viel größer als der des Instituts. In späteren Jahren hat Horkheimer sich bemüht, die Verwandtschaft zwischen in Amerika beheimateten Schulen wie der des Pragmatismus und dem Logischen Empirismus aufzuzeigen.[89]

Seinen ersten großen Angriff auf den logischen Empirismus startete Horkheimer 1937 in der *Zeitschrift.*[90] Wieder einmal wurde sein feines Gespür für die im historischen Kontext sich wandelnden Funktionen einer Schule und ihrer Theorie deutlich. Ursprünglich, so schrieb er, habe der Empirismus, wie Locke und Hume ihn betrieben, in dem Beharren auf individueller Wahrnehmung als Quelle von Wissen und Erkenntnis ein dynamisches, ja sogar kritisches Element enthalten. Die Empiristen der Aufklärung hätten ihre Beobachtungen dazu benutzt, die bestehende Ordnung zu unterminieren. Der zeitgenössische logische Empirismus hingegen habe diese subversive Qualität verloren, weil er glaube, Wissen, obgleich allein aus der Wahrnehmung stammend, sei in Wirklichkeit bereits Urteil über diese Wahrnehmung, ein Urteil, das in sogenannten »Protokollsätzen« enthalten sei.[91] Indem die Realität beschränkt werde auf das, was sich sprachlich fixieren lasse, werde das Unsagbare und das Ungesagte aus dem Bereich der Philosophie verbannt. Was aber noch wichtiger sei, in seiner Fixierung auf die Wahrnehmung übersehe der Empirismus das aktive Element in der Erkenntnis. Empirismus jeder Prägung bedeute letztlich Verzicht auf Reflexion.[92] Das Resultat sei die Verabsolutierung von »Fakten« und die Hypostasierung der bestehenden Ordnung.[93]

Nicht nur der Fakten-Fetischismus der logischen Empiristen war Horkheimer zuwider, auch ihr blindes Vertrauen in die formale Logik auf Kosten jeder inhaltlichen Alternative stieß auf seine heftige Kritik. Logik als Analogie zur Mathematik zu begreifen, erklärte er, heiße, sie auf eine Reihe von Tautologien ohne konkrete Bedeutung in der historischen Wirklichkeit reduzieren. Zu glauben, alle wirkliche Erkenntnis verlange nach wissenschaftlich-mathematischer Begrifflichkeit, bedeute die Auslieferung an eine Metaphysik, die nicht minder übel sei als jene, die die Empiristen zu bekämpfen sich vorgenommen hätten.[94]

Das Schlimmste in Horkheimers Augen war jedoch die Anmaßung der Positivisten, Fakten und Werte auseinanderzuhalten. Hier lag für ihn ein Bruch mit der ursprünglichen Funktion des Empirismus zur Zeit der Aufklärung, der er als Hellebarde, d. h. als Waffe gegen die Mystifikationen von Aberglauben und Tradition gedient hatte. Eine Gesellschaft, so meinte Horkheimer[95], könne durchaus »besessen« sein und »Tatsachen« produzieren, die ihrerseits »toll« seien. Weil er keine Möglichkeit habe, eine solche Situation zu erkennen, kapituliere der moderne Empirismus vor der Autorität des status quo, seinen eigenen

Intentionen zum Trotz. Mochten die Mitglieder des Wiener Kreises in ihrer Politik vielleicht progressiv gewesen sein, in ihrer Philosophie schlug es sich in keiner Weise nieder. Ihre Kapitulation vor der Mystik der herrschenden Realität war für Horkheimer allerdings keine willkürliche; sie war vielmehr Ausdruck der Bedingtheit des Lebens in einer Gesellschaft, die ihre Mitglieder verwaltet und manipuliert. So wie der Mensch die Fähigkeit, sein eigenes Schicksal zu bestimmen, wieder gewinnen müsse, so müsse auch die Vernunft den ihr zukommenden Platz des Richters über Ziele, nicht nur über die Mittel, zurückerhalten. Die Vernunft müsse das Feld zurückerobern, von dem sie durch den Triumph des Verstandes vertrieben worden sei.

Problematisch an Horkheimers Insistenz auf Vernunft war ein damit verbundenes, gleichermaßen starkes antimetaphysisches Vorurteil. Die »Instanz der Vernunft« sei es, der die Beurteilung der Realität obliege, dabei dürfe Vernunft jedoch nicht als transzendentales Ideal gesehen werden, welches außerhalb von Geschichte existiere. Wahrheit, so betonten Horkheimer und seine Kollegen stets, sei keineswegs unwandelbar. Und dennoch bedeute die Verneinung der Absolutheit von Wahrheit keine Unterwerfung unter den Relativismus, weder unter einen erkenntnistheoretischen noch unter einen moralischen oder sonstigen. Die Dichotomie von absoluter Geltung und Relativismus sei schlichtweg falsch. Jede Epoche habe ihre eigene Wahrheit, versicherte Horkheimer[96], eine überzeitliche hingegen gebe es nicht. Wahr sei alles, was gesellschaftliche Veränderung in Richtung auf eine vernünftige Gesellschaft begünstige. Damit war natürlich die Frage, was unter Vernunft zu verstehen sei, nur erneut gestellt; sie explizit zu definieren, hat die Kritische Theorie niemals versucht. Zum Angriff auf den Wahrheitsanspruch anderer Theorien eignete sich die Dialektik hervorragend, doch mit der Erklärung und Formulierung des Fundaments ihrer eigenen Behauptungen und Wertvorstellungen tat sie sich erheblich schwerer. So wie sie sich implizit auf eine negative Anthropologie stützte, hatte die Kritische Theorie auch von Vernunft und Wahrheit einen zutiefst unkonkreten Begriff, der in den gesellschaftlichen Verhältnissen und doch außerhalb von ihnen wurzelte, der Praxis verbunden war und doch Distanz zu ihr hielt. Wenn sich von der Kritischen Theorie überhaupt sagen läßt, sie habe eine Theorie der Wahrheit gehabt, dann trat sie zutage in der immanenten Kritik der bürgerlichen Gesellschaft, einer Kritik, die den Anspruch bürgerlicher Ideologie konfrontierte mit der Wirklichkeit der gesellschaftlichen Verhältnisse. Die Wahrheit liegt der Kritischen Theorie zufolge nicht außerhalb der Gesellschaft, sondern ist in ihren eigenen Ansprüchen enthalten. Die Menschen haben ein emanzipatorisches Interesse an der Verwirklichung ihrer Ideologie.

Jeden Anspruch auf absolute Wahrheit zurückweisend, sah sich die Kritische Theorie häufig denselben Problemen gegenüber, nach deren

Lösung auch die Wissenssoziologie suchte. Dennoch waren weder Horkheimer noch die anderen je bereit, Karl Mannheim, der vor 1933 sein Büro zufällig im Institut hatte, darin zu folgen, den Marxismus nur als eine unter anderen Ideologien zu »entlarven«. Mit seiner Behauptung, alles Wissen sei »seinsgebunden«, schien Mannheim die fundamentale marxistische Unterscheidung zwischen richtigem und falschem Bewußtsein zu untergraben, eine Unterscheidung, an der die Kritische Theorie ausdrücklich festhielt. Marcuse hat die Differenz so ausgedrückt: Die Kritische Theorie »ist an dem Wahrheitsgehalt der philosophischen Begriffe und Probleme interessiert . . . Das Geschäft der Wissenssoziologie dagegen betrifft immer nur die Unwahrheiten, nicht die Wahrheiten der bisherigen Philosophie.«[97] Dennoch hat Horkheimer kurioserweise in einer Schrift über Mannheim, die einige Jahre vor der Emigration entstand[98], zum Gegenstand seiner Kritik weniger die relativistischen Implikationen der Wissenssoziologie gemacht als vielmehr jene Stellen, in denen absolute Geltung anklingt. Besonders unglücklich sei in dieser Hinsicht, so meinte Horkheimer, Mannheims Relationismus, mit dem er versuche, die objektive Wahrheit mit dem Argument zu retten, alle partiellen Wahrheiten seien nur verschiedene Perspektiven auf das Ganze. In der Annahme, eine entsprechende Gesamtwahrheit existiere in der Synthese der einzelnen Sichtweisen, folge Mannheim dem Wissensbegriff der Gestaltpsychologen, allerdings in vereinfachter Form.[99] Dieser Vorstellung zugrunde liege ein quasi-hegelianischer harmonistischer Glaube daran, all die verschiedenen Perspektiven ließen sich vereinigen, ein Glaube, dessen Implikationen im Hinblick auf gesellschaftliche Veränderung einfach quietistisch seien. Im Unterschied zu Marx, dem es mehr um die Veränderung der Gesellschaft als um Wahrheit gegangen sei, habe Mannheim auf verschleierte Weise die metaphysische Suche nach reinem Wissen wiederaufgenommen.[100]

Außerdem, so lautete Horkheimers Kritik, sei Mannheims Begriff vom »Sein«, welches das Bewußtsein bestimme, höchst undialektisch; für Horkheimer war eine Rückkopplung und Vermittlung zwischen Basis und Überbau einfach nicht wegzudenken.[101] Mannheim sei zu einer Art Dualismus von Subjekt und Objekt zurückgekehrt, der beide hypostasiere. Es gebe aber keine »objektive« Realität, die sich im je einzelnen Bewußtsein spiegele. Mit der Behauptung, es gebe sie, werde die Rolle außer acht gelassen, welche die Praxis bei der Gestaltung der Welt spiele.

Praxis und Vernunft waren tatsächlich die beiden Pole der Kritischen Theorie, so wie sie es für die Linkshegelianer hundert Jahre zuvor gewesen waren. Das Wechselspiel und die Spannung zwischen ihnen trugen erheblich zur dialektischen Suggestivität der Theorie bei, wenngleich der Primat der Vernunft niemals in Frage stand. Wie Marcuse in *Vernunft und Revolution,* durchaus im Namen der gesamten Frankfurter Schule, erklärte: »Die Theorie wird an der Wahrheit festhalten, selbst wenn die revolutionäre Praxis von ihrem rechten Pfade abweicht. Die Praxis folgt der Wahrheit, nicht umgekehrt.«[102] Daneben aber wurde die Bedeutung von eigenbestimmtem Handeln, von »Anthropogenese«, in den frühen Schriften des Instituts stets unterstrichen. Der Einfluß der Lebensphilosophie auf Horkheimer und seine Kollegen in diesem Punkt ist unverkennbar, auch wenn sie unter wirklicher Praxis stets ein kollektives Bestreben verstanden. Ihre Betonung von Praxis harmonierte durchaus mit ihrer Ablehnung der Hegelschen Identitätstheorie. Die Nischen, die durch irreduzible Vermittlungen zwischen Subjekt und Objekt, Besonderem und Allgemeinem entstünden, können nach ihrer Meinung menschlicher Freiheit durchaus Raum bieten. Was die Frankfurter Schule in späteren Jahren so ungeheuer bestürzt hat, war die zunehmende Beseitigung eben dieser Bereiche menschlicher Spontaneität in der westlichen Welt.

Der andere Antipode der Kritischen Theorie, die utopische Versöhnung von Subjekt und Objekt, von Wesen und Erscheinung, von Besonderem und Allgemeinem, hatte ganz andere Bedeutungen und Inhalte. Vernunft impliziere eine objektive Vernunft, die sich nicht in den subjektiven Handlungen einzelner Menschen erschöpfe. Obgleich von einem philosophischen zu einem gesellschaftlichen Ideal geworden, vermochte der Begriff seinen metaphysischen Ursprung nicht zu leugnen. Der Vulgärmarxismus hatte im monistischen Materialismus, den aufs Korn zu nehmen das Institut niemals müde wurde, solche Gedanken wiederaufleben lassen. Und dennoch enthält, wie wir gesehen haben, selbst die Kritische Theorie noch implizit negative Metaphysik und negative Anthropologie – negativ in dem Sinne, daß sie sich genauer Definition verweigerten, damit Nietzsches Wort erfüllend, eine große Wahrheit »will kritisiert, nicht angebetet sein«.

In der philosophischen Tradition der »positiven Freiheit« stehend, zu der vor allen anderen Platon, Rousseau, Hegel und Marx zählten, war auch das Institut in dem grundlegenden Dilemma befangen, das dieser Richtung von Anfang an anhaftete. Hannah Arendt[103] hat einmal gesagt, die Vorstellung von positiver Freiheit enthalte einen immanenten Konflikt, der in dem gespannten Verhältnis zwischen der politischen Erfahrungswirklichkeit Griechenlands und den nachfolgenden Versuchen griechischer Philosophen, ihr einen Sinn zu verleihen, exemplarischen Ausdruck finde. Aus der Erfahrungswirklichkeit stamme die Gleichsetzung von Freiheit mit menschlichem Handeln und menschlicher Sprache, kurz mit Praxis, aus den philosophischen Erwägungen die Gleichsetzung von Freiheit mit jenem authentischen Sein, welches Vernunft heiße. Integrationsversuche sind seit dieser Zeit aus der Philosophie gar nicht mehr wegzudenken. Die Bemühung des Instituts in dieser Hinsicht zeichnet sich dank ihrer Subtilität und Tiefe als eine der fruchtbarsten aus, obgleich auch sie letzten Endes scheiterte.

Bevor wir zu den methodologischen Implikationen der Kritischen Theorie kommen, wollen wir auf die Beiträge weiterer Institutsmitglieder zu ihrer Formulierung eingehen. Wenngleich Löwenthal und Pollock sich auch intellektuell wie institutionell vorwiegend mit anderen Dingen befaßten, nahmen sie doch regen Anteil an den Diskussionen, die der Veröffentlichung jedes Artikels in der *Zeitschrift* vorausgingen. Den größeren Einfluß übten jedoch zweifellos Adorno und Marcuse aus, die sich beide unter eigenem Namen ausführlich zu theoretischen Fragen geäußert haben. Von einer genaueren und gesonderten Betrachtung ihrer Schriften versprechen wir uns deshalb eine weitere Klärung des philosophischen Standorts des Instituts. Auf eine Erörterung der Stichhaltigkeit ihrer Analysen anderer Denker wollen wir hier allerdings verzichten; unser Ziel ist es, die Kritische Theorie zu beleuchten und nicht Alternativinterpretationen zu skizzieren.
In seinen Institutsbeiträgen beschäftigte sich Adorno in den dreißiger Jahren fast ausschließlich mit Musiksoziologie. Außerhalb des Instituts arbeitete er aber auch auf dem Gebiet der Philosophie; eine umfangreiche Studie erschien 1933, eine zweite war zu dieser Zeit bereits weit gediehen.[104] Beide Arbeiten lassen die Nähe seiner Position zu der von Horkheimer deutlich erkennen, und obwohl die beiden erst in den vierziger Jahren auch gemeinsam schrieben, bestand von Anfang an eine bemerkenswerte Übereinstimmung in ihren Ansichten. Beleg dafür mag ein 1934 in London geschriebener Brief Adornos an Löwenthal sein, in dem er seine Reaktion auf die eben erschienene *Dämmerung* erläutert:

»Ich habe das Buch aufs allergenaueste mehrmals gelesen und habe einen ganz außerordentlichen Eindruck davon. Die meisten Stücke habe ich schon gekannt, trotzdem, in dieser Form steht alles ganz anders, vor allem eine gewisse Breite der Darstellung, die mich früher bei einzelnen Aphorismen störte, wird jetzt als ein Mittel des Ausdrucks offenbar – trifft genau die qualvolle Entfaltetheit des kapitalistischen Gesamtzustandes, dessen Schrecken so wesentlich in der Präzision der Vermittlungsmechanismen bestehen . . . Was meine Stellung anlangt, so glaube ich fast vollständig damit mich identifizieren zu können – so vollständig, daß es mir schwer würde, Differenzpunkte zu bezeichnen. Als mir neu und besonders wesentlich möchte ich die Deutung des Problems der persönlichen Kontingenz gegenüber der These der radikalen Gerechtigkeit nennen und überhaupt die Kritik der statischen Anthropologie in allen Stücken. Zu reden wäre vielleicht einmal generell über das Verhältnis zur Aufklärung.«[105]

Möglicherweise kündigt sich hier zum erstenmal die umfassendere Kritik der Aufklärung an, die Adorno und Horkheimer viele Jahre später gemeinsam vornehmen sollten.

Adornos erste größere philosophiekritische Arbeit trug den Titel *Kierkegaard: Konstruktion des Ästhetischen;* er schrieb sie zwischen 1929 und 1930 und legte sie 1931 als Habilitationsschrift bei Paul Tillich vor. Der Tag ihres Erscheinens fiel ausgerechnet mit dem der Hitlerschen Machtergreifung 1933 zusammen. Die Arbeit war Siegfried Kracauer gewidmet, mit dem zusammen Adorno die Schriften Kants gelesen hatte; aber auch der Einfluß eines anderen engen Freundes, Walter Benjamins, war in Adornos Argumenten erkennbar. Benjamin und Tillich gehörten zu denen, welche die Studie zustimmend rezensierten.[106] Insgesamt war der *Kierkegaard* aber weder bei den Kritikern noch beim Publikum ein Erfolg. Das äußerst geringe Echo auf das Buch war zum Teil sicher dem kompromißlos schwer verständlichen Stil und der anspruchsvoll komplizierten Analyse zuzuschreiben, lag aber auch daran, daß es – wie Adorno später sagte – »von Anbeginn überschattet (war) vom politischen Unheil«.[107]
Von all diesen Schwierigkeiten abgesehen – alle Schriften Adornos stellen kompromißlos hohe Anforderungen auch an den gebildetsten Leser –, befaßte sich das Buch bereits mit vielen der Themen, die für die Kritische Theorie zentral werden sollten. Die Wahl des Gegenstands, an dem Adorno diese Probleme zu erforschen hoffte, überraschte angesichts seiner eigenen künstlerischen Neigungen keineswegs. Er stellte übrigens gleich zu Anfang seines Buches klar, daß er unter Ästhetik mehr verstand als bloß eine Theorie der Kunst; Ästhetik bedeutete für ihn, genau wie für Hegel, eine bestimmte Art der Beziehung zwischen Subjekt und Objekt. Auch Kierkegaard hatte den Begriff in einer spezifisch philosophischen Weise verstanden. In *Entweder/Oder* hatte er die ästhetische Sphäre wie folgt definiert: »Das Ästhetische im Menschen ist das, wodurch er unmittelbar ist, was er ist; das Ethische ist das, wodurch er wird, was er wird.«[108] Aber, so lautete Adornos Kritik an dieser wie an vielen anderen Stellen: »Die ethische (Haltung) tritt in der Folge zurück hinter seiner Lehre vom Paradox-Religiösen. Angesichts des ›Sprunges‹ zum Glauben wird das Ästhetische aus einer Stufe im dialektischen Prozeß, nämlich der des Sich-nicht-Entscheidens, deprekativ verwandelt in kreatürliche Unmittelbarkeit schlechthin.«[109] Für Adorno war aber Unmittelbarkeit, das heißt die Suche nach elementaren Wahrheiten, ein Greuel. Sein Denken wurzelte, wie das von Horkheimer, immer in einer Art von kosmischer Ironie, einer Weigerung, sich irgendwo zur Ruhe zu setzen und endlich festzustellen: Hier ist der Ort der Wahrheit. Beide verwarfen sie Hegels Grundprämisse der Identität von Subjekt und Objekt. Kierkegaard hatte sie scheinbar auch abgelehnt. Doch für Adorno enthielt Kierkegaards berühmte Eloge auf die Subjektivität unbewußt doch eine Identitätstheorie. Die »Ursprungsintention seiner philosophischen Frage . . .«, so sagte Adorno, ». . . zielt ab nicht auf die Bestimmung von Subjektivität, sondern von Ontologie, und Subjektivität

erscheint nicht als deren Gehalt, sondern als deren Schauplatz.«[110] Hinter all den Worten vom konkreten, existentiellen Individuum verberge sich eine geheime Sehnsucht nach transzendentaler Wahrheit: »Hegel ist nach innen geschlagen: was diesem die Weltgeschichte, ist für Kierkegaard der einzelne Mensch.«[111] Zudem sei die von Kierkegaard postulierte Ontologie eine Ontologie der Hölle und nicht des Himmels; Schwermut und nicht Hoffnung bildeten das Zentrum seiner Vision. Der Rückzug in die Innerlichkeit, für den Kierkegaard plädiere, bedeute in Wirklichkeit einen Rückzug in eine mythische, dämonische Wiederholung, welche historischen Wandel verneine. »Innerlichkeit«, schrieb Adorno, »ist das geschichtliche Gefängnis des urgeschichtlichen Menschenwesens.«[112] Indem er die geschichtliche Wirklichkeit leugne, mache sich Kierkegaard zum Komplizen jener Verdinglichung, die er doch selbst immer wieder anprangere; seine Dialektik sei ohne materielles Objekt und bedeute damit einen Rückfall auf den Idealismus, den hinter sich gelassen zu haben er behaupte. Indem er reale Geschichte leugne, ziehe er sich auf eine reine Anthropologie zurück, die auf einer »›Geschichtlichkeit‹: als abstrakte(r) Möglichkeit des Daseins in der Zeit«[113] beruhe. Mit dieser Vorstellung hänge sein Begriff der ›Gleichzeitigkeit‹[114] eng zusammen, einer Zeit ohne Wandel, die das exakte Korrelat des absoluten Selbst sei. Den gleichen Kritikpunkt hat Horkheimer, wie schon erwähnt, wenige Jahre später gegen Bergsons Idee der *durée* vorgebracht.

Mit seiner Analyse der philosophischen Implikationen von Innerlichkeit verband Adorno die Soziologie dessen, was er als das bürgerliche Intérieur zu Kierkegaards Zeiten bezeichnete. Subjektive Innerlichkeit, so sagte er, müsse in einem gewissen Zusammenhang mit dem Standort des Privatiers gesehen werden, der außerhalb des Produktionsprozesses stehe – eine Position, die Kierkegaard selbst innegehabt habe. In dieser Rolle habe er auch das typisch kleinbürgerliche Gefühl von Ohnmacht entwickelt und es sogar ins Extrem getrieben, indem er asketisch das natürliche Selbst als Ganzes abgelehnt habe: »Sein moralischer Rigorismus leitet sich aus dem absoluten Anspruch der isolierten Person her. Er kritisiert allen Eudämonismus als heteronom gegenüber dem objektlosen Selbst.«[115] Es sei also kein Zufall, so meinte Adorno, wenn im Mittelpunkt seiner Theologie das Opfer stehe; der absolute Geistesmensch ende mit der Vernichtung seines natürlichen Selbst: »Kierkegaards Spiritualismus ist vorab Naturfeindschaft.«[116] Hier wie an vielen anderen Stellen des Buches wird Adornos Wunsch nach Überwindung der Feindschaft des Menschen der Natur gegenüber spürbar, ein Thema, das im Institut eine zunehmend größere Rolle spielen sollte.

Obwohl er später noch einen Aufsatz über Kierkegaard[117] schrieb, bedeutete *Kierkegaard: Konstruktion des Ästhetischen* Adornos Abschied[118] von dem dänischen Philosophen. 1934 verließ Adorno den

Kontinent in Richtung England, wo er am *Merton College* in Oxford studierte. Von gelegentlichen Reisen nach Deutschland abgesehen, verbrachte er die folgenden dreieinhalb Jahre in England. Er behielt sein Interesse an der Musik, schrieb über dieses Gebiet auch weiterhin Artikel für die *Zeitschrift*, fand daneben aber auch Zeit, mit einer umfangreichen Arbeit über Edmund Husserl zu beginnen, auf dessen Schriften er bei seiner Dissertation im Jahr 1924 neugierig geworden war. Als die Arbeit 1956 endlich erschien, war sie im Ton kaum weniger kritisch als die lange zurückliegende Abhandlung über Kierkegaard. Auch in dieser Schrift finden sich viele Gedanken, die Horkheimer und Marcuse zu jener Zeit ebenfalls entwickelten. Obgleich bestimmte Abschnitte des Buchs – das dritte Kapitel und die Einleitung – erst in den fünfziger Jahren geschrieben worden sind, wirft eine Betrachtung der *Metakritik der Erkenntnistheorie* dennoch ein gewisses Licht auf die Einstellung der Kritischen Theorie zur Phänomenologie in den dreißiger Jahren.

In seinem ersten Buch hatte Adorno Husserl als Denker hervorgehoben, der wie Kierkegaard das Selbst nachdrücklich betone.[119] Entsprechend galt sein Interesse nun den erkenntnistheoretischen Aspekten in Husserls Werk, speziell in den *Logischen Untersuchungen,* die in drei Bänden in den Jahren 1900, 1901 und 1913 erschienen waren. Adorno pflichtete Husserl bei, wo dieser über den Psychologismus als Erklärung von Erkenntnis hinauszukommen wünschte; wo er jedoch vom transzendentalen Subjekt sprach, witterte Adorno den Wunsch, das kontingente Individuum zu beseitigen. Gleichen Sinnes mit Kierkegaard, offenbare auch Husserl eine tiefe Sehnsucht nach ontologischer Gewißheit. Seine »reduktive« Methode kritisierend, die auf dem Wege der phänomenologischen Untersuchung des Bewußtseins nach dem ewigen Wesen suche, wies Adorno, ganz wie Horkheimer, auf die Bedeutung von Vermittlung hin.

Husserls Suche nach elementaren Prinzipien enthülle seine trotz aller anti-idealistischen Ansprüche immanent eben doch vorhandene Identitätstheorie. Das Bedürfnis nach absoluter geistiger Sicherheit, sagte Adorno, sei vermutlich ein Reflex persönlicher Unsicherheit: »Freiheit selber ist nie gegeben, stets bedroht. Das absolut Gewisse als solches aber ist immer die Unfreiheit . . . Es ist ein Fehlschluß, was dauert, sei wahrer, als was vergeht.«[120] Eine wirkliche Erkenntnistheorie müsse Schluß machen mit der Fetischisierung von Wissen an sich, die, wie Nietzsche gezeigt habe, zu abstraktem Systematisieren führe. Wahrheit sei nicht, was nach der Reduktion des Subjekts aufs Objekt und umgekehrt »übrig bleibt«.[121] Sie stecke vielmehr in dem »Kraftfeld«[122] zwischen Subjekt und Objekt. Absoluter Realismus und absoluter Nominalismus, wie sie bei Husserl zu finden seien, führten beide zur gleichermaßen falschen Verdinglichung. In einem anderen Aufsatz über Husserl schrieb Adorno: »Wer versucht, die Welt entweder auf die

Faktizität oder auf das Wesen zu reduzieren, befindet sich letzten Endes notwendig in der Lage von Münchhausen, der versuchte, sich an seinen eigenen Haaren aus dem Sumpf zu ziehen.«[123]
Auf seiner Suche nach dem Ewigen akzeptiere Husserl implizit die Wirklichkeit der augenblicklichen »verwalteten Welt«.[124] Husserl, schrieb Adorno, »war der statischste Denker seiner Zeit«.[125] Es genüge nicht, nach dem Bleibenden im Vergänglichen Ausschau zu halten, nach dem Archaschen im Gegenwärtigen; echte Dialektik, so Adorno, »ist der Versuch, das Neue des Alten zu sehen anstatt einzig das Alte des Neuen«.[126] Husserl habe zwar versucht, die verdinglichte Welt mit Hilfe seiner reduktiven Methode, die auf Wesensschau beruhe, zu durchdringen, es sei ihm aber nicht gelungen. Adorno räumte durchaus ein, daß Intuition legitimer Bestandteil von Erfahrung sei, erklärte jedoch, daß sie keinesfalls als Erkenntnismethode hypostasiert werden dürfe. Indem Husserl aber genau dieses zu tun versuche, verrate er eine unbewußte Ablehnung der realen, ihm »ichfremden« Welt.[127] Schließlich lasse sich das Sein von den Gegenständen der Wahrnehmung ebensowenig ablösen, wie es sich mit ihnen gleichsetzen lasse.
Adorno kritisierte aber nicht nur Husserls Erkenntnistheorie, sondern auch seinen mathematischen Realismus und logischen »Absolutismus«. Der Triumph mathematischen Denkens im Westen, so behauptete Adorno, enthalte ein mythisches Element. Der Zahlenfetisch habe zur Ablehnung alles Nichtidentischen und zu einer Art von hermetischem Idealismus geführt. Ähnlich weise das Vertrauen in formale Logik als geistiges Absolutum mythische Züge auf. Solche Art zu denken sei nicht ohne gesellschaftliche Bedeutung. Die Verdinglichung von Logik, so erklärte Adorno, »weist zurück auf die Warenform, deren Identität in der ›Äquivalenz‹ des Tauschwerts besteht«.[128] An die Stelle der formalen Logik, die den falschen Dualismus von Form und Inhalt erhalte, wollte Adorno eine dynamischere Alternative gesetzt sehen, die auf Hegel zurückging. »Logik«, schrieb er, »ist kein Sein, sondern ein Prozeß, der weder auf einen Pol ›Subjektivität‹ noch auf einen ›Objektivität‹ sich rein reduzieren läßt. Die Selbstkritik der Logik hat zur Konsequenz die Dialektik . . . Keine Logik ohne Sätze; kein Satz ohne die synthetische Denkfunktion.«[129] Die formale Logik mit ihren Sätzen vom Widerspruch und von der Identität sei eine Art von repressivem Tabu, das letztlich zur Unterdrückung der Natur geführt habe.[130] Ebenso scharf wandte sich Adorno gegen eine mimetische Erkenntnistheorie, die er trotz aller Betonung von Intentionalität selbst noch in Husserls Phänomenologie erblickte. Ort der Wahrheit, so stellte Adorno fest, sofern richtig verstanden, »wird die wechselfältige Abhängigkeit, das sich durcheinander Produzieren von Subjekt und Objekt, und sie darf als kein statisches Übereinstimmen – ja als keine ›Intention‹ mehr gedacht werden.«[131] Mit welchen Mitteln Husserl

auch versucht habe, der wesentlichen Wahrheit auf die Spur zu kommen, Erfolg sei ihm nicht beschieden gewesen: »Nur im Verzicht auf jeden solchen Schein, in der Idee bilderloser Wahrheit, ist die verlorene Mimesis aufgehoben, nicht in der Bewahrung ihrer Rudimente.«[132]

Husserls Neigung, das Gegebene zu verdinglichen, hänge, so erklärte Adorno, mit der Destruktion von Erfahrung in der spätbürgerlichen Gesellschaft und ihrer Verdrängung durch verwaltete, leblose Begriffe zusammen. Der Verlust an wirklicher Erfahrung, den auch Benjamin als wichtiges Kennzeichen modernen Lebens hervorgehoben hatte[133], entspreche nur der zunehmenden Hilflosigkeit des modernen Menschen. Phänomenologie war für Adorno nur die letzte vergebliche Anstrengung bürgerlichen Denkens, sich aus seiner Ohnmacht zu befreien. »Mit Phänomenologie«, so schreibt er, »schlägt das bürgerliche Denken zu seinem Ende in dissoziierte, fragmentarisch nebeneinander gesetzte Bestimmungen um und resigniert zur bloßen Reproduktion dessen, was ist.«[134] Damit werde Phänomenologie aber zum Feind konkreten Handelns. »Die Nivellierung der Praxis zu einem bloßen Spezialfall von Intentionalität ist die krasseste Konsequenz seines (Husserls) verdinglichten Ansatzes.«[135] Das Schlimmste, meinte Adorno, sei jedoch die Supposition absoluter Identität und Unmittelbarkeit, von der es nicht weit sei zur politischen Herrschaft einer absoluten Ideologie; und so bestehe denn auch eine verborgene Verbindung zwischen Phänomenologie und Faschismus – beide seien Ausdruck der letzten Krise der bürgerlichen Gesellschaft.[136]

Unter den Mitgliedern der Frankfurter Schule dürfte Adorno derjenige sein, der am konsequentesten gegen Ontologie und Identitätstheorie zu Felde zog. Aber auch den naiven Positivismus lehnte er als Spezies einer reflexionslosen Metaphysik ab, und stellte sie einer Dialektik gegenüber, welche die Erscheinungswelt als Grundlage von Wahrheit weder leugnete noch voll akzeptierte. Im Gegensatz zu jenen, die abstrakten Individualismus predigten, wies er auf die gesellschaftliche Komponente hin, durch die Subjektivität notwendig vermittelt sei. Nicht minder aktiv widerstand er der Versuchung, sich mit der Auflösung des kontingenten Individuums in eine Totalität zu beruhigen, heiße sie nun Volk oder Klasse. Selbst seinem Freund Walter Benjamin, von dem er so viel lernte, blieb Kritik hier nicht erspart. In einem Aufsatz, den Adorno nach Benjamins tragischem Selbstmord im Jahre 1940 schrieb, beklagte er:

»Er zielt nicht gegen den angeblich aufgeblähten Subjektivismus, sondern gegen den Begriff des Subjektiven selber. Zwischen den Polen seiner Philosophie, Mythos und Versöhnung, zergeht das Subjekt. Dem medusischen Blick verwandelt der Mensch weithin sich zum Schauplatz objektiven Vollzugs. Darum verbreitet Benjamins Philosophie Schrecken kaum weniger, als sie Glück verspricht.«[137]

Der ständige Akzent auf Nichtidentität und Kontingenz machte Adornos Philosophie nicht weniger »atonal« als die Musik, die ihn bei Schönberg so gefesselt hatte.[138]

Vom dritten Haupttheoretiker des Instituts, von Herbert Marcuse, läßt sich Ähnliches kaum sagen. Trotz allen Gewichts, das in seinen Schriften auf der Negativität liegt, und trotz des Pessimismus, der ihnen häufig attestiert wird[139], fehlte bei Marcuse niemals ein impliziter Glaube an die Möglichkeit der Verwirklichung von Vernunft in der menschlichen Gesellschaft. Ihn scheint die Lebensphilosophie des ausklingenden 19. Jahrhunderts weniger beeinflußt zu haben als Horkheimer. Wie Jürgen Habermas bemerkt[140], war Marcuse viel empfänglicher für die Philosophie des 20. Jahrhunderts als die übrigen philosophischen Denker des Instituts. Was er bei Heidegger und Husserl gelernt hatte, begleitete ihn, auch wenn ihr Einfluß immer geringer wurde, je länger Marcuse dem Institut angehörte. Außerdem war sein Denkstil immer viel diskursiver als der von Horkheimer oder Adorno, möglicherweise weil er deren aktive ästhetische Interessen nicht teilte. Vielleicht spiegelte sich in seinem Stil aber auch die Überzeugung, daß systematisches, nichtaphoristisches und lineares Schreiben ein wirksames Mittel sei, die Wirklichkeit zu analysieren und darzustellen. Marcuse war, im Unterschied zu den übrigen wichtigen Repräsentanten der Frankfurter Schule, die bilderlose Nichtgreifbarkeit des utopischen »Anderen« nie besonders wichtig.
Ohne damit andeuten zu wollen, es gebe keinen Unterschied in Marcuses Denken vor und nach 1932, halten wir es für das Verständnis seines Beitrages zur Kritischen Theorie für sinnvoll, seine Schriften aus der Zeit vor seiner Mitarbeit im Institut ebenso zu betrachten wie jene späteren Arbeiten, die zuweilen als eine Rückkehr zu seiner Heideggerschen Periode ausgelegt werden.[141] Während seines Studiums in Freiburg war sein Denken erfüllt und durchtränkt von phänomenologischen Kategorien. Gleichzeitig fühlte er sich dem Marxismus fest verpflichtet, allerdings ohne einer bestimmten Partei anzugehören. Mit seinen Bemühungen, diese beiden anscheinend unvereinbaren Systeme zu verbinden, antizipierte er ähnliche Versuche, wie Merleau-Ponty oder auch Sartre sie nach dem Kriege unternahmen. In seinem ersten Artikel unter dem Titel »Beiträge zu einer Phänomenologie des historischen Materialismus«[142] führte er das gesamte Heideggersche Spezialvokabular – Sorge, Geschichtlichkeit, Entschlossenheit, Dasein usw. – vor. *Sein und Zeit,* Heideggers gerade erschienenes Meisterwerk, war für Marcuse »der Augenblick, in dem bürgerliche Philosophie sich von innen her auflöst und einer neuen ›konkreten‹ Wissenschaft den Weg bereitet«.[143] Marcuse begründete seine Feststellung wie folgt: Erstens habe Heidegger die ontologische Bedeutung von Geschichte sowie die historische Wirklichkeit als »Mitwelt«, als eine Welt

menschlicher Beziehungen aufgezeigt. Zweitens habe er gezeigt, daß sich der Mensch in tiefer »Sorge« um seinen wahren Standort in der Welt befinde, und habe dabei zu Recht danach gefragt, worin denn »eigentliches Sein« bestehe. Und indem er schließlich behauptet habe, der Mensch könne zum eigentlichen Sein durch Entschlossenheit gelangen, habe Heidegger die bürgerliche Philosophie so weit vorangetrieben wie nur möglich – bis zur Notwendigkeit von Praxis.[144]

Hier war zugleich der Punkt, an dem Heidegger nach Marcuses Ansicht nicht weiterkam und an dem der Marxismus relevant wurde. Die soziale Umwelt von *Sein und Zeit* sei, so meinte Marcuse, zu abstrakt und Heideggers Begriff von Geschichtlichkeit zu allgemein, um die konkreten historischen Verhältnisse erklären zu können, die menschliches Handeln bestimmen. Der Marxismus dagegen beantworte Heideggers Frage nach der Möglichkeit vom eigentlichen Sein mit dem Verweis auf die »radikale Tat«. Dies sei die »Grundbefindlichkeit«[145] des Marxismus, sein Moment von Selbstauslegung und Selbstsein. Was aber Marx erkannt habe, Heidegger dagegen nicht, sei die Spaltung der Gesellschaft in Klassen. Zum augenblicklichen historischen Zeitpunkt gebe es aber nur eine Klasse, die tatsächlich in der Lage sei, sich radikal zu engagieren, zum wirklichen historischen Subjekt zu werden: »Die historische Tat ist heute nur als die Tat des Proletariats möglich, weil nur das Proletariat das Dasein hat, mit dessen Existenz die Tat notwendig gegeben ist.«[146] Allein aufgrund seiner Schlüsselfunktion im Produktionsprozeß habe das Proletariat die Möglichkeit und die Macht, radikal zu handeln. Allein durch Revolution könne die geschichtliche Wirklichkeit verändert und die Chance, das eigentliche Sein über die Arbeiterklasse hinaus zu verallgemeinern, wahrgenommen werden.

Indes, so wie Heidegger durch Marx zu ergänzen sei, müsse der Marxismus seinerseits aber auch die Phänomenologie aufnehmen. Die Dialektik, schrieb Marcuse, »muß tiefer gehen und erforschen, ob das Bestehende sich in sich selbst erschöpft oder eine Bedeutung hat, die ganz ohne Zweifel außer-historisch und doch aller Geschichtlichkeit immanent ist«.[147] Weiter müsse der Marxismus seine traditionelle Überzeugung aufgeben, der ideologische Überbau sei ein Reflex der materiellen Basis. »Die alte Frage, was objektive Priorität hat, was ›zuerst da war‹, Geist oder Materie, Bewußtsein oder Sein, kann nicht durch dialektische Phänomenologie entschieden werden, sie verliert ihren Sinn, indem sie gestellt wird.«[148] Weiter dürfe eine dialektische Phänomenologie auch nicht versuchen, Natur in gleicher Weise zu untersuchen wie Geschichte. Engels habe sich in diesem Punkt geirrt. Natürliches Sein sei etwas anderes als historisches Sein; mathematische, undialektische Physik sei in ihrem eigenen Bereich voll gültig. »Natur«, schrieb Marcuse, »*hat* eine Geschichte, sie *ist* aber nicht Geschichte. Dasein *ist* Geschichte.«[149] Und an anderer Stelle, in einem Aufsatz über Dialektik, sagte er: »Die Grenze zwischen Geschichtlichkeit und Nicht-Geschicht-

lichkeit ... ist eine ontologische Grenze.«[150] Denselben Gedanken hatte übrigens, wie Marcuse selbst anmerkte, auch Lukács in *Geschichte und Klassenbewußtsein* geäußert – ein Beleg für die Distanz beider Denker zum mehr »wissenschaftlichen« Marxismus eines Engels und der orthodoxen Marxisten der Zweiten Internationale.
In diesem Gegensatz leuchtete auch die Verbindungslinie von Marcuse zu Dilthey auf, der in seinen Schriften eine ähnliche Unterscheidung getroffen hatte. Unsere frühere Bemerkung, Marcuse sei von der Lebensphilosophie des späten 19. Jahrhunderts weniger beeinflußt worden als Horkheimer, ist so zu verstehen, daß Marcuse auf ihren Angriff auf die traditionelle Metaphysik weniger lebhaft reagierte. Was Marcuse an Dilthey gefiel, war gerade, daß Geschichte und Ontologie bei ihm miteinander verschmolzen. In einem 1931 geschriebenen Aufsatz mit dem Titel »Das Problem der geschichtlichen Wirklichkeit«[151] pries Marcuse Dilthey dafür, daß er die Geisteswissenschaften von der Methodologie der Naturwissenschaften befreit und ihr philosophisches Fundament wiederhergestellt habe. Diltheys Begriff vom Leben als der Basis historischer Wirklichkeit sei einsichtig, sagte Marcuse, weil er die Betonung auf den Sinn und nicht auf die Ursächlichkeit lege. Da die Menschen ihre Geschichte selbst machten, seien es die von ihnen hineingelegten Werte und Normen, welche Geschichte zu einem Ganzen verbänden. Die Kritik, die Horkheimer später gegen Diltheys impliziten Idealismus und seine Identitätstheorie vorbrachte, fehlte bei Marcuse völlig, der damals der ontologischen Prämisse des Diltheyschen Geschichtsbegriffs noch voll beipflichtete.
Noch deutlicher wurde dies in seiner als Habilitationsschrift vorgesehenen Arbeit über *Hegels Ontologie und die Grundlegung einer Theorie der Geschichtlichkeit.*[152] Der Einfluß Heideggers, zu dem sich Marcuse gleich zu Beginn seiner Arbeit bekannte, war beherrschend. Der Gegensatz zwischen dieser Studie und seiner späteren Erörterung desselben Gegenstandes in *Vernunft und Revolution* ist einfach verblüffend.[153] In der ersten Schrift akzeptierte Marcuse die Identität von Subjekt und Objekt, die im Zentrum des Hegelschen Denkens stand, voll und ganz. Sein, so interpretierte er Hegel, sei eine negative Einheit, eine Ganzheit, die durch alle Bewegung und Trennung hindurch fortbestehe. Damit werde Geschichte zur Arena, in der das Sein sich offenbare. Für Marcuse war Hegels Geschichtsauffassung eine Antizipation von Heideggers *Geschichtlichkeit* und Diltheys *Leben*. So war denn auch die zweite Hälfte seiner Arbeit dem Versuch gewidmet, den Begriff des *Lebens* in Hegel hinein- und wieder herauszulesen als die fundamentale ontologische Kategorie seiner frühen Schriften, einschließlich der *Phänomenologie des Geistes* und der *Logik*.
Am Schluß seiner Abhandlung wies Marcuse auf die Verwandtschaft zwischen Diltheys Betonung der Geisteswissenschaften und Hegels Begriff des Geistes hin. »Gerade als geschichtliche und in ihrer Ge-

schichtlichkeit ist die innere Einheit und Ganzheit des Lebens eine Einheit und Ganzheit des *Wissens*«, schrieb er, »und das Tun des geschichtlichen Lebens ist wesentlich durch dieses Wissen bestimmt. Gerade als geschichtliches und in seiner Geschichtlichkeit wird das Leben zum *Geist.* Und so schreibt Dilthey den Satz, durch den er sich am tiefsten mit den Absichten Hegels verwandt macht: ›Der Geist ist aber ein geschichtliches Wesen.‹«[154] Danach lag die Möglichkeit einer befriedigenden historischen Methodologie in der Einheit von Wissen und Leben. Erkenntnis beruhte auf der Identität von Subjekt und Objekt.
Was *Hegels Ontologie* . . . von *Vernunft und Revolution,* einer Arbeit, die nach mehrjähriger Zugehörigkeit Marcuses zum Institut entstand, unterschied, war ihre fundamentale Indifferenz den kritischen Elementen der Hegelschen Philosophie gegenüber. Marcuses Pochen auf Einheit und Identität führte zu einer Art Theodizee, die mit dem Marxismus, den er in seinen anderen Schriften offenbarte, in Einklang zu bringen er nicht versuchte. Der Begriff der Negation, der im zweiten Buch über Hegel eine so entscheidende Rolle spielen sollte, trat im ersten nur als ein Moment in der historischen Differenzierung des Seins in Erscheinung. Mehr noch, die zugrunde liegende Einheit des Seins, verstanden als ewige Einheit, ließ die Negation fast als Illusion erscheinen. An keiner Stelle des Buches wurde Hegel als derjenige behandelt, der im Angriff auf die Irrationalität der bestehenden Ordnung Marx voraufgegangen war. Nirgends wurde auf die Nichtidentität von Bestehendem und Rationalem hingewiesen, wie später in *Vernunft und Revolution.* Nirgends war die Bedeutung von Vermittlung in der Erkenntnis gesehen, ganz im Unterschied zu Adorno, der sie, wie seine Arbeit über Husserl zeigt, sehr wohl erkannt hatte.
Aber der junge Marcuse redete, ebenso wie der junge Lukács *in Geschichte und Klassenbewußtsein,* nicht nur einer Identitätstheorie das Wort, welche Horkheimer und Adorno bekämpften, er ließ auch die Möglichkeit einer philosophischen Anthropologie gelten, die jene verwarfen. Die Heideggersche Vorstellung vom »eigentlichen Sein« mit ihren anthropologischen Obertönen fand seinen Beifall, während er erhebliche Aufregung über die wiederentdeckten *Ökonomisch-philosophischen Manuskripte* von Marx an den Tag legte. In einem Beitrag zu Rudolph Hilferdings Zeitschrift *Die Gesellschaft* aus dem Jahr 1932[155] schrieb er, eine Interpretation, welche das philosophische Interesse der Marxschen Frühschriften in Marx' späteren Schriften als »erledigt« ansehe, sei falsch. Die kommunistische Revolution verspreche mehr als nur einen Wandel der ökonomischen Verhältnisse; sie habe vielmehr anspruchsvoll die Veränderung der gesamten Existenz des Menschen durch die Verwirklichung seines Wesens im Auge. Durch die Revolution verwirkliche der Mensch seine potentielle Natur in der Geschichte, die zu verstehen sei als die »wahre Naturgeschichte des Menschen«.[156]

Marcuse vertrat in seinem Aufsatz eine zwiespältige Auffassung vom Verhältnis des Menschen zur Natur. Auf der einen Seite[157] behauptete er, Marx habe die Einheit von Mensch und Natur gesucht – genau das Ziel, welches Adorno und Horkheimer später in Opposition zu Marx herausstellten. Auf der anderen Seite brachte Marcuse selbst zum Ausdruck, was den beiden Genannten an Marx' Naturauffassung als kritisierenswert erschien: »Die ganze ›Natur‹ (Natur im weitesten Sinne alles außermenschlichen Seins. M. J.) ist Medium des menschlichen Lebens, ›Lebens-mittel‹ des Menschen . . . Der Mensch kann die gegenständliche Welt nicht einfach hinnehmen oder sich nur mit ihr abfinden; er muß sie sich aneignen«.[158] Hier ist ganz eindeutig von Beherrschung der Natur und nicht von Vereinigung mit ihr die Rede. Dieser scheinbare Widerspruch erklärt sich vielleicht aus Marcuses Übereinstimmung mit Marx darin, daß Arbeit das Mittel des Menschen zur Verwirklichung seines Wesens sei. Arbeit, so erklärte Marcuse, sei das Wesen des Menschen; sie sei, wie auch Marx und Hegel sie verstanden hätten, eine ontologische Kategorie, wenngleich Marx insofern scharfsichtiger als Hegel sei, als er mehr als nur die abstrakt geistige Arbeit damit meine.[159] Der Mensch, so versicherte Marcuse, müsse sich vergegenständlichen; er müsse sowohl an-sich wie für-sich, Subjekt wie Objekt werden. Das Grauen des Kapitalismus werde hervorgebracht durch die Art der von ihm begünstigten Vergegenständlichung. Hier befand sich Marcuse im Einklang mit der Analyse von entfremdeter Arbeit in den *Ökonomisch-philosophischen Manuskripten,* auf die Horkheimer und Adorno in ihren Schriften nur selten rekurrierten. Nichtentfremdete Arbeit, so meinte er, bedeute, mit anderen zu arbeiten und nicht gegen sie. Nur in gesellschaftlicher Aktivität könne das »Gattungswesen« des Menschen verwirklicht werden. Weil der Kapitalismus dies verhindere, bedeute er »eine Katastrophe des menschlichen Wesens«, welche »die totale Revolution« verlange.[160]

Bezeichnenderweise blieb Marcuses Überzeugung von der zentralen ontologischen Qualität von Arbeit auch nach 1933 erhalten. In *Vernunft und Revolution* suchte er Marx' Begriff der Arbeit auf Hegel zurückzuführen: »Der Begriff der Arbeit ist in Hegels System nicht peripher, sondern der Zentralbegriff, vermittels dessen er die Entwicklung der Gesellschaft erfaßt.«[161] Indem er sich auf Arbeit als Grundkategorie menschlicher Selbstverwirklichung konzentrierte, ließ Marcuse notwendig ein zweites Mittel der Selbsterzeugung in den Hintergrund treten, ein Mittel, das sich in Hegels Schriften, insbesondere in seinen frühen, ebenfalls finden läßt. Jürgen Habermas hat neuerdings auf die gleichwertige Bedeutung dieses zweiten Modus der Selbsterzeugung, die »symbolisch vermittelte Interaktion« hingewiesen, das heißt auf Sprache und expressive Gesten.[162]

Marcuses Hegel-Interpretation indessen lautet: »Die Sprache ermöglicht es dem einzelnen, eine bewußte Haltung *gegen* seine Mitmenschen

einzunehmen und seine Bedürfnisse und Wünsche gegen solche anderer einzelner durchzusetzen. Die sich daraus ergebenden Antagonismen werden durch den Prozeß der Arbeit integriert, der auch zur entscheidenden Kraft für die Entwicklung der Kultur wird.«[163] Die Widersprüche in der Gesellschaft auf eine spezifische Art von Arbeit zurückführend, vermochte Marcuse von einem »essentiellen« Wandel zu sprechen, der mit der Überwindung von entfremdeter Arbeit sich einstellen werde (oder der Abschaffung von Arbeit überhaupt zugunsten von Spiel, wie er in späteren Schriften sagte).[164]
Horkheimer und Adorno waren sich der ontologischen Bedeutung von Arbeit längst nicht so sicher und mochten sich deshalb auch längst nicht bereit finden, eine Integration der Antagonismen aufgrund einer Überwindung der Entfremdung von Arbeit vorauszusagen und damit zugleich doch eine Art von Identitätstheorie zu implizieren. Wie stets waren sie äußerst zurückhaltend mit positiven Spekulationen über die menschliche Natur.

Nach Marcuses Eintritt ins Institut ist Horkheimers Einfluß auf seine Arbeit deutlich zu erkennen. Das Heideggersche Vokabular verschwand in dem Maße, in dem die Phänomenologie an Bedeutung für ihn verlor. Von der Ebene der philosophischen Abstraktion ein wenig heruntersteigend, begann er, sich mit konkreteren gesellschaftlichen und historischen Problemen zu befassen.[165] Er benutzte den Marxismus nicht länger als eine positive Philosophie zur Beantwortung der Heideggerschen Frage nach dem »eigentlichen Sein«, sondern begann ihn sinnvoll als kritisch-dialektische Methode zur Erklärung von Geschichte, nicht von Geschichtlichkeit, anzuwenden. Dennoch hat sich Marcuse auch dann nicht auf jene Art von empirischer Arbeit eingelassen, die das Institut mit seiner theoretischen Arbeit zu verbinden trachtete. Von allen Vertretern der Frankfurter Schule war er derjenige, der sich am ausschließlichsten mit theoretischen Fragen beschäftigte; die Aufsätze, die er in den dreißiger Jahren für die *Zeitschrift* schrieb, befassen sich u. a. mit dem Hedonismus – wir haben den Aufsatz bereits erörtert –, dem Begriff des Wesens und dem Verhältnis von Philosophie und Kritischer Theorie.
In seiner Erörterung der Funktion des Wesensbegriffs in verschiedenen philosophischen Systemen folgte Marcuse Horkheimer, indem er jede Theorie in ihrem historischen Kontext betrachtete:

»Am Anfang des bürgerlichen Zeitalters soll die kritische Autonomie der vernünftigen Subjektivität jene letzten Wesenswahrheiten stiften und rechtfertigen, von denen alle theoretische und praktische Wahrheit abhängt. Das Wesen des Menschen und der Dinge ist in der Freiheit des denkenden Individuums, des Ego Cogito aufgehoben. Am Ende desselben Zeitalters hat die Wesenserkenntnis vor allem die Funktion, die kritische Freiheit des Individuums an vorgegebene, unbedingt gültige Notwendigkeiten zu binden.«[166]

Husserls Phänomenologie, so meinte Marcuse, stelle den Versuch dar, die bürgerliche Theorie zu retten, einen Versuch, der jedoch mißlungen sei. Scheler wiederum verfechte eine Wesenslehre, die, bei Licht betrachtet, nichts als eine Ideologie im Sinne autoritärer Herrschaft sei. Die materialistische Theorie dagegen »nimmt den Wesensbegriff dort auf, wo er zum letzten Mal in der Philosophie als ein dialektischer Begriff behandelt worden ist: in Hegels *Logik*«.[167] Sie binde den Begriff an die dynamische menschliche Praxis, so wie Marx es getan habe. Damit war der alte Heideggersche Marcuse eindeutig verschwunden. In seinem Aufsatz »Zum Begriff des Wesens« schrieb er denn auch:

»Seit Dilthey haben die verschiedenen Richtungen der Lebensphilosophie und Existenzphilosophie sich um die konkrete ›Geschichtlichkeit‹ der Theorie bemüht . . . Alle solche Bestrebungen mußten scheitern, weil sie (anfangs unbewußt, später bewußt) gerade mit jenen Interessen und Zielsetzungen verbunden waren, deren Theorie sie bekämpfen wollten; die Voraussetzung der Abstraktheit der bürgerlichen Philosophie: die faktische Unfreiheit und Ohnmacht des Individuums in einem anarchischen Produktionsprozeß, wurde von ihnen nicht angegriffen.«[168]

In seinem Aufsatz »Philosophie und Kritische Theorie« hat Marcuse die Gründe dafür dargelegt, warum bürgerliche Philosophie so hermetisch sei: »An den gesellschaftlichen Kämpfen kann der Philosoph nur teilnehmen, sofern er nicht Fachphilosoph ist: auch diese ›Arbeitsteilung‹ ist das Resultat der modernen Trennung der geistigen von den materiellen Produktionsmitteln. Nicht die Philosophie kann sie aufheben. Daß die philosophische Arbeit eine abstrakte war und ist, gründet in den gesellschaftlichen Daseinsverhältnissen.«[169] Kritische Theorie, meinte Marcuse, sei da weit weniger ambitiös als traditionelle Philosophie. Sie halte sich durchaus nicht für fähig, endgültige Antworten auf die uralte Frage nach dem Wesen des Menschen geben zu können. Vielmehr wolle sie zeigen, »in welchen bestimmten gesellschaftlichen Verhältnissen es gründete, wenn die Philosophie an eine weitertragende Problemstellung nicht herankommen konnte, und daß eine andere Lösung außerhalb der Reichweite dieser Philosophie lag. Die Unwahrheit, die aller transzendentalen Behandlung des Problems anhaftet, kommt so gleichsam von außen in die Philosophie hinein und ist deswegen auch nur außerhalb der Philosophie zu überwinden.«[170]
So wenig Kritische Theorie Philosophie im üblichen Sinne sei, auch wenn sie viele ihrer Erkenntnisse übernehme und bewahre, so wenig entspreche sie dem, was Vulgärmarxisten als Wissenschaft ansähen.

»Wissenschaftlichkeit als solche«, schrieb Marcuse, »ist niemals schon eine Garantie für die Wahrheit, und erst recht nicht in einer Situation, wo die Wahrheit so sehr gegen die Tatsachen spricht und hinter den Tatsachen liegt wie heute. Nicht die wissenschaftliche Voraussagbarkeit kann ihre Zukünftigkeit ergreifen.«[171] Statt dessen bedürfe Kritische Theorie dringend eines stark imaginativen, ja utopischen Zuges, der die gegebenen Grenzen der Wirklichkeit transzendiere: »Ohne sie (Phantasie) bleibt alle philosophische Erkenntnis immer nur der Gegenwart oder der Vergangenheit verhaftet, abgeschnitten von der Zukunft, die allein die Philosophie mit der wirklichen Geschichte der Menschheit verbindet.«[172] In der starken Betonung von Phantasie, insbesondere von Phantasie, wie sie in großen Kunstwerken zutage tritt, sowie im Interesse für Praxis kommt demnach ganz wesentlich die Weigerung der Kritischen Theorie zum Ausdruck, die Gegenwart zu verewigen und die Möglichkeit einer veränderten Zukunft auszuschließen. In diesem Punkt waren sich Marcuse, Horkheimer, Adorno und die übrigen Mitglieder des inneren Institutskreises völlig einig. Wenngleich sich dies im Lauf der Zeit ändern sollte, erschien die Integration von rationaler Theorie, ästhetischer Phantasie und Aktion in den dreißiger Jahren, der vermutlich fruchtbarsten Periode in der Institutsgeschichte, zumindest in Form einer Hoffnung denkbar, wie ungewiß und zart sie auch sein mochte.

Das Überleben dieser Hoffnung läßt sich konstatieren, wenn man zwischen den Zeilen von *Vernunft und Revolution* zu lesen versteht, der Arbeit also, mit der sich Marcuse in den letzten Jahren seiner aktiven Mitarbeit am Institut befaßte.[173] Geschrieben vornehmlich, um Hegel davor zu bewahren, in den Köpfen der Amerikaner mit dem Nazismus assoziiert zu werden – Kern seiner Argumentation war, daß Hegels politische Theorie, seine widersprüchliche Betonung der Rolle des Staates eingeschlossen, immanent rationalistisch sei, während die Nazis Irrationalisten seien und in der Tradition organizistischer Romantiker stünden – diente die Schrift zugleich als erste ausführliche Vorstellung der Kritischen Theorie bei einem englischsprachigen Publikum.[174] Wie bereits gesagt, ging aus *Vernunft und Revolution* deutlich hervor, welchen Weg Marcuse in den zehn Jahren seit seinem Bruch mit Heidegger zurückgelegt hatte, und zwar hatte er sich so gewandelt, daß sein Buch in fast allen wesentlichen Fragen auf einer Linie mit den Prinzipien lag, die Horkheimer in seinen Aufsätzen in der *Zeitschrift* artikulierte.

Genau wie Horkheimer war auch Marcuse bestrebt, den kritischen Impuls der Negation des Hegelschen Rationalismus nachzuweisen. Wie viele Jahre später bei Freud ging es ihm auch bei Hegel darum, dessen konservatives Bild abzubauen. Dabei versuchte er zu zeigen, auf welche Weise die positivistischen Nachfahren Hegels das radikale Element aus seinem Werk eliminiert hatten. In ausführlichen Kritiken an Com-

te, Stahl und von Stein suchte Marcuse deren konservativ-politische Implikationen zu verdeutlichen; und er tat dies in derselben Weise, in der Horkheimer mit ihren positivistischen Epigonen im 20. Jahrhundert verfahren war. In Fortführung seiner früheren Analyse der Einheit von Marx' frühem und spätem Werk befaßte sich Marcuse sehr eingehend mit den Verbindungslinien zwischen Marx und Hegel. Die hegelianischen Elemente im Marxschen Denken brachten Marcuse im Unterschied zu manchen »szientifischeren« Marxisten durchaus nicht in Verlegenheit, denn nach seiner Lesart war Hegel selbst ein progressiver Denker. Diese Auffassung begründend, schrieb Marcuse: »Der erste Entwurf der Hegelschen Sozialphilosophie sprach also bereits die Konzeption aus, die seinem gesamten System zugrunde liegt: die gegebene Gesellschaftsordnung, die auf dem System abstrakter und quantitativer Arbeit beruht sowie auf der Integration der Bedürfnisse durch Warenaustausch, ist außerstande, eine vernünftige Allgemeinheit zu gewährleisten und zu errichten.«[175] Und was sogar noch wichtiger ist – wir haben es weiter oben angedeutet –, Marcuse sah die Betonung, die Marx auf Arbeit legte, bei Hegel antizipiert – ein Punkt, in dem es keine volle Übereinstimmung unter den Institutsmitgliedern gab.
Auf der anderen Seite war sich Marcuse mit Horkheimer längst darin einig, daß das ontologische Moment im Denken Hegels, das er in seiner Heideggerschen Phase sehr gerne gesehen hatte, durch die historische Methode bei Marx überholt war:

». . . die Totalität, in der sich die Marxsche Theorie bewegt, (ist) eine andere als die der Hegelschen Philosophie, und dieser Unterschied deutet auf den entscheidenden Unterschied zwischen der Hegelschen und der Marxschen Dialektik hin. Für Hegel war die Totalität die der Vernunft, ein geschlossenes, ontologisches System, das schließlich mit dem vernünftigen System der Geschichte identisch war . . . Marx löste demgegenüber die Dialektik von dieser ontologischen Basis ab. In seinem Werk wird die Negativität der Wirklichkeit zu einer *historischen* Bedingung, die nicht zu einem metaphysischen Sachverhalt hypostasiert werden kann.«[176]

Wie Horkheimer und Adorno hielt auch Marcuse die These, der Sozialismus folge dem Kapitalismus zwangsläufig, für falsch. Wie jene äußerte auch er Skepsis hinsichtlich des Zusammenhangs von menschlicher Emanzipation, technologischem Fortschritt und instrumentellem Rationalismus.[177]
Mit dieser Auffassung eng verbunden war die Anerkennung der Notwendigkeit von Voluntarismus und Praxis. Dennoch blieb für Marcuse, wie für die anderen Mitglieder der Frankfurter Schule, der Seniorpartner im Verhältnis von Theorie und Praxis ganz eindeutig die Theorie: »Die Theorie wird an der Wahrheit festhalten, selbst wenn die revolu-

tionäre Praxis von ihrem rechten Pfade abweicht. Die Praxis folgt der Wahrheit, nicht umgekehrt.«[178] Selbst viele Jahre später, als Marcuse, anders als Horkheimer und Adorno, den aktiven Protest bejahte, gab er seine Überzeugung vom Primat der richtigen Theorie keinen Augenblick auf.

In dieser und überhaupt in vieler Hinsicht war *Vernunft und Revolution* ganz sicher ein Produkt der Frankfurter Schule. In einigen Punkten jedoch ließ Marcuse auch ein gewisses Maß an Unabhängigkeit von Horkheimers Einfluß erkennen. Die unterschiedliche Einschätzung des Stellenwerts von Arbeit beispielsweise bedeutete, daß Marcuse zögerte, Marx in seine Kritik der instrumentellen Rationalität in der Weise einzubeziehen, in der Horkheimer, Adorno und einige jüngere Mitglieder der Frankfurter Schule dies taten.[179] Auch mit Marx' Nachfolgern verfuhr er erheblich freundlicher als seine Kollegen. Allein Bernsteins Revisionismus zog seine Kritik auf sich; Plechanow und Lenin wurden mit Lob bedacht, weil sie versuchten, »den kritischen Impuls der Marxschen Lehre«[180] zu erhalten; Kautsky und die Zweite Internationale wurden praktisch ignoriert. Zudem wurde in *Vernunft und Revolution* nicht unterschieden zwischen Engels' »historischem Materialismus« und dem dialektischen Materialismus, wie er der Kritischen Theorie zugrunde lag. Und schließlich fielen die konformistischen, den Charakter einer Theodizee tragenden Elemente in Hegels Identitätstheorie für Marcuse längst nicht so ins Gewicht wie für Horkheimer, der sich in seinen frühen Aufsätzen immer wieder mit ihnen befaßt hatte. Marcuses mangelndes Interesse an diesem Punkt hing möglicherweise mit seiner, von verschiedenen Kritikern rasch erkannten relativen Indifferenz gegenüber den theologischen Prämissen des Hegelschen Denkens zusammen.[181]

Im Ganzen war *Vernunft und Revolution* ein durchaus würdiger Abgang für Marcuse, dessen Verbindung zum Institut sich während der vierziger Jahre in dem Maße lockerte, in dem seine Tätigkeit für die Regierung zunahm. Eine Zusammenarbeit mit dem *Office of Strategic Services* und dem *State Department* entsprach nicht gerade dem, was die Frankfurter Schule mit der von ihr verfochtenen revolutionären Praxis gemeint hatte; ein Argument, das linke Kritiker des Instituts sich in späteren Jahren denn auch häufig und gerne zunutze machten. Dabei vergaßen Marcuse wie auch andere Institutsmitglieder, die während des Krieges mit der Regierung zusammenarbeiteten, niemals, daß die Einheit von Theorie und Praxis nur eine utopische Hoffnung war. Angesichts der damals bestehenden Alternativen kann eine Unterstützung der Kriegsanstrengungen gegen Hitler, welche die Reinheit der eigenen theoretischen Auffassung und Bindung zu bewahren wußte, kaum als unehrenhafter Kompromiß bezeichnet werden. (Nach dem Kriege wurde eine Weiterarbeit für die amerikanische Regierung natürlich zunehmend problematisch; Marcuse blieb in ihrem Dienst noch bis zum Koreakrieg.) Die Funktion des Intellektuellen bestand nach der wachsenden Überzeugung des Instituts darin, denkend an dem festzuhalten, was immer weniger denkbar wurde in der modernen Welt.

Wenn die Trennung von geistiger und körperlicher Arbeit sich auch nicht durch das *fiat* eines Philosophen aufheben ließ, so war zumindest eine Menge nützlicher theoretischer Arbeit zu tun, die den Tag ihrer Vereinigung näher bringen würde (oder die vielleicht erklärte, warum es dazu nicht kam). Obgleich ihre hohe Bedeutung für die politische Aktion nicht zu leugnen war, mußte die Kritische Theorie sich nun ausschließlich der Untersuchung der gesellschaftlichen und kulturellen Wirklichkeit widmen. Als sozialwissenschaftliche Methode mußte sie sich von dem, was traditionell praktiziert wurde, allerdings erheblich unterscheiden. Die Überlegungen hierzu stellte Horkheimer in »Traditionelle und Kritische Theorie«[182] an, einem seiner wichtigsten Aufsätze in der *Zeitschrift.* Ziel traditioneller Theorie, schrieb er, sei stets die Formulierung allgemeiner, in sich stimmiger Gesetze zur Beschreibung der Welt gewesen, und zwar gleichgültig, ob diese Gesetze deduktiv gewonnen würden wie in der cartesianischen Theorie, induktiv wie im Werk von John Stuart Mill oder phänomenologisch wie in Husserls Philosophie. Selbst die angelsächsische Wissenschaft mit ihrer Betonung auf Empirismus und Verifizierung sei bestrebt, allgemeine Hypothesen zu testen. Der traditionellen Forschung komme es auf reines Wissen und nicht aufs Handeln an. Weise sie einmal in Richtung Aktivität, wie etwa bei Bacon, dann gehe es ihr um die technologische Beherrschung der Welt, also um etwas von Praxis höchst Verschiedenes. Traditionelle Theorie habe es allezeit mit einer strengen Trennung von Denken und Handeln gehalten.
Die Kritische Theorie unterscheide sich davon in etlichen Punkten. Vor allem weigere sie sich, Wissen als etwas vom Handeln Gesondertes und ihm Überlegenes zu fetischisieren. Weiter erkenne sie, daß wertfreie wissenschaftliche Forschung unmöglich sei in einer Gesellschaft, in der die Menschen selbst noch nicht autonom seien; der Forscher, erklärte Horkheimer, sei stets Teil des gesellschaftlichen Gegenstandes, den er zu untersuchen trachte. Und weil die Gesellschaft, die er untersuche, noch längst kein Resultat freier, vernünftiger menschlicher Entscheidung sei, könne der Wissenschaftler gar nicht umhin, an dieser Heteronomie teilzunehmen. Seine Wahrnehmung sei notwendig vermittelt durch gesellschaftliche Kategorien, über die er sich nicht zu erheben vermöge. In einer Antwort auf Marshall McLuhan, dreißig Jahre vor dessen neu erstrahlender Popularität, schrieb Horkheimer, » . . . der Satz, die Werkzeuge seien Verlängerungen der menschlichen Organe, (ließe sich) so umdrehen, daß die Organe auch Verlängerungen der Instrumente sind«[183], und er meinte damit auch den »objektiven«

Sozialwissenschaftler, sei er nun Positivist oder Intuitiver. In dieselbe Richtung wies Horkheimers bereits erwähnter Einwand gegen Diltheys Methodologie der Geisteswissenschaften: Der Historiker könne in seinem Geist nicht nachvollziehen, was nicht durch völlig autonomes, bewußtes Handeln geworden sei.

In gleicher Weise argumentierte Horkheimer in der Frage der Möglichkeit von Voraussagen. Nur in einer vernünftigeren Gesellschaft könne der Sozialwissenschaftler Voraussagen über die Zukunft machen. Vicos Erkenntnis von der Fähigkeit des Menschen, seine Geschichte zu verstehen, weil er sie selbst mache, harre noch der Verwirklichung, weil die Menschen bislang ihre Geschichte noch nicht machten. Die Chancen wissenschaftlicher Voraussage seien also ebensosehr gesellschaftlich bestimmt wie methodologisch.[184]

Somit sei es auch falsch, die Intellektuellen der gegenwärtigen Gesellschaft als »freischwebende« zu betrachten; Mannheim hatte diesen Begriff von Alfred Weber übernommen und ihn populär gemacht. Das Ideal des frei über den Dingen schwebenden Intellektuellen sei eine formalistische Illusion, die es aufzubrechen gelte. Genauso falsch sei es, den Intellektuellen für total in seiner Klasse oder Kultur verwurzelt zu erklären, wie völkische und vulgärmarxistische Denker es täten.[185] Beide Extreme mißdeuteten Subjektivität, das eine Mal als total autonom, das andere Mal als absolut zufällig. Wenngleich gewiß ein Teil seiner Gesellschaft, sei der Forscher sehr wohl in der Lage, sich zeitweilig darüber zu erheben. Es sei sogar seine Aufgabe, jene negativen Kräfte und Tendenzen in der Gesellschaft, die auf eine andere Wirklichkeit hinwiesen, aufzudecken. Kurzum, den formalistischen Dualismus von Tatsachen und Wertvorstellungen, auf den traditionelle Theorien Weberscher Prägung so nachdrücklich pochten, aufrechtzuerhalten heiße, im Dienste des status quo agieren.[186]

Die Wertvorstellungen eines Forschers, so Horkheimer, beeinflußten ganz notwendig seine Arbeit; und sie sollten dies auch bewußt. Erkenntnis und Interesse seien letztlich einfach untrennbar. Horkheimer wandte sich aber nicht nur gegen das Ziel reinen Wissens, das die traditionelle Theorie so beflügelte; er lehnte auch das Ideal der allgemeinen Prinzipien und der Verifizierung oder Falsifizierung von Beispielen ab. Die allgemeinen Wahrheiten, von denen die Kritische Theorie handele, ließen sich nicht mit Hinweis auf die bestehende Ordnung verifizieren oder falsifizieren, und zwar einfach deshalb nicht, weil sie die Möglichkeit einer anderen Ordnung implizierten.[187] In der Verifizierung müsse stets ein dynamisches Moment enthalten sein, ein Moment, das auf die »negativen« Elemente hindeute, die in der jeweils aktuellen Wirklichkeit schlummerten. Sozialforschung könne auf die historische Komponente keinesfalls verzichten, wenn auch nicht in dem rigiden Sinne, daß die einzelnen Begebenheiten im Kontext von »objektiven« historischen Kräften beurteilt werden müßten, sondern viel eher in dem Sinne, daß sie im Lichte von historischen Möglichkeiten zu sehen seien. Dialektische Sozialforschung war offen für Einsichten und Erkenntnisse, die der vorwissenschaftlichen Erfahrung des Menschen entsprangen; wie bereits an anderer Stelle erwähnt, erkannte sie die Validität von ästhetischer Imagination, von Phantasie als einer Quelle genuin menschlicher Wünsche und Bestrebungen. Gültige Erfahrung, so postulierte die dialektische Sozialforschung, könne sich für den Sozialforscher nicht ausnahmslos auf kontrollierte Beobachtung im Laboratorium reduzieren.

Die Totalität augenblicklicher Widersprüche und zukünftiger Möglichkeiten im Sinn, wehrte sich die Kritische Theorie stets dagegen, zu allgemein und zu abstrakt zu werden. Immer wieder versuchte sie, das Ganze in der Verkörperung durchs konkrete Einzelne zu erfassen. Leibniz nicht unähnlich, war ihr das Allgemeine in spezifischen historischen Phänomenen präsent, die, Monaden gleich, allgemein und besonders zugleich seien. Mitunter schien ihre Methode mehr Gewicht zu legen auf die Analogie als auf Ursache und Wirkung im traditionellen Sinne. Benjamins Bemerkung, daß »das Ewige jedenfalls eher eine Rüsche am Kleid ist als eine Idee«[188], könnte, nimmt man ihr das theologische Fundament, der Kritischen Theorie ebenso als Motto gedient haben wie denen, die sie anwandten und dabei nachdrücklich auf der Notwendigkeit begrifflicher Begründung insistierten. Charakteristisch für viele Schriften des Instituts und für die Adornos im besonderen war das zuweilen verblüffende, zuweilen verwirrende Nebeneinanderstellen von höchst abstrakten Sätzen und scheinbar trivialen Beobachtungen. Dies erklärt sich vielleicht aus der Tatsache, daß im Unterschied zur traditionellen Theorie, die das »Konkrete« mit dem »Besonderen« und das »Abstrakte« mit dem »Allgemeinen« gleichsetzte, die Kritische Theorie Hegel folgte, für den, wie George Kline schrieb, »›Konkret‹ die Bedeutung von ›vielseitig, hinreichend verknüpft und umfassend vermittelt‹ hat, . . . während ›abstrakt‹ gleichbedeutend ist mit ›einseitig, unzureichend verknüpft und relativ unvermittelt‹«[189]. Durch eine Untersuchung verschiedener konkreter Phänomene aus den unterschiedlichen Domänen der Institutsmitglieder hoffte man, zu wechselseitig nützlichen Erkenntnissen zu kommen, die gemeinsam zur Erhellung des Ganzen beitragen sollten. Die Zielvorstellung indessen, die alledem zugrunde lag, war die von gesellschaftlicher Veränderung. Bei der Verknüpfung von Forschung und Praxis achtete das Institut stets sorgsam darauf, daß sich sein Ansatz von dem der Pragmatisten unterschied. Horkheimers und Adornos verschiedenen Kritiken an der fest verwurzelten pragmatistischen Tradition, mit der es das Institut in Amerika zu tun bekam, sind beredter Ausdruck dafür.[190] Ihre Aversion gegen den Pragmatismus hat auch späterhin während ihres Aufenthalts in den USA nichts an Intensität eingebüßt. Noch am 21. Dezember 1945 schrieb Horkheimer an Löwenthal:

»An meinen Zitaten siehst Du, daß ich nicht wenige der hiesigen Produkte gelesen habe und mich inzwischen als Experte fühle. Die ganze Sache gehört eindeutig in die Zeit vor dem Ersten Weltkrieg und liegt ungefähr auf der Linie des Empiriokritizismus, wenn auch längst nicht so kultiviert wie bei unserem alten Cornelius.«

Pragmatismus und Positivismus, so schrieb Horkheimer kurze Zeit später, »haben eins gemeinsam: für sie ist Philosophie und Szientismus ein und dasselbe«.[191] Wenngleich der Pragmatismus Wahrheit zu Recht auf menschliches Handeln beziehe, so sei sein Verständnis von diesem Verhältnis zu einfach, zu undialektisch: »Die erkenntnistheoretische Lehre, daß die Wahrheit lebensfördernd sei, oder vielmehr, daß alles ›lohnende‹ Denken auch wahr sein müsse, enthält eine harmonistische Täuschung, falls diese Erkenntnistheorie nicht einem Ganzen zugehört, in dem die Tendenzen, die auf einen besseren, das Leben fördernden Zustand hintreiben, wirklich zum Ausdruck kommen. Losgelöst von einer bestimmten Theorie der Gesamtgesellschaft bleibt jede Erkenntnistheorie formalistisch und abstrakt.«[192]
Der Pragmatismus übersah laut Horkheimer die Tatsache, daß es Theorien gibt, die der aktuellen Wirklichkeit widersprechen, gegen sie arbeiten und dennoch nicht »falsch« sind. Die Implikationen des Pragmatismus seien so – entgegen allem Anspruch – viel eher konformistisch als kritisch; wie dem Positivismus fehle ihm ein Mittel, über die vorfindlichen »Tatsachen« hinauszugelangen. Diese Kritik Horkheimers war insofern sehr verdienstvoll, als Sydney Hook und andere in den dreißiger Jahren den Marxismus zu Unrecht auf eine Variante des Pragmatismus reduzieren wollten. Dabei entging Horkheimer allerdings, wie Löwenthal und Habermas später bemerkten, das dialektische Potential, das in gewissen Momenten der pragmatischen Tradition durchaus steckte.[193]
Auch der dialektische Materialismus, meinte Horkheimer, habe eine Theorie der Verifizierung; sie beruhe auf praktischer, historischer Analsye: »Die Wahrheit ist ein Moment der richtigen Praxis, wer sie jedoch unmittelbar mit dem Erfolg identifiziert, überspringt die Geschichte und macht sich zum Apologeten der je herrschenden Wirklichkeit.«[194] »Richtige Praxis« heißt das Schlüsselwort hier; es zeigt noch einmal klar die Bedeutung, die der Theorie als Anleitung zum Handeln im Institutsdenken zukommt, und es zeigt auch eine gewisse Kreisförmigkeit in diesem Denken. In dem Bestreben, Theorie und Praxis zu vereinigen, dürfe, so mahnte Horkheimer, die Distanz, die beide nach wie vor notwendig voneinander trenne, nicht aus Übereifer vergessen werden. Am deutlichsten sichtbar werde diese Kluft im Verhältnis zwischen Philosophie und Proletariat. Für Marx und Engels konnte nur die Arbeiterklasse der Katalysator der neuen Gesellschaftsordnung sein. »Der *Kopf* dieser Emanzipation ist die *Philoso-*

phie, ihr *Herz* das *Proletariat.* Die Philosophie kann sich nicht verwirklichen ohne die Aufhebung des Proletariats, das Proletariat kann sich nicht aufheben ohne die Verwirklichung der Philosophie« (Marx Engels Werke, Berlin 1964, Bd. 1, S. 391; d. Übers.), hatte Marx in der *Einleitung zur Kritik der Hegelschen Rechtsphilosophie* geschrieben. Im 20. Jahrhundert jedoch, so meinte Horkheimer, seien die materiellen Verhältnisse derart, daß die Arbeiterklasse entwickelter Industriegesellschaften sich nicht mehr automatisch für diese Rolle eigne. Der Intellektuelle, der sklavisch nachbete, was immer das Proletariat zu erstreben scheine, versäume es, seine eigene und eigentliche Funktion zu erfüllen, nämlich unablässig auf die Möglichkeiten zur Überwindung der bestehenden Ordnung aufmerksam zu machen. In Wirklichkeit sei gegenwärtig sogar eine Spannung zwischen Intellektuellen und Arbeitern notwendig, um die konformistischen Tendenzen des Proletariats zu bekämpfen.[195] Die Kritische Theorie sah sich damit nicht nur als Ausdruck des Bewußtseins einer einzigen Klasse, was ihre Distanz zu orthodoxeren Marxisten wie Lukács deutlich machte, der beständig auf das Klassenbewußtsein pochte, auch wenn es von außen »imputiert« war, sondern war bereit, sich mit allen »progressiven« Kräften zu verbünden, die willens waren, »die Wahrheit zu sagen«.[196]

Wenn sich die Kritische Theorie nur in ihrem Verhältnis zu einer »richtigen Praxis« verifizieren ließ, was bedeutete es dann, wenn die einzige Klasse, die dem Marxismus zufolge der revolutionären Aktion fähig war, sich als unfähig erwies, ihre historische Funktion zu erfüllen? In den dreißiger Jahren hatte das Institut diese Frage in ihrem vollen Umfang noch gar nicht gesehen, obgleich sich bereits erste Zweifel meldeten. »Heute«, schrieb Marcuse 1934, »liegt das Schicksal der Arbeiterbewegung, bei der das Erbe dieser Philosophie (des kritischen Idealismus) aufgehoben war, im ungewissen.«[197] Die Ungewißheit wuchs, wie wir sehen werden, ständig, sieht man von einem kurzen dramatischen Augenblick während des Krieges ab, als Horkheimer vorübergehend zum Optimismus seiner Aphorismen in der *Dämmerung* zurückfand.[198] In der Zwischenzeit begann das Institut sein Hauptaugenmerk auf den Versuch zu richten, das Verschwinden der »negativen« kritischen Kräfte in der Welt zu erklären und zu begreifen. *De facto* bedeutete dies eine Abkehr von der Erörterung materieller (im Sinne ökonomischer) Probleme, wenngleich sie in den Arbeiten von Pollock, Grossmann und anderen nicht gänzlich vernachlässigt wurden. Statt dessen konzentrierte das Institut seine Energien auf das, was traditionelle Marxisten für zweitrangig erklärt hatten, nämlich auf den kulturellen Überbau der modernen Gesellschaft. Dies implizierte eine Konzentration auf im wesentlichen zwei Probleme: Struktur und Entwicklung von Autorität sowie Entstehung und Ausbreitung von Massenkultur. Ehe jedoch solche Analysen befriedigend durchgeführt werden konnten, war eine Lücke im klassischen marxistischen Modell von Basis und

Überbau zu schließen. Das fehlende Glied war psychologischer Natur, und die Theorie, die man am Institut zur Ergänzung heranzuziehen gedachte, war die Freudsche. Wie die unwahrscheinliche Integration von Marxismus und Psychoanalyse zustande gebracht wurde, ist Thema des folgenden Kapitels.

III Die Integration der Psychoanalyse

An der Psychoanalyse ist nichts wahr als ihre Übertreibungen. ADORNO

Wenn Furcht und Destruktivität die wichtigsten emotionalen Quellen des Faschismus sind, dann gehört der eros vornehmlich zur Demokratie.
Studien zum autoritären Charakter

Heute, in den siebziger Jahren, läßt sich die Kühnheit der Theoretiker, die als erste die ungewöhnliche Ehe zwischen Freud und Marx anregten, kaum noch ermessen. Mit dem in jüngster Zeit wiederauflebenden Interesse an Wilhelm Reich und der Breitenwirkung von Marcuses *Triebstruktur und Gesellschaft** hat die Vorstellung, daß sich beide, wenn auch von höchst unterschiedlichen Ausgangspunkten her, mit den gleichen Fragen befaßten, bei vielen Linken an Überzeugungskraft gewonnen. Noch in der letzten Generation gab es kaum jemand, und zwar weder in der Alten noch in der Neuen Welt, der eine solche Vorstellung nicht absurd gefunden hätte. Auch Trotzki, der seine Stimme zugunsten der Psychoanalyse in die Waagschale geworfen hatte, wurde in orthodox kommunistischen Kreisen nach 1923 nicht mehr gehört, als Freud und seine Schüler der Bannstrahl getroffen hatte und der Pawlowsche Behaviorismus zur neuen Orthodoxie erhoben wurde. In den Reihen der psychoanalytischen Bewegung selber hatten Siegfried Bernfeld, Otto Fenichel und Paul Federn ihr Interesse an der Integration der beiden Theorien bekundet, allerdings ohne großen Erfolg.[1] Reich, ihr lautester Befürworter in den späten zwanziger und in den dreißiger Jahren stieß allenthalben nur auf Spott[2] und wurde Mitte der dreißiger Jahre sogar höchst unsanft sowohl aus der Kommunistischen Partei wie aus der psychoanalytischen Bewegung ausgestoßen. Konservative wie Radikale waren sich darin einig, daß Freuds tiefer Pessimismus hinsichtlich der Möglichkeiten gesellschaftlichen Wandels unvereinbar sei mit den revolutionären Hoffnungen eines echten Marxisten. Noch 1959 konnte Philip Rieff schreiben: »Für Marx geht die Vergangenheit schwanger mit der Zukunft, und das Proletariat ist die Hebamme der Geschichte. Für Freud dagegen geht die Zukunft schwanger mit der Vergangenheit, eine Last, von der uns nur der Arzt und viel Glück befreien können . . . Revolution könnte so nur die ewig

* In der Übersetzung zuerst erschienen unter dem Titel *Eros und Kultur* (1957); wir zitieren nach der Suhrkamp-Ausgabe *Triebstruktur und Gesellschaft* von 1967 (d. Übers.).

gleiche Rebellion gegen den Vater wiederholen und wäre – wie sie – in jedem Falle zum Scheitern verurteilt.«[3]
Der Versuch des Instituts für Sozialforschung, die Psychoanalyse in seine neomarxistische Kritische Theorie aufzunehmen, war also ein durchaus kühner und unkonventioneller Schritt. Und er war ein Zeichen für das Bestreben des Instituts, die traditionelle marxistische Zwangsjacke abzulegen. Tatsächlich bestand denn auch eine der Haupttrennungslinien zwischen der Grünberg-Grossmann-Generation von Institutsmitgliedern und ihren Nachfolgern – mit Horkheimer an der Spitze – im Gegensatz ihrer Einstellung zur Psychologie. Und es war, wie wir sehen werden, nicht zuletzt Franz Neumanns totale Indifferenz der Psychologie gegenüber, die es in späteren Jahren verhinderte, daß er voll in den inneren Kreis des Instituts aufgenommen wurde. Als sich Neumann kurz vor seinem Tode schließlich doch noch für Freud zu interessieren begann, war es zu spät, als daß er für eine erfolgreiche Integration der beiden Traditionen noch viel hätte tun können.[4]
Horkheimers Interesse an Freud hingegen reichte zurück bis in die zwanziger Jahre. Es war geweckt worden nicht zuletzt durch die Tatsache, daß Leo Löwenthal sich zu jener Zeit einer Analyse bei Frieda Fromm-Reichmann unterzog; eine Rolle spielte aber auch, daß das Verhältnis von Psychologie und Sozialismus ein in jenen Jahren in Frankfurt immer wieder diskutiertes Thema war. Ein in linken Universitätskreisen seit 1929 relativ wichtiger Mann war der belgische Sozialist Hendrik de Man, der in seinem Buch *Zur Psychologie des Sozialismus* (1926)[5] versuchte, den ökonomischen Determinismus durch einen mehr subjektiv begründeten Aktivismus zu ersetzen. De Man kritisierte die utilitaristische, interessenorientierte Psychologie, wie er sie bei Marx sah, um statt dessen die irrationalen Wurzeln radikaler Aktion hervorzuheben. Man munkelte damals sogar, de Man sei als Professor für Sozialpsychologie als Gegengewicht zu dem orthodoxeren Marxismus des Instituts nach Frankfurt geholt worden.[6] Gleich welche Motive dahintergestanden haben mögen, sein Kommen vermochte Horkheimer und die andern jedenfalls nicht für eine irrationalistische Position zu gewinnen, die mit der Kritischen Theorie auch gar nicht zu vereinbaren war; de Mans späterer Flirt mit dem Faschismus sollte sie in ihrem Mißtrauen noch weiter bestärken. Was sie indessen mit diesem Manne verband, war das Bestreben, über den instrumentellen Utilitarismus hinauszukommen, der den Vulgärmarxismus beherrschte.
Bereits 1927 schrieb Adorno, von Horkheimer ermuntert, eine längere Arbeit, in der er eine Verbindung zwischen der Psychoanalyse und Cornelius' transzendentaler Phänomenologie herstellte.[7] Parallelen sah er in der Betonung, die in beiden Fällen auf die in sich zusammenhängende, symbolisch vermittelte Struktur des Unbewußten gelegt wurde,

sowie in dem gemeinsamen Versuch, von aktuellen Erfahrungen ausgehend zu jenen der Vergangenheit vorzudringen.[8] Im darauffolgenden Jahr faßte Horkheimer, der sich schon geraume Zeit für Psychoanalyse interessierte, den Entschluß, sich selbst einer Analyse zu unterziehen; als Psychiater wählte er Karl Landauer, einen Schüler von Freud. Ein Jahr später war das einzige Problem, das Horkheimer bis dahin ernsthaft zu schaffen gemacht hatte, nämlich Vorlesungen ohne vorbereiteten Text zu halten[9], gelöst, und die Analyse, die in Wirklichkeit viel eher eine Lehranalyse als eine therapeutische war, fand ihr Ende. Landauer indessen wurde dafür gewonnen, das Frankfurter Institut für Psychoanalyse als einen Zweig des Südwestdeutschen Psychoanalytischen Studienkreises zu übernehmen, der seinerseits erst kurz zuvor in Heidelberg ins Leben gerufen worden war.[10] Das Frankfurter Institut für Psychoanalyse wurde am 16. Februar 1929 eröffnet und war damit die erste offizielle freudianische Institution, die, wenn auch indirekt, einer deutschen Universität angeschlossen war. Es unterhielt stets eine lockere Verbindung zu Horkheimer und seinen Kollegen, die dabei behilflich gewesen waren, dem neuen »Gastinstitut«, wie es genannt wurde, universitäre Anerkennung zu verschaffen. Freud selbst schrieb zweimal an Horkheimer, um ihm seinen Dank auszusprechen.[11]
Ständige Mitarbeiter von Landauer wurden Heinrich Meng, Erich Fromm und Fromms Frau, Frieda Fromm-Reichmann.[12] In den ersten Monaten nach der Gründung des Instituts für Psychoanalyse wurden die Vorlesungen von so bedeutenden Wissenschaftlern gehalten wie Hanns Sachs, Siegfried Bernfeld, Anna Freud und Paul Federn. Auch Georg Groddeck war ein häufiger Gast. Unter den vier ständigen Mitarbeitern entwickelte sich Fromm, der bereits seit über zehn Jahren mit Leo Löwenthal befreundet und von ihm in das Institut eingeführt worden war, rasch zur wichtigsten Figur. Er war auch der einzige, der sich nach der Emigration nach Amerika dem Institut für Sozialforschung wieder anschloß, wo er bald zu einem der prominentesten unter den sogenannten neofreudianischen Revisionisten wurde. Seine Frau übersiedelte zwar ebenfalls nach Amerika, hatte mit dem Institut aber wenig zu tun. Landauer ging nach Amsterdam und blieb trotz aller eindringlihen Bitten und Ratschläge seiner früheren Kollegen, Europa zu verlassen, dort, bis es zu spät war; er starb während des Krieges in Belsen. Meng hatte Glück, er verließ Frankfurt rechtzeitig und konnte sich in Basel als Facharzt für Psychohygiene niederlassen. So war es vornehmlich Fromms Arbeit, die den ersten Versuch des Instituts darstellte, Freud und Marx miteinander zu verbinden.

1900 in Frankfurt geboren, wuchs Fromm in einer streng religiösen Umwelt auf. In seiner Jugend fesselten ihn die messianischen Elemente in der jüdischen Religion besonders stark. »Mehr als alles andere«, so schrieb er später, »beeindruckten mich die Schriften der Propheten Jesaja, Amos und Hosea; weniger ihrer Warnungen und Verkündigungen von Unglück und Unheil wegen als mit ihrer Verheißung vom ›Ende aller Tage‹ . . . Die Vision von Frieden auf der ganzen Welt und von Harmonie zwischen den Völkern berührte mich tief, als ich zwölf und dreizehn Jahre alt war.«[13] In seinen frühen Zwanzigern schloß sich Fromm gemeinsam mit Löwenthal dem Kreis um Rabbi Nobel an. Zusammen mit Georg Salzberger und Franz Rosenzweig half er, das berühmte *Freie Jüdische Lehrhaus* aufzubauen. Obschon Fromm die äußeren Kennzeichen seiner Orthodoxie aufgab, nachdem er 1926 in München durch seine erste Analyse gegangen war, blieb in seinem gesamten späteren Werk das erhalten, was man als religiöse Einstellung bezeichnen könnte.

Was ihm von seinen jüdischen Vorvätern überkommen war, unterschied sich indessen recht erheblich von dem, was Horkheimer und Adorno von den ihren übernommen hatten. Während die beiden letzteren auf einer nicht bildhaften Qualität von Wahrheit und auf der Unmöglichkeit beharrten, das Wesen des Menschen zu definieren, bejahte Fromm die Vorstellung einer philosophischen Anthropologie. Wie Martin Buber und andere aus dem Kreis des Lehrhauses begriff er die Natur des Menschen als entstanden aus seinem Verhältnis zur Welt und seiner Beziehung zu anderen Menschen. Besonders deutlich sollte dies zutage treten in seinen späteren, nach seinem Weggang vom Institut geschriebenen Schriften; die Existenz einer menschlichen Natur behauptet Fromm jedoch von Anfang an. Dabei handelte es sich allerdings nicht um einen feststehenden Begriff von Natur, wie den römischen der *natura,* sondern vielmehr um eine Vorstellung über die mögliche Natur des Menschen, ähnlich dem griechischen Begriff der *physis.* Fromm hat denn auch den anthropologischen Implikationen von Marx' *Ökonomisch-philosophischen Manuskripten* stets großes Gewicht beigelegt[14], ein Punkt, in dem er Marcuse, zumindest vor dessen Eintritt ins Institut, näherstand als Horkheimer und Adorno. Von allen, die der Frankfurter Schule angehörten, hat Fromm Marx' Begriff der Entfremdung am häufigsten verwendet, insbesondere in den Arbeiten, die nach seiner Zeit am Institut geschrieben worden sind.[15] In dem Bestreben, seine Vision von einem vollkommenen Menschen im Wesen des Menschen, in seiner Natur zu begründen, studierte Fromm die Schriften von Philosophen wie Spinoza[16] und Dewey, um dort einen Abglanz dieser Natur zu finden. In den vierziger Jahren schließlich versuchte er, über die Psychologie hinaus zu einem Moralsystem zu gelangen, dessen Basis wiederum die menschliche Natur sein sollte. Hinter der humanistischen Fassade seiner Ethik, die ihre umfassendste Darlegung in *Psychoanalyse und Ethik* (1947) fand, verbarg sich ein nach Ansicht seiner Kritiker kaum haltbarer Naturalismus.[17]

Fromm rückte in jenen Jahren nicht nur vom Institut ab, sondern auch von seinem orthodoxen Freudianismus, was indes auf keinen Fall mit einer Preisgabe seiner früheren Position in allen Punkten verwechselt werden darf. »Ich bin stets Freudianer geblieben«, schrieb er später einmal,

»es sei denn, man identifiziert Freud mit seiner Libido-Theorie ... Freuds wichtigste Leistung sehe ich in seinem Begriff des Unbewußten und dessen Äußerungen in Neurosen, Träumen etc., in dem darin implizierten Widerstand, und ich sehe sie in seinem dynamischen Charakterbegriff. In allen meinen Arbeiten habe ich die grundlegende Bedeutung dieser Begriffe niemals in Zweifel gezogen; und zu sagen, ich sei von Freud abgerückt, weil ich nicht an der Libido-Theorie festhalte, ist eine äußerst undifferenzierte Behauptung, wie sie nur auf der Basis eines orthodoxen Freudianismus möglich ist. Jedenfalls bin ich niemals von der Psychoanalyse abgerückt. Und ich wollte auch nie eine eigene Schule gründen. Aus der Internationalen Psychoanalytischen Gesellschaft, der ich früher angehörte, bin ich ausgeschlossen worden, der Washington Psychoanalytic Association, einer freudianischen Vereinigung, gehöre ich heute (1971) noch an. Die freudianische Orthodoxie sowie die bürokratischen Methoden ihrer internationalen Organisation habe ich zu allen Zeiten kritisiert; was dagegen meine gesamte theoretische Arbeit anlangt, so basiert sie auf dem, was ich als Freuds wichtigste Forschungsergebnisse betrachte, die Metapsychologie allerdings ausgenommen.«[18]

In den Augen seiner Kritiker bedeutete Fromms Überbordwerfen der Libido-Theorie und anderer entscheidender Momente des Freudschen Denkens, wie des Ödipuskomplexes, allerdings ein so klares Abrücken von den wesentlichen Elementen der orthodoxen Theorie, daß es ihnen als durchaus gerechtfertigt erschien, ihn einen extremen Revisionisten zu nennen. Fromms Unterscheidung zwischen Freuds klinischen Befunden und seiner Metapsychologie – womit er nicht nur Freuds zugegebenermaßen umstrittene Spekulationen über Lebens- und Todestrieb meinte, sondern auch seine von vielen übernommene Libido-Theorie – vermochte jene nicht zu überzeugen, die einen engeren Zusammenhang zwischen beidem sahen, seine Institutskollegen eingeschlossen.
Obschon Fromm von seinem Bestreben, Psychoanalyse und Marxismus miteinander zu verschmelzen, niemals gänzlich abließ, stützte er sich dabei später immer weniger auf Freudsche Überlegungen und immer mehr auf psychologische Erkenntnisse, die Marx antizipiert hatte.[19] In seiner 1962 geschriebenen Autobiographie erscheint ihm denn auch Marx als der für seine intellektuelle Entwicklung wesentlich bedeutsamere. »Daß Marx eine Figur von welthistorischer Bedeutung ist«, so schrieb er, »mit der Freud – zumindest auf dieser Ebene – gar nicht

verglichen werden kann, bedarf kaum der Erwähnung.«[20] Die prophetische Vorstellung vom allgemeinen Frieden, die Fromm in seiner Jugend gefangengenommen hatte, war es, die ihn, als er einen ähnlichen Ton bei Marx vernahm, sich jenem zuwenden und von Freud und den weniger positiven Implikationen seines Denkens abwenden ließ; was nicht heißt, daß Fromm nicht vielen Freudschen Begriffen die Treue gehalten hätte.

Dreißig Jahre zuvor, als Fromm ins Institut kam, war seine Einstellung zu Freud allerdings eine ganz andere. Nach Studienjahren in Heidelberg, Frankfurt und München hatte er seine psychoanalytische Ausbildung am Institut für Psychoanalyse in Berlin erhalten. Analysiert wurde er damals von Hanns Sachs, und seine Lehrer waren so prominente Freudianer wie Theodor Reik. 1926 begann er selbst klinisch zu praktizieren, obwohl er, wie Sachs und viele der frühen Analytiker, keine Ausbildung als Arzt hatte. Der Kontakt zu seinen Patienten sei, so meinte Fromm, stets eine unschätzbare Anregung für seine theoretische Arbeit gewesen, eine Anregung, die den anderen Institutsmitgliedern gefehlt habe.[21] Schon bald erschienen seine ersten Aufsätze in orthodoxen psychoanalytischen Zeitschriften, so in der *Zeitschrift für psychoanalytische Pädagogik,* die A. J. Storfer herausgab, und in Freuds eigenem Hausorgan, der *Imago.*

Obwohl in seinen Themenstellungen seine religiöse Herkunft immer wieder sichtbar wird (etwa in einer Untersuchung über den Sabbat)[22], zeigte sich Fromm auch schon früh an der Entwicklung einer Sozialpsychologie interessiert. Ein Artikel, den er 1931 für die *Psychoanalytische Bewegung* unter dem Titel »Psychoanalyse und Politik« schrieb, entfachte in analytischen Kreisen eine lebhafte Kontroverse. Noch deutlicher zeigt sich sein Bestreben, seinen Freudianismus durch marxistische Erkenntnisse zu erweitern, in seiner ersten großen Untersuchung *Das Christusdogma*[23], zu der Theodor Reiks Arbeit über dieselbe Problematik ihn angeregt hatte. Reik begehe den Irrtum, so meinte Fromm, die ersten Christen als eine in sich geschlossene Gruppe mit einheitlichen psychischen Gegebenheiten anzusehen, und gerate damit in die Nähe von Theologen wie Harnack: »(Reik) übersieht vollkommen, daß das psychologische Subjekt hier nicht ein Mensch ist, aber auch noch nicht einmal eine Gruppe von relativ einheitlicher und gleichbleibender Struktur, sondern daß es sich ... um ganz verschiedene Gruppen handelt mit verschiedenen realen und psychischen Interessen.«[24] Für Fromm war der fundamentale Wandel des christlichen Dogmas – angefangen bei den Adoptionisten des 1. Jahrhunderts, für die Christus ein gottgewordener Mensch war, bis hin zur Vorstellung der Homousianer im 4. Jahrhundert, die in Christus einen menschgewordenen Gott sahen – ein Produkt gesellschaftlichen Wandels. Nur in der ersten Vorstellung komme die rebellische Auflehnung der ersten Christen gegen Autorität zum Ausdruck, gegen die Autorität des Vaters. Der Wandel des Dogmas entspreche der Anerkennung der Autorität Gottes und einer Rückwendung allen Unmutes nach innen, auf die Christen selber. »Die Ursache für diese Wandlung«, so lautete Fromms Argument, »liegt in der Veränderung der wirtschaftlichen Situation, beziehungsweise dem Rückgang der Produktivkräfte und ihren gesellschaftlichen Konsequenzen. Die Vertreter der herrschenden Klasse griffen in diesen Prozeß verstärkend und beschleunigend ein, indem sie der Masse solche Phantasien suggerierten, die ihr (Phantasie-)Befriedigung gewährten und die ihre Aggression in gesellschaftliche ungefährliche Bahnen lenkten.«[25]

Indem er ein Gespür für die Unterschiede zwischen spezifischen sozialen Gruppen zu wecken versuchte und sich dagegen wandte, ideologische Doktrinen pauschal allgemeinen psychischen Bedürfnissen zuzuschreiben, sagte Fromm in psychologischen Termini nichts anderes, als was Horkheimer und auch Marcuse nach seinem Bruch mit Heidegger über die abstrakte Vorstellung von »Geschichtlichkeit« sagten. Ein speziell Freudsches Element bei Fromm war der Rekurs auf psychoanalytische Mechanismen bei der Vermittlung von Individuum und Gesellschaft – so etwa, wenn er im Zusammenhang mit der Ablehnung von Obrigkeit von ödipaler Auflehnung gegen den Vater sprach. Tatsächlich hat das Institut später viele Freudsche Begriffe in dieser Weise verwendet. Borkenau fiel es zu, *Das Christusdogma* in der ersten Nummer der *Zeitschrift* zu rezensieren; anerkennend bezeichnete er die Arbeit als das erste konkrete Beispiel für die Integration von Freud und Marx.

In derselben Nummer unternahm Fromm selbst es, die Grundlagen einer Sozialpsychologie zu entwickeln.[26] Er begann mit einer Kritik der Auffassung, in der Psychologie gehe es allein um das Individuum; als Demonstrationsobjekt für diese falsche Sichtweise diente ihm das frühe Werk von Wilhelm Reich.[27] Obgleich Fromm die Vorstellung einer Gruppen- oder Massenseele kritisierte, vertrat er doch klar die Ansicht, daß die Menschen niemals völlig isoliert von ihrer sozialen Situation zu sehen seien. Die wirkliche Aufgabe bestand für ihn darin, die marxistische Grundauffassung, von der er ausging, zu ergänzen und zu erweitern. Dem Marxismus, erklärte er, sei zu Unrecht eine simplifizierte Psychologie des Erwerbstriebs vorgeworfen worden, und er dachte dabei insbesondere an Bertrand Russell und Hendrik de Man, die wirtschaftlichen Eigennutz fälschlich als Basis der Marxschen Auffassung vom Menschen gesehen hätten. In Wirklichkeit, so meinte Fromm, habe Marx nur wenige psychologische Prämissen aufgestellt – weniger, als Fromm sie später selbst aufstellte. Nach Marx habe der Mensch bestimmte Grundtriebe (Hunger, Liebe usw.), die nach Befriedigung strebten; Gewinnsucht oder Erwerbstrieb seien für ihn allein das Produkt bestimmter gesellschaftlicher Verhältnisse. Der Marxismus bedürfe allerdings weiterer psychologischer Einsichten; Einsichten, die Marxisten vom Schlage eines Kautsky oder Bernstein in ihrem naiven, idealistischen Glauben an angeborene moralische Triebe einfach nicht hätten hervorbringen können.[28] Die Psychoanalyse nun vermöge das fehlende Bindeglied zwischen ideologischem Überbau und ökonomischer Basis zu liefern, oder anders ausgedrückt, sie sei in der Lage, die Vorstellung, die der Materialismus von der menschlichen Natur habe, mit Leben zu erfüllen.[29]

Fromm selbst hatte eine durchaus genaue Vorstellung davon, welches die fruchtbarsten Aspekte der Psychoanalyse für eine Sozialpsychologie seien. Gleich zu Anfang seines Aufsatzes[30] stellte er klar, daß er mit der Freudschen Lebens- und Todestriebtheorie, die für ihn nichts als eine unsinnige Mixtur aus Biologie und Psychologie war, nichts im Sinn habe. Er hielt statt dessen an der Dichotomie des frühen Freud von erotischen und Selbsterhaltungstrieben fest. Da erstere sich verschieben, sublimieren oder auch in Phantasien befriedigen ließen (so könne etwa der Sadismus auch in gesellschaftlich akzeptabler Weise Befriedigung finden), während dies für die letzteren (Hunger lasse sich eben nur mit Brot stillen) nicht gelte, passe sich die Sexualität den jeweiligen gesellschaftlichen Verhältnissen leichter an.[31] Die Aufgabe einer analytischen Sozialpsychologie bestehe deshalb darin, unbewußt motiviertes Verhalten als eine Auswirkung der materiellen Basis auf psychische Grundbedürfnisse zu untersuchen und zu verstehen. Kindheitserfahrungen, so sagte Fromm, seien insofern besonders wichtig, als die Familie als Agent der Gesellschaft wirke. (Die hohe Bedeutung, die Fromm der Familie beimißt, durchzieht sein gesamtes Werk; auch wenn er später die orthodox Freudsche Betonung der Kindheit insofern abschwächte, als er erklärte, »der Analytiker darf sich nicht in die Erforschung der Kindheit verbeißen, sondern muß seine Aufmerksamkeit den unbewußten Prozessen, wie sie aktuell ablaufen, zuwenden«.[32] In den frühen dreißiger Jahren jedenfalls war er der orthodoxen Psychoanalyse noch so verpflichtet, daß er sich ganz auf die Entwicklungsjahre von Kindern konzentrierte.)

Jede Gesellschaft, schrieb Fromm weiter, habe ihre eigene Libidostruktur in Form einer Kombination aus menschlichen Grundtrieben und gesellschaftlichen Faktoren. Eine Sozialpsychologie müsse ergründen, in welcher Weise diese Libidostruktur die Gesellschaft zementiere und in welcher Weise sie sich auf die politische Autorität auswirke. Hier, und das ist wichtig, sprach Fromm aus praktischer Erfahrung. Das Projekt einer Untersuchung über Autoritätsstrukturen bei Arbeitern, das Horkheimer in seiner Antrittsvorlesung angekündigt hatte, war inzwischen in Angriff genommen, und Fromm leitete im wesentlichen die empirische Arbeit. Man gehe in dieser Untersuchung, so erklärte Fromm in seinem Artikel, von einer Ablehnung der bürgerlichen Normen aus, die von den meisten Psychologen fälschlich verabsolutiert würden. Die herrschende Tendenz, die Erfahrung der bestehenden

Gesellschaft zu verallgemeinern, werde, so Fromm, am deutlichsten in der Projektion des Ödipuskomplexes auf die gesamte menschliche Entwicklung, während er in Wirklichkeit allein auf »patriarchalische« Gesellschaften beschränkt sei.[33] Eine fundierte Sozialpsychologie müsse erkennen, daß mit der wirtschaftlichen Basis einer Gesellschaft auch die gesellschaftliche Funktion ihrer Libidostruktur sich ändere. Verlaufe dieser Wandel nicht parallel, schloß Fromm seinen Artikel, dann könne durchaus eine explosive Situation entstehen. Genau diesen Punkt sollte er in seiner nächsten großen Arbeit, in seinem zehn Jahre später entstandenen Buch *Die Furcht vor der Freiheit* ausführlich entwickeln.

Um den Verallgemeinerungen seines ersten Aufsatzes in der *Zeitschrift* Substanz zu verleihen, wandte Fromm seine Aufmerksamkeit nun dem Problem der Charaktertypologie zu.[34] Auch hier war seine Grundorientierung freudianisch. Er übernahm weitgehend den psychoanalytischen Begriff vom Charakter als der Sublimation oder Reaktionsbildung auf libidinöse Grundtriebe. In Anknüpfung an Karl Abraham und Ernest Jones skizzierte er zunächst die oralen, analen und genitalen Charaktertypen, mit einer gewissen Präferenz für den genitalen Charakter, den er mit Freiheit, Unabhängigkeit und Freundlichkeit assoziierte.[35] Seine Abneigung gegen nichtgenitale Charaktertypen, die sein späteres Werk deutlich durchzieht und ihn von Marcuse unterscheidet, der ganz andere Überlegungen über prägenitale »polymorphe Perversität« anstellt, deutete sich bereits an.[36] In diesem Punkt, dies sei hinzugefügt, stand Fromm Wilhelm Reich näher, dessen Schrift über Charaktertypologie zur selben Zeit entstand.[37] Fromm war sich mit Reich auch über die befreiende Wirkung nicht verdrängter genitaler Sexualität einig, obwohl er nie der Meinung war, sie reiche *per se* schon aus. In späteren Jahren verstärkten sich allerdings Fromms Vorbehalte Reichs Auffassung gegenüber; denn die Nazis demonstrierten nach seiner Überzeugung überdeutlich, daß sexuelle Freiheit nicht notwendig politische Freiheit nach sich zieht.[38]

Nachdem er nachdrücklich auf die Bedeutung der libidinösen Wurzeln von Charaktertypen hingewiesen hatte, unterstrich Fromm noch einmal den Einfluß gesellschaftlicher Faktoren, wie sie durch die Familie vermittelt würden. Exempel dafür war ihm der Einfluß extrem repressiver Sexualnormen, welche die Entwicklung einer gesunden Genitalsexualität verhindern könnten, so den prägenitalen Charaktertypus begünstigend. Insgesamt war seine Argumentationsführung streng freudianisch: »Da die Charakterzüge in der libidinösen Struktur verankert sind, zeigen sie auch eine relative Stabilität.«[39] Am Schluß seines Aufsatzes beschäftigte sich Fromm mit dem Zusammenhang zwischen »kapitalistischem Geist« und analem Verhalten. Mit Begründungen, die inzwischen Allgemeingut geworden sind, damals aber absolut ungewöhnlich waren, brachte er bürgerliche Rationalität, Besitzgier und

Puritanismus in Zusammenhang mit analer Repression und Ordnungszwang.[40] Diese Züge, schrieb er, hätten sich aufgrund eines Nachhinkens der Ideologie (in ihrem weitesten Sinne, der auch die Charaktertypen einschließe) hinter dem wirtschaftlichen Wandel bis ins 20. Jahrhundert hinein erhalten, vornehmlich zwar in kleinbürgerlichen Kreisen, aber auch und sogar in bestimmten proletarischen. Auf diesen Zusammenhang sollte Fromm später in seiner Arbeit über die Reformation, d. h. in seinem Buch *Die Furcht vor der Freiheit* zwar erneut zu sprechen kommen, doch hatte seine Einstellung zu analem Verhalten und zu Freuds Libidotheorie im allgemeinen in der Zwischenzeit einen deutlichen Wandel erfahren. Obgleich die klinische Beschreibung des analen Charakters sich nicht änderte, lautete die Interpretation, die Fromm dazu gab, doch erheblich anders.

Der Wandel in Fromms Auffassung beruhte zwar nahezu ausschließlich auf seinen klinischen Beobachtungen – wir haben darauf bereits hingewiesen –, doch daneben gab es auch eine theoretische Quelle, die ihm seine neue Perspektive artikulieren half. Mitte der zwanziger Jahre stieß Fromm auf die Schriften von Johann Jacob Bachofen, einem Schweizer Anthropologen aus dem 19. Jahrhundert. Bachofens Untersuchungen über die Mutterherrschaft lagen bereits in den sechziger Jahren des 19. Jahrhunderts vor und waren nach seinem Tode im Jahr 1887 eigentlich mehr oder weniger in Vergessenheit geraten. Freuds anthropologische Theorie beispielsweise ging hauptsächlich auf James Frazers Studien über Totemismus zurück. Zu seinen Lebzeiten allerdings, d. h., ehe das Interesse an ihm nachließ, waren Bachofen und andere Theoretiker des Matriarchats mit ihm, wie Lewis Morgan, in sozialistischen Kreisen sehr einflußreich gewesen; Engels' *Über den Ursprung der Familie* (1884) und Bebels *Die Frau und der Sozialismus* (1883) beispielsweise waren ihnen sehr verpflichtet. In den Jahren um 1920 erregte die Mutterrechtstheorie erneut lebhaftes Interesse, und zwar in ganz unterschiedlichen Kreisen. Antimodernistische Kritiker der bürgerlichen Gesellschaft auf der Rechten, wie Alfred Bäumler und Ludwig Klages, fühlten sich zu ihren romantischen, naturalistischen und antiintellektualistischen Implikationen hingezogen. Einige von Stefan Georges Schülern, denen seine Misogynie zuwider war, verließen den George-Kreis auf der Suche nach dem Ewigweiblichen. Das Ganze war, wie E. M. Butler gesagt hat[41], die nahezu exakte Neuauflage des Verlangens der französischen Saint-Simonisten nach der »mystischen Mutter« fast siebzig Jahre zuvor. In mehr orthodox-anthropologischen Kreisen in England wurde Bronislaw Malinowskis Studie über die matriarchalische Kultur *Sex and Repression in Savage Society* (1927) zum Angriff auf die Allgemeingültigkeit des Freudschen Ödipuskomplexes benutzt. Robert Briffaults gleichzeitig erschienene Arbeit *The Mothers: A Study of the Origins of Sentiments and Institutions* (1927) stieß ebenfalls auf erhebliches Interesse.

Auch in psychoanalytischen Kreisen fand die Mutterrechtstheorie neue Beachtung. Wilhelm Reich nahm als erster den Faden auf, und in *Massenpsychologie des Faschismus* aus dem Jahre 1933 schrieb er, das Matriarchat sei der einzig genuine Typus von Familie in einer »natürlichen Gesellschaft«.[42] Auch Fromm war ein starker Verfechter der Matriarchatstheorie. 1932 stellte er in der *Zeitschrift* dem deutschen Publikum Briffault mit einer ausführlichen Rezension von *The Mothers* vor; sie folgte einem von Briffault selbst in englisch geschriebenen Artikel zum Thema »Family Sentiments«.[43] Besonders angetan hatte es Fromm Briffaults These, alle Liebe und alle altruistischen Gefühle leiteten sich letztlich aus der mütterlichen Liebe her, die notwendig bedingt sei durch die lange Schwangerschaftsperiode beim Menschen sowie die Sorge für das Neugeborene. Somit hänge Liebe nicht von Sexualität ab, wie Freud angenommen habe. Statt dessen sei Sexualität viel häufiger an Haß und Zerstörung geknüpft. Fromm pries auch Briffaults Gespür für soziale Faktoren. Männlichkeit und Weiblichkeit drückten für Briffault keine »wesensmäßigen« Geschlechtsunterschiede aus, wie die Romantiker geglaubt hatten, sondern leiteten sich aus den unterschiedlichen Lebensfunktionen her, die eben auch gesellschaftlich bestimmt seien. Beispiel: Die Monogamie sei durch die Haltung von Viehherden ökonomisch begünstigt worden, weil das damit verbundene Nomadenleben die Hegemonie des männlichen Schäfers bedingt habe. Briffault, so schloß Fromm, sei über rein ethnologische Belange hinaus in die Tradition des historischen Materialismus selbst vorgedrungen, wie sein Artikel in der *Zeitschrift* über die Bedeutung von ökonomischen Faktoren für die Entwicklung der Familie ja auch zeige.
In der darauffolgenden Nummer der *Zeitschrift* beschäftigte sich Fromm unmittelbar mit Bachofen.[44] Er zeichnete zunächst sorgfältig die verschiedenen Elemente nach, die in der Mutterrechtstheorie enthalten seien und die je nachdem bei den rechten oder den linken Kritikern der bürgerlichen Gesellschaft Anklang fänden. Bachofens eigene konfuse Sehnsucht nach der Vergangenheit schlage die entsprechende Saite bei der politischen Rechten an, und mit seinem schwärmerischen Bild von der Natur, welcher der Mensch sich zu fügen habe wie ein Kind seiner Mutter, sei es nicht anders.[45] Genau wie die Romantiker, jedoch im Unterschied zu Briffault, verabsolutiere Bachofen die seelischen Unterschiede zwischen Mann und Frau (worin sich, wie Fromm einräumte, sehr wohl auch ein legitimer Protest gegen die von der Aufklärung in Gang gesetzte »Befreiung« der Frau und ihre Angleichung an den Status des bürgerlichen Mannes ausdrücke. Bäumler, Klages und die übrigen völkischen Theoretiker griffen ausschließlich Bachofens naturalistische Metaphysik auf, sie in die Richtung mystischer Schwärmerei wendend. Was sie völlig ignorierten, seien seine psychologischen Erkenntnisse.
Diese nun wieder bildeten den Grund des Interesses der Linken an

Bachofen. In der matriarchalischen Gesellschaft zählten menschliche Solidarität und Glück. Ihre höchsten Werte seien Liebe und Mitleid und nicht Angst und Unterordnung. Privateigentum und repressive Sexualität hätten keinen Platz in ihrer Sozialethik. Die patriarchalische Gesellschaft, wie Engels und Bebel sie interpretierten, sei dagegen der Klassengesellschaft verwandt: beide stellten Pflicht und Autorität über Liebe und Genuß. In einem gewissen Sinne sei Bachofens Geschichtsphilosophie der von Hegel ähnlich. Das Aufkommen der patriarchalischen Gesellschaft entspreche dem Bruch zwischen Geist und Natur, dem Sieg Roms über den Orient.

Fromm entsprach natürlich, wie zu erwarten, die sozialistische Lesart von Bachofen mehr. Über matriarchalische Gesellschaften zu forschen und zu reflektieren sei, so argumentierte er, nicht ihres historischen Interesses wegen von Bedeutung – tatsächlich lasse sich ihre konkrete Existenz in der Vergangenheit ja auch gar nicht demonstrieren –, sondern es sei wichtig im Hinblick auf die Vision der alternativen Wirklichkeit, die sie böten. Wie Malinowski bezog auch Fromm sich auf die Matriarchatstheorie zur Widerlegung der Allgemeingültigkeit des Ödipuskomplexes. Die Intensität dieses Komplexes in patriarchalischen Gesellschaften, bemerkte Fromm, resultiere zum einen aus der Rolle des Sohnes als Erbe des väterlichen Besitzes, zum andern aus seiner Position als Versorger des Vaters in dessen Alter. Das bedeute, daß die Erziehung des Sohnes von frühauf weniger auf Glück als auf wirtschaftliche Nützlichkeit angelegt sei. Die Liebe zwischen Vater und Sohn könne durchaus in Haß umschlagen, weil der Sohn ständig befürchte zu versagen. Die Zufälligkeit einer so produzierten Liebe könne leicht zu einem Verlust der inneren Unbefangenheit und Sicherheit und zu einer Verstärkung des Pflichtgefühls als dem Zentrum der gesamten Existenz führen.

Mütterliche Liebe dagegen sei nicht an Bedingungen geknüpft und weniger anfällig für gesellschaftliche Zwänge. In der bestehenden Gesellschaft allerdings sei die Stärke der echten Mutter verlorengegangen. Sie werde nicht mehr als Beschützerin gesehen, sondern eher als jemand, der selbst des Schutzes bedürfe. Dies, so Fromm, gelte nicht minder für die verschiedenen Muttersurrogate, etwa die Heimat oder das Volk.[46] An die Stelle tiefen mütterlichen Vertrauens und mütterlicher Wärme seien väterliche Schuld, anale Repression und autoritäre Moral getreten. Mit der Entfaltung des Protestantismus habe das Übergewicht des Vaters sich in dem Maße verstärkt, in dem die Sicherheit des mittelalterlichen Katholizismus mit seiner einem riesigen Mutterschoß gleichenden Kirche und seinem Mutter-Gottes-Kult an Wirksamkeit eingebüßt habe.[47] Die psychischen Grundlagen des Kapitalismus seien eindeutig patriarchalisch, wenngleich der Kapitalismus paradoxerweise die Bedingungen für eine Rückkehr zu einer wahrhaft matriarchalischen Kultur gelegt habe. Und zwar schaffe er diese Bedingungen mit seinem Überfluß an Gütern und Dienstleistungen, der dann auch ein weniger leistungsorientiertes Realitätsprinzip zulasse. Der Sozialismus, schloß Fromm, müsse das Versprechen dieser Rückkehr einlösen.

Die Kehrseite von Fromms wachsendem Interesse an Bachofen war eine Abnahme seiner Begeisterung für den orthodoxen Freudianismus. 1935 erläuterte er die Gründe seiner Ernüchterung in der *Zeitschrift*.[48] Freud, so schrieb er, sei der Gefangene seiner bürgerlichen Moral und seiner patriarchalischen Wertvorstellungen. Das Gewicht, das in der Psychoanalyse auf Kindheitserfahrungen gelegt werde, fuhr er fort, bewirke, daß die Aufmerksamkeit von der Person des Analytikers selbst abgelenkt werde. Für den Fall, daß der Analytiker die Wertvorstellungen der Gesellschaft unkritisch übernehme und daß Wünsche und Bedürfnisse des Patienten jenen Wertvorstellungen zuwiderliefen, könne er, der Analytiker, beim Patienten Widerstand hervorrufen. Natürlich werde theoretisch vorausgesetzt, Analytiker seien wertneutral und tolerant der Moral ihrer Patienten gegenüber; in Wirklichkeit jedoch, so meinte Fromm, habe das Ideal der Toleranz historisch stets zwei Gesichter gehabt.

Fromms Gedanken zur Toleranz[49] sind es wert, eingehend betrachtet zu werden, weil sie für eine Auffassung stehen, die andere Institutsmitglieder teilten; Marcuse hat sie später in einem seiner umstrittensten und einflußreichsten Aufsätze wiederholt.[50] Anfangs, so schrieb Fromm, habe sich der bürgerliche Kampf um Toleranz gegen soziale Unterdrückung gerichtet. Nachdem jedoch der Mittelstand gesellschaftlich bestimmend geworden sei, habe Toleranz sich in eine Maske des moralischen Laissez-faire verwandelt. In Wahrheit sei die Toleranz nie so weit gespannt gewesen, daß auch ernsthafte Bedrohungen der bestehenden Ordnung unter ihren Schutz gefallen wären. Wie Kant dargelegt habe, gelte sie mehr dem Denken und der Rede als der Tat. Bürgerliche Toleranz sei stets widersprüchlich in sich: Bewußt sei sie relativistisch und neutral, unbewußt sei sie jedoch dazu da, den status quo zu erhalten. Genau diesen doppelgesichtigen Toleranzcharakter, so meinte Fromm, habe die Psychoanalyse; hinter ihrer Neutralitätsfassade verberge sich in vielen Fällen nur das, was Fromm ganz ausdrücklich als den impliziten Sadismus des Arztes bezeichnete.[51]

Den nächsten Schritt tat Fromm allerdings nicht, ganz im Unterschied zu Marcuse, der später weiter ging. (»Befreiende Toleranz«, schrieb Marcuse 1965, »würde mithin Intoleranz gegenüber Bewegungen von rechts bedeuten und Duldung von Bewegungen von links.«)[52] Er konzentrierte sich statt dessen darauf, weitere Facetten von Freuds Patriarchalismus aufzuzeigen. Ziel der orthodoxen Psychoanalyse, so Fromm, sei Arbeits-, Zeugungs- und Genußfähigkeit. Freud habe aber die beiden erstgenannten Ziele über das dritte gestellt, da er einen unauflöslichen Gegensatz zwischen Kultur und Triebbefriedigung gesehen habe. Seine Einstellung zu politisch Radikalen, die eine neue Gesellschaft errichten wollten, in der mehr Triebbefriedigung und Genuß möglich sein sollten, habe in beharrlicher Ablehnung bestanden. Freud habe ihr gesamtes Tun als Abreaktion ihrer ödipalen Aggressionen gegen ihre Väter betrachtet.[53] Tatsächlich habe er die Neurose ja auch definiert als Unfähigkeit, bürgerliche Normen zu akzeptieren. Ein weiterer Beweis für Freuds Unvermögen, seine gesellschaftliche Herkunft zu überwinden, sei in seinem Bestehen auf der Entrichtung eines bestimmten Geldbetrages für jede Therapie zu sehen. Und schließlich, so meinte Fromm, sei Freud selbst der klassische Typ des Patriarchen, autoritär sowohl Schülern wie Patienten gegenüber.[54]

Erfreuliche Alternativen zu Freud stellten für Fromm in dieser Hinsicht Georg Groddeck und Sandor Ferenczi dar. Was sie vor Freud auszeichne, sei ihre therapeutische Innovation, die darin bestehe, daß der Analytiker dem Patienten sozusagen im Verhältnis von eins zu eins, d. h. in einem mehr egalitären Verhältnis gegenübertrete. Fromms Abkehr vom Ödipuskomplex bedeutete zugleich, daß die Rolle der Übertragung in der nun von ihm bevorzugten Methode erheblich an Gewicht verlor. Groddeck und Ferenczi nehmen es außerdem auch weniger genau mit der Frage der Bezahlung, auf die sie zuweilen rundweg verzichteten. Im Gegensatz zu Freuds patrizentrischer, autoritärer, kaltherziger »Toleranz« reichte ihre Therapie nach Fromm über das kurzsichtige Ziel einer Anpassung an die moralischen Grausamkeiten der bestehenden Gesellschaft hinaus. Fromm äußerte tiefes Bedauern über Ferenczis frühen Tod, der einen großen Verlust für die Psychoanalyse bedeute, und er verteidigte in späteren Jahren seinen Ruf gegen die Mißdeutungen von Ernest Jones, der Ferenczi als einen Mann darstellte, der gegen Ende seines Lebens Psychopath gewesen sei.[55] Mit Groddeck blieb das Ehepaar Fromm trotz Groddecks großer politischer Naivität stets befreundet – einmal hegte Groddeck sogar die Hoffnung, Hitler, dessen Antisemitismus er bezweifelte, als Geldgeber für eine seiner Arbeiten zu gewinnen, um dann um so enttäuschter zu sein, als Hitler an die Macht kam.[56]

Mit seiner Enttäuschung über Freud wuchs auch Fromms Entfremdung von den übrigen Institutsmitgliedern. Zu den *Studien über Autorität und Familie*, einem gemeinsamen Forschungsprojekt des Instituts, dessen Ergebnisse im Jahr 1936 veröffentlicht wurden, steuerte Fromm noch eine psychologische Analyse über Autorität bei, danach folgte aber nur noch ein einziger Aufsatz für die *Zeitschrift*, eine Untersuchung über das Gefühl der Ohnmacht in der modernen Gesellschaft.[57] 1939 löste Fromm seine Verbindung zum Institut und widmete sich intensiv der klinischen Arbeit, wobei er mehr und mehr den nichtfreudianischen Strang seines Denkens verfolgte. Zwei Jahre später erschien sein wahrscheinlich bekanntestes Buch, *Die Furcht vor der Freiheit*. Als ein Erklärungsversuch des autoritären Regierungssystems, gegen das

Amerika Krieg führen sollte, zog es erhebliche Aufmerksamkeit auf sich und wurde auf seinem Gebiet bald zum Klassiker. Wir haben die Arbeit an anderer Stelle erörtert[58] und wollen sie hier deshalb nur noch unter dem Gesichtshunkt des Belegs für die Entfernung Fromms von Freud und vom Institut betrachten.

Wie schon in seinen Aufsätzen in der *Zeitschrift* begann Fromm mit einem Vorwurf gegen Freud, dem Vorwurf kultureller Borniertheit: »So gleicht das Feld menschlicher Beziehungen im Freudschen Sinn einem Markt; es ist der Tauschplatz zur Deckung biologisch gegebener Bedürfnisse, und die Beziehung zum Partner ist immer nur Mittel zum Zweck, nie Ziel an sich.«[59] Mehr denn je zog er gegen Freuds Pessimismus und seinen Begriff des Todestriebs zu Felde. Dabei setzte er den Todestrieb mit dem Bedürfnis nach Zerstörung gleich, eine Interpretation, die Marcuse später scharf kritisiert hat. Auf der Basis eines derartigen Verständnisses konnte Fromm dann schreiben: »Die Annahme des Todesinstinkts ist insofern zureichend, als sie die zerstörerischen Tendenzen, die in Freuds früheren Theorien vernachlässigt waren, in ihrem vollen Gewicht und Umfang enthält, unzureichend ist sie insofern, als sie zu einer biologischen Erklärung greift, die nicht genügend der Tatsache Rechnung trägt, daß Bedeutung und Summe der Destruktion innerhalb der Individuen, Gruppen und Klassen enorme Verschiedenheiten aufweist. So ist das Gewicht destruktiver Tendenz in dem Charakter des europäischen Kleinbürgertums unvergleichlich viel größer als unter der Arbeiterklasse und bei den oberen Schichten.«[60]

Fromm fuhr in seiner Verurteilung der Libidotheorie Freuds fort, hielt jedoch an seinen klinischen Beschreibungen fest. Damit verwarf er explizit den interpretativen Teil seiner eigenen Arbeit im *Christusdogma*[61] sowie die libidoorientierte Charaktertypologie, die er selber in der *Zeitschrift* 1932 verfochten hatte.[62] In seiner Erörterung über den Sado-Masochismus, einem in seiner Theorie der irrationalen Autorität zentralen Begriff, versuchte er, diesen von allen erotischen Elementen zu befreien. Und in seiner nächsten Schrift, *Psychoanalyse und Ethik*, entwickelte er denn auch seine eigene Typologie, die in eine völlig andere Richtung ging.[63] Hier bestätigte er zum erstenmal ausdrücklich und schriftlich, daß er eine Verwandtschaft sehe zwischen seinen Vorstellungen und denen von Karen Horney und Harry Stack Sullivan[64], die Freud in ähnlicher Richtung revidierten. Und wieder wies er auf den Einfluß von gesellschaftlichen Faktoren angesichts der unentrinnbaren Impulse der Selbsterhaltungstriebe hin. In einem Anhang ging er näher auf den in seinen früheren Arbeiten bereits aufgetauchten Begriff des »Gesellschaftscharakters« ein, ein Begriff, den er für seinen »wichtigsten Beitrag . . . auf dem Gebiet der Sozialpsychologie«[65] hielt. »Der Gesellschaftscharakter«, so schrieb er, »umfaßt nur eine Auswahl von Zügen: den Wesenskern der Charakterstruktur der mei-

sten Gruppenmitglieder, welcher sich als Ergebnis der dieser Gruppe gemeinsamen Lebensweise und Grunderlebnisse entwickelte.«[66]
Mit alledem bewegte sich Fromm auf vertrautem, in seinen früheren Aufsätzen in der einen oder anderen Weise bereits vorbereitetem Boden. Neu in *Die Furcht vor der Freiheit* war dagegen ein mehr allgemeines Interesse an dem, was man »existentielle« Verfassung des Menschen nennen könnte. Für Fromm war das Hauptthema des Buches, »daß der Mensch – je mehr Freiheit er erringt, indem er sich aus dem ursprünglichen Einssein von Mensch und Natur erhebt, und je mehr er eine Persönlichkeit wird – nur die eine Wahl hat sich entweder mit der Welt freiwillig in Liebe und nützlicher Arbeit zu einen, oder aber eine Art Sicherheit in Bindungen zu suchen, die seine Freiheit und den reinen Bestand seines individuellen Selbst zerstören.«[67] Zweifellos lag Marx' Begriff der Entfremdung, der Fromm bei der Lektüre der Frühschriften so sehr fasziniert hatte, diesem neuen Ansatz zugrunde. Isolation und Gemeinsamkeit bildeten jetzt die beiden Pole seines Denkens. Neurose wurde immer mehr auf dem Hintergrund bestimmter Arten von zwischenmenschlichen Beziehungen definiert; Sadismus und Masochismus beispielsweise waren keine sexuell zu bestimmenden Phänomene mehr, sondern wurden zu Bestrebungen, die »dem Individuum zur Flucht aus seinem unerträglichen Einsamkeits- und Ohnmachtsgefühl verhelfen«.[68] Ihr tatsächliches Ziel war die »Symbiosis«[69] mit anderen, was den Verlust von Selbstintegrität und Individualität durch die Auflösung des Selbst im andern bedeute.
In *Die Furcht vor der Freiheit* unterschied Fromm zwischen der isolierten Atomisierung durch eine negative »Freiheit von« und der »spontanen Aktivität einer ganzen, reinen, unbeeinträchtigten Persönlichkeit«[70] durch eine positive »Freiheit zu«. Obgleich er sich bemühte, die ökonomischen Veränderungen zu nennen, die notwendig sein würden, um die Entfremdung der »Freiheit von« aufzuheben und die positive »Freiheit zu« zustande zu bringen, sprach er doch kaum von den Schwierigkeiten dieser Transformation. Er äußerte sich zu dem Problem der Veränderung in zunehmendem Maße in optimistischen, ja geradezu in moralischen Tönen. Wenn es keinen angeborenen Destruktionstrieb gab, dann war es auch möglich, den Traum der jüdischen Propheten zu verwirklichen, ihre Vision vom universellen Frieden und von Harmonie zwischen den Völkern, ein Bild, das den jungen Fromm so tief beeindruckt hatte. In seinen nachfolgenden Arbeiten unterstrich Fromm stets die Integration von Moral und Psychologie. In *Psychoanalyse und Ethik* ging er so weit zu sagen, daß »jede Neurose ein Moralproblem darstellt. Reife und Integration der Gesamtpersönlichkeit nicht zu erreichen, ist im Sinne der humanistischen Ethik ein moralisches Versagen.«[71] In späteren Jahren fand er auch Gefallen an den spiritualistischen Lehren des Orients; er schätzte die Meister des Zen Buddhismus[72], auch die des Westens fanden seine Anerkennung.

Um Fromm gerecht zu werden, sollte man allerdings sagen, daß es sich bei dem Wandel in seinem Denken um eine Verschiebung des Gewichts handelte und nicht etwa um eine totale Veränderung seiner Position. Auf den Vorwurf, er sei zur Pollyanna* geworden, reagierte Fromm verärgert, er schrieb: »Ich habe nie etwas anderes behauptet, als daß des Menschen Fähigkeit zur Freiheit, zur Liebe etc. fast gänzlich von den bestehenden gesellschaftlichen Verhältnissen abhängt, und daß man, wie ich in *Die Kunst des Liebens* gezeigt habe, in einer Gesellschaft, deren Prinzip genau das Gegenteil von Liebe ist, Liebe auch nur in Ausnahmefällen findet.«[73] Dennoch kann man bei der Lektüre seiner späten Schriften kaum umhin festzustellen, daß Fromm im Vergleich zu Horkheimer und den anderen aus dem inneren Kreis des Instituts, die ihre zarten Hoffnungen der zwanziger und dreißiger Jahre mehr aufgaben, eine weit optimistischere Person verfocht.

Mit Fromms ersten Beiträgen in der *Zeitschrift*, selbst mit seinen ersten Kritiken an Freud stimmten Horkheimer und die andern im allgemeinen durchaus überein. Fromm erinnert sich sogar, daß Karen Horney und Horkheimer in New York, d. h. während der ersten Jahre der Emigration auf freundschaftlichem Fuße miteinander standen.[74] Schließlich teilte das Institut ja Fromms Hoffnungen auf eine Verschmelzung von Psychoanalyse und Marxismus. In einem Aufsatz mit dem Titel »Geschichte und Psychologie« hatte Horkheimer in der ersten Nummer des neuen Institutsorgans selbst auf die Dringlichkeit einer psychologischen Ergänzung und Vervollständigung der marxistischen Theorie hingewiesen. Die Begründungen, die die Menschen in der derzeitigen Gesellschaft für ihre Handlungen bereithielten, schrieb Horkheimer, seien sowohl als »ideologische« im Marxschen Sinne wie als psychologische zu begreifen. Je vernünftiger die Gesellschaft werde, um so weniger bedürfe es dieser beiden begrifflichen Ansätze zur Erklärung der sozialen Wirklichkeit. Zur Zeit allerdings sei ohne eine psychologische Erklärung der Fortbestand von gesellschaftlichen Formen, deren objektive Notwendigkeit überholt sei, gar nicht zu verstehen. Und diese Psychologie, darin stimmte Horkheimer Fromm zu, müsse eine Individualpsychologie sein. Eine Massenseele oder ein Gruppenbewußtsein gebe es nicht, auch wenn gesellschaftliche Faktoren die Entwicklung der je einzelnen Psyche beeinflußten: »Nicht bloß der Inhalt, sondern auch die Stärke der Ausschläge des psychischen Apparats sind ökonomisch bedingt.«[75]

In den ersten Jahren der Emigration teilte Horkheimer Fromms Abneigung gegen den Todestrieb. 1936 noch kritisierte er in seinem Auf-

* Pollyanna ist die Heldin eines Romans von Eleanor Porter (19. Jhdt.). In Amerika ist sie zum Inbegriff eines absolut blinden und naiven Optimismus geworden (d. Übers.).

satz »Egoismus und Freiheitsbewegung«[76] scharf die darin implizierte Resignation. Freuds frühe Schriften, schrieb Horkheimer, seien dialektischer, seine späten mehr biologisch und positivistisch; sein Glaube an den Todestrieb ähnele der mittelalterlichen Verfahrensweise, das Böse an einem mythischen Teufel festzumachen. Indem er das historische Moment von Unterdrückung außer acht lasse, hypostasiere Freud den status quo und füge sich der Notwendigkeit einer ewigen Elite zur Niederhaltung der destruktiven Massen.

In den späten dreißiger Jahren indes begannen sich die Wege Fromms und der übrigen Institutsmitglieder zu trennen. Die Unterscheidung von patriarchalisch und matriarchalisch, auf die Fromm so großen Wert legte, fand nie die volle Zustimmung der andern. Allein Walter Benjamin, der Fromm nie kennengelernt hat und dem inneren Kreis des Instituts auch nicht voll angehörte, bekundete großes Interesse für Bachofens Schriften.[77] Alle anderen reagierten auf Fromms Versuch, Freud als einen Repräsentanten patriarchalischen Denkens abzutun, mit großer Zurückhaltung. Seinen Bruch mit dem Institut schließlich erklärt Fromm heute damit, daß Horkheimer einen »revolutionäreren Freud« entdeckt habe.[78] Weil bei Freud von Sexualität die Rede gewesen sei, habe Horkheimer in Freud einen größeren Materialisten gesehen als in ihm, Fromm. Löwenthal hingegen sieht die Entzweiung als Folge des veränderten Frommschen Ansatzes, der seinen konkreten Ausdruck in den beiden differierenden Teilen von Die *Furcht vor der Freiheit,* dem sozialen und dem »existentiellen«, gefunden habe.[79] Daneben dürften aber auch persönliche Unterschiede eine Rolle gespielt haben. Schon an Fromms Schriften wird erkennbar, daß Ironie in seinen Betrachtungen eine weit geringere Rolle spielte als in denen der übrigen Mitglieder des inneren Kreises und daß ästhetische Farbtupfer für seine Auffassung vom Leben längst nicht so bedeutsam waren, wie für Horkheimer und Adorno. Adornos voller Eintritt ins Institut zum Zeitpunkt, da Fromm das Institut verließ, kennzeichnete einen entscheidenden Wandel im Ton der Arbeit der Frankfurter Schule.

Gleich welchen Grund Fromms Ausscheiden aus dem Institut nun gehabt haben mag, auf seine Schriften fiel in den vierziger Jahren jedenfalls der Bannstrahl seiner früheren Kollegen. Nach Fromms Weggang schenkte das Institut in seinen Publikationen den theoretischen Problemen der Psychoanalyse nur noch wenig Beachtung. Horkheimer stellte zwar 1939 in einem Aufsatz[80] einen Vergleich zwischen Freud und Dilthey an, jedoch ohne ausführlich darzulegen, warum er Freud dabei den Vorzug gab. Obwohl während des Krieges und auch später noch in vielen Schriften des Instituts psychoanalytische Kategorien verwendet wurden, scheinen Horkheimer und die anderen nicht im mindesten darauf erpicht gewesen zu sein, ihre Beschäftigung mit der Freudschen Theorie an die Öffentlichkeit zu tragen. Als Löwenthal im Oktober 1942 von dem prominenten Ich-Psychologen Ernst Kris nach der Einstellung des Instituts zu Freud gefragt wurde, schrieb Löwenthal an Horkheimer mit der Bitte um Rat für eine Antwort. Horkheimer, der nach Kalifornien umgezogen war, gab eine höchst aufschlußreiche Antwort, die ausführlich zu zitieren sich lohnt:

»Ich bin der Meinung, Du solltest nur Positives sagen. Wir sind Freud und seinen ersten Mitarbeitern einfach tief verpflichtet. Seine Gedankenwelt ist eine der Bildungsmächte, ohne die unsere eigene Philosophie nicht das wäre, was sie ist. Gerade in den letzten Wochen habe ich seine Größe aufs neue erkennen können. Du erinnerst Dich, daß viele sagen, seine ursprüngliche Methode sei direkt auf den hochgestochenen Wiener Mittelstand zugeschnitten gewesen. Das trifft in dieser Allgemeinheit natürlich überhaupt nicht zu; dennoch steckt ein Körnchen Wahrheit darin, das Freuds Werk keinerlei Abbruch tut. Je größer ein Werk, um so tiefer wurzelt es in der konkreten historischen Situation. Siehst Du Dir aber diese Verknüpfung zwischen dem liberalistischen Wien und Freuds ursprünglicher Methode genauer an, dann erkennst Du, welch großer Denker er war. Mit dem Niedergang mittelständischen Familienlebens erreichte seine Theorie jene neue Stufe, die ihren Ausdruck findet in ›Jenseits des Lustprinzips‹ und den nachfolgenden Schriften. Diese Wende in seiner Philosophie zeigt, daß er in seiner speziellen Arbeit durchaus die Veränderungen wahrnimmt, auf die wir in dem Kapitel des Vernunft-Aufsatzes (vermutlich ein Teil von Horkheimers ›Vernunft und Selbsterhaltung‹ M. J.) hinweisen, das sich mit dem Verfall der Familie und des Individuums befaßt. Psychologie ohne Libido ist irgendwie keine Psychologie, und Freud war groß genug, von der Psychologie in dem ihr gesteckten Rahmen loszukommen, Psychologie in ihrem eigentlichen Sinn ist immer Psychologie des Individuums. Wo sie gefragt ist, haben wir uns orthodox an Freuds frühe Schriften zu halten. Die Begriffe, die im Zusammenhang mit dem Todestrieb verwendet werden, sind anthropologische Kategorien (und zwar in der deutschen Bedeutung des Worts). Selbst dort, wo wir ihrer Verwendung und Interpretation durch Freud nicht zustimmen, stellen wir fest, daß ihre objektive Intention zutiefst richtig ist und daß sie Freuds Fingerspitzengefühl für die Situation offenbaren. Seine Entwicklung hat ihn zu Schlüssen geführt, die sich gar nicht so sehr unterscheiden von denen des anderen großen Denkers dieser Epoche, von denen Bergsons. Freud hat sich objektiv von der Psychoanalyse entfernt, während Fromm und Horney auf eine commonsense Psychologie zurückfallen und auch noch Kultur und Gesellschaft psychologisieren.«[81]

In diesem Brief werden einige fundamentale Unterschiede zur Frommschen Auffassung deutlich. Erstens weist Horkheimer den Vorwurf zurück, die bürgerlichen Elemente, die in Freuds Denken zugegebenermaßen vorhanden sind, seien ausschließlich und nur verhängnisvoll.

Bereits in seinem Aufsatz über »Traditionelle und Kritische Theorie«[82] hatte Horkheimer erklärt, kein Denker vermöge seiner sozialen Herkunft völlig zu entkommen. »Je größer das Werk, um so tiefer wurzelt es in der konkreten historischen Situation«, schrieb er nun an Löwenthal. Damit habe Freuds Begriff des Todestriebs eine »objektive Intention«, die »zutiefst richtig« sei, nicht weil dieser Begriff einer biologischen Universalie entspreche, sondern weil er die Tiefe und Schärfe der destruktiven Triebe des modernen Menschen ausdrücke. Zweitens spiegele sich in Freuds vermeintlicher Blindheit für die Rolle der Familie als einem Agenten der Gesellschaft, auf die Fromm so großes Gewicht legte und die auch in der frühen Arbeit des Instituts über Autorität ein wichtiger Diskussionspunkt war, in Wirklichkeit seine Sensitivität für den Niedergang der Familie in der modernen Gesellschaft wider. Diesen Positionswandel erläuterte Horkheimer in seiner nächstfolgenden Schrift ausführlich. Und schließlich habe Freud erkannt, daß Psychologie notwendig die Erforschung des Individuums bedeute. Damit werde aber die Libido, die eine Schicht der menschlichen Existenz impliziere, welche sich eigensinnig der totalen Kontrolle durch die Gesellschaft entziehe, zu einem unverzichtbaren Begriff. Das Individuum zu soziologisieren sei also ein Fehler. Umgekehrt irrten auch die Revisionisten mit ihrem Versuch, »Kultur und Gesellschaft zu psychologisieren«. Horkheimers Weigerung, die Psychologie in der Soziologie aufzulösen und *vice versa* entsprang jener Betonung von Nichtidentität, die einen zentralen Punkt der Kritischen Theorie ausmacht. Solange Widersprüche gesellschaftlich nicht aufgelöst waren, konnten sie auch nicht methodologisch aufgehoben werden, ein entscheidender Punkt, auf den Adorno viele Jahre später in seiner Diskussion über »Soziologie und Psychologie«[83] zurückkommen sollte.

Adorno sprach übrigens als erster öffentlich über die Differenzen zwischen dem Institut und seinem revisionistischen ehemaligen Mitarbeiter. Am 26. April 1946 hielt er in Los Angeles einen Vortrag zum Thema »Social Science and Sociological Tendencies in Psychoanalysis«.[84] Dieser Vortrag ist aus zwei Gründen besonders interessant, einmal aufgrund dessen, was er über die Anziehungskraft sagt, die Freud auf die Frankfurter Schule ausübte, und zum andern als Antizipation von Marcuses viel bekannter gewordener Geißelung des Revisionismus in *Triebstruktur und Gesellschaft.* Adorno befaßte sich speziell mit Karen Horneys *New Ways in Psychoanalysis* sowie mit Fromms *Die gesellschaftliche Bedingtheit der psychoanalytischen Therapie*, einem Aufsatz, der elf Jahre zuvor in der *Zeitschrift* erschienen war. Unmittelbar nach dem Kriege verfaßt, enthielt der Vortrag einen Ton von Bitterkeit, den man bis dahin in der Arbeit des Instituts nicht vernommen hatte.

Adorno analysierte zunächst den Angriff der Revisionisten auf Freuds Trieblehre. Triebpsychologie, sagte Adorno, könne entweder die mehr oder minder mechanische Aufteilung der menschlichen Seele in fest vorgegebene Triebe bedeuten oder eine flexible Ableitung der Psyche aus dem Streben nach Lust und Selbsterhaltung mit nahezu unendlichen Variationen. Freud stehe für die zweite Möglichkeit. Die Revisionisten befänden sich also im Irrtum, wenn sie Freud der mechanistischen Denkweise beschuldigten, während sie selbst es doch seien, die mit ihrer Hypostasierung von Charakterzügen in Wirklichkeit dieses Epitheton verdienten. Bei all ihrem Pochen auf die historischen Einflüsse seien sie weit weniger mit der »inneren Geschichte« der Libido vertraut als Freud. In ihrer Überbetonung der Bedeutung des Ich übersähen sie seine genetische Beziehung zum Es: »Die Ablehnung der Triebpsychologie Freuds läuft konkret auf die Leugnung dessen hinaus, ›daß die Kultur, indem sie den libidinösen und besonders den Zerstörungstrieben Einschränkungen aufzwingt, dazu beiträgt, Verdrängungen, Schuldgefühle und Bedürfnisse nach Selbstbestrafung entstehen zu lassen‹.«[85]

Die Revisionisten bagatellisierten die Rolle von Kindheitserlebnissen insbesondere die des Traumas, das die Charakterentwicklung stark beeinflusse, und stellten damit eine Theorie von der Totalität des Charakters auf. Freuds Gespür für die Bedeutung traumatischer Erlebnisse bei der Bildung des modernen atomistischen Charakters gehe den Revisionisten völlig ab.[86] »Die Insistenz auf der Totalität als dem Gegensatz zum einmaligen, bruchstückhaften Impuls impliziert einen harmonistischen Glauben an die Einheit der Person, die in der bestehenden Gesellschaft unmöglich, vielleicht überhaupt nicht einmal zu ersehnen ist. Daß Freud den Mythos von der organischen Struktur der Psyche zerstört hat, zählt zu seinen größten Verdiensten.«[87] Charakterzüge in der Weise zu kategorisieren, wie Fromm es tat, hieß für Adorno von der Existenz einer sedimentierten Totalität der Charaktere ausgehen, was nichts anderes sei, als »ein ideologischer Schlupfwinkel für den psychologischen status quo des Individuums«.[88]

Allgemeiner gesagt laufe die soziologische »Korrektur« von Freud, deren sich die Revisionisten rühmten, auf wenig mehr als auf ein Glätten der gesellschaftlichen Widersprüche hinaus. Indem sie die genetischen Wurzeln der Psychoanalyse ausrissen, verwandelten sie sie in eine Art Geisteswissenschaft, in ein Mittel der Psychohygiene. Ihre Desexualisierung sei Teil einer Leugnung des Konflikts zwischen Wesen und Erscheinung, des Abgrunds, der zwischen wahrer Befriedigung und dem Pseudoglück der gegenwärtigen Gesellschaft herrsche. Fromm, erklärte Adorno, begehe einen schweren Fehler, indem er die sexuelle Basis des Sadismus in einem Augenblick leugne, da die Nazis ihn in so eklatanter Weise offenbarten. Trotz aller gegenteiligen Versicherungen seien die Schriften der Revisionisten in ihren Implikationen letztlich konformistisch; dies zeige sich besonders deutlich in ihrem zunehmenden Moralismus. Eine Entschuldigung für die Hypostasierung mo-

ralischer Normen, so betonte Adorno empört, gebe es aber nicht mehr, nachdem diese Normen, zumindest seit Nietzsches Kritik, an ihren psychologischen Wurzeln zutiefst verdächtig geworden seien.
Naivität konstatierte Adorno auch in den Erklärungen, welche die Revisionisten für die Ursachen gesellschaftlichen Unfriedens abgaben. Zu behaupten, wie sie es täten, Konkurrenz stelle den Hauptkonfliktpunkt in der bürgerlichen Gesellschaft dar, sei sehr befremdlich und ergebe angesichts der Frommschen Erkenntnis in *Die Furcht vor der Freiheit,* das spontane und autonome Individuum sei schon verschwunden, auch keinen Sinn. »Auch in der hochliberalen Gesellschaft war nicht Konkurrenz das Gesetz, nach dem sie funktionierte.«[89] Das Band, das die bürgerliche Gesellschaft in Wahrheit zusammenhalte, sei stets die Androhung körperlicher Gewalt gewesen, eine Tatsache, die Freud viel klarer gesehen habe; »für die soziale Realität ist in der Epoche der Konzentrationslager Kastration charakteristischer als Konkurrenz«.[90] Freud, sagte Adorno, stehe in der Hobbesschen Tradition jener bürgerlichen Theoretiker, deren pessimistisches Beharren auf der Schlechtigkeit der Menschennatur die bestehenden Verhältnisse viel besser bezeuge als der affirmative Optimismus der Revisionisten. Freud stehe Schopenhauer nicht fern, wenn er auf das Immergleiche und die Wiederholung in der Zivilisation verweise. Die Revisionisten seien allzu zuversichtlich, wenn sie dächten, Neues, innerer Wandel, könne das Wiederholungskontinuum der westlichen Zivilisation sprengen.
Schließlich kritisierte Adorno das Liebespostulat der Revisionisten. Fromm habe Freud wegen seines autoritären Mangels an Wärme kritisiert – aber welcher wahre Revolutionär sei nicht der Härte und Kälte bezichtigt worden. Gesellschaftliche Antagonismen ließen sich nicht wegwünschen, sie müßten ausgetragen werden, und das bedeute zwangsläufig, daß jemand leide: »Die Gesellschaft hat zu einem Extrem sich entfaltet, wo Liebe vielleicht nur als Resistenz gegen das Bestehende noch Liebe sein kann: ›Wenn ich das Böse nicht hasse, kann ich das Gute nicht lieben!‹, heißt es in Strindbergs ›Schwarzen Fahnen‹.«[91] Adorno schloß seinen Vortrag mit einem Satz von Walter Benjamin, mit der vielzitierten Bemerkung aus dessen Untersuchung über Goethes *Wahlverwandtschaften:* »Nur um der Hoffnungslosen willen ist uns die Hoffnung gegeben.«[92] »Vielleicht«, sagte Adorno, »ist Freuds Menschenfeindlichkeit nichts anderes als solche hoffnungslose Liebe und der einzige Ausdruck von Hoffnung, der noch bleibt.«[93]
Damit ist die Einstellung des Instituts zu Freud und zu Fromm in den vierziger Jahren gekennzeichnet. Es war kein Zufall, daß ein verstärkter Pessimismus hinsichtlich der Möglichkeit von Revolution Hand in Hand ging mit einer stärkeren Würdigung von Freuds Bedeutung. In einer Gesellschaft, in der die Gegensätze unüberbrückbar schienen und dennoch paradoxerweise immer unsichtbarer wurden, erwiesen sich die Antinomien des Freudschen Denkens als ein notwendiges Bollwerk

gegen die harmonistischen Illusionen der Revisionisten. Aber nicht nur Freuds Denken insgesamt, sondern seine extremsten und provozierendsten Aspekte waren es, deren man so dringend bedurfte. Adorno brachte dies in den *Minima Moralia* zum Ausdruck, als er jenen berühmt gewordenen Satz schrieb: »An der Psychoanalyse ist nichts wahr als ihre Übertreibungen.«[94]

In einem großen Teil der Institutsschriften aus den vierziger Jahren – *The Authoritarian Personality, Dialektik der Aufklärung,* Löwenthals *Lügenpropheten* – war Freuds anti-illusionärer Einfluß deutlich spürbar. Daran änderte sich auch nichts nach der Rückkehr des Instituts nach Deutschland; das zeigen die theoretischen wie die empirischen Arbeiten gleichermaßen.[95] Freuds hundertsten Geburtstag im Jahr 1956 würdigte das Institut mit einem Sonderband in seiner neuen Reihe der *Frankfurter Beiträge zur Soziologie.*[96] Ein neuer Versuch, Freud und Marx unter einer optimistischen Perspektive zu vereinigen, blieb jedoch ausgerechnet jenem unter den Mitgliedern des inneren Institutskreises vorbehalten, der während der amerikanischen Phase den geringsten Anteil an der Diskussion über Psychologie gehabt hatte. In *Triebstruktur und Gesellschaft* versuchte Marcuse jenen »revolutionären Freud« zu retten, den Fromm als einen Mythos abgetan und aus dem Horkheimer und Adorno einen Propheten des Düsteren gemacht hatten. *Triebstruktur und Gesellschaft* fällt zwar aus dem chronologischen Rahmen unseres Buches heraus, stellt aber eine Fortführung der früheren Beschäftigung der Kritischen Theorie mit Freud dar und verdient als solche einen kurzen Exkurs an dieser Stelle.

Im Unterschied zu allen andern Mitgliedern aus dem inneren Kreis des Instituts entwickelte Marcuse keinerlei ernsthaftes Interesse an der Psychoanalyse, ehe er nach Amerika kam. Der junge Marcuse dürfte viel zu sehr Rationalist gewesen sein, um für die dunkle Welt des Unbewußten große Neugier zu entwickeln. Ihm ging es um die mögliche Versöhnung von Subjekt und Objekt, und zwar in einem Maße, wie es für Horkheimer und Adorno, die ja die Nichtidentität betonten, undenkbar war; Marcuse war damit weniger an Individualpsychologie als an der gesellschaftlichen Totalität interessiert. In seinem Beitrag zu der frühen Arbeit des Instituts über Autorität[97] vermied er jede Bestätigung der Auffassung, die Familie spiele die Rolle eines Agenten der Gesellschaft, eine Auffassung, die von Fromm mit Vehemenz verfochten und von den andern noch nicht in Zweifel gezogen wurde.

Und doch kündigte sich, wie Paul Robinson gezeigt hat[98], sein späteres Interesse an Freud an vielen Stellen seiner in den dreißiger Jahren verfaßten Schriften bereits an. Marcuse protestierte gegen die asketischen Tendenzen des Idealismus, indem er von der Richtigkeit und Wichtigkeit des hedonistischen Moments in der dialektischen Totalität von Vernunft und Glück ausging. Seine Kritik an der Ausbeutung schloß generell die der sexuellen Repression mit ein, wodurch sie politische

Bedeutung über die rein psychologische Dimension hinaus gewann. Außerdem hatte Marcuse die bürgerliche Liebesideologie kritisiert, die Pflicht und Treue über die Lust stellte. Auch den idealistischen Begriff von »Persönlichkeit«[99] hatte er in einer Argumentation attackiert, die Adornos spätere vernichtende Kritik des revisionistischen Charakterbegriffs antizipierte. Bereits 1937 hatte er auf das sinnliche, körperliche Element von wahrem Glück hingewiesen, indem er in der extremsten Verdinglichung des Körpers eine »antizipatorische Erinnerung«[100] an genuine Lust sah. Und schließlich hatte Marcuse den Zusammenhang von verdrängter Sexualität und Aggression, der später eine ganz entscheidende Rolle in *Triebstruktur und Gesellschaft* spielen sollte, schon in seinem Aufsatz über Hedonismus[101] erkannt.
Aber erst die beunruhigenden Begleiterscheinungen des Spanischen Bürgerkrieges und die Moskauer Säuberungsprozesse ließen in Marcuse das Bedürfnis entstehen, sich ernsthaft mit Freud zu beschäftigen.[102] Eine wachsende Unzufriedenheit mit dem Marxismus, auch in seiner hegelianisierten Form, motivierte ihn – genau wie zuvor Horkheimer und Adorno –, die psychologischen Hindernisse auf dem Weg sinnvoller gesellschaftlicher Veränderung zu untersuchen. Während dies bei Horkheimer und Adorno zu einer Vertiefung ihres Pessimismus führte und den Rückzug von politischer Aktivität förderte, war das Resultat bei Marcuse die erneute Bekräftigung der utopischen Dimension seines Radikalismus. Als *Triebstruktur und Gesellschaft* nach einer langen Inkubationszeit endlich erschien (1955), war klar, daß Marcuse in seinen Bemühungen um eine Verschmelzung von Freud und Marx weit über das hinausging, was die Kritische Theorie bis dahin gesagt hatte. Im Unterschied zu Horkheimer und Adorno, die Freuds Erkenntnisse über die tiefen Widersprüche des modernen Menschen als Belege in ihrer Argumentationsführung über die Nichtidentität anführten, erblickte Marcuse in Freud, und noch dazu im späten, metapsychologischen Freud, einen Propheten der Identität und Versöhnung. Im Gegensatz zu Fromm, der von dem orthodoxen Freud als einem Feind eines neuen Realitätsprinzips prinzipiell abgerückt war, versuchte Marcuse jene Elemente in der Psychoanalyse aufzudecken, die tatsächlich über das bestehende System hinauswiesen.
Eine erschöpfende Erörterung von *Triebstruktur und Gesellschaft,* einem Buch von außerordentlicher Komplexität, würde den Rahmen dieses Exkurses sprengen; einige Bemerkungen darüber, in welchem Verhältnis es zu früheren Arbeiten des Instituts stand, seien jedoch gestattet. Der erste Teil der Schrift* – er erschien gesondert in *Dissent***

* Erscheint als Epilog in *Triebstruktur und Gesellschaft* unter der Überschrift »Kritik des Neu-Freudianischen Revisionismus« (die Übers.).

** *Dissent* ist eine gemäßigt sozialistische Zeitschrift, herausgeg. von Irving Howe (die Übers.).

im Sommer 1955 – war eine Attacke gegen die Revisionisten. Marcuse nahm den Faden genau an der Stelle auf, an der Adorno ihn zehn Jahre zuvor weggelegt hatte. Er begann seine Kritik mit einer Würdigung Wilhelm Reichs, der ihm, Marcuse, selbst den Weg bereitet habe, kam dann daber rasch auf dessen Ungereimtheiten zu sprechen. Reichs Unfähigkeit, zwischen verschiedenen Arten von Unterdrückung zu unterscheiden, hinderte ihn daran, so Marcuse, »die historische Dynamik der Sexualtriebe und ihrer Verschmelzung mit den Destruktionsimpulsen« zu sehen.[103] Die Folge davon sei gewesen, daß Reich in viel zu starker Vereinfachung die sexuelle Befreiung als ein Ziel an sich verfochten habe, eine Vorstellung, die schließlich zu dem Primitivismus und den Phantastereien seiner späten Jahre verkommen sei.
Nach einem knappen und barschen Wort über Jung und den psychoanalytischen »rechten Flügel« wandte sich Marcuse den Neofreudianern zu. Er eröffnete die Diskussion ihrer Schriften mit einem Lob auf die Erkenntnisse Fromms in seinen frühen Aufsätzen in der *Zeitschrift.* Er brachte seine Übereinstimmung mit Fromm in der Ablehnung der patriarchalischen Gesellschaft zum Ausdruck (er sprach von »vaterzentrierter, auf Erwerb eingestellter« Gesellschaft, Fromms späteren Terminus für dieses Phänomen benutzend) und verwies auf seinen eigenen Angriff auf das »Leistungsprinzip«, das er definierte als das spezielle Realitätsprinzip des herrschenden Systems, unter dessen Herrschaft »die Gesellschaft entsprechend der konkurrierenden ökonomischen Leistung ihrer Mitglieder geschichtet ist«.[104] Zum Zeitpunkt von Fromms Weggang aus dem Institut, meinte Marcuse, habe seiner Arbeit die kritische Spitze seiner früheren Schriften jedoch bereits gefehlt. Und zwar sei die entscheidende Veränderung mit Fromms zunehmender Hinwendung zur klinischen Praxis eingetreten, die dieser ja immer wieder nachdrücklich empfohlen habe. Indem er sich für jene Art von glücksorientierter Therapie, wie Ferenczi und Groddeck sie entwickelt hatten, stark gemacht habe, sei Fromm der Ideologie aufgesessen, wahres Glück lasse sich innerhalb dieser Gesellschaft verwirklichen. Aber, so versicherte Marcuse, »in einer repressiven Gesellschaft steht das Glück und die produktive Entwicklung des Einzelnen im Widerspruch zur Gesellschaft: werden sie als Werte definiert, die innerhalb dieser Gesellschaft zu verwirklichen sind, dann werden sie selbst repressiv«.[105]
Was Marcuse über psychoanalytische Theorie und Therapie sagte, entsprach durchaus dem, was er und die übrigen Institutsmitglieder immer wieder über Theorie und Praxis gesagt hatten: Der herrschende Stand der westlichen Kultur lasse eine völlige Versöhnung von Theorie und Praxis nicht zu, auch wenn beide nicht total unabhängig voneinander seien. Theorie völlig in Praxis (oder Therapie) aufgehen zu lassen heiße, auf ihre negative, kritische Qualität zu verzichten. Indem sie spekulative Imagination und therapeutische Praxis vermengten, glichen die

Revisionisten allzusehr den Pragmatisten und Positivisten, die der Kritischen Theorie so verhaßt waren; sie machten genau das, was Hegels Nachfolger mit Hegel getan hatten. Marcuse hatte dies im zweiten Teil von *Vernunft und Revolution* beschrieben. Sie übten, wie Marcuse schrieb, Assimilation an zwei Fronten. Erstens ließen sie Freuds kühnste und spekulativste Hypothesen beiseite: den Todestrieb, die Urhorde und die Tötung des Urvaters. Die archaische Erbschaft, welche die Revisionisten mißachteten, sei aber, so Marcuse im Haupttext des Buches, um ihres »symbolischen Wertes willen« von Bedeutung. »Die archaischen Ereignisse, die die Hypothese voraussetzt, mögen für immer jenseits des Bereichs anthropologischer Beweisbarkeit liegen; die aufgeführten Konsequenzen dieser Ereignisse aber sind historische Tatsachen, und ihre Ausdeutung im Lichte der Freudschen Hypothese verleiht ihnen eine bisher vernachlässigte Bedeutung, die in die geschichtliche Zukunft weist.«[106] Und zweitens, darauf habe Adorno bereits 1946 hingewiesen, verflachten die Revisionisten die Konflikte zwischen Individuum und Gesellschaft ebenso wie zwischen triebgeleiteten Bedürfnissen und Bewußtsein. Indem sie so zur vorfreudianischen Bewußtseinspsychologie zurückkehrten, würden sie gegen ihren Willen zu Konformisten.

Marcuse nahm auch Adornos Kritik an der revisionistischen Vorstellung von der integrierten Gesamtpersönlichkeit wieder auf. In der bestehenden Gesellschaft, erklärte er, sei die Möglichkeit echten Individualismus praktisch annulliert: »Die individuellen Situationen sind nämlich Abkömmlinge und Erscheinungen des *allgemeinen* Schicksals, und wie Freud zeigte, ist es das letztere, das den Schlüssel zum Schicksal des Einzelnen enthält.«[107] In engem Zusammenhang mit dieser falschen Vorstellung der Revisionisten stehe die Inadäquanz ihrer Moralauffassung: »Freud zerstört die Illusion der idealistischen Ethik: die ›Persönlichkeit‹ ist nichts als ein domestiziertes Individuum, das Hemmung und Aggression internalisiert und nutzbringend verwendet hat.«[108]

Mit großer Heftigkeit kritisierte Marcuse die Revisionisten wegen ihrer Verstümmelung der Trieblehre Freuds, deren innere Richtung, wie Marcuse zeigte, vom Bewußten zum Unbewußten, von der Erwachsenenpersönlichkeit zu den Kindheitserfahrungen, vom Ich zum Es und vom Individuum zur Gattung führt. Mit seinem Beharren auf der Libido habe Freud einen materialistischen Begriff von Befriedigung entwickelt, der den vergeistigten und letztlich repressiven Vorstellungen der Revisionisten diametral entgegengesetzt sei. Da er auf die sexuellen Wurzeln der Freudschen Theorie zurückging, mußte Marcuse zwangsläufig von neuem den Ödipuskomplex in Betracht ziehen, den Fromm vom ersten Tag seiner Institutsmitarbeit an schärfstens kritisiert hatte. Im Haupttext von *Triebstruktur und Gesellschaft* sagte Marcuse nur wenig über den Ödipuskomplex, und was er sagte, maß ihm nicht viel Bedeutung bei.[109] Ganz anders in dem Aufsatz in *Dissent*, dem späteren Epilog von *Triebstruktur und Gesellschaft*. Hier schrieb Marcuse, Fromms Versuch, »ihn (den Ödipuskomplex) aus der Sphäre des Sexuellen in die der zwischenmenschlichen Beziehungen zu übertragen«[110], nehme dem Freudschen Denken seinen kritischen Stachel. Für Freud sei der ödipale Wunsch nicht nur ein Protest gegen die Trennung von der Mutter und die damit verbundene schmerzliche, entfremdete Freiheit, die er für Fromm bedeute. Für Freud drücke er vielmehr ein tiefes Verlangen nach sexueller Befriedigung, nach Freiheit von Mangel, nach der Mutter als Frau und nicht nur als Beschützerin aus. »Es ist«, schrieb Marcuse, »das ›sexuelle Verlangen‹, das den Ödipuskomplex zum Prototyp des Triebkonflikts zwischen dem Individuum und seiner Gesellschaft macht.«[111] Die libidinösen Wurzeln des Ödipuskomplexes zu ignorieren, sei er nun universell oder nur ein symbolischer Ausdruck des tiefsten Problems dieser Gesellschaft, heiße die fundamentalen Antagonismen, auf die er hinweise, bemänteln.

Ein noch wichtigerer Punkt in Marcuses Darlegung war jedoch sein Protest gegen die revisionistische Ablehnung jenes anderen Triebes aus Freuds metapsychologischer Periode, des Todestriebs, Thanatos. Hier ging Marcuse über Adorno und auch über Horkheimer hinaus, wiederum in dem Bestreben einer utopischen Integration von Freud und Marx. Adorno und Horkheimer hatten im Todestrieb einen symbolischen Ausdruck des Freudschen Gespürs für die starke Intensität der destruktiven Impulse in der modernen Gesellschaft gesehen. Marcuse folgte dieser Interpretation und verwies auf das Anhalten, ja die Verstärkung zerstörerischer Aktivität, welche mit der Zivilisation einhergehe und welche die Revisionisten zu bagatellisieren trachteten. Freuds Todestrieb treffe die doppeldeutige Natur des modernen Menschen viel scharfsichtiger als der implizite Fortschrittsglaube der Revisionisten.

Aber Marcuse schloß seine Erörterung im Unterschied zu Adorno und Horkheimer keineswegs pessimistisch. Für ihn bedeutete der Todestrieb nicht, wie für viele andere, einen natürlichen Zwang zur Aggression.[112] Freud »hat nicht angenommen, daß wir leben um zu zerstören, der Destruktionstrieb wirkt sich entweder gegen die Lebenstriebe oder aber in ihren Diensten aus; außerdem ist das Ziel des Todestriebes nicht Zerstörung an sich, sondern die Aufhebung des Bedürfnisses nach Zerstörung«.[113] Im Haupttext von *Triebstruktur und Gesellschaft* führte Marcuse aus, was er unter der wahren Natur des Todestriebs verstand. Das wirkliche Ziel des Todestriebs sei nicht die Aggression, sondern das Ende jener Spannung, die das Leben bedeute. Er wirke unter dem sogenannten Nirwanaprinzip[114], welches eine Sehnsucht nach der Ruhe der anorganischen Natur ausdrücke. In diesem Wunsch sei der Todestrieb dem Lebenstrieb erstaunlich ähnlich: Beide suchten

nach einem Zustand der Befriedigung und nach der Aufhebung des Verlangens an sich. Wenn das Ziel des Todestriebs Spannungsverminderung sei, dann werde er seine Macht in dem Maße verlieren, wie die Spannung des Lebens nachlasse. Dies war die entscheidende These, die es Marcuse ermöglichte, den scheinbar pessimistischen Schlüssen des späten Freud eine utopische Wendung zu geben. Zusammenfassend meinte er: »Ist das Ziel des Todestriebs nicht die Beendigung des Lebens, sondern das Ende des Leides – das Fehlen von Spannung –, dann ist, paradoxerweise, im Sinne des Triebs der Konflikt zwischen Leben und Tod um so geringer, je mehr sich das Leben dem Zustand der Befriedigung nähert . . . das Nirwanaprinzip (könnte sich) mit dem Realitätsprinzip versöhnen.«[115] Mit diesen Überlegungen war Marcuse, darin dürften sich die meisten orthodoxen Freudianer einig sein, nicht weniger Revisionist als Fromm und Horney, wenn natürlich auch in einer ganz anderen Richtung.
Damit hatte Marcuse den Todestrieb im besten Sinne der Tradition der Kritischen Theorie zu historisieren versucht. Der Tod brauchte keine Macht zu haben, wenn das Leben durch repressionslose Wiedererotisierung der Beziehungen der Menschen zueinander und zur Natur befreit sei. Dies, so meinte Marcuse, setze allerdings einen Sturz der sexuellen Tyrannei der Genitalien und eine Rückkehr zur »polymorphen Perversität« des Kindes voraus.[116] An diesem Punkt ging Marcuse ganz entschieden über Freud und Reich hinaus, von seinen früheren drei Kollegen am Institut gar nicht zu reden. Nur wenn der gesamte Körper wiedererotisiert werde, so seine Überlegung, könne entfremdete Arbeit, die in der Verdinglichung der nichtgenitalen Bereiche des Körpers begründet sei, überwunden werden. Eine veränderte Gesellschaft, die nicht mehr auf dem repressiven und antiquierten »Leistungsprinzip« beruhe, werde die historisch bedingte »Surplus-Repression« beenden und den Einzelnen von seiner Spannungen erzeugenden entfremdeten Arbeit befreien. Schönes Spiel werde an die Stelle von Mühe und Plage treten; das Nirwanaprinzip und die Zerstörung, die seine Verhinderung hervorrufe, hörten auf, das Leben des Menschen zu beherrschen. Ergebnis wäre die »Befriedigung des Daseins«[117] und damit das psychologische Korrelat der Identitätstheorie, die, wie im letzten Kapitel gezeigt, an der Wiege der Marcuseschen Philosophie stand.
Wie zu erwarten, entsprach der kühne Versuch Marcuses, Freud als einen revolutionären Utopisten zu interpretieren, nicht so ganz dem Geschmack seiner früheren Kollegen.[118] Während Adorno und Horkheimer jedoch taktvoll schwiegen, machte sich Fromm mit verschiedenen Aufsätzen in der Zeitschrift *Dissent* daran, Marcuse zu widerlegen.[119] Fromm führte seinen Angriff auf zwei Ebenen. Zum einen versuchte er zu zeigen, daß Marcuse Freud mißverstanden habe und daß ihm eben jede praktische Erfahrung mit der Psychoanalyse fehle. Im Sinne seiner früheren Darlegungen behauptete Fromm, Freud sei weit eher ein Ge-

fangener des bürgerlichen undialektischen Materialismus des 19. Jahrhunderts gewesen als jemand, der dagegen protestiert habe. Sodann versuchte er Marcuses Interpretation der Revisionisten mit dem Vorwurf zu entkräften, er schere sie sämtlich über einen Kamm, ohne die fundamentalen Unterschiede zwischen ihnen zu erkennen. Beleg dafür war ihm sein eigener Begriff des »produktiven Charakters«, der eine viel größere Herausforderung der bestehenden Gesellschaft darstelle, als Marcuse zugebe. Weiter warf er Marcuse vor, undialektisch zu sein in seinem Beharren darauf, daß unter den herrschenden Verhältnissen einfach gar keine »Gesamtpersönlichkeiten« entstehen könnten.
Die zweite Ebene, die Fromm für seine Widerlegung wählte, ging mehr ans Mark. Hier unternahm er nämlich den Versuch, den unvermeidlichen Konflikt zwischen sexueller Befriedigung und Kultur, auf den Freud selbst so oft hingewiesen hat, neu anzufachen. Es sei einfach Unsinn, erklärte Fromm, zu glauben, bestimmte sexuelle Perversionen, die zu der von Marcuse verfochtenen »polymorphen Perversität« gehörten, ließen sich jemals mit einer wirklichen Kultur in Einklang bringen. Sadismus und Koprophilie, um nur zwei zu nennen, blieben Krankheiten unter welchen Verhältnissen auch immer. Das Ziel totaler und unmittelbarer Befriedigung, um die es Marcuse gehe, würde aus dem Individuum ein System von leicht zu manipulierenden Begierden und Triebregungen machen, etwa in der von Huxley in *Brave New World*[120] gezeichneten Weise. Liebe als etwas von Sexualität Gesondertes sei nicht etwas bloß Ideologisches, wie Marcuse (und Adorno) suggerierten, wenngleich sie zugegebenermaßen in der bestehenden Gesellschaft tatsächlich äußerst selten in Erscheinung trete. Die negativen Implikationen von Marcuses Denken führten zu nichts als einer nihilistischen Ablehnung der Welt.
Wie so oft bei intellektuellen Kontroversen zwischen ehemaligen Freunden und Kollegen setzte sich die Debatte in einer langen Folge von Rede und Gegenrede fort.[121] Und wie so oft gewannen dabei geringfügige Differenzen größeres Gewicht als die wichtigeren Bereiche, in denen man sich einig war. Marcuse nahm Fromms Vorwurf, er sei Nihilist, auf und meinte, der Nihilismus der »Großen Weigerung«[122] sei vielleicht der einzig wahre Humanismus, den die Welt gegenwärtig zulasse. Dies brachte ihn Horkheimer und Adorno wieder näher. Der Hauptstoß von *Triebstruktur und Gesellschaft* ging letztlich jedoch eindeutig in eine positive Richtung. Marcuses Interpretation des Nirwanaprinzips war in Wirklichkeit gar nicht so weit von dem Gefühl entfernt, das Fromm etliche Jahre zuvor in seinem Buch *Die Furcht vor der Freiheit* ausgedrückt hatte, als er schrieb: »Der Trieb zum Leben und der Trieb zur Zerstörung sind nicht voneinander unabhängig, sondern stehen zueinander in umgekehrtem Verhältnis: Je mehr der Lebenstrieb durchkreuzt wird, um so stärker der Trieb der Zerstörung; je mehr sich das menschliche Dasein entfalten kann, um so geringer die

Kraft der Zerstörung und um so seltener. Der Zerstörungstrieb ist die Folge des ungelebten Lebens.«[123] Marcuse, daran kann kein Zweifel bestehen, war davon überzeugt, die beiden Triebe ließen sich letztlich auf einen reduzieren, während Fromm, etwas vorsichtiger, am Dualismus festhielt. Dennoch war in Fromms Dualismus der Todestrieb oder der Wunsch nach Zerstörung nichts anderes als ein Produkt der Frustration des Lebenstriebes. Später, in *The Heart of Man*, hat Fromm seine Position wie folgt formuliert:

»Dieser Dualismus . . . ist keiner, der auf zwei biologisch angeborenen Trieben beruht, die relativ konstant sind und bis zum schließlichen Sieg des Todestriebs miteinander im Kampf liegen, sondern es ist einer zwischen dem ersten und tiefsten Wunsch im Leben – zu überleben – und seinem Gegensatz, der sich dann meldet, wenn der Mensch dieses Ziel nicht erreichen kann.«[124]

Damit schienen diese beiden Männer bei all ihrem Insistieren darauf, in den Positionen meilenweit voneinander entfernt zu sein, zumindest in einem Punkt, nämlich in der Frage der Stärke und Beharrlichkeit eines Triebes, der den Tod wolle, einig zu gehen. Marcuses utopischstes Buch endete in einem Ton freudiger Gewißheit, der nur gedämpft wurde durch einen Gedanken, den Horkheimer einige Jahrzehnte zuvor geäußert hatte, als er von der Unmöglichkeit sprach, vergangenes Leid wiedergutzumachen, die Leiden derer aufzuheben, die längst nicht mehr lebten.[125] Von diesem Punkt abgesehen, kommt in dem Buch eine heitere Zuversicht zum Ausdruck, die sich weit von der düsteren Ironie der anderen Meister der Kritischen Theorie entfernt.

IV Die ersten Untersuchungen des Instituts über Autorität

Die Familie in der Krise produziert jene Einstellung, die die Menschen für blinde Unterwerfung anfällig macht.

MAX HORKHEIMER

Während das Institut nach 1934 dank Nicholas Murray Butlers finanzieller Großzügigkeit nach außen hin in Amerika Fuß faßte, war es mit dem Herzen nach wie vor – und noch auf Jahre hinaus – in Europa. Dies äußerte sich in verschiedenerlei Weise. Obwohl eine Rückkehr nach Deutschland nach der Machtergreifung durch die Nazis völlig unmöglich war, blieb der übrige Teil des europäischen Kontinents wenigstens bis zum Krieg noch zugänglich. Persönliche Bande und berufliche Verbindungen führten die meisten Institutsmitglieder auf gelegentlichen Besuchsreisen nach Europa zurück. Der eifrigste Reisende war Pollock, der meist unterwegs war, um sich um die geschäftlichen Angelegenheiten des Instituts zu kümmern. Das Genfer Büro, das er bis zu seiner Übersiedlung nach New York geleitet hatte, blieb bestehen; zunächst unter der administrativen Leitung von Andries Sternheim und, nach dessen Rückkehr nach Holland, unter Juliette Favez. Die Londoner Niederlassung unter Jay Rumney bestand nur bis zum Jahr 1936, während ihr Pariser Pendant mit Paul Honigsheim und Hans Klaus Brill an der Spitze bis Kriegsausbruch arbeitete. Die wichtigste Funktion der Pariser Gruppe bestand darin, die Verbindung zwischen dem Zentralbüro in New York und der Librairie Félix Alcan aufrechtzuerhalten, die weiterhin die *Zeitschrift* verlegte. Darüber hinaus war Paris eine wichtige Wegstation für Institutsmitglieder, die zögerten, Europa zu verlassen. Grossmann hielt sich ein Jahr hier auf und ein weiteres in London, ehe er 1937 nach New York kam. Otto Kirchheimer, Student der Politik und des Rechts, dessen Beitrag zur Arbeit des Instituts wir im nächsten Kapitel besprechen werden, gehörte dem Pariser Büro nach 1934 für drei Jahre an. Gerhard Meyer, der Ökonom, lebte von 1933 bis 1935 in Paris; und Hans Meyer, der marxistische Literaturkritiker, war nach 1934 gleichfalls einige Jahre lang dort. Adorno, der sich zu jener Zeit zwar meist in England aufhielt, kam während seiner Ferien doch wiederholt nach Paris, um seinen alten Freund Walter Benjamin zu sehen, den er ans Institut gebracht hatte. Benjamin hatte, wie wir sehen werden, Paris nicht nur zum Ort seines Exils, sondern zugleich zur bestimmenden Metapher seiner Arbeit gemacht. In den sechs Jahren, die er dort zubrachte, entwickelte er eine Liebe zu dieser Stadt, die sich letztlich als schicksalhaft erweisen sollte.

Zu den persönlichen und organisatorischen Bindungen an Europa kam hinzu, daß das Institut sich weigerte, seine bisherige Vorstellung vom Leserkreis seiner Schriften zu ändern. Wie schon im ersten Kapitel erwähnt, blieb Deutsch bis Kriegsbeginn die Hauptsprache der *Zeitschrift.* 1940 noch schalt Horkheimer andere Flüchtlinge für ihre eilige Amerikanisierung mit den Worten: »Daß die deutschen Geistigen nicht lange brauchen, um mit der fremden Sprache umzuspringen wie mit der eigenen, sobald diese ihnen die zahlenden Leser sperrt, rührt daher, daß ihnen Sprache immer schon mehr im Kampf ums Dasein als zum Ausdruck der Wahrheit diente.«[1] Dank der finanziellen Unabhängigkeit des Instituts vermochten Horkheimer und seine Kollegen tatsächlich über »dem Kampf ums Dasein« zu schweben, der vielen anderen Emigranten einfach aufgezwungen wurde. Aber Horkheimers Wunsch, das Institut bewußt als deutsches Institut zu erhalten, wurzelte auch in der ernsten Erkenntnis der Notwendigkeit, eine Verbindung zu Deutschlands humanistischer Vergangenheit aufrechtzuerhalten, eine Verbindung, die beim möglichen Wiederaufbau einer nachnazistischen deutschen Kultur hilfreich sein konnte. Dieses Zieles wegen schenkten die Institutsmitglieder den Bitten und Vorhaltungen ihrer neuen Kollegen in Columbia, ihre Arbeit doch in den amerikanischen sozialwissenschaftlichen Hauptstrom einfließen zu lassen, kein Gehör.

Gelegentlich standen die Seiten der *Zeitschrift* natürlich auch hervorragenden amerikanischen Wissenschaftlern offen, darunter Margaret Mead, Charles Beard und Harold Lasswell.[2] Im allgemeinen aber blieb sie ein Forum für die theoretische und empirische Arbeit des Hauses. Tauchten neue Autoren auf, so handelte es sich in der Regel um andere Flüchtlinge, denen das Institut unter die Arme greifen wollte. Zumindest im Falle von Ferdinand Tönnies[3], einem namhaften Wissenschaftler, der am Ende einer langen Laufbahn in Not war, hatte man sich an diese Devise gehalten. Insgesamt verfolgte das Institut jedoch eine Politik, die in seiner im Jahre 1938 mimeographierten Selbstdarstellung artikuliert ist. Im Lichte der späteren Ereignisse eine Ironie, steht dort: »Man kann sagen, das Institut weist keine ›berühmten Namen‹ unter seinen Mitarbeitern auf. Der Grund dafür liegt darin, daß das Institut davon überzeugt ist, daß bekannte deutsche Wissenschaftler es nicht schwer haben, in amerikanischen Institutionen unterzukommen. Für die jüngeren deutschen Emigranten dagegen sieht die Situation ganz anders aus. Und um sie hat sich das Institut bisher in erster Linie gekümmert.«[4] Obgleich die finanziellen Mittel des Instituts weit weniger umfangreich waren, als einige verärgerte Petenten sich vorstellten, wurden mehr als zweihundert Emigranten unterstützt. Es gibt zwar bislang keine offizielle Liste sämtlicher Namen, dennoch weiß man, daß Fritz Sternberg, Hans Mayer, Paul Lazarsfeld, Fritz Karsen, Gerhard Meyer und A. R. L. Gurland dazu gehörten. Zwischen 1934 und 1944 sind annähernd 200 000 Dollar an 116 Doktoranden und 14 promovierte Forscher geflossen.[5] Pollock zufolge[6] spielte die theoretische oder politische Richtung der Empfänger keine besondere Rolle bei der Vergabe des Geldes. Einziges unumstößliches Kriterium war leidenschaftlicher Antinazismus. Selbst Positivisten wie Edgar Zilsel wurden ohne jedweden Versuch, sie auf die Linie des Instituts zu bringen, unterstützt.

Das heißt jedoch nicht, das Institut habe unterschiedslos Arbeiten von Leuten akzeptiert, deren Auffassung man nicht teilte. Ludwig Marcuse beispielsweise erhielt 1938 den Auftrag, einen Aufsatz über Turnvater Jahn, den romantischen Förderer und Gründer gymnastischer Vereine im frühen 19. Jahrhundert, zu schreiben. Das Ergebnis seiner Arbeit, so erinnert er sich in seiner Autobiographie, habe aus ideologischen Gründen nicht befriedigt:

»(Horkheimer) war Hegelianer und militanter Soziologe, glaubte an den objektiven Geist und hatte von mir eine Untersuchung erwartet, die Jahn als Illustration der linkshegelianischen Wissenschaft von der Gesellschaft verarbeitet. Ich hingegen gehörte früh zu der vielfältigen Opposition: den Frühromantikern, Stirner, Schopenhauer, Kierkegaard und Nietzsche . . . Ich hatte eine herzliche Zuneigung zu Pollock und Horkheimer, eine hohe Achtung für ihre *Zeitschrift* und den Sammelband »Autorität und Familie«, den ihr »Institut« herausgegeben hatte – und war traurig, daß ich nicht im Bunde mit ihnen arbeiten konnte.«[7]

Andere Emigranten, wie Henry Pachter[8], haben eine bitterere Erinnerung an das Verfahren, nach dem im Institut die Auswahl derer getroffen wurde, die man zu unterstützen gedachte; sie sagen, es seien Versprechen gegeben und nicht gehalten worden. Das Institut hat dies stets entschieden bestritten, ebenso wie es die in den letzten Jahren erhobene Beschuldigung zurückwies, es habe Einfluß zu nehmen versucht auf einen, der unterstützt wurde, und zwar auf Walter Benjamin.[9] Ob und inwieweit solche Behauptungen haltbar sind, soll im folgenden Kapitel erörtert werden.

Zu den organisatorischen und persönlichen Bindungen des Instituts an Europa, seinem Zögern, in englischer Sprache zu publizieren, und seinem Einsatz für andere geflüchtete Wissenschaftler gesellte sich der starke Wunsch, die eigene Identität zu wahren, nicht vom akademischen Gefüge der *Columbia University* geschluckt zu werden, d. h. die Unabhängigkeit zu behalten, die man auch in Frankfurt stets gewahrt hatte. Von 1936 an hielt das Institut zwar Vorlesungen und Seminare in der *Extension Division* ab und finanzierte Gastvorlesungen von europäischen Wissenschaftlern wie Harold Laski, Morris Ginsberg und Célestin Bouglé, die der gesamten Universitätsgemeinde offenstanden; dennoch vermochte das Institut auch dann noch aus der Distanz seiner

Behausung in der 117. Straße, welche Columbia zur Verfügung gestellt hatte, ohne jeden Druck von seiten des soziologischen Fachbereichs, dem es der Sache nach angegliedert war, seiner eigenen Arbeit nachzugehen. Das bedeutete, daß man trotz der freundschaftlichen Kontakte zu Columbias Soziologen nicht ernsthaft in die Kontroverse zwischen den Gruppen um Robert MacIver und Robert Lynd hineingezogen wurde, welche in den späten dreißiger Jahren sogar zu einer Spaltung des Fachbereichs führte.[10] Selbst nach dem Krieg, als konkrete Vorschläge kamen, das Institut doch in den soziologischen Fachbereich oder auch in Paul Lazarsfelds neu gegründetes *Bureau of Applied Social Research* zu integrieren, lehnte man höflich ab. Horkheimer schrieb im Jahr 1942 an Löwenthal: »Die hiesigen wissenschaftlichen Institutionen üben einen konstanten Druck auf ihre jungen Mitarbeiter aus, der sich mit der Freiheit, die in unserem Institut geherrscht hat, überhaupt nicht vergleichen läßt . . . Die Leute wollen hier einfach nicht begreifen, daß es eine Gruppe von Wissenschaftlern geben kann, die unter einem Leiter arbeitet, der nicht im Dienste des big business oder der Kulturindustrie steht.«[11]

Am deutlichsten zeigte sich die europäische Blickrichtung des Instituts natürlich in seiner Arbeit. Wie zu erwarten, wurde die Kritische Theorie auf das brennendste Problem der Zeit angewendet, auf den Aufschwung des Faschismus in Europa. Wie Henry Pachter gesagt hat[12], wurden viele Emigranten, die weder besondere politische Interessen hatten noch politisch geschult waren, einfach durch die Ereignisse gezwungen, sich mit dem neuen Totalitarismus zu befassen. Psychologen wie Ernst Kris untersuchten die Nazipropaganda, Philosophen wie Ernst Cassirer und Hannah Arendt gingen dem Mythos vom Staat nach und suchten die Ursprünge des Totalitarismus zu ergründen, und Romanciers wie Thomas Mann schrieben Allegorien über Deutschlands Desintegration. Das Institut war hier bestens gerüstet, einen wichtigen Beitrag zu leisten. Lange vor der aufgezwungenen Emigration hatte es seine Aufmerksamkeit Autoritätsproblemen zugewandt. Die Kritische Theorie war teilweise in Reaktion auf die Unfähigkeit des traditionellen Marxismus entstanden, eine Erklärung für das Zögern des Proletariats zu geben, seine historische Funktion zu erfüllen. Einer der Hauptgründe für Horkheimers frühes Interesse an der Psychoanalyse war gewesen, daß er in ihr eine Hilfe bei der Erklärung des psychologischen »Zements« der Gesellschaft zu finden hoffte. Als er 1930 im Institut die Zügel übernahm, war denn auch eine der ersten Arbeiten, die er ankündigte, eine empirische Untersuchung über das Bewußtsein der Arbeiter in der Weimarer Republik.[13]
Wenn auch nie zu Horkheimers voller Zufriedenheit durchgeführt, war dies doch der erste wirkliche Versuch, die Kritische Theorie auf ein konkretes, empirisch verifizierbares Problem anzuwenden; in späteren

Jahren arbeiteten Anna Hartock, Herta Herzog, Paul Lazarsfeld und Ernst Schachtel allesamt daran mit, die Untersuchung zu Ende zu bringen. Annähernd dreitausend Fragebogen wurden an Arbeiter verteilt, um deren Ansichten in Fragen zu ermitteln wie Kindererziehung, Rationalisierung der Industrie, Möglichkeit der Vermeidung eines neuen Krieges oder auch, wer wirklich die Macht im Staat habe. Adolf Levenstein hatte zwar 1912 als erster Wissenschaftler einen geschlossenen Fragebogen verwendet[14], aber Fromm war aufgrund seiner psychoanalytischen Kenntnisse und Erfahrungen in der Lage, eine raffiniertere, auf den modifizierten freudianischen Charakterzügen, wie er sie in der *Zeitschrift* entwickelt hatte, beruhende Charakterologie zu entwikkeln.[15]

Die vermutlich wichtigste Neuerung der Untersuchung bestand in der Art, wie mit dem Fragebogen umgegangen wurde. Die Antworten wurden von den Interviewern wörtlich niedergeschrieben und danach in derselben Weise analysiert, in der ein Psychoanalytiker den Assoziationen seines Patienten zuhört. Bestimmte Schlüsselwörter oder sich wiederholende Ausdrucksmuster wurden als Schlüssel zur psychologischen Realität hinter dem manifesten Inhalt der Antworten interpretiert. Diese Technik unterschied sich übrigens erheblich von der Methode, die das Institut in seinem Gemeinschaftsprojekt über den *Autoritären Charakter* anwandte und die wir in Kapitel 7 bei der ausführlichen Besprechung dieser Arbeit kennenlernen werden. Fromm selbst sollte viel später in einer Untersuchung, die er gemeinsam mit Maccoby Ende der fünfziger Jahre durchführte, zu seiner alten Technik zurückkehren, und zwar in der Analyse des *Social Character in a Mexican Village.*[16]

Im allgemeinen enthüllten die Interviews eine starke Diskrepanz zwischen der erklärten Ansicht und den Charakterzügen der Interviewten. Etwa 10 Prozent der 586 Befragten legten das an den Tag, was als »autoritärer« Charakter bezeichnet wurde, ein Charaktersyndrom, dessen Erforschung das Institut in der Folge viel Zeit und Energie widmete. Weitere 15 Prozent bekundeten eine psychologische Verpflichtung antiautoritären Zielen gegenüber; von ihnen konnte man annehmen, daß sie sich dem revolutionären Programm der Linken gemäß verhalten würden, wenn die Umstände es erforderten. Die große Mehrheit indessen war äußerst ambivalent. Das Institut kam deshalb zu folgendem Schluß: Die deutsche Arbeiterklasse würde sich einer Machtergreifung von seiten der Rechten weit weniger widersetzen, als ihre militante Ideologie es vermuten lasse.

Trotz der richtigen Voraussicht ihrer Schlußfolgerungen – die deutsche Arbeiterklasse sollte den Nazismus tatsächlich ohne jeden echten Widerstand hinnehmen – wurde die Untersuchung vom Institut niemals veröffentlicht. Noch 1939 trug man sich mit Plänen, sie unter dem Titel *Die deutschen Arbeiter in der Weimarer Republik*[17] erscheinen zu lassen; mit Fromms Weggang aus dem Institut entfiel allerdings auch die treibende Kraft ihrer Veröffentlichung. Pollock vertrat später die Meinung, die Untersuchung sei nicht publiziert worden, weil zu viele Fragebogen auf der Flucht aus Deutschland verlorengegangen seien.[18] Fromm bestritt dies und erklärte, Horkheimer und er seien unterschiedlicher Auffassung über den Wert der Arbeit gewesen, ein Streit, der denn auch den Bruch zwischen ihnen gefördert habe.[19] Etliche Untersuchungsergebnisse gingen in spätere Studien über Autorität ein, so u. a. in *Die Furcht vor der Freiheit.*[20] Der Fragebogen wurde dem nächstfolgenden großen Institutsprojekt, den *Studien über Autorität und Familie* einverleibt.

Ehe wir in eine Diskussion über dieses Mammutwerk einsteigen, sollten die Früchte aus der Arbeit der ersten fünf Jahre unter Horkheimer, die zugleich einen Teil der theoretischen Voraussetzungen des Instituts in der Behandlung des Problems von Autorität bilden, aufgezeigt werden. Zunächst einmal schützte der holistische, synkretistische Ansatz der Kritischen Theorie das Institut davor, eine Theorie der spezifisch *politischen* Autorität zu entwickeln. Eine solche hätte nämlich die Fetischisierung von Politik als etwas von der gesellschaftlichen Totalität Gesondertem impliziert. Eine »allgemeine Definition von Autorität«, schrieb Horkheimer, »wäre notwendig äußerst leer, wie alle Begriffsbestimmungen, welche einzelne Momente gesellschaftlichen Lebens in einer die ganze Geschichte umfassenden Weise festzulegen versuchen. Die allgemeinen Begriffe, die das Fundament der Gesellschaftstheorie bilden, können in ihrer richtigen Bedeutung nur im Zusammenhang mit den anderen allgemeinen und besonderen Begriffen der Theorie, das heißt als Momente einer bestimmten theoretischen Struktur verstanden werden.«[21]

Im Marxismus wurzelnd, neigte die Kritische Theorie dazu, Politik im Gegensatz zur wirtschaftlichen Basis eher zu den Epiphänomenen zu zählen. Zwar begann die Frankfurter Schule bereits, die Vorstellung der mechanistischen Marxisten vom sekundären Charakter von Kultur in Frage zu stellen, doch hinsichtlich der Politik war sie weniger dazu bereit. Selbst der Eintritt von politischen Wissenschaftlern wie Franz Neumann und Otto Kirchheimer ins Institut brachte keinen nennenswerten Impuls im Hinblick auf die Entwicklung einer autonomen Theorie der Politik. Tatsächlich entwickelten auch Neumann und Kirchheimer selbst erst nach Verlassen des Instituts ein Gespür für den »Primat der Politik« im 20. Jahrhundert.[22] Bis dahin teilten sie die Unterschätzung der politischen Sphäre mit den übrigen Institutsmitgliedern – Kennzeichen für nahezu das gesamte Denken des 19. Jahrhunderts von Marx bis zu den klassischen Ökonomen.[23] Erst in den späten dreißiger Jahren, als Pollock den Begriff des »Staatskapitalismus« prägte, der auf die Rolle staatlicher Kontrolle aufmerksam machte, begann das Institut, die politische Komponente politischer Ökonomie zu untersuchen. Insgesamt jedoch galt, was Marcuse später schrieb: » . . . wenn dem Verfasser dieser Aufsätze (Kultur und Gesellschaft I) und seinen Freunden im Institut eines *nicht* ungewiß war, so die Einsicht, daß der faschistische Staat die faschistische Gesellschaft war, und daß die totalitäre Gewalt und die totalitäre Vernunft aus der Struktur der bestehenden Gesellschaft kamen, die im Begriff stand, ihre liberale Vergangenheit zu bewältigen und ihre geschichtliche Negation sich einzuverleiben.«[24]

Weil für das Institut »Gesellschaft«[25] die fundamentale Wirklichkeit war, sah es keine Notwendigkeit, eine besondere Theorie der politischen Autorität oder der politischen Zwänge zu entwickeln. Wurden solche Theorien tatsächlich einmal untersucht, wie im Falle der Marcuseschen Analyse von Carl Schmitt[26], dann hauptsächlich mit der Intention, ihren ideologischen Charakter aufzudecken. Der Gemächlichkeit, mit der das Institut von dem neuen Primat der Politik Notiz zu nehmen gewillt war, ist die Ironie zu verdanken, daß ausgerechnet zur selben Zeit auch das orthodoxe Denken in der Sowjetunion sich in diese Richtung bewegte, indem es politischen Voluntarismus über die objektiven Bedingungen stellte. Stalin, für den theoretischen Wandel verantwortlich, bestätigte damit nur die Wirklichkeit der sowjetischen Praxis.[27]

Dennoch enthielt die Kritische Theorie implizit sehr wohl eine Theorie der politischen Autorität, und zwar lag sie in den philosophischen Voraussetzungen der Kritischen Theorie begründet. Wie wir im zweiten Kapitel gezeigt haben, spielte der Hegelsche Begriff der Identität von Subjekt und Objekt, von Besonderem und Allgemeinem, von Wesen und Erscheinung eine Schlüsselrolle in der Genese der Kritischen Theorie. Vernunft, leitendes Prinzip im Denken des Instituts, meinte im wesentlichen die Synthese dieser Gegensätze, die Versöhnung von gesellschaftlichen wie auch von politischen Antagonismen. In Marcuses Werk spielte die Identitätstheorie eine größere Rolle als in dem Horkheimers. Adorno ist zwar am anderen Ende des Spektrums anzusiedeln, das mit Marcuse beginnt; aber auch er bewegte sich durchaus noch innerhalb eines hegelischen Rahmens, dessen Grundlage die utopische Aufhebung aller Widersprüche war. Ins Politische übersetzt bedeutete dies die klassische Vorstellung von »positiver Freiheit«, bei der das Ende politischer Entfremdung mit einem Festhalten an universell gültigen rationalen Gesetzen verbunden ist. »Der demokratische Staat«, schrieb Horkheimer 1942, »sollte der Idee nach die griechische Polis ohne Sklaven sein.«[28]

Die alternative Idee der »negativen Freiheit«, meist mit den Vorstellungen christlicher und liberaler Theoretiker identifiziert, war dem Institut entsprechend verhaßt. Freiheit bedeutete, wie Fromm in *Die Furcht vor der Freiheit*[29] schrieb, »Freiheit zu etwas« und nicht bloß »Freiheit von etwas«. Oder, um mit Marcuse zu sprechen: » . . . wissen wir, daß *Freiheit ein eminent politischer Begriff* ist. Wirkliche Freiheit

der Einzelexistenz (und zwar nicht bloß im liberalistischen Sinne) ist nur in einer bestimmt gestalteten Polis, in einer ›vernunftgemäß‹ organisierten Gesellschaft möglich.«[30]
Es gab demnach eine Art von politischer Autorität, die als legitim bezeichnet werden durfte: die Autorität der Vernunft nämlich. Und insofern Fromm mit dieser Auffassung übereinstimmte, trägt übrigens John Schaars Kritik an Fromm – *Escape from Authority** lautet ihr Titel – die falsche Überschrift. In einem idealen politischen System werde der Einzelne den Anordnungen seines Staats deshalb Folge leisten, weil dieser wirklich seinen Interessen entspreche und sie vertrete. Der Unterschied zwischen Regierenden und Regierten verschwinde tendenziell, womit Marx' Vorstellung vom Absterben des Staates als einem äußeren Apparat zur Ausübung von Zwang auf die Menschen verwirklicht werde. Die perfekte Demokratie oder Isonomie (Identitätsdemokratie), wie neben anderen Rousseau sie verfocht, sei dann verwirklicht, wenn die Menschen ihrer eigenen Vernunft folgten. In seinen utopischeren Augenblicken ging Horkheimer so weit, jegliche politische Macht in Frage zu stellen. Zum Problem, was mit der Macht zu geschehen habe, schrieb er während des Krieges, sie »setzt den Fortbestand dessen voraus, was verschwinden soll: die Verfügungsgewalt über fremde Arbeit«.[31]
Einstweilen allerdings warnten Horkheimer und die übrigen Mitglieder des Instituts nachdrücklich vor einem verfrühten Verzicht auf politische Autorität. Mehr als einmal kritisierten sie die Anarchisten ob ihrer Ungeduld.[32] Solange keine wirkliche gesellschaftliche Transformation stattgefunden habe, sei die Notwendigkeit rationaler Autorität, jener ähnlich, die der Lehrer über seine Schüler ausübe, einfach gegeben. Allerdings treffe diese Feststellung weit mehr auf die liberalistische Epoche zu als auf die Gegenwart.[33] Unter dem Monopolkapitalismus seien sowohl der freie Unternehmer wie das autonome politische Subjekt von der Liquidierung bedroht. Der vielgerühmte Pluralismus der freiheitlichen Demokratien des Westens sei weitgehend zur Ideologie verkommen. »Der wahre Pluralismus«, schrieb Horkheimer, »gehört dem Begriff einer zukünftigen Gesellschaft an.«[34] Die politische Autorität, die über den modernen Menschen herrsche, werde immer irrationaler.
Mit dieser Auffassung hatte das Institut eine Position bezogen, die sich von der Max Webers ganz erheblich unterschied; das ist deshalb von Bedeutung, weil Weber mit seiner Vorstellung von einer Durchdringung der Autorität mit Vernunft zur selben Zeit weite Teile des sozialwissenschaftlichen Denkens in Amerika recht nachhaltig zu bestimmen begann. In *Wirtschaft und Gesellschaft*[35] hatte Weber seine berühmte

* Der Titel der amerikanischen Ausgabe des Buches von Fromm lautet: *Escape from Freedom (d. Übers.)*

dreiheitliche Typologie der imperativen Koordination (oder legitimen Herrschaft) entwickelt: die charismatische, die traditionale und die rational-legale. Im ganzen ging er von einem zunehmend gewichtigeren Einfluß rational-legaler Herrschaft als dem säkularen Trend der westlichen Kultur aus. Dennoch meinte Weber mit Rationalisierung etwas ganz anderes als das Institut. Kurz gesagt, bedeutete für Weber rational-legale Herrschaft Gehorsam einem abstrakten, in sich konsistenten Normensystem gegenüber, dem seine Geltung per Zustimmung oder per Verordnung zukommt und für dessen Erfüllung eine Bürokratie sorgt. Verpflichtet ist man den Gesetzen und nicht den Menschen, und die Bürokratie wird von Beamten gebildet, die in festgelegten Verfahren nach dem Kriterium der administrativen Kompetenz ausgewählt werden. Kalkulierbarkeit, Effizienz und Unpersönlichkeit sind die wesentlichen Merkmale dieser Herrschaftsstruktur.

Die Frankfurter Schule leugnete keineswegs den Trend zu bürokratischer Rationalität und legalem Formalismus (in der Phase des aufkommenden Faschismus schreibend, vermochte sie allerdings, im Unterschied zu Weber, die Schwäche und Empfindlichkeit eben dieses legalen Formalismus bereits zu erkennen). Was sie für falsch hielt, war die Reduktion von Rationalität auf ihre formale, instrumentelle Seite. Mehr an Hegel orientiert als Weber, der ein Schüler des Neukantianismus war, ging es ihnen um einen inhaltlichen Rationalismus, der beides einschloß, den Zweck und die Mittel. Obgleich Weber den Unterschied zwischen formaler und inhaltlicher Rationalität erkannt hatte[36], war er nicht, wie das Institut, der Meinung, der Sozialismus werde den Konflikt zwischen beiden lösen. Sofern er sich dabei überhaupt auswirke, so argumentierte Weber, werde der Sozialismus die Schrauben im »Gehäuse« der Rationalisierung fester anziehen. Überdies zeigte Weber, indem er nachwies, wie auch in die vernünftigsten Herrschaftssysteme immer wieder das Charisma einbrach, deutliches Gespür für die Gefahren, die in jener Verbindung von hochrationalen Mitteln und irrationalen Zielen steckten, welche so charakteristisch für den Faschismus war.

Dem zweiten Teil seiner Überlegung vermochte die Frankfurter Schule zu folgen, dem ersten, der die Einschätzung des Sozialismus betraf, dagegen nicht. Weber beging nach Auffassung des Instituts auch den Fehler, den Unterschied zwischen Ziel und Mittel zu hypostasieren, eine falsche Dichotomie, die sich in seiner Überzeugung von der Möglichkeit einer »wertfreien« Sozialwissenschaft noch einmal äußere. Auch Webers Behauptung, der Kapitalismus sei die höchste Form wirtschaftlicher Rationalität, stieß bei den Institutsmitgliedern auf Widerspruch. Für sie als Marxisten konnte es die Vorstellung, eine ungeplante Wirtschaft, in der die Produktionsmittel nicht vergesellschaftet waren, könne etwas anderes als irrational sein, gar nicht geben. Und entsprechend konnte auch politische Herrschaft in einer kapitalistischen Ge-

sellschaft nicht rational im substantiellen Sinn einer Versöhnung von einzelnen und allgemeinen Interessen sein.[37]
In Wirklichkeit, so lautete die Überzeugung des Instituts, verringere der Kapitalismus in seinem fortgeschrittenen, monopolistischen Stadium die Rationalität politischer Herrschaft. Die formale legale Rationalität, die Weber beschrieben habe, entspreche viel eher den Verhältnissen der liberalen Phase der bürgerlichen Gesellschaft, Verhältnissen, die bestimmt waren durch den Glauben an den *Rechtsstaat.* Mit der Entwicklung des Kapitalismus in die monopolistische Richtung seien an die Stelle von liberalen politischen und legalen Institutionen zunehmend totalitäre getreten. Die Institutionen, die übriggeblieben seien, könnten kaum mehr als Fassaden für neue Varianten irrationaler Herrschaft sein. Die Rationalität selbst sei ernstlich bedroht. »Die neue faschistische Ordnung«, schrieb Horkheimer im Krieg, »ist die Vernunft, in der Vernunft selber als Unvernunft sich enthüllt.«[38]
Der Übergang vom Liberalismus zum Totalitarismus verlief indessen organischer, als die liberalen Theoretiker wahrhaben wollten. Wie Marcuse in seinem ersten Aufsatz in der *Zeitschrift* erklärte: »Die Wendung vom liberalistischen zum total-autoritären Staate vollzieht sich auf dem Boden derselben Gesellschaftsordnung. Im Hinblick auf diese Einheit der ökonomischen Basis läßt sich sagen: es ist der Liberalismus selbst, der den total-autoritären Staat aus sich ›erzeugt‹: als eine eigene Vollendung auf einer fortgeschrittenen Stufe der Entwicklung.«[39] Kurzum, der Faschismus war engstens mit dem Kapitalismus verwoben. In einem seiner meistzitierten Sätze schrieb Horkheimer 1939: »Wer aber vom Kapitalismus nicht reden will, sollte auch vom Faschismus schweigen.«[40] Wie wir allerdings bei der Erörterung von Franz Neumanns *Behemoth* sehen werden, war sich das Institut niemals ganz einig darüber, wie dieser Zusammenhang tatsächlich beschaffen ist.
Marcuses Aufsatz »Der Kampf gegen den Liberalismus in der totalitären Staatsauffassung« lohnt eine eingehende Betrachtung, weil hier eine ganze Anzahl von Gedanken auftauchen, die später in anderen Arbeiten des Instituts fortgeführt wurden. Zugleich ist er ein Modell dialektischen Denkens, indem er den Totalitarismus sowohl als Reaktion auf bestimmte Tendenzen im Liberalismus wie als ihre direkte Fortsetzung behandelt. Ursprünglich, so sagte Marcuse, war die totalitäre Weltauffassung eine Reaktion auf die reglementierende Rationalisierung des Lebens und die das Denken ausdörrende Intellektualisierung im 19. Jahrhundert. Der »Blutarmut« bürgerlichen Daseins wurde eine Ideologie heroischen Vitalismus entgegengesetzt. Die trokkene, spröde Qualität der Philosophie des 19. Jahrhunderts, und zwar der materialistischen wie der idealistischen, brachte ihr Korrektiv in der Lebensphilosophie hervor. Im 20. Jahrhundert jedoch verkamen die Erkenntnisse eines Dilthey oder Nietzsche zu einem geist- und

sinnlosen Irrationalismus, dessen Funktion, wie Horkheimer immer wieder bemerkt hat[41], eine Rechtfertigung des status quo war. Ganz ähnlich führten, wie Marcuse schrieb, die traditionelle liberale Betonung von Innerlichkeit, die »Privatisierung der Ratio«[42] und die Reduktion von Freiheit auf ihre »negative« Dimension zu einer universalistischen Reaktion, in der die Totalität – in Deutschland *das Volk* – über das Individuum gestellt wurde. Die Fassade einer klassenlosen Gesellschaft, der ideologischen *Volksgemeinschaft,* war damit auf dem Fundament einer fortgesetzten Klassenherrschaft durch die Kapitalisten errichtet.

Die totalitäre Verherrlichung der Natur – wir folgen weiter Marcuse – war Reaktion auf den Liberalismus und Beibehaltung einer seiner Voraussetzungen zugleich. Der Liberalismus, so Marcuse, hatte die Ökonomie stets auf der Prämisse von »natürlichen Gesetzen« gesehen: »Hier«, schrieb er, »in der Mitte des liberalistischen Systems, findet sich schon die Rückinterpretation der Gesellschaft auf die ›Natur‹ in ihrer harmonisierenden Funktion: als die ablenkende Rechtfertigung einer widerspruchsvollen Gesellschaftsordnung.«[43] Neu am Totalitarismus jedoch war die Verbindung von Naturalismus und Irrationalismus. Natur erhielt im völkischen Denken einen mythischen Status; das *Volk* wurde zur zentralen natürlichen Wirklichkeit. »Die Natur wird« – mit ihrer ganzen Brutalität und Unbegreiflichkeit – »zum großen Gegenspieler der Geschichte«[44], indem sie die Irrationalitäten der bestehenden Ordnung verabsolutiert. Eine der Konsequenzen war die Ethik von Selbstopfer, Hingabe und asketischer Versagung, die den heroischen Realismus kennzeichnet.

Bei dem Versuch, diesen perversen Zustand zu rechtfertigen, vermochte die totalitäre Theorie, wie im Werk von Carl Schmitt deutlich wird, nur eine einzige Erklärung anzubieten: » . . . daß hier ein Sachverhalt vorliegt, der schon durch seine Existenz, sein Vorhandensein jeder Rechtfertigung *enthoben* ist, d. h. ein ›existentieller‹, ein ›seinsmäßiger‹ Sachverhalt: Rechtfertigung durch die bloße Existenz.«[45] Marcuses kritische Überlegungen zum politischen Existentialismus zeigten, welch weiten Weg er seit seinem Eintritt ins Institut im Jahr 1932 zurückgelegt hatte. Nun schrieb er, Heideggers Position vor *Sein und Zeit* sei der »weiteste Vorstoß der Philosophie«[46] zur Wiedergewinnung des konkreten Subjekts gewesen, das der abstrakte Rationalismus von Descartes bis Husserl geleugnet habe. Was jedoch danach gefolgt sei, stelle einfach einen Rückschritt dar, der durch eine abstrakte Anthropologie die konkrete Geschichte verdränge, um die naturalistische Ideologie des heroischen Realismus zu rechtfertigen. Marcuse zitierte aus Heideggers berüchtigter pro-nazistischer Antrittsrede aus dem Jahr 1933 über »Die Selbstbehauptung der deutschen Universität«, um zu verdeutlichen, wie sehr und wie eng der Existentialismus sich mit dem irrationalen Naturalismus in der Glorifizierung von Blut und Boden als den wahren Kräften der Geschichte verbunden hatte. Die weit bewußter politische Variante des Existentialismus, wie sie in Carl Schmitt ihren Vertreter fand, war Marcuse eher noch unheimlicher. Indem sie Politik auf existentielle Beziehungen, frei von moralischen Normen, reduzierten, trieben Schmitt und seinesgleichen den Begriff der Souveränität ins Extrem. »Souverän ist, wer über den Ausnahmezustand entscheidet«, hatte Schmitt erklärt.[47] Damit wurzelte Souveränität im Recht, Entscheidungen zu fällen, ein Recht, das dem Staat verliehen war. Das Individuum, dem vordem die Lebensphilosophie zu Hilfe geeilt war, hatte sich nun dem Staat zu unterwerfen, ihm zu dienen. »Mit der Verwirklichung des total-autoritären Staates hebt der Existentialismus sich selbst auf, oder vielmehr: er wird aufgehoben,«[48] schrieb Marcuse. Was philosophisch als Protest begonnen hatte, endete nun politisch mit der Kapitulation vor den herrschenden Kräften der Gesellschaft.

Ein ganz kleiner Trost steckte in alledem: »In der bewußten Politisierung der Existenzbegriffe, in der Ent-Privatisierung und Ent-Innerlichung der liberalistisch-idealistischen Konzeption des Menschen liegt ein Fortschritt der totalitären Staatsauffassung, durch den sie über ihren eigenen Boden, über die von ihr statuierte Gesellschaftsordnung hinausgetrieben wird.«[49] Dennoch, so betonte Marcuse nachdrücklich, dürfe nicht vergessen werden, daß die ideologische Versöhnung von Interessen im völkischen Staat nicht zu verwechseln sei mit der wirklichen Versöhnung, wie Marx sie in Aussicht stelle. Wie Horkheimer später, während des Krieges, feststellen sollte: Die faschistische Verstaatlichung war das Gegenteil von der Marxschen Vergesellschaftung.[50] Sie hatte auch nicht das geringste mit dem Hegelschen Staatsbild zu tun, das die Aufhebung von Widersprüchen impliziert. In Wirklichkeit, so meinte Marcuse in Vorwegnahme seiner ausführlicheren Erörterung des Problems in *Vernunft und Revolution,* seien Hegel und die Nazis trotz aller weitverbreiteten gegenteiligen Annahmen und Behauptungen durch und durch unvereinbar. Kritischer Idealismus und Existentialismus seien einfach polare Gegensätze.

Die klarste Konsequenz von Marcuses Aufsatz – und sie wurde von anderen Institutsmitgliedern bekräftigt[51] – hieß: Der Liberalismus und die ökonomische Basis, auf der er hatte gedeihen können, waren unwiderruflich dahin. Die Zukunft konnte nur den totalitären Autoritarismus auf der Rechten oder den befreienden Kollektivismus auf der Linken bringen. Daß sich eine dritte Möglichkeit, die Möglichkeit der von Marcuse später so genannten »eindimensionalen Gesellschaft«, aus der Polarisierung der dreißiger Jahre entwickeln würde, vermochte das Institut in den Jahren vor dem Krieg nur ganz verschwommen zu sehen. Die Frankfurter Schule bestritt auch die Möglichkeit eines Fortlebens gewisser Elemente der liberalen Gesellschaft in einer Wirtschaft, deren Basis nicht mehr der Markt war. Indem sie die innere Kohärenz zwischen Liberalismus und Faschismus hervorhob, die zweifellos von jenen außer acht gelassen wurde, die im Faschismus eine reaktionäre Bewegung der Rechten sahen, statt ihn als den Mittelstandsextremismus zu erkennen, der er war[52], bagatellisierte sie tendenziell die entscheidenden Differenzen, die zwischen beiden bestanden. Den Irrationalismus der faschistischen Ideologie als bloße Affirmation des status quo anzusehen hieß jene Elemente dieses status quo übersehen – die formellen, legalen Sicherungen, die bürgerlichen Freiheiten usw. –, die durch die Preisgabe von Rationalität angegriffen und bestritten wurden. Faschismus und Liberalismus mögen »innerhalb des Rahmens ein und derselben Gesellschaftsordnung« bestanden haben, der Rahmen erwies sich jedoch als weit genug, um höchst unterschiedliche politische und rechtliche Systeme einzuschließen.

Diese Thesen über den Charakter politischer Autorität vor Augen, wollen wir nun die *Studien über Autorität und Familie* erörtern. Obgleich, wie Horkheimer in seinem Vorwort[53] deutlich machte, das Problem von Autorität und Familie nicht der zentrale Punkt einer Theorie der Gesellschaft sei, verdiene es aufgrund der entscheidenden Rolle der Familie als Vermittlungsfaktor zwischen materieller Basis und ideologischem Überbau dennoch große Aufmerksamkeit. Tatsächlich ist es keineswegs erstaunlich, daß der neuhegelianische Marxismus des Instituts in der Familienstruktur einen wichtigen Untersuchungsgegenstand sah. Für Hegel war die Familie die zentrale moralische Institution gewesen, auf der die Gemeinschaft letztlich beruhe.[54] Marx hatte die Familie, so wie sie ihm in der Gesellschaft, die er untersuchte, konkret begegnete, natürlich völlig anders beurteilt. Die bürgerliche Familie, so hatte er im *Kommunistischen Manifest* geschrieben, sei ein Monument der Entfremdung. Im Unterschied zu Hegel meinte er, daß eine bürgerliche Gesellschaft, welche egoistische, vom Tauschwert beherrschte Motivationen förderte, auch in die Familie eingedrungen war und ihre »ethische« Seite deformiert hatte. Die Realität der bürgerlichen Familie, so Marx, sei ihr Warencharakter; die der proletarischen Familie ihre Auflösung, ihr Verfall durch Ausbeutung von außen. Der Denkansatz des Instituts, so werden wir sehen, verband die beiden Perspektiven miteinander, wenn er auch zunehmend Marx' pessimistischerer Auffassung zuneigte. Und er verband an der Genetik orientierte Interessen für die Familie, wie sie für Wissenschaftler des 19. Jahrhunderts von der Art eines Le Play, Maine und Bachofen kennzeichnend waren, mit dem Interesse ihrer Nachfolger im 20. Jahrhundert an der aktuellen Funktion der Familie.[55]
Die *Studien* waren das Ergebnis einer fünfjährigen Arbeit des gesamten Institutsstabes mit Ausnahme von Grossmann und Adorno (der erst nach der Fertigstellung dieser Untersuchung offizielles Mitglied wurde). Gewidmet war die Arbeit dem wichtigsten Gönner und Förde-

rer des Instituts, Felix Weil, der seinen Vater in den frühen zwanziger Jahren dazu bewegt hatte, das Institut zu finanzieren. Die *Studien* stellten die erste konkrete Frucht jenes Plans dar, den Horkheimer in seiner Antrittsvorlesung als Professor in Frankfurt verkündet hatte, nämlich den theoretischen Ansatz des Instituts durch empirische Untersuchungen zu erweitern. Obgleich sämtliche Daten, von ein oder zwei Ausnahmen abgesehen, unter der Leitung von Andries Sternheim in Europa gesammelt worden waren, wird in den *Studien* ausdrücklich auf den Einfluß hingewiesen, den die von Robert Lynd durchgeführte und 1929 veröffentlichte Untersuchung *Middletown* auf die Arbeit ausgeübt hat. Horkheimer zeichnete für die »erste Abteilung« verantwortlich, die aus theoretischen Aufsätzen bestand; Fromm für die zweite, die empirischen Erhebungen gewidmet war, und Löwenthal für die dritte Abteilung, die sich mit Einzelstudien verschiedener verwandter Probleme befaßte. Ausführliche Literaturberichte und Zusammenfassungen in englischer und französischer Sprache, schlossen sich an.

Angesichts des Primats der Theorie am Institut war es nur natürlich, daß die erste Abteilung der *Studien* drei langen theoretischen Aufsätzen von Horkheimer, Fromm und Marcuse vorbehalten war. Ein geplanter vierter Aufsatz von Pollock über die ökonomischen Bedingungen von autoritären Beziehungen wurde wegen der Verwaltungsgeschäfte, die Pollock zu führen hatte, nicht rechtzeitig fertig. Horkheimer gab mit seinem »Allgemeinen Teil« den Ton für die gesamte Arbeit an. Er begann, indem er zunächst das Prinzip, den Grund nannte, warum er die kulturelle Seite der modernen Gesellschaft so genau untersuchte. Ohne der marxistischen Auffassung von der zentralen Bedeutung der Basis zu widersprechen, versuchte Horkheimer doch auch die Einsicht zu vermitteln, daß zwischen Basis und Überbau keine einseitige, sondern notwendig eine Wechselbeziehung bestehe. Am Beispiel des chinesischen Ahnenkults sowie des indischen Kastensystems untersuchte Horkheimer den »cultural lag«[56], der in vielen Fällen auch fortdauert, wenn die ursprünglich ökonomische Ursache eines Phänomens längst beseitigt ist. Vorstellungen und Verhaltensmuster können ihre objektive – das heißt materielle – Berechtigung verloren haben, bleiben aber trotzdem erhalten, weil sich die Menschen subjektiv und emotional an sie gebunden fühlen. Erst auf der Basis eines solchen Verständnisses waren die Autoritätsbeziehungen in ihren diffizilen Verästelungen adäquat zu beurteilen.

Der zweite Teil des Aufsatzes von Horkheimer galt der historischen Entwicklung von Autorität in der bürgerlichen Welt. Horkheimer explizierte hier ausführlich eine Reihe von Gedanken, die auch in anderen Institutsschriften behandelt sind. Besonderen Nachdruck legte er auf die Diskrepanz zwischen der bürgerlichen Ideologie der Ablehnung von Autorität einerseits und der zunehmenden Unterordnung des Individuums unter die verdinglichte Autorität eines irrationalen Gesellschaftssystems andererseits. Dabei achtete er übrigens sorgfältig darauf, auch die prinzipielle Ablehnung jeglicher Autorität zu kritisieren, wie sie etwa von Bakunin und anderen Anarchisten, praktiziert werde, welche die notwendigen materiellen Voraussetzungen für wahre Freiheit falsch einschätzten. Nur wenn allgemeine und besondere Interessen versöhnt seien, werde schließlich auch der formalistische Gegensatz von Autorität und Vernunft, welchen die Anarchisten annahmen, überwunden. »Anarchismus«, schrieb Horkheimer, »und die autoritäre Staatsgesinnung gehören beide noch derselben Epoche an.«[57]

Vor diesem Hintergrund wandte sich Horkheimer der Funktion der Familie im Sozialisationsprozeß zu. Dabei unterschied er zwischen der Familie des bürgerlichen Liberalismus und ihrem aktuellen Gegenstück. Im bürgerlichen Liberalismus erfreue sich der Vater jener Art von Autorität, die seiner objektiven Funktion als Versorger anhafte und die noch von einigen weiteren Quellen gespeist werde, wie etwa der physischen Überlegenheit über seine Kinder. Damit sei er sowohl das natürliche wie das rationale Oberhaupt seines Haushalts. In dem Maße, in dem seine objektiv gesellschaftliche Macht im Spätkapitalismus schwinde, werde seine Autorität zunehmend ideologisch und irrational. Die Arbeiterfamilie bekomme diese einschneidende Veränderung aufgrund ihrer prekären wirtschaftlichen Lage natürlich besonders stark zu spüren. Der Verfall der Autorität des Vaters sei begleitet von einer Verschiebung seiner »metaphysischen« Aura auf gesellschaftliche Institutionen außerhalb der Familie. Und diese Institutionen kämen nun in den Genuß der Freiheit von Kritik, wie der frühbürgerliche Vater sie bis zu einem gewissen Grade genossen habe. Unglück und Versagen gingen damit auf das Konto persönlicher Unzulänglichkeit oder auch natürlicher Ursachen, nicht aber auf das gesellschaftlicher Bedingungen. Die Hinnahme der eigenen, als unvermeidlich empfundenen Ohnmacht anstelle von aktiver Selbstbehauptung sei das unmittelbare Ergebnis.[58]

Dieser Teil der Analyse Horkheimers lag auf einer Linie mit Marx' Kritik der bürgerlichen Familie, mit dem Unterschied allerdings, daß ein erweitertes psychologisches Verständnis von zwischenmenschlichen Beziehungen hinzugekommen war. Dennoch distanzierte sich Horkheimer keineswegs völlig von Hegels Alternativvorstellung von der Familie als einer Quelle des moralischen Widerstandes gegen die völlige Entseelung der Welt. Was er bei Hegel kritisierte, war dessen kurzsichtige Hypostasierung des Gegensatzes zwischen Familie und Gemeinwesen. Antigones Beziehung zu ihrem Bruder, für Hegel ein Symbol des unvermeidlichen Gegensatzes zwischen Familie und Gesellschaft, war für Horkheimer ein Vorgeschmack auf die vernünftige Gesellschaft der Zukunft.[59] Dennoch war er wie Marx der Ansicht, daß der »negative«, kritische Impuls des Familienlebens und ehelicher Liebe in der bürgerlichen Gesellschaft bereits stark geschwächt sei, und zwar stärker, als Hegel gesehen habe. Im 20. Jahrhundert habe sich diese Entwicklung noch weiter verstärkt. Der gegenwärtigen patriarchalischen Gesellschaft einfach ein Matriarchatsprinzip im Sinne Bachofens entgegenzusetzen, heiße, die subtile Wandlung der Rolle der Frau im modernen Leben außer acht zu lassen. Strindberg und Ibsen, so Horkheimer, hätten in ihren Dramen beispielhaft dargestellt, daß sich die Emanzipation der Frau in der bürgerlichen Gesellschaft bei weitem nicht als die einstmals erhoffte Befreiung erweise. In den meisten Fällen hätten sich die Frauen dem System angepaßt und seien durch ihre totale Abhängigkeit von ihren Männern zu einer konservativen Kraft geworden. Letztlich lernten die Kinder auf dem Schoß ihrer Mütter, dem bestehenden System zu gehorchen, und dies trotz des Potentials für ein ganz anderes Gesellschaftssystem, das in der traditionellen matriarchalischen Ethik von Wärme, Anerkennung und Liebe enthalten sei.

Kurzum, Horkheimer konstatierte eine dialektische Beziehung zwischen Familie und Gesellschaft, eine Beziehung der wechselseitigen Verstärkung und des Widerspruchs zugleich, jedoch klar mit dem negativen Element des Niedergangs behaftet. Sein Beitrag endete deshalb in einem pessimistischen Ton: »Die Erziehung autoritärer Charaktere . . . gehört nicht zu den vorübergehenden Erscheinungen, sondern zum relativ dauernden Bestand . . . Dieses dialektische Ganze von Allgemeinheit, Besonderheit und Einzelheit erweist sich nun als Einheit auseinanderstrebender Kräfte.«[60] Wichtigste Erkenntnis dieses Aufsatzes sowie der *Studien* insgesamt war der Funktionswandel der Familie im Sozialisationsprozeß. Aufgrund des Rückgangs der »negativen«, gegen die Gesellschaft sich richtenden Funktion der Familie wurden die Einzelnen viel direkter von anderen Institutionen in der Gesellschaft sozialisiert. Wie wir in den Arbeiten des Instituts über Massenkultur sehen werden, wirkten diese alternativen Sozialisationsagenturen kräftig mit an der Schaffung eines Typs von »autoritärem Charakter«, der sich mit weit größerer Raffinesse einer Veränderung zu widersetzen wußte als irgendein anderer Charaktertyp der alten Gesellschaften. Die Krise der Familie sollte zu einem Thema werden, das von Institutsmitgliedern, aber auch von anderen – wie dem Psychologen Alexander Mitscherlich[61] –, die von ihnen beeinflußt waren, immer wieder aufgenommen wurde.

Der zweite Aufsatz in der theoretischen Abteilung der *Studien*, Fromms »Sozialpsychologischer Teil«, fand ebenfalls starken Widerhall in der späteren Arbeit des Instituts. Wie im dritten Kapitel ausgeführt, war Fromms Einstellung zur orthodoxen Psychoanalyse in den dreißiger Jahren noch stark im Wandel begriffen. Sein Aufsatz ist deshalb auch von einer gewissen Ambivalenz Freud gegenüber gekennzeichnet. Fromm begann mit einer Würdigung von Freuds Theorie der Massenpsychologie und des Überichs als dem besten Ausgangspunkt für eine allgemeine psychologische Analyse der Autorität. Kaum hatte er dies ausgeführt, kam er jedoch sofort auf die Mängel zu sprechen, die er in der psychoanalytischen Theorie entdeckte. Zum einen, erklärte er, ordne Freud das Realitätsprinzip dem rationalen Ich zu, dann aber auch wieder dem Überich, während es in einer gesunden Gesellschaft eben nur beim Ich liegen könne. Zudem mache Freud es sich mit seiner Vorstellung von der Identifizierung als der ersten und wichtigsten Quelle des Überichs viel zu einfach, wenngleich Identifizierung ein nützliches analytisches Instrument sei.[62] Einen eklatanten Fehler begehe Freud damit, so fuhr Fromm fort, daß er die Identifizierung des Kindes mit seinem Vater einzig und allein mit dem Ödipuskomplex und der Kastrationsangst begründe. Es gebe andere, spezifisch ökonomische Faktoren, die das Autoritätsverhältnis nicht minder beeinflußten.

Tatsächlich übe der gesellschaftliche Fortschritt selbst einen wichtigen Einfluß auf die jeweilige Stärke von Ich und Überich aus, indem er die gesellschaftlich gefährlichen Impulse des Es unterdrücke. Mit der Entwicklung der Produktivkräfte der Menschheit habe die Beherrschung der Natur durch den Menschen, und zwar der inneren wie der äußeren Natur, erheblich zugenommen. Daraus ergebe sich eine gesteigerte Fähigkeit des Menschen, eine vernünftige Gesellschaft zu schaffen, die von seinem Ich und nicht von seinem durch die Tradition geprägten Überich gelenkt werde. Freud aber habe die aktive Seite der Ich-Entwicklung vernachlässigt und ihre adaptive Qualität überbetont.[63] Mit einem gestärkten Ich, erklärte Fromm, werde die Freiheit von irrationaler Angst maximal vergrößert, während die aus dem Überich abgeleitete Autorität abnehme. Wenn hingegen die gesellschaftlichen Verhältnisse mit den Produktivkräften nicht Schritt hielten, werde die Entwicklung eines starken Ich gehemmt, was eine Regression zu irrationaler Autorität zur Folge habe, die im Überich wurzele. Wie Ferenczi gezeigt habe, erzeuge der Ich-Verlust in Hypnose ein Autoritätsverhältnis zwischen Therapeut und Patient, das eindeutig irrational sei.

Der Ich-Verlust als Erklärung für den Eifer, mit dem manche Menschen sich der Autorität unterwerfen, vermochte Fromm nicht zufriedenzustellen. Auch einen angeborenen Unterwerfungstrieb, wie ihn McDougall oder Vierkandt[64] postulierten, mochte er nicht akzeptieren. Er versuchte statt dessen, in sein historisches Kausalprinzip psychosexuelle Begriffe vornehmlich Freudscher Prägung zu integrieren. In Vorwegnahme seiner späteren Argumentation in *Die Furcht vor der Freiheit* erklärte er den sado-masochistischen Charakter zum Kern der autoritären Persönlichkeit. Aber während 1936 die Begründung wesentlich in der Sexualität lag, traten in Fromms späterer Erklärung die »existentialistischen« Kategorien von Entfremdung und symbiotischer Beziehung in den Vordergrund.[65]

Fromm stimmte mit Freud darin überein, daß Masochismus und Sadismus als Teile eines gemeinsamen Charaktersyndroms notwendig zusammengehörten, und fügte hinzu, daß autoritäre Gesellschaften, deren Grundlage Hierarchie und Abhängigkeit sei, die Wahrscheinlichkeit seines Auftretens erhöhten. Masochismus, so Fromm, äußere sich in solchen Gesellschaften in der passiven Hinnahme des Lebens als »Naturgesetz«, als »Zwang der Tatsachen«, als »Pflicht«, als »Wille Gottes« usw.[66] Wenngleich schwierig zu erklären, so komme die Lust an der Unterlegenheit doch negativ aus der Befreiung des Individuums von Angst und positiv aus seinem Gefühl, auf diese Weise an der Macht teilzuhaben. Daneben gehe die sado-masochistische Struktur gewöhnlich mit einer Schwächung der heterosexuellen, genitalen Sexualität und einer Regression zu prägenitalen, insbesondere analen, libidinösen Phasen einher. Homosexuelle Identifizierung mit übergeordneten Mächten, häufiger geistig als körperlich, sei ein weiteres Merkmal sado-masochistischen, autoritären Verhaltens. Dieser Aspekt des Syndroms war nach Fromm besonders ausgeprägt in patriarchalischen Gesellschaften, in denen Männer als von Natur aus den Frauen überlegen betrachtet und damit zu Objekten masochistischer Liebe gemacht worden seien.
Fromm schloß seinen Aufsatz mit der Erörterung verschiedener Reaktionsweisen gegenüber der Autorität. Er unterschied dabei zwischen zwei grundsätzlich verschiedenen Erscheinungen, zwischen »Rebellion«, bei der nur eine irrationale Autorität durch eine andere ersetzt werde, ohne daß eine Veränderung der Grundstruktur des Charakters eintrete, und »Revolution«, bei der es zu einem solchen Wandel komme. Die Revolution, die, wie Fromm einräumte, weit seltener vorkomme, impliziere ein starkes Ich, welches den Überredungskünsten irrationaler sado-masochistischer Autorität zu widerstehen vermöge. In vernünftigen demokratischen Gesellschaften erfreuten sich diejenigen, die als Führer in Erscheinung träten, einer Autorität, die auf Fähigkeit, Leistung und Interessensolidarität basiere und nicht auf metaphysischer, angeborener Überlegenheit. Es seien deshalb auch nicht alle antiautoritären Impulse legitim. Die »Rebellion«, durch die in Wirklichkeit nur eine neue irrationale Autorität als Liebesobjekt gesucht werde, sei eine Pseudobefreiung, selbst wenn es so aussehe, als sei der Rebell gegen jede Autorität. Der trotzige, grollende Anarchist und der rigide Autoritäre seien also gar nicht so weit voneinander entfernt, wie es zunächst den Anschein haben möge. Dies erkläre auch die plötzliche Anbetung von Macht und Autorität, welche den scheinbar libertären Anarchisten so häufig kennzeichne.
Fromms Beitrag zum theoretischen Teil der *Studien* schlug insofern einen optimistischen Ton an, als der Autor die Möglichkeit der Versöhnung eines starken individuellen Ich mit einer reifen, heterosexuellen, genitalen Sexualität und einer rationalen, demokratischen Gesellschaft

vertrat. Wie im vorigen Kapitel gezeigt, entfernte er sich mit seinem Festhalten an dieser Position sowie mit seiner Einschätzung der Sexualität, deren Bedeutung sich für ihn stark reduzierte, in der Folgezeit immer mehr von seinen Institutskollegen. Horkheimer und Adorno, so werden wir sehen, fingen an, das naturbeherrschende, rationale Ich, dem Fromm so lebhaft das Wort geredet hatte, in Frage zu stellen. Und Marcuse weigerte sich, wie wir bereits gesehen haben, in der heterosexuellen Genitalität den Maßstab psychischer Gesundheit zu sehen, der einer vernünftigen Gesellschaft am angemessensten sei. Dennoch akzeptierten in den dreißiger Jahren sämtliche Institutsmitglieder Fromms psychosoziale Utopie in ihren allgemeinen Umrissen noch ohne erhebliche Einschränkungen.

Marcuse, der in den fünfziger Jahren Fromms freimütigster Opponent werden sollte, hatte Freud zu jener Zeit noch gar nicht eingehender studiert. Der Aufsatz, den er zur theoretischen Abteilung der *Studien* beisteuerte, war eher eine einfache Ideengeschichte der Autoritätstheorien. Er zeigte zusammen mit dem Literaturbericht, den Marcuse für den Band[67] schrieb, nicht nur seine Indifferenz der Psychologie gegenüber, sondern auch, daß Marcuse an der auf psychologischen Kategorien basierenden empirischen Arbeit des Instituts völlig unbeteiligt war. Von allen Mitgliedern der Frankfurter Schule war Marcuse am wenigsten empirisch orientiert, eine Tatsache, die zu wiederholen seine Kritiker in späteren Jahren nicht müde wurden.[68]

In seinem »Ideengeschichtlichen Teil« griff Marcuse viele Punkte auf, die auch in anderen Aufsätzen in der *Zeitschrift* zu finden waren. So betonte er zunächst noch einmal den inneren Zusammenhang von Freiheit und Autorität, den bürgerliche Theoretiker immer wieder übersähen; um statt dessen – wie Marcuse nachwies – die Idee der negativen Freiheit zu postulieren, die am treffendsten von Kant formuliert worden sei und welche die Trennung von innerem und äußerem Selbst bedeute. Innere Autonomie werde auf Kosten äußerer Heteronomie bewahrt. Der antiautoritäre Anspruch der bürgerlichen Theorie kaschiere die metaphysische Sanktion, die sie der herrschenden Gesellschaftsordnung erteile. Und im Kapitalismus bleibe diese Ordnung nun einmal unvermeidlich unvernünftig.[69]

In einer Reihe kurzer ideengeschichtlicher Skizzen umriß Marcuse dann die klassischen Formen von negativer Freiheit, wie sie sich im Denken der Reformation und bei Kant zeigten. Theoretiker wie Hobbes, Locke, Hume und Rousseau fehlten allerdings in diesen Skizzen; aber nicht nur hier, denn wenn das Institut über »bürgerliche« Theorie[70] diskutierte, war von diesen Philosophen nur höchst selten die Rede. Statt dessen befaßte sich Marcuse mit Kritikern des bürgerlichen Freiheitsbegriffs von links wie von rechts: mit Hegel, Burke, Bonald, de Maistre, Stahl und natürlich mit Marx. Marcuse schloß mit einer Reflexion über das Umschlagen der liberalen Vorstellungen von Frei-

heit und Autorität in die total-autoritären Auffassungen, die ihnen folgten. Er konzentrierte sich hier auf die Schriften von Sorel und Pareto, deren Elite-Theorien, wie Marcuse meinte, sowohl das faschistische »Führerprinzip« wie den leninistischen Begriff von der Partei vorwegnahmen. Der Kern der totalitären Theorie, fuhr Marcuse fort, sei der irrationale Formalismus. Die Quelle von Autorität liege nicht mehr im allgemeinen Gesetz oder in einer gesellschaftlich hohen Stellung begründet, vielmehr werde Autorität verstanden als aus einem »natürlichen« oder rassischen Recht sich herleitendes Phänomen. Das Wesen totalitärer Theorie sei der Fortfall jeglichen positiven Inhalts; ihre Begriffe seien sämtlich Gegenbegriffe, wie Antiliberalismus und Antimarxismus. Das bürgerliche Reservat innerer, »negativer« Freiheit sei abgeschafft, zurück bleibe Gehorsam einer heteronomen Autorität gegenüber.
Die drei Beiträge des theoretischen Teils waren offensichtlich aufeinander abgestimmt worden. Alle drei konstatierten sie die wachsende Irrationalität der bestehenden Gesellschaftsordnung und den damit einhergehenden Niedergang rationaler Autorität, sei es politische oder andere rationale Autorität. Alle drei brachten sie aber auch eine gewisse Zuversicht gegenüber der Möglichkeit einer Gesellschaftsordnung zum Ausdruck, in der allgemeine Autorität und Einzelinteresse keinen Gegensatz mehr bildeten. Und schließlich teilten sie alle die von Horkheimer am lebhaftesten geäußerte Bestürzung darüber, daß die Familie mehr und mehr aufhöre, eine Agentur zugunsten einer solchen Entwicklung zu sein.
Um diese theoretischen Überlegungen und Schlußfolgerungen nicht im luftleeren Raum schweben zu lassen, ließ man unmittelbar einen Bericht über die empirische Arbeit des Instituts folgen. Und obgleich diese Erhebungen eine Quelle der Bestätigung oder Anlaß zur Modifikation darstellten, eins sah das Institut in ihnen nicht: die ausschlaggebende Bestätigung für seine theoretischen Überlegungen. Die Kritische Theorie war, wie bereits erklärt, absolut konsequent in ihrer Ablehnung reiner Induktion als Methode. »Darüber hinaus«, so erklärten Horkheimer und seine Kollegen, »trugen diese empirischen Erhebungen allein schon aufgrund unserer begrenzten Erfahrung auf diesem Gebiet und der besonderen Schwierigkeiten, auf die die Beantwortung der Fragebogen in Europa stieß, weitgehend den Charakter eines Experiments. Nirgendwo sind die Befunde verallgemeinert. Wir gingen auch nicht davon aus, daß die Anzahl der ausgefüllten Fragebogen für eine statistische Stichhaltigkeit ausreiche. Vielmehr wollten wir mit ihrer Hilfe dem Alltag und seinen Tatsachen auf der Spur bleiben, wir betrachteten sie in erster Linie als Material für typologische Konklusionen.«[71] Fromm hielt zwar ohne Zweifel mehr von ihrer Validität[72], aber Horkheimers Auffassung war ausschlaggebend.
So fragmentarisch und pauschal die empirischen Untersuchungen auch

waren, die methodologische Erfahrung, die dabei heraussprang, war äußerst wertvoll und kam dem Institut in allen weiteren Untersuchungen über Autorität zustatten. Von einem kurzen, nur skizzenhaften Bericht über die psychische Verfassung der Arbeitslosen in Amerika abgesehen, war die gesamte empirische Arbeit zu den *Studien* in Europa durchgeführt worden, entweder unmittelbar vor der Vertreibung aus Deutschland oder unmittelbar danach in anderen europäischen Ländern. Der größte Teil des gesammelten Materials beruhte auf den von Fromm zur Ermittlung der psychologischen Situation von Arbeitern und Angestellten entwickelten Fragebogen. Obgleich, wie schon erwähnt, nur 586 von den ursprünglich 3 000 Fragebogen zurückkamen, schienen die Schwankungen in den Antworten breit genug, um eine Unterteilung in drei psychologische Typen sinnvoll erscheinen zu lassen: in autoritär, revolutionär und ambivalent. (Bezeichnenderweise hieß die Antithese zu »autoritär« damals »revolutionär«. Später, zur Zeit der *Authoritarian Personality,* als das Institut bereits über zehn Jahre in Amerika bestand, lautete die Antithese nicht mehr »revolutionär«, sondern »demokratisch« – eine Verschiebung des Akzents, an der sichtbar wurde, welche Dämpfung das Institut in seinem revolutionären Elan erfahren hatte.) Die quantitativen Verallgemeinerungen, die Fromm und Lazarsfeld aus dem Material zogen, wurden niemals veröffentlicht, ebensowenig wie der Versuch einer Korrelation mit dem späteren Verhalten der deutschen Arbeiterklasse bei der Machtübernahme durch die Nazis unternommen wurde.
Andere Untersuchungen waren ähnlich zurückhaltend in ihren Schlußfolgerungen. Als bei einer Erhebung 1932 über die Einstellung deutscher Ärzte zur Sexualmoral nur ein Drittel der Fragebogen zurückkamen, wurde trotz vorhandener repräsentativer Beispiele und trotz der von Karl Landauer zusätzlich in Holland angestellten Beobachtungen kein Versuch angestellt, das Material zu verallgemeinern. Selbst als man in einer Doppelstudie über Autoritätsstrukturen in der Jugend umfassendere Belege zur Hand hatte, ging man bei der Analyse des Materials vorsichtig zu Werk. Erhebungen dazu warensowohl von Jugendexperten in verschiedenen Ländern wie von Jugendlichen selbst angestellt worden. Die Zusammenfassung der Expertenarbeiten besorgten Andries Sternheim und ein neues Mitglied der Gruppe junger Institutsmitarbeiter, Ernst Schachtel, der mit Fromm noch aus den gemeinsamen Studententagen in Heidelberg befreundet war.[73] Jay Rumney steuerte die Kurzbeschreibung einer separaten Untersuchung englischer Experten bei, an welcher der Londoner Institutszweig damals arbeitete. Es folgten Berichte über Erhebungen, die Jugendliche in der Schweiz, in Frankreich und in England durchgeführt hatten. Die schweizerischen Untersuchungen leitete Käthe Leichter; in Methodenfragen stand ihr ein Flüchtling aus Wien zur Seite, der bald mehr mit dem Institut zu tun haben sollte, nämlich Paul Lazarsfeld. Weniger

vollständig waren die Untersuchungen, über die Jeanne Bouglé und Anne Weil aus Paris und noch einmal Rumney aus London berichten konnten. Die letzten Beiträge in der empirischen Abteilung der *Studien* berichteten von Vorstudien über die Auswirkungen der Arbeitslosigkeit in Frankreich und Amerika, übrigens in Vorwegnahme einer späteren Arbeit von Mirra Komarowsky, auf die wir gleich zu sprechen kommen werden.

Aus seinem eigenen Projekt über autoritäres Verhalten bei Arbeitern vermochte Fromm gewisse methodologische Schlüsse zu ziehen.[74] So erwies es sich zuallererst als notwendig, die Antworten in ihrer Gesamtheit und nicht einzelne zur Basis der Analyse zu machen. Ziel war ja, wie bereits gesagt, die Aufdeckung der verschiedenen Charaktertypen unter den Befragten, und die offenbarten sich nur im Gesamtzusammenhang ihrer Antworten und im Vergleich mit den Antwortkatalogen anderer Befragter. Dies erforderte jedoch mehr als induktive Verallgemeinerung. Um mit Fromm zu sprechen: »Sosehr die Typenbildung vom Forschungsmaterial beeinflußt wird und an ihm ständig modifiziert werden sollte, so können die einzelnen Typen keineswegs ausschließlich mittels Klassifikation gewonnen werden, sondern setzen eine entwickelte psychologische Theorie voraus.«[75] Der sado-masochistische Charakter, wie er ihn früher beschrieben hatte, war das Produkt einer solchen Theorie. Die Korrelation von Fragebogenmaterial und einem theoretischen Modell, räumte Fromm ein, erfordere zwar erhebliches interpretatives Geschick, führe aber bei ausreichender Sorgfalt nicht zu einer Verzerrung der Daten. Auch anderes Beweismaterial, bis hin zur Graphologie, die Schachtel mit gemischten Resultaten zu verwenden suche, könne erfolgreich eingesetzt werden.

Wenn sich erst Korrelationen zwischen einzelnen Antworten und den eher allgemeinen Charaktertypen aufstellen ließen, dann dürften diese auch auf andere Daten, wie soziale Klasse oder Glaubenszugehörigkeit, bezogen werden. Der entscheidende Punkt sei allerdings, daß hinter allen empirischen Operationen eine globale Theorie stehen müsse. Die fruchtbarste Theorie war für Fromm natürlich die Kritische Theorie. Und in der Tat waren, wie Schachtel in einem späteren *Zeitschrift*-Artikel[76] ausführlich darlegte, amerikanische Charaktertests unzureichend gerade aufgrund ihrer untheoretischen Basis. Zu dieser eher allgemeinen Erkenntnis kamen einige weitere, mehr spezifische Erkenntnisse; dennoch standen die empirischen Unternehmungen des Instituts damals ganz deutlich auf einer noch relativ primitiven Stufe, zumindest verglichen mit seinen späteren Arbeiten, in denen mit großem Gewinn die Mittel der Inhaltsanalyse und des projektiven Tests eingeführt wurden.

Die dritte Abteilung der *Studien*, für die Löwenthal verantwortlich zeichnete, enthielt sechzehn Einzelstudien, viele, dem Umfang nach, schon fast Monographien.[77] Aus Platzmangel konnten im Buch, das schließlich immer noch über 900 Seiten zählte, viele dieser Studien nur auszugsweise dargestellt werden; und genau derselbe Grund zwingt uns hier zu einer Sammelbesprechung. Verschiedene dieser Aufsätze befaßten sich speziell mit den Auswirkungen der Wirtschaft auf die Situation der Familie, ein Punkt, der in der theoretischen Abteilung kaum zur Sprache gekommen war. Andere beschäftigten sich mit Rechtsproblemen im Bereich der Familie in verschiedenen Ländern. Auffallend in dieser Abteilung, wie in den *Studien* insgesamt, ist das Fehlen einer Untersuchung über Antisemitismus im Zusammenhang mit Autoritätsproblemen. Vielleicht drückt sich auch hier noch die allgemeine Bagatellisierung des Judenproblems im Institut aus, über die wir schon gesprochen haben. Pollock, darüber befragt, antwortete: »Wir wollten es nicht an die große Glocke hängen.«[78] Möglicherweise entsprach dies auch der Abneigung des Instituts dagegen, die Aufmerksamkeit unnötigerweise auf die hohe Anzahl seiner jüdischen Mitglieder zu lenken. Welches auch der Grund gewesen sein mag, lange ging man an diesem Problem nicht mehr vorüber. 1939 veröffentlichte Horkheimer seinen wohl verzweifeltsten Aufsatz mit dem Titel »Die Juden in Europa«[79], und das Institut begann mit dem Entwurf einer großangelegten Antisemitismusuntersuchung. Obwohl in seiner ursprünglichen Konzeption niemals ausgeführt, ging dieser Entwurf in die »*Studies in Prejudice*« mit ein, deren Leitung in den vierziger Jahren zum Teil beim Institut lag und die sich neben anderem auch mit dem Problem des Antisemitismus ausführlich beschäftigten. Das Ziel, mit dem die Institutsgründer in den frühen zwanziger Jahren Hermann Weil zur Finanzierung ihrer Arbeit bewogen hatten, wurde damit erst zwei Jahrzehnte später verwirklicht, das heißt, lange nachdem sich das Institut in den *Studien* erstmals mit dem Autoritätssyndrom befaßt hatte. Es ist allerdings unwahrscheinlich, daß die spätere Arbeit des Instituts in dieser wie in vielen anderen Fragen ohne die aus der ersten gemeinschaftlichen Untersuchung gewonnene Erfahrung in der gleichen Weise verlaufen wäre.

Obgleich die *Studien* in der Entwicklung des Instituts selbst einen wichtigen Schritt bedeuteten, war ihre Wirkung draußen eher gemischt. Da sie in deutscher Sprache erschienen, wurden sowohl ihre Befunde wie auch die Methode von der amerikanischen Wissenschaft nur ganz allmählich rezipiert. Hinzu kam, daß die extrem ablehnende Kritik, mit der Hans Speier[80] in *Social Research,* dem Organ der *New School,* die Arbeit bedachte, diesen Prozeß keineswegs begünstigte. Nicht nur der marxistische Ton des Instituts forderte den Zorn der *New School* heraus, auch die Begeisterung für Freud verursachte Ärger. Max Wertheimer, der Begründer der Gestaltpsychologie war von 1934 bis zu seinem Tode im Jahr 1943 der Doyen der Psychologen der *New School.* Seine Verachtung für die Psychoanalyse fand ihr deutliches Echo in Speiers vernichtender Kritik. Wie im letzten Kapitel gezeigt, war die

Integration von Marx und Freud in den dreißiger Jahren noch immer eine Zielscheibe des Spotts, und das nicht nur für die *New School.* Die Aufnahme der *Studien* litt erheblich unter dieser Situation.

Das Interesse des Instituts am Autoritätsproblem wurde nach der Fertigstellung der *Studien* keineswegs geringer. Mit der wachsenden Bedrohung durch die Nazis wuchs zugleich die Intensität, mit der das Institut nach einer Erklärung für die Situation suchte. Die Ergebnisse seiner Arbeit sind so inhaltsreich, daß sie einer gesonderten Erörterung bedürfen; sie sollen uns im nächsten Kapitel beschäftigen. Ehe wir uns jedoch dem Spezialfall Deutschland zuwenden, muß die volle Reichweite der Untersuchungen, die das Institut zum Autoritätsproblem anstellte, verdeutlicht werden. Tatsächlich war einer der Angelpunkte in der Nazismus-Interpretation des Instituts die Auffassung, dieses Phänomen sei nicht zu trennen von allgemeinen Tendenzen in der westlichen Gesellschaft insgesamt.

Mehr noch, das Institut versuchte sogar, die Krise der westlichen Zivilisation in einen globalen Zusammenhang zu stellen. Es stützte sich dabei auf seine Experten in außereuropäischen Fragen und vermochte so den Rahmen seiner Arbeit auszuweiten. Die zugrunde gelegte Methode unterschied sich allerdings von der in den *Studien* verwandten Methode. Dies galt insbesondere für die Arbeit Karl Wittfogels, auf dessen Distanz zur Kritischen Theorie wir bereits hingewiesen haben. Trotz der Kluft, die zwischen seinem und Horkheimers Ansatz bestand, erschienen seine Chinastudien während der dreißiger Jahre regelmäßig in der *Zeitschrift.*[81] Nach 1935 verbrachte Wittfogel fast drei Jahre mit Untersuchungen im Fernen Osten, mit dem Ergebnis, daß seine Arbeit auch weiterhin auf orthodoxeren marxistischen Prämissen beruhte als die des inneren Institutskreises. Neben der finanziellen Unterstützung, die Wittfogel für seine Forschungsarbeit vom Institut erhielt, bekam er auch Zuwendungen aus der *Rockefeller Foundation* und vom *Institute of Pacific Relations.* In den vierziger Jahren wurde Wittfogel immer unabhängiger vom Institut, und zwar sowohl ideologisch wie finanziell. Trotzdem wurde die Verbindung zu ihm in den ersten Jahren nach seiner Rückkehr aus China sehr gern betont; er wurde als ein Bindeglied zur amerikanischen akademischen Welt herausgestellt. In den kurzen historischen Berichten des Instituts über jene Jahre werden Wittfogels Schriften dann auch stets sehr ausführlich erwähnt, und in der Vorlesungsreihe des Instituts an der *Columbia Extension Division* erschien er an ganz prominenter Stelle. Als er 1940 in dritter Ehe Esther Goldfrank heiratete, verlor er im Institut zunehmend an Bedeutung, bis 1947 schließlich keine Rede mehr von ihm war.

Der zweite wichtige Mitarbeiter des Instituts bei außereuropäischen Autoritätsstudien war einer seiner Gründer, Felix Weil. Obwohl Weil mit der Horkheimer-Gruppe sich weder ideologisch noch politisch jemals überwarf, war auch er von der Kritischen Theorie kaum beeinflußt. 1944 wurde sein Buch *Argentine Riddle*[82], eine Analyse des Landes, das er von Geburt an kannte, in New York veröffentlicht, allerdings nicht unter der Schirmherrschaft des Instituts. Genau wie in Wittfogels umfangreichen Untersuchungen zur chinesischen Geschichte war, was die Methodologie anlangte, auch hier kaum etwas von den *Studien* zu spüren.

Die erste amerikanische Untersuchung, die den methodologischen Einfluß des Instituts erkennen ließ, war Mirra Komarowskys *The Unemployed Man and His Familiy*[83], erschienen 1940. Ergebnis einer Untersuchung, die in den Jahren 1935 und 1936 in Newark durchgeführt worden war, war das Buch in Zusammenarbeit mit Paul Lazarsfelds *Research Center* an der Universität von Newark zustande gekommen.[84] Lazarsfeld, dem das Institut für dieses Projekt finanzielle Mittel zur Verfügung gestellt hatte, schrieb die Einleitung und lieferte die typologischen Klassifikationen, die er bereits in der *Zeitschrift* dargelegt hatte.[85] Das Projekt stützte sich bei der Erforschung der Auswirkungen, die die Wirtschaftsdepression auf das Familienleben hatte, mehr auf qualitative als auf quantitative Techniken.

Inhaltlich befaßte sich die Untersuchung mit dem Einfluß der Arbeitslosigkeit auf 59 Familien, deren Namen den Forschern von der *Emergency Relief Administration** genannt worden waren. Mit verschiedenen Familienmitgliedern wurde eine Serie von Interviews mit dem Ziel geführt, eventuelle Veränderungen in den Familienbeziehungen zu ermitteln. Insgesamt bestätigten die Ergebnisse die These der *Studien* vom Autoritätsverlust der modernen Familie. Auch sie deuteten auf die zunehmende Atomisierung des Menschen in der Massengesellschaft hin, denn, so schrieb Mirra Komarowsky, »der arbeitslose Mann und seine Frau haben keinerlei sozialen Kontakt außerhalb der Familie. Das Ausmaß der sozialen Isolierung der Familie ist kaum vorstellbar.«[86] Dennoch erschienen Komarowsky die Implikationen dieser Veränderungen bei weitem nicht so hoffnungslos wie in den späteren Arbeiten des Instituts während der vierziger Jahre. Komarowsky artikulierte eher ihre eigene Auffassung als die von Horkheimer und anderen zentralen Figuren des Instituts, wenn sie schreibt: »Selbst ein partieller Verfall elterlicher Autorität in der Familie infolge der Depression dürfte die Bereitschaft kommender Generationen, gesellschaftliche Veränderung zu akzeptieren, erhöhen.«[87] Je länger das Institut in Amerika war, desto mehr war es vom Gegenteil überzeugt. Ob nun das Institut oder Komarowsky auf lange Sicht recht behalten, die Krise der Familienbeziehungen, neuerdings als »Generationskonflikt« apostrophiert, sollte jedenfalls zunehmend mehr zum Gegenstand wissenschaftlicher Untersuchung und allgemeiner Aufmerksamkeit werden.

* Die *Emergency Relief Administration* ist eine Art Wohlfahrtsamt (die Übers.).

Hier wie in so vielen anderen Fällen hat die Frankfurter Schule spätere Fragen von weitreichendem Interesse antizipiert.
Ehe wir die empirische Arbeit aus den vierziger Jahren, die den wachsenden Pessimismus des Instituts bekräftigt, erörtern wollen – dies soll im siebten Kapitel geschehen –, möchten wir einige weitere Arbeiten des Instituts zum Autoritätsproblem erwähnen, deren Ansatz weniger empirisch ist. Besonders eindrucksvoll waren die Analysen von Adorno, Benjamin und Löwenthal zu Kulturphänomenen, die während der dreißiger Jahre in der *Zeitschrift* erschienen sind. Dabei stand Löwenthal mit seinem Denkansatz den *Studien* am nächsten, sicher nicht zuletzt deshalb, weil er im Gegensatz zu den beiden anderen an ihrer Durchführung und Aufbereitung beteiligt gewesen war. Wenn Erkenntnisse aus den *Studien* auch in Aufsätzen von Benjamin und Adorno hie und da ein Echo finden – wie zum Beispiel in Adornos Fragmenten über Wagner[88] –, so waren die ästhetischen Theorien, aus denen ihre Arbeiten sich speisten, doch so spezifisch, so idiosynkratisch, daß sie gesondert erörtert werden müssen; wir werden später auf sie zu sprechen kommen. Löwenthals Arbeit hingegen wurzelte in einer unkomplizierteren Literatursoziologie, die es ihm erlaubte, Spuren vieler in den *Studien* erforschter Autoritätsmuster in der Literatur konkret nachzuweisen.
Von 1928 bis 1931 arbeitete Löwenthal an einer längeren Untersuchung über die erzählende Literatur des 19. Jahrhunderts in Deutschland; sie erhielt den Titel *Erzählkunst und Gesellschaft; Die Gesellschaftsproblematik in der deutschen Literatur des 19. Jahrhunderts.*[89] Levin Schückings Schriften über die Soziologie des Geschmacks, die Kritiken von Georg Brandes und insbesondere Georg Lukács' *Theorie des Romans* zählten zu den wenigen Arbeiten, die sich Löwenthal zum Vorbild nahm. Seine eigene Schrift enthielt Aufsätze über Goethe, die Romantiker, das Junge Deutschland (insbesondere Gutzkow), Eduard Mörike, Gustav Freytag, Friedrich Spielhagen, Conrad Ferdinand Meyer und Gottfried Keller. Intensive Textkritik stand im Wechsel mit Analysen der psychologischen und soziologischen Einflüsse auf die einzelnen Autoren. Löwenthal vermied zwar jeden reduktionistischen Ansatz, versuchte aber die Literatur in ihren historischen Kontext zu stellen. So wurden beispielsweise die Vertreter des Jungen Deutschland als die ersten echten Repräsentanten von bürgerlichem Klassenbewußtsein interpretiert, und zwar insofern, als sie um einen »Zollverein« auf geistigem Gebiet kämpften, denn auch sie wollten keinerlei Restriktionen des Wettbewerbs.[90] Im Gegensatz zu ihren romantischen Vorgängern schrieben sie Bücher, deren Protagonisten sich in ihrer Welt zu Hause fühlten, eine Tendenz, die sich in den Romanen der Realisten um die Jahrhundertmitte weiter verstärkte und in Gustav Freytags *Soll und Haben*, dem »unidealistischsten und unromantischsten Buch des 19. Jahrhhunderts«[91], gipfelte.

Löwenthal selbst hielt sein Buch für unfertig, kam aber unter dem Druck seiner neuen Aufgaben als geschäftsführender Redakteur der *Zeitschrift* nicht dazu, es zur sofortigen Veröffentlichung zu überarbeiten. So wurden zunächst Teile daraus in verschiedene Aufsatzsammlungen aufgenommen.[92] Der einleitende Aufsatz, eine Analyse der verwendeten Methode, wurde in der ersten Nummer der *Zeitschrift* abgedruckt.[93] Löwenthal skizzierte darin die Aufgaben eines Literatursoziologen.

Er begab sich mit diesem Vorhaben auf eine Gratwanderung zwischen der Literaturkritik orthodoxer Marxisten vom Schlage eines Franz Mehring und der idealistischen Alternative, wie sie der *New Criticism* neuerdings bot. Obgleich der Kritiker, so Löwenthals Gedanke, Kunst nicht auf einen simplen Reflex gesellschaftlicher Entwicklungen reduzieren dürfe, sehe er in ihr doch zu Recht die indirekte Widerspiegelung der Gesellschaft. Kunstwerke als isolierte, außergesellschaftliche Phänomene zu betrachten heiße, sie poetisch und nicht kritisch zu begreifen. Die historische Analyse müsse andererseits aber auch um das Diltheysche »Verstehen« der Absicht des Künstlers erweitert werden, wenn auch mit der Einschränkung, daß der Künstler materialistisch in seinem gesellschaftlich-ökonomischen Milieu anzusiedeln sei. Eine bündige Literaturkritik müsse zudem Augen haben für die Psychologie des Künstlers als vermittelndem Faktor zwischen der Gesellschaft und dem fertigen Kunstwerk. Und hier habe die Psychoanalyse trotz der Kinderschuhe, in denen sie, relativ gesehen, noch stecke, einiges zu bieten.[94] An Beispielen wie Balzac, Zola, Stendhal und Gutzkow versuchte Löwenthal, Sinn und Nützlichkeit seiner Methode zur Analyse der literarischen Form, sich wiederholender Motive und des jeweiligen thematischen Inhalts zu demonstrieren. Der Aufsatz schloß mit dem Hinweis auf einen weiteren Forschungsbereich für materialistische Kritik: die gesellschaftliche Wirkung von Literatur. Löwenthals Leitgedanke bestand, wie zu erwarten, in dem Postulat einer Literatursoziologie, die selbst Teil einer allgemeinen kritischen Theorie der gesellschaftlichen Totalität zu sein habe.

In einer Reihe von Aufsätzen in der *Zeitschrift* setzte Löwenthal seine Vorstellungen in die Praxis um. Wie viele Arbeiten von Institutsmitgliedern demonstrierten auch sie die integrative Qualität im Denken der Frankfurter Schule. In seiner ersten Kritik befaßte er sich mit dem Geschichtsbild in Conrad Ferdinand Meyers Dichtung als einer Geschichte von Heroen.[95] Viele Gedanken, die Marcuse ein Jahr später in seinem Aufsatz »Der Kampf gegen den Liberalismus in der totalitären Staatsauffassung« entwickelte, sind hier in anderem Kontext dargelegt. In Meyers Novellen, schrieb Löwenthal, werde Geschichte auf die Funktion einer Bühne für Heldentaten reduziert. Wie sein schweizerischer Landsmann, der Historiker Jacob Burckhardt, gestalte Meyer die Helden der Vergangenheit als Vorwegnahmen der großen Männer der

Gegenwart. Zudem sei die Natur in Meyers Werk nichts als die Fortsetzung von Geschichte mit anderen Mitteln; auch sie bilde nur den Hintergrund für heroische Taten. Obwohl sie großes Gewicht auf den Individualismus legten, fehle Meyers Geschichten der psychologische Spürsinn. Seine Helden seien letztlich unsagbar erhaben, das Milieu, in dem sie agierten, erscheine mythisch und irrational. Was dabei herauskomme, sei eine implizite Ideologie des starken Mannes, durchaus im Sinne des Bismarck-Kultes, der zu jener Zeit ja seine Blüte erlebt und den Meyer in seinen Kommentaren auch tatsächlich mitgetragen habe. Weiter sagte Löwenthal, Meyer habe trotz der aristokratischen Elemente seiner Abstammung in gewisser Weise der Mentalität der national-liberalen Industriemagnaten näher gestanden. Und in der Tat spiegelte die aristokratisch-bürgerliche Mischung in seinen Schriften die bestehende Allianz der herrschenden Klassen im Zweiten Deutschen Reich exakt wider. »In Deutschland«, schrieb Löwenthal, »hat es einen eigentlichen Liberalismus als Ausdruck des Klassenbewußtseins der herrschenden Schicht nicht gegeben, sondern aus bestimmten ökonomischen und politischen Bedingungen entstand ein Bündnis zwischen Großagrariern, Kaufleuten und Militärs, das einem heroischen Irrationalismus außerordentlich zugänglich war.«[96] Kurz, Löwenthal versuchte, eine auf der Herrschaft großer Männer beruhende Geschichtsphilosophie zu entlarven, eine Geschichtsphilosophie, die einer bestimmten Phase der Entwicklung in Deutschland entsprach.
Hatte Meyer die Geschichte mythologisiert, so erschien sie in dem Kulturphänomen, mit dem Löwenthal sich anschließend befaßte, noch viel verzerrter: in der Dostojewskij-Rezeption in Deutschland vor dem Ersten Weltkrieg.[97] Mit seiner Untersuchung der rund achthundert deutschen Dostojewskij-Kritiken unternahm Löwenthal eine echte Pionierstudie über Leserreaktionen.[98] In späteren Jahren meinte er, seine Methode sei damals noch relativ roh gewesen:

»Hätte ich zu jener Zeit die fortgeschrittenen Methoden der Meinungsforschung und der projektiven Psychologie gekannt, ich hätte diese Studie vermutlich niemals unternommen, denn sie versucht, dieselben Ziele wie diese Methoden in primordialer Weise zu erreichen. Sie geht davon aus, daß die Schriften eines Autors ihm als Projektionsmittel zur Offenlegung – mit Hilfe weithin verbreiteter Kommentare – von verborgenen Charakterzügen und Tendenzen dienen, wie sie für breite Schichten einer Bevölkerung typisch sind. Mit anderen Worten, sie untersucht Leserreaktionen indirekt am Medium von gedrucktem Material, aus dem stellvertretend typische Gruppenreaktionen gefolgert werden.«[99]

So einfach diese Methode auch immer gewesen sein mag, die Ergebnisse bestätigten in ihrer Tendenz die Autoritätsanalyse des Instituts.

Während Meyers Leserschaft hauptsächlich aus mäßig wohlhabenden Angehörigen des Mittelstandes bestanden hatte, wurde Dostojewskij eher vom weniger erfolgreichen Kleinbürgertum gelesen. Seine Anziehungskraft auf diesen verwirrtesten und verschüchtertsten Teil der deutschen Bevölkerung, meinte Löwenthal, habe ihren Grund vornehmlich in dem Trost gehabt, den sein Werk ihnen bot. Zusätzlich habe noch der Mythos, der sein privates Leben umgab, dafür gesorgt, daß persönliches Leiden allgemein nicht nur als unausweichlich hingenommen wurde, sondern auch als etwas, was adele. Völkische Theoretiker wie Arthur Moeller van den Bruck fühlten sich besonders stark zu der geistigen Versöhnung hingezogen, die in seinem Werk gepriesen werde, sowie zu seiner nationalistischen Transzendenz des Klassenkonflikts und zur Ideologie der universellen Liebe. Dostojewskij habe dieser Lesart seiner Romane insofern selbst Vorschub geleistet, als es ihm nicht gelungen sei, einen Glauben an die Möglichkeit irdischen Glücks zu entwickeln, was sich auch in seiner strikten Ablehnung jedes politischen und sozialen Radikalismus ausdrücke. Die Betonung von Liebe und Mitleid, die bei ihm an die Stelle des politischen Aktivismus trete, passe durchaus zu der völkischen Verzerrung der Mutterrechtstheorie, denn beide führten zu Passivität und Abhängigkeit.

Im Unterschied zu Meyer jedoch gebe Dostojewskij eine sensible Darstellung und Erläuterung der inneren psychologischen Realität. Zu einem Zeitpunkt der Unentschiedenheit, der Unklarheit in der deutschen Geschichte, zwischen Aufstieg und Niedergang bürgerlicher Macht habe paradoxerweise gerade darin eine besondere Attraktion gelegen. In der Interpretation seines Werks im Vorkriegsdeutschland trete Innerlichkeit an die Stelle von sozialer Beziehung als Kristallisationspunkt kulturellen Lebens. In der Faszination, die die gestörte und kriminelle Mentalität ausübe, welche Dostojewskij so gekonnt porträtiere, drücke sich ein echtes Interesse an Entfremdung aus, jedoch eines, das in seiner Blindheit für die gesellschaftlichen Ursachen dieses Zustandes ideologisch verzerrt sei.[100] Im allgemeinen zeuge die enorme Popularität von Dostojewskijs Romanen bei bestimmten Schichten des einfachen deutschen Volkes, meinte Löwenthal, unvermittelt von einer zunehmenden Flucht aus der harten Wirklichkeit und von einer immer stärkeren Kapitulation von irrationaler Autorität. So könne es denn auch nicht überraschen, wenn Dostojewskij nach dem Krieg als ein Prophet gesellschaftlicher Resignation mit Kierkegaard in eine Reihe gestellt worden sei.

Es gebe jedoch auch Ausnahmen, welche die ideologischen Implikationen der Literatur der spätbürgerlichen Periode nicht mitmachten; bestimmte Autoren, stellte Löwenthal fest, vermochten die Fassade falscher Versöhnung, wie die bürgerliche Kultur sie verspreche, durchaus zu durchdringen und die weniger attraktive Wirklichkeit dahinter bloßzulegen. Einem dieser Autoren, nämlich Henrik Ibsen, wandte

Löwenthal sich in seinem nächsten Aufsatz zu, den er für die *Zeitschrift* schrieb.[101] Ibsen war für Löwenthal sowohl ein echter Liberaler wie einer der geistvollsten Kritiker der spätliberalen Epoche. Obwohl er keine parteilichen »Gesellschaftsdramen« geschrieben habe, befasse sich Ibsen mit dem Niedergang des Liberalismus dort, wo er am unverletzlichsten scheine: in der Sphäre des Privaten und in der Familie. Indem er das uneinlösbare Versprechen individueller Selbstverwirklichung in einer Zeit der destruktiven Konkurrenz so lebendig porträtiere, zerstöre Ibsen die liberale Illusion vom persönlichen Glück. »Der Konkurrenzkampf«, schrieb Löwenthal, »erweist sich also nicht als ein Kampf um gesellschaftlichen und wirtschaftlichen Erfolg zwischen verschiedenen Individuen; er ist auch ein innerer Kampf, in dem das Individuum gewisse Seiten seines eigenen Wesens, seiner Persönlichkeit, drastisch beschneiden muß, um seine Sonderinteressen zu verwirklichen.«[102]

Indem er den Zerfall der Familie darstelle, zeige Ibsen zugleich die gesellschaftliche Durchdringung der Privatsphäre durch die Rollenspezialisierung. »Die Existenz als Gatte oder Gattin, Freund, Vater oder Mutter«, schrieb Löwenthal, »erscheint jeweils als eine Daseinsweise, die zu den Rechten des Individuums selbst wie auch zu den Rechten anderer Familienmitglieder im Widerspruch steht.«[103] Die Familien in Ibsens Dramen bestätigten die Schlußfolgerungen hinsichtlich des Funktionsverlustes der Familie als Reservat menschlicher Beziehungen, zu denen die *Studien* gelangt waren: Die einzig wirklich menschlichen Beziehungen in den Stücken scheine es im Augenblick des Todes eines Protagonisten zu geben, wenn die Fesseln der Gesellschaft endlich abfielen, wenn die Gesellschaft transzendiert werde. Im Gegensatz zu dem Optimismus, der die bürgerliche Kunst in ihrer frühen Phase gekennzeichnet habe, strahle Ibsens Drama Verzweiflung und Enttäuschung aus. Ibsen bot, so Löwenthal, keinerlei Ausweg an: »Zwei parallele Themen durchziehen Ibsens Werk: Das eine zeigt die Bemühung des Menschen, den etablierten gesellschaftlichen Werten und Idealen zu entsprechen, freilich nur, um dabei zu scheitern, und das andere zeigt den Untergang derjenigen, die diese Werte verwerfen, ohne etwas an ihre Stelle setzen zu können.«[104]

Die einzige Ausnahme, räumte Löwenthal ein, könne in Ibsens weiblichen Charakteren gesehen werden. Hier fänden sich Anklänge an die von Fromm in der *Zeitschrift* vorgetragene matriarchale Alternative. »Der Zusammenstoß zwischen der selbstsüchtigen Welt der Männer und der von den Frauen repräsentierten Liebe und Humanität ist ein entscheidendes Thema von Ibsens Dramen.«[105] Weiblicher Egoismus, wie Ibsen ihn zeige, drücke eine legitime Forderung nach materiellem Glück aus, ganz im Unterschied zu dem leeren Idealismus vieler seiner männlichen Charaktere. Dennoch verrate die Wirklichkeit weiblichen Daseins im späten 19. Jahrhundert, die Ibsens Stücke ebenfalls zeige, die von seinen Frauengestalten vertretenen Prinzipien letztlich wieder. Ihre Negation der herrschenden Realität bleibe gänzlich ohne Folgen. Das gleiche, meinte Löwenthal, lasse sich auch von einer anderen Protestmetapher sagen, die in der Literatur des späten 19. und des frühen 20. Jahrhunderts so häufig zu finden sei: von der Natur als Alternative, und zwar als besserer Alternative zur Gesellschaft. In seinem vermutlich scharfsinnigsten Aufsatz befaßte sich Löwenthal mit der Verzerrung dieses Gegenbildes in den Romanen des Norwegers Knut Hamsun.[106] Als Löwenthal im Jahr 1934 erstmals behauptete, Hamsuns Erzählungen enthielten nur eine Pseudonegation des status quo, begegnete ihm mancher seiner Institutskollegen mit ziemlicher Skepsis.[107] *Hunger, Pan* und *Segen der Erde* sowie andere Erzählungen Hamsuns wurden als echter Protest gegen die Entfremdung und Leere modernen Lebens verstanden. Löwenthal erfuhr allerdings die traurige Genugtuung, daß seine Gegenposition »bewiesen« wurde, als nämlich Hamsun sich einige Jahre später Quislings Kollaborateuren in Norwegen anschloß. Diese explizite Bestätigung der Tendenzen, die Löwenthal unter dem Firnis von Hamsuns Novellen ausgemacht hatte, war einer der klarsten Erfolge des theoretischen Ansatzes des Instituts.

Die Art, in der Hamsun von Natur sprach, in der er mit Natur umging, nahm für Löwenthal die später offen autoritäre Einstellung des Autors bereits vorweg. In späteren Jahren riefen auch Horkheimer und Adorno nach einer Versöhnung von Mensch und Natur, aber, wie wir sehen werden, in einer völlig anderen Weise, als dies in Hamsuns Novellen und Romanen geschah. Im Unterschied zur romantischen Vorstellung von Natur, wie sie am subtilsten bei Rousseau ausgedrückt ist, war die Hamsunsche ohne jede kritische, progressive Schärfe. In seinen Romanen war der Mensch nicht mit der Natur versöhnt, sondern er unterwarf sich ihrer Macht und ihrem Mysterium. Das traditionelle liberale Ziel der Beherrschung der Natur (von Horkheimer und Adorno in der *Dialektik der Aufklärung* problematisiert, von Löwenthal hier jedoch nicht kritisiert) wurde zugunsten von passiver Kapitulation vor der Natur aufgegeben. »Für Hamsun«, schrieb Löwenthal, »bedeutet Natur Frieden, aber einen Frieden, dessen Spontaneität und dessen Wille zu erkennen und zu beherrschen, verlorengegangen ist. Dieser Friede gründet sich auf die Unterwerfung unter jede willkürliche Gewalt, es ist ein Pantheismus, der eine Fluchtmöglichkeit aus dem düsteren Bezirk der Geschichte bietet. Die Natur bedeutet jetzt Trost wegen ihrer Unveränderlichkeit und ihrer Allgegenwart.«[108] An die Stelle des charakteristischen kantischen Stolzes auf menschliche Autonomie trete, schrieb Löwenthal, die bereitwillige Hinnahme von natürlicher Brutalität. Sentimentalität und Skrupellosigkeit gingen in Hamsuns Schriften eine Verbindung ein, wie sie typisch sei für den Nazismus (Göring zum Beispiel war Vorsitzender des deutschen Tierschutzvereins). Der ewig sich wiederholende Rhythmus der Natur stehe für die Möglichkeit menschlicher Praxis, ein Phänomen, welches das Institut später als »Mimesis« bezeichnete. »Und das gesellschaftliche Gegenstück zum Gesetz vom naturhaften Rhythmus«, schrieb Löwenthal, »ist die blinde Disziplin.«[109] In alledem, so folgerte er, stecke genügend Anschauungsmaterial für den sado-masochistischen Charaktertyp, den Fromm in den *Studien* beschrieben habe.

Weitere Bekundungen von Hamsuns autoritärer Haltung seien seine Heldenverehrung, seine Glorifizierung des bäuerlichen und traditionellen Lebens und seine Reduzierung von Frauen allein auf ihre Reproduktions- und Sexualfunktionen. Alle diese Momente, dies sei zu betonen, fänden sich auch in der deutschen völkischen Literatur[110], ebenso wie die bewußt abwertende Beurteilung städtischen Lebens und der fanatische Anti-Intellektualismus in Hamsuns Werk. Bereits 1890, in seinem Buch *Hunger*, habe Hamsun jene Art von Vulgarisierung der Lebensphilosophie betrieben, auf die Horkheimer in der *Zeitschrift* immer wieder hingewiesen habe. Was als Protest begonnen habe, sei damit eindeutig in eine Verteidigung des status quo verkehrt worden. Genau wie in der deutschen Dostojewskij-Rezeption sei Trost im Elend die Botschaft von Hamsuns Romanen. Allerdings: »Der Trost wendet sich gegen die Getrösteten selbst. Sie sollen das Leben nehmen, wie es nun einmal ist, das aber bedeutet, die bestehenden Verhältnisse von Herrschaft und Dienst, von Befehl und Ausführung hinnehmen.«[111] Bei Hamsun sei die Aushöhlung des europäischen Liberalismus voll gelungen, und die Kapitulation vor dem Totalitarismus trete offen zutage. Im letzten Teil seines Aufsatzes (der in der späteren englischen Version des Textes in dem Sammelband *Literature and the Image of Man* übrigens fehlt) erörterte Löwenthal die Rezeption von Hamsuns Werk in Europa nach dem Ersten Weltkrieg. Während er bis dahin von sozialistischen und sogar von einigen bürgerlichen Kommentatoren für seine Resignation kritisiert worden sei, werde er nun allgemein bejubelt. Sowohl die *Neue Zeit* wie Alfred Rosenbergs Nazi-Bibel, *Der Mythos des 20. Jahrhunderts,* sängen nach 1918 Loblieder auf ihn – Beweis für die zunehmende Paralyse autoritären Verhaltens.

Wie bereits betont, beschäftigte sich das Institut in den dreißiger Jahren vornehmlich mit der Aufdeckung, Analyse und Bekämpfung der faschistischen Gefahr. Wenngleich im Rahmen der mehr allgemeinen Untersuchungen über Autorität, die wir in diesem Kapitel dargestellt haben, konzentrierten sich die Bemühungen des Instituts in erster Linie doch auf ihre deutsche Variante, die die Kollegen schließlich am eigenen Leib erfahren hatten. Der italienische Faschismus, dies in Parenthese, wurde von der *Zeitschrift* und den *Studien* praktisch ignoriert. Das Hauptinteresse des Instituts galt ohne Zweifel in erster Linie dem Nazismus als dem sichtbarsten und schrecklichsten Ausdruck für den Zusammenbruch westlicher Kultur. Reichtum und Vielfalt der Beiträge zur Analyse des Nazismus erfordern eine eigene Diskussion.

V Die Nazismus-Analyse des Instituts

Staatskapitalismus ist der autoritäre Staat der Gegenwart . . . ein neues Atemholen für die Herrschaft

MAX HORKHEIMER

Schon der Begriff »Staatskapitalismus« ist eine contradicto in adjecto.

FRANZ NEUMANN

»Wir waren samt und sonders einfach besessen von dem Gedanken, Hitler und den Faschismus besiegen zu müssen, und dieser Gedanke ließ uns zusammenrücken. Wir spürten, wir hatten eine Mission. Das galt auch für die Sekretärinnen, wie überhaupt für jeden, der ans Institut kam und dort arbeitete. Diese Mission gab uns wirklich ein Gefühl von Loyalität und Zusammengehörigkeit.«[1] So beschrieb Alice Maier, Horkheimers Sekretärin in New York, das dominierende Interesse des Instituts in den späten dreißiger und frühen vierziger Jahren. Ein gemeinsames Ziel bedeutete jedoch nicht notwendig auch völlige theoretische Übereinstimmung, wie wir gleich sehen werden. Der anhaltende Strom von Flüchtlingen aus Europa zum Institut brachte auch neue und zuweilen miteinander in Konflikt liegende Perspektiven mit sich. In manchen Fällen, wie etwa bei Adorno, der von 1938 an voll dem Institut angehörte, wurden ältere Tendenzen in der Institutsarbeit verstärkt. Adornos Ansatz in der Faschismusfrage beruhte auf den gleichen psychologischen Grundannahmen, von denen auch die *Studien über Autorität und Familie* ausgegangen waren. Es gab, wie wir im zweiten Kapitel deutlich gemacht haben, keinerlei theoretische Differenzen zwischen Horkheimer und ihm. Mit anderen neuen Mitgliedern des Instituts bestand keineswegs eine solche Gemeinsamkeit des theoretischen Ansatzes. Die drei wichtigsten Wissenschaftler, die neu hinzukamen, waren Franz Neumann, Otto Kirchheimer und Arkadij R. L. Gurland. Ein vierter, Paul Massing, hatte nur geringen unmittelbaren Einfluß auf die Debatte, obwohl seine Position in Institutsangelegenheiten nach 1941 in anderer Hinsicht sehr wichtig wurde. Die Anwesenheit dieser Männer in New York bedeutete zwar einerseits eine Bereicherung für die Nazismus-Forschung des Instituts, stellte andererseits aber auch eine sachte Bedrohung der Grundprämissen der Kritischen Theorie dar.

Die wichtigste Rolle unter den dreien spielte Neumann, hauptsächlich aufgrund des nachhaltigen Einflusses seiner inzwischen klassischen Studie über den Nazismus, *Behemoth*[2], ein Buch, das, wie wir gleich

sehen werden, in vielen Punkten zur Arbeit der älteren Mitglieder der Frankfurter Schule im Widerspruch steht. Neumann kam 1936 auf Empfehlung von Harold Laski, einem der Gönner des Instituts in London und zugleich Neumanns Lehrer an der *London School of Economics,* ans Institut; allerdings ohne dort völlig unbekannt zu sein, hatte er doch bereits im Jahr 1918 Löwenthal in Frankfurt kennengelernt, wo sie beide an der Gründung der Sozialistischen Studentenvereinigung mitgewirkt hatten. London, wohin er zunächst emigriert war, hatte sich trotz Laskis Bemühungen, ihm ein Auskommen zu verschaffen, als unwirtliche Stadt erwiesen; Neumann schrieb dazu später: Die englische »Gesellschaft war viel zu homogen und zu geschlossen, ihre Möglichkeiten waren (insbesondere unter den Bedingungen von Arbeitslosigkeit) viel zu sehr eingeengt, und die politische Situation war auch nicht allzu angenehm. Ich hatte das Gefühl, man konnte einfach kein Engländer werden.«[3] Amerika hingegen bereitete ihm einen gastfreundlichen Empfang, und Neumann entschloß sich, den Rest seines Lebens jenseits des Atlantik zu verbringen.
Vor seiner Emigration hatte Neumann das Leben eines politisch aktiven Menschen mit dem eines Wissenschaftlers verbunden. Er gehörte derselben Generation an wie der innere Kreis des Instituts um Horkheimer. Neumann wurde 1900 in Kattowitz an der polnischen Grenze in einer assimilierten jüdischen Familie geboren. Seine erste politische Betätigung war die gleiche wie bei Marcuse; er gehörte den Soldatenräten zu Ende des Krieges an. In der Weimarer Zeit neigte er mehr und mehr dem gemäßigten Marxismus der Sozialdemokratischen Partei zu, obwohl er links von ihrer Führung stand, deren Politik er immer wieder heftig kritisierte. Seine politischen Aktivitäten reichten für eine Inhaftierung im Jahr 1933 aus; einen Monat später gelang ihm die Flucht nach London.[4]
In seinem akademischen Werdegang unterschied sich Neumann von den meisten Institutsmitgliedern. Seine Universitätsausbildung in Breslau, Leipzig, Rostock und Frankfurt war viel eher die eines Juristen als eines Philosophen. In Frankfurt studierte er bei dem renommierten Juristen Hugo Sinzheimer, zu dessen Studenten auch die späteren Emigranten Hans Morgenthau und Ernst Fränkel zählten. Die letzten fünf Jahre vor dem Zusammenbruch der Weimarer Republik verlebte Neumann in Berlin, wo er als juristischer Berater der SPD und einer der ihr angeschlossenen Gewerkschaften tätig war und wo er für eine Reihe von wissenschaftlichen und politischen Zeitschriften schrieb.[5] Daneben lehrte er an der berühmten Deutschen Hochschule für Politik, von der nach 1933 eine ganze Reihe von Wissenschaftlern, darunter Arnold Wolfers, Hans Simon, Ernst Jaeckh und Sigmund Neumann (keine Verwandtschaft), an amerikanische Universitäten kamen. Neumann unterhielt auch eine Anwaltspraxis in Berlin, die ihn gelegentlich vor das Bundesarbeitsgericht führte. Wie zu erwarten, erwies

sich seine profunde Kenntnis des deutschen Rechts in England als völlig nutzlos. Nicht zuletzt aus diesem Grunde begann er, unter Anleitung Laskis politische Wissenschaften zu studieren. 1936, zugleich das Jahr seines Eintritts ins Institut, wurde Neumann von der *London School of Economics* der Doktortitel verliehen.

Von der Rechtswissenschaft zur politischen Theorie kommend, hatte Neumann einen anderen Ansatz als Horkheimer und der innere Kreis des Instituts. Sein Marxismus erschien den anderen stets als weniger dialektisch, als mechanistischer, verglichen mit der Kritischen Theorie. Neumann kümmerte sich auch weit weniger um die psychologische Dimension der gesellschaftlichen Realität als Horkheimer, Adorno oder Fromm, was ebenfalls zur Distanz zwischen ihm und den andern beitrug. Kurzum, obwohl ihm niemand seinen analytischen Forschergeist absprach, wurde er im allgemeinen doch eher Grossmann und Wittfogel zugeordnet, und dies obwohl er deren Stalinismus scharf ablehnte.

Neumanns erster Beitrag zur *Zeitschrift* im Jahr 1937 spiegelte sein Interesse an Recht und Gesetz deutlich wider.[6] Er zeigte darin den Funktionswandel des Gesetzes im Recht der bürgerlichen Gesellschaft unter besonderer Berücksichtigung der Entwicklungen im 20. Jahrhundert auf. Dabei konzentrierte er sich unter anderem auf die vielgerühmte liberale Idee der Gleichheit vor einem unpersönlichen Gesetz, die, wie er sagte, als ideologischer Deckmantel für die Herrschaft der Bourgeoisie und als Schmieröl für die Funktionsfähigkeit eines Systems des freien Unternehmertums diene, das auf rechtliche Kalkulierbarkeit angewiesen sei. Die sogenannte Herrschaft des Gesetzes, meinte Neumann, beruhe dort auf einer Irreführung, wo sie sich weigere einzugestehen, daß hinter den Gesetzen stets Menschen oder, genauer, bestimmte gesellschaftliche Gruppen stünden.[7]

Gleichzeitig wies er aber auch auf die positive Seite der liberalen Theorie hin, garantiere sie doch wenigstens ein Minimum an rechtlicher Gleichheit. »Die Gleichheit vor dem Gesetz ist zweifellos ›formal‹, d. h. negativ (wir erinnern uns an die im letzten Kapitel vorgenommene Unterscheidung zwischen positiver und negativer Freiheit). Aber gerade Hegel, der die Unzulänglichkeit der bloß formal-negativen Bestimmung des Freiheitsbegriffes am klarsten erkannt hat, hat schon davor gewarnt, diese Bestimmung wegzuwerfen.«[8] Diese Überlegungen Neumanns lagen auf einer Linie mit dem, was Horkheimer und Marcuse über den Stellenwert der formalen Logik sagten: Obwohl in sich mangelhaft, stelle der Formalismus eine lebenswichtige Sicherung dar, welche die materielle Rationalität, sei es nun die rechtliche oder die logische, zu ihrem großen Nachteil außer acht lasse. Kurzum, der Formalismus sei ein genuines Moment der dialektischen Totalität, das nicht einfach negiert werden dürfe.

Im Anschluß daran analysierte Neumann die Funktion des rechtlichen

Formalismus, wobei er besonderes Gewicht auf den Begriff der Allgemeinheit des Rechts in der Weimarer Zeit und danach legte. Der Begriff der Allgemeinheit, stellte er fest, habe bei den Rechtstheoretikern nach einer kurzen Periode ausgeprägten Desinteresses um die Jahrhundertwende neue und lebhafte Unterstützung gefunden. Nur habe er inzwischen eine völlig andere Funktion als zur Blütezeit des Liberalismus im 19. Jahrhundert. Die Ursache für diesen Wandel sei ökonomischer Natur: »In der ökonomischen Sphäre wird das Postulat, der Staat möge nur durch generelle Gesetze herrschen, absurd, wenn der Gesetzgeber nicht mehr mit gleichen Wettbewerbern konfrontiert ist, sondern mit Monopolen, die das Prinzip der Marktgleichheit auf den Kopf stellen.«[9] Mit anderen Worten, der Gedanke von der allgemeinen Gültigkeit habe seine ehemalige Funktion der Gleichstellung eingebüßt, und seine Schwäche, sein Veralten sei von Weimars autoritärem Nachfolger auch sogleich erkannt worden. Anstelle von Allgemeingültigkeit gebe es jetzt einen willkürlichen Dezisionismus, der das Gegenteil von egalitär sei. Die faschistische Rechtstheorie reklamiere nun sogar für sich, den sogenannten »Institutionalismus« eingeführt zu haben, der an die Stelle der einzelnen Rechtsperson, an die Stelle des Individuums Institutionen und Körperschaften setze. Aber, so Neumann, dies sei lediglich eine ideologische Fassade für den Dezisionismus, »denn die Institution wird von den gesellschaftlichen Machtverhältnissen getrennt, in deren Zusammenhang sie allein verständlich ist«.[10]
Das Gesetz in faschistischen Ländern, schloß Neumann, sei damit rechtswidrig, denn ohne in den rationalen Grundlagen des Naturrechts begründet zu sein, fehle ihm die Allgemeinheit des liberalen, positiven Rechts.[11] Zudem, so stellte Neumann fest, gehe der Trend in nicht-faschistischen Ländern in die gleiche Richtung: »Im Monopolkapitalismus bleibt zwar das Privateigentum an Produktionsmitteln unangetastet, aber das allgemeine Gesetz und der Vertrag verschwinden und werden durch individuelle Maßnahmen des Souveräns ersetzt.«[12] Mit anderen Worten, der politische Existentialismus, von Marcuse in einer früheren Nummer der *Zeitschrift*[13] analysiert, hatte die faschistische Rechtssphäre durchdrungen und drohte, dies auch in allen übrigen Gesellschaften zu tun, in denen der Monopolkapitalismus herrschte.
In seinem nächsten Aufsatz in der *Zeitschrift*[14] legte Neumann die von ihm vertretene rechtliche Alternative dazu dar. Er befand sich hier in voller Übereinstimmung mit den übrigen Institutsmitgliedern: Die Vernunft habe die Quelle des Rechts sowie überhaupt aller sozialen Beziehungen zu sein. Alle Naturrechtslehren, die Neumann in seinem Artikel untersuchte, wurzelten, wie er behauptete, in der Vorstellung vom Menschen als einem rationalen Wesen. Neumann brachte seine Übereinstimmung mit Hegel zum Ausdruck, der zwar die früheren Formen von Naturrecht, nicht aber die Idee eines rationalen Rechts an sich kritisiert habe. »Wir dürfen uns nicht zum Extrem eines Positivis-

mus, Pragmatismus oder gar eines nihilistischen Relativismus hinreißen lassen«, schrieb er, deutlich Horkheimers Einfluß verratend, und ». . . die Richtigkeit einer Theorie wird stets davon abhängen, inwieweit konkrete Freiheit und menschliche Würde in sie eingehen, sie wird abhängen von ihrer Fähigkeit, einer vollen Entwicklung und Entfaltung aller menschlichen Möglichkeiten Rechnung zu tragen. Soll heißen, der Wahrheitsgehalt der Naturrechtslehren muß in der historischen Entwicklung und in ihrem konkreten Rahmen bestimmt werden.«[15]

Jede Art von Naturrecht, so fuhr er fort, wurzele in dem Glauben, die Rechtsprinzipien ließen sich irgendwie aus der Gesetzmäßigkeit der Natur ableiten, eine Gesetzmäßigkeit, die auch den Menschen selbst betreffe. Und damit seien diese Naturrechtslehren unvereinbar mit einer radikal historischen Politik, wie etwa der aristotelischen, die den Menschen allein anhand seiner gesellschaftspolitischen Existenz definiere. Eine Theorie über die prinzipielle Natur des Menschen müsse sein, behauptete Neumann in einer Weise, die doch eine gewisse Divergenz zur »negativen Anthropologie« der Kritischen Theorie offenbarte. Natürlich habe es vielerlei Vorstellungen über die Natur des Menschen gegeben, vom Optimismus eines Locke, Hooker und der Anarchisten bis hin zum Pessimismus von Epikur, Spinoza und Hobbes. Neumann, der es mit keinem dieser beiden Extreme hielt, äußerte Sympathie für das, was er als Agnostizismus bezeichnete, eine Lehre, nach der der Mensch von Natur aus weder gut noch böse ist. Der klarste Fürsprecher dieser Position war für ihn Rousseau: »(Rousseaus) agnostische Auffassung geht davon aus, daß die natürlichen Rechte des Menschen nur in einer bürgerlichen Gesellschaft mit den Rechten seiner Mitbürger zu einem kollektiven Recht verschmelzen können.«[16]

Naturrechtstheorien, so Neumann, führten, wenn sie auf einer optimistischen Auffassung von der Natur des Menschen basierten, konsequent zum Anarchismus; seien sie pessimistisch, implizierten sie Absolutismus. Der agnostische Standpunkt dagegen könne einen demokratischen Staat hervorbringen, in dem »die souveräne Macht aufhört, souverän zu sein, in dem sie keine äußere Macht mehr ist, die den Subjekten entgegentritt. Vielmehr ist es die Gesellschaft selbst, die sich regiert und verwaltet.«[17]

Kurz, von allen Naturrechtslehren – und Neumann erörterte noch verschiedene andere, wie die thomistische oder die konstitutionalistische – überzeugte ihn diejenige am meisten, die der Isonomie positiver Freiheit entsprach, das heißt, die die Identität von Herrscher und Beherrschten, Regierenden und Regierten implizierte. In diesem Sinne wies er denn auch die Behauptung zurück, politische Macht und Staatsautorität seien an sich schlecht, zumindest solange die völlige Identität von besonderen und allgemeinen Interessen noch nicht erreicht sei.[18] Neumann pflichtete hier der allgemeinen These der Kritischen Theorie bei, die einzige, Autorität, ob rechtlich oder politisch, welcher der Mensch folgen solle, sei die Autorität der Vernunft. Und weil Naturrechtslehren in einer normativen Rationalität wurzelten, seien sie notwendig kritisch den herrschenden Rechtsverhältnissen gegenüber.

Die Distanz zwischen Neumann einerseits und Horkheimer und den übrigen Institutsmitgliedern andererseits hatte ihren Grund nicht in dieser Schlußfolgerung, sondern vielmehr in dem legalistischen Ansatz, aus dem er sie abzuleiten versuchte. Sie lag außerdem an Neumanns psychologisch magerer Charakterisierung des Menschen als bereits mit Vernunft begabt, eine Darstellung, die alle Befunde der *Studien* über die Auswirkung von irrationalen Kräften auf das Verhalten des modernen Menschen außer acht ließ. Trotz alledem zeigten Neumanns Aufsätze über Rechtstheorie in der *Zeitschrift* an vielen Punkten den Einfluß der laufenden Institutsdiskussionen sowie der redaktionellen Ratschläge von Horkheimer. Zu einem wirklichen Streit zwischen Neumann und dem Institut kam es dann allerdings mit der Veröffentlichung von *Behemoth* im Jahr 1942.

Ehe wir in eine Diskussion über dieses gewaltige Werk eintreten, sollen die beiden anderen neuen Institutsmitglieder vorgestellt werden, die an der Nazismus-Analyse mitarbeiteten; ihr Einfluß ist an vielen Stellen von *Behemoth* deutlich zu erkennen. Der eine und zugleich der in Institutsangelegenheiten aktivere von beiden war Otto Kirchheimer.[19] Sein Werdegang war dem Neumanns außerordentlich ähnlich. Fünf Jahre jünger als Neumann, war Kirchheimer 1905 in Heilbronn geboren; auch er entstammte einer jüdischen Familie. Von 1924 bis 1928 studierte er Recht und Politik in Münster, Köln, Berlin und Bonn. Zu seinen Lehrern zählten Max Scheler, Rudolf Smend, Hermann Heller und, vielleicht an erster Stelle zu nennen, Carl Schmitt. Kirchheimers Dissertation, vorgelegt in Bonn, stand in klarem Gegensatz zum sozialistischen und bolschewistischen Staatsbegriff; sie war stark beeinflußt von Schmitts Dezisionismus und seinem Begriff des »Ausnahmezustands«.[20] Während der letzten Jahre der Weimarer Republik leistete Kirchheimer, ebenso wie Gurland und Neumann, Parteiarbeit für die SPD; er unterrichtete an Gewerkschaftsschulen und schrieb für Zeitschriften wie *Die Gesellschaft*.

Die energischste seiner Schriften aus dieser Zeit war eine Analyse der Weimarer Verfassung, *Weimar – und was dann?*[21], in der er Erkenntnisse von Marx und Schmitt miteinander verband. In den späten zwanziger Jahren äußerte Kirchheimer zwar wenig Sympathie für den reformistischen Flügel der Sozialdemokratischen Partei, zögerte aber gleichermaßen, sich die jakobinische Vorstellung von Partei zu eigen zu machen, wie die Leninisten weiter links von ihm sie vertraten. Wie Schmitt war er der Auffassung, wahre Demokratie könne es nur auf

der Basis eines einigen Volkes und frei von gesellschaftlichen Widersprüchen geben. Im Gegensatz zu seinem ehemaligen Lehrer lehnte er die Idee, die rassische Nation sei eine solche homogene Gemeinschaft, jedoch strikt ab. Für Kirchheimer als Marxisten blieb echte Einheit der klassenlosen Gesellschaft der Zukunft vorbehalten.
In der Zeit vor der Machtübernahme durch die Nazis hegte Kirchheimer genau wie die anderen damals in Frankfurt lebenden Mitglieder des Instituts noch eine gewisse Hoffnung, das Proletariat könne seine historische Aufgabe doch noch erfüllen. 1932 erklärte er, für ihn sei das Zögern der Arbeiterklasse, ihr revolutionäres Potential zu verwirklichen, mit dem Hinweis auf das Gewicht, welches die Massenkultur besitze, nicht hinlänglich erklärt. In diesem Punkt war Neumann natürlich viel optimistischer als seine künftigen Kollegen: »Wie immer man auch diesen von Ortega y Gasset als *Aufstand der Massen* bezeichneten Vorgang bewerten mag, klar scheint zu sein, daß jener Tatbestand, den man je nach seiner weltanschaulichen Einstellung als Selbstbescheidung oder Selbstunterwerfung der Masse bezeichnen kann, der Vergangenheit angehört.«[22] Tatsächlich riß sein Optimismus ihn zu der These hin, der autoritäre Führerstaat, den Schmitt als Mittel zur Überwindung von gesellschaftlichen Antagonismen gepriesen habe, verschärfe diese Gegensätze in Wirklichkeit sogar. Aufgrund seines Vertrauens in das revolutionäre Potential der Arbeiter meinte Kirchheimer, die SPD dürfe entgegen allen Argumenten gemäßigterer Sozialisten die Brüningsche Präsidialregierung nicht unterstützen.[23] Der autoritäre »Staat über den Parteien« war für Kirchheimers Augen weniger ein Hindernis für den Faschismus als sein Vorspiel.[24] Die Möglichkeit, Weimars Zusammenbruch in Verbindung mit einem Rechtsrutsch zu verhindern, bestand für ihn darin, Weimars Potential auf der Linken zu stärken.
1933 erwies sich sein Optimismus dann endgültig als falsch, und Kirchheimer mußte fliehen, wie so viele andere mit ihm. In Paris, seiner ersten Station, konnte er im dortigen Institutsbüro 1934 als empirischer Mitarbeiter unterkommen. Während seines Aufenthalts in der französischen Metropole begann er für französische juristische Zeitschriften[25] zu schreiben; außerdem arbeitete er an einer Kritik des Dritten Reiches, die in Deutschland unter einem Pseudonym und offensichtlich mit Förderung des damaligen Staatsrates Carl Schmitt publiziert wurde.[26] 1937 ließ Kirchheimer sich in New York nieder, nun als empirischer Mitarbeiter im Zentralbüro des Instituts.
In New York wurde Kirchheimer mit der Fertigstellung einer Arbeit betraut, die George Rusche 1931 über das Verhältnis von Strafpraktiken und gesellschaftlichen Tendenzen begonnen hatte. Das Resultat, *Punishment and Social Structure,* erschien 1939 und war die erste größere Institutsarbeit, die in englischer Sprache publiziert wurde.[27] Rusche hatte den ersten Teil geschrieben, der sich mit der Zeit vor 1900

befaßte; Kirchheimer setzte die Arbeit an diesem Punkte fort, schrieb ein Schlußkapitel über den Faschismus und übersetzte das Manuskript mit Moses I. Finkelsteins Hilfe ins Englische. Grundprämisse der Untersuchung war: »Strafe ist zu begreifen als ein gesellschaftliches Phänomen, unabhängig sowohl von seinem juristischen Gedanken als auch von seiner gesellschaftlichen Intention . . . Jedes Produktionssystem neigt dazu, solche Strafen zu erfinden, die seinen Produktionsverhältnissen entsprechen.«[28] Bei der Untersuchung von Strafmodi wie Inhaftierung, Geldstrafe, Einzelhaft, Deportation und Zwangsarbeit konnten Rusche und Kirchheimer eine allgemeine Korrelation zwischen Variablen wie Arbeitsmarkt und Zirkulation des Geldes auf der einen und besonderen Strafformen auf der anderen Seite nachweisen. In seinem Kapitel über den Wandel von Strafen in den autoritären Staaten des 20. Jahrhunderts kam Kirchheimer auf den allgemeinen Verfall von Legalität in der Periode des Monopolkapitalismus zu sprechen, den bereits Neumann konstatiert hatte und den Kirchheimer selbst in einem späteren Aufsatz der *Zeitschrift* ausführlich untersuchen sollte.[29] »An die Stelle der Trennung von Gesetz und Moral – ein Axiom in der Phase des freien Wettbewerbs im Kapitalismus –« so Kirchheimer, »ist das moralische Urteil getreten, das unmittelbar aus dem rassischen Gewissen sich herleitet.«[30] Das Ergebnis, meinte Kirchheimer, sei eine viel härtere Strafpolitik, die gekennzeichnet sei durch die Wiedereinführung der Todesstrafe einerseits und die verminderte Anwendung von Geldstrafen andererseits. In Deutschland, Frankreich und England zeigten die Statistiken übrigens keinerlei Zusammenhang zwischen solchen Strafmaßnahmen und der Kriminalitätsrate. Nur gesellschaftlicher Wandel, schloß Kirchheimer, könne zu einer Abnahme krimineller Vergehen führen.

Kirchheimers Beitrag zur Nazismus-Analyse des Instituts bestand in einer ganzen Serie von Aufsätzen, die er für die *Zeitschrift* und später für ihre Nachfolgerin, die *Studies in Philosophy and Social Science* (SPSS), schrieb. Ehe wir uns mit ihnen befassen, was wir im Zusammenhang mit der Erörterung von *Behemoth* noch in diesem Kapitel tun werden, wollen wir den Bericht über die neuen Institutsmitglieder zu Ende bringen. Auch die Arbeit der älteren Institutsangehörigen, deren Nazismus-Analysen in bestimmten Punkten im Gegensatz zu den Schriften von Neumann und Kirchheimer standen, verdient in diesem Kontext einige Aufmerksamkeit.

Der dritte Institutsneuling, der sich eingehend mit dem Nazismus befaßte, war Arkadij R. L. Gurland. Gurlands Institutszugehörigkeit war allerdings von kürzerer Dauer als die Neumanns und Kirchheimers; er war nur von 1940 bis 1945 am Institut tätig, und sein Einfluß war entsprechend geringer. 1904 in Moskau als Sohn eines Ingenieurs geboren, besuchte Gurland, ehe er 1922 nach Deutschland ging, Gymnasien in Moskau und Sebastopol. In Berlin und Leipzig studierte er Ökonomie, Philosophie und Soziologie und schloß sein Studium mit einer Dissertation über den Begriff der Diktatur in der materialistischen Geschichtstheorie ab.[31] In den späten zwanziger Jahren war Gurland aktiv in der SPD tätig; er schrieb für ihr nahestehende Publikationsorgane, unter anderem für den links von der Parteiführung stehenden *Klassenkampf.*

Viele Ansichten, die Gurland in jener Zeit äußerte, deckten sich mit denen, die das Institut unabhängig davon ebenfalls verfocht. So kritisierte Gurland beispielsweise heftig Karl Kautskys mechanistischen Materialismus zugunsten eines Marxismus, der seine Wurzeln in der Hegelschen Dialektik sah.[32] Auch die Kommunistische Partei tadelte er für ihre Unterwürfigkeit Moskau gegenüber und für ihre mangelnde Bereitschaft, die Parteistruktur zugunsten einer Revolution zu gefährden.[33] Wie Kirchheimer und Neumann gehörte Gurland dem linken SPD-Flügel an; wie sie beschwor er seine Parteigenossen, aktiv Praxis zu betreiben, statt darauf zu warten, daß der Kapitalismus unter der Last seiner eigenen Widersprüche zusammenbreche. Und wie jene beiden trieben auch ihn die Ereignisse von 1933 ins Exil. Die Aussichten auf Fortsetzung einer Karriere im politischen Journalismus waren für ihn in Paris nicht rosig, und so begann er sich intensiv mit nationalsozialistischer Ökonomie zu befassen. Als er 1940 nach New York und ans Institut kam, schrieb er fast ausschließlich über diesen Gegenstand. Trotz seines früheren Interesses an Philosophie hat Gurland niemals irgend etwas Theoretisches für das Institut verfaßt. Seine Arbeit für die *Zeitschrift* zeigte mehr Verwandtschaft mit dem Ansatz seiner alten SPD-Genossen als mit dem der Kritischen Theorie.

Wenn Neumann, Kirchheimer und Gurland Vorstellungen mitbrachten, die sich von denen, die im inneren Kreis des Instituts in Frankfurt genährt worden und in New York ausgereift waren, ein wenig unterschieden, so waren sie damit sicher nicht die ersten in der Geschichte des Instituts, die von Horkheimers Ansatz abwichen. Von Wittfogels orthodoxerem Marxismus und der Lockerung seiner Beziehungen zum Institut haben wir bereits gesprochen. Und Henryk Grossmann, der letzte unter den Institutsmitgliedern aus der Grünberg-Generation, kritisierte die Kritische Theorie gleichfalls von der Position eines streng orthodoxen Marxisten aus.[34] Grossmann emigrierte, nachdem er zunächst einige Jahre in London und Paris verbracht hatte, im Jahre 1937 zwar nach New York, seine Verbindung zu den anderen auf den *Morningside Heights* verlor jedoch im Lauf des folgenden Jahrzehnts zunehmend an Substanz. Tatsächlich war der letzte wichtige Beitrag, den er für die *Zeitschrift* schrieb, seine ausführliche Kritik an Borkenaus Buch *Der Übergang vom feudalen zum bürgerlichen Weltbild,* eine Arbeit, die 1934 erschienen war. Von gelegentlichen Kritiken abgesehen, hat das Institut danach nichts mehr von Grossmann veröffentlicht. In den späten dreißiger Jahren arbeitete er mehr zu Hause als im Institut in der 117. Straße. Die Einstellung der *Zeitschrift* im Krieg verhinderte die Veröffentlichung seiner Untersuchung über Marx' Verhältnis zu den klassischen Ökonomen[35], eine Studie, auf deren Vorbereitung er viel Zeit verwendet hatte und in der es ihm in erster Linie darum ging, nachzuweisen, mit welcher Schärfe Marx die Schriften der klassischen Ökonomen widerlegt hat. In den vierziger Jahren erschienen etliche Arbeiten von ihm in institutsfremden Zeitschriften.[36]

Grossmanns produktivste Phase fiel eindeutig in die Zeit vor 1933; sie gipfelte in seiner Schrift über den Zusammenbruch des Kapitalismus. Der Zerfall des europäischen Geisteslebens unter der Naziherrschaft war schuld daran, daß die Arbeit nicht die Aufmerksamkeit erfuhr, die sie in einer weniger turbulenten Zeit hätte ernten können. Die Erschütterungen in Grossmanns Privatleben nach diesem Zeitpunkt ließen seine Produktivität schwinden. In Amerika führte er ein einsames und isoliertes Dasein; Frau und Kinder waren in Europa geblieben. Eine offizielle Verbindung zu Columbia oder irgendeiner anderen Universität hatte er nicht, und sein Anschluß ans Institut reichte über das Formale kaum hinaus. Zudem gibt es Hinweise darauf, daß in den frühen vierziger Jahren zu seinen theoretischen Differenzen mit Institutsmitgliedern auch noch Spannungen im persönlichen Bereich hinzukamen.[37] Sein fortgesetztes Eintreten für das stalinistische Rußland war wenig dazu angetan, ihn bei den andern beliebt zu machen.[38] Außerdem, so erzählte Alice Maier[39], begann er sich vor seinen ehemaligen Landsleuten, den Polen, zu ängstigen; er befürchtete einen Anschlag von ihrer Seite. Sein schlechter Gesundheitszustand, verursacht durch einen Schlaganfall, steigerte noch sein allgemeines Unglück. Schließlich entschloß er sich nach dem Krieg zur Rückkehr nach Europa; er wollte versuchen, hier neu Fuß zu fassen. Im Unterschied zu den Institutsmitgliedern, die nach Frankfurt zurückkehrten, ging Grossmann nach Leipzig, wo die ostdeutsche Regierung ihm 1949 einen Lehrstuhl anbot. Das Institut half ihm zwar beim Rücktransport seiner Habe, seine Bitterkeit hatte zu diesem Zeitpunkt aber längst zu einem völligen Bruch mit dem Institut geführt. In Frankfurt erfuhr man deshalb nur indirekt, nämlich durch Frau Maier, von der Enttäuschung, die Leipzig in der kurzen Zeit vor seinem Tode im November 1950, im Alter von neunundsechzig Jahren, für ihn darstellte.

Grossmanns ideologische Starrheit war der Grund dafür, daß er sowohl auf die Nazismus-Analyse des Instituts wie auch auf viele andere Arbeiten in diesem Zusammenhang kaum Einfluß hatte. Es wäre nun aber ein großer Fehler anzunehmen, die Analyse des Instituts über die Krise der modernen Gesellschaft habe jede ökonomische Dimension vermissen lassen. Fast jede Nummer der *Zeitschrift* enthielt einen Artikel zu einem ökonomischen Problem. Gerhard Meyer untersuchte die Notmaßnahmen der westlichen Demokratien in ihrem Verhältnis zu einer echten Planwirtschaft.[40] Kurt Mandelbaum schrieb von London aus über technologische Arbeitslosigkeit und über die Theorie der Planwirtschaft.[41] Kritiken an nicht-marxistischen Wirtschaftsmodellen kamen von »Erich Baumann« und »Paul Sering« (ein Pseudonym für Richard Löwenthal[42]). Joseph Soudek, der Pollock in New York in Verwaltungsangelegenheiten zur Seite stand, steuerte ebenfalls etliche Kritiken bei. Selbst Felix Weil kam, um einige Aufsätze zu diesen Fragen zu schreiben.[43] Weitere Erörterungen des Verhältnisses von Ökonomie und Technologie stammten von Marcuse und von Gurland.[44] Kurz, obwohl das Institut Vulgärmarxisten ob ihres ökonomischen Determinismus immer wieder scharf kritisierte, hielt es stets an der Marxschen Erkenntnis von der entscheidenden Rolle der Ökonomie in der kapitalistischen Gesellschaft fest.

Andererseits wäre es aber ein Irrtum zu behaupten, diese ökonomischen Analysen seien wirklich voll in die Kritische Theorie integriert worden. Horkheimer und Adorno hatten sich, wie breit das Spektrum ihrer Interessen und ihres Wissens auch immer gewesen sein mag, niemals ernsthaft mit Ökonomie befaßt, nicht mit marxistischer und nicht mit bürgerlicher. Tatsächlich wurden Horkheimers Versuche, ökonomische Theorie zu diskutieren, von den orthodoxeren Marxisten im Institut mit erheblicher Skepsis aufgenommen.[45] Selbst die nicht-marxistischen Ökonomen, wie Gerhard Meyer, erinnern sich, wie verkrampft das Verhältnis zwischen der Institutsleitung und den ökonomischen Analytikern war.[46] Es scheint eine Art Residuum der alten Verachtung deutscher Philosophen für die profanere Welt des Nehmens und Gebens gegeben zu haben.

Mit ihrer Behauptung, die Rolle der Ökonomie habe sich im 20. Jahrhundert entscheidend gewandelt, betrat die Kritische Theorie allerdings Neuland. In der Tat drehte sich die Debatte innerhalb des Instituts über den Charakter des Faschismus weitgehend um die Art dieses Wandels. *Behemoth* lagen eine ganze Reihe jener Thesen über den Charakter des Monopolkapitalismus zugrunde, von denen auch orthodoxe Marxisten wie Grossmann ausgingen. Die älteren Mitglieder des inneren Institutskreises hingegen folgten der Linie ihres zweiten Direktors Friedrich Pollock, der trotz seiner Verwaltungsaufgaben Zeit für wissenschaftliche Arbeit fand.

Kernstück von Pollocks Arbeit war seine Theorie des Staatskapitalismus, mit der er die herrschenden Tendenzen moderner Gesellschaften beschrieb. Diese Theorie bestand zum großen Teil in einer Erweiterung seiner früheren Analyse des sowjetischen Wirtschaftsexperiments.[47] Pollock, so erinnern wir uns, war nicht der Meinung, es sei Rußland gelungen, eine wirklich sozialistische Planwirtschaft einzuführen. Und tatsächlich ist einer der Gründe für die relative Schweigsamkeit des Instituts zu sowjetischen Angelegenheiten Pollocks Überzeugung gewesen, die russische Wirtschaft sei trotz ihrer besonderen und einmaligen Qualitäten eben doch eine Variante des Staatskapitalismus. Bereits in der ersten Nummer der *Zeitschrift* im Jahr 1932 hatte Pollock die Aussichten der kapitalistischen Wirtschaft auf Stabilisierung trotz Depression erörtert.[48] Die Schlüsse, zu denen er dabei kam, standen in diametralem Gegensatz zu den Folgerungen von Krisentheoretikern wie Grossmann, deren Prognose auf Untergang des Systems innerhalb einer relativ kurzen Zeit lautete. Pollock verwies statt dessen auf den immer häufigeren Griff der Staatsführung zur wirtschaftlichen Planung als einem Mittel, die kapitalistischen Widersprüche unbegrenzt aufzufangen und unter Kontrolle zu bringen. Weiter diskutierte er Zusatzfaktoren, wie die kalkulierte Förderung von technologischer Neuerung oder den Effekt eines wachsenden Verteidigungssektors, Faktoren, die zur Erhaltung der Macht des Kapitalismus beitrügen.

1941 erweiterte Pollock seine Beobachtungen über die Lebensfähigkeit des Systems zu einer allgemeinen Theorie des Staatskapitalismus.[49] Die Laissez-faire-Wirtschaft des Liberalismus, erklärte er, sei vom Monopolkapitalismus verdrängt worden. An dessen Stelle wiederum sei eine qualitativ neue Form von Kapitalismus getreten, dessen Kennzeichen der Staatseingriff sei. Zwar seien die autoritären Staaten von Europa die ersten gewesen, die extensive Kontrollen eingeführt hätten, man könne jedoch davon ausgehen, daß die westlichen Demokratien, die Vereinigten Staaten eingeschlossen, nachfolgten. Im Unterschied zu den beiden ersten Phasen setze der Staatskapitalismus den freien Markt zugunsten von Preis- und Lohnkontrolle zeitweilig außer Kraft. Außerdem betreibe er die Rationalisierung der Wirtschaft als bewußte Politik, übernehme die Kontrolle über Investitionen zu politischen Zwecken und restringiere die konsumorientierte Warenproduktion.

Was den Staatskapitalismus aber wohl am nachhaltigsten von kapitalistischen Frühphasen unterscheide, so meinte Pollock, sei die Unterordnung von Einzel- oder Gruppenprofiten unter die Erfordernisse des allgemeinen Plans. Soziale Beziehungen bestünden nicht mehr in der Wechselbeziehung von Arbeitgeber und Arbeitnehmer, von Produzent und Konsument über die Vermittlung des Markts. Vielmehr träfen die Einzelnen nun als Befehlende und Befehlsempfänger aufeinander. »Das Profitmotiv« sei, so Pollock, wenn auch nicht völlig verschwunden, so doch »vom Machtmotiv überlagert«.[50] Diese Entwicklung spiegele sich, so meinte er weiter, dabei an James Burnham erinnernd[51], in dem Verlust der Kontrolle der Aktieninhaber über das Management. Die traditionellen Kapitalisten seien zunehmend nur noch Rentiers, die verminderte Profite verzehrten.

Die allgemeine Prognose der Pollockschen Analyse bezüglich eines Zusammenbruchs des Systems sah düster aus. Manipulierte Vollbeschäftigung durch Staatsaufträge diene dem Staatskapitalismus dazu,

Marx' vorausgesagter Verelendung des Proletariats zuvorzukommen. Distributionsprobleme löse man mit Hilfe von diktierten Preisen und vorgegebenen Bedürfnissen. Die Überakkumulation, auf die besonders Grossmann hingewiesen hatte, werde gesteuert durch eine fortgesetzte Expansion des militärischen Sektors in der Wirtschaft. Kurzum, ein neues System des gelenkten Kapitalismus sei entstanden und werde sich vermutlich für einige Zeit am Leben erhalten.

Pollocks Pessimismus wurde allerdings durch gewisse Einschränkungen vorsichtig gemildert. Die Widersprüche des Kapitalismus – Klassenkampf, fallende Profitrate usw. – seien nicht wirklich gelöst, wie sie es in einer sozialistischen Gesellschaft wären. Zudem werde der Staat, der die Kontrolle über die Wirtschaft an sich gerissen habe, seinerseits von einer recht heterogenen herrschenden Gruppe aus Bürokraten, Militärs, Parteifunktionären und Großunternehmern (identisch mit der Zusammensetzung der Herrschenden in Neumanns Analyse) gelenkt. Ein Konflikt zwischen ihnen sei, wenn auch im derzeitigen Stadium auf ein Minimum beschränkt, so doch keineswegs ausgeschlossen. Weitere Ursachen einer möglichen Instabilität des Systems beträfen die natürlichen Grenzen von Ressourcen und menschlichen Fertigkeiten, aber auch die Reibung, die sich aus den Forderungen des Volkes nach höherem Lebensstandard einerseits und den Erfordernissen einer in Permanenz auf Rüstung beruhenden Wirtschaft andererseits ergeben könne. Dennoch verlief der allgemeine Trend, den Pollock ausmachen konnte, in Richtung auf Ausbreitung und Stärkung staatskapitalistischer Wirtschaftssysteme. Pollock schloß seinen Aufsatz mit einigen Fragen zur Lebensfähigkeit eines demokratischen im Gegensatz zu einem autoritären Staatskapitalismus, Fragen, deren Antworten, wie er meinte, allein die Geschichte geben könne.

In seinem nächsten Aufsatz, unter dem Titel »Is National Socialism an New Order?« geschrieben für die *Studies in Philosophy and Social Science,* befaßte sich Pollock eingehend mit der nazistischen Variante des Staatskapitalismus. Im Gegensatz zu Gurland und Neumann vertrat er die Auffassung, daß nahezu alle wesentlichen Merkmale von Privateigentum von den Nazis beseitigt worden seien. Investition zugunsten von Maximalprofiten sei nicht länger unabdingbares Vorrecht des Großunternehmertums. Obwohl die Naziplanung noch stark vom Zufall abhänge, habe die Regierung eine genau kalkulierte und im allgemeinen erfolgreiche Politik der Vollbeschäftigung, einer auf Kapital statt auf Konsumgüter abzielenden Produktion, der Preiskontrolle und der relativen wirtschaftlichen Autarkie eingeschlagen. Die Position des Einzelnen in der Nazigesellschaft hänge jetzt stärker von seinem Status innerhalb der sozialen Hierarchie als von seinem unternehmerischen Geschick oder seinem privaten Besitz ab.[52] Insgesamt könne man sagen, daß das leitende Prinzip der Gesellschaft nicht mehr ein rechtlicher Formalismus, sondern technische Rationalität sei.

Kurzum, Pollock beantwortete die im Titel seines Aufsatzes gestellte Frage affirmativ. Daß der Nazismus eine genuin »neue Ordnung« sei, zeige sich, wie er mit einem Verweis auf die Untersuchungen des Instituts über Autorität und Familie meinte, nicht zuletzt in dem bewußten Versuch, die Auflösung der traditionellen Familie[53] als einem Bollwerk der bürgerlichen Gesellschaft zu beschleunigen. Die alte kapitalistische Ordnung sei selbst noch in ihrer monopolistischen Phase eine auf Tausch beruhende Wirtschaft gewesen; ihr Nachfolger jedoch sei das, was der nazistische Wirtschaftstheoretiker Willi Neuling als eine »Befehlswirtschaft«[54] bezeichnet hatte. Damit hätten die Nazis den »Primat der Politik« über die Wirtschaft durchgesetzt.[55] Wenn sie den Krieg nicht verlören, schloß Pollock mit bezeichnendem Pessimismus, so werde ihr System von innen heraus kaum zusammenbrechen.
Mit seinem Hinweis auf die Politisierung der Wirtschaft lag Pollock voll und ganz auf der Linie der Kritischen Theorie. Wenn sich die Frankfurter Schule, wie im vierten Kapitel von uns behauptet, weigerte, eine eigene politische Theorie zu entwickeln, so hielt sie einen rein ökonomischen Ansatz für eine Theorie der Gesellschaft für nicht minder falsch. In seinem Aufsatz »Philosophie und Kritische Theorie«, der gemeinsam mit einem Aufsatz von Marcuse unter demselben Titel erschien, hatte Horkheimer deutlich gemacht, daß er ökonomische Unterdrükkung als ein rein historisches Phänomen ansehe. Es sei falsch, so hatte er geschrieben, die zukünftige Gesellschaft nach ihrer Wirtschaftsform beurteilen zu wollen. »Dies«, so Horkheimer, »gilt auch für die Periode des Übergangs, in der die Politik im Verhältnis zur Ökonomie eine neue Selbständigkeit gewinnt.«[56] Die Fetischisierung der Ökonomie blieb den orthodoxeren Marxisten vom Schlage Grossmanns vorbehalten. Ökonomische Verhältnisse wurden stets als Ausdruck menschlicher Beziehungen in all ihrer Komplexität verstanden, auch wenn sie zugegebenermaßen die verdinglichte Form waren, in der die Menschen im Kapitalismus sich tendenziell aufeinander bezogen. Das Streben nach Profit war Pollock zufolge stets eine Variante des Strebens nach Macht gewesen.[57] Heute hingegen gebe es die Vermittlung über den Markt bald nicht mehr. Die Ausübung von Herrschaft werde in der »Befehlswirtschaft« der autoritären staatskapitalistischen Systeme immer offener. Mit dieser Argumentation stand Pollock übrigens immer noch in der marxistischen Tradition, und zwar in dem Sinne, daß Marx Ökonomie stets als »politische Ökonomie« begriffen hat. Allen ökonomischen Schriften von Marx, auch dem *Kapital*, liegt die These zugrunde, daß ökonomische Beziehungen zutiefst menschliche Beziehungen sind, Beziehungen, die im Kapitalismus Variationen dessen sind, was Hegel als das »Herr-Knecht«-Verhältnis bezeichnet hatte.[58]
Mit der Entwicklung seines Modells vom Staatskapitalismus sprach Pollock durchaus zugleich für Horkheimer und vermutlich auch für

Löwenthal und Adorno. (Marcuse, der persönlich mehr mit Neumann verbunden war, nahm in *Vernunft und Revolution* eine Position ein, die eher der Neumannschen entsprach, als er schrieb: »In dieser Situation tendierten die mächtigsten Industriegruppen dazu, die unmittelbare politische Macht zu übernehmen, um die monopolistische Produktion zu organisieren, die sozialistische Opposition auszuschalten und den imperialistischen Expansionismus wiederaufzunehmen.«[59] Für Horkheimer dagegen war Staatskapitalismus »der autoritäre Staat der Gegenwart . . . ein neues Atemholen für die Herrschaft«.[60] In allen seinen Schriften der späten dreißiger und frühen vierziger Jahre wies Horkheimer immer wieder auf das Ende der liberalen Vermittlungsinstanzen hin, der wirtschaftlichen wie der politischen und rechtlichen, die bislang die Verwirklichung der dem Kapitalismus immanenten Herrschaft vereitelt hätten (später dann schloß er in dieses Urteil die gesamte westliche »Aufklärungs«-Tradition mit ein). In seinem Vorwort zu einem Sonderband der *Studies in Philosophy and Social Science,* der sich mit dem Übergang vom Liberalismus zum autoritären Staat befaßte, schrieb Horkheimer: »Mit dem Heraufkommen des Faschismus sind die für die liberalistische Epoche charakteristischen Dualismen, wie Individuum und Gesellschaft, privates und öffentliches Leben, Gesetz und Moral, Wirtschaft und Politik nicht überwunden, nicht aufgehoben, sondern zugedeckt worden.«[61] Das Wesen der modernen Gesellschaft habe sich nun unmittelbar als »Gangsterherrschaft«[62] offenbart. Erpresserische Protektion sei, so erklärte Horkheimer in einem Rekurs auf eine der Benjaminschen Lieblingskategorien, nur das »Urphänomen« moderner Herrschaft. Der Begriff des Schiebers und Gangsters spielte übrigens auch in Kirchheimers Nazismus-Analyse eine wichtige Rolle.[63]

Um der Herrschaft willen, argumentierte Horkheimer, verfielen die herrschenden Gruppen auf eine Art von technokratischer Rationalität, die, wie er immer wieder betonte, den Verrat am wahren Wesen von Vernunft bedeute. Indirekt auf eine seiner philosophischen *bêtes noires* verweisend, schrieb er: »Die Faschisten haben vom Pragmatismus gelernt. Selbst ihre Sätze haben statt eines Sinns nur noch einen Zweck.«[64] In seinem Aufsatz über den »Autoritären Staat« entwikkelte er eine Kritik an der technischen Rationalität, eine Kritik, die auch die sozialistischen Praktiker jener Rationalität einschloß und die eine ganze Reihe der Argumente antizipierte, die Horkheimer später gemeinsam mit Adorno in der *Dialektik der Aufklärung* darlegen sollte. Der geometrische Ort seiner Faschismus-Analyse hatte sich damit von der orthodox-marxistischen Vorstellung einer letzten Stufe des Monopolkapitalismus auf eine allgemeinere Technologie-Analyse verschoben. Diese Verschiebung hing eng mit jener Kritik an Marxens Überbetonung des Produktionsprozesses und seiner Fetischisierung der Arbeit zusammen, die wir im zweiten Kapitel kennenlernten, als

wir die Grundlagen der Kritischen Theorie untersuchten. Wenn Horkheimer in seinem Aufsatz »Die Juden in Europa« schrieb: »Wer aber vom Kapitalismus nicht reden will, sollte auch vom Faschismus schweigen«[65], dann meinte er damit den Staatskapitalismus und nicht seine liberalen oder monopolkapitalistischen Vorläufer.
Tatsächlich ließ Horkheimers Horror vor der technischen Rationalisierung des Spätkapitalismus ihn ernste Zweifel an einer sozialistischen Bewegung äußern, die sich als dessen designierten Nachfolger betrachtete. Engels, so meinte Horkheimer[66], und all jene mit ihm, die die Vergesellschaftung der Produktionsmittel mit dem Ende von Herrschaft gleichsetzten, seien die wahren Utopisten. In Wirklichkeit antizipiere die naive Erwartung von Freiheit als dem unmittelbaren Resultat einer solchen Vergesellschaftung geradewegs den autoritären Staat der Gegenwart. Die perverse Allianz zwischen Lasalle und Bismarck sei nur der symbolische Ausdruck für diese Tatsache. Wahre Freiheit, so Horkheimer, könne nur durch ein Ausbrechen aus der technologischen Zwangsjacke verwirklicht werden, die der Staatskapitalismus geschaffen und der Sozialismus, zumindest in seiner sowjetischen Inkarnation, beibehalten habe. Angemessen plaziert, nämlich in einer Aufsatzsammlung Walter Benjamin zum Gedächtnis, der die Überzeugung, zur Verwirklichung von Freiheit könne es nur durch einen radikalen Bruch im Kontinuum der Geschichte kommen[67], geteilt hatte, brachte der »Autoritäre Staat« die radikalsten Züge der Kritischen Theorie zum Ausdruck. In einer seiner wichtigsten Passagen schrieb Horkheimer:

»Dialektik ist nicht identisch mit Entwicklung. Zwei entgegengesetzte Momente, der Übergang zur staatlichen Kontrolle und die Befreiung von ihr, sind im Begriff der sozialen Umwälzung in eins gefaßt. Sie bewirkt, was auch ohne Spontaneität geschehen wird: die Vergesellschaftung der Produktionsmittel, die planmäßige Leitung der Produktion, die Naturbeherrschung ins Ungemessene. Und sie bewirkt, was ohne aktive Resistenz und stets erneute Anstrengung der Freiheit nie eintritt: das Ende der Ausbeutung. Solches Ende ist keine Beschleunigung des Fortschritts mehr, sondern der Sprung aus dem Fortschritt heraus.«[68]

1942, als er dies formulierte, hatte Horkheimer die Hoffnung, jene »aktive Resistenz« werde sich doch noch entwickeln, noch nicht aufgegeben, womit er ganz sicher optimistischer als Pollock war. »Das ewige System des autoritären Staats«, so lesen wir, »wie furchtbar es auch droht, ist nicht realer als die ewige Harmonie der Marktwirtschaft. War der Tausch von Äquivalenten noch eine Hülle der Ungleichheit, so ist der faschistische Plan schon der offene Raub . . . Die Möglichkeit heute ist nicht geringer als die Verzweiflung.«[69] Der Zement des Faschismus, schrieb Horkheimer, sei eben nicht nur die psychische Willfährigkeit des autoritären Charakters; auch wenn sie eine sehr wichtige Rolle spiele; er liege auch in der konstanten und unerbittlichen Anwendung von Terror und Zwang.[70] Die verschiedenen Gruppen der herrschenden Klasse kennten nur ein einziges einigendes Band: ihre gemeinsame Furcht vor den Massen, ohne die sie sich in einen Haufen von einander bekämpfenden Gangstern auflösen würden.*[71] Zudem, so meinte Horkheimer, seien die materiellen Voraussetzungen für die Verwirklichung von Freiheit durchaus gegeben. Wie Marcuse, der denselben Gedanken in einem Aufsatz über Technologie in den *Studies in Philosophy and Social Science* entwickelte, vertrat auch Horkheimer die Auffassung, das Ende sowohl von Mangel wie von neuen Herrschaftsformen könne sich möglicherweise aus der Verbreitung des Ethos der Technologie ergeben. Schließlich hänge der von ihm geforderte Bruch mit der Vergangenheit heute allein vom Willen der Menschen ab. Ganz explizit in Worte fassend, was als »luxemburgistischer« oder syndikalistischer Zug der Kritischen Theorie bezeichnet werden kann, schrieb er: »Die Modalitäten der neuen Gesellschaft finden sich erst im Lauf der Veränderung. Die theoretische Konzeption, die nach ihren Vorkämpfern der neuen Gesellschaft den Weg weisen soll, das Rätesystem, stammt aus der Praxis. Es geht auf 1871, 1905 und andere Ereignisse zurück. Die Umwälzung hat eine Tradition, auf deren Fortsetzung die Theorie verwiesen ist.«[72] Damit schien Horkheimer der direkten Übernahme der Macht durch das Volk vor einer leninistischen Übergangsdiktatur den Vorzug zu geben. Was zur Auswahl stehe, so schrieb er, sei klar: ». . . der Rückfall in die Barbarei oder der Anfang der Geschichte.«[73]

* Wie Brecht in seinem Stück »*Der aufhaltsame Aufstieg des Arturo Ui*« zeigt, betrachteten viele Emigranten die Nazis als Gangster, zumindest metaphorisch. Aber nicht alle dachten so. Hannah Arendt beispielsweise schrieb in *The Origins of Totalitarianism* (New York 1951) – dt.: als *Totalitäre Herrschaft*, revidierte Ausgabe, Frankfurt 1955; d. Übers. – »Die totalitäre Staatsform hat sehr wenig mit Machtgelüsten oder auch nur mit dem Streben nach einem Machtapparat zu tun . . . Allem Anschein zum Trotz ist die totalitäre Staatsform nicht die Herrschaft einer Clique oder Bande . . . Die Isolation atomisierter Individuen verschafft der totalitären Herrschaft nicht nur die Massenbasis, sie setzt sich bis an die Spitze des gesamten Staatsgefüges fort.« (S. 388) In einer Fußnote kritisierte Hannah Arendt in diesem Zusammenhang auch *Behemoth*. Horkheimer und Adorno sind später in dem Aphorismus über »Massengesellschaft« in der *Dialektik der Aufklärung* ebenfalls von dem Gangster-Vergleich mit dem Argument abgerückt, grundsätzlich seien die faschistischen Führer identisch mit den Massen, die sie führten. Sie wiesen auf Chaplins Film *Der große Diktator* hin, in welchem der Diktator und der Friseur ein und derselbe Mann sei.

Trotz aller mahnenden Worte im »Autoritären Staat« sah aber auch Horkheimer immer deutlicher, daß die Chancen eines Rückfalls in die Barbarei größer waren. Und so ließ er in eben diesem Aufsatz vielleicht zum erstenmal den Gedanken von der Welt des Geistes als der letzten Zuflucht revolutionärer Praxis laut werden, ein Gedanke, der in den späteren Arbeiten der Frankfurter Schule immer häufiger auftauchte. »Denken selbst«, schrieb er, »ist schon ein Zeichen von Resistenz, die Anstrengung, sich nicht mehr betrügen zu lassen.«[74] Nachdem die »Barbarei« oder zumindest ihre faschistische Inkarnation besiegt war, ohne daß sich daraus der »Anfang von Geschichte« ergab, der doch als seine einzige Alternative erschienen war, begann die Kritische Theorie die Möglichkeit von Praxis in der modernen Welt überhaupt in Frage zu stellen.

Diese Entwicklung hier im einzelnen zu diskutieren hieße indes den Kernpunkt unseres Interesses, die Nazismus-Interpretation des Instituts aus den Augen verlieren. Wie schon erwähnt, vertraten Neumann, Kirchheimer und Gurland in etlichen Fragen einen anderen Standpunkt oder auch andere Standpunkte als Horkheimer, Pollock und viele der älteren Institutsmitglieder, so zum Beispiel in der Beurteilung der Natur des nazistischen Wirtschaftssystems. Von den drei Genannten dürfte Kirchheimer trotz seiner offensichtlichen Neigung zum positivistischen Denken und seiner Herkunft aus der Jurisprudenz der Kritischen Theorie am nächsten gestanden haben.[75] Sein erster Aufsatz in den *Studies in Philosophy and Social Science* nach der Veröffentlichung von *Punishment and Social Structure* bezeugte sein unvermindertes Interesse an der Kriminologie.[76] In seiner Analyse des nazistischen Strafrechts konstatierte Kirchheimer zwei Phasen in der Entwicklung der Rechtstheorie nach 1933: zunächst die autoritäre und ihr folgend, die rassistische. Die erste, die bald nach der Machtergreifung endete, war von Roland Freislers Rechtsbegriff bestimmt, der die Willensäußerung des Einzelnen als zentral ansah und in dem die subjektiven Motivationen des Angeklagten stärker wogen als seine objektiven Taten. Diese Rechtsvorstellung wurde bald abgelöst von der antinormativen, antigeneralistischen »konkreten« Rechtstheorie der sogenannten Kieler Schule des »phänomenologischen« Rechts.[77] Hier trat der intuitive Eindruck des Richters vom »eigentlichen« Charakter des Angeklagten an die Stelle der Beurteilung seiner tatsächlichen Handlungen. Der Bereich der Vergehen durch Unterlassung wurde ausgedehnt; das »soziale Volksempfinden«, wie es in den Verlautbarungen der Machthaber und in den Regelungen der Rechtsbürokratie seinen Ausdruck fand, beeinflußte richterliche Entscheidungen bis hin zum Punkt der rückwirkenden Gesetzgebung. Aufgliederung, sprich Aufsplitterung der Rechtsprechung – die SS, der Arbeitsdienst, die Partei, sie alle hatten ihre eigenen Rechtshierarchien – ersetzte das einheitliche Straf-

rechtssystem, das bis 1933 gegolten hatte. Kurz, die Justiz, das Gerichtswesen war in eine abhängige Verwaltungsbürokratie umgewandelt worden, die immer mehr den ideologischen Erfordernissen des Staates angepaßt wurde.
Eine ihrer Hauptleistungen sah die phänomenologische Schule – wie die nazistische politische Theorie insgesamt – darin, daß sie die in der liberalen Jurisprudenz getrennten Sphären von Recht und Moral vereint hatte. Kirchheimer unternahm es in einem späteren Aufsatz, den ideologischen Charakter dieses Anspruchs aufzuzeigen, indem er das ihm zugrunde liegende Prinzip nazistischen Rechts aufdeckte. Von den alten Eckpfeilern liberalen Rechts, das heißt von Privateigentum und Vertragsfreiheit, war der eine, nämlich das Privateigentum, obgleich es noch existierte, Kirchheimer zufolge »weitgehend an den politischen Apparat verpfändet«[78], während der andere, die Vertragsfreiheit, praktisch bedeutungslos geworden war. In gewissem Sinne, so Kirchheimer, hatte die nazistische Rechtslehre die alte liberale Kluft zwischen privatem und öffentlichem Bereich tatsächlich überbrückt, aber eben eindeutig und allein dadurch, daß sie den ersteren liquidierte. Die Naziforderungen nach einer »konkreten« Politik waren in gewissen Bereichen durchaus verwirklicht, so zum Beispiel in der antisemitischen Gesetzgebung oder bestimmten bevölkerungspolitischen Maßnahmen (weniger Sanktionen im Falle unehelicher Geburten sowie Unterstützung kinderreicher Familien). Auf fast allen anderen Gebieten jedoch, wie etwa in der Landwirtschaft, wo die Ideologie von »Blut und Boden« den Erfordernissen der Modernisierung geopfert wurde, war dies keineswegs der Fall. In Wirklichkeit lag die größte Bedrohung, die vom Nazirecht ausging, auf der Ebene jener technologischen Rationalität, auf die Horkheimer so nachdrücklich aufmerksam gemacht hatte. »Rationalität«, schrieb Kirchheimer, »heißt hier nicht, daß es allgemein anwendbare Regeln gibt, deren Konsequenzen sich von den jeweils Betroffenen klar kalkulieren ließen. Rationalität heißt hier einzig und allein, daß der gesamte Rechtsapparat ausschließlich auf den Nutzen derer zugeschnitten ist, die herrschen.«[79] Dennoch ging Kirchheimer nicht so weit wie Pollock, der das neue System als eine Form von Kapitalismus beschrieb, in dem die Zeit des Privateigentums vorbei sei; Kirchheimer meinte:

»Die Konzentration von wirtschaftlicher Macht, welche die soziale und politische Entwicklung des Naziregimes kennzeichnet, kristallisiert sich in der Tendenz zur Erhaltung der Institution des Privateigentums in der industriellen und agrarischen Produktion, während gleichzeitig das Korrelat von Privateigentum, die Vertragsfreiheit, abgeschafft ist. An die Stelle des Vertrags ist die administrative Sanktion als das alter ego von Eigentum getreten.«[80]

Dennoch spürte Kirchheimer mehr als Neumann und Gurland, daß die Staatsmacht oder zumindest die herrschende Clique um Hitler im Grunde unangefochten herrschte. In einer ausführlicheren Erörterung der politischen Veränderungen unter den Nazis (erschienen in den *Studies in Philosophy and Social Science*) legte er seine Gründe für diese Auffassung auch dar.[81] Er unterschied drei Phasen des politischen Kompromisses in der jüngeren westeuropäischen Geschichte. In der Ära des Liberalismus habe »ein Gefüge von grundlegenden Übereinkünften unter den Parlamentsvertretern sowie zwischen ihnen und der Regierung«[82] geherrscht. Der Einfluß des Geldes in der Politik sei außerordentlich groß gewesen. Um 1910, d. h. mit der Mündigkeit der Massendemokratie, habe sich eine Verschiebung der einzelnen Elemente des Kompromisses ergeben. Freiwillige Organisationen von Kapital und Arbeit seien zu Hauptbeteiligten im Kampf um die Macht geworden, wobei die Großbanken als Mittler zwischen den wirtschaftlichen und politischen Bereichen aufträten. Monopole nähmen den Platz von Individuen sowohl in der Politik wie in der Wirtschaft ein. In der dritten Phase schließlich, die mit dem Aufkommen des Faschismus beginne, sei der Einfluß der wirtschaftlichen Faktoren ganz erheblich reduziert worden. Die faschistischen Regierungen seien einfach zu stark, um durch einen Investitionsstreik oder andere Demonstrationen privatwirtschaftlichen Drucks ins Wanken gebracht oder gar gestürzt zu werden. Obwohl es in etlichen Bereichen wie etwa auf dem Arbeitssektor (staatlich kontrolliert), in der Industrie (noch in privater Hand) oder auf dem sogenannten Ernährungssektor (ebenfalls privat) durchaus noch Monopole gebe, habe die Regierung alle fest in der Hand. Die Nazipartei sei sogar bereits dabei, ihren eigenen konkurrierenden Wirtschaftsapparat aufzubauen, der es ihr gestatte, ihre Bürokratisierung noch weiter zu treiben. Dies allerdings bedeute einen Verrat an den früheren Versprechen der Nazis, denn: »Die Partei hat sich nicht als Stütze des unabhängigen Mittelstandes in seinem Kampf ums Überleben erwiesen, sondern im Gegenteil ihren Untergang mehr beschleunigt als irgendein anderer Einzelfaktor in der modernen deutschen Geschichte.«[83]

Die neue Struktur des politischen Kompromisses, die sich aus alledem ergebe, hänge nun vom Führer und seiner Clique ab. Nachdem das Geld kein realer Ausdruck von gesellschaftlicher Macht mehr sei, werde »Führerschaft« zum Schiedsrichter in Konflikten zwischen Gruppen. Daß es dabei zu keinen großen Reibungen komme, sei nur der expansiven Natur des faschistischen Imperialismus zu verdanken, der eine Aufteilung der Beute unter alle konkurrierenden Gruppen der herrschenden Koalition erlaube. »Diese wechselseitige Abhängigkeit, die zwischen der fraglosen Autorität der herrschenden Gruppe und dem Expansionsprogramm besteht, ist es, die jenes charakteristische Phänomen der Kompromißstruktur des faschistischen Systems hervorbringt, seinen weiteren Gang bestimmt und über sein endgültiges Schicksal entscheidet.«[84]

Die imperialistische Dynamik des Nazismus spielte auch in den Analysen von Gurland und Neumann eine Schlüsselrolle. In seinem ersten Artikel für die *Studies in Philosophy and Social Science*[85] beschäftigte sich Gurland mit der Bedeutung von wirtschaftlicher Expansion als einem Mittel zur Vermeidung von Konflikten innerhalb des Naziregimes. Obwohl auch er die Feststellung traf, der staatliche Sektor habe sich gewaltig ausgeweitet, wies er Pollocks Behauptung von einer drastischen Machtreduzierung des Großunternehmertums als falsch zurück. Die Staatsführung, so versicherte er, repräsentiere die antimonopolistische Abneigung des Kleinbürgertums, allerdings ohne die eingefleischten Vorrechte der Unternehmerinteressen wirklich anzutasten. Und tatsächlich habe der unzufriedene Mittelstand (kleine Angestellte, Kleingewerbe und die niederen Chargen der Bürokratie) ja auch stets weniger die Vernichtung des Großunternehmertums gewollt als das Gefühl, an dessen Wohlstand zu partizipieren. Mit der imperialistischen Expansion sei dieses Verlangen zum Nutzen beider, Staatsführung und Großunternehmertum, gestillt worden. Im Gegensatz zu Pollock stellte Gurland fest: »Die Expansion garantiert die Verwirklichung des Profitstrebens, und das Profitstreben stimuliert die Expansion.«[86]

Obgleich auch Gurland sah, daß die technologische Rationalisierung unter dem Nazismus stark vorangetrieben wurde, war er nicht der Meinung, damit sei zugleich das Ende des Privatkapitalismus besiegelt. Vielmehr hätten Bürokratisierung und Zentralisierung der Wirtschaft innerhalb von und zwischen Privatgesellschaften bereits lange vor der Machtübernahme durch die Nazis eingesetzt. Diese privaten Mammutgesellschaften, meinte Gurland, seien nach wie vor weit mächtiger als ihre Nazikonkurrenten etwa in Gestalt der Hermann-Göring-Stahlwerke. Die technologischen Neuerungen, auf die Pollock abhebe, seien viel eher das Werk dieser Konzerne, insbesondere was die chemischen Industrien anlange, als das von Staat und Regierung. Zweifellos habe das Management an Umfang zugenommen, aber auch das bedeute keine Transformation des Kapitalismus, denn »diejenigen, die die Produktionsmittel in der Hand haben, sind die wirklichen Kapitalisten, wie immer man sie auch nennen mag«.[87] Die Einkünfte der Manager leiteten sich immer noch aus den Profiten her (wenn auch nicht aus den Dividenden, wie bei den traditionellen Aktieninhabern). Kurzum, für Gurland war das System nach wie vor monopolkapitalistisch, auch wenn es auf dem Kondominium von politischer Bürokratie und Wirtschaftsführern beruhe, deren einigendes Band in dem gemeinsamen Ziel imperialistischer Expansion bestehe.

Wie Gurland, der offensichtlich nicht gewillt war, von seiner Überzeugung vom Fortbestand des Monopolkapitalismus abzugehen, hielt auch Neumann an dieser Version fest, dessen *Behemoth* wir uns nun endlich zuwenden wollen. Wenngleich während des Kalten Krieges zeitweilig fast vergessen, letzten Endes aber doch zum Klassiker geworden, ist *Behemoth* eine Schrift von enormer Exaktheit und außerordentlicher Wissenschaftlichkeit, die angesichts der räumlichen Distanz, die zwischen Neumann und seinen Quellen lag, um so bemerkenswerter sind. Auf einigen Gebieten, so in der Geschichte der deutschen Arbeiterbewegung, konnte Neumann sich auf seine persönliche Erfahrung vor 1933 stützen. Dies alles wurde von Horkheimer und den übrigen Angehörigen des inneren Institutskreises gesehen und anerkannt, dennoch waren Neumanns Schlußfolgerungen sowie die Methode, die er zu ihrer Gewinnung angewandt hatte, der Kritischen Theorie in einem Maße fremd, daß der innere Kreis *Behemoth* nicht als wirklichen Ausdruck der Auffassung des Instituts anzusehen vermochte.[88]

Sicherlich gab es einige Übereinstimmungen zwischen seinem Ansatz und dem ihren. So war z. B. auch Neumann – genau wie Horkheimer in allen seinen Schriften vor dem Kriege, angefangen mit der *Dämmerung* – nicht bereit, dem Antisemitismus im besonderen und dem Rassismus im allgemeinen[89] erhebliche Bedeutung beizumessen. Er ging sogar so weit, das deutsche Volk als das »am wenigsten antisemitische überhaupt«[90] zu bezeichnen, eine Meinung, die die anderen Institutsmitglieder kurioserweise teilten.* Neumann pflichtete auch der Auffassung bei, dem Faschismus fehle es aufgrund seines Irrationalismus überhaupt an einer echten politischen Theorie, während eine »politische Theorie eben nicht nicht-rational sein darf«.[92] Und schließlich war er der Meinung, das System werde ohne bewußte politische Praxis nicht notwendig von innen her zusammenbrechen: »Nicht Risse und

* Als ich Neumanns Bemerkung Löwenthal gegenüber erwähnte, meinte er, eine ganze Reihe von Institutsmitgliedern habe die Deutschen im Vergleich zu den Amerikanern, die sie nach ihrer Emigration in die Vereinigten Staaten kennenlernten, für weniger antisemitisch gehalten. Die Diskriminierung, an die sie dabei dachten, sei allerdings die in Weimar praktisch nicht vorhandene gesellschaftliche und weniger die politische Diskriminierung gewesen. Alle Institutsangehörigen, mit denen ich sprach, betonten immer wieder, wie voll assimiliert sie sich in Deutschland gefühlt hatten, ehe sie gezwungen waren, das Land zu verlassen. Diese Auffassung über Bedeutung und Ausmaß des Antisemitismus in Deutschland schlug sich noch in dem Projektplan nieder, den das Institut 1939 in den *Studies in Philosophy and Social Science* zur Antisemitismusfrage im allgemeinen vorlegte. Der folgende Satz, der damals geschrieben wurde, klingt heute mehr als nur ein wenig naiv: »Während der Antisemitismus der Regierung vom deutschen Volk mit offenem Abscheu quittiert wird, werden die Verheißungen des Antisemitismus dort gierig aufgenommen, wo faschistische Staatsführungen niemals zur Debatte gestanden haben.«[91]

Brüche im System, ja nicht einmal die militärische Niederlage Deutschlands werden zu einem automatischen Zusammenbruch des Regimes führen. Gestürzt werden kann es allein durch eine bewußte politische Aktion der unterdrückten Massen, die sich diese Brüche und Risse im System zunutze macht.«[93] Dennoch waren die Unterschiede größer als die Gemeinsamkeiten. Von Neumanns genereller Geringschätzung der Psychologie haben wir bereits gesprochen. Wie der linke Historiker Eckart Kehr, der einen erheblichen Einfluß auf Neumann ausübte[94], sah auch Neumann in der Psychoanalyse kaum mehr als eine bürgerliche Ideologie. *Behemoth* enthielt zwar eine kurze Passage über die Psychologie des Charisma, ging aber über die Studien des Instituts zum autoritären Charakter völlig hinweg. Auf den mehr als 600 Seiten von *Behemoth* (den 1944 angefügten Anhang eingeschlossen) ist kaum ein Wort zu finden, das darauf hindeutete, Neumann habe Fromms Begriff des sadomasochistischen Charakters akzeptiert. Auch Fromms Untersuchung über die ambivalente Einstellung des deutschen Proletariats wurde von Neumann in seiner Analyse des Versagens der Arbeiterklasse in der Weimarer Republik[95] nicht beachtet. Viel gravierender war jedoch die Meinungsverschiedenheit mit Pollock über den Begriff des Staatskapitalismus. Für Neumann war »allein schon der Begriff ›Staatskapitalismus‹ eine contradictio in adjecto«. Hilferding zitierend, erklärte er: »In dem Moment, da der Staat zum alleinigen Eigentümer an den Produktionsmitteln geworden ist, kann eine kapitalistische Wirtschaft einfach nicht mehr funktionieren, den Mechanismus, der den Prozeß der wirtschaftlichen Zirkulation am Leben erhält, gibt es nicht länger.«[96] Daß es den »Primat der Politik« noch nicht gebe und die Revolution der Manager noch nicht stattgefunden habe, versuchte Neumann mittels einer empirischen Untersuchung der deutschen Wirtschaft zu belegen. In diesem Zusammenhang betonte er auch, daß er Pollocks generellen Pessimismus, was die Unverwundbarkeit des Systems angehe, nicht teile: »Der Autor schließt sich dieser zutiefst pessimistischen Auffassung nicht an. Er ist vielmehr davon überzeugt, daß die Widersprüche des kapitalistischen Systems sich in Deutschland auf einer höheren und deshalb gefährlicheren Ebene auswirken, auch wenn diese Widersprüche durch einen bürokratischen Apparat und die Ideologie von der Volksgemeinschaft verdeckt sind.«[97]

Als erster Beleg dafür dienten ihm die Aussagen der Naziführer selbst: keiner von ihnen schien eine bewußte Politik der Staatskontrolle zu vertreten.[98] Danach präsentierte Neumann eine Unmenge von Daten über die zunehmende Kartellbildung und Rationalisierung bei Großunternehmen in der Weimarer Zeit. Dieser Prozeß, so lautete seine Argumentation, habe eine instabile Situation geschaffen, in der die Wirtschaft starrer werde und zugleich empfindlicher auf zyklische Schwankungen und auf den Druck der unzufriedenen Massen reagiere. Die Folge sei: Der Staat müsse intervenieren, um die immer explosiver

werdende Situation zu überwinden. Die Alternativen für sein Vorgehen lägen klar zutage: »Soll der Staat Monopoleigentum auflösen, soll er es um der Massen willen restringieren oder Eingriffe vornehmen, um die Monopolstellung zugunsten einer völligen Einverleibung aller unternehmerischen Aktivitäten in das Netz der Industrieorganisationen zu stärken?«[99] Für Neumann gab es nur eine Antwort: Die Nazis hatten trotz ihrer gegenteiligen Propaganda den zweiten Weg gewählt. Und doch war Neumanns Analyse komplexer als die orthodoxe marxistische Position, die Georg Dimitrow auf dem 7. Weltkongreß der Komintern klassisch formulierte, als er sagte, der Faschismus sei »die offen terroristische Diktatur der reaktionärsten, chauvinistischsten und imperialistischsten Elemente des Finanzkapitals«.[100] Neumann schrieb: »Die derzeitige deutsche Wirtschaft hat zwei allgemeine und auffällige Merkmale. Sie ist eine Monopolwirtschaft – *und* eine Befehlswirtschaft. Sie ist eine privatkapitalistische Wirtschaft, die vom totalitären Staat gelenkt wird. Als Terminus, der sie am besten beschreibt, schlagen wir ›totalitären Monopolkapitalismus‹ vor.«[101]
Dies zeige sich, so fuhr er fort, in Maßnahmen wie etwa der gesetzlichen Zwangskartellisierung. Die Herren und Nutznießer der neuen Monopole, so Neumann, seien nicht die neuen Unternehmensleiter, sondern zumeist die alten Privatunternehmer – oder auch Unternehmerfamilien. Beim größten Teil der Industrien hätten die Nazis auf eine Verstaatlichung verzichtet, »im Gegenteil, der Trend geht eindeutig weg von der Verstaatlichung«.[102] Selbst der Aufbau einer parteieigenen Wirtschaftsstruktur habe nicht das Ende des Kapitalismus bedeutet. »Im Gegenteil, sie ist viel eher eine Bestätigung für die Lebendigkeit und die Vitalität der kapitalistischen Gesellschaft. Beweist sie doch, daß selbst in einem Einparteienstaat, der sich des Primats der Politik über die Wirtschaft rühmt, politische Macht ohne wirtschaftliche Macht, ohne solide Basis in industrieller Produktion auf unsicheren Beinen steht.«[103] Kurz, obwohl eine Befehlswirtschaft im Entstehen sei, verdränge sie keineswegs den alten Monopolkapitalismus. Vielmehr, so stellte Neumann in Übereinstimmung mit Gurland fest, könnten beide durchaus nebeneinander existieren, solange die imperialistische Expansion die Befriedigung der Ansprüche der verschiedenen Gruppen in der herrschenden Elite gestatte.
Neumann unterschied zwischen verschiedenen Gruppen innerhalb dieser Elite – Großunternehmertum, Partei, Militär und Bürokratie – und zeigte damit, daß er keine vereinfachende Version zu bringen gedachte, die die Verantwortung für den Faschismus allein bei den Monopolen sah. »Das heißt nicht«, so schrieb er, »der Nationalsozialismus sei einzig und allein ein untergeordnetes Instrument in den Händen der deutschen Industrie, sondern es bedeutet, daß, was imperialistische Expansion angeht, Industrie und Partei identische Ziele verfolgen.«[104]
Dennoch unterschied sich Neumanns Analyse von der Pollocks und

Horkheimers, und zwar dadurch, daß sie in ihren Kategorien stärker an der marxistischen Tradition festhielt. Pollock hatte von Machtstreben gesprochen. Neumann bemerkte in diesem Zusammenhang: »Wir glauben, gezeigt zu haben, daß es das Profitstreben ist, das den Apparat zusammenhält. In einer monopolistischen Wirtschaft können jedoch Profite ohne totalitäre politische Macht nicht erzielt und nicht erhalten werden, und genau das ist das entscheidende Merkmal des Nationalsozialismus.«[105] Die neue Ordnung, die Pollock beschrieben habe, sei deshalb in Wirklichkeit gar nicht so neu.

Aber auch Theoretiker wie Emil Lederer von der *New School*, ein alter Feind des Instituts, täuschten sich, wenn sie das nazistische Deutschland als amorphe Massengesellschaft ohne Klassenunterschiede bezeichneten. In Wirklichkeit habe die Atomisierung der Massen durch die Nazis vor der Selbstatomisierung der Elite haltgemacht. Wenn man überhaupt davon reden könne, so meinte Neumann, dann »besteht das Wesen nationalsozialistischer Gesellschaftspolitik darin, den herrschenden Klassencharakter der deutschen Gesellschaft anzuerkennen und ihn zu befestigen«.[106] Der Punkt, an dem auch Neumann eine Veränderung gegenüber der Zeit vorher konstatierte, betraf die Klassensolidarität der unteren Schichten und des unteren Mittelstandes. Die Nazis hätten eine neue Hierarchie eingeführt, in der es mehr auf den Status als auf die traditionelle Klassenzugehörigkeit ankomme, und damit Sir Henry Maines klassische Formel des Übergangs vom Status zur Klasse umgekehrt.[107] Erreicht habe man dies durch den bewußten Versuch, die Massen zu atomisieren, ein Vorgehen, das Neumann in all seinen Verästelungen erforschte, indem er Propaganda, Terror, Arbeits- und Lohnpolitik sowie das nazistische Recht analysierte (wobei er sich vorwiegend auf seine eigenen und auf Kirchheimers frühere Artikel in der Zeitschrift stützte).

Neumanns orthodoxere Klassenanalyse hinderte ihn daran, das technologische Moment von Herrschaft zu sehen, das Horkheimer und die Gruppe um ihn zu beachten begannen. Wie Gurland war er der Meinung, Rationalisierung und Zentralisierung der Wirtschaft seien durchaus nicht unvereinbar mit Privatkapitalismus. Vielmehr »hat (die technologische Revolution) ihren Ursprung gerade im Mechanismus kapitalistischer Produktion und widerlegt jene, die behaupten, der Kapitalismus habe seine Dynamik verloren«.[108] Dennoch hielt Neumann es für möglich, daß die Spannung zwischen der Logik technischer Rationalisierung und dem Gebiet der Profitmaximierung auf lange Sicht wachsen könne. »Wir glauben«, schrieb er, »daß der Gegensatz zwischen dem Ingenieur, mit dem wir alle Techniker und Vorarbeiter meinen, und dem totalitären Monopolkapitalismus einer der gravierendsten schwachen Punkte im System ist.«[109]

Trotz alledem ruhte das Hauptgewicht der Neumannschen Argumentation – im Gegensatz zu der von Pollock – auf der Überzeugung, der

Nazismus sei eine Fortführung des Monopolkapitalismus, wenn auch mit anderen Mitteln. *Behemoth* enthielt indes noch eine zweite These, die sich eher mit einigen Vorstellungen des inneren Institutskreises deckte. Diese These spiegelte sich auch im Titel des Buches, der auf Hobbes' Untersuchung über das Chaos während des englischen Bürgerkriegs im 17. Jahrhundert zurückgeht. »Der Nationalsozialismus ist – oder will es werden – ein Un-Staat, ein Chaos, ein Regime der Gesetzlosigkeit und Anarchie«[110], so schrieb Neumann. »Staatskapitalismus« sei nicht nur eine falsche Bezeichnung für diesen Staat, seine gesamte Existenz als Staat in einem irgendwie gearteten traditionellen Sinne sei fraglich geworden. Statt dessen würden Herrschaft und Unterdrückung zunehmend schamloser und direkter, ohne den Puffer, den – wie unvollkommen auch immer – der liberale Staat dargestellt habe.

Mit anderen Worten, Neumann erkannte wie Horkheimer und die übrigen, daß die halbwegs humanen Vermittlungsinstanzen der Vergangenheit in den autoritären Staaten rasch ausgehöhlt wurden. Wo es Differenzen gab, betrafen sie das Bild, das sie jeweils von der Natur dieser direkten, unverhohlenen Herrschaft zeichneten. Für Neumann lag sie durchaus noch auf der Linie der kapitalistischen Herrschaft über den ausgebeuteten Arbeiter in einem Staat, der nichts unternahm, um die Härte des Klassenkonflikts zu mildern. Er konnte deshalb auch schreiben, »es besteht objektiv ein tiefer Gegensatz zwischen den beiden Klassen. Ob es zum Kampf kommt oder nicht, können wir nicht sagen.«[111] Für Horkheimer hingegen war die Herrschaft ohne den als Puffer wirkenden kapitalistischen Markt zunehmend psychosozialer Natur. Pollock folgend, erklärte er, der Staat sei es, der in erster Linie für die Unterdrückung verantwortlich sei, eine Unterdrückung, welche die bewußte Anwendung von Zwang und Terror einschließe. Mit der Zeit allerdings sollte die Funktion des Staates in seiner Analyse insofern keine große Rolle mehr spielen, als für ihn Herrschaft und Unterdrückung zu einer Art Dauerzustand der Gesellschaft insgesamt wurden. Hier spielte Horkheimers These von der zunehmenden Bedeutsamkeit des technologischen Ethos eine maßgebliche Rolle. Wie uns die Untersuchung der späteren Arbeit der Frankfurter Schule zeigen wird, vor allem der Schriften, in denen die amerikanische Gesellschaft analysiert wird, schien es Herrschaft in der durch Marcuse zum Begriff gewordenen »eindimensionalen« Gesellschaft auch ohne bewußte Steuerung durch einen wirtschaftlich oder politisch Mächtigen zu geben – mit dem Resultat, daß sie, diese Herrschaft, noch unheimlicher und unverwundbarer wurde und die Chancen, ihr wirksam entgegenzutreten, in noch weitere Ferne zu rücken schienen.

Zusammenfassend kann man also sagen, daß das Institut in seiner Nazismus-Analyse zwei verschiedene Ansätze verfolgte. Der eine, verbunden mit den Namen Neumann, Gurland und Kirchheimer, konzentrierte sich auf Veränderungen in rechtlichen, politischen und wirtschaftlichen Institutionen und streifte Sozialpsychologie und Massenkultur nur mit einem kurzen Blick. In seinen Grundprämissen weitgehend orthodox marxistisch, hob er, wenn auch sehr differenziert, auf die zentrale Bedeutung des Monopolkapitalismus ab. Der andere wichtige Ansatz, auf den die Gruppe um Horkheimer sich stützte, sah im Nazismus das extreme Beispiel eines in der westlichen Welt allgemein bestehenden Trends zu irrationaler Herrschaft. Obwohl diese Entwicklung auch hier als Resultat des Spätkapitalismus betrachtet wurde, war in diesem Ansatz die ökonomische Basis doch nicht mehr das über die gesellschaftliche Totalität entscheidende Element. Vielmehr wurde der technischen Rationalisierung als einer institutionellen Kraft sowie der instrumentellen Rationalität als einem kulturellen Gebot verstärkte Aufmerksamkeit gewidmet. Viel stärker als bei Neumann oder den andern, die seine Überzeugung teilten, war das Interesse in diesem Zusammenhang auf die psychosozialen Mechanismen von Gehorsam und die Ursachen von Gewalt gerichtet. Insofern dieser Ansatz die vielfältigen Mittel und Wege aufzeigte, vermittels deren der entwickelte Kapitalismus die Erfüllung der Marxschen Prognosen über seinen Zusammenbruch vereitelt hatte, erwies er sich zugleich als der im Hinblick auf die Möglichkeiten von Veränderung skeptischere Ansatz; er offenbarte eine tiefe Skepsis, die sich in den folgenden Jahren noch steigern sollte.

Weil der Horkheimer-Pollock-Ansatz über die orthodox marxistische Konzentration auf die Ökonomie hinausging, ließ er sich auch leichter auf amerikanische Gesellschaftsphänomene nach dem Kriege anwenden. Die Wirtschaft der Vereinigten Staaten konnte durchaus als monopolkapitalistische bezeichnet werden; gleichwohl hatte ihre Gesellschaft sich dem Faschismus gegenüber als immun erwiesen. Der Wandel Neumanns und seiner Parteigänger nach dem Krieg zu besorgten Liberalen läßt sich möglicherweise zumindest zum Teil auf ihre Einsicht in diese Situation zurückführen. Die Gruppe um Horkheimer hingegen blickte zwar ebenfalls pessimistisch in die Zukunft, was die proletarische Revolution anbetraf, Liberale im Sinne Neumanns, Kirchheimers und Gurlands gab es unter ihnen jedoch auch später nicht. Bei Marcuse verstärkte sich, wie wir sehen werden, der Radikalismus sogar. Horkheimer und Adorno waren zwar viel zurückhaltender, wirklich liberale oder pluralistische Hypothesen gab es in ihrer grundsätzlichen Analyse der Gesellschaft jedoch niemals. Hier bereits von den Entwicklungen nach dem Kriege zu sprechen heißt allerdings dem Ablauf der Geschehnisse vorgreifen – das aber sollten wir nicht tun, ehe nicht die Schriften besprochen sind, in denen das Institut sich mit Amerika beschäftigte. Dies soll in den folgenden Kapiteln geschehen.

Ehe wir uns der vom Institut vorgelegten Analyse der amerikanischen Gesellschaft zuwenden, ist nachzutragen, was mit dem Institut während des Krieges geschah. Mit der Ausbreitung des Faschismus in Europa und Amerikas Eintritt in den Krieg kam es zu einer allgemeinen Reorganisation der institutionellen Struktur des Instituts und zu einer Überprüfung seiner Ziele. Die französische Niederlassung, der einzige Außenposten, der dem Institut nach Kriegsausbruch in Europa geblieben war, wurde mit der Besetzung von Paris im Jahr 1940 geschlossen. Während der dreißiger Jahre war das Pariser Büro nicht nur die Kontaktstelle zwischen dem Institut und seinen Verlegern, es war nicht nur die Stelle, die Datenmaterial zu den *Studien über Autorität und Familie* sammelte, es war auch ein Bindeglied zur wissenschaftlichen und kulturellen Welt in Frankreich. Walter Benjamin war nicht der einzige, der seine Beiträge zur *Zeitschrift* in Paris verfaßte. Auch Célestin Bouglé, Raymond Aron, Alexandre Koyré, Jeanne Duprat, Paul Honigsheim, Maxime Leroy, Bernard Groethuysen und A. Demangeon schrieben und arbeiteten hier. Bouglé war einer der beiden europäischen Gelehrten, die 1938 eingeladen wurden, am New Yorker Zweig des Instituts eine öffentliche Vorlesungsreihe zu halten (Morris Ginsberg war der andere).

Nun war jede Verbindung abgeschnitten. Hinzu kam noch, daß Félix Alcan die *Zeitschrift* nicht länger drucken konnte. Das Institut entschloß sich deshalb, den dritten Teil des Jahrgangs 1939 in Amerika zu publizieren; er erschien im Sommer 1940. Damit wurde eine Zurücknahme des lange geltenden Institutsbeschlusses, nicht in Englisch zu veröffentlichen, erforderlich. In seinem Vorwort zu den *Studies in Philosophy and Social Science* (so hatte man die *Zeitschrift* umgetauft) erklärte Horkheimer:

»Philosophie, Kunst und Wissenschaft haben fast überall in Europa ihre Heimat verloren. England kämpft einen verzweifelten Kampf gegen die Vorherrschaft der totalitären Staaten. Amerika, und hier vornehmlich die Vereinigten Staaten, ist der einzige Kontinent, auf dem die Fortführung wissenschaftlichen Lebens möglich ist. Im Rahmen der demokratischen Institutionen dieses Landes genießt die Kultur noch jene Freiheit, ohne die sie, wie wir meinen, nicht existieren kann. Mit der Veröffentlichung unserer Zeitschrift in ihrer neuen Form möchten wir dieser Überzeugung einen konkreten Ausdruck verleihen.«[112]

In Amerika zu publizieren war jedoch teurer als in Europa, und die finanziellen Mittel des Instituts waren nicht mehr die von ehedem. In den späten dreißiger Jahren hatte sein Stiftungskapital Einbußen bedrohlichen Ausmaßes erlitten. Fehlinvestitionen auf einem Baissemarkt, eine unglückliche Bodentransaktion im nördlichen Teil des Staats New York sowie die Verteilung beachtlicher Summen an andere Flüchtlinge, die dem erweiterten Personal des Instituts angehörten, hatten eine Einschränkung seiner finanziellen Möglichkeiten zur Folge.

Als deshalb 1941 das Institut den Rest seines Kapitals aus der Schweiz und aus Holland nach Amerika transferierte, wo es von der Kurt-Gerlach-Gedächtnis-Stiftung, der Hermann-Weil-Gedächtnis-Stiftung und der *Social Studies Association*[113] verwaltet wurde, reichte der Betrag, den es erbrachte, nicht aus, um die Weiterführung aller Institutsprogramme zu erlauben. Eins der ersten Opfer waren die *Studies in Philosophy and Social Science,* die zunächst in ein Jahrbuch umgewandelt wurden, um dann im März 1942 nach der dritten Nummer von Band 9 (offiziell 1941) für die Dauer des Krieges eingestellt zu werden. Die *Zeitschrift* sollte nie wieder in ihrer ursprünglichen Form erscheinen, womit ein wissenschaftliches Organ von bemerkenswertem Rang und hohem Niveau zu existieren aufhörte. Im nachhinein könnte man durchaus sagen, daß das kurze Jahrzehnt ihres Bestehens mit der Blütezeit des Instituts überhaupt, mit seiner produktivsten Periode zusammenfiel.

Die finanziellen Probleme des Instituts erzwangen auch eine Reduzierung des Mitarbeiterstabs, der durch den Zustrom neuer Flüchtlinge aus Europa angeschwollen war. Einige Institutskollegen – Karl Landauer, Andries Sternheim und an prominentester Stelle Walter Benjamin – hatten sich trotz eindringlicher Aufforderungen und Bitten geweigert zu emigrieren, bis es schließlich zu spät war. In zahlreichen anderen Fällen dagegen gelang die Flucht noch. So zählten im Laufe des Krieges zu den neuen »Forschungskollegen«, die in vielen Fällen nur ganz locker mit dem Institut verbunden waren, Karl Wilhelm Kapp (Ökonomie), I. Gräbner (Antisemitismus), Fritz Karsen (Pädagogik)[114], Olga Lang (Sinologie), Wilhelm Mackauer (Geschichte), Alois Schardt (Kunst), Joseph Soudek (Ökonomie), Edgar Zilsel (Soziologie), Paul Lazarsfeld (Soziologie), Maximilian Beck (Philosophie), Kurt Pinthus (Literatur) und Hans Fried (Soziologie). Neben anderen, die wie Joseph Maier, der Ehemann von Alice Maier, vom Institut finanziell unterstützt wurden, konnten auch viele der oben Genannten vom reduzierten Budget des Instituts nicht mehr getragen werden.

Das gleiche Problem stellte sich auch für manchen unter den älteren Angehörigen des Instituts. Fromm war, wie wir gesehen haben, 1939 ausgeschieden und führte nun eine Privatpraxis; Gumperz arbeitete als Börsenmakler, und Wittfogel hatte ebenfalls neue Quellen aufgetan, von denen er lebte. Adorno arbeitete halbtags an Lazarsfelds *Radio Research Project* in Princeton und später Columbia mit, ein Projekt, bei dem auch Löwenthal zum Teil als Forscher, zum Teil als Sekretär unterkam. Auch eine Tätigkeit als Regierungsberater erwies sich als Möglichkeit, Einkünfte aufzubessern und gleichzeitig sinnvolle Arbeit zu leisten. Als erster ging Neumann nach Washington, um Kriegsmaßnahmen mitzuberaten. 1942 trat er in das *Board of Economic Warfare* als Chefberater ein und wechselte bald danach in das *Office of Strategic Services* (OSS) über, wo er stellvertretender Leiter des *Research and*

Analysis Branch, Abteilung Mitteleuropa wurde. Neumanns Weggang vom Institut, der sich als endgültig erweisen sollte, wurde durch persönliche und theoretische Differenzen mit älteren Institutsmitgliedern[115] beschleunigt, eine Situation, die auch auf andere, zum Beispiel Fromm oder Wittfogel, zutraf. Horkheimer war verärgert und verletzt durch die knappe und pauschale Art und Weise, in der Pollocks Überlegungen in *Behemoth* abgefertigt wurden. Zudem bestand eine offene Rivalität zwischen ihnen: Ein Institutsmitglied sollte Professor an der *Columbia University* werden; aber wer sollte es sein? Die älteren Mitglieder aus der Frankfurter Zeit waren über die Aussicht, Neumann könne mit der ganzen Divergenz seiner Auffassungen das Institut im regulären Lehrbetrieb von Columbia vertreten, recht unglücklich. Tatsächlich wurde Neumann später, d. h. nach dem Kriege eine solche Position angeboten, die er auch annahm; aber zu dieser Zeit hatte das Institut seine Verbindung zu Columbia bereits von sich aus gelöst.
Weitere Institutsmitglieder arbeiteten während des Krieges hauptsächlich in Washington. Auch Kirchheimer gehörte dem *Office of Strategic Services* an, ebenso wie Marcuse nach Abschluß seines Buches *Vernunft und Revolution,* seiner letzten großen Veröffentlichung für mehr als ein Jahrzehnt. Sie befanden sich hier in einer illustren Gesellschaft von Intellektuellen, der so renommierte Wissenschaftler angehörten wie Hajo Holborn, Norman O. Brown, Carl Schorske, H. Stuart Hughes, Leonard Krieger, Crane Brinton und Franklin Ford. Bevor Marcuse in das OSS eintrat, hatte er kurze Zeit im *Office of War Information* (OWI) gearbeitet. Das OWI wurde 1943 auch Löwenthals Arbeitsplatz. Obwohl er dem New Yorker Büro des Instituts weiterhin einen Teil seiner Zeit widmete, war er zeitweilig sogar Ressortleiter am OWI. Pollock übernahm gelegentlich Beratungsfunktionen in der Antitrust-Abteilung des Justizministeriums und im *Board of Economic Warfare.* Gurland, wenn auch zumeist in New York, fand Zeit, an einer Untersuchung mitzuarbeiten, deren Gegenstand »The Fate of Small Business in Nazi Germany«[116] war, und die Kirchheimer und Neumann für einen Senatsausschuß durchführten, den Claude Pepper leitete.
Trotz der Verringerung des Budgets und der partiellen Auflösung seines Mitarbeiterstabs erlahmte die Bemühung des Instituts um eine Fortsetzung der wissenschaftlichen Arbeit keineswegs. Zum erstenmal jedoch war man auf finanzielle Unterstützung von außen angewiesen, um geplante Projekte überhaupt durchführen zu können; und solche Gelder standen nicht immer zur Verfügung. So wurde im Februar 1941 eine Analyse über die »Cultural Aspects of National Socialism«[117] angekündigt, die unter der gemeinsamen Leitung von Horkheimer und Eugene N. Anderson von der *American University* in Washington stehen sollte. Die Verteilung der Verantwortung für die einzelnen Abschnitte der Studie war wie folgt vorgesehen: Pollock sollte die Bürokratie untersuchen; Löwenthal Literatur und Massenkultur; Horkhei-

mer die Gegnerschaft gegen das Christentum; Neumann die ideologische Durchdringung von Arbeiterklasse und neuem Mittelstand; Marcuse die Kriegs- und die Nachkriegsgeneration; und Adorno Kunst und Musik. Grossmann sollte die Funktion eines »Beraters für Wirtschaftsgeschichte, Statistik und Ökonomie in allen Bereichen, in denen entsprechende Fragen auftreten können«[118], übernehmen. Das Projekt konnte indessen gar nicht in Angriff genommen werden, weil sich niemand für eine Mitfinanzierung fand. Auch für die Fortführung der *Studies in Philosophy and Social Science* als Jahrbuch war kein Geld vorhanden. Tatsächlich konnte das Institut nur mit der vom *American Jewish Committee* und vom *Jewish Labor Committee* im Oktober 1943 gewährten Unterstützung seine kollektiven Energien auf ein umfangreiches und kostspieliges Projekt konzentrieren. Das Ergebnis, die *Studies in Prejudice,* werden Thema von Kapitel 7 sein.

In einem Fall gestattete die Besserung der finanziellen Situation des Instituts eine Abweichung von der Tendenz zur Reduzierung der Mitarbeiterzahl. Paul Massing, 1941 als Forschungsmitarbeiter ins Institut gekommen, wurde im Lauf der folgenden Jahre zu einer der wichtigeren Institutsfiguren. Allerdings war er kein völliger Neuling in Institutsangelegenheiten, denn schließlich hatte er seine Dissertation noch unter Grünberg im Jahr 1927 begonnen.[119] Dennoch stellte Massing als Institutszuwachs in einem Punkte ganz gewiß eine Ausnahmeerscheinung dar. Im Unterschied zu den meisten anderen, die in der Institutsgeschichte eine wichtige Rolle spielten, war er nichtjüdischer Abkunft, ein Umstand, der ihm seiner Meinung nach später die volle Aufnahme in den inneren Kreis des Instituts verwehrte. In den zwanziger Jahren war Massing aus persönlichen wie aus politischen Gründen eng mit Karl Wittfogel befreundet gewesen. Wie Wittfogel war er eines jener vereinzelten KP-Mitglieder, die in den Jahren vor der Emigration dem Institut angehörten; er war der Kommunistischen Partei 1927 beigetreten. Und wie sein älterer Freund – Massing war 1902 in einem kleinen Nest in der Nähe von Koblenz geboren, d. h. er war sechs Jahre jünger als Wittfogel – wurde auch Massing wegen seiner politischen Einstellung nach Hitlers Machtübernahme in ein Konzentrationslager gesperrt. Beide Männer kamen etwa zur gleichen Zeit frei, und beide verließen Deutschland im Jahr 1934. Sie haben in Romanen, die unter Pseudonymen publiziert wurden, geschildert, was sie im Konzentrationslager erlebt hatten: Wittfogel nannte sich Klaus Hinrichs, und sein Buch trug den Titel *Staatliches Konzentrationslager VII;* Massing schrieb den *Schutzhäftling 880* unter dem Namen Karl Billinger, den er sich seltsamerweise zusammengesetzt hatte aus den Namen John Dillinger, dem amerikanischen Schwerverbrecher und Richard Billinger, einem deutschen Dichter, den die Nazis eingesperrt hatten.[120] Massings Roman wurde 1935, mit einer prosowjetischen Einleitung von Lincoln Steffens versehen, unter dem Titel *Fatherland* ins Englische

übersetzt. Die Veröffentlichung der Übersetzung in Amerika sollte ihn teuer zu stehen kommen, denn sie verzögerte Massings Naturalisierung bis in die späten vierziger Jahre.
Eine weitere Parallele zwischen den beiden Männern war ihre wachsende Enttäuschung über den Kommunismus. Wittfogel war zwar 1934, also zum Zeitpunkt, da er den Kontinent in Richtung England verließ, aus der Partei ausgeschieden, d. h., er war bereits acht Monate vor seiner Emigration nach Amerika kein Beitrag zahlendes Mitglied mehr. Zum endgültigen Bruch mit seiner kommunistischen Vergangenheit kam es jedoch erst im Sommer 1939, nach seinen Erfahrungen um die Mitte der dreißiger Jahre in China.[121] Massings Apostasie war erheblich dramatischer. Er hatte zwar unmittelbar nach seiner Befreiung aus dem Konzentrationslager eine kurze Reise in die Vereinigten Staaten unternommen, war jedoch mit seiner Frau Hede nach Europa zurückgekehrt, um für die Partei zu arbeiten. 1937 wurde er zur Besprechung seiner Situation und seiner Aufgaben nach Moskau gerufen. Die Säuberungsprozesse, damals gerade auf ihrem Höhepunkt, riefen bei Massing, wie bei vielen seiner Genossen, tiefe Enttäuschung über die stalinistische Praxis hervor. Entgegen den Ratschlägen seiner Frau beschloß Massing, dennoch in die Sowjetunion zu fahren, um, wie er sich heute ausdrückt, aus einer Art Ehrgefühl heraus seinen Bruch mit dem Kommunismus dort selbst zu verkünden. Was als zweiwöchige Reise begann, endete als ein acht Monate währender Alptraum, ohne jede Gewähr, überhaupt heil davonzukommen.[122] 1938 durfte Massing schließlich sowohl Moskau als auch die Partei verlassen; sein Engagement für den Kommunismus war damit aber noch nicht zu Ende. Nach seiner Rückkehr unternahm er, in der Hoffnung, ein verkäufliches Buch zustande zu bringen, einen Vergleich der Hitlerschen Außenpolitik mit den in *Mein Kampf* verkündeten Intentionen. *Hitler Is No Fool* – so lautete sein Titel schließlich – erschien 1940 bei *Modern Age*, einem Verlag, der damals insgeheim von kommunistischen Redakteuren kontrolliert wurde. »Karl Billingers« These, der Krieg im Westen sei nur das Vorspiel zu einem Ostfeldzug, stand in direktem Gegensatz zur neuen Parteilinie nach dem Hitler-Stalin-Pakt. Das Buch wurde deshalb sofort von seinen eigenen Verlegern unterdrückt und bereits gedruckte Exemplare wurden, soweit möglich, wieder eingezogen.
Massing traf damals nicht nur der Verlust seines Buches, er verlor auch seine Freundschaft mit Wittfogel, wenn auch aus entgegengesetzten Gründen. Wie bereits gesagt, begann Wittfogel nach seiner Rückkehr aus China sich nach rechts zu orientieren. Seine dritte Frau, Esther Goldfrank, war konservativ und scheint Wittfogel in seiner Wandlung beeinflußt und bestärkt zu haben. Er trat nicht nur aus der Partei aus, sondern fing auch an, jedermann zu mißtrauen, der jemals in irgendeiner Weise mit ihr zu tun gehabt hatte. In diese Kategorie fiel aber auch Massing, und die Beziehung zwischen beiden verschlechterte sich zuse-

hends. Zum endgültigen Bruch kam es nach Massings Erinnerung 1948 anläßlich seiner Weigerung, die Behauptungen Ruth Fischers in ihrem Buch *Stalinist Germany* vorbehaltlos zu unterschreiben. Wittfogel zufolge hatte ihr Zerwürfnis eher persönliche Gründe.[123] Eins ist klar: Massing, zwar nicht mehr Mitglied der Partei, aber dennoch nicht bereit, Wittfogels rabiaten Antikommunismus mitzumachen, vertrat nun eine den führenden Köpfen des Instituts durchaus verwandte politische Position. 1941, als er ins Institut eintrat, lag die Zeit seiner politischen Aktivität ganz eindeutig hinter ihm. Sein Beitrag während der vierziger Jahre ließ denn auch wenig von jenem Marxismus erkennen, für den er ehemals so vehement eingetreten war. Damit spiegelte er übrigens den allgemeinen allmählichen Rückzug des Instituts von einem aggressiv marxistischen Standpunkt wider, dessen Auswirkungen wir zum Teil in diesem Kapitel schon gesehen haben. Eine ganze Reihe von Faktoren haben während des Krieges und in den Jahren unmittelbar danach zu diesem Wandel in der Einstellung der Frankfurter Schule zum Marxismus beigetragen. Um welche Faktoren es sich handelt, wird bei den nachfolgenden Erörterungen der Schriften aus den vierziger Jahren schnell sichtbar werden.

Die wichtigste Veränderung für das Institut während des Krieges hatte ihre Ursache möglicherweise in Horkheimers Gesundheitszustand. Seines schwachen Herzens wegen rieten ihm die Ärzte, New York zu verlassen und in einem milderen Klima zu leben. Horkheimer befolgte den Rat und zog im Frühjahr 1941, begleitet von Adorno, der hauptsächlich aus persönlicher Treue[124] mitkam, nach Pacific Palisades, in der Nähe von Santa Monica in Kalifornien. Mit Horkheimers persönlicher Anregung büßte das New Yorker Büro ein gewisses Maß an Vitalität ein. Löwenthal und Pollock blieben zwar als Leiter zurück, und auch Marcuse, Kirchheimer, Gurland, Massing und Felix Weil setzten ihre Arbeit in New York fort. Dennoch nahm die Forschungstätigkeit des Instituts aus den bereits erwähnten Gründen während des Krieges an Umfang ab. Im Juni 1944 ging das Gebäude in der 117. Straße in die Hände der amerikanischen Marine über, die es zu Schulungskursen benutzte; das Institut bezog eine bescheidenere Unterkunft zum Teil in der *Low Memorial Library,* zum Teil in einem anderen Haus auf den *Morningside Heights.* Die Columbia-Periode des Instituts fand ihr sichtbares Ende mit der Erstellung eines Berichts über seine Arbeiten unter dem Titel »Ten Years on Morningside Heights«.[125]

Mit ihrem Umzug nach dem ganz im Westen gelegenen Kalifornien bestätigten Horkheimer und Adorno gleichsam symbolisch die gewachsene Distanz des Instituts zu seiner europäischen Herkunft. Im Februar 1940, noch in New York, hatten Horkheimer, Pollock, Marcuse und Löwenthal ihre Naturalisierungspapiere in der Hand. Gegen Kriegsende waren fast alle Institutsmitglieder amerikanische Staatsbürger geworden. Das Ende der *Zeitschrift* bedeutete für das Institut den An-

fang mit einer neuen englischsprechenden Leserschaft. Nach *Punishment and Social Structure* im Jahr 1939 erschienen nun alle weiteren Institutsveröffentlichungen in der Sprache der neuen Wahlheimat. In den vierziger Jahren nahmen die *Studies in Prejudice* den Faden an der Stelle auf, an dem die *Studien über Autorität und Familie* ihn niedergelegt hatten; Kernpunkt der Arbeit bildeten jetzt allerdings die amerikanischen Formen von Autorität.
Mit der Verlagerung des Gegenstandes ging ein leichter Wandel im Zentrum der Institutsarbeit einher. Autorität in Amerika erschien in einem anderen Gewand als ihr europäisches Gegenstück. Anstelle von Terror und Zwang hatten sich in den Staaten mildere Formen von erzwungener Konformität herausgebildet. Die wirksamsten waren vermutlich auf kulturellem Gebiet zu finden. Aus diesem Grunde wurde die amerikanische Massenkultur zu einem zentralen Punkt des Interesses der Frankfurter Schule in den vierziger Jahren. Um ihre Arbeit verstehen zu können, müssen wir nun endlich die immer wieder hinausgeschobene Diskussion der Analysen vornehmen, die das Institut über Kulturphänomene angestellt hat. Löwenthals Beitrag hierzu haben wir schon besprochen. Im folgenden Kapitel wollen wir uns der umfassenden und scharfsinnigen Arbeit von Adorno und Benjamin im Rahmen der Erörterung jenes Phänomens zuwenden, das Horkheimer als »affirmative Kultur« bezeichnet hat.[126]

VI Ästhetische Theorie und die Kritik der Massenkultur

Es ist niemals ein Dokument der Kultur, ohne zugleich ein solches der Barbarei zu sein. WALTER BENJAMIN

Das Problem ist nicht, daß der Kaugummi die Metaphysik unterminiert, sondern daß er Metaphysik ist – dies klarzumachen, darauf kommt es an. MAX HORKHEIMER

Massenkultur ist Psychoanalyse verkehrt herum. LEO LÖWENTHAL

Die marxistische ästhetische Kritik folgte, wie George Steiner erklärt hat[1], traditionell zwei voneinander getrennten Wegen, d. h., sie kannte zwei verschiedene Leitsätze. Dem ersten zufolge – er leitete sich hauptsächlich aus den Schriften Lenins her und ist von Zhdanow auf dem ersten sowjetischen Schriftstellerkongreß im Jahr 1934 kodifiziert worden – sind nur jene Werke von Wert, die unerschrockene politische Parteilichkeit zeigen. Lenins Forderung nach *Tendenzliteratur,* aufgestellt im Kampf gegen den ästhetischen Formalismus der Jahrhundertwende, gipfelte letztlich in der sterilen Orthodoxie des stalinistischen sozialistischen Realismus. Der zweite Leitsatz, den Steiner und viele andere für den fruchtbareren halten, folgt Engels, der Kunstwerke weniger nach den politischen Intentionen ihrer Urheber als nach ihrer immanenten gesellschaftlichen Bedeutung beurteilte. Der objektive gesellschaftliche Gehalt eines Kunstwerks, so Engels, könne durchaus im Gegensatz zu den erklärten Absichten des Künstlers stehen und mehr ausdrücken als nur seine Klassenzugehörigkeit. Diesem zweiten Ansatz sind jene Kritiker gefolgt, die nicht dem Sowjetblock angehörten und die Michel Crouzet einmal als Paramarxisten bezeichnet hat. Zu ihren prominentesten Vertretern zählten irgendwann in ihrem Leben Jean-Paul Sartre und Lucien Goldmann in Frankreich, Edmund Wilson und Sidney Finkelstein in Amerika sowie einige Mitglieder der Frankfurter Schule in Deutschland.

Georg Lukács stellt sowohl für Steiner wie für andere Kommentatoren einen komplizierten Fall dar, weil er Merkmale aufweist, die ihn beiden Lagern angehören lassen. Lukács, ohne Zweifel der fähigste Kritiker innerhalb des sowjetischen Einflußbereichs, versuchte, die Kluft zwischen der Leninschen und der Engelsschen Position zu überbrücken.

Indem er Engels' heute berühmte Dichotomie von Realismus und Naturalismus entfaltete – der eine exemplifiziert in den Werken von Shakespeare, Goethe und Balzac, in denen sich objektive Welt und subjektive Imagination organisch verbinden; der andere am deutlichsten illustriert durch Zolas Romane, in denen die den Künstler umgebende Welt durch Erscheinungen, ohne von ihm verarbeitet zu sein, mechanisch widergespiegelt wird –, nahm Lukács eine wichtige, von den orthodoxen Zhdanowisten vernachlässigte Unterscheidung vor. Zola, so schrieb er, bleibe trotz seines Mitgefühls für die Unterdrückten künstlerisch weit hinter dem royalistischen Balzac zurück, dessen Künstlerphantasie ihn befähige, die historische Totalität viel getreuer wiederzugeben. Ähnliche Überlegungen waren der Grund für das unerwartete Lob, das Lukács in seinem Buch *Der historische Roman* den Werken von Sir Walter Scott spendete[2].

Und doch hat Lukács, der seine eigene Arbeit über *Geschichte und Klassenbewußtsein* widerrief, weil die Partei es so wollte, sich selber niemals wirklich aus der leninistischen Zwangsjacke befreien können. Das zeigt sich an vielen Punkten. Einer davon ist seine praktisch durchgängige Ablehnung der modernen Kunst in allen ihren Formen.[3] Für Schriftsteller wie Proust, Kafka und Joyce war Lukács ihres angeblichen Formalismus und ihrer Subjektivität wegen blind. Ein großer Teil der Kunst des 20. Jahrhunderts verband sich für ihn direkt mit dem vermeintlichen Irrationalismus in den Schriften von Dostojewskij, Nietzsche und Kierkegaard.[4] Eng einher mit dieser Haltung ging eine ziemlich konservative Vorliebe für die Meisterwerke bürgerlicher Kultur und eine kaum noch kritisch zu nennende Rücksicht den Produkten des sozialistischen Realismus gegenüber. Der zuletzt genannte Aspekt in seinem Werk hatte seinen Grund möglicherweise in einer allzu optimistischen Einschätzung der in sozialistischen Ländern bereits geleisteten Aufhebung von Widersprüchen.[5] Ein weiterer Beweis für sein Festhalten an leninistischen Maßstäben zeigte sich in seiner relativen Gleichgültigkeit für die Auswirkungen technologischer Innovation auf die Kunst; für ihn war einzig der Klassenkampf der Motor der Geschichte, er allein war die Basis, von der aus er kritisierte. Bei allen Erkenntnissen, die in Lukács' umfangreichem Werk enthalten sind, haben sein Kompromiß mit der politischen Autorität und sein schon fast nur noch in Temperamentskategorien zu erklärender Mangel an Sensibilität für moderne Kunst ihn daran gehindert, jene Art von kritischer Flexibilität zu erreichen, wie sie westliche Paramarxisten, beispielsweise im Kreis der Frankfurter Schule, zu erlangen vermochten.

Dies vorausgeschickt, ist jedoch zu sagen, daß viel von dem, was die Paramarxisten geschrieben haben, ohne gewisse Schriften von Lukács in dieser Weise gar nicht denkbar wäre. *Geschichte und Klassenbewußtsein* war, gleich was sein Autor später darüber gedacht haben mag, eine Arbeit, die sie stark beeinflußt hat, was auch zumindest Benjamin offen zugab.[6] Auch Adorno hat in einer sehr viel später verfaßten Schrift über Lukács, deren allgemeiner Ton durchaus kritisch war, erklärt, *Geschichte und Klassenbewußtsein* sei die erste Untersuchung gewesen, die sich auf das entscheidende Problem der Verdinglichung konzentriert habe, den Schlüssel zu einer marxistischen oder neomarxistischen Kulturanalyse.[7] Mehr noch, die Frankfurter Schule machte sich, wie andere Paramarxisten auch, die Engelssche Unterscheidung zwischen Realismus und Naturalismus zu eigen, die zu unterstreichen Lukács so viel getan hatte, wobei ihnen die Definition des Naturalismus mehr einleuchtete als die des Realismus.[8] Was auch immer die Unstimmigkeiten gewesen sein mögen, die in späteren Jahren zwischen ihnen standen – und sie waren gravierend –, das Institut und Lukács äußerten sich von der Basis einer gemeinsamen Tradition aus zu denselben Problemen.

Ziel dieses Kapitels ist es, die Elemente herauszuarbeiten, die die ästhetische Kritik der Frankfurter Schule von ihren traditionell bürgerlichen und ihren orthodox marxistischen Konkurrenten unterschieden. Besondere Aufmerksamkeit wird dabei den Beiträgen von Adorno und Benjamin zuteil werden, mit einem gelegentlichen Seitenblick auf Horkheimer, Marcuse und Löwenthal, deren Ausführungen zur Massenkultur ebenfalls von Interesse sind. Am Schluß des Kapitels wollen wir darauf eingehen, in welcher Weise das Institut seine Kunstkritik in seine allgemeinere Analyse der modernen Gesellschaft integrierte.

Die Generation von Institutsmitgliedern, die auf Grünberg folgte, war natürlich von Anfang an stark an ästhetischen und kulturellen Phänomenen interessiert. An Hans Cornelius, für etliche Institutsmitglieder der wichtigste und einflußreichste Lehrer während ihres Studiums, war ein Künstler verlorengegangen. Seine Beiträge zur Philosophie der Kunst sind zahlreich.[9] Horkheimers Ausflüge in die Welt des Romans, die bis in die vierziger Jahre anhielten[10], haben wir bereits erwähnt, ebenso Adornos wichtigere Arbeiten zur Musik. Adornos Schrift über Kierkegaard, in der die Ästhetik eine zentrale Rolle spielte, ist erörtert worden, Wittfogels Stücke und seine Ästhetik-Kritik ebenfalls. Und schließlich haben wir auch Löwenthals zahlreiche Aufsätze über literarische Fragen in der *Zeitschrift* erörtert.

Bleibt die Vervollständigung der Darstellung durch die übrigen Komponenten jener umfassenden Analyse kultureller Phänomene durch das Institut, also insbesondere die Arbeit von Adorno und Benjamin. Die Schwierigkeiten eines solchen Vorhabens sind enorm. Der antisystematische Impuls der Kritischen Theorie betraf auch die von ihr betriebene Kulturkritik. Das Ergebnis läßt eine Zusammenfassung zu einem schwierigen, wenn nicht unmöglichen Unterfangen werden. Hinzu kommt, daß die Form, in die die Kritik gekleidet war, einen wesentlichen Bestandteil ihrer gesamten Wirkung ausmacht. Das einmalige Gefüge eines Aufsatzes von Adorno oder Benjamin und die gelehrte

Kompliziertheit ihres Prosastils sträuben sich gegen eine Übersetzung*[11], von der Schwierigkeit, ihren Kern in simple Worte zu fassen, erst gar nicht zu reden. Die Art der Argumentation war in den seltensten Fällen induktiv oder deduktiv – sichtbarer Ausdruck ihres Beharrens darauf, jeder Satz müsse mit der Totalität des Aufsatzes vermittelt sein, um voll verstanden zu werden. Liest man ein Stück Text von Adorno oder Benjamin, dann kommt einem ein Kommentar in den Sinn, den Jean Luc Godard auf die Frage gegeben haben soll, ob seine Filme einen Anfang, eine Mitte und ein Ende hätten. »Ja«, sagte er, »aber nicht notwendig in dieser Reihenfolge.« Das Prinzip, das Adorno bei den Symbolisten ausmachte, galt auch für seine und Benjamins Schriften: »Der Trotz gegen die Gesellschaft ist einer gegen deren Sprache.«[12] Die Schwierigkeiten, die damit für den Durchschnittsleser entstehen, sind so weniger das Produkt einer Grille oder der Unfähigkeit, sich verständlich zu machen, als eine direkte Aufforderung an den Leser, mit entsprechender Ernsthaftigkeit zu reagieren. Adorno hat seine Absicht indirekt ausgesprochen, als er über Schönberg schrieb: »Sie (seine Musik) verlangt, daß der Hörer ihre innere Bewegung spontan mitkomponiert, und mutet ihm anstelle bloßer Kontemplation gleichsam Praxis zu.«[13] Andere Künstler wie Kafka[14], dessen Werk Adorno über alle Maßen lobte, scheinen von der gleichen Überlegung geleitet gewesen zu sein.

Benjamins Sorgfalt im Umgang mit Sprache und Stil war keinesfalls geringer. Vielmehr verstand er sich, wie Adorno einmal sagte[15], als Instrument für den Ausdruck objektiver kultureller Tendenzen; eine Auffassung, die die Ausdrucksweise um so entscheidender werden ließ. Sie äußerte sich nicht zuletzt in seiner Hoffnung, mit Hilfe eines Aufsatzes, der ausschließlich aus Zitaten aus anderen Quellen bestehen sollte, alle subjektiven Elemente aus seiner Arbeit ausschließen zu können.[16] Obgleich es zu diesem Aufsatz nie kam, war Benjamin stets bestrebt, seinen Worten jenen Gehalt und Klang zu verleihen, die üblicher Prosa fehlen. Sein Interesse am Talmud und an der Kabbala mögen ihn zu der Überzeugung geführt haben, in jedem Satz gebe es vielerlei Bedeutungsebenen.[17] Wenn Benjamins Stil sich von dem anderer Institutsmitglieder unterscheidet, dann insofern, als er ein Produkt der Benjaminschen Bemühung um die konkretest mögliche Ausdrucksweise ist. Da Benjamin viel stärker in Analogien dachte als die andern, war er auch weniger gewillt, den traditionellen philosophischen Jargon zu benutzen, den er ärgerlich als Zuhältersprache zu bezeichnen pflegte.[18] So gibt es denn auch einen Briefwechsel zwischen Benjamin und Horkheimer, in dem ihre unterschiedliche Einschätzung des Werts der philosophischen Sprache klar erkennbar wird.[19] Keiner vermochte den andern zu überzeugen, und Benjamins Stil blieb der das Konkrete be-

* Der Autor hat es vorwiegend mit deutschen Texten zu tun. Anm. d. Übers.

schwörenden Prosa kunstvoller Literatur näher als der abstrakt begrifflichen Sprache der theoretischen Philosophie. Diese Tatsache ist es, die neben dem fragmentarischen Zustand eines großen Teils seiner späteren Arbeit, dem gegenwärtigen Disput über die Authentizität einiger seiner Texte sowie der Distanz, die er der Kritischen Theorie gegenüber nie aufgab, eine Einschätzung seines Beitrags zur Arbeit des Instituts so außerordentlich schwer macht.

Trotz dieser Einschränkungen läßt sich der ästhetische Ansatz der Frankfurter Schule in seinen wesentlichen Zügen, wie er auch für Adorno und bis zu einem gewissen Grade durchaus auch für Benjamin galt, schon ausmachen. Wenn wir gesagt haben, daß das Institut sich geweigert habe, Ökonomie und Politik zu fetischisieren, so ist jetzt festzustellen, daß es sich nicht weniger dagegen sträubte, die Kultur als einen Sonderbereich in der Gesellschaft zu betrachten. Gelegentlich sah dies schon fast nach einer reduktionistischen Analyse der Kunst auf ein Spiegelbild gesellschaftlicher Tendenzen aus, so etwa wenn das Institut in einer seiner offiziellen Selbstdarstellungen schrieb: »Wir interpretieren (Kunst) als eine Art von Sprachkode für Prozesse, die in der Gesellschaft ablaufen, als einen Kode, der mit Hilfe der kritischen Analyse zu dechiffrieren ist.«[20] Wenn im allgemeinen auch nicht so offen, befand sich das Institut doch ganz ohne Zweifel in diametralem Gegensatz zur Tradition der Geisteswissenschaften in Deutschland, die dazu tendierten, die Geschichte des Geistes in einem gesellschaftlichen Vakuum zu behandeln. Das Institut wurde nicht müde, die Gegenüberstellung von Kultur als einer höheren Sphäre menschlichen Strebens und materieller Existenz als einem niederen Aspekt menschlichen Seins immer wieder zu kritisieren. Das Verhältnis von Kultur und Gesellschaft sei derart, daß erstere die Mängel der letzteren niemals voll aufzuheben vermöge. So pries Adorno Spengler dafür, daß er demonstriert habe, ». . . wie Kultur selber als Form und Ordnung verschworen ist der blinden Herrschaft . . .«[21] Und Benjamin stellte nüchtern fest: »Es ist niemals ein Dokument der Kultur, ohne zugleich ein solches der Barbarei zu sein.«[22]

Gleichermaßen fremd war dem Institutsdenken die Beurteilung von Kunstprodukten als bloßem Ausdruck individueller Schöpferkraft. Horkheimer hatte, so erinnern wir uns, seine Habilitationsschrift über Kants *Kritik der Urteilskraft* geschrieben. Fast zwanzig Jahre später kam er auf Kants Gedanken zurück, jeder ästhetische Akt trage ein Element gemeinsamen Menschseins, gemeinsamer Hoffnung auf die Entwicklungsmöglichkeiten der Menschen in sich.[23] Das überindividuelle Subjekt sei jedoch nicht, wie Kant gedacht habe, ein abstrakt transzendentales, sondern vielmehr ein historisches.[24] Das künstlerische Subjekt sei in einem bestimmten Sinne sowohl gesellschaftlich wie individuell. Kunstwerke drückten deshalb objektive gesellschaftliche Tendenzen aus, die von ihren Schöpfern gar nicht beabsichtigt seien.

Des Künstlers angebliche schöpferische Freiheit sei in gewisser Weise nichts als eine Illusion. »Wie das Leben der Künstler«, schrieb Adorno in seinem Aufsatz *Valéry Proust Museum,* »so erscheinen auch ihre Gebilde nur von außen ›frei‹. Weder sind sie Spiegelungen der Seele, noch Verkörperungen platonischer Ideen, reines Sein, sondern ›Kraftfelder‹ zwischen Subjekt und Objekt.«[25]

Damit galt das ästhetische Grundprinzip des Expressionismus, einer Strömung, die insbesondere bei der Jugend Deutschlands Anklang fand, der Frankfurter Schule letztlich als falsch. In einem Artikel über Kafka, den er in den vierziger Jahren schrieb, nahm Adorno ein Argument wieder auf, das er bereits in seiner Kritik an Kierkegaard vorgebracht hatte: »Die absolute Subjektivität ist zugleich subjektlos . . . Je mehr das Ich des Expressionismus auf sich selber zurückgeworfen wird, um so mehr ähnelt es der ausgeschlossenen Dingwelt an sich . . . reine Subjektivität als notwendig auch sich selber entfremdete und zum Ding gwordene, zu einer Gegenständlichkeit, der die eigene Entfremdung zum Ausdruck gerät.«[26] Obgleich die Spontaneität subjektiver Schöpferkraft ein notwendiges Moment genuiner Kunst sei, könne sie sich nur in der Objektivierung im Dinghaften verwirklichen. Objektivierung bedeute aber unweigerlich ein Arbeiten mit Material, das durch die vorhandene gesellschaftliche Matrix bereits gefiltert ist. Dies wiederum impliziere die Notwendigkeit zumindest einer gewissen Verdinglichung. In seiner Kritik an Aldous Huxley schrieb Adorno: »Er verkennt das humane Versprechen der Zivilisation, weil er vergißt, daß Humanität wie den Gegensatz zu Verdinglichung auch diese selber in sich einschloß, nicht bloß als antithetische Bedingung des Ausbruchs, sondern positiv, als die wie immer brüchige und unzulängliche Form, welche die subjektive Regung verwirklicht einzig, in dem sie objektiviert.«[27] Adornos synonymer Gebrauch von Verdinglichung und Objektivierung in dieser Passage zeigt seinen Pessimismus hinsichtlich der totalen Ent-Verdinglichung des Lebens. Seine Hervorhebung der Nichtidentität, die wir bereits untersucht haben, wird hier besonders sichtbar. Die völlige Versöhnung von subjektiver Imagination und objektivem Material könne zwar in großen Kunstwerken fast erreicht, aber doch niemals voll geleistet werden. Adorno hat deshalb auch, wenn er von Künstlern wie Valéry, Proust, George und Hofmannsthal[28] sprach, die er hochschätzte, stets lieber in dialektischen Gegensätzen über sie gesprochen, um so die immanente Unzulänglichkeit individueller Leistungen zu transzendieren.

Aber nicht nur die künstlerische Schaffenskraft finde in gesellschaftlichen Faktoren ihre Grenzen, mit der subjektiven Beurteilung von Kunst sei es nicht anders. Die liberale Vorstellung vom individuellen »Geschmack«, so haben Adorno und Löwenthal immer wieder betont[29], sei durch die allmähliche Liquidierung des autonomen Subjekts in der modernen Gesellschaft völlig ausgehöhlt. Die Implikationen einer solchen Entwicklung seien indes für ein Verständnis der Massenkultur, in der die Manipulation von Präferenzen nahezu total sei, von entscheidender Bedeutung. Wie wir im vierten Kapitel bei der Erörterung von Löwenthals Aufsatz über Dostojewskijs Leserschaft im Vorkriegsdeutschland schon gesehen haben, betrachtete das Institut den Wandel in der Rezeption von Kunst als ein wichtiges Forschungsgebiet. Was jedoch die Kunstsoziologie der Frankfurter Schule von ihren orthodoxeren marxistischen Vorläufern unterschied, war ihre Weigerung, Kulturphänomene auf den ideologischen Widerschein von Klasseninteressen zu reduzieren. Um mit Adorno zu sprechen: » . . . die Kritik (hat) oftmals weniger nach den bestimmten Interessenlagen zu fahnden, denen kulturelle Phänomene zugeordnet sein sollen, als zu entziffern, was von der Tendenz der Gesamtgesellschaft in ihnen zutage kommt, durch die hindurch die mächtigen Interessen sich realisieren. Kulturkritik wird zur gesellschaftlichen Physiognomik.«[30] Und tatsächlich war der Punkt, an dem sich Unstimmigkeit zwischen Adorno und Benjamin einstellte, die Neigung Benjamins, nach spezielleren, mikrologischen Verbindungen und Entsprechungen zwischen gesellschaftlichen Gruppen und Kulturphänomenen zu suchen.[31]

Das Pochen der Kritischen Theorie auf Dialektik und Negation bewahrte ihre Analysen über Kunst davor, zu simplen Übungen im Entziffern von Anspielungen und Hinweisen auf gesellschaftliche Klassen zu werden, wenn auch die Schriften des Instituts von einer solchen Praxis nicht durchweg frei sind. Kunst war hier nicht nur Ausdruck und Spiegel herrschender gesellschaftlicher Tendenzen, sie war auch – und in diesem Punkt unterschied sich das Institut eindeutig sowohl von der leninistischen Kritik wie auch von der Lukács' – Kunst im genuinen Sinne der Funktion eines letzten Reservats menschlicher Sehnsucht nach jener »anderen« Gesellschaft, jenseits der gegenwärtigen. Horkheimer schrieb: »Seitdem sie autonom wurde, hat die Kunst die Utopie bewahrt, die aus der Religion entwich.«[32] Kants Definition des Schönen als interesseloses Wohlgefallen sei deshalb falsch: Wahre Kunst sei Ausdruck des legitimen Interesses des Menschen an seinem künftigen Glück. Kunst, um eine Formulierung Stendhals aufzunehmen, die das Institut besonders gern zitierte, sei »une promesse de bonheur«.[33] Damit sei der Anspruch der Kultur, die Gesellschaft zu überwinden, wenn auch falsch im einen, so doch wahr in einem anderen Sinne.

Kultur sei, so das Institut, nicht, wie Vulgärmarxisten zuweilen zu denken schienen, schlichtweg bürgerlicher Betrug.[34] Kunst sei nicht einfach falsches Bewußtsein oder Ideologie. Eine dialektische oder »immanente« Kunstkritik, erklärte Adorno, » . . . nimmt das Prinzip ernst, nicht die Ideologie an sich sei unwahr, sondern ihre Prätention, mit der Wirklichkeit übereinzustimmen«.[35] In einer Weise vermöge die Kunst tatsächlich einen »wahren« Vorgeschmack von der zukünftigen Gesellschaft zu vermitteln, nämlich in ihrer harmonischen Einheit von Form

und Inhalt, Funktion und Ausdruck, subjektiven und objektiven Elementen. Bestimmte Künstler wie zum Beispiel Beethoven oder Goethe seien auch fähig gewesen, zumindest Momente einer solchen Erfüllung in ihrem Werk zu leisten; dennoch: »Die Utopie der Kunst überflügelt die Werke.«[36] Und tatsächlich enthielten, ganz im Sinne des Mißtrauens der Kritischen Theorie gegenüber jeder positiven Darstellung der Aufhebung von Widersprüchen, die Harmonien, die sie am meisten bewunderte, stets auch die Erkenntnis, daß eine nur ästhetische Aufhebung nicht ausreiche: »Gelungen aber heißt der immanenten Kritik nicht sowohl das Gebilde, das die objektiven Widersprüche zum Trug der Harmonie versöhnt, wie vielmehr jenes, das die Idee von Harmonie negativ ausdrückt, indem es die Widersprüche rein, unnachgiebig, in seiner innersten Struktur prägt.«[37] Mit anderen Worten, ehe die gesellschaftlichen Widersprüche nicht in der Realität versöhnt seien, müsse die utopische Harmonie immer ein Moment von Protest enthalten. »Kunst«, schrieb Adorno, »und sogenannte klassische Kunst nicht weniger als ihre mehr anarchischen Ausdrucksformen, war und ist stets zugleich Kraft des Protestes des Humanen gegen den Zwang unterdrückerischer Institutionen, religiöser und anderer Art, wie auch Spiegel von deren objektivem Wesen.«[38] Kurz, die ästhetische Sphäre sei unweigerlich auch politisch, eine Erkenntnis, die wie Marcuse gezeigt hat[39], von Schiller in seinen *Briefen über die ästhetische Erziehung des Menschen* absolut klar zum Ausdruck gebracht wird.
Nicht alles, was als Kunst galt, enthielt jedoch dieses negative Moment. Und tatsächlich war die Kritik des Instituts an der Massenkultur ihrem innersten Kern nach nichts anderes als die Überzeugung, daß die »promesse de bonheur«, die Vision von der anderen Gesellschaft, systematisch aus dem entfernt worden sei, was immer mehr zu einer »affirmativen Kultur« werde.* Wie ernst die Frankfurter Schule diese Entwicklung nahm, wird in diesem Kapitel noch deutlich werden. Hier, in unserer mehr allgemeinen Darlegung ihres Ansatzes einer Kulturanalyse, sei jedoch ausdrücklich hervorgehoben, daß das Institut selbst in Augenblicken, da es voller Pessimismus war und jegliche Negation entschwinden sah, noch eine dialektische Wendung aufblitzen ließ.

* »Unter affirmativer Kultur« so schrieb Marcuse, »sei jene der bürgerlichen Epoche angehörige Kultur verstanden, welche im Laufe ihrer eigenen Entwicklung dazu geführt hat, die geistig-seelische Welt als ein selbständiges Wertreich von der Zivilisation abzulösen und über sie zu erhöhen. Ihr entscheidender Zug ist die Behauptung einer allgemein verpflichtenden, unbedingt zu bejahenden, ewig besseren, wertvolleren Welt, welche von der tatsächlichen Welt des alltäglichen Daseinskampfes wesentlich verschieden ist, die aber jedes Individuum ›von innen her‹, ohne jede Tatsächlichkeit zu verändern, für sich realisieren kann.« (Über den »Affirmativen Charakter der Kultur« in *Kultur- und Gesellschaft* I, S. 63).

(Dies läßt sich auch für Marcuses spätere Popularisierung dieser Analyse im *Eindimensionalen Menschen* sagen, wenngleich sich solche Differenzierungen hier viel seltener finden.) Ein gutes Beispiel dafür, wie sehr man zögerte, die Möglichkeit der Negation auszuschließen, zeigte sich in Adornos Artikel über Thorstein Veblen, erschienen in den *Studies in Philosophy and Social Science* im Jahr 1941. Veblens Begriff der »conspicuous consumption«, der als integraler Bestandteil jeder Analyse von Massenkultur angesehen werden darf, wurde von Adorno seiner undialektischen Flachheit wegen kritisiert. » . . . das Glück«, so schrieb Adorno, »das der Mann real findet, ist von der conspicuous consumption nicht zu trennen. Kein Glück, das nicht dem konstitutierten Wunsch Erfüllung verhieße, aber auch keines, das nicht in dieser Erfüllung das Andere verspräche.«[40] Anders ausgedrückt, noch in dem verzerrten Wunsch nach Anerkennung durch Status steckte für Adorno ein kritisches Element, und zwar in erster Linie in der Forderung nach realem Glück, die sich darin äußert, und in zweiter Linie in der Erkenntnis dessen, daß ein solcher Zustand notwendig eine gesellschaftliche Komponente enthält. Konsum, und zielte er noch so sehr auf Augenfälligkeit ab, stelle dennoch einen gewissen Protest gegen den Asketizismus dar, den die Frankfurter Schule so verabscheute.

Zu den hervorstechendsten Merkmalen »affirmativer Kultur« gehöre ein solches asketisches Moment. Und wie wir bei der Erörterung des vom Institut vertretenen Materialismus gesehen haben, war der Glücksanspruch stets ein wesentliches und grundlegendes Element der Kritischen Theorie. Was Adorno später einmal über Benjamin schrieb, darf als Beschreibung der Frankfurter Schule insgesamt gelten: »Was Benjamin sagte und schrieb, lautete, als nähme der Gedanke die Verheißungen der Märchen- und Kinderbücher, anstatt mit schmachvoller Reife sie von sich zu weisen, so buchstäblich, daß die reale Erfüllung selber der Erkenntnis absehbar wird. Von Grund auf verworfen ist in seiner philosophischen Topographie die Entsagung.«[41] Die Vorstellung des Instituts von wahrem Glück ging überdies über eine Gleichsetzung von Glück mit ökonomischem Wohlstand, wie sie das begrenzte Denken vieler orthodoxer Marxisten kennzeichnete, weit hinaus. In Wirklichkeit war es gerade die Trennung der Kultur von materieller Zufriedenheit, in der das Institut einen wichtigen Anhaltspunkt für die Unfähigkeit des orthodoxen Marxismus sah, die affirmative Kultur zu überwinden. Die Dichotomie von Basis und Überbau, wie richtig und genau sie auch ein bestimmtes Moment bürgerlicher Geschichte kennzeichne, so dürfe sie doch nicht für immer hypostasiert werden. In einer befreiten Gesellschaft seien die beiden Sphären auf eine förderliche Weise integriert. Wie Marcuse in seiner Erörterung des Hedonismus sagte, war die dauernde Trennung von Produktion und Konsumtion Teil einer unfreien Gesellschaft.[42]

Diese Integration war indessen noch eine durchaus utopische Hoffnung. Aktuell drohte die größte Gefahr von Kulturtendenzen, welche die verfrühte Versöhnung von Widersprüchen auf der Ebene des allgemein vorhandenen Bewußtseins implizierten. Der soziologische Reduktionismus des Vulgärmarxismus war selbst Ausdruck dieser Tendenz. Wie in der Kritischen Theorie ganz allgemein, lag auch in der ästhetischen Kritik der Frankfurter Schule ein erhebliches Gewicht auf der Bedeutung von Vermittlung[43] und Nichtidentität. Da Adorno, wie auch andere im Institut, die Existenz philosophischer Grundprinzipien bestritt, waren seiner Interpretation nach auch die noch so verdinglichten Kunsterzeugnisse der affirmativen Kultur mehr als nur sekundäre Reflexe einer fundamentaleren Realität. »Je weniger die dialektische Methode heute die Hegelsche Identität von Subjekt und Objekt sich vorgeben kann, um so mehr ist sie verpflichtet, der Doppelheit der Momente eingedenk zu sein.«[44] Ein Beispiel für Adornos konsequentes Vertrauen auf dialektischen Antireduktionismus bietet seine Erörterung einer der fundamentalen Marxschen Kategorien, derjenigen des Warenfetischismus (Marx verstand darunter den Prozeß, in dem Waren ihrem menschlichen Ursprung entfremdet und dadurch zu geheimnisvollen, undurchsichtigen fremden Objekten werden, anstatt transparente Verkörperung gesellschaftlicher Verhältnisse zu sein). In diesem Punkt teilte er Benjamins Auffassung nicht; er schrieb ihm am 2. August 1935: »Der Fetischcharakter der Ware ist keine Tatsache des Bewußtseins, sondern dialektisch in dem eminenten Sinne, daß er Bewußtsein produziert.« Mit anderen Worten, der Fetischcharakter sei eine gesellschaftliche und nicht nur eine psychologische Realität. Von der Warenform als solcher zu sprechen, wie Benjamin es zu tun scheine, heiße ihr einen metaphysischen statt eines historischen Charakters zuschreiben.[45] An einer anderen Stelle, in seinem Aufsatz über Veblen nämlich, argumentierte Adorno ähnlich: »Die Warenfetische sind nicht bloß die Projektion undurchsichtiger menschlicher Beziehungen auf die Dingwelt. Sie sind zugleich die schimärischen Gottheiten, welche das nicht im Tausch Aufgehende repräsentieren, während sie doch selber dessen Primat entsprungen sind.«[46] In seiner Kritik an anderen Kulturkritikern wie Lukács oder auch Veblen verfolgte Adorno stets sorgsam jede Spur von Reduktionismus, die bei ihnen zu finden war. Beleg für solchen Reduktionismus war ihm dabei immer wieder das Abtun des Scheins als völlig substanzlos, ein Irrtum, den er auch in der philosophischen Phänomenologie konstatierte. »Schein«, so schrieb er, »ist dialektisch als Widerschein der Wahrheit; was keinen Schein gelten läßt, wird erst recht dessen Opfer, indem es mit dem Schutt die Wahrheit drangibt, die anders als in diesem nicht erscheint.«[47]

Adornos feines Gespür für dialektische Vermittlung wird am deutlichsten in seinen Studien über Musik, denen er sein ganzes Leben hindurch einen großen Teil seiner geistigen Kraft widmete. Für Adorno war polyphone Musik, die am wenigsten bildliche unter den ästhetischen Formen[48], wohl die beste Art, jenes bildlose »Andere« auszudrücken, das die Kritische Theorie positiv zu definieren sich weigerte. Hinzu kam, daß die Kompliziertheit und Vielfalt ihrer Vermittlungen – Komponist, Interpret, Instrument, technische Reproduktion – die Musik zu einem besonders weiten Feld für das Spiel seiner dialektischen Phantasie machten. Aus den Rhythmen und Ritualen des Alltags hervorgehend, hatte die Musik ihre rein funktionelle Rolle längst transzendiert. Das heißt, sie war an materielle Verhältnisse gebunden und stand zugleich über ihnen, auf die Veränderungen in der gesellschaftlichen Wirklichkeit reagierend und doch mehr als ihr bloßer Widerschein.

Bereits in den zwanziger Jahren, ganz besonders natürlich in seiner Wiener Zeit[49], begann Adorno, alle Facetten musikalischen Ausdrucks zu erforschen: die Geschichte der klassischen Komposition, die zeitgenössische Produktion avantgardistischer Musik, die Reproduktion und Rezeption musikalischer Formen sowie Komposition und psychologische Funktion leichter Musik.[50] In den beiden ersten Nummern der *Zeitschrift* im Jahr 1932 skizzierte er die Prinzipien, die seinem Ansatz in der Musik zugrunde lagen.[51] Dabei stellte er gleich zu Anfang klar, daß er kein Musikwissenschaftler im üblichen Sinne sei. Musik, so sagte er, enthalte in ihrem Gefüge selbst gesellschaftliche Widersprüche, auch wenn ihr Verhältnis zur gesellschaftlichen Wirklichkeit problematisch sei. Wie alle Kulturphänomene sei sie weder bloßes Abbild noch völlig autonom. Allerdings sei im Falle der Musik die Autonomie neuerdings besonders stark bedroht. Der größte Teil der Musik trage Warencharakter, werde mehr vom Tauschwert als vom Gebrauchswert bestimmt. Der wirkliche Gegensatz, so versicherte Adorno, bestehe nicht zwischen »leichter« und »ernster« Musik – er war nie ein Verfechter traditioneller kultureller Maßstäbe um ihrer selbst willen –, sondern vielmehr zwischen Musik, die am Markt orientiert sei, und Musik, die dies nicht sei. Wenn letztere zur Zeit dazu neige, den meisten Hörern unverständlich zu sein, so bedeute dies nicht, daß sie objektiv reaktionär sei. Musik müsse wie Theorie über das herrschende Bewußtsein der Massen hinausgehen.[52]

Im ersten Teil seines Aufsatzes konzentrierte sich Adorno auf die wichtigsten Tendenzen zeitgenössischer Musik. Zentraler Punkt war für ihn der Gegensatz zwischen der Musik Schönbergs und der von Strawinskij. Mehr als Verkörperung bestimmter ästhetischer Prinzipien denn als Persönlichkeiten betrachtet, waren diese beiden diejenigen Komponisten, die in seiner späteren Arbeit über *Die Philosophie der neuen Musik*[53] die zentralen Rollen spielen sollten. Wie zu erwarten, gehörte Adornos Sympathie dem Manne, in dessen Schule in Wien er Unterricht genommen hatte. Schönbergs Entwicklung der Möglichkeiten von Atonalität, schrieb Adorno, sei Ausdruck der Weigerung, mit den unaufgelösten Dissonanzen der gegenwärtigen Gesellschaft einen Kompromiß einzugehen. Was Schönberg in seiner frühen expressionistischen Periode komponiert habe, weise den Weg fort von falscher Versöhnung, fort von falschen Harmonien. Mit der Unbefangenheit des wahren Künstlers erlaube Schönberg seinen unbewußten Impulsen, ihre Widersprüche zum Ausdruck zu bringen. Seit die Atonalität allerdings versuche, Tonalität um jeden Preis zu vermeiden, führe sie weg von der reinen Willkür, hin zu einer neuen, auf der Zwölftonreihe basierenden Ordnung, einem System, das die Wiederholung jedes einzelnen Tons verbietet, ehe nicht alle zwölf Töne erklungen sind. Mit diesem Vorgehen habe Schönberg seine subjektiven Impulse in einer Weise objektiviert, die ihn mit der klassischen Tradition verbinde. Die Artikulation des neuen Zwölftonsystems sei ein dialektisches Produkt seiner früheren Musik und kein kurzgeschlossenes Oktroyieren einer Ordnung von außen. Durch seinen Rückzug in die Logik der Musik selbst habe Schönberg sich zumindest begrenzt vor dem äußeren Druck der gesellschaftlichen Kräfte zu schützen vermocht.

Indem er sich jedoch einer musikalischen Form zugewandt habe, in der Entfremdung und Widersprüche aufgehoben seien, habe sich Schönberg, so könne jemand einwenden, selbst mit der Perpetuierung von Entfremdung im gesellschaftlichen Bereich ausgesöhnt. Das aus der klassischen Kunst übernommene Ideal des vollendeten Kunstwerks könne auf der untersten Ebene mit den von ihm zu seiner Verwirklichung gewählten Mitteln gar nicht vereinbar sein. Die Schaffung einer »reinen« Musik, vergleichbar der Vorstellung von Karl Kraus von einer »reinen« Sprache, sei letzten Endes vielleicht unerreichbar.[54] Dennoch habe Schönbergs Streben danach, so Adorno, einen festen Maßstab gesetzt, an dem die Realität der bürgerlichen Gesellschaft gemessen werden könne.

In späteren Jahren übrigens sollte Adornos Wertschätzung des negativen, kritischen Elements in Schönbergs Art von Musik abnehmen, vor allem als sich das Zwölftonsystem für Schönbergs Jünger und Nachfolger zu einer zunehmend rigiden Kompositionsnorm entwickelte. »Falsch ist nicht das Verfahren an sich – keiner wohl kann heute mehr komponieren, der die Gravitation zur Zwölftontechnik nicht mit den eigenen Ohren verspürt hätte –, sondern dessen Hypostasierung ... Wer Schönberg die Treue hält, müßte warnen vor allen Zwölftonschulen«[55], schrieb Adorno 1952. In den dreißiger Jahren hingegen identifizierte Adorno Schönberg mit allem, was in der modernen Musik progressiv war.

Das genaue Gegenteil repräsentierte in Adornos Augen Strawinskij, der Komponist, dessen Werken sich Adorno nach einer kurzen Erörterung der Schönberg-Schüler Alban Berg und Anton Webern zuwandte. Er sah bei Strawinskij einen antipsychologischen, neoklassischen »Objektivismus«, der die Entfremdung und die Widersprüche der modernen Gesellschaft ignoriere und zu vorbürgerlichen tonalen Formen wie

dem Tanz zurückkehre. Im Unterschied zu den Romantikern, die die Vergangenheit zur Negation der Gegenwart benutzten, gehörten die Objektivisten zu jenen, die völkische Kultur produzierten, indem sie völlig undialektisch alte Formen auf aktuelle gängige Bedürfnisse anwandten. Obwohl es schwierig war, den vermittelnden Zusammenhang hinreichend klarzustellen, ging Adorno so weit zu sagen, der Objektivismus sei in einem gewissen Sinne das Korrelat des Faschismus. Seine Verwendung neoprimitiver Rhythmen entspreche den Schocks des unvermittelten Erlebnisses, das programmatischer und integraler Bestandteil der faschistischen Gesellschaft sei. Die Irrationalität der Kompositionsprinzipien der Objektivisten – der »Geschmack« des Komponisten und nicht die immanente Dialektik der Musik sei entscheidend – lasse an die Willkürherrschaft des faschistischen Führers denken.[56] Strawinskij möge zwar von den Faschisten wegen seiner »Destruktivität« kritisiert werden, seine Musik drücke, ob sie es wüßten oder nicht, ihre Ideologie aus.
Wohl noch »reaktionärer« sei die Musik eines der gefeiertsten Söhne Frankfurts, Paul Hindemiths. Hindemiths Naivität, sein »gesunder Humor«[57] und sein anti-ironischer Stil verstärkten noch die ideologische Kraft seiner objektivistischen Musik. Die Verzweiflung, die sich bei Strawinskij gelegentlich in Werken wie *L'Histoire du Soldat* äußere, fehle bei Hindemith völlig, dessen Werk den falschen Fassaden der Architektur der Neuen Sachlichkeit und der trügerischen Gemeinschaft ähnele, wie die völkischen Propagandisten sie beschwörten. Aber auch ein Teil der proletarischen Musik, wie etwa Hanns Eisler sie komponiere, kranke trotz allen agitatorischen Werts an demselben Problem. Der sozialistische Realismus in der Musik, wie in aller Kunst, sei, so gab Adorno zu verstehen, fast ebenso reaktionär wie der neoklassische Objektivismus. Beide konstruierten verfrühte Harmonien, ohne die Persistenz gesellschaftlicher Widersprüche zur Kenntnis zu nehmen, wie Schönberg es getan habe. Das Ergebnis sei eine Art Gebrauchsmusik, die einem Modell technologischer Rationalität untergeordnet sei und damit weniger der Aufklärung als der Unterhaltung diene. Nur gelegentlich, wie in der Musik von Kurt Weill, erfahre die Gebrauchsmusik eine kritische Wendung. Adorno pries Weills fragmentarischen Montagestil, der Schockwirkung ganz anders einsetze als Strawinskij, als die derzeit progressivste und kritischste Unterhaltungsmusik.
Im zweiten Teil seines Aufsatzes – er erschien in der folgenden Nummer der *Zeitschrift* – wandte sich Adorno nach geleisteter Kompositionsanalyse nun der historischen Dialektik der Reproduktion zu, jenem Bindeglied zwischen Produzenten und Konsumenten. Dabei unterschied er zwischen vorkapitalistischer Musik, in der es ein Kontinuum von Produktion, Wiedergabe und Improvisation gebe, und der Musik der kapitalistischen Epoche, in der ein solcher Zusammenhang

nicht bestehe. Im zweiten Fall sei die Komposition einer je einzelnen Ware vergleichbar, vom Interpreten getrennt, dessen interpretativer Bewegungsspielraum höchst begrenzt sei. Im 19. Jahrhundert habe es »irrationale« Interpreten gegeben, deren Individualismus der Persistenz von Bereichen der Subjektivität in der liberalen Gesellschaft entsprochen habe. Im 20. Jahrhundert mit der Entstehung des Monopolkapitalismus hingegen säßen die Interpreten aufgrund der Tyrannei des Textes einfach in der Falle. Adorno verwies an diesem Punkt noch einmal auf Strawinskij, der seinen »Geschmack« dem Interpreten aufzwinge, wobei er allerdings seine Befürchtungen, auch Schönbergs Musik könne bei ihrer Aufführung solche Probleme nicht vermeiden, nicht verschwieg.[58]

In der rationalisierten, verwalteten Welt der Gegenwart jammere das Publikum noch immer nach der »Seele« des Künstlers aus dem 19. Jahrhundert. Das Organische werde verherrlicht vor dem Mechanischen, die Persönlichkeit vor der Anonymität und Innerlichkeit vor Leere. Der Objektivismus versuche, diese Züge in seine Komposition hineinzunehmen, jedoch ohne Erfolg, denn aus Gründen, die Adorno nicht darlegte, seien sie eher Attribute der Wiedergabe, der Reproduktion als der Produktion selbst. Versuche, diese Situation zu ändern, schrieb Adorno, mißlängen: Der »seelenvolle« Dirigent mit der Geste des Imperators sei ein armseliger Ersatz für echte Spontaneität; in Wirklichkeit sei er das musikalische Äquivalent des autoritären Diktators.

Danach wandte sich Adorno der Popularität bestimmter musikalischer Formen und ihrer Bedeutung im historischen Kontext zu. Die Oper, so meinte er, sei für die oberen Schichten nicht mehr attraktiv, während sich das Kleinbürgertum nach wie vor von ihren repressiven Elementen gefesselt zeige. Die oberen Schichten besuchten statt dessen zunehmend Konzerte, die ein falsches Gefühl von subjektiver Innerlichkeit und Bildung suggerierten.[59] Die Suche nach echter Innerlichkeit sei aber in der modernen Gesellschaft nicht mehr zu verwirklichen. Richard Strauss sei der letzte bedeutende »bürgerliche« Komponist gewesen, aber auch in seiner Musik fehle, wie Ernst Bloch einmal betont habe, jede Negation. Wie Strauss sie verwendet habe, hätten Chromatik und Dissonanz ihre kritische Kraft verloren und seien zu Emblemen weltwirtschaftlicher Mobilität geworden.[60] Was – mit Ausnahme der avantgardistischen atonalen Musik – nach Strauss komme, sei Kunstgewerbe, Kunst als bloße Ware. Leichte Musik, die einst die Aristokratie zu verspotten pflegte, habe nun die Funktion, den Menschen mit seinem Schicksal zu versöhnen. Volksmusik sei nicht mehr lebendig, weil das spontane Volk sich in einem Prozeß verbrauche, der Unterhaltungsmusik, wie überhaupt alle Volkskultur, zum Geschöpf von Manipulation und Zwang von oben werden lasse. Adorno schloß seinen Artikel mit einer Bemerkung über die ideologische Funktion verschiedener Formen von Unterhaltungsmusik – ein Vorgeschmack auf das Projekt, das er sich für seine nächsten Aufsätze in der *Zeitschrift* vorgenommen hatte.

Den ersten, »Über Jazz«[61], schrieb er hauptsächlich während seines Aufenthalts in England. Er erschien unter dem Pseudonym »Hektor Rottweiler«, weil Adorno damals noch gelegentliche Reisen nach Deutschland unternahm. Sein Inhalt geht zum großen Teil auf Gespräche zurück, die Adorno vor 1933 mit Mátyás Seiber, einem Experten für Jazz am Konservatorium in Frankfurt, geführt hatte.[62] Adorno war damals noch nicht in Amerika gewesen, er kannte den Jazz also noch gar nicht aus erster Hand. Diese Distanz zu seinem Gegenstand erlaubte es seiner dialektischen Phantasie, sich voll zu entfalten. Ergebnis war ein Aufsatz mit gelegentlich herausfordernden Behauptungen, die, kompromißlos vorgetragen, mehr dazu bestimmt waren, zu überwältigen als zu überzeugen. Auch Institutsmitglieder waren durchaus nicht bereit, Adornos Schlüssen voll beizupflichten.[63]

»Ich erinnere mich deutlich«, gestand Adorno später, »daß ich erschrak, als ich das Wort *Jazz* zum ersten Male las. Plausibel wäre, daß es vom deutschen Wort Hatz kommt und die Verfolgung eines Langsameren durch Bluthunde entwirft.«[64] Was immer auch seine erste verbale Assoziation gewesen sein mag, Jazz blieb für Adorno eine Quelle dauernden Schreckens. Gleich zu Beginn seines Aufsatzes lehnte er jede Art von rein ästhetischer Analyse des Jazz emphatisch ab, statt dessen psychosoziale Kritik fordernd. Sein Verdikt auf dieser Ebene war kompromißlos hart. » . . . soviel jedenfalls ist gewiß«, schrieb er, »daß die Gebrauchsfähigkeit des Jazz die Entfremdung nicht aufhebt, sondern verstärkt. Der Jazz ist Ware im strikten Sinn . . .«[65] Alle Ansprüche des Jazz, Freiheit auszudrücken, hat Adorno höhnisch bestritten. Seine primäre gesellschaftliche Funktion, meinte er, sei es, die Distanz zwischen dem entfremdeten Individuum und seiner affirmativen Kultur zu verringern, und zwar in der repressiven Manier völkischer Ideologie. Damit helfe der Jazz umzukehren, was Brecht den Verfremdungseffekt wahrer Kunst in der Moderne genannt hatte. Zugleich vermittle der Jazz ein falsches Gefühl von Rückkehr zur Natur, während er in Wirklichkeit ein durch und durch gesellschaftlich artifizielles Produkt sei. Zudem sei der Jazz pseudodemokratisch, indem er an die Stelle individueller Phantasien kollektive setze. Ebenso sei er pseudoindividualistisch, sei doch alle angebliche Improvisation nichts als Wiederholung bestimmter Grundformen. Die »heißen« Varianten des Jazz seien nur eine trügerische sexuelle Emanzipation. Wenn überhaupt, dann sei die sexuelle Botschaft des Jazz die Kastration; sie verbinde das Versprechen der Befreiung mit deren asketischer Verweigerung.

Die ideologische Funktion des Jazz werde obendrein durch den Mythos seiner schwarzen Herkunft verstärkt. Tatsächlich, so Adorno, sei »die

Haut der Neger so gut wie das Silber der Saxophone ein koloristischer Effekt«.[66] Soweit die Neger überhaupt etwas zum Jazz beisteuerten, dann weniger ihre rebellische Reaktion auf die Sklaverei als ihre halbzögernde, halbnachgebende Unterwerfung unter sie. In einem späteren Aufsatz zum gleichen Thema hat Adorno diesen Gedanken weiter ausgeführt: »So wenig aber Zweifel an den afrikanischen Elementen des Jazz sein kann, so wenig auch daran, daß alles Ungebärdige in ihm von Anfang an in ein striktes Schema eingepaßt war und daß dem Gestus der Rebellion die Bereitschaft zu blindem Parieren derart sich gesellte und immer noch gesellt, wie es die analytische Psychologie vom sadomasochistischen Typus lehrt . . .«[67]

Mit seiner Abwertung des schwarzen Beitrags zum Jazz, so könnte jemand sagen, habe Adorno einen typisch europäischen Ethnozentrismus an den Tag gelegt. Und tatsächlich haftete ihm auch ein Hauch von Provinzialismus in diesem Punkte an; ganz deutlich sichtbar wurde dies an Adornos fehlendem Interesse an nichtwestlichen Musikformen. Hans Mayer, der Adorno seit 1934 kannte, hat diesen Zug seines Charakters einmal wie folgt kommentiert: »Adorno hat, soweit ich sehe, aus dem Gefühl des bloßen Sehenwollens keine Reise unternommen. Europa genügte ihm vollauf. Kein Indien und China, keine Dritte Welt, nicht die Volksdemokratien und nicht die Arbeiterbewegung. Auch in seinem Bedürfnis nach Lebenserfahrung blieb er ein Bürger – und Souverän – eines Kleinstaates.«[68] In diesem Zusammenhang darf nicht vergessen werden, daß der Jazz, mit dem Adorno sich vornehmlich befaßte, kommerzieller Jazz war, Jazz, den die Tin Pan Alley hastig produzierte, und nicht seine weniger populäre Variante, die in der schwarzen Kultur selbst wurzelte. Adornos offensichtlich mangelndes Gespür in diesem Punkt rührt nicht zuletzt von seinem Versäumnis her, zwischen den beiden in angemessener Weise zu unterscheiden.

Vom rein musikalischen Standpunkt aus betrachtet, sei der Jazz, so behauptete Adorno, der absolute Bankrott. Seine Rhythmik und Synkopierung leiteten sich vom Militärmarsch her, worin sich seine implizite Verwandtschaft mit autoritärer Unterdrückung kundtue, die bestehe, auch wenn Jazz in Deutschland noch so streng verboten sei. Cool Jazz ähnele dem musikalischen Impressionismus von Debussy und Delius, wenngleich verwässert und konventionalisiert. Sein subjektives Element leite sich aus der Salonmusik her, habe aber längst alle Spontaneität verloren. Und alle Versuche, Elemente echter Spontaneität wieder hineinzubringen, würden von seinem verdinglichten System sofort verschluckt. »Die Pseudovokalisierung des Jazz«, schrieb Adorno, »entspricht der Ausschaltung des Pianos, jenes ›privaten‹ Mittelstandsinstruments, als Phonograph und Radio aufkamen.«[69] Das Piano aber war, wir brauchen es kaum zu sagen, Adornos Instrument, und seine Voreingenommenheit zugunsten des Pianos liegt auf der Hand.

Entscheidender noch sei jedoch, daß der Jazz dazu tendiere, die musikalische Bewegung eher im Raum als in der Zeit zu entfalten. Damit kam Adorno auf eins der wichtigsten Merkmale von Massenkultur zu sprechen, wie das Institut sie sah: die Substitution von historischer Entwicklung durch mythische Wiederholung. »Im Jazz tritt an die Stelle der Zeit die Immobilität einer ewiggleichen Bewegung.«[70] Der Verfall der zeitlichen Dimension hänge, so erklärte Adorno, implizit mit der Liquidierung des autonomen Individuums zusammen. Ganz im Sinne von Kant sei die Entwicklung in der Zeit ein entscheidendes Attribut von Individualität. Ein weiterer Beleg für die Auflösung des individuellen Subjekts im Jazz, schrieb er 1937 in den *Oxforder Nachträgen* zu seinem Aufsatz[71], sei seine Verwendung als Tanz- oder Hintergrundmusik, d. h. sein Verzicht auf direktes Zuhören. Das bedeute, daß Jazz eine synthetische Einheit der Apperzeption – im Kantischen Sinne – nicht erfordere. Der Hörer, statt wie bei Schönbergs atonaler Musik zu einer Art aktiv-subjektiver Praxis gezwungen, sei zu masochistischer Passivität verdammt.

Wenn es überhaupt ein negatives Element im Jazz gebe – und Adorno zögerte trotz seines dialektischen Anspruchs, ein solches zu sehen –, dann liege es in seiner Zwischengeschlechtlichkeit.[72] In Vorwegnahme von Marcuses späterem Lob der polymorphen Perversität schrieb Adorno, die Unterdrückung des genital-zentrierten Subjekts, auch wenn sie vielleicht Regression zu Sadismus oder Homosexualität nahelege, könne auch einen Vorgeschmack auf die Gesellschaftsordnung jenseits des patriarchalisch-autoritären Systems geben. Das Saxophon, jenes für den Jazz so charakteristische Instrument, liefere insofern einen Hinweis auf diese sexuelle Befreiung, als es ein Blechblasinstrument sei, das wie ein Holzblasinstrument gespielt werde.[73] In fast jeder anderen Hinsicht stelle der Jazz jedoch eine Kapitulation vor den Mächten und Kräften des status quo dar.

Diese Einschätzung des Jazz, sei hinzugefügt, erfuhr auch nach der Emigration Adornos nach Amerika keine Veränderung. 1953 schrieb er einen weiteren Aufsatz mit dem Titel »Zeitlose Mode – Zum Jazz«[74], der so ablehnend war wie ehedem; kurz vor seinem Tode sagte er sogar, seine »Hektor Rottweiler«-Schrift sei in ihrer Beurteilung des spontanen Charakters des Jazz zu optimistisch gewesen.[75] Was Adorno von der Popmusik im Zusammenhang mit der Studentenbewegung in den sechziger Jahren hielt, ist schwer zu sagen; meines Wissens hat er sich niemals schriftlich darüber ausgelassen. Wahrscheinlich ist, daß ihn im Unterschied zu Marcuse[76] ihre Aspekte von Scheinfreiheit stärker beeindruckten als ihre genuinen.

Nach der Veröffentlichung des Aufsatzes »Über Jazz« in der *Zeitschrift* brauchte Adorno nicht mehr lange zu warten, bis er die amerikanische Massenkultur unmittelbar untersuchen konnte. Seine Zeit in Oxford, wo er über Husserl geschrieben und mit Arbeiten über Beethoven und Wagner begonnen hatte (nur letztere ist später auch vollendet wor-

den), neigte sich ihrem Ende entgegen. Eine Rückkehr nach Deutschland, dies wurde immer klarer, war praktisch unmöglich geworden. Zudem versuchten Horkheimer und seine Kollegen in New York, ihn zu einer Übersiedlung nach Amerika zu bewegen. Mitte der dreißiger Jahre fühlte Adorno sich schließlich so sehr zum Institut hingezogen, daß Horkheimer am 13. Juli 1936 überglücklich an Löwenthal schreiben konnte: »Adorno gehört jetzt wirklich zu uns.« Das verminderte Budget des Instituts erschwerte jedoch die Einladung, volles Mitglied zu werden. Dennoch stattete Adorno, von Horkheimer ermuntert, im Juni 1937 New York seinen ersten Besuch ab.[77] Der allgemeine Eindruck, den er dabei gewann, war günstig, und er entschloß sich, bei der nächsten sich bietenden Gelegenheit nach New York zu übersiedeln. Bis zur Verwirklichung dieses Vorhabens dauerte es nicht lange, da Paul Lazarsfelds *Princeton Office of Radio Research*, welches zu der Zeit in Newark logierte, ihm bereits im Februar 1938 eine Halbtagsstelle als Leiter seiner musikalischen Untersuchungen anbot.[78]
Die Zeit, die Adorno beim *Office of Radio Research* arbeitete, war nicht allzu angenehm, woran in erster Linie methodologische Gründe schuld gewesen sein dürften; wir wollen darauf im nächsten Kapitel eingehen. Daneben stand er aber auch vor Anpassungsproblemen, mit denen sich die andern Institutsmitglieder nach ihrer Emigration einige Jahre zuvor herumgeschlagen hatten. Lazarsfeld schilderte im März in einem Protokoll, das zwei Projektkollegen, nämlich Hadley Cantril und Frank Stanton, bekamen, seinen ersten Eindruck von dem Neuankömmling:

»Er sieht genauso aus, wie man sich einen geistesabwesenden deutschen Professor vorstellt, und er verhält sich so ›ausländisch‹, daß ich mir vorkomme wie einer, der der Mayflower Society angehört. Spricht man jedoch mit ihm, dann kommen eine Unmenge interessanter Gedanken zutage. Wie jeder Neue versuchte er sofort, alles umzukrempeln, hört man aber genau hin, dann hat das meiste, was er sagt, Hand und Fuß.«[79]

Adorno blieb auch in den folgenden Jahren bei seiner Weigerung, die amerikanische Staatsbürgerschaft zu beantragen, und seine kritische Distanz zur amerikanischen Kultur verringerte sich kaum.
Trotzdem oder vielleicht gerade deshalb war er wissenschaftlich auch weiterhin ungeheuer produktiv. Sein erster in Amerika geschriebener Aufsatz »Über den Fetischcharakter in der Musik und die Regression des Hörens« erschien 1938 in der *Zeitschrift*.[80] In der Fortführung seiner allgemein kritischen Beurteilung zeitgenössischer Musik war der Artikel zugleich eine Replik auf die optimistischere Analyse der gesellschaftlichen Bedeutung einer anderen Variante der Massenkultur, des Films, eine Analyse, die Benjamin für eine frühere Nummer der *Zeit-*

schrift geschrieben hatte[81] und auf die wir in Kürze zu sprechen kommen wollen. Wiederum kritisierte Adorno die falsche Harmonie in vielen Werken zeitgenössischer Musik und forderte statt dessen eine neue Askese, die gerade in ihrer Ablehnung des falschen Glücks der affirmativen Kunst die *promesse de bonheur* bewahre. Und wie zuvor wies er nachdrücklich auf das Ende echter Subjektivität in der Gesellschaft sowie in der von ihr hervorgebrachten Kunst hin. »Die Liquidierung des Individuums ist die eigentliche Signatur des neuen musikalischen Zustandes«, schrieb er.[82]

Neu in diesem Artikel war die Untersuchung der Begriffe von Fetischismus und »Regression« des Hörens. Totalität war, wie bereits festgestellt, eine der zentralen Kategorien in der Gesellschaftstheorie der Frankfurter Schule. Für das Institut war ein wesentliches Merkmal einer nichtideologischen Theorie ihre Fähigkeit, die Zusammenhänge von geschichtlicher Vergangenheit, gegenwärtigen Gegebenheiten und zukünftigen Möglichkeiten mit allen dazugehörenden Vermittlungen und Widersprüchen aufzunehmen. Sich auf einen einzelnen Aspekt nur zu konzentrieren – so wie es beispielsweise die Positivisten taten, indem sie momentane »Tatsachen« (»facts«) als einzige Realität hypostasierten – hieß für die Frankfurter Schule, einen einzelnen Teil des Ganzen zum Fetisch machen. Fetischisierung war aber nicht nur ein methodologischer Fehler. Wie Marx gezeigt hatte, war sie vielmehr ein Grundelement entfremdeter kapitalistischer Kultur, einer Kultur, in der die Menschen blind ihre eigenen Produkte als verdinglichte Objekte anbeteten. Fetischisierung, so argumentierte Adorno marxistisch, sei keine bloß psychologische Kategorie; sie sei mindestens ebensosehr eine ökonomische, die im Warencharakter einer Gesellschaft wurzele, welche vom Tauschwert und nicht vom Gebrauchswert bestimmt werde.[83]

Weil die kapitalistische Ethik auch in die Musik eingedrungen sei, sei ihre Fetischisierung nahezu total. Dies zeige sich einmal, nämlich im Bereich der Produktion von Musik, in der unangemessenen Hervorhebung des Arrangements vor der Komposition, in der häufigen Verwendung koloristischer Effekte sowie im nostalgischen Wiederauskramen aus der Mode gekommener Musikstile ihres Erinnerungswerts wegen. Zum andern, im Bereich der Rezeption, manifestiere die Fetischisierung sich in dem Gewicht, das sogenannten »Stars« beigelegt werde, und zwar gelte dies für die klassische Musik (man denke an Toscanini) nicht weniger als für die Unterhaltungsmusik; sie äußere sich weiter in einem Instrumentenkult, wie im Falle von Stradivari- und Amati-Geigen, sowie darin, daß man in erster Linie ins »richtige« Konzert zu gehen habe, und es weniger darauf ankomme, die Musik selbst zu hören; und sie äußere sich in der leeren Ekstase des Jazzenthusiasten, der allein um des Hörens willen höre. Fetischisierung mit üblichen sozialwissenschaftlichen Methoden nachzuweisen sei jedoch unmöglich – und hier lag auch die crux seines Streits mit Lazarsfeld. Fragebogen und Interviews seien für eine Verifizierung ungeeignet, weil die Meinungen der Hörer selbst keine verläßlichen Daten seien. Die Hörer seien nicht nur unfähig, den Konformismus kulturellen Normen gegenüber zu überwinden, sondern – und das liege tiefer – ihre Fähigkeit, überhaupt zu hören, sei verkümmert. Dabei handele es sich nicht um eine physiologische, sondern um eine psychologische Regression, nicht um eine Regression zu einer früheren musikalischen Epoche, sondern zu einem infantilen Zustand, in dem der Hörer fügsam sei und Angst vor allem Neuen habe, ein Zustand ähnlich der von Fromm in seinem Artikel über »Das Gefühl der Ohnmacht« beschriebenen passiven Abhängigkeit. Wie Kinder, die nur nach der Nahrung verlangen, die ihnen in der Vergangenheit geschmeckt hat, könne der Hörer, der in seiner Hörfähigkeit regrediert sei, einzig auf eine Wiederholung dessen reagieren, was er bereits gehört habe, was er kenne. Und wie Kinder, die auf leuchtende Farben reagieren, fasziniere auch ihn die Verwendung koloristischer Mittel, die den Eindruck von Spannung und Individualität vermittelten.

Der regredierte Hörer ist nach Adorno nicht auf eine besondere Klasse beschränkt.[84] Wenn in seinem Zustand ein gesellschaftliches Moment sich ausdrücke, dann das der sinnlosen Muße des Arbeitslosen. Wenngleich momentan entpolitisiert und passiv, könne seine masochistische Selbstverleugnung sich in nach außen gewandte destruktive Wut verwandeln. Die frustrierte Sexualität des wilden »jitterbugs« drücke diese angestaute Feindseligkeit deutlich aus. Adornos Optimismus hinsichtlich der positiven Ziele, denen diese unterdrückte Wut zugute kommen könnte, war allerdings äußerst gering. Er war längst nicht so zuversichtlich hinsichtlich des revolutionären Potentials leichter Kunst wie Benjamin, zumindest nicht in ihrer gegenwärtigen affirmativen Form. »Die kollektiven Mächte«, so schrieb er, »liquidieren auch in Musik die unrettbare Individualität, aber bloß Individuen sind fähig, ihnen gegenüber, erkennend, das Anliegen von Kollektivität noch zu vertreten.«[85] Adorno sah, wie zu erwarten, seine Funktion und auch die der anderen Institutsmitglieder genau in diesem Licht. Die Zeit, die er auf das *Princeton Radio Research Project* verwandte, war trotz der Schwierigkeiten, die sich aus seinen methodologischen Differenzen mit dem mehr empirisch orientierten Lazarsfeld ergaben, keineswegs unproduktiv. Mit der »redaktionellen Assistenz« von George Simpson[86] schrieb er insgesamt vier Aufsätze für dieses Projekt. Der erste »A Social Critique of Radio Music«, lag 1940 vor; er wurde allerdings erst 1945 veröffentlicht.[87] Adorno stützte sich hier auf die Arbeit eines ehemaligen Schönberg-Schülers, Ernst Křenek, mit dem er noch aus seinen Wiener Tagen befreundet war.

Křenek hatte bereits 1938 eine Untersuchung über Radiomusik in der *Zeitschrift* publiziert.[88] Seine Schlüsse beruhten auf einer Erhebung,

die siebenundsechzig Radiostationen in elf Ländern umfaßte. Die meisten Stationen, so hatte er festgestellt, brachten ganz wenig moderne, atonale Musik von der Art, wie er selbst sie komponierte. Seine Erklärung dafür war, daß die zentrale Funktion des Radios, die Übermittlung von Informationen, auch die musikalischen Sendungen durchdrungen habe. Zudem bestehe die Information, die das Radio durch seine Musik übermittle, in der Notwendigkeit konformen Verhaltens. Musik, schrieb Krĕnek, sei durch das Radio auf ein Ornament des Alltags reduziert worden. Außerdem habe das Radio, als ein reproduzierendes Medium zweiten Grades nach der direkten Interpretation durch die Spielenden, einen entscheidenden Wandel in der ästhetischen Erfahrung des Hörers bewirkt. Indem es suggeriere, der Hörer wohne leibhaftig einem Konzert bei, sei das Radio zwar in der Lage, das *nunc* oder das »Jetzt« einer Aufführung zu bewahren, nicht aber ihr *hic*, das »Hier«. Damit zerstöre es einen der wesentlichen Züge dessen, was Benjamin als die »Aura« eines Kunstwerks, sein Ritual, den kultischen Nimbus bezeichnet hatte. Statt die Musik mit ihren »auratischen« Qualitäten und unversehrt zu erleben, höre der Radiohörer sie in einer entpersönlichten, kollektiven, objektivierten Form, die sie ihrer negativen Funktion beraube.
Adorno kam in seiner Untersuchung über Radiomusik zu den gleichen Schlüssen wie Krĕnek. Er begann seinen Aufsatz, indem er zunächst einige wichtige Axiome festhielt: den Warencharakter der modernen Gesellschaft; den Trend zur Monopolbildung in allen Gesellschaftsbereichen, den der Kommunikation eingeschlossen; die Reaktion der Gesellschaft auf jedwede Bedrohung ihres Bestands mit einer Straffung und Sammlung ihrer konformistischen Elemente; und die Existenz gesellschaftlicher Widersprüche im kulturellen Bereich.[89] Was aus diesen Prämissen folgte, entsprach der Analyse Krĕneks sowie Adornos eigener, weiter oben bereits beschriebener Arbeit so weitgehend, daß wir auf eine Rekapitulation hier verzichten können. Seine drei weiteren Aufsätze für das *Radio Research Project* befaßten sich mit Unterhaltungsmusik, mit der NBC (»Music Appreciation Hour«) und der letzte schließlich mit der Radiosymphonie.[90]
Der erste, »On Popular Music«, erschien in einem Sonderheft der *Studies in Philosophy and Social Science*, das sich speziell mit Massenmedien befaßte und in Zusammenarbeit mit dem *Radio Research Project* zustande kam.[91] Der Aufsatz setzte die ablehnende Bewertung fort, die zu äußern Adorno ja schon in Europa begonnen hatte. Standardisierung und Pseudo-Individualität waren seines Erachtens die hervorstechendsten Merkmale leichter Musik. Wiedererkennen des Vertrauten war das Wesen des Massenhörens, mehr Zweck in sich als Mittel zur besseren und klareren Beurteilung. War eine bestimmte Formel einmal erfolgreich, brachte die Industrie die gleiche Masche immer wieder, spielte dasselbe Lied unaufhörlich. Resultat war, daß Musik zu einer

Art von gesellschaftlichem Zement in Form von Zerstreuung, verschobener Wunscherfüllung und Intensivierung von Passivität wurde. Dennoch meinte Adorno, etwa im Falle des Jazz, zumindest noch ein einzelnes Moment von Negation in der leichten Musik entdecken zu können. Beim Jazz war es für ihn potentiell existent in der trotzigen Ablehnung von Passivität, welche die Pseudoaktivität des sogenannten »jitterbugs« impliziere. Die Energie, die sich hier kundtue, meinte er, auf gewisse Weise an Nietzsches Analyse des asketischen Priesters erinnernd, drücke zumindest eine Spur von noch nicht ausgelöschtem Willen aus. »Um sich in ein Insekt zu verwandeln«, schrieb er, auf den Namen des Tanzes anspielend, »braucht der Mensch die Energie, die möglicherweise nötig sein könnte für seine Verwandlung in einen Menschen.«[92]
Adornos dritte Studie für Lazarsfeld war eine Inhaltsanalyse der NBC »Music Appreciation Hour«; sie zeigt, wie hier falsches Musikwissen verbreitet wurde. Von größerem Interesse als dieses Projekt, das niemals veröffentlicht wurde und schnell seine Aktualität verlor, war Adornos letzter Beitrag für das *Office of Research,* eine Analyse über die Radiosymphonie.[93] Wie Krĕnek vertrat auch Adorno die Auffassung, dem Radiohörer gehe die »Präsenz« der Musik verloren und mit ihr ein Teil ihres »auratischen« Zaubers. Gleichermaßen verloren gehe das tatsächliche Volumen der Darbietung sowie das Gefühl von Gemeinsamkeit, das die Zugehörigkeit zu einem lebendigen Auditorium erzeuge. Indem es das Individuum isoliere, helfe das Radio, den symphonischen »Raum« zu zerstören, der, einer Kathedrale gleich, den Hörer bei einem wirklichen Konzert umfange. Außerdem verweise es ihn auf den mechanischen Ablauf der Zeit als Sendezeit, statt ihn in die »Aufhebung des Zeitbewußtseins«[94] zu versenken – Besonderheit großer Symphonien wie der Beethovens. (Was Adorno hier unter Aufhebung verstand, war etwas anderes als die sich dauernd wiederholende Zeitlosigkeit der affirmativen Kultur. Er meinte damit, daß in großen Kunstwerken die Normalzeit aufgehoben sei und an ihre Stelle eine Art von kohärenter Entwicklung trete, die einen Vorgeschmack auf die zeitliche Ordnung der »anderen« Gesellschaft gebe. Insbesondere Benjamin liebte es, zwischen »homogener, leerer« Zeit und der »von der Jetztzeit erfüllten« Zeit zu unterscheiden.)[95] Der mechanische Zeitablauf entspreche dem Verfall von wahrer Individualität, die – wie schon gezeigt – eine sinnvolle Entwicklung und eine sinnvolle Beziehung zur Totalität bedeute. Für Adorno war »die Tendenz zum atomisierten Hören die vielleicht universellste im heutigen musikalischen Bewußtsein«.[96] Ihrer Einheit als einer ästhetischen Totalität beraubt, sank die Symphonie zu einer Folge von verdinglichten Zitaten, Melodiefetzen ohne Zusammenhang herab, ohne jede negative Resonanz.
In einem zweiten Teil des ursprünglichen Manuskripts führte Adorno

seine Kritik an den verderblichen Auswirkungen des Radios weiter aus, indem er nachwies, wie sehr es Normierung und Standardisierung fördere. Obwohl Adorno diese Situation durchaus mit der Durchdringung von allem und jedem durch die Tauschethik des Kapitalismus verband, spielte für ihn doch auch die technische Rationalität als solche eine Rolle, übrigens ganz im Sinne von Horkheimers Analyse der Entwicklungstendenzen im autoritären Staat. »Ihre fundamentale Standardisierung«, schrieb er, »wird in der einen oder anderen Weise auch unter nichtkapitalistischen Produktionsformen bestimmend sein. Technische Standardisierung führt zu zentralistischer Verwaltung.«[97] Damit bekundete Adorno noch einmal klar seine Distanz zur leninistischen Richtung in der marxistischen ästhetischen Kritik mit ihrer generellen Indifferenz gegenüber technologischer Innovation. Der in gekürzter Form 1941 von *Radio Research* veröffentlichte Aufsatz stieß bei amerikanischen Kommentatoren auf erheblichen Widerspruch. Adorno hat später eingeräumt, eine seiner Behauptungen habe sich von selbst erledigt: »die Radiosymphonie sei überhaupt keine Symphonie, eine These, die sich damals auf die technischen Klangveränderungen stützte, ... Veränderungen, die seitdem mit Hilfe der Technik von high fidelity und Stereophonie ausgeschaltet sind.«[98] Im allgemeinen kann man indes schon sagen, daß Adornos Musikkritik in Amerika auf Ablehnung stieß, was sich nur teilweise damit erklären läßt, daß sie vornehmlich in deutscher Sprache abgefaßt war.

Adornos Umzug nach Los Angeles im Jahr 1941 setzte seiner recht schwierigen Zusammenarbeit mit Lazarsfeld ein Ende. Zugleich beschäftigte er sich auch nicht mehr so intensiv mit Konsum und Rezeption von Musik, sondern wandte seine Aufmerksamkeit wieder ihrer Produktion zu. Die Komplexität seiner Schriften auf diesem Gebiet über das bereits Gesagte hinaus im Detail zu diskutieren – von ihrer kritischen Analyse gar nicht zu reden – überschritte meine Möglichkeiten bei weitem. Auf einige Verbindungspunkte zwischen Adornos und der übrigen Arbeit im Institut sei jedoch noch hingewiesen.

In New York hatte Adorno letzte Hand an seine Studie über Wagner gelegt, von der einige Teile 1939 in der *Zeitschrift* erschienen waren.[99] Die Veröffentlichung des gesamten Manuskripts verzögerte sich bis zu seiner Rückkehr nach Deutschland in den fünfziger Jahren. Viele der von ihm benutzten Kategorien zeigten jedoch, wie geistesverwandt seine Arbeit den Schriften war, mit denen das Institut während der dreißiger Jahre seinem Denken Ausdruck gab. So benutzte Adorno zum Beispiel Fromms Begriff des »sozialen Charakters«, um Wagners Antisemitismus, seine antibürgerliche und pseudorebellische Einstellung mit bestimmten Zügen in seiner Musik zusammenzubringen. Er führte auch Begriffe wie »Dirigentenkomponist« oder »gestenreicher Typus« von Komposition ein, um den gesellschaftlichen Gehalt der

Musik zu beleuchten. Ein weiterer neuer Begriff war der Begriff der »Phantasmagorie«, der Wagners Neigung zeigte, die sozialpsychologische Genese seiner Musik dadurch zu kaschieren, daß er sie so erscheinen ließ, als leite sie sich aus »natürlichen« Quellen her, eine Irreführung, die, wie Löwenthal und Marcuse gezeigt haben, häufig autoritäres Denken kennzeichnet. Dieses Charakteristikum der Wagnerschen Ideologie brachte Adorno mit den mythischen Elementen seiner Musikdramen in Zusammenhang, Elemente, die das Unbewußte zu interpretieren suchten, während sie gleichzeitig die Realität in ihm auflösten. Auch den *Ring* interpretierte Adorno als Verrat des Revolutionären durch den »Rebellen«, und wieder übernahm er Begriffe, die Fromm in seinem theoretischen Aufsatz zu den *Studien über Autorität und Familie* entwickelt hatte. Im letzten Teilstück, das in der *Zeitschrift* erschien, analysierte Adorno Wagners von Schopenhauer übernommenen Pessimismus und Nihilismus. Dabei räumte er ein, ganz im Sinne seines dialektischen Ansatzes, der ihn immer oder doch fast immer einen verdeckten Zug von Negation noch in den affirmativsten Kulturprodukten wahrnehmen ließ, daß in Wagners Vision auch ein gewisses Maß an utopischem Protest stecke.

Wenngleich unveröffentlicht, zirkulierte das Wagner-Manuskript unter Adornos Freunden in der Exilgemeinschaft von Los Angeles. New York war zweifellos der Ort, an dem die meisten Geflüchteten wieder Fuß zu fassen versuchten; eine ganze Anzahl von Emigranten war jedoch auch nach Kalifornien gelangt, darunter mancher, der hoffte, in Hollywood von der Filmindustrie leben zu können. Zu den bekannteren unter ihnen gehörten Heinrich Mann, Alfred Polgar, Bertolt Brecht, Alfred Döblin und William Dieterle. Horkheimer und Adorno wurden nach ihrer Ankunft im Jahr 1941 sogleich in die Exilgemeinschaft aufgenommen.[100] Einer der berühmtesten in dieser Gruppe war ohne Zweifel Thomas Mann, über den Horkheimer sich bis zu diesem Zeitpunkt nicht allzu begeistert geäußert hatte. Manns vielgefeierte Ironie, so hatte Horkheimer 1938 gesagt[101], habe passive Implikationen, und seine Unterstützung der Weimarer Republik sei von falschen Voraussetzungen ausgegangen. Dennoch war Horkheimer der Meinung, Manns Gegnerschaft gegen die Nazis habe ihn in eine progressivere Richtung gelenkt, ja, er prophezeite ihm eine zunehmend radikale Zukunft.

Zum Zeitpunkt ihrer Ankunft in Kalifornien waren die ehemaligen Unstimmigkeiten längst beigelegt, und Thomas Mann wurde ein enger Freund der beiden Emigranten. In den vierziger Jahren beteiligte sich Mann gelegentlich an Seminaren, die das Institut finanzierte, und lieh seinen Namen einer Institutsstudie über die Hilfe, die deutsche Nichtjuden verfolgten Juden gewährt hatten; die Untersuchung wurde im Jahr 1943 hauptsächlich mit Hilfe einer Erhebung im *Aufbau*, der führenden Emigrantenzeitung, durchgeführt.[102] Mehr und mehr mit dem

Versuch beschäftigt, die Erfahrungen mit den Nazis und ihren Ursprung in Romanform darzustellen, kam Thomas Mann auf die Idee, am Leben und Werk eines Komponisten gleichsam symbolisch Deutschlands kulturellen Niedergang zu demonstrieren. Es überrascht nicht, daß Adorno mit seinem einmaligen Fundus sowohl in der Musik wie in der Philosophie als Informationsquelle ihn lebhaft interessierte. Das erste, was ihm von Adorno zu Gesicht kam, war dessen Manuskript über Wagner. Mann sah darin eine »sehr kluge Abhandlung ... deren nie ganz ins Negative abgleitender Aufsässigkeit es nicht an Verwandtschaft mit meinem eigenen Versuch ›Leiden und Größe des Richard Wagner‹ fehlt«.[103] Adornos nächste Arbeit hinterließ einen noch stärkeren Eindruck bei Mann; Adorno gab sie ihm im Juli 1943. Die erste Hälfte dessen, was später *Philosophie der neuen Musik* hieß, war ein Aufsatz über Schönberg, der einige der von Adorno bereits 1932 in der *Zeitschrift* angeschnittenen Themen weiter ausführte. In den vierziger Jahren nahm Adorno, wie schon erwähnt, die Veränderungen in der Musik seines früheren Idols und insbesondere dessen Einverständnis mit der Hypostasierung des Zwölftonsystems durch seine Schüler mit wachsender Kritik zur Kenntnis. Mann zufolge »witterte« Schönberg, der damals ebenfalls in Südkalifornien lebte, »den kritischen Einschlag in der Verehrung des Schülers«[104], was zu gespannten Beziehungen zwischen beiden führte. Mann seinerseits war außerordentlich angetan von dem, was er da las, und machte sich daran, es in den Roman, an dem er gerade arbeitete, aufzunehmen.
In seinem späteren Kommentar zu jenem Buch, es trägt den Titel *Doktor Faustus*, brachte Mann seine Dankbarkeit für Adornos Hilfe zum Ausdruck: »Die Darstellung der Reihen-Musik und ihre in Dialog aufgelöste Kritik, wie das XXII. Faustus-Kapitel sie bietet, gründet sich ganz und gar auf Adornosche Analysen, und das tun auch gewisse Bemerkungen über die Tonsprache des späteren Beethoven, wie sie schon früh im Buch, in Kretzschmars Expektorationen, vorkommen, über das geisterhafte Verhalten also, welches der Tod stiftet zwischen Genie und Konvenienz.«[105]
Immer wieder, während er an dem Buch schrieb, wandte sich Mann an Adorno um Rat. Im Oktober 1943 hörte er Adorno »die Sonate opus 111 (von Beethoven) vollständig und auf eine höchst instruktive Art« spielen. Die Wirkung auf Mann war nachhaltig. »Ich war nie aufmerksamer gewesen«, erinnerte er sich, »stand am nächsten Morgen früh auf und widmete drei Tage einer eingreifenden Um- und Ausarbeitung des Sonatenvortrags, die eine bedeutende Bereicherung und Verschönerung des Kapitels, ja des Buches selbst bedeutete. In die poetisierenden Wort-Unterlegungen, mit denen ich das Arietta-Thema in seiner ursprünglichen und seiner volleren Schluß-Gestalt versah, gravierte ich, als versteckte Dankbarkeitsdemonstration, den Namen ›Wiesengrund‹, Adornos Vatersnamen, mit ein.«[106] Im Dezember 1945 schrieb

Mann einen zehn Seiten langen Brief an Adorno, in dem er sich für seine »bedenklich-unbedenklichen«[107] Anleihen bei Adorno entschuldigte und um weiteren Rat bat, der ihm sogleich zuteil wurde. Als der Roman 1947 schließlich veröffentlicht wurde, erhielt Adorno von Mann ein Exemplar mit der Widmung: »meinem Wirklichen Geheimen Rat«.[108] Manns Verhältnis zu Schönberg, dies nebenbei, ging durch die Anschuldigung des Komponisten in die Brüche, Thomas Mann habe ihm seine Ideen gestohlen, ohne auch nur im entferntesten auf die Quelle hinzuweisen. Allen weiteren Auflagen des Romans fügte Mann eine Erklärung an.[109] Die Philosophie der neuen Musik selbst erschien ein Jahr später, ergänzt durch ein während des Krieges geschriebenes Strawinskij-Kapitel, das als Gegengewicht zu den Schönberg-Kapiteln gedacht war. Adorno hat die gesamte Arbeit später als einen langen Exkurs zur *Dialektik der Aufklärung* bezeichnet, die wir im achten Kapitel behandeln wollen.
In den vierziger Jahren arbeitete Adorno noch mit einem anderen Emigranten zusammen, der in Kalifornien lebte, mit dem Komponisten Hanns Eisler; sie schrieben gemeinsam ein Buch über Filmmusik. Da Adorno jedoch mit dem politisch engagierten Eisler nicht allzu eng identifiziert werden wollte, erschien sein Name nicht auf dem Titelblatt, als das Buch 1947 herauskam.[110] Weiter fand Adorno in Kalifornien Zeit für Aufsätze über Huxley und Kafka sowie zu Kulturkritik im allgemeinen; sie alle sind, in einem Sammelband mit dem Titel *Prismen* zusammengefaßt, nach Adornos Rückkehr in Deutschland erschienen. Im Sommer 1948, unmittelbar nach Fertigstellung der *Philosophie der neuen Musik* wandte Adorno seine Aufmerksamkeit der Musik des Sowjetblocks zu. Resultat war ein äußerst scharfer Aufsatz mit dem Titel »Gegängelte Musik«[111], in dem er die Förderung von »gesunder« Kunst durch die Vertreter des sozialistischen Realismus heftig kritisierte.
Adorno betätigte sich jedoch nicht nur als Kulturkritiker, auch sein Interesse an der Theorie, das in der *Dialektik der Aufklärung* und den Aphorismen der *Minima Moralia*[112] seinen Niederschlag fand, blieb stets wach; daneben machte er sich mit den amerikanischen empirischen Methoden vertraut; sowohl in seiner Arbeit an der *Authoritarian Personality* als auch in einer Untersuchung über einen amerikanischen Demagogen[113] versuchte er sich an ihnen. Gemeinsam mit Horkheimer kehrte Adorno 1949 nach Deutschland zurück, allerdings ohne daß seine Arbeit in Kalifornien damit schon zu Ende gewesen wäre. Im Winter 1952–1953 kam er für einige Monate in die Staaten zurück, hauptsächlich um seine amerikanische Staatsbürgerschaft behalten zu können. Dank den Verbindungen, die er im Zuge der Arbeit an der *Authoritarian Personality* knüpfen konnte, hatte er den Posten eines Leiters der wissenschaftlichen Abteilung der *Hacker Foundation* in Beverly Hills inne. Hier verfaßte er denn auch seine beiden letzten

Schriften über die amerikanische Massenkultur. Die eine bestand in einer gemeinsam mit Bernice T. Eiduson durchgeführten Untersuchung über das neue Massenkommunikationsmittel Fernsehen; durch Inhaltsanalysen von Drehbüchern versuchten die Autoren, die latenten ›messages‹, den Gehalt der Darbietungen aufzudecken.[114] Die zweite Schrift war eine längere und in gewisser Weise auch originellere Studie über die Astrologie-Spalte der *Los Angeles Times.*[115] Adorno hatte bereits in den *Minima Moralia* einige Seiten über das Okkulte geschrieben.[116] Mit der *Authoritarian Personality* als zusätzlichem Fundament war er nun in der Lage, seine Kritik erheblich zu vertiefen.
In »Stars Down to Earth«, wie die Studie hieß, behandelte Adorno die Astrologie als einen »sekundären« Aberglauben insofern, als er eher Sekundärgruppen, also etwa Klassen, betreffe als Primärgruppen wie die Familie. Das heißt, obgleich Adorno, unterstützt durch den ausgebildeten Analytiker Dr. Frederick Hacker, psychoanalytische Erkenntnisse anwandte, hatte er dabei nicht in erster Linie Individuen, sondern Gruppen im Auge. Genau gesagt, psychoanalytische Erkenntnisse wurden benutzt zur Erforschung der psychosozialen Schicht zwischen den Psychen der Einzelnen und ihrem vermeintlich individuellen Bewußtsein. Der Freud, dem Adornos Hauptinteresse hier galt, war natürlich der Freud der *Massenpsychologie und Ich-Analye.*[117] In ihrer Konsequenz zeigte die Untersuchung die Konvergenz zwischen der Kritik des Instituts an der Massenkultur und seiner Analyse von Autorität, der wir uns im nächsten Kapitel zuwenden werden. Astrologie, so stellte Adorno fest, sei eine »Ideologie der Abhängigkeit«[118], sie befriedige viele irrationale Bedürfnisse von Personen, die auf der »F-Skala« der *Authoritarian Personality* als »Hs« (Hocheingestufte) rangierten.
Die Jahre, die Adorno in Kalifornien verlebte, waren nach alledem enorm produktive Jahre. In seinem Aufsatz über Huxley hatte er geschrieben: »Dem Intellektuellen von drüben wird unmißverständlich bedeutet, daß er sich als autonomes Wesen auszumerzen habe, wenn er etwas erreichen – unter die Angestellten des zum Supertrust zusammengeschlossenen Lebens aufgenommen werden will.«[119] Adorno suchte diese Aufnahme nicht und er fand sie auch nicht, seine Leistung jedoch wurde, sofern sie überhaupt davon beeinflußt war, durch sein hartnäckiges Draußenbleiben höchstens gesteigert. Statt sich den Forderungen des amerikanischen kulturellen »Supertrusts« zu beugen, konnte er, so wie es das Institut fast durchweg getan hatte, für eine eher ideale als reale Leserschaft schreiben – die Ausnahme davon war die Arbeit des Instituts zum Autoritätssyndrom. Und paradoxerweise bildete sich ausgerechnet nach seiner Rückkehr nach Deutschland eine Leserschaft heraus, die groß genug war, um Adorno zu einem der wichtigsten intellektuellen Köpfe seiner Zeit werden zu lassen.

Ein starkes Gespür für die Zwänge amerikanischer Kultur spielte auch in Walter Benjamins Leben eine große Rolle. Seinem Beitrag zur Institutsgeschichte wollen wir uns im folgenden zuwenden. Die ganzen dreißiger Jahre hindurch widersetzte sich Benjamin dem lebhaften Drängen des Instituts, doch den Freunden nach New York zu folgen.[120] Im Januar 1938 – es sollte ihr letztes Treffen sein – lehnte Benjamin Adornos eindringliche Bitte mit den Worten ab: »Es gibt in Europa Positionen zu verteidigen.«[121] Diese Positionen wurden überrannt; in Paris zu bleiben war bald nicht mehr möglich – die Gestapo bemächtigte sich Benjamins Wohnung im Sommer 1940 –; die Emigration nach Amerika wurde zunehmend schwieriger. Deutsche Flüchtlinge, die zu einem früheren Zeitpunkt nach Frankreich geflohen waren, liefen nun Gefahr, von der Vichy-Regierung an die Nazis ausgeliefert zu werden. In Antizipation eines solchen Schrittes wurde Benjamin in der Nähe von Nevers interniert. Das Institut unternahm alles, um ihn freizubekommen. Maurice Halbwachs und George Scelle setzten sich für seine Entlassung aus dem Lager ein.[122] Nur eine begrenzte Anzahl von Dringlichkeitsvisa für die Vereinigten Staaten standen zur Verfügung, und vornehmlich dank Pollocks Bemühungen gelang es, eines für den zaudernden Flüchtling zu beschaffen. Benjamin selbst hatte weniger Glück bei dem Versuch, zu einem Ausreisevisum aus Frankreich zu kommen. Dies war zwar hinderlich, stellte aber kein unüberwindliches Problem dar, weil eine im allgemeinen unbewachte Straße in den Pyrenäen, die von Port Bou über die Grenze nach Spanien führte, als sicherer Fluchtweg galt. Benjamin, wegen seines geschwächten Herzens damals gesundheitlich in keinem guten Zustand, gehörte zu einer Gruppe von Flüchtlingen, die am 26. September 1940 zur Grenze aufbrach. In seinem Gepäck befanden sich fünfzehn Tabletten eines Morphiumpräparates, die, so hatte er einige Tage zuvor Arthur Koestler in Marseilles erzählt, »ausreichten, um ein Pferd zu töten«.[123] Zufällig hatte die spanische Regierung die Grenze kurz vor Ankunft der Gruppe geschlossen. Erschöpft von der Reise, bestürzt über die Aussicht, nun doch in die Fänge der Gestapo zu geraten und noch immer ohne jede Begeisterung für eine amerikanische Zukunft, schluckte Benjamin in der darauffolgenden Nacht die Tabletten. Er wehrte sich am nächsten Morgen, seinen Magen auspumpen zu lassen, und starb unter Schmerzen wenige Monate nach seinem achtundvierzigsten Geburtstag. Tags darauf ließen die spanischen Grenzposten, durch seinen Selbstmord erschüttert, den Rest der Gruppe über die Grenze in die Sicherheit entkommen. Diese traurige Geschichte hat eine böse Nachschrift erfahren: Koestler nahm, als die Neuigkeiten zu ihm drangen, ebenfalls einige von diesen Tabletten; Benjamin hatte sie ihm in Marseille gegeben. »Aber«, so schrieb er später, »Benjamin hatte offensichtlich einen besseren Magen, denn ich habe das Zeug wieder herausgekotzt.«[124]

Was Benjamins Emigration nach New York für das Institut oder auch für das amerikanische kulturelle Leben bedeutet hätte, läßt sich natürlich nicht sagen. Wie gut er seine Fähigkeiten mit denen der andern Institutsmitglieder verbunden hätte, kann nur vermutet werden. Horkheimer und Adorno hatten gehofft, ihn der Kritischen Theorie enger verbinden zu können; sie hatten es bereits aus der Ferne versucht. Ob er sich weiterhin dagegen gesperrt hätte oder nicht, bleibt der Spekulation überlassen. Eins läßt sich jedoch mit Sicherheit sagen: Das Institut war tief betrübt und aufgewühlt durch seinen frühen Tod. Es hat in den folgenden Jahren stets versucht, ihm die Erinnerung und Anerkennung zu verschaffen, die ihm zu Lebzeiten verwehrt geblieben waren. Der erste Beweis dafür war ein Gedächtnisband, der in einer begrenzten, mimeographierten Auflage 1942 zirkulierte (die finanzielle Situation des Instituts war problematisch). Der Band enthielt Aufsätze von Adorno, Horkheimer und von Benjamin selbst.[125] Nach der Rückkehr des Instituts nach Deutschland gab Adorno mit Unterstützung von Benjamins altem Freund Gerd Scholem Benjamins Schriften und Briefe heraus und löste damit in den vergangenen zehn Jahren ein breites Interesse an Benjamins Werk aus. Was Adornos Kritiker auch immer über seine Interpretation der Gedanken seines Freundes und ihre Rückwirkung auf das von ihm gepflegte Benjamin-Bild gesagt haben, eins konnten sie nicht leugnen, nämlich daß allein durch seine, von Scholem mitgetragene Initiative Benjamin überhaupt zum Thema einer Kontroverse werden konnte.

Adorno hat niemals bestritten, daß Benjamins Ansatz, der theologische und materialistische Elemente in einmaliger Weise verband, allein für Benjamin galt. Diesen Ansatz angemessen untersuchen hieße eine eigene Studie durchführen, eine, die Rolf Tiedemann überdies bereits geschrieben hat[126] und die wir deshalb hier auch nicht zu unternehmen brauchen. Tatsächlich wäre allein schon die Durchdringung der Kontroverse, die um Benjamins Namen in den letzten zehn Jahren entbrannt ist, eine Aufgabe von erheblichem Ausmaß.[127] Wir verzichten darauf und befassen uns statt dessen mit Benjamins Beziehungen zum Institut und seinem Beitrag zu dessen Arbeit, wobei es uns vor allem um seine Analyse der Massenkultur geht.

Benjamin wurde 1892 in Berlin geboren und war wie die meisten Institutsmitglieder das Kind wohlhabender assimilierter Juden. Sein Vater war Antiquitäten- und Kunsthändler; die Faszination des Sammlers von Büchern und alten Kunstgegenständen ging auf den Sohn über.[128] Die Beziehungen zu seiner Familie waren allerdings niemals unkompliziert. Obwohl er in seinen Schriften immer wieder auf seine Kindheit zu sprechen kommt[129], war sie für ihn offenkundig eine Zeit großer Traurigkeit.[130] Wie viele unzufriedene, bürgerliche deutsche Heranwachsende schloß er sich vor dem Kriege Gustav Wynekens Jugendbewegung an, und zwar dem radikalen Flügel, der vornehmlich von jüdischen Studenten gebildet wurde.[131] Während seiner Zugehörigkeit zu diesem Kreis wurde er Präsident der Berliner Freien Studentenschaft, daneben war er unter dem Pseudonym »Ardor« reger Mitarbeiter an Wynekens Zeitschrift *Der Anfang.* Im Lauf des Krieges jedoch erwachte in ihm das Interesse an einer anderen Art von Flucht aus der Unterdrückung bürgerlichen Lebens, er verließ die Jugendbewegung. Der Zionismus bestimmte in den folgenden Jahren sein Leben. Sein Interesse daran wurde noch verstärkt durch die 1915 geschlossene enge Freundschaft zu Gerd Scholem, der Benjamins Neugier an jüdischer Theologie und Mystizismus wachsen ließ. Benjamins Frau Dora – er heiratete 1917 – war die Tochter des prominenten Zionisten Leon Kellner. Benjamins Bindung an den Zionismus war indes niemals ungebrochen. 1922 ging er nicht auf Scholems Bitten ein, ihn nach Palästina zu begleiten, obwohl spätere Briefe sein beständiges Interesse an einer solchen Umsiedlung bekunden.[132] Mit dem Scheitern seiner Ehe in den zwanziger Jahren – zur Scheidung kam es 1930 – entfiel, was möglicherweise sein Festhalten am Zionismus bis dahin begünstigt hatte.[133]

Dennoch behielten seine Forschungen über das Judentum dank Scholems Einfluß bis an sein Lebensende große Bedeutung, auch wenn sie nach 1922 – dem Jahr von Scholems Wegzug und dem Scheitern des Projekts einer literarischen Zeitschrift mit religiöser Perspektive, die *Angelus Novus* heißen sollte – keine so zentrale Rolle mehr spielten wie bis zu diesem Zeitpunkt. Den Einfluß gewisser jüdischer Züge in den Arbeiten des Instituts haben wir bereits diskutiert: die Abgeneigtheit, das »Andere« im Kern der Kritischen Theorie zu benennen oder zu beschreiben, sowie Fromms Interesse an einer philosophischen Anthropologie, der von Martin Buber und seinen Kollegen am Frankfurter Lehrhaus ähnlich. Der Einfluß jüdischen Denkens und Brauchtums auf Benjamin sah etwas anders aus. Benjamins größtes Interesse galt der Kabbala, dem ältesten Werk jüdischer Mystik; seine Freundschaft zu Scholem gab hier den Ausschlag. Als Max Rychner, Herausgeber der *Schweizer Rundschau,* an Benjamin einige Fragen stellte, die seine nur sehr schwer verständliche, tiefgründige Einleitung zu seinem Buch über die barocke Tragödie, *Ursprung des deutschen Trauerspiels,* betrafen, verwies Benjamin ihn auf die Kabbala.[134] Was Benjamin daran so faszinierte, war die exegetische Fähigkeit, deren es bedurfte, um die Sinnstufen zu durchdringen. In einem Brief an Rychner, geschrieben 1931, also zu einer Zeit, da Benjamin sich bereits für Marxismus interessierte, vermochte er immer noch zu sagen: »Ich habe nie anders forschen und denken können als in einem, wenn ich so sagen darf, theologischen Sinn – nämlich in Gemäßheit der talmudschen Lehre von den neunundvierzig Sinnstufen jeder Thorastelle.«[135] Wie zu Recht immer wieder hervorgehoben worden ist[136], glich Benjamins Untersuchung von Kulturphänomenen der eines Bibelforschers, der sich in einen hei-

ligen Text versenkt. Mit seiner Absicht, ein Buch zu schreiben, das ausschließlich aus Zitaten bestehen sollte, drückte Benjamin den quasi-religiösen Wunsch aus, das sichtbare Sprachrohr einer höheren Wirklichkeit zu werden. Seine Sprachtheorie basierte dementsprechend auf der Hypothese einer zentralen Wirklichkeit, die – wenn auch noch so unvollkommen – durch die Kraft der Exegese offenbart werden könne.[137]
So wie Benjamin auf alle Momente von Offenbarung in der üdischen Religion ansprach, so sensibel reagierte er auch auf ihre erlöserischen Züge. Die messianische Neigung im jüdischen Denken, die in säkularisierter Form vom Marxismus übernommen wurde, läßt sich in allen seinen Schriften von Anfang bis Ende nachweisen. Einer seiner letzten Aufsätze, die posthum erschienenen »Geschichtsphilosophischen Thesen« ließen dies besonders deutlich werden. Hier war Benjamins Unterscheidung zwischen homogener, leerer Zeit einerseits und der messianischen Jetztzeit[138] andererseits, die mit der Revolution beginnen sollte, am klarsten artikuliert. Und hier gab er auch eine Erklärung dafür, warum er sein Leben lang an einer theologischen Denkweise festhielt; er kleidete diese Erklärung in eine Parabel zu Beginn der »Thesen«:

»Eine Puppe in türkischer Tracht, eine Wasserpfeife im Munde, saß vor dem Brett, das auf einem geräumigen Tisch aufruhte . . . In Wahrheit saß ein buckliger Zwerg darin, der ein Meister im Schachspiel war und die Hand der Puppe an Schnüren lenkte. Zu dieser Apparatur kann man sich ein Gegenstück in der Philosophie vorstellen. Gewinnen soll immer die Puppe, die man ›historischen Materialismus‹ nennt. Sie kann es ohne weiteres mit jedem aufnehmen, wenn sie die Theologie in ihren Dienst nimmt, die heute bekanntlich klein und häßlich ist und sich ohnehin nicht darf blicken lassen.«[139]

An dieser Stelle ist zu sagen, daß das Institut, weit davon entfernt, die theologischen Elemente in Benjamins Denken zu fördern, wie manche Kritiker suggerieren, ihn in einer mehr säkularen Richtung zu beeinflussen suchte. Die allgemeine Reaktion auf die »Thesen« im Institut war nicht besonders freundlich.[140] Auch Adornos Briefe zeigen seine Mißbilligung der jüdischen Residuen in Benjamins Denken.[141]
Auf der anderen Seite war das Institut aber auch nicht so recht begeistert über die Art von Marxismus, die Benjamin sich um die Mitte der zwanziger Jahre zu eigen machte. Im Unterschied zu den anderen kam Benjamin auf den dialektischen Materialismus erst nach dessen heroischer Phase unmittelbar nach dem Kriege[142], obgleich auch sein Interesse daran zweifellos spätestens 1918, als er sich in Bern mit Bloch anfreundete, geweckt worden war.[143] Lukács' frühe Schriften, *Geschichte und Klassenbewußtsein* und *Die Theorie des Romans,* stellten eine zweite Brücke zu Marx her.[144] Auch persönliche Bekanntschaften

spielten eine wichtige Rolle. Während eines Urlaubs auf Capri im Jahr 1924 lernte Benjamin die russische Theaterdirektorin und Schauspielerin Asja Lacis kennen, die mit einer Truppe auf Tournee war, um Brechts *Edward II.* aufzuführen. Möglicherweise verliebte sich Benjamin, dessen Ehe mit Dora Kellner sich in einer Krise befand, in Asja Lacis. Jedenfalls führte sie ihn in ihren marxistischen Freundeskreis ein und arrangierte für ihn eine Reise nach Moskau im Winter 1926/1927. In der sowjetischen Hauptstadt lernte er Majakowski und Byeli kennen und bekam den Auftrag, einen Artikel über Goethe für die Sowjetische Enzyklopädie zu schreiben, zu dessen Verwirklichung es allerdings nie kam. 1929 brachte ihn Asja Lacis schließlich mit jenem Manne zusammen, der die wichtigste Rolle in seiner marxistischen Entwicklung spielen sollte, mit Bertolt Brecht.
Brechts Verhältnis zu Benjamin war immer wieder Gegenstand von Kontroversen. Scholem und Adorno hielten beide Brechts Einfluß für eher ungünstig als förderlich.[145] Rolf Tiedemann, Schüler von Adorno, erklärte, daß die Beziehung weniger auf der intellektuellen als auf der psychologischen Ebene zu erklären sei, und zwar aufgrund der Furcht, die Benjamin vor Brecht gehabt habe.[146] Besonders unheilvoll, darin waren sich alle einig, sei gewesen, daß Benjamin Brechts kruden, ja vulgären Materialismus übernommen habe. Als fast ebenso unselig, zumindest in Adornos Augen, galt aber auch, daß sich Benjamin der allzu optimistischen Auffassung seines Freundes vom revolutionären Potential volkstümlicher Kunst und technologischer Innovation anschloß. Persönliches Mißtrauen Brecht gegenüber steigerte ohne Zweifel ihre Abneigung gegen den Einfluß, den dieser auf Benjamin ausübte. Die Frankfurter Schule, dies gilt es zu beachten, stimmte in politischen Fragen niemals mit Brecht überein, trotz ihres Respekts vor seinen literarischen Leistungen. Diese Gefühle beruhten allerdings auf Gegenseitigkeit. Lange nach Benjamins Tod, als Brecht nach Kalifornien übergesiedelt war, trafen er, Horkheimer und Adorno gelegentlich bei gesellschaftlichen Anlässen zusammen; wie Brechts Tagebuch jedoch verrät[147], bestanden die alten Animositäten unvermindert fort. Für Brecht bestand das Institut aus »Tui-Intellektuellen«, die sich für amerikanische Stiftungsgelder prostituierten. (Brechts geplanter Roman, der in dem fiktiven chinesischen Königreich der Tui spielen sollte, wurde nie vollendet.) Horkheimer und Adorno ihrerseits hielten Brecht für einen kleinbürgerlichen poseur und einen Apologeten des Stalinismus.
Benjamin dagegen fühlte sich sehr zu Brecht hingezogen. »Natürlich werde ich nicht verschweigen«, so schreibt er 1933, » . . . daß mein Einverständnis mit der Produktion von Brecht einen der wichtigsten, und bewehrtesten Punkte meiner gesamten Position darstellt.«[148] Hannah Arendt, die Benjamin aus seiner Pariser Zeit kannte, war der Meinung, was Brecht für Benjamin so anziehend gemacht habe, sei

dessen »plumpes Denken«[149] gewesen, d. h. gerade der Adorno so verhaßte Verzicht auf dialektische Subtilitäten. Benjamin, so Hannah Arendt, habe in Brechts unvermitteltem Materialismus »weniger einen Bezug zur Praxis als zur Realität gesehen, und diese Realität habe sich ihm am direktesten in den Sprichwörtern und Redewendungen der Alltagssprache offenbart«.[150] Hanna Arendt steht nicht allein mit ihrem Hinweis auf die Faszination, die Brecht auf Benjamin ausgeübt hat. Andere, die weiter links standen und von dorther gegen das Institut polemisierten, gingen soweit, Adorno und Scholem zu beschuldigen, absichtlich und aus eigensüchtigen Zwecken Brechts Bedeutung bagatellisiert zu haben.[151] Dies scheint indes nicht zuzutreffen, denn Tiedemann, der sich gewöhnlich mit dem Adorno-Scholem-Lager identifiziert, gab 1966 eine Sammlung von Artikeln und Aufsätzen von Benjamin über Brecht heraus.[152] Daß man im Institut Benjamins Beziehung zu Brecht für nachteilig hielt, leugnet niemand. Und tatsächlich könnte man sagen, daß Benjamin selbst bei aller Bewunderung für Brecht in seiner Freundschaft mit ihm eine gewisse Vorsicht walten ließ, die sich in seiner Weigerung äußerte, Paris für immer zu verlassen und Brecht in sein dänisches Exil nach Svendborg in Dänemark zu folgen.[153] Brecht seinerseits scheint Benjamin bis zu dessen Tode zugetan gewesen zu sein. 1940 schrieb er zwei bewegende Gedichte über ihn.[154] Die undialektische Nuance, die Adorno in der Übernahme des Brechtschen Vulgärmaterialismus durch Benjamin sah, war möglicherweise Resultat des Unterschieds zwischen Benjamins geistigem Werdegang und dem der übrigen Institutsmitglieder. Benjamin hatte seine Universitätsausbildung in Berlin, Freiburg und Bern erhalten, wo er während des Krieges mit einer Arbeit über die deutschen Romantiker promovierte.[155] Die wichtigste philosophische Schule war für ihn in dieser Zeit die des Neukantianismus. Kurz vor seinem Tode noch schrieb er an Adorno, sein wichtigster Lehrer sei Heinrich Rickert gewesen.[156] Und doch scheint Benjamin von Anfang an über Kants agnostischen Dualismus unglücklich gewesen zu sein, über seine Unterscheidung zwischen Noumena und Phenomena. In einem frühen Aufsatz schrieb er: »Es ist die Aufgabe der kommenden Erkenntnistheorie, für die Erkenntnis die Sphäre totaler Neutralität in bezug auf die Begriffe Objekt und Subjekt zu finden; mit anderen Worten, die autonome ureigene Sphäre der Erkenntnis auszumitteln, in der dieser Begriff auf keine Weise mehr die Beziehung zwischen zwei metaphysischen Entitäten bezeichnet.«[157] Mit einer solchen Argumentation bewegte er sich natürlich auf einem Boden, der auch Horkheimer, Marcuse und Adorno nicht fremd war. Worin sich Benjamin jedoch von seinen Freunden unterschied, war die Tatsache, daß Hegel einen vergleichsweise nur sehr geringen Einfluß auf sein Denken ausübte. Im allgemeinen war Benjamin bestrebt, sich vom Ballast des philosophischen Jargons zu befreien, den er als Zuhältersprache abtat.[158] In dieser Frage, dies zeigt nicht

zuletzt ihre Korrespondenz, gab es zwischen Benjamin und Horkheimer eindeutig keine Übereinstimmung.[159]
Ein anderer Reibungspunkt zwischen Benjamin und zumindest Adorno war seine relative Indifferenz der Musik gegenüber, insbesondere als einem potentiell kritischen Medium. Adorno zufolge[160] hatte Benjamin in seiner Kindheit eine Aversion gegen Musik entwickelt, die er auch später nie zu überwinden vermochte. In einem wichtigen Aufsatz, »Der Autor als Produzent«[161], geschrieben ganz eindeutig in dem Augenblick, da Brechts Einfluß am größten war, hatte Benjamin gesagt, der Musik müßten Worte hinzugefügt werden, solle sie überhaupt einen politischen Gehalt haben. Als Beispiel und Modell diente ihm die Zusammenarbeit von Brecht und Hanns Eisler in *Die Maßnahme*. Kaum etwas in seinem Werk deutet darauf hin, daß er Adornos Geschmack an den anspruchsvolleren Formen moderner Musik oder seine Überzeugung von der Bedeutung der nichtbildhaften Qualität von Musik teilte.
Zudem war Benjamins Denken stets viel analogischer als das von Horkheimer und Adorno; Benjamin befaßte sich in erster Linie mit dem Universellen, das im Besonderen enthalten sei. Bei allem Interesse der Kritischen Theorie für das Wechselspiel von Totalität und Einzelmoment ist es unwahrscheinlich, daß Horkheimer und die anderen Benjamins Behauptung, »der historische Materialist geht an einen geschichtlichen Gegenstand einzig und allein da heran, wo er ihm als Monade entgegentritt«[162], ohne Einschränkung akzeptierten. Ihre Art zu denken war stets viel eher erklärend, mehr darauf aus, Diskontinuitäten und Vermittlungen zwischen verschiedenen gesellschaftlichen Phänomenen aufzudecken. Für Benjamin war die Bedeutung von Nichtidentität längst nicht so groß wie für seine Kollegen, was zur Folge hatte, daß er sich für die Rettung der Subjektivität bei weitem nicht so interessierte wie sie. Seine »Dialektik im Stillstand«[163] war viel statischer und direkter als die Kritische Theorie. Dennoch war Adorno sehr darum bemüht klarzustellen, daß Benjamin keinesfalls mit den Phänomenologen in einen Topf zu werfen sei, deren Mangel an dialektischer Ironie er wiederholt anprangerte:

»Wollte man ihn, um der Absenz von System und geschlossenem Begründungszusammenhang willen, unter die Repräsentanten von Intuition oder Schau einreihen . . . dann vergäße man das Beste. Nicht der Blick als solcher beansprucht unvermittelt das Absolute, aber die Weise des Blickens, die gesamte Optik ist verändert. Die Technik der Vergrößerung läßt das Erstarrte sich bewegen und das Bewegte innehalten.«[164]

Benjamins spezieller Ansatz brachte ihn nicht nur in eine gewisse Entfernung zur Kritischen Theorie, er verringerte auch seine Chancen für eine erfolgreiche akademische Laufbahn. Seine kritische Untersuchung über Goethes *Wahlverwandtschaften,* entstanden zwischen 1924 und 1925, erschien unter der Schirmherrschaft von Hugo von Hofmannsthal.[165] Die Arbeit kritisierte jedoch explizit die Ideologie des damals mächtigen Stefan-George-Kreises, was zur Folge hatte, daß Benjamin aus der Welt der Wissenschaft, auf die der Einfluß dieser Gruppe sich erstreckte, verbannt wurde.[166] Spätere Versuche, sich an der Universität Frankfurt zu habilitieren, verliefen gleichermaßen erfolglos. Die Arbeit, die er zu diesem Zweck vorlegte, war eine Untersuchung über das deutsche Barockdrama; Benjamin versuchte darin, die Kategorie der Allegorie zu »retten«. Die Arbeit war seiner Prüfungskommission jedoch zu dunkel, einer Gruppe, der u. a. auch der führende Kopf der Literaturwissenschaftler, Franz Schultz, sowie der Experte der Universität auf dem Gebiet der Ästhetik angehörten, nämlich derselbe Hans Cornelius, der auch der Lehrer verschiedener Institutsmitglieder gewesen war.[167] Obwohl 1928 doch noch veröffentlicht, vermochte *Der Ursprung der deutschen Tragödie* Benjamin keinen Platz in der akademischen Hierarchie zu verschaffen. Zu diesem Debakel kam die Weigerung seines Vaters, ihn weiter zu unterstützen, und so war Benjamin gezwungen, sich als freier Kritiker und gelegentlicher Übersetzer unter anderem von Proust-Texten kümmerlich durchzuschlagen.[168] In den zwanziger und den frühen dreißiger Jahren schrieb er für die *Literarische Welt* und Tageszeitungen wie die *Frankfurter Zeitung*; daneben versuchte er sich mit Kritiken beim Rundfunk in einem Sendeprogramm, das unter der Leitung seines Freundes Ernst Schön stand.[169] Obwohl seine Arbeiten häufig von höchster Qualität waren – seine farbigen Kindheitserinnerungen (1950 unter dem Titel *Berliner Kindheit um Neunzehnhundert*[170] erschienen) wurden in der *Frankfurter Zeitung* in Serie abgedruckt –, erfuhren sie wenig Beachtung.

Die Machtübernahme durch die Nazis ließ die wenigen Einnahmequellen, die Benjamin in Deutschland hatte, versiegen. Als Versuche, unter dem Pseudonym eines »Detlef Holz« oder »C. Conrad« zu schreiben, sich als erfolglos erwiesen, sah Benjamin die Notwendigkeit der Emigration ein. Als Zufluchtsort wählte er Paris, eine Stadt, in der er sich bei früheren Besuchen wohl gefühlt hatte. In vieler Hinsicht war es die moderne Stadt, die einen der Brennpunkte der Benjaminschen Arbeit darstellte[171], und Paris war die europäische Metropole *par excellence.* Bereits 1927 hatte er mit einer umfassenden Analyse der bürgerlichen Kultur begonnen, einer Vorgeschichte des 19. Jahrhunderts, in der Paris als zentrale Metapher fungierte. Unter dem Titel *Passagenarbeit* (bezugnehmend auf die Passagen oder Arkaden in Paris) sollte sie Benjamin bis zu seinem Lebensende beschäftigen. Sie umfaßt zwar Tausende von Seiten, aber nur Teile davon hat Benjamin zu seiner eigenen Zufriedenheit wirklich vollenden können.

Die Rolle des Instituts bei der Verwirklichung dieses Projekts hat ebenfalls zu vielen Kontroversen geführt. Benjamins Einkünfte in Paris nach 1935 bestanden im wesentlichen aus einem Institutsgehalt. Andere Projekte, wie die Briefsammlung, die er als »Detlef Holz« in der Schweiz[172] veröffentlichte, mögen ihm zwar ein paar Mark eingebracht haben, wie aber aus seiner Privatkorrespondenz hervorgeht, war es wirklich nicht viel. Benjamin war seit 1923 mit Adorno bekannt; sie waren sich in Frankfurt begegnet.[173] 1934, nach Benjamins Flucht aus Deutschland, überredete Adorno Horkheimer, einige von Benjamins Arbeiten in der *Zeitschrift* abzudrucken. Der erste Aufsatz von ihm, eine Untersuchung über die gesellschaftliche Stellung zeitgenössischer französischer Autoren, erschien in der ersten Nummer jenes Jahres.[174] Ihm folgte alsbald ein Überblick über linguistische Soziologie, in dem Benjamin sein stets waches Interesse an der Sprache und ihren allgemeineren Implikationen offenbarte. Kurz darauf lud Horkheimer Benjamin ein, nach Amerika ans Institut zu kommen. Obwohl Benjamin im April 1935 geschrieben hatte, »es ist mir nichts dringlicher, als meine Arbeit so eng und produktiv wie möglich mit der des Instituts zu verbinden«,[175] lehnte er das Angebot ab. Ende des Jahres wurde er immerhin Forschungsmitarbeiter des Pariser Institutsbüros und erhielt von nun an regelmäßige Gehaltszahlungen, die, wenn auch niemals hoch, ihm doch die Feststellung erlaubten, daß sie ihm »eine unmittelbare Entlastung brachten«.[176]

Aufgrund von Benjamins allseits bekannter finanzieller Abhängigkeit vom Institut seien, so wurde im Kreis um die *Alternative* behauptet, seine Schriften in einschneidender Weise von seinen Herausgebern in New York verändert, ja zensiert worden. Ohne auf textliche Fragen in aller Differenziertheit und im Detail einzugehen, scheint man sagen zu können, daß der Wortlaut von Benjamins Aufsätzen gelegentlich zugunsten einer geringeren Radikalität verändert wurde. Klares Beispiel dafür war sein Aufsatz über »*Das Kunstwerk im Zeitalter seiner technischen Reproduzierbarkeit*«, der in Benjamins ursprünglichem Text mit den Worten schließt: »So steht es um die Ästhetisierung der Politik, welche der Faschismus betreibt. Der Kommunismus antwortet ihm mit der Politisierung der Kunst.« Derselbe Wortlaut findet sich übrigens auch in den *Illuminationen* (S. 176). Die in der *Zeitschrift* abgedruckte Version ersetzte »Faschismus« durch »die totalitäre Doktrin« und »Kommunismus« durch »die konstruktiven Kräfte der Menschheit« (S. 66). Auf derselben Seite wurde aus der »imperialistischen Kriegsführung« die »moderne Kriegsführung«.[177]

Indes, solche Änderungen wurden in der Regel mit Benjamin abgesprochen und nicht an einem dem Institut in New York vorgelegten fertigen Text vorgenommen. Dabei ist es wichtig zu sehen, daß mit diesen Veränderungen nicht das spezielle Ziel erreicht werden sollte, Benjamin partout auf die Linie einer dogmatischen Kritischen Theorie zu bringen; hier spiegelte sich vielmehr die Äsopische Sprache wider, welche die *Zeitschrift* immer wieder benutzte, um sich politischen Ärger zu ersparen. Die Anschuldigungen des Instituts von seiten anderer Flüchtlinge aus dem Kreis der *New School,* Adornos späteres Widerstreben dagegen, mit Hanns Eisler allzu eng assoziiert zu werden, die subtile Veränderung des Titels von Grossmanns Buch in der englischen Übersetzung – davon haben wir bereits gesprochen. Es ist nachgerade klar, daß sich das Institut in Amerika nicht sicher fühlte und so wenig wie möglich tun wollte, was seine Position gefährden konnte. Lange vor seiner Emigration hatte Horkheimer in der *Dämmerung* geschrieben: »Früher oder später wird das Asylrecht für politische Flüchtlinge in der Praxis abgeschafft . . . Das Asylrecht wird vor den gemeinsamen Interessen der internationalen Kapitalistenklasse verschwinden, soweit es sich nicht um Emigranten aus Rußland oder um völkische Terroristen handelt.«[178] Nachdem sie von einem Kontinent bereits hatten fliehen müssen, waren er und seine Kollegen nicht begierig, ein ähnliches Schicksal ein zweites Mal herauszufordern. Einen ganz deutlichen Ausdruck fand diese Furcht in der Korrespondenz von Horkheimer und Löwenthal. Am 30. Juli 1939 beispielsweise berichtete Löwenthal Horkheimer von einem neuen Deportationsgesetz, das im Senat beraten werde und einen sehr weiten Anwendungsbereich habe. Und er gab Horkheimer den Rat, dem Wort »Liberalismus« in dem Aufsatz, den er eben schreibe, unbedingt das Attribut »europäisch« hinzuzufügen. Später, am 30. Juli und am 4. August 1940, erwähnte er Besuche der Polizei im Institut, die, wenngleich Routine, ihm bedrohlich genug erschienen, um darüber zu berichten. Ja sogar 1944 noch, als das Institut eine Untersuchung über Antisemitismus in der amerikanischen Arbeiterschaft durchführte, machte sich Horkheimer in einem Brief vom 26. Juli Sorgen über die Reaktion der amerikanischen Rechten auf »eine Gruppe ausländischer Intellektueller, die ihre Nasen in die Privatangelegenheiten amerikanischer Arbeiter stecken«. Das Gefühl der Unsicherheit in Verbindung mit dem traditionellen Bestreben des Instituts, vor allem eine »wissenschaftliche« und nicht eine politische Institution zu bleiben, war der Grund dafür, daß es die explosiveren Passagen in Benjamins Texten entschärfte.

Fest steht aber auch, daß die *Zeitschrift* einige Aufsätze von Benjamin druckte, mit deren Inhalt Horkheimer und Adorno sich keineswegs in völliger Übereinstimmung wußten – »Das Kunstwerk im Zeitalter seiner technischen Reproduzierbarkeit« und »Eduard Fuchs, der Sammler und der Historiker«[179] waren in gewisser Weise zu radikal für ihren Geschmack. Inwieweit die veröffentlichten Versionen geändert sind, läßt sich nicht sagen.[180] Ein Teil von Benjamins Arbeit, ein wichtiger Abschnitt aus der *Passagenarbeit,* stieß auf totale Ablehnung, hauptsächlich, so scheint es, wegen der Vorbehalte, die Adorno dagegen hegte. 1936 zeigte sich Benjamin stark beeindruckt von den kaum bekannten kosmologischen Spekulationen von Auguste Blanqui, einem französischen Revolutionär aus dem 19. Jahrundert, der ein Buch mit dem Titel *L'Eternite'par les astres* geschrieben hatte.[181] Blanquis mechanistische Naturauffassung schien Benjamin mit der Gesellschaftsordnung zusammenzuhängen, in der jener gelebt hatte und die von einer Art ewiger Wiederkehr bestimmt schien. Benjamin versuchte nun in seinem Aufsatz über »Das Paris des second empire bei Baudelaire«, die verborgene Verwandtschaft zwischen Blanqui und jenem Dichter aufzudecken, der die zentrale Gestalt des gesamten Benjaminschen Werks war, Baudelaire. Der Aufsatz war geplant als zweiter Teil einer dreiteiligen Studie, deren erster Teil in einer konzentrierteren Version der *Passagenarbeit* bestehen sollte, während der dritte den vorläufigen Titel *Paris, die Hauptstadt des XIX. Jahrhunderts* trug. Der erste Teil sollte Baudelaire den Allegoriker zeigen; der zweite und eben erwähnte Teil war als seine Antithese gedacht, er sollte eine gesellschaftliche Interpretation des Poeten bringen; und der dritte Teil schließlich sollte die Synthese aus den beiden ersten liefern, indem er die Ware als poetischen Gegenstand analysierte.[182]

Als Adorno den Entwurf von »Das Paris des second empire bei Baudelaire« zum erstenmal las, äußerte er sich kritisch. Aus seinem Urlaubsort Hornberg im Schwarzwald – Adorno kehrte nach der Machtergreifung gelegentlich noch nach Deutschland zurück – schrieb er Benjamin im Sommer 1935 einen langen Brief, in dem er seine Einwände darlegte.[183] Seine Hauptkritik galt dabei Benjamins angeblich undialektischem Gebrauch von Kategorien wie Warenfetischismus. Wie an anderer Stelle bereits bemerkt, war für Adorno eine gewisse Verdinglichung notwendiges Moment aller menschlichen Objektivierungen. Entsprechend wandte er sich gegen Benjamins Gleichsetzung der Ware mit dem »Archaischen« als solchem.

Auf derselben Ebene lag der zweite Kritikpunkt Adornos, er betraf Benjamins Verwendung des Begriffs »dialektische Bilder« für objektive Kristallisationen des historischen Prozesses. Adorno meinte in seinem Brief, so wie sie bei Benjamin konzipiert seien, reflektierten sie die gesellschaftliche Wirklichkeit allzu direkt. »Dialektische Bilder«, schrieb er, »sind als Modell keine gesellschaftlichen Produkte, sondern objektive Konstellationen, in denen der gesellschaftliche Zustand sich selbst darstellt. Infolgedessen kann dem dialektischen Bild niemals eine ideologische oder überhaupt soziale ›Leistung‹ zugemutet werden.«[184] Darüber hinaus bedeute die Reduktion des dialektischen Bildes auf eine Art von Jungschem Kollektivbewußtsein, die Benjamin zuweilen vorzunehmen scheine, eine Verkennung der nach wie vor vorhandenen Bedeutung des Individuums. »Wenn ich den Gebrauch des Kollektivbewußtseins ablehne«, erklärte Adorno,

»so natürlich nicht, um das ›bürgerliche Individuum‹ als eigentliches *Substrat* stehen zu lassen. Es ist, um das Intérieur (ein Begriff, den

Adorno, wie wir wissen, in seiner Arbeit über Kierkegaard benutzt hatte) als soziale Funktion transparent zu machen und seine Geschlossenheit als Schein zu enthüllen. Aber als Schein nicht gegenüber einem hypostasierten kollektiven Bewußtsein, sondern gegenüber dem realen gesellschaftlichen Prozeß selber. Das ›Individuum‹ ist dabei ein dialektisches Durchgangsinstrument, das nicht wegmythisiert werden darf, sondern nur aufgehoben werden kann.«[185]

In einem späteren Brief an Benjamin im November äußerte Adorno seine anhaltende Enttäuschung über den Fortgang des Aufsatzes über Baudelaire und Paris.[186] Er machte seine Einwände gegen Benjamins theologischen und philosophischen Ansatz als einen undialektischen unmißverständlich klar. »Man kann es auch so ausdrücken«, schrieb er, »das theologische Motiv, die Dinge beim Namen zu nennen, schlägt tendenziell um in die staunende Darstellung der bloßen Faktizität. Wollte man sehr drastisch reden, so könnte man sagen, die Arbeit sei am Kreuzweg von Magie und Positivismus angesiedelt. Diese Stelle ist verhext. Nur die Theorie vermöchte den Bann zu brechen: Ihre eigene, die rücksichtslose, gut spekulative Theorie.«[187] Aufgrund seiner Vorbehalte riet Adorno davon ab, den Aufsatz in die *Zeitschrift* aufzunehmen. Während Löwenthal dafür eintrat, Teile davon abzudrucken, begründete Adorno seine Ablehnung in einem Brief an Benjamin mit der Feststellung: »Die Arbeit repräsentiert Sie nicht so, wie gerade diese Arbeit Sie repräsentieren muß.«[188]

Gedämpft, aber nicht bereit, in allem nachzugeben, schrieb Benjamin einen Antwortbrief zu seiner Verteidigung.[189] Sein Hauptargument für den Aufsatz sah er in dem philologischen Ansatz, den er verwende:

»Der Schein der geschlossenen Faktizität, der an der philologischen Untersuchung haftet und den Forscher in den Bann schlägt, schwindet in dem Grade, in dem der Gegenstand in der historischen Perspektive konstruiert wird. Die Fluchtlinien dieser Konstrukion laufen in unserer eignen historischen Erfahrung zusammen. Damit konstituiert sich der Gegenstand als Monade. In der Monade wird alles das lebendig, was als Textbefund in mythischer Starre lag . . . wenn Sie an andere meiner Arbeiten zurückdenken, so werden Sie finden, daß die Kritik an der Haltung des Philologen bei mir ein altes Anliegen – und zuinnerst identisch mit der am Mythos – ist.«[190]

Adorno war jedoch von den dialektischen Meriten des Aufsatzes nicht zu überzeugen, und das Institut hat ihn auch niemals veröffentlicht.[191] In ihrer weiteren Korrespondenz setzten Adorno und Benjamin ihre Diskussion über den Fortgang von Benjamins »Vorgeschichte« des 19. Jahrhunderts fort, und in der ersten Nummer des Jahrgangs 1939 der *Zeitschrift* erschien der Abschnitt von *Paris, die Hauptstadt des XIX. Jahrhunderts,* den Benjamin einst als Doktorarbeit vorgesehen hatte; sein Titel: »Über einige Motive bei Baudelaire«. In diesem Aufsatz schnitt Benjamin viele der Themen an, die die gesamte Untersuchung durchziehen; verschiedene haben wir bereits genannt. Eines galt der Unterscheidung zwischen zwei Arten von Erfahrung: der integrierten Erfahrung und dem atomistischen Erlebnis. Sich auf Proust, Bergson und Freud berufend, hob Benjamin den Stellenwert von Tradition in der genuinen Erfahrung hervor: »In der Tat ist die Erfahrung eine Sache der Tradition, im kollektiven wie im privaten Leben. Sie bildet sich weniger aus einzelnen in der Erinnerung streng fixierten Gegebenheiten denn aus gehäuften, oft nicht bewußten Daten, die im Gedächtnis zusammenfließen.«[192] Auch Adorno unterstrich die Relevanz von Tradition, die er, wie erinnerlich, in Schönbergs Musik bei all ihrer offensichtlichen Neuheit lebendig sah. Für beide, sowohl für Adorno wie für Benjamin, war das moderne Leben durch einen echten Erfahrungsschwund gekennzeichnet. Eins der Beispiele, die Benjamin nannte – der Verzicht auf die zusammenhängende Erzählung zugunsten von zusammenhangsloser Information als herrschender Kommunikationsform –, wurde auch von Ernst Krĕnek in seinem Aufsatz über Radiomusik angeführt. Ein zweites, die Zunahme traumatischer Schocks als Stimuli modernen Lebens[193], fand ebenfalls ein Echo in den verschiedenen psychosozialen Untersuchungen des Instituts. Und ein drittes, die Rolle der Menge in Baudelaires Werk, tauchte als Leitgedanke in den Arbeiten des Instituts über Massenkultur immer wieder auf. Benjamin, das ist festzuhalten, stand dem Baudelaireschen Verständnis von Menge durchaus kritisch gegenüber: »Baudelaire hat es gefallen, den Mann der Menge . . . mit dem Typus des Flâneurs gleichzusetzen. Man wird ihm darin nicht folgen können. Der Mann der Menge ist kein Flâneur.«[194]

Die Faszination, die für Benjamin von Flâneur, jenem Müßiggänger ausging, der genußvoll unter den Arkaden von Paris umherschlenderte, diente jenen Kommentatoren als Beleg, die auf das statische Element in seinem Werk hinaus wollten.[195] In verblüffender Weise unterstützt wurde diese Position durch das Benjaminsche Interesse an Baudelaires Versuch, die *correspondances* zu erhalten, die die Kunst offenbare; »was Baudelaire mit den correspondances im Sinn hatte«, so erklärte Benjamin etwas kryptisch,

»kann als eine Erfahrung bezeichnet werden, die sich krisensicher zu etablieren sucht. Möglich ist sie nur im Bereich des Kultischen. Dringt sie über diesen Bereich hinaus, so stellt sie sich als das Schöne dar. Im Schönen erscheint der Kultwert der Kunst.

Die correspondances sind die Data des Eingedenkens. Sie sind keine historischen, sondern Data der Vorgeschichte.«[196]

An anderer Stelle zeigte sich Benjamin ähnlich fasziniert von dem, was Goethe die Urphänomene genannt hatte, die ewigen Formen, die in der Geschichte stets erhalten bleiben.[197] In alledem scheinen die theologischen Wurzeln seines Denkens durchzuschimmern. Dennoch darf das historische Moment in seinem Denken keinesfalls übersehen werden, das durch seine Berührung mit dem Marxismus noch verstärkt wurde. Gerade in dem Aufsatz über Baudelaire kritisierte Benjamin nämlich Bergson dafür, daß er den Tod aus seiner Vorstellung von der *durée du temps* ausschließe; und er kritisierte ihn mit einem Argument, das ganz ähnlich auch Horkheimer in seinem Aufsatz über Bergson benutzt hatte:[198] »Die durée, aus der der Tod getilgt ist, hat die schlechte Unendlichkeit eines Ornaments. Sie schließt es aus, die Tradition in sie einzubringen. Sie ist der Inbegriff eines Erlebnisses, das im erborgten Kleide der Erfahrung einherstolziert.«[199] Außerdem waren bei Benjamin, wie Tiedemann gezeigt hat[200], die bei Goethe in der Natur reklamierten Urphänomene hinübergenommen in die Geschichte. Die *Passagenarbeit* war als eine »Vorgeschichte« des 19. Jahrhunderts und nicht aller menschlichen Geschichte gedacht. Selbst Benjamins Vorliebe für das Karl-Kraus-Wort »Ursprung ist das Ziel«, welches er in den *Geschichtsphilosophischen Thesen* zitiert[201], sollte nicht unbedingt als Wunsch verstanden werden, zu einer platonischen oder Goetheschen Ur-Form zurückzukehren. Ursprung kann auch das Neue bedeuten.[202] Und für Benjamin bestand einer der wichtigsten Aspekte des Mythus in seiner immer wiederkehrenden, unschöpferischen Gleichheit; das Immergleiche sei eins der hervorstechendsten Merkmale jener mythischen Sensibilität, die die entfremdete kapitalistische Gesellschaft hervorbringe.
Um denen gerecht zu werden, welche die statische Komponente in Benjamins Denken unterstreichen, ist zu sagen, daß vieles, was er schrieb, eine Art Nostalgie nach dem rituellen Wert verriet, der sich für ihn mit den *correspondances* verband.[203] Dies wurde sichtbar am Schluß seines Aufsatzes »Über einige Motive bei Baudelaire«, wo er auf die »Krisis der künstlerischen Wiedergabe«[204] zu sprechen kam; noch deutlicher zeigte es sich allerdings in seinem früheren Aufsatz in der *Zeitschrift* über *»Das Kunstwerk im Zeitalter seiner technischen Reproduzierbarkeit«*. Hier entwickelte Benjamin nämlich seinen Begriff der »Aura«, der so häufig in den Kulturanalysen des Instituts auftauchen sollte. Wie schon gesagt, meint »Aura« den einmaligen Nimbus, der ein Kunstwerk umgibt. Die Aura sei das besondere Gefühl des *hic et nunc*, das dem Werk Echtheit verleihe. Sie existiere, so sagte Benjamin, auch in der Natur, wo sie die »einmalige Erscheinung einer Ferne (ist), so nah sie auch sein mag«.[205] Auch in der Kunst sei diese Qualität der Unnahbarkeit ein wesentliches Element der Aura eines Kunstwerks, ein Element, das durchaus in seiner Verbindung zu dem rituellen, magischen Kontext zu verstehen sei, aus dem Kunst sich ursprüng-

lich entwickelt habe. Und diese einmalige Aura eines echten Kunstwerks sei es, die sich nicht bewahren lasse, sobald ein Kunstwerk reeproduziert werde – zweifellos dachte Benjamin hierbei mehr an die bildenden Künste als an Musik und Drama, obwohl, wie Adorno und Krěnek in ihren Beiträgen über das Radio erklären, auch Musik eine Aura haben könne.
Gleich welche vorgeschichtliche, rituelle Qualität er der Aura beilegte, Benjamin erkannte auch ihr historisches Moment, das über die *correspondances* hinausging. »Die Echtheit einer Sache«, so erklärte er, »ist der Inbegriff alles vom Ursprung her an ihr Tradierbaren, von ihrer materiellen Dauer bis zu ihrer geschichtlichen Zeugenschaft.«[206] Und einige Abschnitte weiter im selben Aufsatz heißt es: »Die Einzigartigkeit des Kunstwerks ist identisch mit seinem Eingebettetsein in den Zusammenhang der Tradition.«[207] Damit bedeute das Ende von »auratischer« Kunst im Zeitalter ihrer massenhaften Reproduzierbarkeit nicht nur den Verlust der künstlerischen *correspondances,* sondern auch das Ende von Erfahrung (Erfahrung, die in der Tradition wurzelt). Über diesen Aspekt der Kulturkrise der modernen Gesellschaft herrschte zwischen Benjamin und seinen Institutskollegen völlige Einhelligkeit. Sie pflichteten auch weitgehend dem Schluß bei, den er aus dem Verlust der Aura zog: »In dem Augenblick aber, da der Maßstab der Echtheit an der Kunstproduktion versagt, hat sich auch die gesamte Funktion der Kunst umgewälzt. An die Stelle ihrer Fundierung aufs Ritual tritt ihre Fundierung auf eine andere Praxis: nämlich ihre Fundierung auf Politik.«[208] Mit dem Aufkommen der technischen Reproduktion werde der Kultwert eines Kunstwerks durch seinen Ausstellungswert verdrängt. Das beste Beispiel dafür, so meinte Benjamin, sei der Film.
Keine Übereinstimmung zwischen den Institutsmitgliedern, insbesondere zwischen Adorno und Benjamin, gab es hingegen in der Einschätzung der Auswirkungen dieses Wandels. Zunächst einmal war man im Institut stets davon ausgegangen, Kunst habe eine politische Funktion: sie gebe einen Vorgeschmack auf jene »andere« Gesellschaft, welche die herrschenden Verhältnisse verwehrten. Man fürchtete damals, daß die Massenkunst eine neue politische, ihrer traditionell »negativen« diametral entgegengesetzte, politische Funktion ausüben werde; daß die Kunst im Zeitalter ihrer technischen Reproduzierbarkeit dazu beitragen werde, das Massenpublikum mit dem status quo auszusöhnen. In diesem Punkt war Benjamin anderer Meinung. Denn während er einerseits den Verlust der Aura beklagte, setzte er andererseits paradoxerweise eine gewisse Hoffnung in das progressive Potential einer politisierten, kollektivierten Kunst. Damit ließ er sich wieder einmal von Brecht leiten, der trotz seiner persönlichen Enttäuschungen in der Filmindustrie noch immer voller Optimismus hinsichtlich der revolutionären Funktion des Films war.[209] Benjamin schrieb:

»Die technische Reproduzierbarkeit des Kunstwerks verändert das Verhältnis der Masse zur Kunst. Aus dem rückständigsten, zum Beispiel einem Picasso gegenüber, schlägt es in das fortschrittlichste, zum Beispiel angesichts eines Chaplin, um. Dabei ist das fortschrittliche Verhalten dadurch gekennzeichnet, daß die Lust am Schauen und Erleben in ihm eine unmittelbare und innige Verbindung mit der Haltung des fachmännischen Beurteilers eingeht . . . Im Kino fallen kritische und genießende Haltung des Publikums zusammen.«[210]

Mehr noch, während Adorno vom Betrachter oder Hörer stets volle Konzentration verlangte – welches Gewicht bei ihm auf der Praxis genuiner ästhetischer Rezeption lag, haben wir bereits erwähnt –, zeigte Benjamin durchaus ein gewisses Wohlwollen für die positiven Implikationen von Zerstreuung und Unterhaltung: »Die Aufgaben, welche in geschichtlichen Wendezeiten dem menschlichen Wahrnehmungsapparat gestellt werden, sind auf dem Wege der bloßen Optik, also der Kontemplation, gar nicht zu lösen. Sie werden allmählich . . . durch Gewöhnung bewältigt . . . Gewisse Aufgaben in der Zerstreuung bewältigen zu können, erweist erst, daß sie zu lösen einem zur Gewohnheit geworden sind.«[211] Aufgrund dieser Überlegung schloß Benjamin seinen Aufsatz folgerichtig mit der Forderung einer kommunistischen Politisierung der Kunst als Antwort auf das, was er als die faschistische »Ästhetisierung der Politik«[212] bezeichnete.
Adorno war, wie wir gesehen haben, weit weniger hoffnungsfroh und antwortete Benjamin mit seinem Aufsatz »Über den Fetischcharakter in der Musik und die Regression des Hörens«. Benjamin, bestrebt, die Dinge wieder ins Lot zu bringen, schrieb: »In meiner Arbeit versuchte ich, die positiven Momente deutlich zu artikulieren, wie Sie es für die negativen zuweg bringen. Eine Stärke Ihrer Arbeit sehe ich infolgedessen dort, wo eine Schwäche der meinigen liegt.«[213] Weiter äußerte er Kritik am Tonfilm, der das revolutionäre Potential des Kinos aushöhle, und schlug Adorno eine gemeinsame Untersuchung über dessen Auswirkungen vor. Dazu ist es allerdings infolge von Benjamins Tod nicht mehr gekommen. Den späteren Arbeiten des Instituts über Massenkultur aus den vierziger Jahren, denen wir uns jetzt zuwenden wollen, fehlte der optimistische Ton von Benjamins Analysen völlig. Ihr Geist entsprach viel eher dem, was Benjamin ganz früh einmal in dem später berühmt gewordenen Satz ausgedrückt hatte (eine Bemerkung, mit der Marcuse viele Jahre danach seinen *Eindimensionalen Menschen* schloß): »Nur um der Hoffnungslosen willen ist uns die Hoffnung gegeben.«[214]

Eine ganze Reihe von Institutsmitgliedern verwandten in den vierziger Jahren ihre Zeit auf die Erforschung der amerikanischen Massenkultur. Die *Studies in Philosophy and Social Science* brachten 1941 in Zu-

sammenarbeit mit Lazarsfelds *Office of Radio Research* in Columbia ein spezielles Heft über Massenkommunikation heraus. Horkheimer eröffnete die Diskussion mit »Notes on Institute Activities«; sie enthalten eine dichte und knappe Zusammenfassung der Leitgedanken der Kritischen Theorie in englischer Sprache. Lazarsfeld steuerte einen Vergleich zwischen der »Administrative and Critical Communications Research« bei, in dem er die gemeinsamen Züge unterstrich. Es folgten Aufsätze von Herta Herzog, Harold Lasswell, William Dieterle, Charles A. Siepmann und Adorno.[215] In der folgenden und zugleich letzten Nummer der *Studies* nahm Horkheimer Mortimer Adlers *Art and Prudence* zum Anlaß eines allgemeinen Angriffs auf die Massenkultur[216]; die meisten seiner hier entwickelten Argumente sind bereits in unsere Besprechung der Institutsarbeit aus dieser Zeit eingegangen.
Am intensivsten beschäftigte sich Leo Löwenthal im Institut mit der Analyse der Massenkultur. 1929 schon hatte er regelmäßig Theaterkritiken und Artikel über ästhetische Fragen für die *Volksbühne* in Berlin und Frankfurt geschrieben. Und wenn seine ersten Beiträge zur *Zeitschrift* sich auch vorwiegend mit Autoren wie Ibsen und Meyer befaßten, so war er doch ebenso interessiert an der Breitenwirkung von hoher Kultur, wie sein Aufsatz über Dostojewskijs Leserschaft im Vorkriegsdeutschland beweist. In den vierziger Jahren wandte er seine Aufmerksamkeit auffälligeren Beispielen von Kunstprodukten der Massenkultur zu. Im Rahmen des Projekts von Lazarsfeld, das ihn mit dem notwendigen Büro samt Sekretärin ausstattete, führte er Analysen über neue Radiokommentatoren und -Programme in Philadelphia durch, die allerdings über die Manuskriptform nicht hinausgekommen sind. Auch eine Inhaltsanalyse beliebter Biographien in Deutschland nach dem ersten Weltkrieg, die erst viele Jahre später in einer *Festschrift* für Marcuse veröffentlicht wurde, stammt aus dieser Zeit.[217] Eine entsprechende Arbeit von ihm über Biographien in amerikanischen Illustrierten erschien in Lazarsfelds *Radio Research: 1942–1943.*[218] Außerdem war Löwenthal an den Diskussionen beteiligt, welche die Grundlage zu dem Aufsatz über die *Kulturindustrie* in der *Dialektik der Aufklärung* bildeten. Tatsächlich setzte Löwenthal die ganzen vierziger Jahre hindurch und auch später noch, als er sich vom Institut gelöst hatte, seine Forschungen über Massenkultur fort, die schließlich in seiner 1961 unter dem Titel *Literature, Popular Culture, and Society* erschienenen Aufsatzsammlung gipfelten (deutsch: *Literatur und Gesellschaft*).
Teile der Korrespondenz zwischen Horkheimer und Löwenthal, zu der es kam, nachdem ersterer nach Kalifornien übergesiedelt war, lohnen der näheren Betrachtung, weil sie ein Licht auf das werfen, was das Institut unter Massenkultur verstand. Am 3. Februar 1942 schrieb Löwenthal über seinen fast fertigen Aufsatz über Illustriertenbiographien an Horkheimer:

»Während historische Information einerseits für die Massen zu einem Gespinst von Lügen und einer lächerlichen Anhäufung der nichtigsten Fakten und Figuren wird, bekunden eben diese Massen gerade durch ihre Beschäftigung mit solchen Figuren und ihrer Art von ›consumption‹ eine Sehnsucht nach einem naiven, gleichsam unschuldigen Leben. Aus meinem eigenen Inneren kann ich ableiten, wie verhaßt die ganze Vorstellung von Produkten im Sinne permanenten Wandels, dauernder Transformation, unaufhörlichen Einwirkens von Maschinen und Organisationen auf Mensch und Natur dem unbewußten und selbst dem bewußten Dasein der Mehrheit werden muß. Auf eine gewisse Weise gehören die deutschen Biographien, die ich in früheren Jahren analysiert habe, und mein amerikanisches Forschungsmaterial eng zusammen. Die einen verfälschen die Geschichte, indem sie einen Zauberschleier tiefer metaphysischer und metapsychologischer Phantasmagorien darüberbreiten; die andern tun gerade das Gegenteil, statt Geschichte ernst zu nehmen, machen sie sich darüber lustig (sic!). Und doch: beide stellen sie die verzerrten Utopien eines Menschenbildes dar, dem wir positiv gegenüberstehen, das heißt, beide implizieren sie die unbedingte Bedeutung von Würde und Glück für den konkreten, lebendigen und existierenden Einzelnen.«

Einige Monate später kam Horkheimer in einem Brief an Löwenthal auf den erwähnten Aufsatz zu sprechen. Am 2. Juni schrieb er, sich zugleich auf seine eigene Arbeit an der *Dialektik der Aufklärung* beziehend:

»Besonders ergötzt haben mich die Passagen über ›Wiederholung‹. Diese Kategorie wird eine ganz entscheidende Rolle im gesamten Buch spielen. Was Du als das Fehlen von Auflehnung gegen die ewige Wiederholung im Leben und in der Kunst bezeichnest, deutet auf die schlimme Resignation des modernen Menschen hin, die sozusagen das Hauptthema zwischen Deinen Zeilen ist und die auch in unserem Buch einer der Grundbegriffe sein wird . . . Wir dürfen die Menschen nicht dafür tadeln, daß sie sich mehr für die Privat- und Konsumsphäre interessieren als für die der Produktion. Es steckt darin ein durchaus utopisches Moment; in Utopia spielt die Produktion keine entscheidende Rolle. Es ist das Land, wo Milch und Honig fließen. Ich glaube, daß es von tiefer Bedeutung ist, daß Kunst und Dichtung immer eine Affinität zum Konsum gezeigt haben.«

Am 4. Oktober verwendet Horkheimer einen großen Teil seines Briefes an Löwenthal auf die Diskussion des Aufsatzes:

»Du legst zuviel Gewicht auf den Gegensatz von Aktivität und Passivität, Produktionssphäre und Konsumsphäre. Du sagst, das Leben des

Lesers werde bestimmt und geleitet von dem, was er bekommt, und nicht von dem, was er tut. Die Wahrheit ist aber doch, daß Tun und Kriegen in dieser Gesellschaft identisch geworden sind. Die Mechanismen, die den Menschen in seiner Freizeit bestimmen, sind exakt dieselben, die ihn auch bei der Arbeit leiten. Ich würde so weit gehen zu behaupten, daß der Schlüssel zum Verständnis der Verhaltensmuster in der Konsumsphäre auch heute noch die Situation des Menschen in der Industrie ist, sein Arbeitsplan im Betrieb, die Organisation von Büro und Arbeitsplatz. Der Konsum tendiert heute dazu zu verschwinden, oder sollte ich besser sagen, Essen, Trinken, Schauen, Lieben und Schlafen werden zum ›Konsum‹, weil Konsum bereits bedeutet, daß der Mensch zu einer Maschine geworden ist nicht nur am Arbeitsplatz sondern auch sonst?
Du erinnerst Dich bestimmt an die schrecklichen Filmszenen, wo in einer Bilderfolge, die nur eine oder zwei Minuten dauert, mehrere Jahre aus dem Leben eines Helden abrollen, nur um zu zeigen, wie er aufwuchs oder alt wurde, wie ein Krieg begann und zu Ende ging usw. usw. Dieses Zusammenschneiden eines Lebens auf ein paar flüchtige Augenblicke, die sich schematisch charakterisieren lassen, ist symbolisch für die Auflösung von Humanität in Verwaltungselemente. Die Massenkultur in ihren verschiedenen Bereichen reflektiert die Tatsache, daß der Mensch um seine eigene Entität betrogen wird, die Bergson so richtig als ›durée‹ bezeichnet hat. Das gilt für die Helden von Biographien und für die Massen gleichermaßen . . . Die Gegentendenz in der Massenkultur zeigt sich in der Flucht vor ihr. Da der Mensch im wachen Zustand heute bis ins letzte Detail reglementiert ist, ist seine wirkliche Flucht der Schlaf oder Wahnsinn oder zumindest eine Art von Fehlverhalten oder Schwäche. Der Protest gegen die Filme steckt weniger in den bitteren Kritiken über sie als vielmehr in der Tatsache, daß die Leute hineingehen und dann dort schlafen oder ›Liebe machen‹.

In seinem Antwortbrief vom 22. Oktober schrieb Löwenthal:
»Was Du über die Montage einer Lebensgeschichte im Film sagst, leuchtet mir deshalb so besonders ein, weil es meine Feststellung über die abgehackte, bruchstückhafte Sequenz von Unglück und Glück in Kindheit und Erwachsenendasein weiter erhellt. All dies scheint auch mit dem Konzept der Lieblosigkeit zusammenzuhängen, denn das Kriterium von Liebe ist schließlich Kontinuität, und genau dieses Phänomen ist nicht zugelassen. Massenkultur ist die totale Verschwörung sowohl gegen Liebe wie gegen Sexualität. Ich glaube, Du triffst den Nagel auf den Kopf, wenn Du sagst, daß die Zuschauer dauernd betrogen und durch sadistische Tricks um ihr wirkliches Vergnügen gebracht werden. Dieser Sadismus hat die spezielle Funktion, ›Vorlust‹ psychologisch und physiologisch zu verwehren. Nimm zum Beispiel die Ballettszene

aus ›Holyday Inn‹, einem der neuesten Filme: Ein Paar fängt an, Menuett zu tanzen, aber sobald sich aus diesem Menuett eine amouröse Situation entwickelt und man sich gut vorstellen kann, daß die beiden Tanzenden den Tanz mit einem Kuß beenden, bricht die süße und melodiöse Musik plötzlich ab, Jazz erklingt, der die Tanzenden, man könnte fast sagen, kastriert. Dies stimmt übrigens genau mit Teddies (Adorno) Bemerkungen über den Zusammenhang von Jazz und Kastration überein.«

Eine ganze Reihe von Besonderheiten der Kritik des Instituts an der Massenkultur werden in diesem Briefwechsel sichtbar. Mehr als einmal kommt beispielsweise sein massives Eintreten für wahres Glück zum Ausdruck. Im Unterschied zu konservativeren Kritikern der Massenkultur weigerte sich die Frankfurter Schule, hohe Kultur als Selbstzweck, abgelöst von materiellen Belangen zu verteidigen. Wie Nietzsche, dessen fruchtbaren Beitrag zur Analyse der Massenkultur das Institut häufig gewürdigt hat, sahen Horkheimer und seine Kollegen einen verborgenen Zusammenhang zwischen der Vorstellung von einer transzendenten Kultur, die vorgab, über dem materiellen Leben zu schweben, und psychologischer Askese. Konsequent kritisierten sie Kommentatoren wie Aldous Huxley für den puritanischen Ton ihrer Proteste gegen die Massenkultur[219]. Mit der gleichen Vehemenz zogen sie gegen die nostalgischen Klagen der Elitetheoretiker vom Schlage Ortega y Gassets zu Felde. »Man kann nicht das Recht auf Sehnsucht, auf das transzendente Wissen, auf das gefährliche Leben geltend machen«, schrieb Horkheimer. »Der Kampf gegen die Massenkultur kann einzig im Nachweis des Zusammenhangs zwischen ihr und dem Fortgang des sozialen Unrechts bestehen.«[220] Und Marcuse sagte 1937, die Trennung des kulturellen Lebens von seiner materiellen Basis diene dazu, den Menschen mit den Unterschieden, der Ungleichheit, die in dieser Basis steckten, zu versöhnen; so gesehen sei die idealistische, bürgerliche Kultur in der Tat »affirmativ«.
Die Briefe zeigen aber auch, wie hoch das Institut bei all seinen marxistischen Tendenzen die Tradition bewertete. Wie wir bereits gesehen haben, sprach Adorno von der traditionellen Komponente in Schönbergs offenkundig revolutionärer Musik, und für Benjamin war Tradition Bestandteil der Aura eines Kunstwerks. In seinem Brief vom 22. Oktober verwies Löwenthal auf die Kontinuität als das »Kriterium von Liebe«, eine Überlegung, die Horkheimers Behauptung im vorangegangenen Brief, die Massenkultur beraube den Menschen seiner »dureé«, umgehend bekräftigte. Dabei ist allerdings zu beachten, daß das Institut unter Tradition etwas verstand, was sich von der Weiterführung des »Fortschritts«, wie ihn die Aufklärung begriffen hatte, erheblich unterschied. Dies geht aus dem von uns bereits erörterten Aufsatz über den »Autoritären Staat« nicht weniger deutlich hervor als aus

der *Dialektik der Aufklärung,* auf die wir jetzt zu sprechen kommen wollen. Tradition bezog sich auf das, was die Institutsmitglieder Erfahrung nannten, jene Erfahrung, die vom sogenannten »Fortschritt« immer mehr zerstört werde.
Daneben zeigen die Briefe jedoch noch etwas anderes, nämlich die Auswirkung von persönlichen Erfahrungen auf die Analysen der Frankfurter Schule. Daß ein solcher Zusammenhang bestand, würde die Kritische Theorie niemals geleugnet haben. Wie hatte doch Horkheimer in seinem Brief über Freud geschrieben: »Je größer ein Werk, um so tiefer wurzelt es in der konkreten historischen Situation.«[221] Als Flüchtlinge aus Mitteleuropa, ausgestattet mit allem, was sein reiches kulturelles Erbe zu bieten hatte, mußten sie sich einfach unwohl fühlen in der bei weitem nicht so kultivierten Atmsphäre ihrer neuen Umgebung. Gelegentlich brachte diese Fremdheit eine absolute Unempfänglichkeit für die spontanen Elemente der amerikanischen Massenkultur mit sich – Adornos beharrliche Gegnerschaft zum Jazz beispielsweise krankt an einer Art von *a priori* vorhandenem Mangel an Sensitivität in diesem Punkt. Gleichzeitig gewährleistete sie jedoch eine unschätzbare kritische Distanz zu dieser Kultur, eine Distanz, die das Institut davor bewahrte, Massenkultur mit echter Demokratie gleichzusetzen. Die Kategorie der »repressiven Entsubilimierung«[222], die Marcuse einige Jahre später entwickelte, um die Scheinfreiheit der modernen Kultur zu kennzeichnen, existierte bereits im Keim in der persönlichen Erfahrung der Institutsmitglieder. Sie hatten ein anderes kulturelles Milieu gekannt und waren deshalb nicht bereit, seine *promesse de bonheur* gegen die minderwertige Münze der Kulturindustrie in Zahlung zu geben. Wie Adorno später erklärte[223], hatten Horkheimer und er den Begriff der »Kulturindustrie« in der *Dialektik der Aufklärung* wegen seines antipopulistischen Bedeutungsgehalts gewählt. Die Frankfurter Schule hegte eine Abneigung gegen die Massenkultur, nicht weil sie demokratisch war, sondern gerade weil sie es nicht war. Der Begriff der »Massen«-Kultur sei ideologisch, erklärten sie; die Kulturindustrie verwalte eine nichtspontane, verdinglichte Scheinkultur und keine Realität, nichts Wirkliches. Die alte Unterscheidung zwischen hoher und niedriger Kultur sei in der »stilisierten Barbarei«[224] der Massenkultur nahezu untergegangen. Noch die »negativsten« Beispiele klassischer Kunst seien durch die von Marcuse später als »eindimensional« bezeichnete Fassade vereinnahmt worden. Tragödie, die einst Protest meinte, bedeute nun Trost. Die unterschwellige Botschaft von fast allem, was als Kunst firmiere, sei Konformität und Resignation.
Das Institut war überzeugt, daß, wie in so vielen Bereichen, liberale Binsenweisheiten über Schutz und Erhalt des autonomen Individuums durch den gesellschaftlichen Wandel überholt, veraltet seien. So habe Kant die Kunst formalistisch als »Zweckmäßigkeit ohne Zweck« definiert, während in der modernen Welt daraus die »Zwecklosigkeit für

Zwecke« geworden sei, Zwecke, die der Markt diktiere.[225] Noch die Entschuldigung der Massenkunst als Zerstreuung, die auch Benjamin vorgebracht hat, war Adorno und Horkheimer suspekt: Freizeit war für sie die Fortsetzung der Arbeit mit anderen Mitteln. Das einzige Lachen, das die Kulturindustrie zulasse, sei das hämische Lachen der Schadenfreude, das Lachen über das Unglück der anderen. Unterdrükkung trete an die Stelle von Sublimierung, Verlangen werde nur geweckt, um versagt zu werden; kurz, die Massenkultur folge dem Ritual des Tantalus.[226]

Das Institut gewann immer mehr die Überzeugung, daß die Kulturindustrie die Menschen auf viel subtilere und wirksamere Weise versklave als die plumpen Herrschaftsmethoden, deren man sich in früheren Zeiten bedient habe. Die falsche Harmonie von Besonderem und Allgemeinem sei auf bestimmte Weise schlimmer als das Aufeinanderprallen von gesellschaftlichen Widersprüchen, und zwar aufgrund der Fähigkeit, ihre Opfer in passive Konformität einzulullen. Mit dem Verfall der vermittelnden Kräfte in der Gesellschaft – das Institut bezog sich hier auf seine früheren Untersuchungen über die schwindende Funktion der Familie im Sozialisationsprozeß – verringerten sich zugleich die Chancen für die Entwicklung negativen Widerstands ganz erheblich. Außerdem sei zu bedenken, daß Entwicklung und Ausbreitung der Technik der Kulturindustrie in Amerika ebenso zustatten kämen, wie sie es den autoritären Regimen in Europa erlaubten, ihre Kontrolle zu verschärfen. Das Radio sei, so erklärten Horkheimer und Adorno, für den Faschismus das, was einst die Druckerpresse für die Reformation gewesen sei.

Kurzum, der berühmte Pessimismus in Marcuses *Der eindimensionale Mensch* war in dem Aufsatz über die Kulturindustrie in der *Dialektik der Aufklärung* bereits antizipiert. Die einzige Andeutung von Negation, die Horkheimer und Adorno in der Massenkultur sehen mochten, lag ihrer Meinung nach in der körperlichen und nicht in der geistigen Kunst: zum Beispiel beim Zirkusschausteller, dessen voll verdinglichter Körper den Warencharakter von Massenkunst zu durchbrechen verspreche, indem er die Verdinglichung ins Extrem treibe und damit enthülle, was bis dahin verschleiert geblieben sei.[227] Abgesehen davon, fürchtete das Institut das Abblocken aller Möglichkeiten einer veränderten Zukunft kurz vor der »Explosion im Kontinuum der Geschichte«, von der die Aufsätze in dem Gedächtnisband für Benjamin noch als von einer realen Möglichkeit hatten sprechen können.

Betrachtet man die gesamte Arbeit, die das Institut in Amerika leistete, so waren es in vieler Hinsicht die Kritik an der Kulturindustrie und die damit verbundenen Analysen des amerikanischen autoritären Potentials, die, was seinen Einfluß auf das geistige Leben dieses Landes anlangte, die größte Wirkung hatten.[228] Ein Grund dafür war ganz sicherlich, daß im Unterschied zu den theoretischen Aufsätzen der dreißiger Jahre ein großer Teil der Kritik an der Massenkultur in englischer Sprache geschrieben war. Wichtiger noch war allerdings, daß sie zu einer Zeit vorlag, da die Amerikaner selber die Befürchtung zu hegen begannen, jene gräßlichen Prophezeiungen, die ausländische Besucher seit Tocqueville über die Folgen der Massendemokratie ausgesprochen hatten, könnten sich bewahrheiten.[229] Vor dem Zweiten Weltkrieg saßen Soziologen wie etwa Robert Park von der Universität Chicago und sein Schüler Herbert Blumer an ersten Untersuchungen über die Massengesellschaft; doch waren sie in ihrer Arbeit isoliert und in ihren Schlüssen auch optimistischer. Um die Mitte der vierziger Jahre hatte das Interesse an dieser Art von Analyse innerhalb und außerhalb der akademischen Welt deutlich zugenommen. Clement Greenberg und Dwight MacDonald – letzterer mit Hilfe seiner einflußreichen Zeitschrift *Politics* – begannen, die Kritik der Massenkultur in einem weiteren Kreis publik zu machen. Soziologen wie David Riesman sorgten für eine größere wissenschaftliche Beachtung der Problematik.[230] Richard Hoggart tat dasgleiche in der alten englischsprechenden Welt, d. h. in England.[231] Zum erstenmal wurde die Massenkultur nicht aus konservativer, sondern aus radikaler Sicht attackiert und kritisiert. Der Einfluß des Instituts oder auch ehemaliger Institutsmitarbeiter wie z. B. Fromm spielte hier eine wichtige Rolle insofern, als sie dieser Kritik Substanz und Tiefe verliehen, was in vielen Fällen auch Anerkennung fand.

Der springende Punkt in der radikalen Kritik waren ihre impliziten politischen Untertöne. Es wäre falsch, die Verschiebung des Brennpunkts im Institut von der Basis auf den Überbau als einen Bruch mit den Idealen seiner frühen Phase zu interpretieren. Der Verfall der traditionellen »negativen« Kultur war nicht nur Sache der Intellektuellen. Die Massenkultur war das Beet, aus dem der politische Totalitarismus emporkeimte. Die Mechanismen der Vermittlung zwischen Kultur und Politik lassen sich nach Ansicht Horkheimers und seiner Freunde am besten in psychologischen Termini begreifen. Ihre Untersuchungen über Massenkultur fielen deshalb auch nicht zufällig mit den Erhebungen über das autoritäre Potential in Amerika zusammen, die sie in den vierziger Jahren durchführten. Diese Untersuchungen waren in erster Linie als psychologische Analysen konzipiert, wenn ihnen auch stets die allgemeinen Thesen der Kritischen Theorie zugrunde lagen. Weil diese theoretischen Prämissen aber von amerikanischen Kommentatoren selten verstanden wurden, sind die *Studies in Prejudice* immer wieder als rein psychologische Arbeiten angesehen worden. Im nächsten Kapitel wollen wir zeigen, daß eine solche Auffassung unzutreffend ist. Wie Adorno 1935, an Benjamin gewandt, erklärte, war das bürgerliche Individuum lediglich ein dialektisches »Durchgangsinstrument«; die Totalität blieb die zentrale Realität. Wenn das Institut in seinen Studien über Massenkultur und psychologische Autorität auf das angegriffene und in der Verteidigung sich befindende Individuum zurückzufallen schien, dann nur, weil ihnen die utopische Alternative, nach der sie suchten, allein in dem »beschädigten Leben«[232] kultureller Außenseiter bewahrt schien.

VII Die empirische Arbeit des Instituts in den vierziger Jahren

Im Zentrum der Arbeit steht ein relativ neuer Begriff – der Aufschwung einer »anthropologischen« Spezies, die wir als den autoritären Menschentyp bezeichnen.

MAX HORKHEIMER

Die Kriegsjahre veranlaßten das Institut, sowohl seine Ziele von Grund auf neu zu überdenken, als auch seine innere Struktur nach und nach neu zu definieren. Horkheimers Kreislaufbeschwerden, die seinen Umzug nach Kalifornien erforderlich machten, sowie die Betätigung einer wachsenden Zahl von Institutsmitgliedern im Dienste der Regierung bedeuteten, daß sich die Verbindung, die das Institut seit 1934 mit der *Columbia University* gepflegt hatte, in der bisherigen Weise nicht aufrechterhalten ließ. Zudem beschwor ein neuer interner Faktor innerhalb des soziologischen Departments der Universität möglichen Ärger für die Zukunft herauf. Der Machtkampf zwischen dem mehr theoretischen Flügel unter Führung von Robert MacIver, und seinem empirisch orientierten Gegenspieler um Robert Lynd war weitgehend zugunsten des letzteren ausgegangen. Zumindest gab Löwenthal in seinem Brief vom 23. Januar 1942 an Horkheimer eine entsprechende Einschätzung der Lage. Horkheimer – und dies überrascht nicht – widersetzte sich deshalb auch der Lockerung der Institutsbande zu Columbia nicht, die der Krieg und seine Krankheit mit sich brachten. Tatsächlich hatte er bereits im Mai 1941, d. h. vor Beendigung des Lynd-MacIver-Streits, Löwenthal gegenüber seine Ambivalenz hinsichtlich der Konsequenzen einer Fortdauer der Bindung an Columbia geäußert.[1] Die Leitung des Instituts war bei aller Einsicht in die Notwendigkeit einer institutionellen Identität stets auf der Hut vor der möglichen Erstarrung, die Überinstitutionalisierung mit sich bringen konnte.

Dennoch versuchte man nach Kriegsende, das Institut auf den *Morningside Heights* zu belassen. Horkheimers Krankheit gab keinen Anlaß mehr zu unmittelbarer Sorge; er konnte 1944 und 1945 jeweils über einen längeren Zeitraum hinweg in New York sein. Einige Institutsmitglieder, darunter Marcuse, entschlossen sich zwar dazu, im Staatsdienst zu bleiben, andere jedoch waren lebhaft daran interessiert, voll ins akademische Leben zurückzukehren. In Columbia selbst hoffte man immer noch, das Institut irgendwie an die Universität binden zu können. Paradoxerweise kamen die stärksten Bemühungen, die Verbindung zum Institut neu zu beleben, aus den Reihen der empirischen

Soziologen. Paul Lazarsfeld, der sein *Office of Radio Research* in ein neu geschaffenes *Bureau for Applied Social Research*[2] umgewandelt hatte, schlug die Integration des Instituts in sein eigenes Bureau vor. Trotz des Scheiterns seiner Zusammenarbeit mit Adorno vor dem Kriege war Lazarsfeld optimistisch hinsichtlich einer Wechselwirkung zwischen der Kritischen Theorie und seiner eigenen »administrativen Forschung«.[3] In einer ganzen Serie von Briefen an andere Mitglieder des Departments, darunter Theodore Abel und Robert Merton, pries Lazarsfeld die Leistungen des Instituts. Am 5. Februar 1946 schrieb er an Abel, das Department habe dem Institut Unrecht getan, wenn auch nicht infolge eigener Kurzsichtigkeit:

»Schuld an dem ganzen Schlamassel ist die Blödheit der Institutsleute. Jahrelang habe ich ihnen immer wieder gesagt, sie würden kaputtgehen an ihrer ewigen Deutschschreiberei. Aber sie hatten die fixe Idee, einen größeren Beitrag für Amerika zu leisten, wenn sie hier in den Staaten das letzte Eiland deutscher Kultur zu retten versuchten. Dies gilt insbesondere für ihre *Zeitschrift.* Ihren ehemaligen Herausgeber, Leo Löwenthal, habe ich um eine kurze Inhaltsanalyse der zehn Bände gebeten, die inzwischen in Amerika erschienen sind. Jedermann wird höchst überrascht sein, welche Schätze darin begraben liegen.«[4]

Als Lösung schlug er die Verbindung des empirischen Flügels des Instituts mit dem *Bureau of Applied Social Research* vor. Dabei sollten Löwenthal, Massing und Marcuse volle Tätigkeiten übernehmen, Pollock und Löwenthal hingegen halbe Stellen erhalten. Horkheimer sollte seiner Gesundheit wegen gemeinsam mit Adorno in Kalifornien bleiben und dort das bilden, was wahrscheinlich als der theoretische Rumpf des Instituts anzusehen war. Lazarsfeld ließ die Tür für eine Rückkehr zumindest von Horkheimer im Falle einer Besserung seines Gesundheitszustandes offen. Das soziologische Department nahm zwar Lazarsfelds Empfehlung auf und sprach auch eine Einladung an das Institut aus, die endgültige Antwort war jedoch abschlägig; Horkheimer begründete sie mit seinem Gesundheitszustand.[5] Von allen Institutsmitgliedern schließlich ging nur Neumann unmittelbar nach Kriegsende an die *Columbia University* zurück.
Ein Grund für die Ablehnung des Angebots dürfte die Verbesserung der Finanzlage des Instituts gewesen sein. Wie bereits erwähnt, hatten 1938 unglückliche finanzielle Transaktionen in Verbindung mit erhöhten Aufwendungen zur Unterstützung neuer Flüchtlinge die Mittel des Instituts weitgehend erschöpft. Der Versuch in den darauffolgenden Jahren, eine Stiftung zur Finanzierung einer geplanten Studie über die deutsche Kultur zu gewinnen, schlug fehl, und die *Studies in Philosophy and Social Science* mußten vornehmlich aus finanziellen Gründen ihr Erscheinen einstellen. Die Situation war so ernst, daß Horkheimer in einem Brief an Löwenthal Überlegungen über die mögliche Auflö-

sung des Instituts für den Fall anstellte, daß sich kein Geldgeber finden lasse. Eine Geldquelle müsse gefunden werden, schrieb Horkheimer, »sonst wird die Arbeit, für die wir leben, und die, so glaube ich, Dein Ziel genauso ist wie das meine – und nicht nur die Arbeit, sondern auch unser Leben als Wissenschaftler mit bestimmten Aufgaben und Verantwortlichkeiten – und nicht nur unser geistiges Leben, sondern auch die Basis unserer materiellen Existenz – sie werden zerstört.«[6] Im Sommer 1942 gelang es jedoch, Kontakt zum *American Jewish Committee* (AJC) zu knüpfen, und im Oktober desselben Jahres führte Horkheimer ein erfolgreiches Gespräch mit John Slawson, dem amtierenden Vizepräsidenten des AJC. Bereits 1939 hatte das Institut den Plan für eine Studie über Antisemitismus erarbeitet; er ist abgedruckt in der vorletzten Nummer der *Zeitschrift*.[7] Das AJC bekundete, nicht unerwartet, großes Interesse an dem Projekt, weil es hoffte, in Amerika verhindern zu können, was in Europa bereits geschehen war. Das Resultat war ein Zuschuß von erheblichem Umfang, der zweierlei zugleich ermöglichte: das Institut konnte zusammenbleiben und die umfassendste Studie über Vorurteile, die jemals unternommen wurde, war finanziert. Im Mai 1944 fand eine zweitägige Konferenz über Vorurteile in New York statt, auf der ein anspruchsvolles Programm skizziert wurde. Gleichzeitig richtete das AJC ein *Department of Scientific Research* ein, dessen Leiter Horkheimer war. Hier wurde mit den *Studies in Prejudice*, die eine Vielfalt von methodologischen Ansätzen zur Untersuchung sozialer Vorurteile verwenden sollten, offiziell angefangen; damit begann im Institut die längste Phase extensiver und anhaltender Beschäftigung mit Empirie.

Nicht vergessen sei allerdings, daß Horkheimer und Adorno genau in dieser Zeit sich auch mit Theorie intensiv befaßten –: Mehrere wichtige neue Schriften zur Kritischen Theorie waren das Ergebnis. Die wichtigsten unter ihnen sind die in gemeinsamer Arbeit entstandene *Dialektik der Aufklärung*, Horkheimers *Eclipse of Reason* und Adornos *Minima Moralia*. Wir wollen sie im nächsten Kapitel im Zusammenhang mit der sich wandelnden theoretischen Position des Instituts in seinen letzten zehn Jahren in Amerika betrachten. Bisweilen spielen einige der neuen Gedanken aber auch schon in unsere jetzige Diskussion über die empirische Arbeit hinein, und gelegentlich wird auf die Analysen des Instituts bei seiner Kritik der Massenkultur, die wir im letzten Kapitel kennengelernt haben, zu rekurrieren sein.

Ehe wir mit einer detaillierten Analyse der *Studies in Prejudice* beginnen, möchten wir den Standpunkt des Instituts in der Frage, welche Funktion der empirischen Forschung zukommen solle, noch einmal deutlich machen. Wir erinnern uns, daß die Frankfurter Schule den reduktionistischen Tendenzen, die in der induktiv orientierten, empirischen Sozialforschung stecken, von Anfang an kritisch gegenüberstand. Bei der Untersuchung gesellschaftlicher Phänomene sprachen die

Frankfurter der Theorie die gleiche Priorität vor der »Fakten«-Sammlung zu, die sie der Theorie im Falle von Politik vor der Praxis einräumten. Dabei stieß jenes hochnäsige Abtun von empirischer Forschung überhaupt, einschließlich der Quantifizierung von Befunden, wie es für einige der obskuranteren deutschen soziologischen Schulen kennzeichnend war, in Frankfurt allerdings auf keinerlei Gegenliebe. Wie Fromms Untersuchung über die deutschen Arbeiter und die *Studien über Autorität und Familie* zeigten, war das Institut sehr daran interessiert, empirische Methoden zur Bereicherung, Modifizierung und Unterstützung (wenn auch niemals zur direkten Verifizierung) seiner theoretischen Hypothesen zu verwenden. Das niedrige Niveau der empirischen Techniken vor der Emigration wurde keineswegs geleugnet, man rechnete jedoch mit ihrer zunehmenden Verfeinerung im Lauf der Zeit. Das Institut förderte deshalb bereitwillig Untersuchungen wie Mirra Komarowskys Analyse des *Unemployed Man and His Family* und versuchte seinerseits, amerikanische Techniken bei der Untersuchung der Massenkultur anzuwenden.
Die Schwierigkeiten waren allerdings häufig größer als erwartet, wie sich an Adornos Erfahrungen mit dem *Office of Radio Research* ablesen läßt. Seine Vorstellungen über die Veränderungen in den Gewohnheiten des Musik-Hörens – wir haben sie im vorangehenden Kapitel beschrieben – ließen sich einfach nicht umsetzen in testbare Hypothesen. Die Gründe dafür lagen Adornos Ansicht zufolge nicht allein in der Technik. Dreißig Jahre später schrieb er:

»Mir schien, und ich bin noch heute davon überzeugt, daß im kulturellen Bereich das, was die Wahrnehmungspsychologie als einen bloßen ›stimulus‹ ansieht, in Wirklichkeit, qualitativ bestimmt, eine Sache des objektiven Geistes‹ und in seiner Objektivität erkennbar ist. Ich weigere mich, Wirkungen zu konstatieren und zu messen, ohne sie mit diesen »stimuli« zu verbinden, das heißt dem objektiven Inhalt, auf den die Konsumenten in der Kulturindustrie, die Radiohörer reagieren . . . Von den Reaktionen von Versuchspersonen auszugehen, als seien sie die erste und letzte Quelle soziologischen Wissens, erscheint mir absolut oberflächlich und irregeleitet.«[8]

Was Adorno besonders zu schaffen machte, war die Art und Weise, in der seine neuen amerikanischen Kollegen Kulturphänomene völlig unvermittelt in quantitative Daten umsetzten. Gerade die Gleichsetzung von Kultur mit meßbaren Quantitäten erschien ihm als Beispiel par excellence für die die Massenkultur so bezeichnende Verdinglichung. »Als ich den Anspruch an mich gestellt sah, ›Kultur zu messen‹«, erinnerte er sich später, »kam mir der Gedanke, daß Kultur gerade der Zustand sein könnte, der eine Mentalität ausschließt, die fähig ist, sie zu messen.«[9] Dies war eine These, die seine Zusammenarbeit mit Lazars-

feld, dessen »administrative Forschung« in der rigorosen Anwendung quantitativer Methoden wurzelte, von vornherein kaum als besonders aussichtsreich erscheinen ließ. Im Sommer 1939 war dies auch für beide Wissenschaftler klar.
Lazarsfeld äußerte in einem fünfseitigen Brief an Adorno seine tiefe Enttäuschung über das Ergebnis ihrer Verbindung.[10] Sein Ton war spitz, zuweilen sogar schroff. Die Zeit der Euphemismen war für Lazarsfeld eindeutig vorbei. Auf eines von Adornos Memoranden Bezug nehmend, schrieb er:

»Sie gefallen sich darin, andere zu kritisieren, weil sie Neurotiker oder Fetischisten sind, aber es fällt Ihnen nicht auf, wieviel Vorschub Sie Ihrerseits solchen Angriffen leisten . . . Sehen Sie denn nicht, daß die Art, in der Sie lateinische Wörter über den gesamten Text verstreuen, der perfekte Fetischismus ist? . . . Ich habe Sie immer wieder gebeten, eine solidere Sprache zu benutzen, aber Sie waren psychisch offensichtlich nicht in der Lage, meinem Rat zu folgen.«

An anderen Stellen in diesem Brief ging Lazarsfeld über die persönliche Kritik hinaus und kritisierte die »fundamentalen Mängel der elementaren logischen Verfahrensweise« bei Adorno. Weiter warf er Adorno sowohl Arroganz wie auch Naivität dort vor, wo Adorno sich über Verifizierungstechniken ausließ: »Ihre Mißachtung aller Möglichkeiten, die nicht Ihren eigenen Vorstellungen entsprechen, wird dann um so beunruhigender, wenn Ihr Text den Verdacht aufkommen läßt, daß Sie nicht einmal wissen, wie die empirische Überprüfung einer Hypothese vorzunehmen ist.« Und schließlich äußerte er größtes Entsetzen über die stilistischen Mängel in Adornos Texten, die um so störender seien angesichts der Tatsache, daß Adorno selbst immer wieder versichere, wieviel ihm an einer korrekten Sprache liege.
Den Schluß von Lazarsfelds Brief zitieren wir vollständig, nicht nur des Lichts wegen, das er auf den besonderen Fall eines Konflikts zwischen zwei willensstarken, hochintelligenten Wissenschaftlern von unterschiedlicher Auffassung wirft, sondern auch wegen des Einblicks, den er in den komplexen Charakter eines Mannes ermöglicht, der eine zentrale Rolle in der Geschichte des Instituts gespielt hat. Wenige, die Adorno kannten, zweifelten an seiner intellektuellen Brillanz und imaginativen Kraft; noch weniger – und Horkheimer stellt hier die große Ausnahme dar – hielten ihn für einen bequemen Mitarbeiter. »Es war keine angenehme Aufgabe, diesen Brief zu schreiben«, schloß Lazarsfeld,

»und ich hätte nicht zwei volle Arbeitstage darauf verwandt, wenn ich nicht der Meinung wäre, daß unser Projekt davon abhängt, daß auch Sie sich die ganze Situation durch den Kopf gehen lassen. Sie und ich, wir sind uns über die Vorzüglichkeit bestimmter Teile Ihrer geistigen

Arbeit durchaus einig. Sie aber glauben, weil Sie in einigen Punkten recht haben, hätten Sie überall recht. Ich dagegen bin der Meinung, daß Sie, gerade weil Sie in einigen Dingen recht haben, die Tatsache übersehen, daß Sie in anderen Punkten unmöglich sind; und der Leser wird Sie letztlich aufgrund der Dinge, die einfach empörend sind in Ihrer Arbeit, und an denen er Sie leicht packen kann, insgesamt für unmöglich halten. Deshalb glaube ich auch, daß, was ich hier geschrieben habe, Ihnen letztlich nützt . . . Ich versichere Sie noch einmal meines unerschütterlichen Respekts, meiner Freundschaft und Loyalität . . .«

Als die *Rockefeller Foundation* ihren Zuschuß zum *Radio Research Project* im Herbst 1939 neu festsetzte, wurde das Musikprojekt aus dem Budget gestrichen. Später, in einer milderen Stimmung, grübelte Lazarsfeld über den Fehlschlag seiner Zusammenarbeit mit Adorno.[11] Der Erfolg der *Authoritarian Personality* hatte demonstriert, daß Kritische Theorie und Quantifizierung nicht so unvereinbar waren, wie das Musikprojekt es hatte erscheinen lassen. »Ich habe das unangenehme Gefühl«, schrieb Lazarsfeld großherzig, »daß meine Verpflichtungen in den verschiedenen Bereichen des Princeton-Projekts mich daran hinderten, die notwendige Zeit und Aufmerksamkeit aufzubringen, die für die Erreichung des Ziels, dessentwegen ich Adorno ursprünglich geworben habe, erforderlich gewesen wären.«[12]
Was auch immer die Gründe gewesen sein mögen, dem Musikprojekt blieb der Erfolg versagt, während die *Authoritarian Personality* unmittelbar nach ihrer Fertigstellung zum Klassiker der Sozialwissenschaft wurde. Die Erklärung für diesen Wandel darf nicht allein in Adornos persönlicher Entwicklung gesucht werden – er war nur einer von vielen Mitarbeitern bei diesem zweiten Projekt –, dennoch sammelte er im Lauf der Zeit wertvolle methodologische Erfahrungen, die eine Modifizierung seiner anfänglichen Ablehnung amerikanischer Techniken bewirkten. So legte er etwa dem Erfassen des »objektiven Geistes« vor aller Messung von subjektiven Reaktionen gegen Ende des Jahrzehnts weit weniger Gewicht bei als ehedem. Wie wir sehen werden, wurde die »objektive« Dimension des Vorurteils keineswegs außer acht gelassen, sie war jedoch niemals voll in die subjektiven Analysen seiner Arbeit und der des Instituts zu diesem Problem integriert. Mochte die Kultur nicht meßbar sein, das Vorurteil schien nur geringfügige Schwierigkeiten bei Messungen zu bereiten.
Adorno war natürlich nicht der einzige, der in den vierziger Jahren methodische Erfahrung sammelte. Der New Yorker Zweig des Instituts reduzierte zwar seine Aktivitäten während des Krieges, hörte aber nie zu arbeiten auf. Nach der Einstellung der *Studies in Philosophy and Social Science* verwandten etliche seiner Mitglieder mehr Zeit auf die empirische Arbeit. Eins ihrer Projekte war eine Untersuchung über die Struktur von deutschen nichtjüdischen Gruppen, die jüdischen Opfern

des Naziregimes halfen. Unterstützt durch den mit hohem Prestige behafteten Namen Thomas Manns, wurde das Datenmaterial unter anderem mittels Annoce im *Aufbau*, der führenden deutschsprachigen Emigrantenzeitung, gesammelt. Die niemals veröffentlichte Untersuchung ergab, daß Katholiken und Konservative mehr geholfen haben als Protestanten und Liberale. Massing zufolge hat Horkheimer dieses Resultat später zur Untermauerung seiner Behauptung benutzt, Konservative seien oft die besseren Bewahrer kritischer Ideale als Liberale.[13]

Weit ambitiöser war die umfassende Untersuchung über das Ausmaß von Antisemitismus in der amerikanischen Arbeiterschaft, die das Institut 1943 zu organisieren begann und in den folgenden zwei Jahren durchführte. Etwa gleichzeitig mit dem *American Jewish Committee* bot auch das *Jewish Labor Committee* (JLC) unter Vorsitz von Adolph Held eine, wenn auch nicht so große Finanzhilfe zur Erforschung dieses Bereichs an, in dem seine eigenen Interessen unmittelbar betroffen waren. Das JLC hatte ein Komitee zur Bekämpfung von Antisemitismus ins Leben gerufen, das unter der Leitung von Charles S. Zimmermann stand und nun brennend daran interessiert war, mit einer wissenschaftlichen Analyse des Problems zu beginnen. Seine Kontakte zur AFL-CIO* und verschiedenen anderen unabhängigen Vereinigungen erleichterten die Sammlung des Datenmaterials, die in New York, Kalifornien und Detroit betrieben wurde.

Der Datenberg, der sich aufhäufte, war schließlich so riesig, daß das Institut alle Mühe hatte, das Material zur Veröffentlichung aufzubereiten. Ein vierbändiger, 1 300 Seiten umfassender Bericht wurde 1944 dem JLC vorgelegt; alle späteren Bemühungen, ihn auf einen für eine Publikation annehmbaren Umfang zu bringen, schlugen jedoch fehl. Gurland, Massing, Löwenthal, Pollock und Weil hatten an der Sammlung des Materials und seiner Analyse gearbeitet. Zur Quantifizierung der Daten stand außerdem Herta Herzog vom *Bureau of Applied Social Research* zur Verfügung, während Adorno im Verlauf der Untersuchung immer wieder methodische und inhaltliche Memoranden schrieb. Die Probleme der Organisation des Materials für eine Veröffentlichung ließen sich indes nicht bewältigen. Nachdem die Studie einige Jahre liegengeblieben war, wurden 1949 neue Anstrengungen zu ihrer Publikation unternommen. Paul Lazarsfeld und Allen Barton wurden für eine methodologische Einleitung gewonnen. 1953 kündigte der Verlag *Free Press* (Glencoe) ihr Erscheinen an; die Inhaltsangabe versprach eine Studie, deren Hauptgewicht auf der qualitativen Analyse von antisemitischen Denkstrukturen lag. Anhaltende Unstimmig-

* AFL-CIO bedeutet: *American Federation of Labor-Congress of Industrial Organizations*; eine Art Dachverband für die Mehrzahl der amerikanischen Gewerkschaften (die Übers.).

keiten innerhalb des Instituts über den Wert, eine fast zehn Jahre alte Untersuchung[14] herauszubringen, führten dazu, daß das Buch niemals in Druck ging.

Nach der in der Zwischenzeit erfolgten Veröffentlichung der *Studies in Prejudice* schienen die Befunde des Arbeiterprojekts überflüssig. Es gelte deshalb, das Ziel der Untersuchung zu ändern, schrieb Adorno in einem seiner Memoranden, nun gehe es darum, »herauszufinden, wie Antisemitismus zu untersuchen sei, und nicht um endgültige Befunde«.[15] Aber auch hier das gleiche: Die methodologischen Leistungen der *Studies in Prejudice* stellten die primitiveren Techniken des älteren Berichts klar in den Schatten. Daneben gab es allerdings noch einen anderen Grund, warum das Institut zögerte, die Arbeit zu veröffentlichen. Wie Pollock sich erinnert[16], waren die Schlüsse, zu denen die Untersuchung kam, für die amerikanische Arbeiterschaft so nachteilig, daß das Institut in seiner ihm eigenen Vorsicht zögerte, diese Ergebnisse einfach auszuposaunen. Bereits im Juli 1944 – wir haben es erwähnt – hatte sich Horkheimer Sorgen gemacht über die Reaktion der amerikanischen einheimischen Meinung auf »eine Handvoll ausländischer Intellektueller, die ihre Nasen in die Privatangelegenheiten amerikanischer Arbeiter stecken«.[17] Mehr als die Hälfte der befragten Arbeiter hatten antisemitische Vorurteile dieser oder jener Art geäußert[18]; 1953 wollte die Institutsleitung davon aber möglichst wenig reden und diese Tatsache lieber herunterspielen. Zudem hatten die Versuche, das Manuskript zu kürzen, in etlichen Fällen zu allzugroßen Vereinfachungen geführt. Massing artikulierte Löwenthal gegenüber seinen Unmut über entsprechende Veränderungen:

»Ich bin ganz entschieden gegen diese ›Konklusionen‹. Diese Seiten zeigen die Verwandlung der Untersuchung von einer sozialpolitischen in eine rein psychologische. In der gegenwärtigen Version haben so altmodische Worte wie ›Gefahrensignal‹ oder Bildungsbedürfnis überhaupt keinen Platz mehr, und jeder Hinweis auf die ›amerikanische Arbeiterschaft‹ ist einfach albern. Die amerikanische Arbeiterschaft, die in Teil I der gegenwärtigen Untersuchung auftritt, ist schlicht antisemitisch.«

Die Veränderungen des ersten Teils der Studie, klagte Massing, ruinierten einfach alles: »Es liest sich wie ein mittelmäßiger Oberschulversuch, in dem zwei oder drei allgemeine psychologische Begriffe zu Tode geritten und alles bis zum Geht-nicht-mehr wiederholt wird . . .«[19] Offensichtlich teilte Barton, der zusammen mit Lazarsfeld die methodische Einleitung schreiben sollte, diese Ansicht.[20] All dies bewog Horkheimer schließlich, die Arbeit überhaupt nicht zu veröffentlichen.

Dennoch war das von Adorno in seinem Memorandum genannte Ziel

in entscheidenden Punkten weitgehend erreicht worden. Das Institut sah überdeutlich, daß der Antisemitismus so indirekt wie möglich angegangen werden mußte. An beiden Küsten und im Mittelwesten wurden Stichproben aus den Belegschaften von Betrieben in grundsätzlich gleicher Weise untersucht. Statt Fragebogen zu verteilen oder direkte Interviews durchzuführen, wurden »getarnte« Interviews entwickelt, in denen das wirkliche Ziel des Projekts so gut wie möglich kaschiert war. Das bedeutete, daß 270 Arbeiter in den Betrieben ausgewählt und zu Trägern des Projekts gemacht wurden. Sie lernten einen vorbereiteten Komplex von Fragen auswendig, mit dem sie die Reaktionen von Arbeitern erkundeten, wenn antisemitische oder entsprechende Vorkommnisse eintraten. Insgesamt wurden 566 Interviews geführt und ihre Ergebnisse auf Kategorien wie ethnische Herkunft, Gewerkschaftsmitgliedschaft oder Zugehörigkeit zur AFL-CIO hin gebrochen. Ein Großteil des auf diese Weise gesammelten Materials sowie verschiedene Fragen wurden später in den Interviews für die *Authoritarian Personality* verwendet.[21] Außerdem trug die begriffliche Strukturierung der Befunde zur Differenzierung der in der späteren Arbeit entwickelten Typologien bei. Damit erwies sich das in gewissem Sinne zwar »totgeborene« Projekt doch als eine wichtige Testgrundlage für die anspruchsvollere Arbeit des Instituts für das AJC.
Ehe wir uns den einzelnen Untersuchungen der *Studies in Prejudice* zuwenden, seien einige Worte über ihren Stellenwert im Kontext der allgemeinen Perspektive des Instituts gesagt. Oberflächlich betrachtet, scheinen die *Studies* eine radikale Abkehr von einigen grundlegenden Thesen der Kritischen Theorie zu sein. Und in mancher Hinsicht war dem auch so. Die Vorsicht, mit der wir das Institut in Amerika gelegentlich haben agieren sehen, war auch in seiner empirischen Arbeit während der vierziger Jahre unverkennbar. So war der Antipode zum »autoritären Charakter« nicht mehr der »revolutionäre« wie in den *Studien über Autorität und Familie*, sondern der »demokratische«. Die Wertvorstellungen der verschiedenen an den *Studies* mitarbeitenden Autoren, insbesondere der institutsfremden, lassen sich durchweg als liberale Wertvorstellungen und als solche des *New Deal* bezeichnen, ganz sicher nicht als marxistische oder radikale. Erziehung zur Toleranz und nicht Praxis im Sinne von revolutionärer Veränderung war offensichtlich das Ziel der Untersuchung, was bei orthodoxeren Marxisten vom Schlage Brechts auf Spott und Verachtung stieß.[22] »Unser Ziel ist nicht die Beschreibung des Vorurteils allein«, so Horkheimer und Samuel Flowerman in ihrer Einleitung zu den *Studies*, »wir wollen es auch erklären, um so seine Auflösung zu ermöglichen. Das ist die Aufgabe, die wir uns gestellt haben. Auflösung bedeutet Umerziehung, wissenschaftlich geplante Umerziehung auf der Basis eines wissenschaftlich erreichten Verständnisses. Erziehung im strengen Sinne ist jedoch ihrem Wesen nach persönlich und psychologisch.«[23] An keiner Stelle in

dieser Riesenarbeit war von der Kritik der Toleranz um ihrer selbst willen die Rede, wie sie zuerst in Fromms Arbeit über Freud und später von Adorno und Marcuse geäußert wurde.

Die vielleicht bezeichnendste Akzentverschiebung stellte jedoch die ungewohnte Betonung dar, die auf der psychologischen anstelle der soziologischen Erklärung des Vorurteils lag, ein Vorgehen, zu dem man sich ganz bewußt im Zusammenhang mit den pädagogischen Zielen des Projekts entschlossen hatte.[24] Dies war so auffallend, daß zwei der kompetentesten Kritiker der *Authoritarian Personality*, Herbert H. Hyman und Paul B. Sheatsley, schreiben konnten, die Autoren »nehmen die Irrationalität aus der gesellschaftlichen Ordnung heraus, um sie in die Versuchsperson hineinzulegen, und um dann mit Hilfe dieser Substitution feststellen zu können, die vorurteilsvollen Versuchspersonen leiteten ihre Urteile in irrationaler Weise her«.[25] Träfe dies zu, dann hätte sich die Kritische Theorie von ihrer ursprünglichen Position in der Tat weit entfernt. Weiteres Belegmaterial für eine Abschwächung ihrer radikalen Komponente ließe sich auch in der Art der psychologischen Analyse sehen, die in den verschiedenen Studien angewandt ist. Prinzipiell war der Ansatz zwar freudianisch, doch war dem analytischen Rahmen ein gewisses Maß an Ich-Psychologie hinzugefügt, und zwar die Ich-Psychologie von Hartmann und Kris, deren konformistische Implikationen Adorno an anderer Stelle kritisierte.[26] Ähnlich schien auch die Verwendung der Charaktertypologie in der *Authoritarian Personality* auf den ersten Blick Adornos Kritik an Fromms Typologie zu widersprechen.[27] Durch die Beschreibung integrierter Charaktertypen schienen er und seine Kollegen von jenem Beharren auf Nichtidentität abzulassen, das ein zentraler Grundsatz der Kritischen Theorie war. Sicherlich hat Adorno dieser Kritik im voraus zu begegnen versucht, wenn er die Verwendung einer Typologie historisch rechtfertigte:

»Der Grund für die persistente Plausibilität des typologischen Ansatzes ist indes kein statisch biologischer, just das Gegenteil trifft zu: er ist dynamisch und gesellschaftlich ... Die Zeichen gesellschaftlicher Unterdrückung prägen sich der einzelnen Seele ein ... Der Individualismus, der Klassifizierung von Menschen diametral entgegengesetzt, kann in einer Gesellschaft, die in Wirklichkeit inhuman *ist*, letzten Endes sehr wohl zum bloßen ideologischen Schleier werden ... Mit anderen Worten, die Kritik der Typologie sollte die Tatsache nicht außer acht lassen, daß sehr viele Menschen nicht mehr sind oder niemals waren, was man unter ›Individuen‹ im Sinne der traditionellen Philosophie des 19. Jahrhunderts versteht.«[28]

Dies könnte zwar die Verwendung einer Typologie zur Erklärung von verdinglichten Charakteren rechtfertigen, nicht aber von solchen, die sich eine gewisse authentische Subjektivität bewahrt haben. Solche

Menschen wären vermutlich die toleranteren; aber auch sie beschrieb Adorno mit Hilfe einer Typologie.
Im allgemeinen lag die Situation allerdings erheblich komplizierter, als eine kursorische Lektüre der *Studies in Prejudice* vermuten läßt. Zunächst einmal war die marxistische Herkunft des Instituts keineswegs völlig ausgelöscht, wenngleich es inzwischen einen Wandel erfahren hatte, den wir im nächsten Kapitel untersuchen wollen. Zeichen ihrer Nachwirkung fanden sich allenthalben außerhalb seiner Schriften. Beispielsweise ließen Institutsmitglieder hier und dort Bemerkungen fallen, die zeigen, wie zögernd sie in dem beginnenden Kalten Krieg Partei ergriffen. So tat etwa Horkheimer 1946 eine Äußerung, die später als recht naiv erscheinen mußte, als er schrieb, »das gegenwärtig einzige Land, in dem es keinerlei Antisemitismus zu geben scheint, ist Rußland. Die Gründe dafür liegen auf der Hand. Rußland hat nicht nur Gesetze gegen den Antisemitismus erlassen, es verschafft ihnen auch Geltung; die Strafen sind äußerst streng.«[29] Zur gleichen Zeit definierte er in einem Brief an Löwenthal »die Aufgabe der Theorie in dieser Phase der Geschichte« so, daß seine Prioritäten ganz klar wurden:

»So verdienstvoll es sein mag, die Greuel des deutschen oder russischen Despotismus aufzuzeigen, die Anstrengung theoretischen Denkens sollte meiner Ansicht nach noch immer der sozialen Entwicklung in der industrialisierten Gesellschaft insgesamt gelten. Sich das Grauen vorzustellen, ist ebenso entsetzlich, wie die Nacht zu sehen. Das Grauen in der menschlichen Welt sollte verstanden werden als ein Urteilsspruch über bestimmte Formen der gesellschaftlichen Selbsterhaltung. Heute ist die Welt viel zu sehr zu einer Totalität geworden, um die Isolierung eines Machtblocks in einer Weise zu rechtfertigen, die ihn zum Rest der Zivilisation als gut oder schlecht, als besser oder schlechter in Gegensatz bringt. Solch ein Verfahren ist unter praktischen Aspekten gerechtfertigt, auf der theoretischen Ebene ist es das nicht. Hier, so meine ich, ist das Prinzip vom geringeren Übel noch viel gefährlicher als in der Politik.«[30]

Kurz, obgleich das Institut sich weigerte, Entschuldigungen für den Stalinismus beizubringen – eine keineswegs neue Entwicklung in seiner Geschichte –, war es auch nicht bereit, in den Chor der abtrünnigen ehemaligen Marxisten einzustimmen, die den »Gott, der gefehlt hat«, vernichtend kritisierten. Seine Kritik umfaßte die »industrialisierte Gesellschaft insgesamt«, was die Vereinigten Staaten ohne Zweifel miteinschloß.
Was vom methodologischen Standpunkt aus wichtiger war: Das psychologische Gewicht der *Studies in Prejudice* bedeutete bei weitem keinen solchen Bruch mit der Kritischen Theorie, wie manche ihrer

Kritiker auf der Linken angenommen haben. Die ganze Arbeit hindurch, besonders in den von Adorno verfaßten Passagen, wurde vielmehr immer wieder betont, daß das Vorurteil als ein zutiefst gesellschaftliches und nicht als individuelles Problem zu begreifen sei. So schrieb Adorno in seiner Abhandlung über Personalisierung in der Politik: »Immer anonymere und undurchsichtigere soziale Prozesse erschweren zunehmend die Integration des begrenzten Bereichs persönlicher Lebenserfahrung in objektive gesellschaftliche Dynamiken. Soziale Entfremdung wird verborgen unter einem Oberflächenphänomen, das das genaue Gegenteil hervorkehrt: die Personalisierung von politischen Attitüden und Gebräuchen bietet Kompensation für die Entmenschlichung der sozialen Sphäre, die den heutigen Mißständen zugrunde liegt.«[31] Trotz der gegenteiligen Behauptung von Hyman und Sheatsley war für die Frankfurter Schule die Gesellschaftsordnung nach wie vor in sich irrational. Zu keinem Zeitpunkt war dementsprechend davon die Rede, daß ein psychologischer Ansatz ausreiche. Was allerdings problematisch war und auch viel Verwirrung stiftete, war die Rolle, die die Soziologie einerseits und die Psychologie andererseits bei der Analyse des Vorurteilsphänomens spielten. Wenngleich nirgendwo explizit in den *Studien* nachzulesen, hatte das Institut, wenn auch nicht alle seine externen Mitarbeiter, eine sehr dezidierte Meinung über das richtige Verhältnis der beiden Interpretationsebenen zueinander. Fromm, so erinnern wir uns, hatte sich die Kritik des Instituts wegen vorschneller Integration von Psychologie und Soziologie in seinen Schriften aus den vierziger Jahren eingehandelt. Fromm habe damit, so behaupteten Adorno und die anderen, über die Reste von Nichtidentität hinweggewischt, die Freuds intransigenter »Biologismus« bewahrt habe. Ebenso wie das Institut die Einheit von Theorie und Praxis einerseits und die Einheit von Theorie und empirischer Verifizierung andererseits anzweifelte, schätzte es auch die Möglichkeit einer Vereinigung von Soziologie und Psychologie zu einer großen Theorie nicht sehr hoch ein. In einem der Memoranden, die Adorno für das *Labor Project* im Jahr 1944 schrieb, wird dies ganz deutlich; er weist hier auf bestimmte methodische Axiome hin, die in den Schlußbericht aufzunehmen seien:

a) Wir bezeichnen den Einfluß sozioökonomischer Faktoren nicht als psychologisch, weil sie mehr oder weniger auf einer rationalen Ebene liegen. Sie sind vielmehr begründende Vorstellungen als zwingende psychologische Kräfte.
b) Der Terminus psychologisch sollte jenen Zügen vorbehalten bleiben, die prima facie irrational sind. Diese Dichotomie bedeutet, daß wir einen sozio-psychologischen Ansatz à la Fromm nicht gutheißen, sondern eher in Termini von rationalen und irrationalen Motivationen denken, die ihrem Wesen nach auseinanderzuhalten sind.

c) Methodologisch bedeutet dies, daß unsere psychologischen Analysen uns um so mehr in eine gesellschaftliche Richtung führen, je weniger sie auf offensichtliche und rationale sozioökonomische Faktoren Bezug nehmen. Wir wollen das gesellschaftliche Element gerade auf dem Grund psychologischer Kategorien wiederentdecken, wenn auch nicht, indem wir vorschnell ökonomische und soziologische Oberflächenursächlichkeiten dort ins Spiel bringen, wo wir es mit dem Unbewußten zu tun haben, welches mit der Gesellschaft auf viel indirektere und kompliziertere Weise verknüpft ist.«[32]

Wenn auch die recht vereinfachende Gleichsetzung von rational mit sozioökonomisch und von irrational mit psychologisch in den Analysen des Instituts sich niemals so recht durchsetzen konnte, die Dichotomie zwischen den beiden methodologischen Ansätzen wirkte sich im allgemeinen schon aus.
Entsprechend formulierte das Institut eine eher soziologische Interpretation des Antisemitismus- und Vorurteilsproblems, in der die beiden Phänomene mehr als Teil des »objektiven Geistes« denn als bloß individuelle, subjektive Wahnvorstellungen behandelt sind. Ein Abschnitt in der *Dialektik der Aufklärung* heißt »Elemente des Antisemitismus«. Unglücklicherweise erschien das Buch nur in deutscher Sprache, was zu dem unausgewogenen Verständnis von der Arbeit des Instituts in Sachen Vorurteil in Amerika erheblich beitrug. Obwohl eine volle Würdigung dieses Aufsatzes erst nach einer Darlegung der Argumentation des Buches insgesamt möglich ist, womit wir bis zum nächsten Kapitel warten wollen, sind einige Punkte doch bereits hier zu nennen, weil sie die Folie für die Erörterung der mehr psychologischen Arbeit abgeben, die nun folgt.
In den »Elementen des Antisemitismus« gingen Horkheimer und Adorno über die bloße Erörterung der Reaktionen von Antisemiten hinaus, um eine Diskussion über Rolle und Funktion des jüdischen Menschen in der westlichen Zivilisation zu führen. Wie Marx in seinen Aufsätzen zur Judenfrage[33] verwarfen auch sie die liberale These, die Juden unterschieden sich von den übrigen Menschen allein durch ihre Religion. Judesein, so erklärten sie, sei zugleich eine sozioökonomische Kategorie, wenn auch eine, die den Juden in der Vergangenheit aufgezwungen worden sei und bis heute vornehmlich aus irrationalen Bedürfnissen heraus überlebt habe. »Der bürgerliche Antisemitismus«, schrieben sie, »hat einen spezifischen ökonomischen Grund: die Verkleidung der Herrschaft in Produktion.«[34] In einem bestimmten Sinne sei der Antisemitismus der auf die Juden projizierte Selbsthaß der Bourgeoisie, und damit auf eine Gruppe, die in Wirklichkeit vergleichsweise ohnmächtig sei, habe man sie doch weitgehend auf die Sphäre der Distribution verwiesen und aus der der Produktion ausgeschlossen. Wegen des Fortbestehens der Widersprüche im Kapitalis-

mus dienten die Juden – oder eine entsprechende Gruppe – als ein notwendiges Ventil für unterdrückte Frustrationen und Aggressionen. Damit sei aber die liberale Hoffnung auf Assimilierung einfach Schwindel, denn sie beruhe auf der Behauptung, die Menschheit sei unter den herrschenden wirtschaftlichen Verhältnissen eine potentielle Einheit. Der Liberalismus, so zeigten Horkheimer und Adorno, ohne ihnen Macht zu geben. Die Massen aber, denen Glück wie Macht verweigert würden, hätten in dem Irrglauben, man habe den Juden gewährt, was man ihnen vorenthalte –, ihren Zorn auf die Juden gerichtet.

Dieser Teil ihrer Analyse stand voll in der Marxschen Tradition; in verschiedenen Punkten gingen Horkheimer und Adorno aber auch über Marx hinaus. Erstens benutzten sie in ihrer Erörterung des »objektiven Geistes« von Antisemitismus psychologische Kategorien wie Paranoia und Projektion in einem erkenntnistheoretischen und soziologischen Kontext. So behaupteten sie zum Beispiel, Paranoia sei keineswegs nur eine Wahnvorstellung. Vielmehr gehe sie in ihrer Ablehnung des bloß Gegebenen, in ihrer Vermittlung von Unmittelbarkeit über ein naives positivistisches Weltverständnis hinaus.[35] Wahres Denken enthalte deshalb stets auch das, was man ein Moment von Paranoia nennen könne. Indem es seine inneren Ängste und Wünsche auf ein äußeres Objekt projiziere, drücke paranoides Denken tatsächlich einen verzerrten Protest gegen die Unterdrückung der Versöhnung von Besonderem und Allgemeinem aus, eine Unterdrückung, die die bürgerliche Gesellschaft hinter ihrer Fassade der Universalität fortsetze.

Dabei leugneten Horkheimer und Adorno die Verzerrung in diesem Protest natürlich keineswegs. Die Paranoia war zuallererst eine Wahnvorstellung, ein »Schatten der Erkenntnis«.[36] Wahres Wissen, so erklärten sie, bedeute die Fähigkeit, zwischen intellektuellen und emotionellen Projektionen unterscheiden zu können. Paranoia sei in der Tat das System der Halbgebildeten, die über die Unmittelbarkeit nur hinausgingen, um die Realität auf eine verdinglichte Formel zu reduzieren. Unfähig, die Dichotomie zwischen innerem und äußerem Leben auszuhalten, zwischen Wesen und Erscheinung, zwischen individuellem Schicksal und gesellschaftlicher Wirklichkeit, erlange der Paranoide Harmonie auf Kosten seiner eigenen Autonomie. Im Spätkapitalismus, meinten sie, sei dieser Zustand ein allgemeiner geworden. Kollektive Projektionen wie Antisemitismus nähmen die Stelle von individuellen ein, mit dem Resultat, daß das System der Halbgebildeten zum objektiven Geist werde.[37] Unter dem Faschismus schließlich werde das autonome Ich durch die Herrschaft kollektiver Projektionen völlig zerstört. Die Totalität des Wahnsystems des Paranoiden entspreche dem Totalitarismus der faschistischen Gesellschaft.

Horkheimer und Adorno gingen über Marx auch dort hinaus, wo sie erklärten, daß der Antisemitismus bestimmte archaische Wurzeln

habe, die weit in die Zeit vor dem Kapitalismus und dem Liberalismus zurückreichten. Damit war mehr gemeint als ein religiöser Ursprung, auch wenn sie in ihrem Aufsatz dem christlichen Beitrag zum Antisemitismus erhebliche Aufmerksamkeit widmeten. Die Wurzeln, an die sie dachten, reichten bis in die graue Vorgeschichte des abendländischen Menschen zurück. In einem unveröffentlichten Papier von 1940[38] hatte Adorno eine seiner spekulativeren Hypothesen aufgestellt, eine halb historische, halb metahistorische. Die Juden aus der Zeit vor der Diaspora, so meinte er, seien ein Nomadenvolk gewesen, die »heimlichen Zigeuner der Geschichte«.[39]. Der Verzicht auf diese Lebensweise zugunsten einer seßhaften Existenz, die sich mit der Entwicklung des Ackerbaus ergeben habe, sei mit einem schrecklichen Preis bezahlt worden. Die westlichen Begriffe von Arbeit und Repression seien mit der postnomadischen Bindung des Menschen an seine Scholle verflochten. Eine unterschwellige Erinnerung an den umherschweifenden Juden halte sich jedoch noch immer in der westlichen Welt. Dieses Bild vom Juden, so meinte Adorno, »steht für einen Zustand, in dem die Menschheit keine Arbeit kannte, und alle späteren Angriffe gegen den parasitären, verbraucherischen Charakter der Juden sind nichts als Rationalisierungen«.[40] Mit anderen Worten, der Jude verkörperte den Traum der Belohnung ohne Mühe, einen Traum, dessen Frustration die Verschiebung des Zorns auf jene nach sich zog, die sein Versprechen verwirklicht zu haben schienen.
In einem Brief an Löwenthal vom Jahre 1944[41] äußerte sich Horkheimer im Hinblick auf die seltsame Verkettung des jüdischen und des deutschen Schicksals in ähnlicher Weise. Der historische Verweis galt hier nicht dem Juden als Wanderer in vorchristlichen Zeiten, sondern vielmehr dem in fremden Ländern wohnenden jüdischen Exilierten. »Wenn Deutsche und Juden eine militante Art von Patriotismus an den Tag legen«, schrieb er,

»so kennzeichnet den Patriotismus der Juden eine Sehnsucht nach dem verlorenen Land, während die Deutschen danach trachten, Boden zu erobern, den sie niemals besessen haben. Mit ihrem Unbewußten verhält es sich ähnlich: Sie träumen davon, die Früchte der Erde zu ernten, ohne sie zu bearbeiten. Das Land, wo Milch und Honig fließen, existiert in der deutschen Seele in Form einer Sehnsucht nach dem Süden.«

In den »Elementen des Antisemitismus« erhielt dieser Gedanke seine endgültige Formulierung und wurde zugleich auf den neuesten Stand gebracht. Die Juden würden gehaßt, sagten Horkheimer und Adorno, weil sie insgeheim beneidet würden. Nachdem sie auch noch ihre ökonomische Funktion als Mittelsleute verloren hätten, schienen sich in ihnen so beneidenswerte Qualitäten zu verkörpern wie Reichtum ohne

Arbeit, Glück ohne Macht, Heimat ohne Grenzsteine und Religion ohne Mythos.[42]

Auf der einen Seite stellten die Juden also eine versteckte Herausforderung für die Arbeitsethik und die instrumentelle Vernunft dar – wichtige Elemente im Logos der Aufklärung. Sie wurden auf eigenartige Weise zu einer Verkörperung der Reaktion der Natur auf die im Programm der Aufklärung implizierte Herrschaft, die, wie wir im nächsten Kapitel sehen werden, eines der Hauptthemen der *Dialektik der Aufklärung* bildete. In diesem Sinne waren sie die »Gegenrasse«[43] der Nazis, deren Pseudonaturalismus ein verzerrter Reflex, teils sogar eine Imitation jener angeblichen Verkörperung nicht repressierter Natur durch die Juden war. »Gegenrasse« bedeutete in der Nazi-Ideologie eine Art von ekelhafter, inferiorer Rasse. Horkheimer und Adorno benutzten den Begriff ironisch; die pervertierten Eigenschaften der Nazis selbst sollten sich darin spiegeln.

Auf der anderen Seite wurden die Juden auch mit der Aufklärung und ihren liberalen und rationalistischen Traditionen identifiziert. Wie Horkheimer in »Die Juden in Europa« gesagt hatte, war die Emanzipation der Juden eng verknüpft mit der Entstehung der bürgerlichen Gesellschaft. Mit dem Niedergang dieser Gesellschaft im 20. Jahrhundert war auch die Position der Juden extrem verwundbar geworden. Die Identifikation war mehr als nur äußerlich oder zufällig. Entgegen dem oben erwähnten Bild vom »natürlichen« Juden hatten die Juden im Lauf der Jahrhunderte ganz entscheidend an der »Entzauberung der Welt« mitgewirkt und zur Beherrschung der Natur beigetragen, die damit einherging. Horkheimer ließ sich im Juli 1946 in einem Brief an Löwenthal über die Mitwirkung der Juden an diesem Prozeß in einem bestimmten Punkte aus, dem Punkt der Instrumentalisierung der Sprache nämlich:

> »Die Wurzel faschistischer Agitation ist die Tatsache, daß an der Sprache selbst etwas faul ist. Die Fäulnis, an die ich dabei denke, ist . . . ein Phänomen, welches in der jüdischen Religion in dem Verbot, Gott bei seinem Namen zu nennen, sowie in der Geschichte über den Turmbau zu Babel sich ausdrückt. Auch in der Legende über die Vertreibung aus dem Paradies, bei der Adam sämtliche Kreaturen bei ihrem Namen ruft, scheint sich mir die Korruptheit der Sprache zu bekunden. Wir müssen uns vor der Vorstellung hüten, der faschistische Sprachgebrauch sei etwas radikal Neues in unserer Gesellschaft . . . Das Mißtrauen ist ein Moment von Antisemitismus selbst, und der Jude, der die Sprache so leicht handhabt, ist nicht frei von Schuld in der Vorgeschichte dessen, was Du als den faschistischen Umgang mit Sprache bezeichnest. Auch hierin ist der Jude der Pionier des Kapitalismus.«[44]

Kurz, das Dilemma des Juden bestand nach Horkheimer darin, daß er sowohl mit der Aufklärung als auch mit ihrem Gegenteil identifiziert

wurde. Zu seiner wirklichen Emanzipation als Mensch konnte es erst kommen, wenn es keine Herrschaft mehr gab – weder die Herrschaft des Kapitalismus noch (und damit weitergehend) die Herrschaft der Aufklärung in ihren instrumentellsten und manipulativsten Ausprägungen. Nur wenn Versöhnung, d. h. Harmonie, ironischerweise höchster Wert in der jüdischen Religion[45], in der sozialen Sphäre verwirklicht sei, könne der Antisemitismus ein Ende finden. Partielle Lösungen wie Zionismus[46] und Assimilation seien von vornherein zum Scheitern verurteilt.
Wenig Trost zogen Horkheimer und Adorno schließlich auch aus der »Niederlage«, die der Sieg der Alliierten über Hitler dem Antisemitismus beigebracht hatte. Man möge zwar, so meinten sie, mit dem offenen Antagonismus den Juden gegenüber fertiggeworden sein, die ihm zugrunde liegende Ursache lebe jedoch in dem weiter, was man als »Ticket-Mentalität« bezeichnen könne, die alle Spuren von Individualität in der westlichen Kultur zu zerstören drohe. »Anstelle der antisemitischen Psychologie«, schrieben sie, »ist weitgehend das bloße Ja zum faschistischen Ticket getreten, dem Inventar der Parolen der streitbaren Großindustrie.«[47] Implizit galt dies natürlich für alle entwickelten Industriegesellschaften im Westen, die Vereinigten Staaten eingeschlossen. Wie hatte doch Horkheimer an Löwenthal geschrieben: In der theoretischen Spekulation »ist das Prinzip vom geringeren Übel noch viel gefährlicher als in der Politik«. Hitlers Bezwinger mochten zwar die sichtbareren Folgen des Antisemitismus beseitigt haben, seine Ursachen an der Wurzel zu packen, dazu hatten sie wenig getan. Die *Dialektik der Aufklärung* war, wie wir im nächsten Kapitel sehen werden, zu großen Teilen eine Phänomenologie jener alternativen Verschiebungen, die in diesen Ursachen gründeten.

Dies also war die allgemeine Analyse der objektiven Dimension von Antisemitismus, von ihr ging das Institut bei seiner empirischen Erforschung der subjektiven Seite des Problems aus. Schriftlich festgehalten war diese Analyse allerdings nur in deutscher Sprache oder in privater Korrespondenz, mit dem Resultat, daß eine Seite von Adornos methodologischer Arbeit der Öffentlichkeit verborgen blieb und statt dessen etwas das Blickfeld beherrschte, was manchem als psychologischer Reduktionismus und als Verzicht auf das Gewicht erschien, das die Kritische Theorie der Totalität beimaß. Jahre später pflegte Adorno den neugierigen Leser auf die »Elemente des Antisemitismus«[48] zu verweisen; zu der Zeit, da die *Studies in Prejudice* erschienen, waren indes nur wenige gut genug informiert, um diesen Hinweis antizipieren zu können. Hier zeigte sich einer der Nachteile, die aus der Vorsicht resultierten, mit der das Institut seine radikalere Seite vor der amerikanischen Leserschaft verbarg.
Weiter ist natürlich zu beachten, daß die empirischen Studien von An-

fang an – einschließlich der *Authoritarian Personality,* also jener Untersuchung, auf die das Institut die meiste Arbeit verwandt hatte – Vorhaben waren, an denen viele mitarbeiteten. Nichtmitglieder waren in der Regel psychoanalytisch geschult, kannten aber meist den allgemeinen Ansatz der Kritischen Theorie nicht allzu genau. Deshalb vermochte Horkheimer, obgleich er der Leiter des gesamten Projekts war, auch nicht den bestimmenden Einfluß auszuüben, den er in der Vergangenheit innerhalb des Instituts hatte ausüben können; eine Situation, die noch weiter verstärkt wurde, als er sich seiner Gesundheit wegen nach Kalifornien zurückziehen mußte und Samuel Flowerman 1946 den Posten des Leiters übernahm. Die Korrespondenz zwischen Löwenthal und Horkheimer zeigt deutlich, daß die Beziehungen zu den Funktionären des AJC insbesondere gegen Ende des Projekts alles andere als einfach und leicht waren. Zum Teil waren persönliche Reibereien daran schuld, zum Teil lag es aber auch an theoretischen Unstimmigkeiten.

Die *Studies,* wie sie ursprünglich auf der New Yorker Konferenz 1944 konzipiert worden waren, sollten zwei Forschungstypen umfassen. Der eine sollte einen begrenzten Rahmen haben und sich mit speziellen Fragen zu den Sozialisationsagenturen befassen. Der Rahmen der zweiten sollte weiter gesteckt und seine Fragen sollten umfassender sein. Beide Untersuchungen, die engere und die weitere, sollten mit interdisziplinären Methoden durchgeführt werden. Als die *Studies* Ende der vierziger Jahre schließlich vorlagen, sahen sie allerdings etwas anders aus als geplant. Drei der fünf Bände befaßten sich mit dem Vorurteil als einem grundsätzlich subjektiven Phänomen: *Dynamics of Prejudice: A Psychological and Sociological Study of Veterans* von Bruno Bettelheim und Morris Janowitz[49]; *Anti-Semitism and Emotional Disorder: A Psychoanalytic Interpretation* von Nathan W. Ackerman und Marie Jahoda[50]; und *The Authoritarian Personality* von Theodor W. Adorno, Else Frenkel-Brunswik, Daniel J. Levinson und R. Nevitt Sanford. Der vierte Band, *Prophets of Deceit* von Leo Löwenthal und Norbert Guterman[51] analysierte die Techniken des Demagogen, und der letzte, Paul Massings *Rehearsal for Destruction*[52], war ein einfacher historischer Bericht über Antisemitismus in Deutschland.

Obgleich unter den drei subjektiv orientierten Untersuchungen *The Authoritarian Personality* für eine Betrachtung der empirischen Arbeit des Instituts am meisten hergibt, seien auch die beiden anderen zumindest kurz besprochen. Die am strengsten psychoanalytische ist die Studie von Ackerman und Jahoda. Ackerman war selbst praktizierender Analytiker und der *Psychoanalytic Clinic for Training and Research* an der *Columbia University* angeschlossen. Fachlich orientierte er sich an Freud, wenngleich die Ich-Psychologie seine Orthodoxie etwas modifizierte. Bereits bevor das AJC das *Department of Scientific Research* gründete, hatte er mit John Slawson über die Möglichkeit einer auf

Freud basierenden Untersuchung des Antisemitismus gesprochen. Als die *Studies* in Angriff genommen wurden, diente sein Vorschlag einem der Projekte als Grundlage. Marie Jahoda wurde über eine indirekte Verbindung zum Institut seine Mitarbeiterin. Sie war Kollegin von Lazarsfeld gewesen, seine Koautorin bei *Die Arbeitslosen von Marienthal*[53] und in Wien vor dem Kriege für eine Zeitlang auch seine Frau. Nach acht Jahren Exil in England emigrierte sie 1945 nach Amerika und wurde Forschungsmitarbeiterin beim AJC. Ihrer Ausbildung nach zwar Sozialpsychologin, hatte sie selbst eine Analyse hinter sich und war mit der Freudschen Theorie vertraut.

Mit der Sammlung der Daten für die Studie wurde Ende 1945 begonnen. Fünfundzwanzig Analytiker, hauptsächlich aus New York, wurden um Material aus ihren klinischen Praxen gebeten. Strukturen, die sich in den beigesteuerten vierzig Einzelfallstudien erkennen ließen, wurden ohne den geringsten Versuch einer Quantifizierung zusammengefaßt. Man ließ erhebliche Sorgfalt walten, ehe man zwischen einer spezifischen emotionellen Verwirrung und bestimmten Arten von Vorurteilen einen Zusammenhang herstellte. Tatsächlich ergaben sich nur wenige zu verallgemeinernde Schlüsse aus der Studie, obgleich ihr deskriptiver Inhalt häufig äußerst suggestiv ist. Soziologische Überlegungen gingen nirgendwo in die Diskussion ein.

Ebenfalls in der Freudschen Theorie wurzelnd, ging die zweite Untersuchung der subjektiven Dimension des sozialen Vorurteils, *Dynamics of Prejudice,* in ihrer Bereitschaft, statistische Analysen und soziologische Erkenntnisse mitaufzunehmen, über das Ackerman-Jahoda-Buch hinaus. Bruno Bettelheim, damals noch nicht Autor jener Schriften, die ihn später zu einem der berühmtesten Psychologen Amerikas machten[54], war 1939 aus Wien emigriert. Zum Zeitpunkt seiner Arbeit für das AJC war er Assistent an der Universität von Chicago, danach außerordentlicher Professor für Erziehungspsychologie. Sein Mitarbeiter, Morris Janowitz, war als Soziologe an derselben Universität tätig, sein Spezialgebiet war die politische Soziologie.

Die Erkenntnisse und Schlüsse von *Dynamics of Prejudice* beruhten auf vier- bis siebenstündigen Interviews, denen sich hundertfünfzig männliche Veteranen in Chicago unterzogen. Man entschied sich für Veteranen, weil ihre Kameraden in Europa nach dem Ersten Weltkrieg sich als äußerst empfänglich für die Verlockungen des Faschismus erwiesen hatten. Bettelheim und Janowitz hofften herauszufinden, ob in Amerika nach dem Zweiten Weltkrieg ähnliche Bedingungen für eine falsche Reintegration in die Gesellschaft herrschten oder nicht. Sie prüften psychologische Hypothesen wie die Projektion von zurückliegenden Frustrationen und von Zukunftsängsten auf *out-groups* infolge von Mangel an Ich-Stärke. Weiter versuchten sie, Zusammenhänge zwischen ethnischer Intoleranz und den sozialen Dynamiken des Einzelnen aufzudecken, und sie suchten nach Korrelationen zwischen Res-

sentiments gegen Juden und solchen gegen Schwarze. Einem allgemeinen Syndrom des intoleranten Charakters, Hauptziel ihrer Kollegen in Berkeley, waren sie jedoch nicht auf der Spur.
Bettelheim und Janowitz kamen u. a. zu folgenden Schlüssen: Toleranz neige dazu, positiv mit Variablen wie Ich-Stärke und dem Akzeptieren einer äußeren Autorität zu korrelieren (wobei Akzeptieren, wie sie betonten, nicht gleichzusetzen sei mit Unterordnung; aber wie der Terminus auch lauten mochte, dieser Schluß stand in krassem Gegensatz zu dem der *Authoritarian Personality*). Ein Zusammenhang zwischen Vorurteilen gegen Juden und Vorurteilen gegen Schwarze existiere tatsächlich, wenn auch projizierte Überich-Merkmale gerne an Juden festgemacht würden (Beispiel: die Juden kontrollieren das Land), während projizierte Es-Merkmale auf die Schwarzen übertragen würden (Beispiel: Schwarze sind dreckig und sexuell zügellos). Das letztgenannte Ergebnis, dies sei in Parenthese angemerkt, zeigte eine von Europa völlig verschiedene Situation, wo die Juden Objekte beiderlei Arten von Projektionen gewesen waren.
Korrelationen zwischen Intoleranz und ökonomischen Verhältnissen, einschließlich der Familienbeziehungen, ließen sich weniger leicht nachweisen. Eins zeigte sich bald, nämlich daß rasche soziale Mobilität, insbesondere Mobilität nach unten, häufig positiv mit Voreingenommenheit korrelierte. Die Schlüsseldeterminante war indessen weniger die objektive Erfahrung des Einzelnen als seine subjektiven Gefühle von Deprivation. Die Anforderungen, die ein plötzlicher sozialer Wandel stellte, wurden außerordentlich schlecht bewältigt in Fällen, in denen die Entwicklung eines starken Ichs in der Kindheit verhindert worden war. Deshalb, »je schwächer der Charakter, desto stärker wird der Einfluß des sozialen Umfeldes«.[55] Dieser Schluß, wir erinnern uns, kommt dem in den *Studien über Autorität und Familie* gewonnenen nahe, mit dem Unterschied, daß in der älteren Studie der Verfall der Familie als Ursache für Ich-Schwäche angesehen wurde, ein Verfall, der in den weiteren Kontext der Liquidierung vermittelnder Faktoren in der entwickelten kapitalistischen Gesellschaft gestellt war. Bettelheim und Janowitz stellten keinerlei Spekulationen auf dieser mehr kosmischen Ebene an. Auch die Schlußempfehlungen der *Dynamics of Prejudice* hielten sich in einem durchaus liberalen Rahmen. Sie nannten bessere elterliche Schulung, damit stärker integrierte Charaktere heranwüchsen; die Stärkung des Rechtssystems, das als wichtigstes Symbol äußerer sozialer Kontrolle gesehen wurde; sowie verstärkte Vorschulerziehung im Sinne von Toleranz.
Bettelheim und Janowitz haben später selbst festgestellt[56], ihre Arbeit unterscheide sich von der der Berkeley-Gruppe in vielerlei Hinsicht. Entscheidend ist, daß *Dynamics of Prejudice* Intoleranz unter denen am ausgeprägtesten fand, die sich der Gesellschaft widersetzten und ihre Wertordnung ablehnten, also das gerade Gegenteil der Korrela-

tion zwischen Vorurteil und Konformität, auf welche die kalifornische Gruppe stieß. Der Unterschied war, wie Nathan Glazer ausführte[57], möglicherweise auf die Disparität in der Sampleauswahl der beiden Projekte zurückzuführen. Die Chicago-Studie testete vorwiegend Versuchspersonen aus der Unterschicht und dem unteren Mittelstand, während das Berkeley-Projekt sich auf den Mittelstand beschränkte. Die Implikation dieses Unterschieds war natürlich, daß den *Dynamics of Prejudice* die implizite Kritik an der gesellschaftlichen Totalität fehlte, die in die *Authoritarian Personality* voll einging.

Wie zu erwarten, standen die *Prophets of Deceit,* bei deren Abfassung Leo Löwenthal eine zentrale Rolle spielte, der Tradition der Kritischen Theorie viel näher. Die Inhaltsanalyse, die er und Norbert Guterman als grundlegende Methode verwendeten, hatte ihm bereits bei früheren Arbeiten über Literatur und über populäre Biographien als Methode gedient. Der historische Bezugsrahmen der Untersuchung über die *Prophets of Deceit,* so erklärten ihre Autoren[58], sei die Analyse früherer Agitatoren wie Cola di Rienzi, Savonarola und Robespierre in Horkheimers »Egoismus und Freiheitsbewegung« gewesen. Darüber hinaus lag die Grundhypothese der Arbeit – Manipulation und nicht freie Entscheidung sei die Regel in der modernen Gesellschaft – zugleich der gesamten Arbeit des Instituts über Massenkultur zugrunde. Wie der größte Teil der frühen Arbeiten der Frankfurter Schule suchte auch diese Schrift hinter die Erscheinung zu kommen und den »objektiven« Gehalt des untersuchten Phänomens aufzudecken. So konnten Löwenthal und Guterman schreiben, »der Agitator sollte viel eher unter dem Aspekt seiner *potentiellen* Wirksamkeit im Gesamtzusammenhang der gegenwärtigen Gesellschaft und ihrer Dynamik untersucht werden als im Hinblick auf seine unmittelbare Wirksamkeit«.[59] Das bedeutete, daß mehr als nur die individuelle Anfälligkeit für Demagogie zur Debatte stand; latente Tendenzen innerhalb der Gesellschaft insgesamt waren nicht weniger wichtig.

In ihrer Absicht, eine Phänomenologie der politischen Agitation zu schreiben, konnten Löwenthal und Guterman sich auf vorhandene, unveröffentlichte Untersuchungen von Massing über Joseph E. McWilliams, von Adorno über Marthin Luther Thomas und von Löwenthal selbst über George Allison Phelps beziehen. Sie profitierten auch von der Arbeit, die gleichzeitig von den anderen Autoren der *Studies* über die subjektiven Elemente von Voreingenommenheit geleistet wurde. Während die übrigen Untersuchungen sich auf die Reaktionen von Personen konzentrierten, die für demagogische Propaganda besonders anfällig waren, untersuchten die *Prophets of Deceit* die verschiedenen Mittel zur Erzeugung solcher Reaktionen. Die Sprache des Agitators, so meinten die Autoren, müsse mit Hilfe einer Art von psychologischem Morsekode dechiffriert werden.[60] Wie zu erwarten, war die wichtigste Quelle, aus der dieser Kode sich speisen konnte, die Psycho-

analyse, die auch einer zwei Jahre später von Adorno in einem Aufsatz gelieferten mehr theoretischen Analyse faschistischer Propaganda als Grundlage diente.[61]
Löwenthal und Guterman griffen außerdem die Arbeit eines anderen Flüchtlings, Erik Eriksons, auf, um mit ihrer Hilfe Freuds Einsichten weiterentwickeln zu können. Erikson hatte in seiner Untersuchung »Hitler's Imagery and German Youth«[62] die These aufgestellt, Hitler verkörpere den rebellischen großen Bruder und den autoritären Vater in einem. Dies erleichtere die paradoxe Suche nach Autorität und zugleich ihre Ablehnung, die gemeinsam den Faschismus kennzeichneten. Eriksons Auffassung von der konfusen Rebellion des faschistischen Charakters entsprach recht genau dem von Fromm in den *Studien* entwickelten »Rebellen«. Seine Feststellung, der deutsche Vater leide an einem eigentlichen Mangel »an einer . . . echten, inneren Autorität – jener Autorität also, die aus einer Integration kultureller Ideale mit den Methoden der Erziehung entspringt« –[63], stimmte hervorragend mit der Beobachtung der *Studien* über den Zusammenbruch familiärer Solidarität überein. Rein oberflächlich betrachtet, schien Eriksons Auffassung von der deutschen Familie der Behauptung aus der *Authoritarian Personality*, die Familienstruktur eigne sich für die Schaffung von autoritärem Potential am besten, allerdings zu widersprechen, zumindest in den Augen einiger Kommentatoren.[64]

Ehe wir erörtern, ob ein solcher Widerspruch tatsächlich besteht oder nicht, müssen Ursprung und Methode des wichtigsten Projekts der *Studies in Prejudice* geklärt werden. Wie in vielen Institutsschriften war auch hier Horkheimers Einfluß richtungweisend.[65] Da er sich an der Abfassung des Buchs indes nicht direkt beteiligte, ist sein Name unter den Autoren nicht zu finden. 1944 hatte Horkheimer Kontakt zu einer Gruppe von Sozialpsychologen in Berkeley aufgenommen, zu der auch R. Nevitt Sanford, Daniel Levinson und Else Frenkel-Brunswik gehörten.[66] Sein Interesse an ihrer Arbeit war durch eine Untersuchung über Pessimismus geweckt worden, die Sanford geleitet hatte.[67] Die fundamentale Irrationalität des untersuchten Pessimismus legte nahe, daß sich ein bestimmter Charakterzug oder eine Konstellation von Charakterzügen dahinter verberge. Dies entsprach natürlich genau der Richtung, in die auch die bisherigen Befunde des Instituts wiesen. Mit dem finanziellen Rückhalt, den das AJC soeben gegeben hatte, war Horkheimer in der Lage, einen Arbeitszusammenhang zwischen dem Institut und den Sozialwissenschaftlern um Sanford vorzuschlagen, die sich die *Berkeley Public Opinion Study Group* nannten. Sein Vorschlag wurde akzeptiert, und die Arbeit an dem, was später *The Authoritarian Personality* hieß, begann im darauffolgenden Jahr.
Adorno und Sanford übernahmen gemeinsam die Leitung des Projekts; Levinson und Else Frenkel-Brunswik wurden ihre wichtigsten

Mitarbeiter. Alle vier kooperierten während des Projekts zwar ständig miteinander, waren jedoch jeweils für ein besonderes Gebiet verantwortlich.[68] Sanford befaßte sich in erster Linie mit den Forschungsmethoden sowie mit den beiden Einzelfallstudien, die in allen Einzelheiten dargelegt sind. Adorno war für die Aufbereitung der Daten in einem allgemeineren soziologischen Rahmen unter besonderer Berücksichtigung des ideologischen Gehalts der Interviews verantwortlich. Else Frenkel-Brunswik war mit einigen der Charaktervariablen befaßt und übernahm die Kategorisierung und Quantifizierung des Interviewmaterials. Levinson schließlich betreute vornehmlich die Skalen des Projekts, die psychologische Interpretation von Interviewdaten und projektiven Fragen sowie die statistischen Methoden insgesamt.
Pollock, der gegen Ende des Krieges an die Westküste übergesiedelt war, sollte ein zweites Forschungsteam in Los Angeles aufbauen, dem auch C. F. Brown und Carol Creedon angehörten. Löwenthal, wenngleich voll mit seiner eigenen Untersuchung beschäftigt, arbeitete dennoch an der Endfassung der Inhaltsanalyse mit, und zwar an den Kapiteln, die von Adorno stammten. Verschiedene Mitglieder der *Berkeley Public Opinion Study Group* steuerten jeweils eine Monographie bei: Betty Aron über den Thematischen Apperzeptionstest, Maria Hertz Levinson über psychiatrische klinische Patienten und William R. Morrow über Gefängnisinsassen.
Hauptziel der gesamten Untersuchung war die Erforschung eines »neuen anthropologischen Typs«[69], des autoritären Charakters. Wie vermutet, ähnelten seine Charaktermerkmale denen des sadomasochistischen Typs, den Fromm in den *Studien* herausdestilliert hatte. Außerdem bestanden Ähnlichkeiten auch mit dem sogenannten J-Typus, den der Nazi-Psychologe E. R. Jaensch 1938[70] entwickelt hatte, wobei die Sympathien der Autoren allerdings ganz woanders lagen als die von Jaensch. Sein J-Typus war durch eine unerschütterliche Rigidität definiert; den Antipoden bezeichnete er als S-Typ, wegen der Synästhesie, d. h. der Fähigkeit, die Sinneseindrücke zu vermengen, was für ihn gleichbedeutend mit der kraftlosen, schwankenden Unsicherheit der demokratischen Mentalität war. Eine auffallende Übereinstimmung ergab sich auch mit dem Bild des Antisemiten, das Jean-Paul Sartre in seinem *Antisemit und Jude* zeichnete, einem Buch, das erschien, als die *Authoritarian Personality* bereits weit gediehen war.[71] Nicht zuletzt zählten auch Wilhelm Reich und Abraham Maslow zu den Vorläufern, die sich bereits mit diesem Syndrom befaßt hatten.[72] Der autoritäre Charakter, wie er schließlich verstanden wurde, wies nach Horkheimers Definition folgende Eigenschaften auf:

»eine mechanische Auslieferung an konventionelle Werte; blinde Unterwerfung unter die Autorität, die mit blindem Haß auf alle Opponenten und Außenseiter einhergeht; Ablehnung introvertierten Verhaltens; streng stereotypes Denken; ein Hang zum Aberglauben; halb moralistische, halb zynische Abwertung der menschlichen Natur; Projektivität.«[73]

Ob es einen solchen Typus tatsächlich gibt, war nicht der Punkt, um den es hier ging. Adorno sagte dann später einmal:

»Die Theorie war in unseren Augen niemals nur ein System von Hypothesen, sie stand für uns in gewissem Sinne duchaus auf eigenen Füßen, und es war deshalb auch gar nicht unsere Absicht, die Theorie mit Hilfe unserer Befunde zu beweisen oder zu widerlegen, uns ging es darum, konkrete Untersuchungsfragen aus ihr abzuleiten, die dann nach ihrem eigenen Wert zu beurteilen waren und bestimmte vorherrschende sozialpsychologische Strukturen demonstrieren mußten.«[74]

Damit hatte das Institut auch bei Anwendung amerikanischer empirischer und statistischer Techniken die Methodologie der Kritischen Theorie nicht wirklich aufgegeben. Generell hielt es an den Prinzipien der in der »Traditionellen und Kritischen Theorie« skizzierten Methodologie fest, wenn auch mit der wichtigen Modifikation, daß Praxis nicht mehr als Prüffeld der Theorie hervorgehoben wurde. Die Kritik des Instituts an jenem Modell von Sozialforschung, das von der Hypothese zur Verifizierung und dann zur Konklusion fortschreitet, galt nach wie vor. Induktion oder das, was man üblicherweise darunter verstand, galt als nicht akzeptabel. Horkheimer äußerte sich dazu 1941 in den *Studies in Philosophy and Social Science:*

»Kategorien müssen in einem Induktionsprozeß gebildet werden, welcher die Umkehrung der traditionellen induktiven Methode bedeutet, bei der die Hypothesen durch die Sammlung individueller Erfahrungen verifiziert wurden, bis sie das Gewicht allgemeiner Gesetze erhielten. Induktion in der Gesellschaftstheorie sollte per contra das Allgemeine im Besonderen, und nicht über oder jenseits von ihm aufspüren, und statt von einem Besonderen zum anderen Besonderen und schließlich zu den Höhen der Abstraktion fortzuschreiten, sollte sie sich immer tiefer in das Besondere versenken und darin das allgemeine Gesetz entdecken.«[75]

In diesem Sinne betrachtete die *Authoritarian Personality* ihre Einzelinterviews als äußerst wichtige Ergänzung zu ihren statistischen Erhebungen. Die sorgfältig genaue Wiedergabe zweier solcher Interviews – das eine mit einem höchst vorurteilsvollen Befragten namens Mack, das andere mit einem Mann namens Larry, der sehr niedrig auf der Skala rangierte – sollte weniger Beispiele für abstrakte Typen vorführen als monadengleiche Einzelfälle, d. h. das Besondere zeigen, in dem jeweils das Allgemeine steckt. Auf gewisse Weise unterschieden sie sich wirklich nicht erheblich von den Weberschen »Idealtypen« mit ihrer Betonung von Individualität und ihrer Geringschätzung für abstrakte Gesetze.

Gestützt auf die Sachkenntnis in der Sanford-Gruppe, konnte man statistische Verfeinerungen in das Projekt aufnehmen, die über alles, was das Institut in der Vergangenheit in dieser Hinsicht unternommen hatte, weit hinausgingen. Wie in den *Studien* und in Sanfords Arbeit über Pessimismus bestand die Grundthese in der Annahme der Existenz von verschiedenen Charakterebenen, und zwar manifester wie latenter. Ziel des Projekts war es, die psychologische Dynamik herauszuarbeiten, die dem sichtbaren Ausdruck einer vorurteilsvollen Ideologie zugrunde lag, oder auch das Potential auszumachen, das solche Ideologie in Zukunft auf fruchtbaren Boden fallen lassen würde. Fragebogen zur öffentlichen Meinung, die auf der bewußten Artikulation von Überzeugungen beruhten, wurden aus zwei Gründen verworfen: erstens weil sie ein kohärentes Meinungssyndrom nicht aufzudecken vermochten, und zweitens, weil sie die psychologischen Prädispositionen, die dem Syndrom entsprechen konnten, nicht zu durchdringen vermochten.[76] Wichtigstes methodologisches Ziel des Projekts dürfte die Entwicklung eines relativ einfachen Mittels gewesen sein, mit dessen Hilfe die Existenz der zugrunde liegenden psychologischen Struktur oder Strukturen getestet werden sollte, die autoritäre Auffassungen und möglicherweise auch autoritäres Verhalten begünstigen.

Die Untersuchung begann mit der Verteilung von Fragebogen an eine Gruppe von 700 College-Studenten; die Fragebogen beinhalteten Faktenfragen, Skalen zur Messung von Meinung und Einstellung und projektive Fragen bei offener Antwort. Eine ganze Anzahl der Fragen war schon in den *Studien* und im Arbeiterprojekt verwendet worden. Die Meinungs-Einstellungsskalen sollten quantitative Schätzungen von Antisemitismus (A-Skala), Ethnozentrismus (E-Skala) und politisch-ökonomischem Konservatismus (PEC-Skala) erbringen. Im Lauf der praktischen Arbeit wurden die Skalen so weit verfeinert, daß spezifische Items jeweils zu verläßlichen Indikatoren einer allgemeineren Struktur von Meinungen wurden: »Unser Verfahren bestand darin, eine Skala mit Sätzen zusammenzustellen, die, gemäß Hypothesen und klinischen Erfahrungen, als ›Enthüllungen‹ verhältnismäßig verborgener Züge in der Charakterstruktur betrachtet werden konnten, und die eine *Disposition* bezeichneten, faschistische Ideen – bei entsprechender Gelegenheit – spontan zu äußern oder sich von ihnen beeinflussen zu lassen.«[77]

Am Ende umfaßte die Stichprobe 2 099 Versuchspersonen aus unterschiedlichen Gruppierungen. Nahezu alle Befragten waren allerdings weiße, nichtjüdische, gebürtige Amerikaner aus dem Mittelstand. Um die statistischen Daten, die die Fragebogen erbrachten, zu erhellen,

wurden die Probanden, die im oberen und im unteren Viertel der Kurve rangierten, klinischen Interviews sowie dem *Thematic Apperception Test* (TAT) unterworfen. Wie im Arbeiterprojekt wurden die Versuchspersonen nicht informiert, worüber sie im einzelnen befragt werden sollten. Unter Else Frenkel-Brunswiks Leitung wurde ein Bewertungsleitfaden mit neunzig Kategorien und Unterkategorien entwickelt, der den neun Interviewern die Ergebnisse entschlüsseln half. Den für die Interviews ausgewählten 40 Frauen und 40 Männern wurden sowohl »verdeckte« wie »offene« Fragen zur Beantwortung vorgelegt. Im wesentlichen dieselben Versuchspersonen unterzogen sich auch den TATs; in beiden Fällen wurde eine Quantifizierung der Ergebnisse versucht.
Im Lauf der Untersuchung wurden die verschiedenen Methoden einerseits »erweitert«, andererseits aber auch »verkürzt«:

»Beispiel für die Erweiterung war das Bestreben, immer mehr Aspekte antidemokratischer Ideologie in das sich abzeichnende Bild einzubeziehen und genügend Erscheinungsformen des potentiell antidemokratischen Charakters zu erforschen, um das Ganze greifbarer zu machen. Verkürzungen ergaben sich laufend in den quantitativen Verfahren, da zunehmende theoretische Klarheit deren Verdichtung gestattete, so daß die gleichen entscheidenden Zusammenhänge mit knapperen Methoden demonstriert werden konnten.«[78]

Die verwendeten Skalierungsverfahren waren 1932 von Rensis Likert in Modifikation einer älteren Methode von L. L. Thurstone entwickelt worden.[79] In beiden Fällen waren unterschiedliche Grade von Zustimmung oder Ablehnung zur Frage möglich, und zwar gemäß einer Skala, die von plus drei bis minus drei reichte. Eine neutrale Null als mögliche Antwort gab es nicht. Die Verfeinerung der Skala bestand in der Aussonderung von Items, die mit dem allgemeinen Punktwert überhaupt nicht korrelierten oder die nicht trennscharf waren. Wenn die Likert-Skala einen ins Gewicht fallenden Nachteil hatte, dann den der Möglichkeit, daß unterschiedliche Antwortmuster mit demselben Punktwert zu Buche schlagen konnten.[80] Die Interviews sollten unter anderem dieses potentielle Problem insofern überwinden helfen, als sie die spezifischen Meinungsstrukturen im je einzelnen Fall aufdeckten. Die wertvollste methodologische Leistung des Projekts war die Verdichtung der drei ursprünglichen Einstellungsskalen auf ein Frageset, mit dem sich das autoritäre Potential auf der latent psychologischen Ebene messen ließ. Dieses neue Meßinstrument war die berühmte »F-Skala«.[81] Die Inhaltsanalysen der von den verschiedenen Agitatoren verwendeten Mittel, frühere Erfahrung mit empirischer Arbeit in den *Studien über Autorität und Familie* sowie die in New York angestellten Untersuchungen über Antisemitismus in der Arbeiterschaft, sie alle standen bei ihrer Konstruktion Pate. Sie sollte neun grundlegende Charaktervariablen testen:

Konventionalismus. Starre Bindung an konventionelle mittelständische Wertmaßstäbe.
Autoritäre Unterwerfung. Unkritische, unterwürfige Haltung idealisierten moralischen Autoritäten der Eigengruppe gegenüber.
Autoritäre Aggression. Tendenz, nach Menschen Ausschau zu halten, die konventionelle Werte mißachten, um sie verurteilen, ablehnen und bestrafen zu können.
Anti-Intrazeption. Abwehr des Subjektiven, des Phantasievollen und Sensiblen.
Aberglaube und Stereotypie. Glaube an eine mystische Bestimmung des individuellen Schicksals; die Disposition, in rigiden Kategorien zu denken.
Machtdenken und »Rowdytum«. Hauptsächliches Denken in Dimensionen von Herrschaft-Unterwerfung, stark-schwach, Führer-Gefolgschaft; Identifikation mit Mächtigen; Überbetonung der konventionalisierten Attribute des Ich; übertriebene Zurschaustellung von Stärke und Robustheit.
Destruktivität und Zynismus. Allgemeine Feindseligkeit, Diffamierung des Menschlichen.
Projektivität. Die Disposition zu glauben, wüste und gefährliche Dinge gingen in der Welt vor sich; Projektion unbewußter emotioneller Impulse auf die Außenwelt.
Sexualität. Übertriebene Beschäftigung mit sexuellen »Vorgängen«.[82]

Eine Reihe von Fragen sollte so indirekt wie möglich die Position der Versuchsperson zu jeder Variable ermitteln. Minoritätengruppen wurden an keiner Stelle explizit erwähnt. Mit zunehmender Testmenge erreichte die Korrelation zwischen F- und E-Skala annähernd .75, was als Zeichen des Erfolgs angesehen wurde. Fragwürdiger war dagegen die Korrelation von .57 zwischen F- und PEC-Skala. Zur Erklärung dieses Fehlschlags wurde eine Unterscheidung zwischen genuinen und Pseudokonservativen eingeführt; nur letztere galten als echte autoritäre Charaktere. Der Versuch einer Korrelation von F- und A-Skala wurde nicht unternommen (zumindest wird im Schlußbericht nichts dergleichen erwähnt). Spezifischere Korrelationen innerhalb von Untergruppen der Population des Sampels wiesen eine beachtliche Konsistenz zwischen den verschiedenen Gruppen aus. Und wie wir gesehen haben, wurden die klinischen Interviews zur Erhärtung der Skalenbefunde herangezogen. Überprüfungen ihrer Ergebnisse schienen die Richtigkeit und Genauigkeit der F-Skala zu bestätigen.
In den folgenden Jahren indes war der Erfolg der F-Skala als Indikator autoritären Potentials Gegenstand einer heißen Kontroverse. Die ein-

gehendste Kritik ihrer Effektivität lieferten Hyman und Sheatsley in einem Buch, das sich ausschließlich mit Einfluß und Folgen dieser Studie befaßte.[83] Im ganzen waren sie sehr kritisch, und in einer Reihe von Punkten war ihre Kritik auch eindrucksvoll. Paul Lazarsfeld hingegen, dessen Skepsis hinsichtlich der unqualifizierten Anwendung der Kritischen Theorie auf empirische Probleme sich in seiner Zusammenarbeit mit Adorno sehr deutlich gezeigt hatte, sprach sich weit positiver aus. Die Bedeutung der einzelnen Indikatoren der F-Skala, so schrieb er 1959, liege nicht nur darin, daß sie »den zugrunde liegenden Charakterzug ans Licht holen, sie sagen auch einiges über das verwendete Statement, das eben dieser Charakterzug erkären soll.«[84] Roger Brown, ein strengerer Kritiker des Projekts, räumte am Ende seiner Betrachtung ein: »Es bleibt die nicht geringe Möglichkeit, daß die wichtigste Conclusio aus der Auswertung des Fragebogen richtig ist.«[85]
Auch die Kommentare zur Interpretation des Interviewmaterials waren unterschiedlich. Die Interviewer hatten ihre Interviews mit speziellen Fragen zu sechs allgemeinen Bereichen – Beruf, Einkommen, Religion, klinische Daten, Politik und Minoritäten und »Rasse« – begonnen und ihre Befragung so lange fortgesetzt, bis sie die Fragen für beantwortet hielten. Einige Kritiker wandten ein, daß die Interviewer aufgrund ihrer Vorinformation über die Einstufung der einzelnen Befragten auf den Skalen »zu viel wußten«.[86] Andere Kritiken galten dem Verkoden der Ergebnisse. Trotz des von Else Frenkel-Brunswik ausgearbeiteten Einstufungsleitfadens bleibe der interpretative Spielraum der Interviewer beträchtlich. Gelegentlich, so wurde erklärt[87], scheine eine Art von Kreis-Denken sich in ihre Interpretationen einzuschleichen. So werde beispielsweise Rigidität gleichgesetzt mit Intoleranz gegenüber Unklarheit, während Intoleranz selbst mit Rigidität erklärt werde. Andere Einwände richteten sich dagegen, daß zur Befragung in den Interviews Personen mit hoher Punktzahl (Hs) und mit niedriger Punktzahl (Ns) ausgewählt wurden, nicht aber solche, die in der Mitte rangierten, ein Verfahren, das, so hieß es, mehr darauf abziele, das Datenmaterial zu stützen, als für einen repräsentativen Querschnitt aus der Gesamtauswahl der Befragten zu sorgen[88].
Indes, wie zu erwarten, beschränkte sich die Kritik nicht allein auf die Methode. Auch die inhaltlichen Schlüsse des Projekts bekamen ihren Teil ab. Paul Kecskemeti zum Beispiel kritisierte die implizite Behauptung, Vorurteile im allgemeinen und der Antisemitismus im besonderen würfen die Schatten eines totalen Umsturzes des demokratischen Systems voraus. Eine solche »Katastrophenperspektive«, meinte er, sei allzusehr die von Bangemachern.[89] Andere wieder hatten speziellere Fragen zu den genetischen Erklärungen von autoritärem Verhalten. Leider stammten alle erhältlichen Daten über die in der Kindheit liegenden Ursprünge der zu untersuchenden Charaktertypen aus der Erinnerung von Erwachsenen und nicht aus der aktuellen Beobachtung

von Kindern. Else Frenkel-Brunswik hat sich später mit diesem Problem in einer besonderen Studie beschäftigt, die sie bedauerlicherweise vor ihrem frühen Tod im Jahr 1958 nicht mehr vollenden konnte[90]. Wie aus den verfügbaren Interviewdaten hervorging, wuchsen autoritäre Charaktere offensichtlich am ehesten in einem Zuhause heran, in dem strenge, aber häufig willkürliche Disziplin herrschte. Die elterlichen Wertvorstellungen waren oft sehr konventionell, rigid und externalisiert. Die Folge davon war, daß solche Werte mit hoher Wahrscheinlichkeit auch dem Kind ich-fremd blieben, was die Entwicklung eines integrierten Charakters verhinderte. Groll gegen elterliche Härte und Schroffheit wurde häufig auf andere verschoben, während das äußere Bild von Vater und Mutter sich als stark idealisiert erwies. Der »strenge und ferne«[91] Vater, von dem die »Hs« der F-Skala in Interviews immer wieder berichten, schien im Kind Passivität, verbunden mit unterdrückter Aggressivität und Feindseligkeit, zu produzieren. Dies sind Eigenschaften, die, so erinnern wir uns, auch bei dem von Fromm in den *Studien über Autorität und Familie* entwickelten sadomasochistischen Typ sichtbar werden. Im Gegensatz dazu erschienen die Eltern der »Ns« in der Erinnerung weniger konformistisch, weniger status-hungrig und weniger willkürlich in ihren Forderungen und Ansprüchen. Statt dessen waren sie ambivalent, emotionell nicht gehemmt und liebevoll. Das Bild, das ihre Kinder von ihnen hatten, war deshalb weniger idealisiert und entsprach mehr der Wirklichkeit. Und was vermutlich am wichtigsten war, die Ich-Fremdheit moralischer Normen war weniger ausgeprägt – ein Zeichen für die Wahrscheinlichkeit eines stärker integrierten Charakters.

Eine von späteren Kommentatoren aufgeworfene Frage betraf die Vereinbarkeit dieser Auffassung von der autoritären Familie mit der in anderem Zusammenhang immer wieder auftauchenden Feststellung über die Auflösung der Familie in der modernen Gesellschaft. Leon Bramson beharrte am nachdrücklichsten auf diesem Punkt; die Behauptung vom Zerfall der Familie (die er irrtümlich allein Marcuses *Triebstruktur und Gesellschaft* zuschrieb, ohne die *Studien* dabei als Vorläufer zu erkennen) stand für ihn »in direktem Widerspruch zur Arbeit des frühen Fromm und der Berkeley-Gruppe«.[92] In diesen Untersuchungen sah Bramson nämlich einen Beweis für die ungebrochene Stärke der autoritären Familie. Bei genauerer Betrachtung zeigt sich indes, daß die beiden Interpretationen keineswegs so unvereinbar waren, wie Bramson glaubte.

In erster Linie war das Institut, wie schon erwähnt, beeindruckt von dem Bild, das Erikson von der deutschen Familie zeichnete, eine Familie, in der der Vater keine wirkliche innere Autorität besaß. Die Pseudorevolte des von Fromm so genannten »Rebellen« war in Wahrheit die Suche nach einer neuen Autorität, ausgelöst zum Teil durch das Fehlen eines positiven Autoritätsvorbildes im Elternhaus. Dies war ein

Syndrom, das zweifellos auch die *Authoritarian Personality* sah, schließlich nimmt es in Adornos Analyse des autoritären Charakters einen wichtigen Platz ein.

Selbst in jenen Fällen, wo Identifikation mit einem scheinbar starken Vater und nicht Rebellion gegen ihn die Regel war – zugegebenermaßen das häufigste Syndrom –, war der Gegensatz zur älteren Analyse in den *Studien* nicht so stark. In Wirklichkeit verwies Adorno bei der Beschreibung des »autoritären Syndroms«[93] den Leser auf Fromms sado-masochistischen Charakter und benutzte Freuds Überlegungen zum Ödipuskomplex zur Erklärung seines Ursprungs.[94] In Fällen, in denen ödipale Konflikte in der Kindheit schlecht gelöst waren, wurde die Aggression gegen den Vater in masochistischen Gehorsam und verschobene sadistische Feindseligkeit umgewandelt. Eine Verbindung dieser rein psychologischen Erklärung mit der mehr soziologischen Perspektive der *Studien* lieferte Horkheimers Theorie, nach der »äußere gesellschaftliche Repression mit der inneren Verdrängung von Triebregungen einhergeht. Um die ›Internalisierung‹ des gesellschaftlichen Zwanges zu erreichen, die dem Einzelnen nie soviel gibt, wie sie ihm abverlangt, nimmt dessen Haltung der Autorität und ihrer psychischen Instanz, dem Über-Ich, gegenüber einen irrationalen Zug an.«[95] Mit diesem Syndrom, so schloß Adorno, das im unteren Mittelstand in Europa stark ausgeprägt sei, könne auch in Amerika gerechnet werden »bei Menschen, deren tatsächlicher Status von dem erstrebten abweicht«.[96] Kurz, das klassiche autoritäre Syndrom bedeute nicht einfach Identifikation mit einer starken Vaterfigur, sondern impliziere vielmehr erhebliche Ambivalenzen und Konflikte innerhalb des Verhältnisses. Äußere Repression, werde sie intensiviert, helfe die latenten Spannungen in der dürftig gelösten ödipalen Situation aktivieren.

Adorno skizzierte weitere Syndrome und damit weitere Arten, in denen solche Ambivalenzen sich äußern können. Dazu zählen das »Oberflächenressentiment«, der »Spinner« und der »manipulative Typus«. Ein anderes, unter den »Hs« ebenfalls häufiges Syndrom sei das »konventionelle«, das einer konfliktfreien Verinnerlichung elterlicher und gesellschaftlicher Normen am nächsten komme. Dieser Typus scheint auch einer patriarchalischen Familienstruktur, in der die väterliche Autorität noch immer relativ intakt ist, am ehesten zu entsprechen.

Die autoritäre Familie, die sich aus den Interviewdaten herauskristallisierte, war selbst ein Spiegel wachsender äußerer Zwänge. Auf ihren Status bedacht, rigide an Werten festhaltend, die sie spontan nicht mehr vertrat, kompensierte sie offenkundig ihre innere Leere und Schalheit. Die Autorität, die sie so krampfhaft zu schützen und zu bewahren suchte, war in Wirklichkeit einfach nicht mehr rational. 1949 hatte Horkheimer in einem Aufsatz geschrieben[97], je mehr die ökonomischen und sozialen Funktionen der Familie entfielen, um so verzweifelter betone sie ihre altmodischen, konventionellen Formen. Selbst die

Mutter, deren Wärme und Besorgtheit einst als Puffer gegen die willkürliche Schroffheit der patriarchalischen Welt gedient habe – Fromms kritische Bemerkungen über die Mutterherrschaft fanden hier ihr Echo –, vermöge diese Funktion nicht mehr zu erfüllen. »Die ›Mom‹ (Mami) ist die Totenmaske der Mutter«[98], schrieb Horkheimer. »Die Familie des typischen N dagegen«, so ergab die *Authoritarian Personality,* »scheint um eine Mutter zentriert, deren Hauptfunktion es viel eher ist, liebevoll zu sein, statt zu herrschen, eine Mutter, die nicht schwach und unterwürfig ist.«[99]

So war es denn keine Überraschung, daß der autoritäre Charakter Mitleid, eine mütterliche Eigenschaft, in der Regel nicht kannte. Die Aushöhlung der Familie durch die Nazis trotz aller gegenteiligen Propaganda war kein Zufall. Die autoritäre Familie produzierte autoritäre Kinder nicht allein aufgrund dessen, was sie tat – ein Modell für Willkürherrschaft anbieten –, sondern auch aufgrund dessen, was sie nicht zu tun vermochte – nämlich den Einzelnen vor den Ansprüchen schützen, die außerfamiliäre Agenturen auf seine Sozialisation stellten.

Wenngleich die *Authoritarian Personality* sich damit auf die innerfamiliären Ursprünge des »neuen anthropologischen Typus« konzentrierte, wiesen die Implikationen der Analyse doch darüber hinaus auf die Gesellschaft im ganzen. Der Akzent auf dem Verfall der Familie blieb – trotz Bramsons Versuch, das Gegenteil zu beweisen – auch in dem Porträt der autoritären Familie erhalten, welches das Institut in seinen späteren Schriften zeichnete.

Ein Teil der Verwirrung in diesem Punkt war möglicherweise auch das Resultat mangelnder terminologischer Eindeutigkeit. Wie eine ganze Reihe von Kommentatoren betont haben[100], besteht ein wichtiger Unterschied zwischen einem autoritären und einem totalitären Staat, ein Unterschied, den es zu machen gilt. Das wilhelminische und das nazistische Deutschland zum Beispiel unterschieden sich in ihren Gehorsamsstrukturen fundamental voneinander. Was die *Authoritarian Personality* tatsächlich untersuchte, war der Charaktertypus einer totalitären und nicht einer autoritären Gesellschaft. Die Information, daß dieses neue Syndrom durch eine Krise der Familie begünstigt werde, in der die traditionelle väterliche Autorität unter Beschuß geraten war, hätte deshalb keine Überraschung zu sein brauchen. Viele Schwierigkeiten – vielleicht waren einige sogar sowohl theoretischer wie sprachlicher Natur – hätten vermieden werden können, wenn dieser Unterschied klar genug artikuliert worden wäre.

Eine andere und vielleicht substantiellere Kritik an der Untersuchung stammte von Edward Shils; sie hat bei einer Reihe von Wissenschaftlern ihr Echo gefunden.[101] Politische Voreingenommenheit auf seiten der Projektleiter, so erklären diese Kritiker, habe die Befunde gefärbt. Warum, so lautete ihre Frage, habe man von autoritärem Verhalten nur im Zusammenhang mit Faschismus und nicht auch mit Kommunismus gesprochen? Warum sei die F-Skala nicht die »K-Skala« oder zumindest die »A-Skala«? Warum werde politischer und wirtschaftlicher Konservatismus mit autoritärer Staatsführung in Verbindung gebracht, während ein solcher Zusammenhang im Falle der Forderung nach Staatssozialismus nicht gesehen werde? Kurz, warum werde die alte Links-Rechts-Unterscheidung aufrechterhalten, wenn der wirkliche Gegensatz der zwischen liberaler Demokratie und Totalitarismus sei, ob linksextrem oder rechtsextrem?

Die Ironie dieses Angriffs lag in der Tatsache, daß das Institut in seiner Arbeit für das AJC viele seiner radikaleren Vorstellungen bereits aufgegeben hatte. Wie wir gesehen haben, waren die Grundannahmen der *Studies in Prejudice* liberal und demokratisch. Selbst ein in seiner Ablehnung so scharfer und negativer Kritiker wie Paul Kecskemeti konnte sagen: »Der Liberalismus der Autoren selbst ist dort offen konservativ, wo es sich um die amerikanische konstitutionelle Tradition handelt.«[102] Toleranz war für die Frankfurter Schule niemals Selbstzweck; trotzdem wurde der nichtautoritäre Charakter – soweit definiert – als ein Mensch verstanden, der der Vielfalt von Wesen und Dingen eine gewisse undogmatische Toleranz entgegenbringt. Was das Institut stets fürchtete, war die Fetischisierung von Toleranz als Zweck statt als Mittel. Ein gutes, wenn auch indirektes Beispiel dafür findet sich in Bettelheims und Janowitz' *Social Change and Prejudice,* wo der nonkonformistische, antiautoritäre Charakter, den das Berkeley-Forschungsteam hochschätzte, folgendermaßen kritisiert wird: »Wenn einige Nonkonformisten ein hohes Maß an Toleranz beweisen, dann kann dies Resultat einer Reaktionsbildung oder Verschiebung von Feindseligkeit sein, hervorgerufen durch ein unbefriedigendes Verhältnis zur Autorität. Es ist durchaus nicht weit hergeholt, diese Personen als unechte Tolerante zu bezeichnen, denn während sie Minderheiten gegenüber tolerant sein können, sind sie anerkannten Verhaltensweisen im sozialen Leben gegenüber häufig intolerant.«[103]

Auch die politische Demokratie in ihrer parlamentarischen Form war nicht das höchste Ziel des Instituts. Dennoch enthielt die *Authoritarian Personality* wenig, was an die traditionelle marxistische Kritik der »bürgerlichen Demokratie«, wie sie in die frühere Arbeit des Instituts eingegangen war, erinnerte. In Shils' Behauptung, die alte Links-Rechts-Dichotomie sei überholt, lag jedoch noch eine weitere Ironie. Wie bereits bemerkt, pochte Horkheimer auf die Notwendigkeit, Herrschaft in jeder politischen Form zu entlarven, ob faschistisch, angeblich sozialistisch oder anderer Prägung. Schon in seiner frühen Frankfurter Zeit hatte das Institut dem sowjetischen Experiment skeptisch gegenüber gestanden. Im Lauf der Jahre war aus der Skepsis offene Enttäuschung geworden. Pollock zufolge war die Sowjetunion auch nur ein staatskapitalistisches System, das sich nur wenig von ähnlichen Systemen in der westlichen Welt unterschied. Die entscheidende Differenz zu Shils und anderen amerikanischen Theoretikern bestand jedoch darin, daß sich das Institut weigerte, Totalitarismus antipodisch zu einem individualistischen, freiheitlichen und unideologischen Pluralismus zu begreifen. Die Betrachtung der Kritik des Instituts an der westlichen Massenkultur hat gezeigt, daß das Institut Herrschaft und Unterdrückung in ganz neuer und subtiler Weise bei der Zerstörung der Spuren echter Individualität hinter einer Fassade von Vielfalt wirksam werden sah. Die *Dialektik der Aufklärung* dehnte ihre düstere Analyse der herrschenden Tendenzen auf alle modernen Gesellschaften aus. Damit erklärte in gewisser Weise auch die Frankfurter Schule, daß die Links-Rechts-Dichotomie, zumindest in ihrer Verkörperung durch derzeitige politische Systeme, nicht mehr relevant sei. Keine Übereinstimmung gab es natürlich auf theoretischer Ebene, wo die Sympathien des Instituts prinzipiell nicht anders lagen als früher.

In der *Authoritarian Personality* war von diesem Pessimismus nicht viel zu spüren. Sie verzichtete darauf, aus ihrem begrenzten Sample mittels Extrapolation verallgemeinernde Schlüsse über das Überhandnehmen autoritären Verhaltens innerhalb der Gesellschaft zu ziehen. Sie ging noch nicht einmal so weit wie das unveröffentlichte Arbeiterprojekt, das die »Hs« und »Ns« innerhalb seiner Grundgesamtheit in Prozenten angab. Die *Authoritarian Personality* lieferte nichts weiter als eine deskriptive Typologie autoritärer und nichtautoritärer Charaktere, ohne damit irgend etwas über ihre jeweilige Häufigkeit aussagen zu wollen. Gelegentlich allerdings fiel doch der eine oder andere Hinweis auf den Anteil von autoritären Charakteren am Sample. So schrieb beispielsweise Adorno, »es ist eines der unerfreulichen Ergebnisse unserer Untersuchungen, dem man sich ehrlich stellen muß, daß dieser Prozeß der gesellschaftlichen Billigung von Pseudokonservatismus sehr weit gediehen ist – ja, daß er ohne Zweifel eine Massenbasis errungen hat«.[104] Im Ganzen vertrat die Studie jedoch die Auffassung, »die Mehrheit der Population ist nicht extrem, sondern – in unserer Terminologie – ›mittel‹«.[105]

Shils' Vorwurf einer latenten politischen Voreingenommenheit traf vermutlich eher dort ins Schwarze, wo er sich auf die implizit in der Untersuchung enthaltene These bezog, Konservatismus und Autoritätsgebundenheit seien in gewisser Weise verwandt. Die mangelnde Verläßlichkeit der PEC-Skala, die keine signifikante Korrelation mit der F-Skala zuließ, hatte zu einem Versuch geführt, zwischen genuinen Konservativen und Pseudokonservativen zu unterscheiden. Erstere waren als der Personenkreis definiert, der »von den Meriten seiner politischen Ansichten einmal abgesehen, sich ernsthaft darum bemühte, das zu schützen, was in der amerikanischen demokratischen Tradition von vitaler Bedeutung war«.[106] Bei letzteren handele es sich nur äußerlich um Konservative; ihre Charakterstruktur mache sie zu potentiellen Kandidaten für den Faschismus. Obgleich diese Unterscheidung die simple Gleichsetzung von rechter Ideologie und autoritärer Charakterstruktur überwinden sollte, blieb die Assoziation unterschwellig bestehen, weil es vergleichbare Bemühungen, eine Typologie des Pseudoliberalismus oder der radikalen Autoritätsgebundenheit zu entwickeln, nicht gab. Tatsächlich wurde kein echter Versuch unternommen, zwischen nichtkonservativen Ideologien zu unterscheiden. Der prototypische Liberale, der »aktiv die progressive soziale Veränderung sucht, der streitbar den status quo zu kritisieren vermag (ohne zugleich alles verwerfen zu müssen), der gegen viele konservative Wertvorstellungen und Meinungen opponiert oder von ihnen abrückt ... und der die Macht des ›business‹ zugunsten einer Zunahme der Macht der Arbeiter und der wirtschaftlichen Funktionen des Staates verringern möchte«[107], wurde als unmittelbarer Hintergrund für den genuinen Konservativen wie den Pseudokonservativen gesehen. Wie problematisch diese Charakterisierung war, zeigte sich in der nächsten Generation, als der Liberalismus des *New Deal* selbst als eine am status quo orientierte Ideologie heftig unter Beschuß geriet.

Wenn die *Authoritarian Personality* autoritäres Verhalten auf der Linken zu erklären versuchte, dann tat sie dies, indem sie eine vage definierte Kategorie der »rigiden niedrig Eingestuften« aufstellte.[108] Adorno pflegte in späteren Jahren auf diesen Subtypus zu verweisen, wenn er sich gegen Kritiken wie die von Shils wandte.[109] Bei näherer Betrachtung war diese Antwort indes alles andere als befriedigend. Denn während im Falle der PEC-Skala die Diskrepanz zwischen bewußter Meinung und unbewußter Charakterstruktur zur Erklärung der unzureichenden Korrelation mit der F-Skala dienen mochte, durfte es in der F-Skala selbst eine solche Diskrepanz überhaupt nicht geben, weil sie ja ausdrücklich dazu bestimmt war, Neigungen und Tendenzen in der unbewußten Charakterstruktur zu messen. Die Feststellung, niedrig Eingestufte seien rigid, war deshalb gleichbedeutend mit dem Urteil, die Skala habe ihre Rigidität, »Stereotypie« und Konformität, immerhin Schlüsselmerkmale des als hoch einzustufenden Syndroms, nicht messen können. So zu sprechen hieße den Zweck des Projekts leugnen, der ja gerade darin bestand, ein Instrument zur Messung der Existenz von autoritärem Potential unter der Schwelle bewußter Ideologie zu entwickeln. Sicherlich, es blieb noch eine Menge Arbeit über autoritäres Verhalten auf der Linken zu tun, und tatsächlich haben sich andere Forscher in Amerika in den folgenden Jahren ja auch an diese Arbeit gemacht.[110]

Andere Schwierigkeiten, sowohl was Methodik wie Schlußfolgerungen der *Authoritarian Personality* anlangt, ließen sich nennen, doch sich ungebührlich lange bei ihnen aufzuhalten, hieße die riesige Leistung der Arbeit insgesamt verkennen. Adorno hat später selbst einmal erklärt, »wenn die *Authoritarian Personality* etwas gebracht hat, dann liegt es nicht in der absoluten Validität ihrer positiven Erkenntnisse und noch weniger in ihren Statistiken, sondern vor allem im Stellen von Fragen, Fragen, die ihr Motiv in einem genuinen gesellschaftlichen Interesse hatten und in einer Theorie wurzelten, die bis dahin noch nicht in quantitative Untersuchungen dieser Art übersetzt worden war.«[111] Obgleich sie fast 1 000 Seiten umfaßte, betrachteten die Autoren die Arbeit nur als »pilot study«. Wenn dies tatsächlich ihr Zweck war, dann kann an ihrem Erfolg kein Zweifel bestehen. Einer der ersten Rezensenten sämtlicher Abteilungen der *Studies in Prejudice* hatte recht, wenn er von »einem epochemachenden Ereignis in der Sozialwissenschaft«[112] sprach. Die folgenden Jahre brachten eine Flut von Untersuchungen, klares Resultat der *Studies* und insonderheit der Berkeley Untersuchung.[113]

Als Nachtrag mag angefügt sein, daß der Einfluß nicht auf Amerika beschränkt blieb. Als das Institut in den frühen fünfziger Jahren nach Deutschland zurückkehrte, brachte es die sozialwissenschaftlichen Methoden mit, die es in New York und in Kalifornien gewonnen hatte. Die erste gemeinsame Leistung nach der Wiedererrichtung des Instituts war eine unter Pollocks Namen im Jahr 1955 publizierte Untersuchung über Gruppeninteraktion, deren vordringliches Ziel es war, die amerikanische Forschungsmethode einer deutschen Leserschaft vorzustellen.[114] Tatsächlich befand sich selbst Adorno in der für ihn ungewohnten Position, empirische Techniken zu propagieren, einfach um der traditionellen deutschen Ablehnung von allem und jedem entgegenzuwirken, was nach angelsächsischem Positivismus roch. Auf dem 1952 in Köln abgehaltenen Soziologentag erklärte Adorno, die Soziologie dürfe nicht länger als eine Geisteswissenschaft betrachtet werden, weil die Welt in ihrer totalen Verdinglichung sich kaum als »sinnvolle« begreifen lasse. »Die viel geschmähte Unmenschlichkeit empirischer Methoden«, so ließ Adorno seine Zuhörerschaft wissen, »ist immer noch humaner als die Humanisierung des Unmenschlichen.[115] Deshalb seien in einem kritischen Rahmen die Methoden administrativer Forschung zur Untersuchung gesellschaftlicher Phänomene sehr wohl anzuwenden. Obgleich Theorie nicht mit Hilfe empirischer Verifizierung zu beweisen oder zu widerlegen sei – diesen Grundsatz der Kritischen Theorie fallenzulassen, war er keinesfalls bereit –, ließen sich theoretische Vorstellungen, wenn sie in Forschungsfragen übersetzt würden, doch ganz erheblich anreichern. So habe beispielsweise die Psychoanalyse durch ihre Übersetzung in empirische Fragen entscheidend gewonnen, obwohl natürlich ihre ursprüngliche Formulierung alles andere als induktiv gewesen sei.

Gegen Ende der fünfziger Jahre hatte sich in der Einstellung des Instituts zum Empirismus das Blatt allerdings gewendet.[116] In seiner Intention, deutsche Sozialwissenschaftler auf die amerikanischen Methoden aufmerksam zu machen, hatte das Institut viel zuviel Erfolg gehabt. Deshalb trat nun das Gespür der Frankfurter Schule für den reduktionistischen Mißbrauch einer empirischen Methodologie wieder in den Vordergrund. Während der folgenden zehn Jahre – und damit verlassen wir für einen Augenblick unseren chronologischen Rahmen – sollte sich die deutsche Soziologie in zwei gegnerische Lager spalten – auf der einen Seite die dialektischen, auf der anderen die empirischen Methodologen; ihr polemischer Austausch läßt durchaus Vergleiche mit dem großen Methodenstreit der Wilhelminischen Ära zu.[117] Wenngleich das Institut und seine Bundesgenossen, wie etwa Jürgen Habermas von der Universität Frankfurt, die Hauptexponenten der dialektischen Position waren, zeigten sie sich doch sorgsam darauf bedacht, eine pauschale Ablehnung jener Methoden und Techniken zu vermeiden, die das Institut in Amerika mit so großem Erfolg angewandt hatte.

Diese Techniken in einen wirklich kritischen Ansatz zu integrieren, der auf dem Primat der Theorie beharrte, darin bestand das wirkliche Problem. Wie wir gesehen haben, handelte es sich dabei um mehr als um ein methodologisches Dilemma; es spiegelten sich darin reale Spaltungen und Widersprüche innerhalb der Gesellschaft insgesamt. Der Erfolg der *Studies in Prejudice*, so könnte man sagen, hatte seinen Grund teilweise in einer Umgehung dieses Problems. Die Antisemitismus-Analysen der *Authoritarian Personality* und der »Elemente des Antisemitismus« – die eine behandelt die subjektive Dimension, die andere mehr die objektive Seite – wurden niemals wirklich auf einen Nenner gebracht. Und tatsächlich lag ein Grund, warum das Berkeley-Projekt gelang, während Adornos Zusammenarbeit mit Lazarsfeld scheiterte, in dem Umstand, daß ersteres sich nicht mit dem »objektiven Geist« der modernen Gesellschaft in der Weise befaßte wie letztere. Wenn die Frankfurter Schule über jene objektiven Tendenzen theoretisierte, war ihre Prognose in der Tat düster. Wie düster, werden wir im nächsten Kapitel sehen, das der theoretischen Arbeit des Instituts in seinem letzten Jahrzehnt in Amerika gewidmet ist.

VIII Zu einer Geschichtsphilosophie: Die Kritik der Aufklärung

Wenn wir unter Aufklärung und geistigem Fortschritt die Befreiung des Menschen vom Aberglauben an böse Kräfte, an Dämonen und Feen, an das blinde Schicksal – kurz, die Emanzipation von Angst – verstehen, dann ist die Denunziation dessen, was gegenwärtig Vernunft heißt, der größte Dienst, den die Vernunft leisten kann.

HORKHEIMER

Das Problem der Diskontinuität war wohl das zentrale innere Dilemma, in dem die Kritische Theorie in den vierziger Jahren steckte. Das Institut, so erinnern wir uns, war in der Absicht geschaffen worden, ein breites Spektrum von Wissensgebieten zu einer Synthese zu vereinen. Seine Gründer hatten außerdem gehofft, Theorie und empirische Forschung integrieren zu können. Und schließlich hatten sie versucht, die akademische Isolation traditioneller Theorie von ihren praktischen Implikationen zu überwinden, ohne zugleich theoretisches Denken auf ein nützliches Instrument polemischer Interessen zu reduzieren. Kurz, obgleich sie die Adäquanz des orthodoxen Marxismus kritisierten, verwarfen sie keineswegs sein anspruchsvolles Ziel: die schließliche Einheit von kritischer Theorie und revolutionärer Praxis. In den vierziger Jahren begann die Frankfurter Schule allerdings ernsthaft an der konkreten Möglichkeit dieser Synthesen zu zweifeln. Ihre Interessen blieben weiterhin interdisziplinär, aber die Vermittlung zwischen ihrer Theorie einerseits und empirischer Forschung und politischer Praxis andererseits wurde immer problematischer.

Wie im vorigen Kapitel angedeutet, wichen die *Studies in Prejudice* oft selbst in jenen Teilen, die am stärksten unter dem Einfluß von Institutsmitgliedern standen, von den Grundprinzipien der Kritischen Theorie ab, wie sie in der *Zeitschrift* formuliert worden waren. Deutlichstes Beispiel: Die Antisemitismus-Analyse in der *Authoritarian Personality* differierte in durchaus wichtigen Punkten von ihrem Gegenstück in der *Dialektik der Aufklärung*. Zwar läßt sich dies zum Teil der Rolle jener Wissenschaftler des Berkeley-Projekts zuschreiben, welche nicht dem Institut angehörten, die Diskrepanzen waren aber auch ein Reflex tiefergreifender Entwicklungen in der Theorie selbst. Auch neue Unsicherheiten in der Einstellung des Instituts zu politischem Aktivismus sind von daher zu erklären. Eins der wichtigsten

Merkmale der Kritischen Theorie von Anbeginn an war ihre Weigerung, den Marxismus als ein geschlossenes System von gültigen Wahrheiten zu betrachten. In dem Maße, in dem die konkrete soziale Wirklichkeit sich ändere, müßten, so argumentierten Horkheimer und seine Kollegen, auch die theoretischen Gebäude sich ändern, die zu ihrer Erklärung geschaffen worden seien. In diesem Sinne habe sich mit dem Ende des Krieges und dem Sieg über den Faschismus eine neue soziale Wirklichkeit ergeben, die eine neue theoretische Antwort verlange. Und vor dieser Aufgabe stand die Frankfurter Schule in ihren letzten zehn Jahren in Amerika. Ein genauer Blick auf die Veränderungen in den theoretischen Schriften ihrer Mitglieder läßt uns die Gründe für die Diskontinuitäten besser verstehen, über die spätere Beobachter sich immer wieder erregen sollten.

Wir wollen in unserer Betrachtung wie folgt verfahren: Wir beginnen mit der Untersuchung des grundsätzlichen Wandels in der Kritischen Theorie, einer Akzentverschiebung im prinzipiellen Verhältnis von Mensch und Natur. Der erste Teil unserer Darlegung wird sich auf die Kritik der Frankfurter Schule an dem Verhältnis konzentrieren, das sie als das vorherrschende fast durchweg in der westlichen Geschichte ansah. Es folgt eine Erörterung der vom Institut aufgezeigten Alternative, einschließlich ihre problematischeren Momente. Danach wollen wir uns den Zusammenhängen zwischen dieser Alternative und dem konsequenten Pochen des Instituts auf Rationalität und philosophischem Denken im allgemeinen zuwenden. Und schließlich werden wir uns mit den Implikationen des Wandels in der Theorie für die Einstellung des Instituts zu Praxis, Subjektivität und Utopismus befassen.

Obgleich die neuen Elemente in der Kritischen Theorie erst in den späten vierziger Jahren artikuliert wurden, hatte Horkheimer die Notwendigkeit, gewisse Grundvorstellungen der Frankfurter Schule neu zu überdenken, bereits in den Jahren vor dem Kriege erkannt. Einer der Gründe für seine Bereitschaft, von New York wegzugehen, lag in der Abneigung, die er gegen seine institutionellen Aufgaben hegte, weil sie ihn an der vollen Aneignung und Interpretation der außerordentlich umfangreichen Arbeit hinderten, die das Institut in den Jahren nach der Übernahme der Leitung durch ihn geleistet hatte. Bereits 1938 äußerte er den lebhaften Wunsch, mit einem Buch über die Dialektik der Aufklärung zu beginnen.[1] Seine Kreislaufschwäche, die ihn einerseits zwang, New York zu verlassen, ermöglichte ihm andererseits, seine administrativen Pflichten niederzulegen und mit dem längst erhofften theoretischen Resümee zu beginnen. Sein Denken verschmolz mit dem Adornos – sein Gefährte in Kalifornien – mehr als je zuvor. Zwar erschien nur eine iher theoretischen Arbeiten aus den vierziger Jahren unter beider Namen, die *Dialektik der Aufklärung;* doch zeugen auch die beiden anderen Schriften aus jener Zeit, die *Eclipse of Reason* und die *Minima Moralia* deutlich von ihrer Zusammenarbeit.

Indes, ganz im Unterschied zu seinem Freund Adorno war Horkheimer niemals ein sehr produktiver Schreiber, und seine Schwierigkeiten scheinen damals noch zugenommen zu haben. Am 20. Januar 1942 schrieb er an Löwenthal, das »philosophische Argumentieren, das mit der Abschaffung der Zirkulationssphäre seine Basis verloren hat, will mir heute unmöglich scheinen«. Obwohl Horkheimer hier vermutlich zwischen traditioneller Philosophie und Kritischer Theorie unterschied, wurde auch letztere zunehmend mühsamer. »Allmählich komme ich wieder in die Arbeit hinein«, schrieb er am 27. November an Löwenthal, »aber nie ist sie mir so schwergefallen wie gerade jetzt. Ich habe das Gefühl, daß dieses Vorhaben meine Kräfte fast übersteigt, und ich habe deshalb auch Pollock in meinem Brief heute daran erinnert, daß selbst Husserl zehn Jahre für seine *Logischen Untersuchungen* gebraucht hat, und daß es sogar mehr als dreizehn Jahre dauerte, ehe er seine 'Ideen' veröffentlichte . . .«. Am 2. Februar des darauffolgenden Jahres äußerte er sich in ganz ähnlichem Ton, seinem Gefühl der Isolation in bewegenden Worten Ausdruck verleihend:

»Die Philosophie ist so überwältigend kompliziert, und man kommt nur so deprimierend langsam dabei voran. Die Vorstellung, daß Du Dir unserer raison d'être zumindest so klar bewußt bist wie ich und es immer sein wirst, war mir stets mehr als eine Ermutigung: sie stärkte in mir jenes Gefühl von Solidarität, das allein die Basis dessen ist, was ich tue – sicherlich gibt es außer uns dreien oder vieren noch andere, die so denken und fühlen wie wir, aber wir können sie nicht sehen, und vielleicht werden sie daran gehindert, sich zu äußern.«

Horkheimers Sorge darüber, in seinem Denken isoliert zu sein, war voll gerechtfertigt. Die theoretische Arbeit, die er schließlich gegen Ende der vierziger Jahre publizierte, hatte, verglichen mit den *Studies in Prejudice,* nur eine minimale Wirkung. Die *Dialektik der Aufklärung,* geschrieben während des Krieges, erschien erst 1947 auf dem Buchmarkt, und dann in deutscher Sprache bei einem holländischen Verlag.[2] Die *Eclipse of Reason,* die Oxford im gleichen Jahr herausbrachte, wurde, obschon sie dem englischsprachigen Publikum zugänglich war, ohne große Resonanz[3] und mit noch weniger kommerziellem Erfolg aufgenommen. Erst in den sechziger Jahren, als die *Dialektik* in Deutschland zu einem Untergrundklassiker wurde – sie zirkulierte in vielen Exemplaren als Raubdruck, ehe sie 1970 endlich neu herauskam – und als die *Eclipse* als ein Teil von Horkheimers *Kritik der instrumentellen Vernunft*[4] ins Deutsche übersetzt wurde, fanden sie das Publikum, das sie verdienten. Adornos *Minima Moralia* – sie sind niemals ins Englische übersetzt worden – hatten keinerlei Einfluß in Amerika.

Der kritische Schwenk in der Perspektive der Frankfurter Schule, der in diesen Schriften zum Ausdruck kommt, war ein Resultat der letzten zehn Jahre des Instituts in den USA und ist in dieser Eigenschaft als Abschluß für unsere Betrachtung der Amerika-Erfahrungen des Instituts besonders geeignet. Wenngleich es absolut unbillig und falsch wäre zu behaupten, Horkheimer und Adorno hätten nach ihrer Rückkehr nach Deutschland nur noch oder hauptsächlich die Implikationen dieser Bücher weiter ausgeführt – dies wäre besonders irreführend, was Adorno angeht, der weiterhin in dem ihm eigenen furiosen Tempo schrieb – so steckt in einer solchen Feststellung doch auch eine Spur an Wahrheit. Die *Dialektik der Aufklärung,* die *Eclipse of Reason* und die *Minima Moralia* bedeuteten eine so radikale und fundamentale Kritik an der westlichen Gesellschaft und an westlichem Denken, daß alles, was danach kam, nur noch den Charakter einer Klärung haben konnte. Selbst Marcuses spätere Arbeit in Amerika, die nicht in den Rahmen unseres Buches fällt, bewegte sich nicht wirklich auf Neuland, auch wenn es Nuancenunterschiede gab. Wie wir bei etlichen Gelegenheiten haben sehen können, waren viele Gedanken, die er in *Triebstruktur und Gesellschaft,* im *Eindimensionalen Menschen* und in anderen, kleineren Schriften entwickelte, im Keim bereits in seinen eigenen *Zeitschrift-*Artikeln oder in denen anderer Institutsmitglieder enthalten. Auch in den Arbeiten, die wir jetzt betrachten wollen, wurden ähnliche Überlegungen angestellt.

Wenn wir Horkheimers und Adornos Kritik als »radikal« bezeichnen, dann meinen wir dies im etymologischen Sinn des Wortes, das heißt, es handelt sich um Kritik, die bis an die Wurzeln eines Problems vordringt. Dies ganz deutlich zu machen ist deshalb so wichtig, weil die Frankfurter Schule ein wachsendes Mißtrauen gegen alles entwickelte, was in späteren Jahren »radikale« Politik hieß. Paradoxerweise sah sich das Institut um so weniger in der Lage, eine Verbindung zur radikalen Praxis herzustellen, je radikaler seine Theorie wurde. Die verzweifelten Hoffnungen von Horkheimers im Kriege geschriebenem Aufsatz über den »Autoritären Staat« machten bald einer immer düstereren Stimmung bezüglich der Chancen sinnvoller Veränderung Platz. Von der Sowjetunion enttäuscht, ohne jede Hoffnung auf die Arbeiterklassen der westlichen Welt und entsetzt über die integrative Macht der Massenkultur, legte die Frankfurter Schule den letzten Abschnitt des langen Marsches zurück, der sie immer weiter vom orthodoxen Marxismus wegführte.

Seinen sichtbarsten Ausdruck erfuhr dieser Wandel darin, daß das Institut den Klassenkampf als Motor der Geschichte, jenen Eckpfeiler jeder wahrhaft marxistischen Theorie, durch einen anderen ersetzte. Im Brennpunkt stand nun der umfassendere Konflikt zwischen Mensch und Natur, sowohl der innere wie der äußere, ein Konflikt, dessen Ursprünge in vorkapitalistische Zeiten zurückreichten und dessen Fortdauer, ja Intensivierung auch nach dem Ende des Kapitalismus als wahrscheinlich erschien. Anzeichen für eine solche Akzentverschiebung hatte es bereits in der von Institutsmitgliedern während des Krieges geführten Faschismus-Debatte gegeben. Für Horkheimer, Pollock, Adorno und Löwenthal nahm Herrschaft in zunehmenden Maße direkte, nichtökonomische Formen an. Die kapitalistische Form von Ausbeutung wurde nun in einem weiteren Zusammenhang gesehen; sie galt als die spezifisch historische Form von Herrschaft, die die bürgerliche Epoche der westlichen Geschichte kennzeichnete. Staatskapitalismus und autoritärer Staat bedeuteten das Ende oder zumindest die radikale Transformation dieser Epoche. Herrschaft, so meinten sie, sei nun, ohne die für die bürgerliche Gesellschaft charakteristischen Vermittlungen, viel offener und bösartiger. In gewissem Sinne sei es die Rache der Natur für die Grausamkeit und Ausbeutung, die der westliche Mensch ihr Generation um Generation angetan habe.

Im nachhinein lassen sich Anklänge dieses Motivs an vielen Stellen früher Institutsschriften ausmachen[5], wenn sie damals auch nicht vorrangig auftraten. Sie finden sich bei Adorno sowohl in seiner Untersuchung über Kierkegaard[6] wie in einigen Schriften über Musik[7], die bereits vor seiner Institutszugehörigkeit entstanden waren. Verschiedene Aphorismen der *Dämmerung*[8] hatten Grausamkeit gegenüber Lebewesen und die asketischen Prämissen der Arbeitsethik in einer Weise gegeißelt, welche die *Dialektik* vorwegnahm. Löwenthal hatte die liberale Vorstellung von der Beherrschung der Natur in seiner Kritik an Knut Hamsuns verquerem Protest dagegen durchaus klar herausgearbeitet.[9] Und Fromm verschwieg in seiner Erörterung über das Matriarchat seine bösen Ahnungen hinsichtlich der Unterdrückung von Frauen in der patriarchalischen Gesellschaft keineswegs, eine Unterdrückung, die durch die Gleichsetzung von Weiblichkeit und natürlicher Irrationalität noch erleichtert werde.[10]

Am deutlichsten zutage trat dieses Motiv wohl in Horkheimers Habilitationsschrift über *Die Anfänge der bürgerlichen Geschichtsphilosophie*[11] 1930 Hier brachte Horkheimer die Auffassung der Renaissance von Wissenschaft und Technologie nämlich ganz unmittelbar in Zusammenhang mit politischer Herrschaft. Die neue Konzeption von der Welt der Natur als einem Betätigungsfeld für menschliche Manipulation und Kontrolle, so erklärte er, entspreche durchaus der ihr verwandten Vorstellung vom Menschen selbst als einem Herrschaftsobjekt. Klarster Exponent dieser Auffassung war in seinen Augen Machiavelli, dessen politischer Instrumentalismus voll im Dienste des heraufkommenden bürgerlichen Staates gestanden habe. Machiavellis Politik habe, so Horkheimer, die undialektische Trennung von Mensch und Natur und die Hypostasierung der getroffenen Unterscheidung zugrunde gelegen. In Wirklichkeit, so widersprach er Machiavelli, hänge die »Natur« in zweierlei Weise vom Menschen ab: Die Gesellschaft verändere die Natur, und der Begriff, den der Mensch von der Natur

habe, ändere sich seinerseits ebenfalls. Damit seien Geschichte und Natur einander nicht notwendig auf ewig entgegengesetzt.
Dennoch seien sie aber auch nicht völlig identisch. Hobbes und später die Philosophen der Aufklärung hätten den Menschen der Natur in einer Weise angeglichen, die ihn ebenso zum Objekt mache, wie die Natur von der ›Neuen Wissenschaft‹ objektiviert worden sei. In ihren Augen seien sowohl der Mensch wie die Natur nur noch Maschinen. Diese Auffassung habe zur Folge, daß die Annahme, die Natur wiederhole sich ewig, auf den Menschen projiziert und dessen historische Fähigkeit zur Entwicklung, ohne die es keine Subjektivität gebe, geleugnet werde. Bei allen ihren progressiven Absichten impliziere diese »wissenschaftliche« Auffassung vom Menschen die ewige Wiederkehr des Gegenwärtigen.
Dies galt allerdings nicht für jenen Denker, den Horkheimer an den Schluß seiner Untersuchung früher moderner Geschichtsphilosophien stellte: Giambattista Vico. Vicos Angriff auf die cartesianische Metaphysik und die wachsende Idolatrie der Mathematik, so Horkheimer, unterscheide ihn klar von seinen Zeitgenossen, nicht minder seine Erkenntnis, der Mensch könne die Geschichte besser verstehen als die Welt der Natur, weil er die Geschichte immerhin selbst mache. Auch habe Vico die Schranken der Interpretation überschritten, welche die Aufklärung für die Ursprünge von Mythen bereithalte: für Vico seien sie weniger Priestertrug als die Projektion menschlicher Bedürfnisse auf die Natur. Mit dieser Argumentation habe Vico das spätere marxistische Ideologieverständnis antizipiert. Und damit stehe er trotz seiner Zyklentheorie vom Aufstieg und Fall der Kulturen, welche der Machiavellischen durchaus gleiche, insofern einzig da, als er gesehen habe, daß menschliche Aktivität der Schlüssel zum Verständnis historischer Entwicklung sei. Vico habe begriffen, daß Praxis und Beherrschung der Natur nicht dasselbe seien. Obwohl er Mensch und Natur trenne, vermeide er dabei doch jede Rangeinteilung; der Mensch stehe bei ihm nicht über der Natur und umgekehrt. Indem er auf der Subjektivität des Menschen insistiere, bewahre er die Möglichkeit der Subjektivität von Natur.
In seinen späteren Schriften beschäftigte sich Horkheimer kaum noch mit Vico; Kritik an der Aufklärung, die der italienische Theoretiker geübt hatte, setzte er jedoch auch weiterhin fort. In seinen Aufsätzen in der *Zeitschrift* geißelte er immer wieder das Vermächtnis des cartesianischen Dualismus im westlichen Denken. Die Hervorhebung der Nichtidentität in der Kritischen Theorie bedeutete niemals die absolute Trennung von Subjekt und Objekt. Solche Trennung, so meinte die Frankfurter Schule, hänge mit den Erfordernissen des aufkommenden kapitalistischen Systems zusammen. »Seit Descartes«, so schrieb Horkheimer in »Vernunft und Selbsterhaltung«, »ist bürgerliche Philosophie schon ein einziger Versuch, als Wissenschaft sich in den Dienst

der herrschenden Produktionsweise zu stellen, durchkreuzt nur von Hegel und seinesgleichen.«[12] Diese Art des Zusammenhangs zwischen Basis und Überbau tauchte bereits vor dem Kriege in den Schriften der Frankfurter Schule immer wieder als Wesensmerkmal auf. Aber schon damals wurde das Verhältnis niemals genauer präzisiert.[13] Eine solche Präzisierung bereitete deshalb besondere Schwierigkeiten, weil zu unterschiedlichen Zeiten von materialistischen Rationalisten wie Hobbes, Empiristen wie Hume und Idealisten wie Kant gesagt wurde, sie dienten allesamt dem kapitalistischen System in der einen oder anderen Weise. Um die Mitte der vierziger Jahre war in den Schriften des Instituts die traditionelle marxistische Theorie nur noch als Hauch zu spüren. Wie bereits bemerkt, wurden in dem Kapitel über Antisemitismus in der *Dialektik* dessen vorkapitalistische, archaische Wurzeln in einer Weise diskutiert, die von Marx verworfen worden wäre. Und tatsächlich erfuhr der Begriff der Aufklärung in den vierziger Jahren einen grundlegenden Wandel. Statt kulturelles Korrelat des aufsteigenden Bürgertums zu sein, wurde er ausgedehnt auf das gesamte Spektrum westlichen Denkens. »Aufklärung ist hier identisch mit bürgerlichem Denken, nein, mit Denken im allgemeinen; denn das Denken ist sozusagen allein in den Städten beheimatet«, schrieb Horkheimer 1942 an Löwenthal.[14] Und in der *Kritik der instrumentellen Vernunft* sagte er sogar: »Diese Vorstellung vom Menschen als dem Herrn (sie war der Kern aufklärerischen Denkens) läßt sich bis auf die ersten Kapitel der Genesis zurückverfolgen.«[15]

Hier zeigt sich, daß Horkheimer und Adorno, auch wenn sie noch immer eine an den Marxismus erinnernde Sprache benutzten – Begriffe wie »Tauschprinzip«[16] spielten eine Schlüsselrolle in ihrer Analyse –, Antworten auf kulturelle Fragen nicht mehr in der materiellen Basis der Gesellschaft suchten. Und tatsächlich läßt ihre Analyse des Tauschprinzips als Schlüssel zum Verständnis der westlichen Gesellschaft ebenso sehr an Nietzsches Diskussion in der *Genealogie der Moral*[17] denken wie an Marx' *Kapital*.

Mehr noch, die Frankfurter Schule ließ nicht nur alle Spuren einer orthodox-marxistischen Theorie von Ideologie hinter sich, implizit stellte sie auch Marx in die Aufklärungstradition.[18] Marx' Überbetonung von Arbeit als dem zentralen Moment der Art und Weise der Selbstverwirklichung des Menschen, die Horkheimer bereits in der *Dämmerung* in Zweifel gezogen hatte, gab den ersten Anstoß zu dieser Überlegung. In der Reduktion des Menschen auf ein *animal laborans*[19] stecke die Verdinglichung der Natur als Betätigungsfeld menschlicher Ausbeutung. Wenn Marx recht habe, dann werde sich die ganze Welt in ein »riesiges Arbeitshaus« verwandeln.[20] Tatsächlich ließen sich die repressiven technologischen Alpträume, die seine selbsternannten Nachfolger im 20. Jahrhundert in die Welt setzten, nicht völlig von der immanenten Logik der Marxschen Schriften selbst abtrennen.

Marx war indes nicht der zentrale Gegenstand, um den sich die *Dialektik* drehte. Horkheimer und Adorno waren viel ambitiöser. Ihr Gegenstand war die gesamte Tradition der Aufklärung, jener Prozeß einer vermeintlich befreienden Entmystifizierung, die Max Weber die Entzauberung der Welt genannt hat. Dabei ließen sie sich von Lukács' *Geschichte und Klassenbewußtsein* leiten, wo Webers Begriff der Rationalisierung mit dem Begriff der Verdinglichung verbunden und dadurch mit einer schärferen kritischen Spitze versehen war.[21] Horkheimer war in der Tat stets ein aufmerksamer Leser der Weberschen Schriften gewesen. In »Vernunft und Selbsterhaltung« übernahm er Webers fundamentale Analyse über die *Protestantische Ethik und den Geist des Kapitalismus.* »Der Protestantismus«, so schrieb er, »war die stärkste Kraft bei der Ausbreitung einer kalten, rationalen Individualität . . . Anstelle von Arbeit um der Seligkeit trat Arbeit um der Arbeit, Profit um des Profites willen; die ganze Welt wurde zum bloßen Material . . . Von Leonardo zu Henry Ford führte kein anderer Weg als der über religiöse Introversion.«[22] Calvins theologischer Irrationalismus, so meinte er, enthülle sich als »die List der technokratischen Vernunft«.[23] Während jedoch Weber den Prozeß mit stoischer Resignation betrachtete, hegte die Frankfurter Schule noch immer die Hoffnung auf einen Bruch im Kontinuum der Geschichte. Sie war zwar deutlicher zu erkennen in den frühen vierziger Jahren – noch einmal ist der »Autoritäre Staat« als höchster Pegel dafür zu nennen –, doch auch nach dem Kriege war die Hoffnung nicht völlig verschwunden. Hauptquelle des bewahrten Optimismus war vermutlich der Rest eines Glaubens an den schließlichen Sieg der Vernunft, der in der Kritischen Theorie sich erhielt. Vernunft, wir haben es bereits gesagt, bedeutete die Versöhnung von Widersprüchen, den Gegensatz zwischen Mensch und Natur eingeschlossen. Trotz ihres Mißtrauens absoluten Identitätstheorien gegenüber pochten Horkheimer und seine Kollegen auf die Bedeutung von »objektiver Vernunft« als einem Gegenmittel gegen die einseitige Überlegenheit von instrumenteller »subjektiver Vernunft«. »Die beiden Vernunftbegriffe«, schrieb Horkheimer[24], »stellen keine getrennten und voneinander unabhängigen Weisen des Geistes dar, obgleich ihr Gegensatz eine reale Antinomie ausdrückt. Die Aufgabe der Philosophie besteht nicht darin, stur den einen gegen den anderen auszuspielen, sondern eine wechselseitige Kritik zu befördern und so, wenn möglich, im geistigen Bereich die Versöhnung beider in der Wirklichkeit vorzubereiten.«

Eine solche Hoffnung vermochte Weber mit seinem neukantianischen Skeptizismus hinsichtlich der Unversöhnbarkeit von praktischer und theoretischer Vernunft nicht zu hegen. Er stellte zwar die Verdrängung dessen, was er als »materiale« Rationalität bezeichnete, durch ihr formales Gegenstück fest, war jedoch unfähig, die Möglichkeit ihrer Wiederherstellung ins Auge zu fassen. Die »Rationalisierung« der modernen Welt war nur in einem nichtmaterialen Sinne gemeint. Weber hoffte nicht, wie einige seiner romantischeren Zeitgenossen, die Uhr zurückdrehen zu können, doch steht fest, daß er die Entzauberung der Welt ohne große Begeisterung aufnahm.

Der Frankfurter Schule erging es natürlich nicht anders. Sie war sogar nachdrücklich darum bemüht zu zeigen, wie wenig »rational« die Welt in Wirklichkeit geworden war. Die Vernunft, so suggerierte der Titel des Horkheimer-Buches, war im Schwinden begriffen; sie verfinsterte sich. Trotz ihres Anspruchs, die Mythen hervorbringende Verwirrung durch die Einführung rationaler Analyse überwunden zu haben, war die Aufklärung selbst einem neuen Mythos zum Opfer gefallen. Diese Problematik war eines der Hauptthemen der *Dialektik*. Den Ausgangspunkt des Herrschaftsentwurfs der Aufklärung bilde, so kritisierten Horkheimer und Adorno, eine säkularisierte Version der religiösen Überzeugung, Gott sei es, der die Welt beherrsche. Die Folge sei, daß das menschliche Subjekt das natürliche Objekt als ein minderes, ihm äußerliches Anderes ansehe. Noch der primitive Animismus habe bei all seinem Mangel an Selbstbewußtsein ein Gespür für die gegenseitige Durchdringung der beiden Sphären gezeigt. Dem Aufklärungsdenken fehle diese Dimension dagegen völlig; die Welt werde gesehen als aus leblosen, fungiblen Atomen zusammengesetzt: »Der Animismus hatte die Sache beseelt, der Industrialismus versachtlicht die Seelen.«[25]

Begriffliches Denken, zumindest im Hegelschen Sinne, habe sich die einfache Sensibilität für die Vermittlungen zwischen Subjekt und Objekt bewahrt. Das deutsche Wort »Begriff« hänge mit dem Verb »greifen« zusammen. Begriffe seien demnach Vorstellungen, die ihren Inhalt voll ergriffen hätten, negative wie positive Momente gleichermaßen eingeschlossen. Tatsächlich bestehe einer der Hauptunterschiede zwischen Mensch und Tier in der Fähigkeit des Menschen, begrifflich zu denken, während das Tier über seine unmittelbaren Sinnesempfindungen nicht hinauskomme. Das Gefühl des Menschen von Ichsubstanz, von Identität in der Zeit sei das Produkt seiner begrifflichen Fähigkeiten, die Möglichkeit und Wirklichkeit gleichermaßen umfaßten. Die wichtigste erkenntnistheoretische Tendenz der Aufklärung bestehe indes in der Verdrängung von Begriffen durch Formeln, die über eine undialektische Unmittelbarkeit nicht hinausreichten. »Begriffe sind vor der Aufklärung wie Rentner vor den industriellen Trusts«, schrieben Horkheimer und Adorno, »keiner darf sich sicher fühlen.«[26] Mehr noch, die Überbetonung des logischen Formalismus in der Aufklärung und ihre Behauptung, alles wirkliche Denken tendiere zum Zustand der Mathematik, bedeute, daß die statische Wiederholung aus mythischer Zeit nach wie vor Geltung habe und die dynamische Möglichkeit einer historischen Entwicklung damit vereitelt werde.

Ganz besonders unheilvoll wirke sich die Naturbeherrschung der Aufklärung auf die Beziehungen der Menschen zueinander aus. Mit der

Entwicklung dieses Gedankens setzten Horkheimer und Adorno einen Strang fort, den Marcuse in seinem Artikel über den »Kampf gegen den Liberalismus in der totalitären Staatsauffassung« aufgenommen hatte.[27] Totalitarismus, so erklärten sie, sei weniger die Ablehnung des Liberalismus und der Werte der Aufklärung als die praktische Emanation ihrer immanenten Dynamik. Dem Tauschprinzip, das der Naturvorstellung der Aufklärung von fungiblen Atomen zugrunde liege, entspreche die zunehmende Atomisierung des modernen Menschen, ein Prozeß, der in der repressiven Egalität des Totalitarismus seinen Höhepunkt finde. Die instrumentelle Manipulation der Natur durch den Menschen ziehe unausweichlich eine entsprechende Beziehung unter den Menschen nach sich. Die unüberbrückbare Distanz zwischen Subjekt und Objekt in der Weltsicht der Aufklärung entspreche dem relativen Status von Herrschern und Beherrschten in den modernen autoritären Staaten. Die Versachlichung der Welt habe einen ähnlichen Effekt in den Beziehungen der Menschen zueinander produziert. Wie Marx, wenn auch eingeschränkt auf den Kapitalismus, gesagt habe, herrsche die tote Vergangenheit nun über die lebendige Gegenwart.

Alle diese Veränderungen spiegelten sich in der fundamentalsten aller Kulturschöpfungen, in der Sprache. Wie an anderer Stelle bereits gesagt, hatte Walter Benjamin sich stets lebhaft für die theologischen Dimensionen von Sprache interessiert.[28] An der Wiege seiner Sprachtheorie stand die Überzeugung, die Welt sei geschaffen worden durch das Wort Gottes. Für Benjamin bedeutete »Im Anfang war das Wort«, daß Gottes Schöpfungsakt zum Teil in der Verleihung von Namen bestand. Diese Namen drückten natürlich vollkommen adäquat aus, was sie bezeichneten. Nun hatte aber auch der Mensch, geschaffen nach dem Bilde Gottes, die einmalige Gabe, Namen zu verleihen. Doch seine Namen und Gottes Namen waren nicht dieselben. Die Folge war, daß sich eine Kluft zwischen Namen und Sache auftat, und die absolute Adäquatheit göttlicher Sprache verlorenging. Für Benjamin war die formale Logik die Barriere, welche die Sprache des Paradieses von ihrem menschlichen Gegenstück trennte. Der Mensch neige dazu, so meinte er, Dinge durch Abstraktionen und Verallgemeinerungen »überzubenamsen«; »jene reine Sprache, die in fremde gebannt ist, in der eigenen zu erlösen, die im Werk gefangene in der Umdichtung zu befreien, ist die Aufgabe des Übersetzers.«[29] Ähnlich sei die Funktion des Kulturkritikers die Rückgewinnung der verlorengegangenen Dimension der Sprache Gottes durch eine hermeneutische Dechiffrierung jener ungenauen Annäherungen des Menschen.

Benjamins Verlangen nach einer reinen Sprache hatte, wir haben bereits davon gesprochen, ihre Wurzeln in seiner Versenkung in den jüdischen Mystizismus. Möglicherweise spiegelte sich auch der Einfluß der französischen symbolistischen Dichtung darin wider, mit der Benjamin sehr vertraut war. In seinem Aufsatz über die Aufgabe des Übersetzers zitierte er Mallarmé: » . . . la diversité, sur terre, des idiomes empêche personne de proférer les mots qui, sinon se trouveraient, par une frappé unique, elle-même matériellement la vérité.«[30] Und schließlich mochte auch, wie etliche Kommentatoren gemeint haben[31], der untergründige Rest von schwäbischem Pietismus in der deutschen idealistischen Tradition einen gewissen Einfluß auf seine Sprachtheorien gehabt haben. Was auch immer die Hintergründe gewesen sein mögen, es ist wichtig zu sehen, daß Benjamin sich viel stärker für das Wort als für die Satzstruktur als den göttlichen Text interessierte, eine Tatsache, die es schwer macht, ihn als »Strukturalisten avant la lettre« zu bezeichnen[32], wie es zuweilen geschehen ist.

Adorno und Horkheimer distanzierten sich zwar von der bewußt theologischen Untermauerung der Benjaminschen Sprachtheorie, gingen jedoch einig mit ihm in seiner Vorstellung, eine »reine« Sprache sei korrumpiert worden.[33] »Philosophie«, so schrieb Horkheimer in der *Kritik der instrumentellen Vernunft*, »ist die bewußte Anstrengung, all unsere Erkenntnis und Einsicht zu einer sprachlichen Struktur zu verknüpfen, in der die Dinge bei ihrem rechten Namen genannt werden.«[34] Der Begriff der Wahrheit ist in jeder echten Philosophie, so fuhr er fort, »die Übereinstimmung von Name und Ding«.[35] Auch hier bildete das Versöhnungsmotiv von Vernunft wieder einmal die Wurzel des utopischen Impulses der Kritischen Theorie.

Auch wenn sie in ihren Schriften in den vierziger Jahren immer wieder davon sprachen, gaben Horkheimer und Adorno ihre Weigerung nicht auf, das »Andere« zu benennen oder zu beschreiben, eine, wie wir gesehen haben, der zentralen Prämissen der Kritischen Theorie von Anfang an. Tatsächlich entsprach ihre Zurückhaltung in diesem Punkt dem jüdischen Tabu, das Heilige auszusprechen. Die Juden nennen Gott nicht bei seinem richtigen Namen; es zu tun, wäre verfrüht, das messianische Zeitalter ist noch nicht gekommen. In gleicher Weise spiegelte sich in der mangelnden Bereitschaft der Frankfurter Schule, eine utopische Vision auszumalen, die Überzeugung ihrer Mitglieder, wahre Versöhnung könne niemals allein von der Philosophie geleistet werden. Wie Marx erklärt habe, könne das »Reich der Freiheit« nicht von Menschen konkret konzipiert werden, die selbst noch unfrei seien. Solange sich die sozialen Verhältnisse nicht drastisch änderten, könne die Philosophie nur eine begrenzte Rolle spielen: »Insofern Subjekt und Objekt, Wort und Ding, unter den gegenwärtigen Verhältnissen nicht vereinigt werden können, werden wir durch das Prinzip der Negation getrieben, die Rettung relativer Wahrheiten aus den Trümmern falscher Absoluta zu versuchen.«[36] Und tatsächlich hatte Adorno Benjamin wegen seines theologischen Versuchs ins Gebet genommen, Dinge bei ihrem rechten Namen zu nennen; Adorno sprach von einer Kombination aus Magie und Positivismus.[37] In dem Kapitel über Kulturindustrie in der *Dialektik* benutzten er und Horkheimer die gleiche Kombination von offensichtlichen Gegensätzen, um die ideologische, instrumentelle Sprache zu beschreiben, die durch die Massenkultur produziert werde.[38] Negation und nicht die verfrühte Suche nach Lösungen sei das wahre Refugium der Wahrheit.

Tatsächlich lag die größte Schwäche des Denkens der Aufklärung nicht in ihrer Unfähigkeit, soziale Verhältnisse zu schaffen, in denen Name und Sache zu Recht als eins gelten konnten, sondern vielmehr in ihrer systematischen Eliminierung der Negation aus der Sprache. Dies war auch der Grund, warum ihr Ersetzen von Begriffen durch Formeln sich letztlich also so destruktiv erwies. Die Philosophie der Aufklärung war ganz erheblich viel nominalistischer, als sie realistisch war; Benjamins Interpretation zufolge erkannte sie nur die Sprache des Menschen an und ignorierte die Sprache Gottes. Allein der Mensch war Namensgeber, eine Rolle, die seiner Beherrschung der Natur voll entsprach. Damit wurde die Sprache, um Marcuses späteren Terminus zu gebrauchen, eindimensional.[39] Unfähig, Negation auszudrücken, konnte sie den Protest der Unterdrückten nicht mehr artikulieren. Statt Bedeutungen zu enthüllen, war die Sprache zum Werkzeug der in der Gesellschaft bestimmenden Kräfte geworden, und nur das.

Antizipationen dieses Zerfalls von Sprache wurden sichtbar in dem Kulturdokument, das Adorno und Horkheimer im ersten der beiden Exkurse in der *Dialektik* untersuchten, in der *Odyssee* von Homer. Die List des Odysseus, sich Polyphem mit dem Namen »Niemand« vorzustellen, bedeutete zugleich eine Verleugnung der eigenen Identität, die für den primitiven, voraufklärerischen Geist des Riesen gleichbedeutend war mit dem Namen. Letztlich jedoch kehrte sich die List gegen Odysseus selbst, denn der abendländische Mensch hat tatsächlich seine Identität verloren, und zwar insofern, als die Sprache der Begrifflichkeit und der Negation ersetzt und verdrängt wurde durch eine Sprache, die nur noch als Instrument des status quo fungieren kann.

Noch in anderer Weise hatte Homers Epik – oder besser: Homers halbmythische Epik und halb rationaler Protoroman – die wichtigsten Themen der Aufklärung vorweggenommen. Ein Beispiel dafür war die Erkenntnis, daß Selbstverleugnung und Selbstaufgabe der Preis für subjektive Rationalität waren. Wie im zweiten Kapitel bei der Erörterung von Horkheimers »Egoismus und Freiheitsbewegung«, Marcuses »Über Hedonismus« und anderer Bespiele früher Institutsarbeiten bemerkt, war der Asketizismus in all seinen Ausprägungen immer wieder Ziel der Kritik des Instituts. In der *Dialektik* wurde diese Kritik weiter ausgedehnt: »Die Geschichte der Zivilisation ist die Geschichte der Introversion des Opfers. Mit anderen Worten: die Geschichte der Entsagung.«[40] Tatsächlich, so sagen die Autoren, stehe dieses erste Leugnen einer Einheit von Mensch und Natur an der Wiege aller späteren Mängel von Kultur. Die Odyssee fließe über von klaren Beispielen für den inneren Zusammenhang zwischen Selbstaufgabe und Selbsterhaltung im abendländischen Denken: Odysseus weigere sich, Lotus zu essen, er esse nicht von den Rindern des Hyperion, er schlafe mit Circe erst, nachdem sie ihm geschworen habe, ihn nicht in ein Schwein zu verwandeln, und er binde sich selbst am Schiffsmast fest, um nicht vom Gesang der Sirenen verführt zu werden.

Die letztgenannte Episode war für Horkheimer und Adorno besonders symbolschwanger.[41] Die Ohren von Odysseus' Seeleuten würden mit Wachs verstopft, damit sie den Gesang der Sirenen nicht hören könnten. Wie moderne Arbeiter unterdrückten sie den Genuß, um ihre Mühen weiter auf sich nehmen zu können. Odysseus dagegen, sei kein Arbeiter und dürfe deshalb den Gesang hören, jedoch unter Bedingungen, die ihm von vornherein verwehrten, der Versuchung nachzugeben. Für die Privilegierten bleibe die Kultur immerhin »une promesse de bonheur«, wenn auch ohne die Möglichkeit der Erfüllung. Odysseus erlebe hier jene Trennung von ideeller und materieller Sphäre, die das kennzeichne, was das Institut unter »affirmativer Kultur« verstehe.

In einem tieferen Sinne sei Odysseus' Version von Rationalität sogar eine unheilvolle Vorahnung der Dinge, die da kommen sollten. In seinem Kampf gegen die mythische Herrschaft des Schicksals sei er gezwungen, seine Einheit mit der Totalität zu leugnen. Aus purer Notwendigkeit müsse er, um seine Selbsterhaltung zu sichern, eine partikularistische, subjektive Rationalität entwickeln. Wie Robinson Crusoe sei er ein atomisiertes, isoliertes Einzelwesen, das angesichts einer feindseligen Umwelt auf seinen eigenen Witz angewiesen sei. Seine Rationalität basiere somit auf List, Trug und Instrumentalisierung. Für Horkheimer und Adorno war Odysseus der Prototyp jenes Vorbildes aufklärerischer Werte, des modernen »ökonomischen Menschen«. Seine treulose Reise antizipiere die bürgerliche Ideologie vom Risiko als der moralischen Rechtfertigung des Profits. Noch in seiner Ehe mit Penelope stecke das Tauschprinzip – ihre Treue und ihr Abweisen aller Verehrer während seiner Abwesenheit im Tausch gegen seine Rückkehr.

Doch trotz aller wichtigen urbildhaften Antizipationen der Aufklärung enthalte Homers Epik auch ein starkes Moment von Heimweh, von Sehnsucht nach Versöhnung. Die Heimat, in die Odysseus zurückkehren wolle, sei der Natur noch entfremdet, und echtes Heimweh sei, wie Novalis gewußt habe, nur gerechtfertigt, wenn »Heimat« gleichbedeutend sei mit Natur. In ihrem zweiten Exkurs in der *Dialektik*, unter der Überschrift »Juliette oder Aufklärung und Moral«, untersuchten Horkheimer und Adorno jene Verzerrungen von »Rückkehr« zur Natur, die sich wie eine Unterströmung durch die Aufklärung zogen. Rückkehr bedeute hier immer wieder die Rache der brutalisierten Natur, ein Phänomen, das in der Barbarei des 20. Jahrhunderts seinen Höhepunkt finde. Die frühere Arbeit des Instituts über den faschistischen Naturalismus – insonderheit Löwenthals beißender Aufsatz über Knut Hamsun – lieferte den Hintergrund für diese Diskussion.

Wieder verwiesen Horkheimer und Adorno auf die Kontinuität von bürgerlichem Liberalismus, in diesem Falle vertreten durch Kant, und Totalitarismus, vorweggenommen durch de Sade und in einem gewissen Maß durch Nietzsche. Kants Bestreben, Ethik ausschließlich in der praktischen Vernunft zu begründen, sei, so meinten sie, letztlich ein Fehler gewesen. Die Art, in der die Aufklärung mit der Natur und mithin auch mit den Menschen umgehe, sie zu Objekten machend, stimme prinzipiell mit dem extremen Formalismus des kategorischen Imperativs überein, trotz Kants ausdrücklichem Gebot, die Menschen als Ziel und nicht als Mittel zu betrachten. Logisch zu Ende gedacht, führe die kalkulierende, instrumentelle, formale Rationalität zu den barbarischen Greueln des 20. Jahrhunderts. De Sade sei eine der Wegstationen an dieser Straße, seine *Histoire de Juliette* das Modell funktionaler Rationalität – kein Organ, das untätig geblieben, keine Öffnung, die nicht verschlossen worden wäre. »Juliette hat die Wissenschaft zum Credo . . . Sie operiert mit Semantik und logischer Syntax wie der modernste Positivismus, aber nicht wie dieser Angestellte der jüngsten Administration richtet sie ihre Sprachkritik vornehmlich gegen Denken und Philosophie, sondern als Tochter der kämpfenden Aufklärung gegen die Religion.«[42] De Sades andere Schriften, wie *Les 120 Journées de Sodome,* seien die Kehrseite von Kants architektonischem System. Andere, wie *Justine,* seien Homersche Epik, der man die letzten Spuren von Mythologie genommen habe. Mit seiner skrupellosen Trennung der geistigen von der körperlichen Seite der Liebe verdeutliche de Sade nur die Implikationen des cartesianischen Dualismus. Mehr noch, in seiner grausamen Unterjochung der Frau stecke die für die Aufklärung charakteristische Beherrschung der Natur.[43] Frauen, völlig auf ihre biologische Funktion reduziert, seien jeder Subjektivität beraubt. Der Kult um die Jungfrau, den die Kirche treibe und der eine partielle Konzession an mütterliche Wärme und Versöhnung bedeute, bringe letztlich überhaupt nichts. Die Hexenprozesse der frühen Moderne seien viel symbolischer für die implizite Einstellung der Aufklärung der Frau gegenüber, trotz aller äußeren Unterstützung der Emanzipationsbestrebungen. De Sades offene Brutalität sei nur das sichtbarste Beispiel für ein viel weiter verbreitetes Phänomen. Tatsächlich antizipiere der Sadismus der Aufklärung gegenüber dem »schwächeren Geschlecht« die spätere Vernichtung der Juden – Frauen und Juden würden zusammen mit der Natur als Objekte von Herrschaft identifiziert.

Nietzsches »Wille zur Macht«, kündige nicht weniger als der Kantische kategorische Imperativ diese Entwicklung an, indem er die Unabhängigkeit des Menschen von äußeren Kräften postuliere. Seine anthropo-

zentrische Hybris liege auch Kants Begriff der »Reife« zugrunde – einem der Hauptziele der Aufklärung, wie Kant sie verstehe. Der Mensch als Maß aller Dinge sei an sich gleichbedeutend mit dem Menschen als Herrscher über die Natur. Paradoxerweise sei es die Überbetonung der menschlichen Autonomie, die zur Unterwerfung des Menschen führe; denn das Schicksal der Natur werde zum Schicksal des Menschen. In Wirklichkeit benutze der Faschismus die Rebellion der unterdrückten Natur gegen menschliche Herrschaft zu finsteren Zwekken im Sinne eben dieser Herrschaft.[44] Beherrschung in der einen Richtung könne nur allzu leicht in die Gegenrichtung ausschlagen; die wahre »Rückkehr« zur Natur sei etwas ganz anderes als der faschistische Pseudonaturalismus.
Indem sie nicht dauernd von der totalen Autonomie sprachen – dies in Parenthese angemerkt –, hielten Horkheimer und Adorno an der Weigerung fest, eine positive Anthropologie zu definieren, welche die Kritische Theorie von Anfang an kennzeichnete. Ein solcher Entwurf, so schienen sie zu sagen, gehe notwendig von der zentralen Stellung des Menschen aus, eine Auffassung, welche die Welt der Natur abwerte. Die Kritische Theorie war trotz all ihrer Insistenz auf einem Maßstab, an dem die Irrationalitäten der Welt gemessen werden konnten, in ihrem Kern nicht das, was man als radikalen Humanismus bezeichnet.[45] Horkheimers Interesse an Religion, das in späteren Jahren deutlich zutage trat, war also auch kein so fundamentales Abweichen von den Prämissen seiner früheren Arbeit, wie es auf den ersten Blick den Anschein haben könnte.

Im letzten Teil der *Dialektik der Aufklärung* reflektierten Horkheimer und Adorno die Auswirkungen des Ethos der Aufklärung in der Kulturindustrie sowie im modernen Antisemitismus; beide Abhandlungen haben wir bereits in den vorangehenden Kapiteln besprochen. Am Ende des Buches findet sich eine kleine Sammlung von Aphorismen über so unterschiedliche Themen wie »Interesse am Körper« und »Theorie der Gespenster«. Der Ton des Buches – wir hatten mehrfach Gelegenheit, dies festzustellen – ist durchweg pessimistisch, die Prognose finster. Die Entfremdung des Menschen von der Natur, die für die gegenwärtige Krise der westlichen Kultur so zentral ist, erscheint als fast irreversible Entwicklung. In einem Aphorismus zur Geschichtsphilosophie lehnen Horkheimer und Adorno die optimistischen Prämissen von Christentum, Hegelschem Idealismus und historischem Materialismus ausdrücklich ab. Die Hoffnung auf bessere Verhältnisse, soweit sie nicht überhaupt bloße Illusion sei, könne weniger in der Versicherung liegen, solche Verhältnisse seien zu erreichen, als in der entschiedenen Negation des Bestehenden. Allerdings gebe es keine bestimmte, von der Vernunft vorgezeichnete Praxis, die in dem Kampf von Nutzen sein könne.[46]

De facto behandelte die Frankfurter Schule in zunehmendem Maße jeden Versuch, die Versprechen der Philosophie einzulösen, als Instrumentalisierung. In einem Aphorismus über Propaganda lieferten Horkheimer und Adorno eine vernichtende Kritik über die instrumentelle Verwendung von Philosophie und Sprache zur Durchsetzung sozialer Veränderung. In der *Kritik der instrumentellen Vernunft* äußerte sich Horkheimer in ähnlicher Weise: »Ist nun der Aktivismus, insbesondere der politische Aktivismus, das einzige Mittel zur Erfüllung, wie sie eben definiert wurde? Ich zögere, die Frage zu bejahen. Dieses Zeitalter bedarf keines zusätzlichen Antriebs zum Handeln. Philosophie darf nicht in Propaganda verwandelt werden, nicht einmal für den bestmöglichen Zweck.«[47]

Das heißt, programmatische Hinweise auf Methoden, wie die Gesellschaft zu verändern sei, finden sich eigentlich in keiner Schrift der Frankfurter Schule aus den vierziger Jahren. (Nicht daß dem früher so gewesen wäre, war doch in früheren Institutsschriften immerhin der Ruf nach Praxis recht häufig zu vernehmen.) Versöhnung mit der Natur war das erklärte Ziel; was dies jedoch in einzelnen hieß, wurde niemals genau gesagt. Was es allerdings bestimmt nicht hieß, war die Unterwerfung des Menschen unter hypostasierte Naturmächte. Die Frankfurter Schule wollte weder Engels' krude Naturdialektik wiederbeleben, noch wollten ihre Mitglieder sich der von rechts kommenden Version der Apotheose der Natur beugen, die Löwenthal in seinem Aufsatz über Knut Hamsun so vernichtend entlarvt hatte; und schließlich distanzierten sie sich auch von jenen allzu zahlreichen Kritiken an der Aufklärung, die die gesamte deutsche Geistesgeschichte durchziehen und vielfach kaum mehr sind als ein nostalgisches Jammern nach einem idealisierten »Naturzustand«.

Natur, so hatten Horkheimer und Adorno verdeutlicht, war von sich aus weder gut noch schlecht. Mehr noch, eine völlige Versöhnung mit der Natur im Sinne einer totalen Identität konnte nur eine Regression auf den Stand unvermittelter Stasis sein. Die Kritische Theorie hielt an ihrer These der Nichtidentität weiterhin in einer Weise fest, die eine Reduktion des Subjekts aufs Objekt und vice versa von vornherein ausschloß; und dies war auch der Punkt, an dem ihre Schöpfer sich von Benjamin und Bloch unterschieden, deren Philosophie der Hoffnung vom Wiederaufleben eines natürlichen Subjekts in einer Art sprach, die den Unterschied zwischen Subjekt und Objekt auszulöschen schien.[48] Nicht in der Einheit von Wahrnehmung und Gegenstand, so meinten Horkheimer und Adorno in ihrer Erörterung über Projektion, sondern in ihrem reflektierten Gegensatz sei die Utopie der Versöhnung bewahrt.[49] Und an anderer Stelle führten sie aus, daß es die Erinnerung an die Natur und nicht die Natur selbst sei, die der Herrschaft gefährlich werde.[50]

Die Erinnerung spielte in der Tat eine Schlüsselrolle im Verständnis der Frankfurter Schule von der Krise der modernen Kultur. Die Freudsche Komponente der Kritischen Theorie trat hier deutlich zutage.[51] Zu den höchsten Kosten des Fortschritts, so Horkheimer und Adorno in einem Aphorismus, zähle auch die Unterdrückung jener Schmerzen und Leiden, die die Beherrschung der Natur verursache. Natur sei nicht nur als etwas dem Menschen Äußerliches zu begreifen, sondern auch als eine innere Realität. »Alle Verdinglichung«, so schrieben sie, »ist ein Vergessen.« [52]Wie an anderer Stelle bereits gesagt, war die Suche nach einer befreiten Zukunft in der integrierten Wiedererlangung der Vergangenheit eins der Hauptthemen in Walter Benjamins Werk. Seine Theorie der Erfahrung und sein Interesse an den *memorabilia* seiner Kindheit[53] sind Ausdruck dieses Impulses. Tatsächlich war es ein Brief an Benjamin im Jahr 1940, der Adorno zum erstenmal den Satz formulieren ließ, »alle Verdinglichung ist ein Vergessen«.[54] Anlaß dazu war ihm Benjamins Aufsatz in der *Zeitschrift* über Baudelaire, in dem jener den Begriff der Erfahrung und des Proustschen *mémoire involontaire* diskutierte.

Der Prozeß der Emanzipation wurde zum Teil als Entwicklung von Selbstbewußtsein, zum Teil als Wiederaufleben der verlorenen Vergangenheit verstanden. Hier sind natürlich die Hegelschen Wurzeln der Kritischen Theorie mit Händen zu greifen. Für Hegel war der Geschichtsprozeß die Reise des Geistes, der sich seiner entfremdeten Objektivierungen bewußt wird. Horkheimer und Adorno unterschieden sich von Hegel, indem sie sich erstens weigerten, Subjektivität als eine transzendentale Realität jenseits der Individuen zu hypostasieren, und zweitens nicht bereit waren, Subjektivität als einzige Quelle objektiver Realität zu betrachten. Die Frankfurter Schule fiel niemals auf die idealistische Vorstellung von der Welt als der Schaffung von Bewußtsein zurück. So schrieb Adorno am 29. Februar 1940 an Benjamin, ein gewisses Vergessen sei unvermeidlich und bis zu einem bestimmten Grad auch eine gewisse Verdinglichung. Eine völlige Identität des reflektierenden Subjekts mit dem Objekt seiner Reflexion sei unmöglich.[55]

Wie zu erwarten, mißtraute die Frankfurter Schule dem anthropozentrischen Impuls, der für sie den Kern der idealistischen Betonung von Bewußtsein ausmachte, selbst wenn dieses Bewußtsein theoretisch »objektiv« sei. 1945 kehrte Horkheimer an die *Columbia University* zurück, um dort Vorlesungen über seine wichtigsten Arbeitsgebiete, genauer über seine Bücher zu halten. In einer dieser Vorlesungen[56] warf er der klassischen deutschen Philosophie vor, sie wolle den Dualismus zwischen Gott und dem Menschen überwinden, ein Wunsch, der den Einschluß des Dämonischen in ihre Systeme zur Folge habe. So sei es zu Theodizeen wie der Leibnizschen und der Hegelschen mit ihren quietistischen Implikationen gekommen. In sämtlichen Werken der klassischen Philosophen fehle der Gedanke der Gnade, ein Zeichen

der ihnen innewohnenden Hybris. Um dies zu vermeiden, so implizierte die Frankfurter Schule, müsse die autonome Integrität des natürlichen Objekts bewahrt werden, wenn auch nicht so weit, daß man seine vermittelte Wechselbeziehung zum menschlichen Subjekt außer acht lasse. Was Marx den »durchgeführten Humanismus der Natur« und den »durchgeführten Naturalismus des Menschen«[57] nannte, sei unabdingbar; der Preis dafür könne jedoch nicht ein Wegwischen ihrer wesensmäßigen Unterschiede sein.
Zu beachten ist natürlich, daß in den vierziger Jahren die Notwendigkeit der Versöhnung im Institut stärker im Vordergrund stand als die Notwendigkeit, die Unterschiede aufrechtzuerhalten; letzten Endes lief das Institutsprogramm – wenngleich implizit – auf die Überbrükkung der Kluft zwischen Natur- und Sozialwissenschaften hinaus, die zu etablieren Dilthey und seine Nachfolger im späten 19. Jahrhundert so eifrig bemüht gewesen waren. Diese Dichotomie, das sei hier hinzugefügt, hatte sich in den zwanziger Jahren Eingang in die marxistische Theorie verschafft.[58] Lukács hatte sie in seinem Kampf gegen die Reduktion des Marxismus auf eine Naturwissenschaft durch Engels, Kautsky und ihre Nachfolger in der Zweiten Internationale übernommen. Auch der junge Marcuse hatte in den Tagen, als er noch nicht dem Institut angehörte, die unüberbrückbare Distanz zwischen Geschichte und Natur unterstrichen. »Die Grenze zwischen Geschichtlichkeit und Nichtgeschichtlichkeit«, schrieb er 1930, »ist eine ontologische Grenze.«[59] Selbst Horkheimer hatte in seinem für Vico vorteilhaften Vergleich mit Descartes die Auffassung vertreten, daß die Erforschung des Menschen und die Erforschung der Natur nicht voll und ganz dasselbe seien.
Obwohl die Frankfurter Schule sich niemals explizit gegen diese Auffassung gewandt hat, zog sie sie in den vierziger Jahren doch dadurch in Zweifel, daß sie die Permanenz der Unterscheidung zwischen Mensch und Natur kritisierte. Eine Rückkehr zu einer »wissenschaftlichen« Geschichtsauffassung war damit natürlich nicht intendiert – sie blieb späteren Marxisten wie Louis Althusser[60] und seinen Schülern vorbehalten –; eine Modifizierung der strengen Dichotomie zwischen Geisteswissenschaften und Naturwissenschaften war allerdings schon impliziert. Von der Notwendigkeit der Versöhnung des Menschen mit der Natur zu sprechen, und sei es auch von einer Versöhnung, die nicht auf Identität abzielte, wollte nur schlecht zu jener Überzeugung von der »ontologischen Grenze« zwischen Geschichtlichkeit und Nichtgeschichtlichkeit passen. Wie die zukünftige Wissenschaft über den Menschen allerdings genau aussehen würde, darüber wurde in den Schriften des Instituts niemals explizit gesprochen.

Gleichermaßen problematisch war die psychologische Ebene, auf der die Versöhnung stattfinden sollte. Die Frankfurter Schule fügte in diesem Zusammenhang ihrem Vokabular einen neuen Terminus hinzu: Mimesis. Sicherlich, Nachahmung war schon immer eine der Lieblingskategorien bestimmter Gesellschaftstheoretiker zur Erklärung von sozialem Verhalten gewesen. Nicht zufällig hatte Durkheim in seinem *Selbstmord* ein ganzes Kapitel darauf verwandt, solche Vorläufer im Gebrauch von Mimesis wie Gabriel Tarde abzukanzeln.[61] Auch Freud diskutierte in *Massenpsychologie und Ich-Analyse* Tardes Schriften, subsumierte Nachahmung jedoch unter den allgemeineren Begriff der »Suggestion«, den Le Bon verwendet hatte.[62] Diese Theoretiker benutzten den Begriff indes hauptsächlich zur Erklärung von bestimmten Typen von Gruppenverhalten, insbesondere dem Verhalten von Massen oder Mengen. Auch das Institut verwandte den Begriff der Mimesis zu diesem Behuf, entfaltete ihn jedoch auch in einem anderen Zusammenhang.

1941 machte das Institut in einem Exposé zu seinem Projekt über Antisemitismus auf die Bedeutung von Mimesis in der Kindheit aufmerksam, um die nazistischen Theorien über erbliche Rassenmerkmale zu widerlegen.[63] In seinen späteren Vorlesungen an der *Columbia University* sowie in seinem Buch *Die Kritik der instrumentellen Vernunft* vertiefte Horkheimer diesen ersten Hinweis. Die Nachahmung, so sagte er, gehöre zu den wichtigsten Mitteln, mit deren Hilfe in der frühen Kindheit gelernt werde. Die spätere Sozialisation dagegen lehre das Kind, auf Nachahmung zugunsten von rationalem, zielgerichtetem Verhalten zu verzichten. Eine phylogenetisches Korrelat dieses ontogenetischen Musters sei eines der zentralen Momente der Aufklärung gewesen. Westliche »Zivilisation« beginne mit Mimesis, transzendiere sie jedoch später. »Bewußte Anpassung und schließlich Herrschaft ersetzen die verschiedenen Formen der Mimesis. Der Fortschritt der Wissenschaft ist die theoretische Manifestation dieses Wandels: die Formel verdrängt das Bild, die Rechenmaschine die rituellen Tänze. Sich anpassen bedeutet sich um der Selbsterhaltung willen wie die Welt der Objekte machen.«[64] Mimesis sei indes in der westlichen Zivilisation noch nicht völlig überwunden. »Wenn die endgültige Verleugnung des mimetischen Impulses nicht verspricht«, so warnte Horkheimer,

»die Möglichkeiten des Menschen zu erfüllen, wird dieser Impuls stets auf der Lauer liegen, bereit, als eine zerstörerische Kraft hervorzubrechen. Das heißt, wenn es keine andere Norm als die des status quo gibt, wenn alle Hoffnung auf Glück, die die Vernunft bieten kann, darin besteht, daß sie das Bestehende, wie es ist, schützt und sogar seinen Druck vermehrt, dann wird der mimetische Impuls niemals wirklich überwunden. Die Menschen fallen auf ihn in einer regressiven und verzerrten Form zurück.«[65]

Moderne Peiniger ahmen häufig die bemitleidenswerten Gesten ihrer Opfer nach; Demagogen erscheinen immer wieder wie Karikaturen der Zielscheiben ihres Spotts.[66] Selbst weniger bösartige Formen von Massenkultur drücken in ihrer Nachbildung des status quo ein gewisses sadistisches Element aus, eine Beobachtung, die Adorno in seiner Untersuchung über Jazz macht.

Mimesis stelle jedoch nicht an sich eine Quelle des Bösen dar. Vielmehr sei sie, so implizierte Horkheimer, durchaus gesund, wenn sie die Imitation der lebensbejahenden Aspekte von Natur bedeute, das heißt mütterliche Wärme und Schutz. Es sei Aufgabe der Philosophie, so meinte er in einer seiner Vorlesungen an der *Columbia University*[67], die Erinnerung an die Mimesis der Kindheit wachzurufen, die durch die spätere Sozialisation verdunkelt worden sei. Der Auflösung der Familie müsse deshalb entgegengewirkt werden, zumindest seien die imitativen Impulse des Kindes, die sich an außerfamilialen Agenturen festmachten, wieder auf ihr ursprüngliches Objekt in der Familie zurückzulenken. Dieses Ziel war übrigens eng verknüpft mit der Einheit von Wort und Ding, wie sie in der reinen Sprache vorkommt. Horkheimer schrieb in diesem Zusammenhang: »Sprache reflektiert die Sehnsüchte der Unterdrückten und die Zwangslage der Natur; sie befreit den mimetischen Impuls. Die Transformation dieses Impulses in das allgemeine Medium der Sprache anstatt in zerstörerisches Handeln bedeutet, daß potentiell nihilistische Energien im Dienst von Versöhnung stehen.«[68]

Ontogenetisch finde sich dieser Zustand im Bewußtsein des zweijährigen Kindes, für das alle Substantiva in gewissem Sinne Eigennamen seien.

Wenn das Ziel die Restitution dieser Stufe menschlicher Entwicklung oder zumindest einiger ihrer besseren Merkmale ist, was geschieht dann mit dem Ich, das sich nach Freud zu einem späteren Zeitpunkt entwickelt? In ihren theoretischen Schriften der vierziger Jahre schlugen Horkheimer und Adorno, wenn sie über das Ich diskutierten, einen ganz anderen Ton an als vordem in den *Studies in Prejudice.* Statt wie bisher die Notwendigkeit eines integrierten Ich im Kampf gegen die Projektionen ich-fremder Merkmale auf minderheitliche Sündenböcke hervorzuheben, verknüpften sie nun die Entwicklung des Ich mit der Beherrschung der Natur. In der *Kritik der instrumentellen Vernunft* argumentierte Horkheimer:

»Als das Prinzip des Selbst, das bestrebt ist, im Kampf gegen die Natur im allgemeinen zu siegen, gegen andere Menschen im besonderen und über seine eigenen Triebe, wird das Ich als etwas empfunden, das mit den Funktionen von Herrschaft, Kommando und Organisation verbunden ist . . . Seine Herrschaft in der patriarchalischen Epoche ist offenkundig . . . Die Geschichte der abendländischen Zivilisation ließe sich im Hinblick auf die Entfaltung des Ichs so schreiben, daß untersucht wird, wie der Untergebene die Befehle seines Herrn, der ihm in der Selbstdisziplin vorausgegangen ist, sublimiert, das heißt verinnerlicht ... Zu keiner Zeit hat der Begriff des Ichs den Makel seines Ursprungs im System gesellschaftlicher Herrschaft abgestreift.«[69]

Mehr noch, der Kampf des subjektiv rationalen Ich gegen die Natur, gegen die äußerliche wie die innerliche, habe sich letztlich total gegen seine ursprüngliche Intention gekehrt. »Die Moral ist einfach«, schloß Horkheimer, »die Apotheose des Ichs und des Prinzips der Selbsterhaltung als solcher kulminieren in der äußersten Unsicherheit des Individuums, in seiner völligen Negation.«[70]
Das Ich hatte hier zum Teil philosophische Bedeutung – das »ego cogito« von Descartes bis Husserl war im Institut von Anfang an Zielvorstellung –[71], dennoch wurde seine psychologische Bedeutung keineswegs übersehen. Marcuses späterer Begriff des »Leistungsprinzips« als spezifisches Realitätsprinzip der westlichen Gesellschaft wurzelte in dieser früheren Kritik am Ich als Herrschaftsinstrument. In *Triebstruktur und Gesellschaft* versuchte er allerdings, die Konturen eines neuen Realitätsprinzips zu umreißen, während Horkheimer und Adorno sich damit zufriedengaben, das traditionelle Ich auszuhöhlen, ohne eine genau skizzierte Alternative anzubieten, eine Unterlassung, die späteren Schülern und Anhängern der Frankfurter Schule, darunter Jürgen Habermas, Anlaß zur Kritik bot.[72]
Trotz der potentiell primitivistischen Implikationen ihrer Argumente waren Horkheimer und Adorno sorgsam darauf bedacht, alles auszuschließen, was nach einer Rückkehr zu natürlicher Einfachheit aussehen konnte. Nostalgie, wenn sie bei konservativen Kulturkritikern auftauchte, wurde – wir haben es gesehen – heftig kritisiert, auch die Sehnsucht nach der verlorenen Jugend der Menschheit war nicht wirklich das bestimmende Gefühl der Frankfurter Schule. Dies wird ganz deutlich in Horkheimers schwieriger Erörterung des Verhältnisses von Vernunft und Natur in der *Kritik der instrumentellen Vernunft.* Wie immer wieder bemerkt, war das Institut gegenüber allem, was in der modernen Welt unter Vernunft lief, äußerst kritisch. Die instrumentelle, subjektive, manipulative Vernunft, so argumentierten seine Mitglieder, sei der Erfüllungsgehilfe technologischer Herrschaft. Ohne rationale Ziele werde jede Art von Beziehung schließlich auf Machtbeziehungen reduziert. Die Entzauberung der Welt gehe zu weit, und die Vernunft selbst sei ihres ursprünglichen Inhalts beraubt.
Mit dieser Argumentation standen Horkheimer und seine Kollegen natürlich nicht allein da; vielmehr befanden sie sich im Einklang mit einer bunten Reihe von Denkern, mit welchen sie in anderen Dingen kaum etwas verband. Wie Fritz Ringer gezeigt hat, waren die akademischen »Mandarine« der Weimarer Zeit tief besorgt über die Rationalisierung der Welt und ihre Folgen.[73] Max Scheler beispielsweise hatte die ratio-

nale Beherrschung der Natur schon 1926 kritisiert.[74] Ähnliche Gefühle flossen auch aus der Feder eines anderen Antipoden, Martin Heideggers nämlich, dessen frühen Einfluß auf Marcuse man immer wieder verantwortlich gemacht hat für das antitechnologische Vorurteil, das sich in den Schriften seines ehemaligen Schülers angeblich findet.[75] In den vierziger Jahren attackierten auch konservative Autoren unterschiedlichster Prägung scharf die instrumentelle Rationalität sowie ihre Folgen und Auswirkungen. Michael Oakeshotts einflußreicher Aufsatz »Rationalism in Politics«[76] erschien im gleichen Jahr wie die *Dialektik der Aufklärung* und die *Kritik der instrumentellen Vernunft.* Was die Frankfurter Schule von einigen dieser Autoren unterschied, war, wie wir gesehen haben, ihr Insistieren darauf, daß es unterschiedliche Spielarten der Vernunft gebe, unter denen eine dem Konflikt mit der Natur ausweichen könne. Was ihre Auffassung weiterhin von der anderer unterschied, war ihre Verneinung der Möglichkeit, diese Art von inhaltlicher Vernunft lasse sich unmittelbar auf sozialer Ebene verwirklichen. Nichtantagonistische Vernunft sei immer eine Hoffnung, jedoch eine Hoffnung, deren Existenz, und sei es in der Negation des status quo, die unkritische Apotheose der Natur verhindere. In der *Kritik der instrumentellen Vernunft* widmete Horkheimer ein Kapitel der Demonstration des engen Zusammenhangs zwischen vermeintlicher »Rückkehr« zur Natur und instrumenteller Vernunft. Dabei ähnelte die Argumentation der in der Diskussion über de Sade in der *Dialektik* entwickelten. Horkheimer schrieb:

»Die Revolte des natürlichen Menschen – im Sinne der rückständigen Schichten der Bevölkerung – gegen das Anwachsen der Rationalität hat in Wirklichkeit die Formalisierung der Vernunft gefördert und dazu gedient, die Natur mehr zu fesseln als zu befreien. In diesem Licht könnten wir den Faschismus als eine satanische Synthese von Vernunft und Natur beschreiben – das genaue Gegenteil jener Versöhnung der beiden Pole, von der Philosophie stets geträumt hat.«[77]

Symptomatisch für den Zusammenhang zwischen der Revolte der Natur und ihrer Beherrschung war der Darwinismus, zumindest in seinem sozialen Gewand. Für Horkheimer hatte der Sozialdarwinismus das Potential für eine Versöhnung, wie sie in Darwins ursprünglicher Einsicht in die Einheit des Menschen mit der Natur angelegt sei, in sein Gegenteil verkehrt. » . . . der Begriff des Überlebens der Tauglichsten (war) nichts als die Übersetzung der Begriffe der formalisierten Vernunft in die Sprache der Naturgeschichte . . .«[78] Es überrascht deshalb nicht, wenn er auf den Pragmatismus, eines seiner beständigen *bêtes noires,* als einen Ableger des Darwinismus hinweist.[79] Benjamin hatte bereits in seinem Artikel über Eduard Fuchs auf den Zusammenhang zwischen darwinistischem Evolutionismus sowie dem schalen und hohlen Optimismus Bernsteinscher Sozialisten hingewiesen.[80] Diese Art der Versöhnung von Vernunft und Natur, bei der erstere auf ein Organ der zweiten reduziert wird, war keine Lösung. Regression auf voraufklärerischen »Naturalismus« war ein klarer Irrtum mit bösen Folgen. »Der einzige Weg, der Natur beizustehen,« schrieb Horkheimer, »liegt darin, ihr scheinbares Gegenteil zu entfesseln, das unabhängige Denken.«[81]

»Unabhängiges Denken« hieß natürlich nicht Rückkehr zu vormarxistischen Vorstellungen und Begriffen von total autonomer Theorie. In der *Kritik der instrumentellen Vernunft* wandte Horkheimer sich ausdrücklich gegen Versuche, früheren metaphysischen Systemen neues Leben einzuhauchen. Dabei galt sein Angriff in erster Linie dem Neuthomismus, der sich in den späten vierziger Jahren eines wiederaufflammenden Interesses erfreute. Die neuthomistische Suche nach absoluten Dogmen verwarf er als einen Versuch, den Relativismus per Entschluß zu überwinden. Den Wunsch derer, die den Lehren Aquins in der modernen Welt neue Bedeutung zu verleihen suchten, verhöhnte er als konformistisch und affirmativ. Für Horkheimer war der Neuthomismus dem Pragmatismus in seiner Mißachtung der Negation zutiefst verwandt. »Das Versagen des Thomismus«, so kritisierte er, »liegt eher in seiner eilfertigen Einwilligung in pragmatische Absichten als in seinem Mangel an Praktikabilität. Wenn eine Lehre ein isoliertes Prinzip hypostasiert, das die Negation ausschließt, macht sie sich paradoxerweise im voraus geneigt für den Konformismus.«[82] Der immanente Mangel des Thomismus, wie jedes positivistischen Systems, »besteht darin, daß er Wahrheit und Güte mit der Wirklichkeit gleichsetzt«.[83]

Eine andere ebenfalls verbreitete Art der Bemühung um »unabhängiges Denken« meldete sich nach dem Kriege mit dem Existentialismus zu Wort. Lange vor seinem modischen Erfolg hatte sich das Institut bereits im Gegensatz zu Denkern befunden, die später als seine Wortführer galten. Adornos Kritik an Kierkegaard stellte den umfassendsten Angriff dar, aber auch Horkheimer hatte ablehnend über Jaspers[84] geschrieben, und Marcuse kritisierte nach seinem Eintritt ins Institut sowohl Heideggers Schriften[85] wie den politischen Existentialismus von Carl Schmitt.[86] Die wichtigste Äußerung dieser Bewegung nach dem Kriege war Sartres *L'Etre et le Néant*. Als Horkheimer das Buch 1946 in die Hände bekam, schrieb er an Löwenthal:

»Ich habe eine kräftige Kostprobe von Sartre genommen und bin zutiefst überzeugt, daß es unsere Pflicht ist, unser Buch so schnell wie möglich herauszubringen. Obwohl es mir innerlich widerstrebte, habe ich einen großen Teil der Sartreschen Schrift gelesen . . . Es handelt sich um eine neue Art von philosophischer Massenliteratur . . . Vom

Zu Sartre

philosophischen Standpunkt aus betrachtet, ist das verblüffendste Phänomen zweifellos die naive Verdinglichung dialektischer Begriffe . . . Die dialektische Finesse und Komplexität des Denkens hat sich in ein glitzerndes Triebwerk aus Metall verwandelt. Worte wie ›l'être en soi‹ und ›l'être pour soi‹ fungieren als eine Art von Kolben. Der fetischistische Umgang mit Kategorien wird selbst noch in der Form des Drucks sichtbar, wo in enervierender und unerträglicher Weise von der Kursivsetzung Gebrauch gemacht ist: Alle Begriffe sind termini technici im buchstäblichen Sinne des Wortes.«[87]

In *Zur Kritik der instrumentellen Vernunft* wird der Existentialismus allerdings überhaupt nicht erwähnt. Die Aufgabe, ihn zu zerfetzen, blieb Marcuse überlassen; er unternahm sie in dem einzigen Artikel, den er während seiner Amtszeit im Außenministerium nach dem Kriege veröffentlichte.[88] Marcuses Beurteilung von *L'Etre et le Néant* war kaum weniger kritisch als die Horkheimersche. In verschiedener Hinsicht antizipierten seine Argumente Sartres spätere Selbstkritik.[89] Marcuse zufolge hatte Sartre Absurdität fälschlich zu einem ontologischen statt zu einem historischen Umstand gemacht. Die Folge, so Marcuse, sei, daß Sartre auf eine idealistische Internalisierung von Freiheit zurückfallen müsse, eine Freiheit, die sich im Gegensatz zur äußeren, heteronomen Welt befinde. Trotz seiner erklärten revolutionären Intentionen stünden Politik und Philosophie bei ihm in krassem Gegensatz zueinander. Indem er Freiheit in das *pour-soi* (das Hegelsche für sich) verlege und bestreite, daß das *pour-soi* zum *en-soi* (an sich) werden könne, trenne Sartre Subjektivität von Objektivität in einer Weise, die Versöhnung selbst als utopische Möglichkeit leugne. Und indem er die Freiheit des Subjekts überbetone und die Zwänge mißachte, die durch die historischen Umstände produziert würden, werde Sartre gegen seinen Willen zum Apologeten des status quo. Wie Sartre zu behaupten, die Menschen wählten sich ihr Schicksal selbst, und sei es auch ein grausiges, sei einfach absurd:

»Wenn Philosophie kraft ihrer existential-ontologischen Begriffe vom Menschen oder der Freiheit imstande ist, den verfolgten Juden und das Opfer des Henkers als absolut frei und Herr der selbstverantwortlichen Wahl seiend und bleibend festzustellen, dann sind diese philosophischen Begriffe auf die Ebene barer Ideologie herabgesunken.«[90]

Für Marcuse war das gesamte Projekt einer »existentialistischen« Philosophie ohne eine apriorische Idee vom Sein einfach unmöglich. Und Sartres eigene Schrift demonstriere entgegen seinen Absichten diese Unmöglichkeit denn auch unmittelbar: Das *pour-soi* mit seiner vollkommenen Freiheit sei eine normative Beschreibung des Menschen allein aufgrund seiner Zugehörigkeit zur gleichen Gattung und nicht anhand seiner empirischen Situation. Indem er die Negation in seine affirmative Auffassung von der menschlichen Natur hineinnehme, verliere Sartre die dialektische Spannung essentialistischer Philosophien. Ja, seine Vorstellung vom *pour-soi* als konstanter Aktion und Selbstschaffung habe sogar eine spezifisch affirmative Funktion in der bürgerlichen Gesellschaft. »Hinter der nihilistischen Sprache des Existentialismus«, so kritisierte Marcuse, »verbirgt sich die Ideologie der freien Konkurrenz, der freien Initiative und der für jeden gleichen Chance.«[91] Sartres Subjekt, Stirners anarchistischem Ich verwandt, stehe dort voll in der Tradition der Aufklärung, wo es um die Beherrschung der Natur gehe.[92] Der einzige Punkt in *L'Etre et le Néant,* der Marcuses widerstrebende Zustimmung fand, war Sartres Diskussion über Sexualität. Wie Paul Robinson gezeigt hat[93], stellte Marcuses Interesse an dieser Frage eine Station auf dem Wege zu seiner späteren Beschäftigung mit Freud dar. Zudem drehte es sich hier um Überlegungen, die er selbst zehn Jahre zuvor in der *Zeitschrift*[94] angestellt hatte. Was Marcuse an Sartres Erörterung über Sexualität besonders verblüffte, war die »Negation der Negation«, die im sexuellen Wunsch stecke, und die, ins Extrem getrieben, die Aktivität des pour-soi negiere; war weiter die Überlegung, in der Sexualität werde der Körper tendentiell zu einem total verdinglichten, passiven Objekt, das allein vom Lustprinzip und nicht vom bestimmenden Realitätsprinzip beherrscht werde. Marcuse selbst hatte bereits 1937 geschrieben:

> »Wo der Körper ganz zur Sache, zum schönen Ding geworden ist, kann er ein neues Glück ahnen lassen. Im äußersten Erleiden der Verdinglichung triumphiert der Mensch über die Verdinglichung. Die Artistik des schönen Körpers, wie sie sich heute einzig noch im Zirkus, Varieté und Revue zeigen darf, diese spielerische Leichtigkeit und Gelöstheit kündet die Freude an der Befreiung vom Ideal an, zu welcher der Mensch gelangen kann, wenn die in Wahrheit zum Subjekt gewordene Menschheit einmal die Materie beherrscht.«[95]

Obgleich er später nicht mehr von der »Beherrschung der Materie« sprach, vertrat Marcuse weiterhin die Auffassung, daß die passive Freiheit der totalen sexuellen Verdinglichung die existentialistische Reduktion von Freiheit auf die Aktivität des aggressiven *pour-soi* negiere, was tatsächlich einen tieferen Einblick in die potentielle Transformation der Gesellschaft ermögliche, als Sartres plumpe Versuche, aus seiner Philosophie eine radikale Politik abzuleiten, es vermögen.[96] Die Negation des *pour-soi* – die nach dem von Marcuse später so genannten »Leistungsprinzip«[97] zu funktionieren schien – suggeriert eine Art von Versöhnung mit der Natur, obgleich es sich nur um einen kleinen Schritt in diese Richtung handelt. Totale Verdinglichung bedeutet die Negation nicht nur der dominierenden Aspekte des Ich, sondern auch seiner nicht dominierenden. Diese Tatsache beschäftigte auch Horkheimer und Adorno in ihrer Erörterung über die Verdinglichung des Körpers in der *Dialektik der Aufklärung.*[98]

Man könnte sagen, daß die tiefste Sorge der Frankfurter Schule in den Nachkriegsjahren darin bestand, es könnten just jene Elemente von Subjektivität ausgelöscht werden. Wie aus der Diskussion des Instituts über Massenkultur, aber auch aus seiner empirischen Arbeit über den autoritären Charakter, hervorgeht, verlor die genuine Individualität in einem alarmierenden Ausmaß an Bestand. Das Institut war ganz sicher nicht darauf aus, das alte bürgerliche Individuum mit seinem dominierenden Ich neu zu beleben, dennoch empfand es seine Verdrängung durch den manipulierten Massenmenschen in gewisser Weise als einen Verlust von Freiheit. So schrieb zum Beispiel Adorno an Benjamin[99], das »Individuum« sei ein Durchgangsinstrument, das sich nicht wegmystifizieren lasse, sondern in einer höheren Synthese aufzuheben sei. Das bürgerliche Individuum, das seine Definition ja im Gegensatz zur Totalität finde, sei nicht völlig frei. Wie bei anderer Gelegenheit festgestellt, gründete sich das Ziel von positiver Freiheit, das die Frankfurter Schule implizit vor Augen hatte, auf die Vereinigung von besonderen und allgemeinen Interessen. Andererseits ist jedoch die negative Freiheit ein Moment dieser dialektischen Totalität. Damit ist das bürgerliche Subjekt frei und unfrei zugleich. In der erzwungenen Identität des Massenmenschen mit der gesellschaftlichen Totalität gibt es Freiheit indessen überhaupt nicht. Zumindest in der frühbürgerlichen Gesellschaft hatte es genug greifbare Widersprüche gegeben, um die Negationen ihrer herrschenden Tendenzen zu erhalten. Der Egoismus, so erinnern wir uns, war von Horkheimer verteidigt worden, weil er die Erkenntnis des Moments individuellen Glücks beinhalte, das in der wahren Aufhebung von Widersprüchen erhalten sei. Ähnlich hatte sich auch Marcuse in seiner differenzierten Verteidigung hedonistischer Philosophien geäußert.

Nun wurde sichtbar, daß gerade die Existenz von Widersprüchen oder zumindest das Bewußtsein ihrer Existenz bedroht war, und dies, obwohl der Kapitalismus keineswegs vom Sozialismus abgelöst worden war.[100] Jener Gesellschaft, die später unter dem Marcuseschen Begriff der »eindimensionalen Gesellschaft« berühmt und berüchtigt werden sollte, ging die erlösende Kraft der Negation nahezu völlig ab. Geblieben war einzig eine schreckliche Parodie des Traums von der positiven Freiheit. Die Aufklärung, die den Menschen hatte befreien wollen, hatte paradoxerweise dazu beigetragen, ihn mit weit wirksameren Mitteln zu versklaven als jemals zuvor. Ohne daß sie sich auf ein klares Mandat zum Handeln berufen konnten, blieb jenen, die noch in der Lage waren, vor der Macht der Kulturindustrie zu fliehen, als einziger Ausweg die Erhaltung und Förderung jener letzten Reste von Negation. »Philosophische Theorie allein«, warnte Horkheimer, »kann weder erreichen, daß die barbarisierende Tendenz, noch, daß die humanistische Einstellung sich in Zukunft durchsetzt. Wenn sie jedoch den Bildern und Ideen Gerechtigkeit widerfahren läßt, die zu bestimmten Zeiten die Wirklichkeit als Absoluta beherrscht haben – z. B. der Idee des Individuums, wie sie die bürgerliche Ära beherrschte – und die im Laufe der Geschichte verbannt wurden, kann die Philosophie sozusagen als ein Korrektiv der Geschichte wirken.«[101]

Diese Aufgabe stellte sich Adorno in seinem persönlichsten und idiosynkratischsten Buch, den *Minima Moralia*, die er stückchenweise in den vierziger Jahren schrieb und 1951 veröffentlichte. Ihr fragmentarischer, aphoristischer Stil war kein Zufall: Negation und die in ihr auf prekäre Weise bewahrte Wahrheit ließ sich für Adorno nur tastend und unvollkommen ausdrücken. Das tiefe Mißtrauen der Kritischen Theorie gegen jedes Systematisieren war hier ins Extrem getrieben. Der Ort philosophischer Erkenntnis war nicht mehr das abstrakte, kohärente, architektonische System aus den Tagen Hegels, sondern die subjektive, private Reflexion. In seiner Einleitung weist Adorno darauf hin, wie weit es seiner Meinung nach mit der Philosophie seit Hegel gekommen sei, der in seinen großzügigeren Augenblicken Aphorismen als »Konversation« toleriert habe.[102] Hegel, das »für sich Sein« von Subjektivität beständig als unzureichend kritisierend, habe einen großen Irrtum begangen. Er habe das bürgerliche Individuum und die bürgerliche Gesellschaft seiner Tage als irreduzible Realitäten hypostasiert. Das habe ihm gestattet, der Totalität so viel Aufmerksamkeit zu widmen, wie er es getan habe. Inzwischen sei jedoch die Verwundbarkeit dieser Realitäten hinreichend demonstriert worden. Und um die Mitte des 20. Jahrhunderts sei die Macht der gesellschaftlichen Totalität nun sogar so groß, daß Subjektivität, bürgerliche oder andere, vom Untergang bedroht sei. »Angesichts der totalitären Einigkeit«, so Adorno, »welche die Ausmerzung der Differenz unmittelbar als Sinn ausschreit, mag temporär etwas sogar von der befreienden gesellschaftlichen Kraft in die Sphäre des Individuellen sich zusammengezogen haben. In ihr verweilt die kritische Theorie nicht nur mit schlechtem Gewissen.«[103] Kurzum, wie Adorno in einem seiner meistzitierten Epigramme erklärte: »Das Ganze ist das Unwahre.«[104]

Der Hauptteil der *Minima Moralia* bestand entsprechend in verkleideten Destillaten aus Adornos eigenen Erfahrungen, Reflexionen über das von ihm im Untertitel so bezeichnete »beschädigte Leben«. Wie alle Schriften der Frankfurter Schule hielt auch diese sich nicht an traditionelle philosophische Schubfächer wie Erkenntnistheorie oder Ethik. »Intelligenz«, schrieb Adorno an anderer Stelle etwa zur gleichen Zeit, »ist eine moralische Kategorie. Die Trennung von Gefühl und Verstand, die es möglich macht, den Dummkopf frei und selig zu sprechen, hypostasiert die historisch zustande gekommene Aufspaltung des Menschen nach Funktionen.«[105] Die Philosophie müsse deshalb zu ihrer ursprünglichen Intention zurückkehren: der »Lehre vom richtigen Leben«.[106] Aufgrund ihrer geringen Erfolgschancen müsse sie unter den gegenwärtigen Verhältnissen eher eine »melancholische Wissenschaft« als eine »fröhliche« sein, wie Nietzsche sie erhoffte. Vor allem müsse sie mehr beunruhigen als trösten: »Der Splitter in deinem Auge ist das beste Vergrößerungsglas.«[107] Am Ende seiner Bemühung, im letzten Aphorismus des Buches, zeigte Adorno, wie weit er sich von einem Glauben an die mögliche Verwirklichung der Hoffnung auf schließliche Erlösung entfernt hatte. Die Termini, die er nun wählte, waren bewußt theologische. »Philosophie«, so sagte er, »wie sie im Angesicht der Verzweiflung einzig noch zu verantworten ist, wäre der Versuch, alle Dinge so zu betrachten, wie sie vom Standpunkt der Erlösung aus sich darstellten. Erkenntnis hat kein anderes Licht, als das von der Erlösung her auf die Welt scheint: Alles andere erschöpft sich in der Nachkonstruktion und bleibt ein Stück Technik.«[108] Dabei gab es für Adorno allerdings eine Grenze, er suggerierte nicht, die Erlösung lasse sich wirklich und konkret erreichen. Mit anderen Worten, er verneinte die Möglichkeit, das Absolute zu verwirklichen, ohne zugleich die Realität des Endlichen und des Bedingtseins zu negieren. Der Gedanke, so versicherte Adorno paradoxerweise, müsse diese Unmöglichkeit um dessentwillen begreifen, was tatsächlich möglich sei: »Gegenüber der Forderung, die damit an ihn ergeht, ist aber die Frage nach der Wirklichkeit oder Unwirklichkeit der Erlösung selber fast gleichgültig.«[109]

Kurz vor seinem Tode hatte Benjamin geschrieben: »Es schwingt, mit anderen Worten, in der Vorstellung des Glücks unveräußerlich die der Erlösung mit . . . Uns ist wie jedem Geschlecht, das vor uns war, eine *schwache* messianische Kraft mitgegeben.«[110] Adorno schien in den *Minima Moralia* der Verbindung von Erlösung und Glück zuzustimmen, sprach seiner Epoche jedoch jede noch so schwache messianische Kraft ab. Positive Freiheit und die echte Erlösung, die sie verspreche, seien, so implizierte er, ewig utopische Hoffnungen, einer irdischen Verwirklichung nicht fähig. Die Negation der Negation, jener Traum von Entfremdung, die zu sich selbst zurückkehrt, der sowohl Hegel wie auch Marx motiviert hatte, müsse frustriert bleiben. Die Dialektik könne, wie auch der Titel eines seiner nachfolgenden Bücher besagt, nur eine negative sein.[111] Horkheimers späteres Interesse an Schopenhauer bestätigte diese Wende in der Kritischen Theorie. Als Horkheimer schrieb, »einzutreten für das Zeitliche gegen eine gnadenlose Ewigkeit, ist Moral im Schopenhauerschen Sinne«[112], sekundierte er damit nur Adornos Bemerkung in den *Minima Moralia*, den Anforderungen der Totalität könne nur mit der Zerstörung des Endlichen und der Bedingtheit begegnet werden.

Die Frankfurter Schule hielt zugleich aber auch daran fest, daß utopische Hoffnungen, wenngleich niemals voll zu verwirklichen, dennoch zu bewahren seien. Paradoxerweise seien es allein diese Hoffnungen, die die Geschichte vor einem Rückfall in die Mythologie bewahren könnten. So schrieb zum Beispiel Horkheimer 1943 an Löwenthal über die Geschichtsauffassung der Nazis:

»Ihre Vorstellung von Geschichte läuft auf die bloße Anbetung von Monumenten hinaus. Es gibt keine Geschichte ohne jenes utopische Element, welches, wie Du zeigst, bei ihnen einfach fehlt. Der Faschismus ist gerade in seiner Verklärung der Vergangenheit antihistorisch. Wenn die Nazis auf Geschichte verweisen, dann nur, um zu sagen, der Mächtige müsse regieren, und eine Befreiung von den ewigen Gesetzen, die die Menschen bestimmten, gebe es nicht. Wenn sie Geschichte sagen, dann meinen sie ihr Gegenteil: die Mythologie.«[113]

Mit dieser Argumentation stellte sich die Frankfurter Schule in eine lange Reihe von Denkern, deren utopische Visionen weniger Handlungsanleitungen waren als Quellen kritischer Distanz gegenüber der Anziehungskraft, welche die herrschende Realität ausübte.[114]
Diese subtile aber doch einschneidende Veränderung der theoretischen Intentionen des Instituts in den vierziger Jahren war der Hauptgrund für die zweite, bereits erwähnte Diskontinuität. Mit der Verlagerung des Gewichts im Institut vom Klassenkampf auf den Kampf zwischen Mensch und Natur schwand die Möglichkeit eines historischen Subjekts, das fähig wäre, das revolutionäre Zeitalter einzuleiten. Der Ruf nach Praxis, so lange Zeit Bestandteil dessen, was manche als die heroische Phase des Instituts bezeichneten, war nun kein integraler Bestandteil ihres Denkens mehr. Adornos vielzitierte, kurz vor seinem Tode im Jahr 1969 geäußerte Bemerkung: »Als ich mein theoretisches Modell entwickelte, konnte ich nicht ahnen, daß man versuchen würde, es mit Molotow-Cocktails zu verwirklichen«[115], war nicht die Klage eines Mannes, der die praktischen Implikationen seines Denkens falsch eingeschätzt hatte. Sie reflektierte vielmehr einen fundamentalen Schluß aus der Theorie selber: Die Negation konnte niemals wirklich negiert werden. Mit den *Minima Moralia,* vielleicht aber auch schon vorher, hatte Adorno die melancholische Wirklichkeit akzeptiert: »Philosophie, die einmal überholt schien, erhält sich am Leben, weil der Augenblick ihrer Verwirklichung versäumt war.«[116]
Welche Art von Praxis nun noch zu betreiben sei, war keineswegs klar. Wie Horkheimer in seiner *Kritik der instrumentellen Vernunft* gewarnt hatte, gab Rationalität keine Richtlinien für politische Aktivität an die Hand. Die Radikalisierung der Kritischen Theorie hatte ihre Distanz zu dem vergrößert, was allgemein als radikale Praxis galt. Dennoch zog sich die Frankfurter Schule niemals wirklich auf Liberalismus und Kon-

servatismus als eine zwingende Alternative zurück. An Nichtidentität und Negation festzuhalten schien zwar einen liberalen Pluralismus zu implizieren, doch das Institut mißtraute stets der Realität von konkurrierenden Gruppen in der Massengesellschaft. Und auch in anderen Dingen deckte sich seine Position keineswegs mit dem Liberalismus, der in vielem ein echtes Kind der Aufklärung war. Wachsender Fortschritt, technische Beherrschung der Natur, Toleranz als Selbstzweck – alles liberale Glaubensartikel – waren für Horkheimer und seine Kollegen unannehmbar. Und mit den irrationalen Prämissen eines Burkeschen Konservatismus verhielt es sich trotz der Tatsache, daß einige seiner modernen Exponenten, darunter Michael Oakeshott, den instrumentellen Rationalismus nicht minder leidenschaftlich kritisierten, keineswegs anders. Auch die affirmativen Gemeinplätze der konservativen Rechts-Hegelianer mit ihrem Glauben an die immanente Rationalität der bestehenden Welt waren nicht verlockend. Die Kritische Theorie war einfach nicht mehr in der Lage, eine kritische Praxis zu empfehlen. Die innere Spannung im Begriff der positiven Freiheit war zu mächtig geworden, als daß man sie noch ignorieren konnte. Die Einheit von Freiheit als Vernunft und als selbstverwirklichendes Handeln fiel völlig auseinander. Die Frankfurter Schule, ihren ursprünglichen Impulsen folgend, konnte sich nur für die Vernunft entscheiden, und sei es für die Vernunft in der veränderten, negativen Form, in der sie sich in dem verwalteten Alptraum des 20. Jahrhunderts finden läßt. Theorie, so schienen Horkheimer und seine Kollegen zu sagen, war die einzige Form von Praxis, die einem redlichen Menschen noch blieb.[117]

Epilog

Im Frühjahr 1946 wußte Löwenthal Horkheimer einige ermutigende Neuigkeiten aus Deutschland zu berichten:

»Joseph Maier [ehemaliger Student des Instituts, Ehemann von Alice Maier und späterer Verwaltungschef der New Yorker Niederlassung des Instituts] hat in einem Brief an seine Frau geschrieben, die wachen Studenten und Intellektuellen in Deutschland seien mehr an unseren Schriften interessiert als an Speis und Trank. Und Du weißt, was das bedeutet. Er ist der Ansicht, sämtliche Universitäten würden die *Zeitschrift* nur allzu gerne nehmen, wenn sie sie bekommen könnten.«[1]

Die Leserschaft, um derentwillen die Frankfurter Schule so lange darauf bestanden hatte, in deutscher Sprache zu schreiben, begann, konkrete Form anzunehmen. Einige Monate nach Maiers Brief traten Vertreter der Stadt Frankfurt, darunter Ministerialrat Klingelhöfer, der Rektor der Universität, Hallstein, und Dekan Sauermann mit einem ersten konkreten Angebot an das Institut heran, in die Stadt seines Ursprungs zurückzukehren.[2]

Horkheimer zögerte damals mit einer positiven Antwort. Die *Studies in Prejudice* waren noch nicht abgeschlossen, und die Verpflichtungen des Instituts in Amerika für die kommenden Jahre waren Grund genug für die Vertagung einer unmittelbaren Entscheidung. Im April 1947 gab es allerdings Anzeichen dafür, daß Horkheimers Widerstand geringer wurde. So schrieb er beispielsweise an Löwenthal[3], wenn es je eine Untersuchung über die Wirkung amerikanischer Programme zum Abbau von Vorurteilen bei Deutschen geben werde, dann könne eine Niederlassung in Frankfurt durchaus von Nutzen sein. Zudem könne das Institut deutschen Studenten amerikanische sozialwissenschaftliche Methoden vermitteln und damit dem allzu starken Hang traditioneller deutscher Akademiker zur Theorie entgegenwirken. Von einer Verlegung des Institutszentrums zurück nach Deutschland war damals allerdings nicht die Rede. Vielmehr faßte man mögliche Angliederungen an Universitäten im Umkreis von Los Angeles noch im August 1947 ins Auge.[4]

Im Frühjahr des folgenden Jahres unternahm Horkheimer seine erste Reise nach Deutschland seit seiner Flucht im Jahr 1933. Eingeladen zu den Feierlichkeiten anläßlich des 100. Jahrestages der Deutschen Nationalversammlung in der Frankfurter Paulskirche, wurde er als Gast der Stadt herzlich willkommen geheißen und hielt eine Reihe von Vorträgen an der Universität, die viel Anklang fanden. Der Eifer der Frankfurter Stadtväter, ihrer Stadt den intellektuellen Rang, den sie in der Zeit vor den Nazis besessen hatte, zumindest partiell dadurch wieder zu verschaffen, daß sie versuchten, das Institut zurückzuholen, war erheblich. Und schließlich waren ihre Bemühungen auch von Erfolg gekrönt. Mit der Unterstützung amerikanischer Besatzungsoffiziere, Hochkommissar John McCloy eingeschlossen, vermochte die Stadt ein Angebot zu unterbreiten, dem Horkheimer sich nicht versagen konnte. Bereits im September war er zu einer Rückkehr entschlossen und teilte Klingelhöfer seine Entscheidung mit, die umgehend bestätigt wurde. Am 13. Juli 1949 wurde der Lehrstuhl, der sechzehn Jahre zuvor abgeschafft worden war, wieder eingerichtet, diesmal mit der kleinen Modifikation, daß er jetzt als Lehrstuhl für Soziologie und Philosophie und nicht mehr für Sozialphilosophie definiert war. Mit Horkheimer kam natürlich auch das Institut mitsamt Apparat und Bibliothek zurück. Die Wiedererrichtung des Instituts, so erklärte Horkheimer später[5], war nicht aufzufassen als Annahme einer Wiedergutmachung, die von einer bedauernden Regierung angeboten wurde, denn nichts konnte wiedergutmachen, was Deutschland getan hatte. Die Rückkehr des Instituts war als Geste gemeint, die all jene Deutschen ehren sollte, die Widerstand gegen Hitler geleistet hatten, indem sie den Juden halfen. Als er vor deutschen Studenten stand, erfuhr Horkheimer sofort, daß seine Entscheidung richtig gewesen war. »Es ist erstaunlich«, schrieb er im Februar an Löwenthal, »welch tiefe und nicht auszulöschende Erfahrung es (das Institut) im Geist vieler europäischer Intellektueller bis zum Jahr 1933 hervorgebracht hatte. Eine Erfahrung, der auch das Dritte Reich nichts anhaben konnte. Unsere Aufgabe ist es jetzt, sie in der Zukunft zu erhärten und zu vertiefen.«[6] Eifer und Wißbegier der Studenten riefen bei ihm entsprechend begeisterte Reaktionen hervor. »Ich habe in diesen zwei Monaten buchstäblich Tag und Nacht gearbeitet«, schrieb er im April. »Das Schönste ist immer noch das Lehren. Den Kontakt mit den Studenten haben wir auch während der Ferien nicht verloren.«[7] Horkheimers Virtuosität als Lehrer – Everett Hughes, in jenen Jahren Gastprofessor in Frankfurt, erinnert sich an ihn als den besten deutschen Redner, den er je gehört habe[8] – und die persönliche Wärme, mit der er seine Seminare leitete, gewannen ihm rasch eine große Gefolgschaft unter den Studenten. Wieder eingerichtet und an der Arbeit, bedauerten Horkheimer und die mit ihm gegangen waren, keine Stunde, den Weg zurück gewählt zu haben, auf dem so wenige andere Emigranten ihnen folgten.

Warum Horkheimer einige Jahre zögerte, ehe er den Schritt tat, der sich als so erfolgreich erweisen sollte, ist leicht zu verstehen. Die Menschen haben es im allgemeinen nicht eilig, an einen Ort zurückzukehren, an dem sie Ächtung und Verfolgung ausgesetzt waren. Zudem war es lange Zeit unklar, welchen konkreten Status das Institut nach seiner Rückkehr erhalten würde; der Versuch, von der UNESCO finanzielle Unterstützung zu bekommen, ging schließlich unter in einem Meer persönlicher Rankünen. Hinzu kam, daß trotz des äußerst kritischen Tons der Schriften des Instituts über Amerika die persönlichen Erfahrungen seiner Mitglieder in diesem Land im allgemeinen durchaus erfreulich waren. Angefangen bei Nicholas Murray Butler im Jahr 1934[9] bis hin zu John Slawson zehn Jahre später hatte das Institut finanzielle Unterstützung und Ermutigung bei einer Vielzahl von Förderern gefunden. Wie viele Flüchtlinge waren auch die Mitglieder der Frankfurter Schule von der Zahl der »men of good will«[10], die sie in Amerika kennenlernten, angenehm überrascht. Verschiedentlich traten Institutsmitglieder während des Krieges aus einem Gefühl der Solidarität mit Amerikas gemeinsamem Kampf gegen Hitler heraus bereitwillig in den Staatsdienst. Aus all diesen Gründen fiel es Horkheimer und den andern nicht leicht, ihre Bande zu dem Land zu lösen, das fünfzehn Jahre lang ihr Zuhause gewesen war. Tatsächlich willigte Horkheimer erst ein, in Deutschland zu bleiben, nachdem ihm versichert worden war, er könne naturalisierter Bürger in Amerika bleiben. Ein besonderer Gesetzesantrag, den McCloy unterstützte und der von Präsident Truman im Juli 1952 zum Gesetz erhoben wurde, garantierte Horkheimer den Erhalt seiner amerikanischen Staatsbürgerschaft trotz seiner Rückkehr in sein Geburtsland.[11]
Vielleicht noch mehr als die Härten, die mit einer nochmaligen Umsiedlung verbunden waren, traf ihn die Aussicht, daß nicht alle Institutsmitglieder mit ihm nach Deutschland zurückkehren würden. Nur Adorno war wirklich begierig, Amerika zu verlassen. Er hat später seinen Wunsch mit folgenden Worten erklärt:

»Der Entschluß zur Rückkehr nach Deutschland war kaum einfach vom subjektiven Bedürfnis, vom Heimweh, motiviert, so wenig ich es verleugne. Auch ein Objektives machte sich geltend. Das ist die Sprache. Nicht nur, weil man in der neuerworbenen niemals, mit allen Nuancen und mit dem Rhythmus der Gedankenführung, das Gemeinte so genau treffen kann wie in der eigenen. Vielmehr hat die deutsche Sprache offenbar eine besondere Wahlverwandtschaft zur Philosophie, und zwar zu deren spekulativem Moment . . .«[12]

Pollock war ebenfalls bereit, Amerika zu verlassen, allerdings mehr aus Loyalität für Horkheimer und das Institut, als weil er Amerika nicht gemocht hätte.

Anders sah es jedoch bei den anderen Mitgliedern des inneren Institutskreises aus, insbesondere als sich herausstellte, daß ihnen keine Lehrstühle an der Universität Frankfurt zugesichert werden konnten. Am 8. Februar 1946 hatte Löwenthal an Horkheimer geschrieben: »Ich befinde mich in einer ulkigen, dialektischen Lage. 1938 war ich der stärkste Verfechter einer Auflösung unseres organisationellen Rahmens von uns allen. Heute sehe ich die möglichen Risiken dabei klarer denn je.« Als es aber darum ging, dieser Einsicht durch eine Rückkehr nach Deutschland Rechnung zu tragen, sah Löwenthal sich außerstande mitzugehen. Seine bevorstehende Heirat mit einer Amerikanerin, der Psychologin Marjorie Fiske, trug sicherlich zu seinem Zögern bei. Er nahm 1949 eine Stellung als Leiter der Forschungsabteilung bei der »Stimme Amerikas« an, was einer dreiundzwanzig Jahre währenden Mitarbeit und Zugehörigkeit zum Institut ein Ende setzte. Sieben Jahre später wurde er Mitglied der Soziologischen Fakultät an der Universität Berkeley in Kalifornien.
Marcuse, dessen Verbindung zum Institut in den vierziger Jahren zunehmend lockerer geworden war, blieb im Dienste des Außenministeriums bis 1950, um dann als Dozent für Soziologie und zugleich Forschungsbeauftragter am Russischen Institut nach Columbia zurückzukehren. Während der nächsten zwei Jahre leistete er außerdem Forschungsarbeit am *Russian Research Center* in Harvard, eine Arbeit, die sich in seinem Buch über den *Sowjetmarxismus* niederschlug.[13] Ab 1954 war er an der *Brandeis University,* wo er sich mit Ideengeschichte befaßte. Er blieb dort elf Jahre lang, während deren sein Ruf im Untergrund, basierend auf *Triebstruktur und Gesellschaft* und *Der eindimensionale Mensch,* ständig wuchs. Als er 1965 Waltham, Massachusetts, verließ, um nach San Diego zu gehen, stand er dicht davor, ein international gefeierter Mentor der aufkeimenden Neuen Linken zu werden.
Auch Otto Kirchheimer blieb nach dem Krieg im Dienste der Regierung; zunächst war er an der Auswertung von Studien in der Europaabteilung des Auswärtigen Amtes beteiligt und danach, von 1950 bis 1955, leitete er das mitteleuropäische Referat dieser Abteilung. Die folgenden sieben Jahre gehörte er dem Lehrkörper des alten Institutskonkurrenten, der *New School for Social Research* in New York, an, wo er Doktorandenseminare abhielt. 1961 publizierte er seine umfangreiche Schrift über die *Politische Justiz.* Ein Jahr später wurde er Mitglied des Departments für Politikwissenschaft an der Universität Columbia, wo er bis zu seinem Tode wenige Tage nach seinem 60. Geburtstag im Jahr 1965 lehrte. Eine ganze Reihe weiterer ehemaliger Institutsmitglieder fanden ebenfalls Stellungen an amerikanischen Universitäten: Neumann an der *Columbia University,* Gerhard Meyer in Chicago, Massing an der *Rutgers University,* zu deren Lehrpersonal bald auch Joseph Maier und M. I. Finley gehörten. Kurt Mandelbaum,

der sich jetzt Martin nannte, ging nach England, um in Manchester Ökonomie zu lehren, und Henryk Grossmann kehrte, wie schon erwähnt, zwar ebenfalls nach Deutschland zurück, aber nicht gemeinsam mit dem Institut. Er ging nach Leipzig, wo er bis zu seinem Tode im Jahre 1950 einige unglückliche Jahre verbrachte. Gurland kam 1950 nach Deutschland, um an der Hochschule für Politik in Berlin und später an der Technischen Hochschule Darmstadt zu unterrichten.

Wittfogels Laufbahn nahm zu jener Zeit eine wichtige Wendung; ein kurzer Kommentar erscheint uns angebracht. Wittfogel hatte 1947 das von den Universitäten Washington und Columbia finanziell getragene *Chinese History Project* entwickelt und damit den letzten Schritt seiner Ablösung vom Institut getan. Vier Jahre später wurde er im Zuge der wachsenden Aufregung über eine angebliche kommunistische Infiltration von staatlichen und schulischen Institutionen vom Rechtsausschuß des Senats vorgeladen; er sollte vor Pat McCarrans Unterausschuß für Innere Sicherheit aussagen.[14] Wittfogel hat später versichert, er sei nur sehr zögernd dort hingegangen, und seine Aussage vom 7. August 1951 sei sein einziger Beitrag zu der antikommunistischen Hysterie jener Jahre gewesen.[15] Vom Institut war nur hinsichtlich seines ehemaligen Kontakts zum *Institute of Pacific Relation* die Rede, über dessen Infiltration Wittfogel allerdings relativ ausführlich sprach. Julian Gumperz, der in der Aussage von Hede Massing fünf Tage zuvor als Parteimitglied benannt worden war, wurde als derjenige identifiziert, über den die Verbindung zustande gekommen war. Der einzige, dessen Name neben dem von Gumperz in Wittfogels Aussagen fiel und der zum äußeren Kreis des Instituts zählte, war M. I. Finley. Finleys bald darauf gefaßter Entschluß, Amerika zu verlassen und nach England zu gehen, war ganz sicherlich durch die Auswirkungen von Wittfogels Aussagen beeinflußt. Finleys Ortswechsel sollte sich nebenbei im Endeffekt als ein großer Erfolg erweisen, in den späten sechziger Jahren erhielt er in Cambridge einen Lehrstuhl für Alte Geschichte.

Wittfogel schlug übrigens in seiner Aussage einen klagenden Ton an; er behauptete, er sei seiner wissenschaftlichen Kontakte verlustig gegangen, nachdem er erklärter Antikommunist geworden sei. Gewiß kann kein Zweifel daran bestehen, daß seine ehemaligen Institutskollegen seine neue Position mit Abscheu betrachteten, besonders aufgrund der persönlichen Enthüllungen Wittfogels über ehemalige politische Bündnisse. Sie waren fest davon überzeugt, daß seine Kooperation mit den Hexenjägern weit über das hinausging, was der Tag vor dem McCarran-Ausschuß ans Licht gebracht hatte; seinen wütenden Versicherungen des Gegenteils vermochten sie keinen Glauben zu schenken. Wo die Wahrheit auch liegen mag, Wittfogel war seit dieser Zeit eine *persona non grata* für die Frankfurter Schule wie übrigens für viele andere liberal gesonnene Wissenschaftler dieses Landes. Während Horkheimer über den Entschluß einer Reihe von Institutsmitgliedern, in Amerika zu bleiben, betrübt war, bedauerte er Wittfogels Entscheidung überhaupt nicht.

Das Institut kehrte also mit einem erheblich verringerten Stab nach Frankfurt zurück. Die Unterstützung, die ihm für einen neuen Start zuteil wurde, war nichtsdestoweniger beträchtlich. Im Juni 1949 zirkulierte eine Petition zur Beschleunigung seiner Wiedereröffnung. Die Liste der Unterschriften war äußerst beeindruckend, ein Zeichen für die Hochschätzung, die das Institut bei vielen wissenschaftlichen Kollegen genoß. Zu den Unterzeichneten zählten unter anderen Gordon Allport, Raymond Aron, G. D. H. Cole, G. P. Gooch, Morris Ginsberg, Eugen Kogon, Paul Lazarsfeld, Robert Lynd, Talcott Parsons, Paul Tillich, Robert MacIver und James T. Shotwell. »Die Funktion eines wieder ins Leben gerufenen Frankfurter Instituts«, so war in der Petition zu lesen, »wäre eine doppelte: Planung und Durchführung von Forschungsprojekten, und vielleicht noch wichtiger, die Unterweisung einer neuen Generation von deutschen Studenten in den modernen Entwicklungen der Sozialwissenschaft.«[16] Finanzielle Unterstützung kam aus mehreren Quellen. Der McCloy-Fonds stellte 236000 Mark zur Verfügung und damit die Hälfte dessen, was zur Wiedererrichtung erforderlich war. Die *Gesellschaft für Sozialforschung,* Treuhänder der Institutskapitalien, gab alles, was noch da war, damit ein weiteres Drittel deckend; den Rest brachten die Stadt Frankfurt und private Gönner auf. Felix Weil, das sei hier angemerkt, war aufgrund der Inflation in Argentinien zu keiner weiteren Hilfe mehr in der Lage.[17]

Im August 1950 begann das Institut mit Adorno als stellvertretendem Direktor – fünf Jahre später teilten sich Horkheimer und Adorno ranggleich in die Leitung – seine Arbeit in den Räumen des Kuratoriums in der Senckenberganlage und in den Trümmern des ausgebombten Gebäudes daneben, dem ehemaligen Zuhause des Instituts.[18] Am 14. November des darauffolgenden Jahres stand ihm ein neues Gebäude in derselben Straße, nicht weit vom früheren Institutsgebäude, zur Verfügung. Alois Geifer, sein Architekt, hatte ein karges, funktionales Gebäude im Stil der Neuen Sachlichkeit von Franz Röckles früherem Konzept entworfen. Die Reden zur Einweihung hielten so bekannte Soziologen wie René König und Leopold von Wiese, aber auch Felix Weil war zur Stelle. Die Musik zur Eröffnung der Feierlichkeit war von Schönberg. Das »Café Max«, wie das Institut bei seinen neuen Studenten bald hieß, war wieder voll in Aktion. Der neue Spitzname war nicht nur ein Hinweis auf Max Horkheimer, sondern auch auf den Ruf des Instituts vor dem Kriege als »Café Marx«. Das weggefallene »r« symbolisierte die Abkehr vom Radikalismus während der amerikanischen Periode des Instituts. Bezeichnenderweise findet sich unter den ersten Arbeiten des Hauses denn auch die Übersetzung mehrerer Teile aus den *Studies in Prejudice* ins Deutsche. Zwar wurde die *Zeitschrift* nicht wiederaufgenommen, doch begann das Institut bald mit

einer Publikationsreihe unter dem Namen *Frankfurter Beiträge zur Soziologie,* deren erster Band eine *Festschrift* für Horkheimer zu seinem sechzigsten Geburtstag war.[19]
Während der ersten Jahre nach seiner Rückkehr war Horkheimer vornehmlich mit der Reorganisation des Instituts und mit akademischen Aufgaben an der Universität beschäftigt.[20] 1950 wurde er zum Dekan der Philosophischen Fakultät gewählt und im November des folgenden Jahres im Alter von fünfundsechzig zum Rektor der Universität.[21] Werner Richter, der eine Woche zuvor in Bonn Rektor geworden war, war der erste naturalisierte Amerikaner, der an der Spitze einer deutschen Universität stand; Horkheimer war der zweite. Noch symbolischer war vielleicht, daß Horkheimer der erste Jude nach dem Kriege war, der diese Stellung errang. 1952 wurde er für eine zweite zwölfmonatige Amtsperiode gewählt. Nach Beendigung seiner Amtszeit erhielt er die Goethe-Plakette, die höchste Ehrung, die die Stadt Frankfurt zu vergeben hat. Sieben Jahre später, nachdem er sich in die Schweiz zurückgezogen hatte, ernannte ihn die Stadt Frankfurt zum Ehrenbürger auf Lebenszeit. Horkheimers Bindungen an Amerika blieben jedoch auch weiterhin stark. Der New Yorker Zweig des Instituts, wenn auch inaktiv während der folgenden zwei Jahrzehnte, wurde aufrechterhalten und von Alice Maier betreut. Horkheimer selbst war ausländischer Berater der Kongreßbibliothek, für die er eine *Survey of the Social Sciences in Western Germany*[22] vorbereitete. 1954 war er für kurze Zeit in den Vereinigten Staaten, um an der Universität von Chicago zu lehren, wohin er während der folgenden fünf Jahre jeweils für ein Semester zurückkehrte. Adorno blieb in Frankfurt; nach seiner kurzen Tätigkeit für die *Hacker Foundation* in Los Angeles im Jahre 1953 ging er nie wieder nach Amerika. Als Horkheimer und Pollock sich 1958 nach Montagnola in die Schweiz zurückzogen, wo sie sich auf zwei Nachbargrundstücken mit Blick auf den Luganer See ansiedelten, übernahm Adorno die Leitung des Instituts. Horkheimer und Pollock waren weiterhin bis tief in die sechziger Jahre hinein aktiv am Institut interessiert, auch dann noch, als neue Leute, wie Rudolf Gunzert, der die statistische Abteilung des Instituts leitete, und Ludwig von Friedeburg, der für die empirische Arbeit verantwortlich war, mehr von den administrativen Pflichten zu übernehmen begannen. Auch als Autor betätigte sich Horkheimer weiterhin, wenngleich in langsamerem Tempo als ehedem. Seine neueren Aufsätze sind zusammen mit Alfred Schmidts Übersetzung der *Eclipse of Reason* in der *Kritik der instrumentellen Vernunft* enthalten, die 1967 erschien. Bemühungen, ihn zur Wiederveröffentlichung seiner Aufsätze aus der *Zeitschrift* zu bewegen, stießen zunächst auf Ablehnung. Im Juni 1965 schrieb er einen Brief an den S. Fischer Verlag, in dem er sein Zögern mit den andersgelagerten Verhältnissen erklärte, unter denen er diese Aufsätze verfaßt habe; ihr Inhalt, so meinte er, könne deshalb heute leicht mißver-

standen werden.[23] Indes, 1968 gab er nach, und die lange erwartete Wiederveröffentlichung kam in Form einer zweibändigen Aufsatzsammlung unter dem Titel *Kritische Theorie* zustande. Ihr Erscheinen war einer der wichtigsten Impulse für das Interesse an der Frühphase der Geschichte des Instituts; auch die vorliegende Arbeit geht auf sie zurück.

Mehr als diese äußerst schematische Übersicht über die Geschichte des Instituts und die seiner wichtigsten Mitglieder nach ihrer Rückkehr nach Deutschland zu geben, ist hier nicht möglich. Auch eine ernsthafte Besprechung des umfangreichen Werks, das Adorno in der Zeit zwischen 1950 und seinem Tode im Sommer 1969 publizierte, wird erst später möglich sein[24], ebenso wie eine Analyse von Marcuses einflußreicher Vermittlung der Gedanken der Frankfurter Schule an ein neues amerikanisches Publikum während der sechziger Jahre.[25] Indem wir uns auf den Zeitraum bis 1950 beschränken, vernachlässigen wir bedauerlicherweise jedoch notgedrungen die Zeit, in der das Institut seine größte Wirkung hatte. Wir haben beschlossen, uns statt dessen auf die Jahre seiner größten Produktivität zu konzentrieren, und damit auf die Periode, die mit der des Exils in Amerika zusammenfällt.
Tatsächlich, so könnte man vielleicht sogar sagen, sei eine der Bedingungen für die Produktivität der Frankfurter Schule gerade ihre relative Isolierung während jener Zeit gewesen. Nach seiner Rückkehr in den frühen fünfziger Jahren wurde Horkheimer von der Stadt Frankfurt emphatisch gefeiert, man war dankbar, wenigstens einen Überlebenden der Weimarer Kultur zurückgewonnen zu haben. Horkheimer kannte Adenauer; er war häufig in Radio, Fernsehen und Presse zu vernehmen.[26] Die Tage, da er an Löwenthal hatte schreiben können, »sicherlich gibt es außer uns dreien oder vieren noch andere, die so denken und fühlen wie wir, aber wir können sie nicht sehen, und vielleicht werden sie daran gehindert, sich zu äußern«[27], diese Tage waren vorbei.
Mit Anerkennung und öffentlichem Beifall trat eine allmähliche Aufweichung der kritischen Schärfe des Instituts ein, die früher durch seinen Außenseiterstatus eher verstärkt worden war. Das Gefühl einer eigenen, festumrissenen »Frankfurter Schule« mit all der dazugehörigen Rigidität, die dies implizierte, begann sich herauszukristallisieren. »Wer Schönberg die Treue hält, müßte warnen vor allen Zwölftonschulen«[28], hatte Adorno geschrieben. Wer dem ursprünglichen Geist der Kritischen Theorie die Treue halten wolle, so pflegten Institutskritiker zu sagen[29], müsse die Verdinglichung der »Frankfurter Schule« mit Argwohn betrachten. Was die jüngeren, radikaleren Anhänger des Instituts weiter bestürzte, waren die ideologischen Rückwirkungen dieses Wandels. Der Geist des Kalten Krieges, den Horkheimer und die

andern in den vierziger Jahren so heftig bekämpft hatten, begann sich in ihre Erklärungen in den fünfziger und sechziger Jahren langsam einzuschleichen.[30] Ein ständig breiter werdender Graben begann Horkheimer und Adorno von Marcuse zu trennen, dessen politische Neigungen fest auf der Linken blieben. Der persönlichen Bindungen wegen, die nach wie vor bestanden, äußerte man sich nicht öffentlich zu diesem Riß, die privaten Meinungsverschiedenheiten waren jedoch stark. Wenn Marcuse in der Öffentlichkeit bekannt wurde, dann nicht, weil er Rektor einer großen amerikanischen Universität gewesen wäre und man ihn in Begleitung des Staatsoberhaupts gesehen hätte. Tatsächlich war seine Verbindung zur Frankfurter Schule außerhalb der Fachkreise kaum bekannt. Ohne jede institutionelle Verpflichtung, die über die eines Mannes hinausging, der zum Lehrkörper einer Reihe von amerikanischen Universitäten gehörte, traf ihn nicht die Notwendigkeit, einem erwartungsvollen Publikum ein »verantwortungsbewußtes« Gesicht zu zeigen. Die Divergenz zwischen Marcuse und seinen ehemaligen Kollegen allein oder auch nur hauptsächlich diesem Umstand zuzuschreiben, hieße natürlich übers Ziel hinausschießen, dennoch dürfte er eine Rolle gespielt haben.

Wenn wir auf die institutionelle Kohärenz der Frankfurter Schule nach 1950 als einen wichtigen Moment hinweisen, dann heißt das nicht, daß diese ihr bis dahin gefehlt hätte. Wie Edward Shils[31] erklärte, bestand einer der Hauptfaktoren für den wachsenden Einfluß der Frankfurter Schule – zumindest im Vergleich zu Einzelfiguren wie Karl Mannheim – in ihrer bruchlosen institutionellen Kontinuität über fast ein halbes Jahrhundert hinweg. Horkheimer war bei all seiner offenen Abneigung gegen Verwaltungskram äußerst geschickt, wenn es galt, Leute zu organisieren oder Gelder zu beschaffen. Wenn von Pollock, dem gelernten Ökonomen, in dessen Händen die Verwaltung des Instituts lag, gesagt wurde, er sei in finanziellen Dingen längst nicht so raffiniert wie Horkheimer, der Philosoph, so war dies nur halb im Scherz gemeint.[32] Ein ehemaliger Kollege, Paul Lazarsfeld, selbst ein äußerst fähiger »Macher in der Wissenschaft«[33], sprach Horkheimer, wenn auch nicht so pointiert, durchaus ähnliche Qualitäten zu.[34] Die Zähigkeit, mit der das Institut während allen Umsiedlungen seine kollektive Identität aufrechterhielt, ist in hohem Maße der Komplexität von Horkheimers Persönlichkeit, seiner intellektuellen Kraft und seinen praktischen organisatorischen Fähigkeiten zuzuschreiben. »Sie können sich gar nicht vorstellen«, sagte Pollock einmal, »wie viele Dinge in der Geschichte des Instituts und auch in den Schriften seiner Mitglieder auf Horkheimer zurückgehen. Ohne ihn hätten sich alle von uns vermutlich in anderer Weise entwickelt.«[35] Wenn Horkheimer, wie im Falle von Fromm und Neumann, eine Überzeugung nicht gelang, dann sah er den kompromißlosen Opponenten lieber aus dem Institut scheiden, als daß er sich mit einer fortwährenden Meinungsdifferenz abfand. Die Erge-

benheit eines anderen Institutsmitglieds gegenüber Horkheimer beschrieb Massing in Anlehnung an Schillers *Wallenstein* mit den Worten: »Da es mir nicht gegeben ist, ihm gleich zu sein, habe ich beschlossen, ihn grenzenlos zu lieben.«[36] Wenngleich es sicherlich ungerecht wäre, die andern Mitglieder des inneren Institutskreises einfach auf Satelliten um Horkheimer zu reduzieren, stand seine beherrschende Stellung im allgemeinen doch außer Zweifel. Von allen Kollegen scheint nur Adorno ebensoviel Einfluß auf Horkheimer ausgeübt zu haben, wie es umgekehrt der Fall war. Was das Institut des Exils in Amerika von dem Institut der zweiten Frankfurter Ära unterschied, war also nicht der organisatorische Zusammenhalt als solcher, es war vielmehr die Rolle, die diese Organisation jeweils in der Beziehung des Instituts zu seiner sozialen und geistigen Umwelt spielte. In den Vereinigten Staaten hatte sie die Funktion, Horkheimer und seine Kollegen in erheblichem Maße von der Außenwelt zu isolieren. Finanziell unabhängig, zumindest was die theoretische Arbeit anbetraf, und angesiedelt in einem Gebäude für sich in der 117. Straße, konnte das Institut nahezu ohne jeden Druck und ohne Einmischung von außen weiterarbeiten und weiterschreiben. Der genau überlegte Entschluß, an der deutschen Sprache festzuhalten, implizierte neben anderem die Unmöglichkeit, einen großen amerikanischen Leserkreis zu erreichen. Obgleich eine Reihe von einheimischen Studenten, darunter Benjamin Nelson und M. I. Finley, im Institut auf den *Morningside Heights* geschult waren, entwickelte sich auf amerikanischem Boden keine wirkliche »Frankfurter Schule«. Der Außenseiterstatus des Instituts war damit trotz seiner Verbindungen zu so angesehenen Gönnern wie der *Columbia University* oder dem *American Jewish Committee* gesichert.
Die Kosten, mit denen eine solche Position verbunden war, lagen auf der Hand. Trotz häufigen Kontakts mit dem Lehrkörper von Columbia befand sich die Frankfurter Schule insgesamt außerhalb des Hauptstroms amerikanischen wissenschaftlichen Lebens. Nur so lassen sich zum Beispiel Institutsthesen erklären wie die Gleichsetzung von Pragmatismus und Positivismus, denen die volle Validität einfach fehlte. Diese Situation war es auch, die das Institut von potentiellen Verbündeten in der amerikanischen geistigen Tradition abschnitt, wie etwa von George Herbert Mead.[37] Und schließlich leistete eine solche Position gegen ihren Willen einer einseitigen Meinung über die Arbeit des Instituts in der amerikanischen Öffentlichkeit Vorschub, konnte diese sich doch nur auf den Teil berufen, der in englischer Sprache vorlag.
Die Gründe, warum das Institut bewußt die Assimilation ablehnte, nach der so viele andere Flüchtlinge begierig strebten, sind komplexer Natur. Das Institut war ursprünglich, wir erinnern uns, mit Leuten besetzt, deren politisches Engagement, wenn auch von Fall zu Fall unterschiedlich intensiv, an den Rändern des Weimarschen Radikalismus angesiedelt war. Trotz der Parteizugehörigkeit einiger weniger seiner

ersten Mitglieder war das Institut als ganzes frei von jeder Bindung an eine reguläre politische Organisation. Hinzu kam, daß es sich trotz seiner lockeren Verbindung zur Frankfurter Universität von Anfang an bewußt aus der üblichen deutschen akademischen Hierarchie heraushielt. Und schließlich waren seine Mitglieder, auch wenn sie in der Regel aus assimilierten jüdischen Familien stammten – Fromm mit seiner orthodoxeren Herkunft stellt hier die Hauptausnahme dar –, immerhin Juden, deren Randseiterstatus in der deutschen Gesellschaft niemals völlig aufgehoben war. Kurz, im Unterschied zu vielen anderen, die nach Amerika flüchteten, war die Frankfurter Schule bereits eine Art Außenseitergruppe gewesen, ehe sie gezwungen war, Deutschland zu verlassen.

Es verwundert nicht, daß das Trauma der Machtübernahme durch die Nazis den Status von Ausgeschlossenen bei den Institutsleuten noch weiter verstärkte. Gleichsam symbolisch waren viele seiner Mitglieder zum einen oder anderen Zeitpunkt gezwungen, unter einem Pseudonym zu veröffentlichen: Horkheimer war »Heinrich Regius«; Adorno »Hektor Rottweiler«; Benjamin »Detlev Holz« und »C. Conrad«; Wittfogel »Klaus Hinrichs« oder »Carl Peterson«; Kirchheimer »Heinrich Seitz«; Massing »Karl Billinger«; Borkenau »Fritz Jungmann«, und Kurt Mandelbaum nannte sich »Kurt Baumann«. Aber nicht nur Namen, auch das Leben von Menschen, die auf diese oder jene Weise mit dem Institut verbunden waren, wurde von den Nazis ausgelöscht. Andries Sternheim, Karl Landauer, Paul Ludwig Landsberg und indirekt auch Walter Benjamin mußten durch die Nazis sterben. Andere wie Wittfogel und Massing hatten in Konzentrationslagern gesessen, hatten aber das Glück gehabt, gerade noch herauszukommen, ehe die Lager in Vernichtungszentren umgewandelt wurden. Wenn man dies weiß, dann braucht man nach der Quelle der fortwährenden Zweifel hinsichtlich ihrer Sicherheit, die die Institutsmitglieder noch jahrelang nach ihrer Emigration nach Amerika hegten, wohl kaum zu fragen. Diese Ungewißheit war es auch, die die Wendung des Instituts nach innen bewirkte. Noch 1946 zitierte Horkheimer in einem Brief an Löwenthal folgende Passage von Edgar Allan Poe:

»So kann nichts klarer sein, als daß ein *besonders* edler Geist – der *wirklich* empfindet, was den andern nur von den Lippen kommt – sich unvermeidlich in jeder Beziehung falsch verstanden – seine Motive mißinterpretiert sehen muß. So wie extreme Intelligenz als Einfältigkeit aufgenommen würde, so könnte exzessive Ritterlichkeit sich nicht dagegen wehren, als Gemeinheit höchsten Grades betrachtet zu werden: – das gleiche gilt für andere Tugenden. Dies ist in der Tat ein schmerzliches Thema. Daß Individuen sich derart über die Ebene ihrer Gattung erhoben *haben,* ist kaum zu bezweifeln; aber wenn wir in der Geschichte nach Spuren ihres Daseins suchen, sollten wir über alle

Biographien der ›Guten und der Großen‹ hinweggehen, während wir sorgfältig die spärlichen Berichte über die armen Teufel durchforschen, die im Gefängnis sterben, in Bedlam oder auf den Galeeren.«

Und er fügte hinzu: »In den letzten Jahren habe ich nichts gelesen, was unseren eigenen Gedanken mehr entspräche als diese Sätze.«[38]
Nach der Rückkehr nach Frankfurt änderte sich dies alles. Eines der ausschlaggebenden Momente bei der Entscheidung für eine Rückkehr war die Überlegung gewesen, daß das Institut so möglicherweise auf eine neue deutsche Studentengeneration Einfluß nehmen könne. Das bedeutete allerdings, daß man sich erheblich stärker am normalen akademischen Leben der Universitätsgemeinde, in deren Bereich das Institut lag, beteiligen mußte. Statt sich in relativer Isolation zu entwikkeln, stellte die Frankfurter Schule nun eine der Hauptströmungen deutschen soziologischen und philosophischen Denkens dar. Statt ignoriert zu werden, gab ihre theoretische Arbeit nun den Anstoß zu einem intensiven Disput, dessen Umfang, wir haben es schon gesagt, dem des *Methodenstreits* gleichkam, welcher die deutsche Gesellschaftstheorie fünfzig Jahre zuvor in zwei Lager gespalten hatte. Ohne die Sprachbarriere, die eine weite Verbreitung der Gedanken des Instituts ausgeschlossen hatte, wurde der von ihnen ausgehende Impuls so stark empfunden wie nie zuvor. Selbst die konservativste unter den Gesellschaftswissenschaften, die Disziplin der Geschichte, wurde von der Kritischen Theorie beeinflußt.[39] Vor der kargen geistigen Landschaft Nachkriegsdeutschlands nahm sich die Frankfurter Schule sogar noch eindrucksvoller aus, als es vielleicht der Fall gewesen wäre, wenn die Verhältnisse denen in Weimar entsprochen hätten. Kurzum, nach 1950 hatte das Frankfurter Institut für Sozialforschung als institutionelle Verkörperung der Frankfurter Schule die Funktion eines positiven Mittlers zwischen den Gdanken ihrer Mitglieder und der Gesellschaft im allgemeinen. Statt isoliert zu sein, hatte man nun eine Plattform zur Verbreitung der Kritischen Theorie, wie sie in ihrem neuen Zusammenhang sich entwickelte.
Es ist nicht unsere Absicht, auf die partielle Reintegration des Instituts nach seiner Rückkehr nach Frankfurt näher einzugehen; wir wollen nur den Kontrast hervorheben, den diese Situation verglichen mit der Isolierung in den Jahren in Amerika darstellte. Ohne direkte Verbindungslinien zwischen dem Inhalt der Kritischen Theorie und den praktischen Erfahrungen ihrer Begründer ziehen zu wollen, wo sie nicht nötig sind, sei dennoch gesagt, daß die Betonung, welche die Frankfurter Schule auf Negation, auf Nichtidentität und auf die Notwendigkeit legte, »nicht mitzumachen« – um eine häufig gebrauchte Wendung zu benutzen –, jeweils mit diesen Erfahrungen im Einklang stand. Indes, hierauf zum Zwecke des Entlarvens hinzuweisen, wäre ein eitles Unterfangen; denn die Frankfurter Schule kam offensichtlich zu dem glei-

chen Schluß. Adornos *Minima Moralia* drückten dies in ihrer Reduktion von Philosophie auf »Reflexionen aus dem beschädigten Leben« unmißverständlich aus. Das Institut hat niemals Mannheims Glorifizierung der »freischwebenden Intelligenz« akzeptiert. »Wenn Mannheim die Intelligenz früher als die freischwebende bestaunte«, schrieb Adorno, »so wäre dem nicht sowohl mit dem reaktionären Postulat ihrer ›Seinsverwurzelung‹ zu widersprechen als mit der Erinnerung daran, daß eben die Intelligenz, die frei zu schweben vorgibt, in dem gleichen Sein gründlich verwurzelt ist, das es zu verändern gilt und dessen Kritik sie bloß fingiert.«[40]

Daß das Institut stets sorgsam darum bemüht war, sich seinen Außenseiterstatus zu bewahren, hatte seinen Grund in der Erkenntnis, daß eine solche Position in gewisser Weise Vorbedingung für die Erhaltung einer wahrhaft kritischen Haltung in seiner theoretischen Arbeit war. Dies erforderte Autonomie, allerdings nicht allein der allgemeinen Politik, akademischen Einrichtungen und der Massenkultur gegenüber, sondern auch gegenüber allen gesellschaftlichen Kräften, die den Anspruch erhoben, die Negation zu verkörpern. Im Unterschied zu orthodoxeren Marxisten hat die Frankfurter Schule nie die Auffassung vertreten, die persönliche Beziehung zwischen Arbeitern und Intellektuellen sei es, die beiden zum Nutzen gereiche. Bereits in *Traditionelle und Kritische Theorie*, d. h. 1937, hatte Horkheimer einen notwendigen Zusammenhang zwischen radikaler Theorie und dem Proletariat verneint und war statt dessen für eine Allianz mit allen »fortschrittlichen« Kräften eingetreten, die bereit waren, »die Wahrheit zu sagen«.[41] Im Jahr 1951 schloß Adorno sogar jede Möglichkeit, irgendein Kollektiv könne auf der Seite der Wahrheit stehen, rundweg aus; für ihn war der Rest jener fortschrittlichen gesellschaftlichen Kräfte im kritischen Individuum angesiedelt. Diese Einschätzung hatte später zur Folge, daß studentischen Radikalen oder anderen sich bildenden »negativen« Gruppen die Qualität einer legitimen gesellschaftlichen Kraft auf der Seite wirklichen Wandels abgesprochen wurde. Mag sein, daß das Institut in der Zeit nach 1950 reintegriert worden ist, dann aber nicht in jene Gruppe, mit denen seine Mitglieder sich in seiner Frühphase identifiziert hatten, ebensowenig wie in die seiner selbsternannten Nachfolger. Trotz ihres Spotts für Mannheims Vorstellungen vom freischwebenden Intellektuellen wurden die Mitglieder der Frankfurter Schule seinem Modell zunehmend ähnlicher.

Die Arbeit des Instituts allein mit den persönlichen Erfahrungen von Entfremdung auf seiten seiner Mitglieder zu erklären, wäre natürlich unzureichend. Denn wenn die Frankfurter Schule ihrer aktuellen kulturellen Umgebung auch entfremdet war, so bestanden doch immer noch ganz wichtige Bande zwischen ihr und einer spezifischen histori-

schen Tradition. Benjamin hatte 1938 geschrieben: »Die Arbeiten des Instituts für Sozialforschung konvergieren in einer Kritik des bürgerlichen Bewußtseins. Diese Kritik vollzieht sich nicht von außen, sondern als Selbstkritik.«[42] Trotz der frühen Begeisterung Horkheimers und seiner Freunde für den Sozialismus waren die Begeisterten unbestreitbar Söhne aus bürgerlichen Familien. In gewissem Sinne teilten sie die antibürgerlichen Gefühle vieler ihrer mittelständischen Zeitgenossen. Statt sich jedoch an den klassischen Ablauf der Geschichte in solchen Familien zu halten, wie Thomas Mann ihn in den *Buddenbrooks* so klar gezeigt hat – die erste Generation macht das Geld, die zweite festigt die gesellschaftliche Position, und die dritte zieht sich in ästhetisches Unbehagen zurück –, folgten sie einem etwas anderen Muster. In ihren Fällen folgte dem Erwerb von Reichtum sofort intellektuelle Bilderstürmerei in Verbindung mit einem Gefühl für soziale Verantwortung. Ohne jene Zwischengeneration, die für gesellschaftliches Ansehen zu sorgen hatte, lastete auf ihnen auch nicht so viel Zwang, ihre Unabhängigkeit durch einen rebellischen Lebensstil zu beweisen, wie auf anderen antibürgerlichen Söhnen der Bourgeoisie. Die Extravaganzen der expressionistischen Generation verschmähend, deren historischer Augenblick just Vergangenheit geworden war, kanalisierten Horkheimer und die andern ihre gesamten kritischen Energien in dem relativ unpersönlichen Bereich sozialen Denkens. Abgesehen vom Verschwinden einer zunächst vorhandenen Religiosität bei Fromm und Löwenthal, scheinen sie dem entgangen zu sein, was man später als Identitätskrise bezeichnete. Die charakteristische expressionistische *Wandlung,* die am klarsten in dem gleichnamigen Stück von Ernst Toller demonstriert wird, war eine Phase, durch die sie nicht hindurch mußten. Die von ihnen praktizierte Distanz zu den täglichen Ungereimtheiten des Lebens zunächst in Weimar und später in Amerika ermöglichte es ihnen, ganz im Unterschied zu anderen Linksintelektuellen, wie etwa Tucholsky, frei zu bleiben von deren charakteristischer Bitterkeit und Galle. Als die Außenseiter, die sie waren, lebten sie auf ihrer Odyssee vergleichsweise komfortabel. Benjamin, derjenige unter den Institutsmitgliedern, in dessen Leben es am meisten Unglück gab, hätte sehr wohl Grund gehabt, Groll und Unmut in seinen Schriften zu äußern; seine seltsame Disposition, Leben und Arbeit stets streng voneinander zu scheiden, mußte ihn jedoch daran hindern.[43] Die anderen reagierten auf Unsicherheit mit um so stärkerem Festhalten an jenem großbürgerlichen Lebensstil, in den sie hineingeboren waren.
Die Mitglieder des Instituts bewahrten sich nicht nur diesen Lebensstil, bis zu einem gewissen Grad blieben sie auch den damit verbundenen kulturellen Werten treu. Tatsächlich gab es einige verblüffende Ähnlichkeiten zwischen ihnen und der gebildeten deutschen Elite, deren Schicksal Fritz Ringer jüngst in *The Decline of the German Mandarins*[44] nachgezeichnet hat. Selbstverständlich war das Institut gegründet

worden, weil man dem entgegenwirken wollte, was Grünberg die »Mandarinanstalten«[45] genannt hatte. Grünbergs und Ringers Definitionen der »Mandarine« waren indes sehr unterschiedlich. Während Grünberg technische Intellektuelle in ihnen sah, die ihre Fähigkeiten in den Dienst des status quo stellten, glichen sie in Ringers Augen eher den chinesischen Literaten, mit denen Max Weber sich beschäftigt hatte: »Eine gesellschaftliche und kulturelle Elite, die ihren Status in erster Linie ihren Bildungsqualifikationen und nicht irgendwelchen Erbrechten oder vererbtem Reichtum verdankt.«[46] Im späten 19. Jahrhundert erlangten Ringers »Mandarine« kurzfristig großen Einfluß, und zwar fiel ihre Zeit in jene Gleichgewichtsphase, die durch den Niedergang der Großgrundbesitzer und den noch nicht vollendeten Aufstieg des Industriebürgertums eingetreten war. Bereits um 1890 jedoch, als der Industriestaat den Agrarstaat zu verdrängen begann, fühlten sie sich durch den Sieg der Bourgeoisie über die Elite auf dem Lande bedroht. In Reaktion auf diese Situation nahmen sie deshalb eine zunehmend defensive und rigide Haltung gegen Modernität und Massengesellschaft ein.

In mancherlei Hinsicht ließe sich die Frankfurter Schule durchaus dem Ringerschen Modell vergleichen. Genau wie die Mandarine und im Unterschied zu orthodoxeren Sozialisten verfaßten sie nämlich Schriften, die eher von einem Gefühl des Verlusts und des Niedergangs durchzogen waren als von Hoffnung und Erwartung. Wie die Mandarine vermochten auch sie der Massengesellschaft und ihren utilitaristischen, positivistischen Werten nichts abzugewinnen. Und gleich jenen widersetzten auch sie sich dem Geist der Spezialisierung, der das moderne geistige Leben zu durchdringen schien. »Was ihnen wirklich Sorge bereitete«, so Ringer in einem Satz über die Mandarine, der genausogut auf das Institut gemünzt sein könnte, »war nicht die Isolierung der einzelnen Disziplinen *voneinander,* sondern eine wachsende Trennung zwischen Gelehrsamkeit und einer bestimmten Art von Philosophie in den Disziplinen selbst.«[47] Auch das Mißtrauen der Frankfurter Schule der Aufklärung gegenüber ist als ein solches Moment einer mandarinhaften Verteidigung traditioneller deutscher Kultur zu sehen. Im Exil betrachteten sie sich als Kulturträger in der Schlacht, ein Selbstverständnis, das den Mandarinen ganz sicherlich nicht fremd gewesen wäre. Und schließlich lädt auch ihre im Innersten apolitische Haltung – selbst noch in der Phase, als in ihren Schriften die Forderung nach Praxis erklang – zu einem Vergleich mit der herablassenden Verachtung der Mandarine für die trivialen Zänkereien der Interessenpolitik ein.

Und doch sperren sich trotz all dieser Ähnlichkeiten die Mitglieder der Frankfurter Schule gegen eine simple Kategorisierung als moderne Mandarine im Exil. Während erstens Ringers Mandarine prinzipiell akademische »insider«, die Führer der etablierten intellektuellen Elite

sind, suchte das Institut, wie wir bei vielen Gelegenheiten gesehen haben, sich von der traditionellen Universitätsgemeinde, deren Blasiertheit und Elitebewußtsein es hart kritisierte, zu lösen. Zweitens war aber auch die historische Quelle der Wertvorstellungen des Instituts keineswegs dieselbe wie die der Mandarine; schreibt Ringer: ». . . die wichtigsten formalen Elemente im gelehrten Erbe der Mandarine waren die kantische Kritik, die Theorien des Idealismus und die deutsche historische Tradition.«[48] Die Frankfurter Schule stand aber in ihrem Ansatz den Linkshegelianern der vierziger Jahre des 19. Jahrhunderts viel näher, was unmittelbar zur Folge hatte, daß sie sich, im Unterschied zu den Mandarinen, weigerte, dem Vulgärmaterialismus einen Vulgäridealismus entgegenzusetzen. Wie wir gesehen haben, wurzelte die Kritische Theorie in einer dialektischen Überwindung des traditionellen Idealismus-Materialismus-Gegensatzes. Materialismus und Positivismus müssen nämlich nicht notwendig, wie viele unter den Mandarinen gedacht haben, synonym sein. Und drittens implizierte die Verteidigung überkommener kultureller Werte durch die Frankfurter Schule niemals deren Hypostasierung als von materiellen Interessen unabhängige oder über ihnen stehende. Genau diese Trennung war es nämlich, die das kennzeichnete, was das Institut als »affirmative Kultur« anprangerte. Die Sorge des Instituts um körperliches, sinnliches Glück wurde von den Mandarinen kaum oder gar nicht geteilt, ihr Idealismus hatte eine asketische Seite. Und so verwundert es nicht, daß sie für die Psychoanalyse, die Horkheimer und seine Kollegen in die Kritische Theorie integrieren wollten, einfach keine Verwendung hatten.[49]
Was der Kritik der Frankfurter Schule an der modernen Gesellschaft einen anderen Charakter gab, war der Umstand, daß Horkheimer und seine Kollegen, ohne die Werte der Mandarine verwerfen zu wollen, zeigten, daß ein Verabsolutieren dieser Werte in gewisserWeise einfach zum Verrat an ihnen führen mußte. Adorno sagte in diesem Zusammenhang:

»Wenn die Kulturkritik bis hinauf zu Valéry es mit dem Konservatismus hält, so läßt sie insgeheim von einem Kulturbegriff sich leiten, der auf festen, von Konjunkturschwankungen unabhängigen Besitz in der Ära des Spätkapitalismus abzielt. Er behauptet sich als diesem entzogen, gleichsam um inmitten universaler Dynamik universale Sekurität zu gewähren.«[50]

Schließlich unterschied sich die Frankfurter Schule von den Mandarinen auch durch ihre Weigerung, nach unmittelbaren Allheilmitteln für die Widersprüche der modernen Gesellschaft zu suchen. Statt die Begriffe von Gemeinschaft und »Volkstum« mit Gefühlen aufzuladen, versuchte das Institut, auf die Gefahren hinzuweisen, die in solch voreiliger Versöhnung steckten. Sowohl die nazistische Volksgemeinschaft wie die »eindimensionale Gesellschaft« im Nachkriegsamerika bedeuteten die Eliminierung von Subjektivität im Namen eines illegitimen und ideologischen Konsensus.

Kurzum, wieviel die Mitglieder des Instituts aus der Mandarintradition, in die sie hineingeboren waren, auch aufgesogen haben mögen, der Einfluß, den ihre frühe Beschäftigung mit Freud und, noch wichtiger, mit Marx auf sie hatte, blieb groß. Die Rolle des Instituts in der Geschichte des Marxismus im 20. Jahrhundert selbst war ohne Zweifel problematisch. Obwohl sie letztlich viele, für die marxistische Theorie wesentliche Prinzipien fallenließ – das revolutionäre Potential der Arbeiterklasse, Klassenkampf als Motor der Geschichte[51], die ökonomische Basis als Zentrum jeder Gesellschaftsanalyse –, erwies die Frankfurter Schule in ihren frühen Jahren dem Marxismus einen großen Dienst. Indem sie die Unversehrtheit des Marxschen Freiheitsimpulses zu einem Zeitpunkt bewahren halfen, da der Stalinismus grassierte, spielten Horkheimer und seine Kollegen eine entscheidende Rolle für die Wiedererweckung dieses Impulses in späteren Jahren durch nachstalinistische Radikale. Indem sie die philosophischen Prämissen marxistischer Theorie mit Ausdauer und Sorgfalt untersuchten, hoben sie das Diskussionsniveau innerhalb der marxistischen Kreise entscheidend an und sorgten dafür, daß der Marxismus zum anerkannten Untersuchungsgegenstand auch außerhalb dieser Kreise wurde. Indem sie den historischen Materialismus konsequent im Sinne einer kritischen Methode und nicht als System gesicherter Wahrheiten anwandten, erfüllten sie mit neuem Leben, was zu einem sklerotischen Dogmatismus zu werden drohte. Bereit, neuen Boden urbar zu machen, ermöglichte das Institut die fruchtbare gegenseitige Durchdringung von scheinbar so inkonsistenten Systemen wie Psychoanalyse und Marxismus. Indem sie schließlich geschickt bei Marx implizierte Argumente phantasievoll auf Kulturphänomene anwandte, half die Frankfurter Schule, die materialistische Kulturkritik vor dem sterilen Buchstabenglauben des sozialistischen Realismus zu bewahren.

Dennoch legte das Institut letzten Endes eine so substantielle Revision des Marxismus vor, daß es den Anspruch verlor, unter seine zahlreichen Abkömmlinge eingereiht zu werden. Indem es die faktische, ja sogar die mögliche Existenz eines historischen Subjekts bezweifelte, welches in der Lage war, eine vernünftige Gesellschaft herbeizuführen, warf das Institut die zentrale Prämisse in Marx' Werk von der Einheit von Theorie und Praxis endgültig über Bord. Die Konflikte seiner Mitglieder mit der deutschen Neuen Linken in den sechziger Jahren waren nur die Auswirkung dieser bereits eingetretenen Wandlung. Selbst Marcuses »große Weigerung« wollte vielen unter den orthodoxeren Marxisten als ein nur vager und ungenauer Hinweis auf politische Aktion erscheinen, nicht mehr als eine »unbestimmte Negation« des status quo in der anarchistischen Tradition.[52] 1962 äußerte Lukács seine

und anderer Marxisten Verachtung für die Frankfurter Schule, indem er sie »Grand Hotel Abgrund«[53] titulierte. Als Marcuses Popularität in der Folgezeit stieg, diente selbst seine durchaus radikalere Variante der Kritischen Theorie den orthodoxen Marxisten nur als Zielscheibe für ihren Spott. Das war allerdings keineswegs neu. So erinnert sich beispielsweise Felix Weil an einen Vorfall aus dem Jahr 1929, als er durch eine Handlung ein Mitglied des Zentralkomitees der KPD zu dem Kommentar veranlaßte: »Wie schade, Felix, daß Du nie in die Partei eingetreten bist. Jetzt könnten wir Dich ausschließen.«[54] (Diegleichen Worte übrigens, die Tucholsky 1932 zu hören bekam.)[55] Neu an der Frankfurter Schule nach 1950 war, daß sie zunehmend sichtbarer wurde. Und genau diese Sichtbarkeit ließ ihren Renegaten-Materialismus für die konventionelleren Marxisten zu einer größeren Bedrohung und damit auch zum Ziel verstärkter verächtlicher Kritik werden.
Ebenso problematisch war die Rolle des Instituts in der intellektuellen Völkerwanderung, deren kollektiver Einfluß auf Amerika so enorm war. Seine Bemühungen, nach Amerika gelangenden Flüchtlingen zu helfen, waren offensichtlich beachtlich, wenngleich das genaue Ausmaß so lange unbekannt bleiben muß, bis das Institut die Namen derer preisgibt, denen tatsächlich geholfen wurde. Fünfzig jüngere Wissenschaftler, die an Institutsschreibtischen saßen, sind später amerikanische Professoren geworden;[56] darunter so einflußreiche Wissenschaftler wie Paul Honigsheim, Hans Gerth und Paul Baran. Zusammenarbeit mit anderen Gruppen wie etwa mit der *Berkeley Public Opinion Study Group* tat zweifellos ebenfalls ihre Wirkung.
Und dennoch ist der intellektuelle Einfluß des Instituts bestenfalls als ein punktueller, in seinem Gewicht nicht konsistenter zu betrachten. Den beträchtlichen Einfluß seiner empirischen Untersuchungen aus den vierziger Jahren haben wir bereits erwähnt, ebenso den seiner Kritik der Massenkultur. Im allgemeinen jedoch stieß seine theoretische Arbeit auf taube Ohren. Der Bemühung des Instituts, den Verfall von Philosophie zu einer positivistischen Sozialwissenschaft zu verhindern, blieb der wirkliche Erfolg versagt. Zum Teil spiegelte sich hierin die Neigung des Instituts, seine theoretischen Kritiken extrem pointiert zu formulieren. »An der Psychoanalyse ist nichts wahr als ihre Übertreibungen«[57], hatte Adorno geschrieben. In der Kritischen Theorie, so scheint es zuweilen, folgte man dem gleichen Prinzip. So schien beispielsweise die Kritik der Frankfurter Schule an der amerikanischen Gesellschaft mitunter zu suggerieren, es gebe keinen wirklichen Unterschied zwischen der Zwangsherrschaft der Nazis und der »Kulturindustrie«. In Wirklichkeit, so lautete der Vorwurf manches Kritikers, sei die Erfahrung der Institutsmitglieder mit den Nazis so traumatisch gewesen, daß sie auch die amerikanische Gesellschaft nur unter dem Aspekt faschistischen Potentials zu beurteilen vermochten.[58] Indem sie sich in dem von ihnen praktizierten Ausmaß vom amerikanischen Le-

ben isolierten, gerieten ihnen die besonderen historischen Faktoren, die den entwickelten Kapitalismus Amerikas und seine Massengesellschaft von ihren europäischen Ebenbildern dennoch unterschieden, aus dem Blickfeld. Der Totalitarismus, so behauptete das Institut, ohne sich je davon abbringen zu lassen, sei eine natürliche Folge des Liberalismus und nicht sein Gegenstück, dennoch existierte in Amerika eine liberale bürgerliche Gesellschaft, die sich einem solchen Wandel widersetzte. Woher sie kam, das wurde vom Institut niemals genauer untersucht. Die Institutsmitglieder arbeiteten zwar die Ähnlichkeiten zwischen Amerika und Europa peinlich genau heraus, die Unterschiede indes untersuchten sie weit weniger sorgfältig.
Dieser Hinweis enthält die Implikation, für den gemischten Erfolg seiner theoretischen Arbeit in Amerika sei das Institut weitgehend selbst verantwortlich gewesen. In Wirklichkeit lag die Situation jedoch etwas komplizierter. Zu bedenken ist auch die schwere Herausforderung, die die Frankfurter Schule für den üblichen Stand amerikanischer Gesellschaftstheorie darstellte. In anderem Zusammenhang habe ich gesagt[59], es lasse sich ein selektives Verfahren darin erkennen, welche Aufnahme Flüchtlinge aus Mitteleuropa in Amerika gefunden hätten. Wenn auch bestimmt nicht ausnahmslos, so war der herzlichste Empfang doch jenen Neuankömmlingen vorbehalten, deren Denken dem Geist der Neuen Sachlichkeit aus der Mitte der Weimarer Zeit am nächsten kam. Ob in der Architektur mit dem Bauhaus, in der Philosophie mit dem Wiener Kreis oder in der Soziologie mit Paul Lazarsfelds quantitativer Forschung, die Ethik sachlicher Objektivität und technologischen Fortschritts brachte im amerikanischen geistigen Leben stets eine entsprechende Saite zum Klingen. Das Institut aber hatte trotz seines Frankfurter Gebäudes im Stil der Neuen Sachlichkeit diese Richtung von Anfang an mit kritischen Augen betrachtet.[60] Horkheimer und seine Freunde sahen darin das stilistische Korrelat der Abschaffung von Subjektivität und die vorschnelle Überwindung von Widersprüchen im modernen Leben. Zwar befaßten sie sich nicht weiter mit dem Stil als solchem, kritisierten jedoch die, welche in seinem Geiste arbeiteten. In den dreißiger und vierziger Jahren schwammen sie dann ganz eindeutig gegen den Strom. Es sollte Jahre dauern, bis ihre scharfe Kritik an den Nachteilen modernen Lebens auch einer amerikanischen Leserschaft einsichtig zu werden begann. Und es währte Jahrzehnte, bis sich ein breites Interesse an Fragen wie Ökologie, instrumentelle Rationalität und Frauenemanzipation entwickelte, Fragen, die die Frankfurter Schule in souveräner Differenziertheit bereits ein Menschenalter früher behandelt hatte.
Ob das Institut es geschafft hätte, zu einer großen Kraft im amerikanischen geistigen Leben zu werden, wäre es in Amerika geblieben, oder ob ihm dies nicht gelungen wäre, ist eine offene Frage. Die Mitglieder, die sich zum Bleiben entschlossen, dürften die Frage sicherlich mit ja

beantwortet haben[61], und Marcuses plötzliche Popularität in den sechziger Jahren, die weitgehend auf Schriften beruhte, deren generelle Richtung in den frühen Arbeiten der Frankfurter Schule angelegt war, legt nahe, daß eine solche Einschätzung auch zutreffend war. Statt dessen ergab es sich, daß weniger zentrale Figuren der Institutsgeschichte wie Fromm, Neumann und Wittfogel sich eine eindrucksvolle Anhängerschaft erwarben, während Horkheimer den Amerikanern auch nach dem Kriege fast unbekannt blieb.
Spekulationen darüber anzustellen, was hätte geschehen können, gehört natürlich viel weniger zur Aufgabe des Historikers als der Versuch, das zu erklären, was tatsächlich geschah. Das Institut war ein einzigartiges Element in einem Geschehen, das in der abendländischen Geschichte ohne Parallele ist. Es war die bislang einzige interdisziplinäre Vereinigung von Wissenschaftlern, die unterschiedliche Probleme von einer gemeinsamen theoretischen Basis aus anging. Und noch etwas, während die Emigration gewöhnlich die Auflösung von bestehenden Gruppen mit sich brachte, schaffte das Institut es zusammenzubleiben. Außerdem war es der einzige kollektive Repräsentant der Weimarer Kultur, der das Exil überdauerte und zurückkehrte, um eine Brücke zwischen Deutschlands kultureller Vergangenheit und seiner nachnazistischen Gegenwart zu schlagen. Durch seine Wiederaufnahme der Arbeit in Frankfurt war es nicht nur in der Lage, in Amerika erworbene Methoden und Techniken weiterzuvermitteln, es konnte auch die Kontinuität zu dem reichen Erbe wiederherstellen, das auszulöschen Hitler so viel getan hatte. Nachdem das Institut zunächst geholfen hatte, deutsche Kultur nach Amerika hinüberzuretten, half es nun, sie wieder nach Deutschland zurückzubringen. Mit Schülern wie Jürgen Habermas, Alfred Schmidt (der jüngst Adornos Nachfolger im Institut als dessen Direktor geworden ist), Oskar Negt und Albrecht Wellmer scheint sein Einfluß auch in Zukunft gesichert, selbst wenn sein institutioneller Fortbestand zu Beginn der siebziger Jahre durch den Tod einiger seiner älteren führenden Mitglieder und durch zunehmende radikale Unruhe unter den Studenten unklar scheint.
Hegels Vorstellung vom Geist, der zu sich selbst zurückkehrt, könnte als Metapher hier fast geeignet erscheinen, bliebe nicht die entscheidende Tatsache, daß die wahre Entfremdung der Frankfurter Schule auch mit ihrer geographischen Heimkehr nicht endete. Die Reintegration des Instituts war stets nur eine partielle und unvollkommene. »Nach Auschwitz ein Gedicht zu schreiben, ist barbarisch«[62], hatte Adorno in einem seiner bittersten Augenblicke geschrieben. Gesellschaftstheorie und wissenschaftliche Forschung zu betreiben war vertretbarer nur, wenn ihr kritischer, negativer Impuls erhalten blieb. Denn allein in der Weigerung, das Gegenwärtige zu rühmen, lasse sich die Möglichkeit einer Zukunft bewahren, in der das Schreiben von Gedichten keinen Akt der Barbarei mehr bedeute.

Anmerkungen

Folgende Abkürzungen werden benutzt:

Grünbergs Archiv: Archiv für die Geschichte des Sozialismus und der Arbeiterbewegung
SPSS: *Studies in Philosophy and Social Science*
ZfS: Zeitschrift für Sozialforschung

Anmerkung der Übersetzer:

Die *Zeitschrift für Sozialforschung* ist nur schwer zugänglich. Leichter zu beschaffen sind Neuerscheinungen von einstmals in der *Zeitschrift* abgedruckten Aufsätzen. Um dem Leser das Quellenstudium zu erleichtern, zitieren wir deshalb erstens nach der *ZfS* und geben - sofern uns bekannt – zweitens die gleiche Stelle in einer neueren Quelle an.

Einleitung

1 William Butler Yeats, »The Choice« (1932).
2 Der Mangel an hinlänglicher Unterscheidung zwischen dem Institut der Weimarer Zeit und der Frankfurter Schule beeinträchtigt etliche Abhandlungen über seine Geschichte recht erheblich. Siehe z. B. Peter Gay, *Weimar Culture: The Outsider as Insider* (New York 1968), das Institut der Weimarer Zeit wird hier fälschlich als »im Kern linkshegelianisch« (S. 41) bezeichnet.
3 Herbert Macuse, *Negations: Essays in Critical Theory* (Boston 1968), eine Aufsatzsammlung, die fast vollständig als *Kultur und Gesellschaft,* 2 Bde. auch deutsch vorliegt (Frankfurt 1965).
4 Max Horkheimer, *Kritische Theorie,* hrsg. v. Alfred Schmidt, 2 Bde. (Frankfurt 1968).
5 Walter Benjamin, *Schriften,* hrsg. v. Theodor Adorno und Gershom Scholem, 2 Bde. (Frankfurt 1955); Theodor W. Adorno, *Prismen* (Frankfurt 1955); *Versuch über Wagner* (Frankfurt 1952) und *Dissonanzen: Musik in der verwalteten Welt* (Frankfurt 1956); Leo Löwenthal, *Literature and the Image of Man* (Boston 1957), dt.: *Das Bild des Menschen in der Literatur* (Neuwied u. Berlin 1966) und *Literature, Popular Culture, and Society* (Englewood Cliffs, N. J. 1961), dt.: *Literatur und Gesellschaft* (Neuwied u. Berlin 1964); Franz Neumann, *The Democratic and the Authoritarian State,* hrsg. v. Herbert Marcuse (New York 1957). Weitere neuere Sammelbände mit Arbeiten von Insti-

tutsmitgliedern liegen vor, darunter von Erich Fromm, *The Crisis of Psychoanalysis* (New York 1970) dt.: *Analytische Sozialpsychologie und Gesellschaftstheorie* (Frankfurt 1970). Otto Kirchheimer, *Politics, Law and Social Change*, hrsg. v. Frederic S. Burin und Kurt L. Shell (New York 1969) und Leo Löwenthal, *Erzählkunst und Gesellschaft: Die Gesellschaftsproblematik in der deutschen Literatur des 19. Jahrhunderts* (Neuwied und Berlin 1971).

I. *Die Gründung des Instituts für Sozialforschung und seine ersten Frankfurter Jahre*

[1] Carl Schorske, *German Social Democracy, 1905–1917* (Cambridge, Mass. 1955).

[2] Die biographischen Daten stammen aus einer Reihe von Briefen, die Weil mir zwischen 1970 und 1971 schrieb.

[3] Felix Weil, *Sozialisierung: Versuch einer begrifflichen Grundlegung ((Nebst einer Kritik der Sozialisierungspläne)* (Berlin-Fichtenau 1921).

[4] Brief von Weil an Paul Breines vom 10. Januar 1971. Beide gestatteten mir, daraus zu zitieren. Ein anderer Teilnehmer an der Konferenz, Karl August Wittfogel, meint sich zu erinnern, die EMA. habe nach Pfingsten 1923 stattgefunden. Weil bestreitet dies mit dem Hinweis auf die Tatsache, daß das Institut zu diesem Zeitpunkt bereits seine Arbeit aufgenommen hatte.

[5] Hede Massing arbeitete als Spionin für die Sowjetunion, stellte dies jedoch in den späten dreißiger Jahren in Abrede. Im Alger-Hiss-Prozeß 1948 trat sie als Zeugin auf; sie schrieb ein Buch über ihre Erfahrungen mit dem Titel *This Deception* (New York 1951). Neben faszinierenden Erinnerungen an das, was es bedeutete, für die Russen zu spionieren, enthält das Buch mehrere sehr detaillierte, gelegentlich allerdings romantisierte Porträts verschiedener Institutsmitglieder, darunter Julian Gumperz, Paul Massing und Richard Sorge. Hede Massing war an den Interviewarbeiten beteiligt, als das Institut 1944 und 1945 Daten für eine Untersuchung über Antisemitismus in der amerikanischen Arbeiterschaft erhob.

[6] Brief von Weil an Breines vom 10. Januar 1971.

[7] Max Horkheimer, »Zur Antinomie der teleologischen Urteilskraft« (unveröffentlicht, 1922).

[8] Horkheimers Habilitationsschrift trug den Titel *Kants Kritik der Urteilskraft als Bindeglied zwischen theoretischer und praktischer Philosophie* (Stuttgart 1925). Eine Schilderung seiner ersten Vorlesung findet sich bei Madlen Lorei und Richard Kirn, *Frankfurt und die goldenen zwanziger Jahre* (Frankfurt 1966), S. 97.

[9] Ludwig Marcuse, *Mein zwanzigstes Jahrhundert* (München 1960), S. 114.

[10] Gespräch mit Gerhard Meyer in Meredith, N. H. am 19. Juli 1971.

[11] Diese Projekte sollten Hermann Weil davon überzeugen, daß es sinnvoll sei, das Institut zu finanzieren (Gespräch mit Friedrich Pollock, Montagnola, Schweiz, März 1969).

[12] Brief von Weil an mich vom 31. Januar 1971.

[13] *Ibid.*

[14] Gespräch mit Pollock im März 1969.

[15] F.W. Deakin u. G.R. Storry, *The Case of Richard Sorge* (London 1966) S. 32.

[16] *Institut für Sozialforschung an der Universität Frankfurt am Main* (Frankfurt 1925), S. 13.

[17] Gustav Mayer, *Erinnerungen* (Zürich und Wien 1949), S. 340f.

[18] Zur Biographie von Grünberg siehe *Österreichisches Biographisches Lexikon, 1915 - 1950,* Bd. II (Graz-Köln 1957 - 1959).

[19] Gustav Nenning, *Carl Grünberg und die Anfänge des Austromarxismus* (Graz 1968), S. 94.

[20] Norbert Leser, *Zwischen Reformismus und Bolschewismus: Der Austromarxismus als Theorie und Praxis* (Wien, Frankfurt und Zürich 1968), S. 177.

[21] Georg Lukács, »Moses Hess und die Probleme der idealistischen Dialektik«, in: *Grünbergs Archiv XII* (1926).

[22] Brief von Weil an mich vom 8. Juni 1971.

[23] Siehe z. B. Heinrich Regius, »Die neue Sachlichkeit«, in: *Dämmerung* (Zürich 1934), S. 216. Horkheimer benutzte das Pseudonym Heinrich Regius, um sein Buch auch einem deutschen Leserkreis zugänglich machen zu können.

[24] Carl Grünberg, »Festrede, gehalten zur Einweihung des Instituts für Sozialforschung an der Universität Frankfurt a. M. am 22. Juni 1924«, in: *Frankfurter Universitätsreden XX* (Frankfurt 1924).

[25] In Parenthese sei bemerkt, daß Grünbergs Verwendung des Begriffs der von Fritz Ringer in *The Decline of the German Mandarins* (Cambridge, Mass. 1969) diametral entgegengesetzt war.

[26] Wilhelm von Humboldt, *Schriften,* ausgewählt von W. Flemmer (München 1964), S. 307.

[27] Grünberg, »Festrede . . .«, S. 11.

[28] Friedrich Pollock, *Sombarts »Widerlegung« des Marxismus* (Leipzig 1926), ein *Beiheft* zu *Grünbergs Archiv;* Max Horkheimer, »Ein neuer Ideologiebegriff?« in: *Grünbergs Archiv XV* (1930), und in: *Sozialphilosophische Studien* (Frankfurt 1972).

[29] Brief von Oscar H. Swede an Max Eastman vom 1. Oktober 1927, Eastman Collection, Manuscripts Department, Lilly Library, Indiana University. Jack Diggins von der *University of California* brachte mir dankenswerterweise diesen Brief zur Kenntnis.

[30] Franz Schiller schrieb 1930 einen langen und lobenden Aufsatz mit dem Titel »Das Marx-Engels Institut in Moskau«, in: *Grünbergs Archiv XV.*

[31] Dieser Strang der Institutsarbeit wurde nach der Emigration von Hilde Rigaudias-Weiss weiterverfolgt; sie entdeckte einen bis dahin unbekannten Fragebogen von Marx zur Lage der französischen Arbeiter zwischen 1838 und 1848 (*Les Enquêtes ouvrières en France entre 1830 et 1848;* Paris 1936).

[32] Deakin und Storry, *Richard Sorge,* S. 32.

[33] Gespräch mit Pollock im März 1969 in Montagnola.

[34] In dem unveröffentlichten Bericht des Instituts von 1944 über sich selbst »Ten Years on Morningside Heights« wird Korsch als »Kollege« aufgeführt, was jedoch nicht viel bedeutet zu haben scheint. Der Bericht befindet sich in der Löwenthal-Sammlung.

[35] Weil bezeichnete ihn als »einen typischen Einzelgänger, unfähig, in einer Gruppe zu arbeiten« (Brief an mich vom 5. Juni 1971).

[36] Gespräch mit Pollock im März 1969.

[37] Brief von Matthias Becker an mich vom 7. Juni 1971. Becker ist der Archivar aller Institutspapiere, die in Montagnola liegen und der Öffentlichkeit bisher nicht zugänglich sind.

38 Heinrich Regius (Horkheimer), *Dämmerung*, S. 122–130.

39 *Ibid.*, S. 130.

40 Henryk Grossmann an Paul Mattick, ein Brief aus dem Anhang von Grossmanns *Marx, die klassische Nationalökonomie und das Problem der Dynamik* (Frankfurt 1969), mit einem Nachwort von Mattick, S. 85–86 (Hervorhebung im Original).

41 Die biographischen Daten über Wittfogel entstammen einem Gespräch mit ihm in New York am 21. Juni 1971 sowie G. L. Ulmens in Kürze erscheinender Biographie, *Karl August Wittfogel: Toward an Understanding of His Life and Work*, die der Autor mich freundlicherweise vor dem Erscheinen einsehen ließ.

42 Karl August Wittfogel, *Die Wissenschaft der bürgerlichen Gesellschaft* (Berlin 1922) und *Geschichte der bürgerlichen Gesellschaft* (Wien 1924); sein erstes Buch über China trug den Titel *Das erwachende China* (Wien 1926).

43 Helga Gallas, *Marxistische Literaturtheorie* (Neuwied und Berlin 1971), S. 111.

44 Franz Borkenau, *Der Übergang vom feudalen zum bürgerlichen Weltbild* (Paris 1934).

45 Neuwied und Darmstadt 1973. Zum Vergleich siehe George Lichtheim, *The Concept of Ideology* (New York 1967), S. 279. In unserem Gespräch am 16. Februar 1969 hob Lichtheim Borkenaus Brillanz hervor und warf dem Institut vor, ihn ungerecht behandelt zu haben.

46 H. Grossmann, »Die gesellschaftlichen Grundlagen der mechanistischen Philosophie«, in: *ZfS IV*, 2 (1935).

47 Grossmann, *Österreichs Handelspolitik, 1772-1790* (Wien 1916).

48 Gespräche mit Pollock in Montagnola (März 1969), Leo Löwenthal in Berkeley (August 1968) und Alice Maier, der ehemaligen Sekretärin des New Yorker Institutsbüros, in New York (Mai 1969).

49 Zitiert in Grossmann, *Marx, die klassische Nationalökonomie und das Problem der Dynamik*, S. 113.

50 Grossmann, *Das Akkumulations- und Zusammenbruchsgesetz des kapitalistischen Systems* (Leipzig 1929).

51 Eine neuere Erörterung des Buches stammt von Martin Trottman, *Zur Interpretation und Kritik der Zusammenbruchstheorie von Henryk Grossmann* (Zürich 1956). Matticks Diskussion im Nachwort zu *Marx, die klassische Nationalökonomie und das Problem der Dynamik* ist eine weit positivere Würdigung.

52 Siehe z. B. Alfred Braunthal, »Der Zusammenbruch der Zusammenbruchstheorie«, in: *Die Gesellschaft VI*, 10 (Oktober 1929). Mattick hat diese Art von Kritik in seinem eben zitierten Nachwort (vgl. Anm. 51) scharf kritisiert, S. 127.

53 Zum Problem der Marxschen Vernachlässigung der Dienstleistungsindustrien zugunsten der Produktion siehe George Kline, »Some Critical Comments on Marx's Philosophy«, in: *Marx and the Western World*, hrsg. v. Nicholas Lobkowicz (Notre Dame, Ind. 1967). Pollocks Betrachtungen in diesem Zusammenhang sind nie gedruckt erschienen.

54 F. Pollock, *Die planwirtschaftlichen Versuche in der Sowjetunion (1917–1927)* (Leipzig 1929).

55 D. B. Ryazanow, »Siebzig Jahre ›Zur Kritik der politischen Ökonomie‹«, in: *Grünbergs Archiv XV* (1930).

56 Sein abweichendes Verhalten auf dem XI. Parteikongreß im Jahr 1922 schildert Adam Ulam in *The Bolsheviks* (New York 1965), S. 544–546.

57 Regius (Horkheimer), *Dämmerung,* S. 152f.

58 Rudolf Schlesinger, »Neue sowjetrussische Literatur zur Sozialforschung«, in: *ZfS VII,* 1 (1938) und *VIII,* 1 (1939).

59 Zu Rabbi Nobel siehe Nahum Glatzer, *Franz Rosenzweig: His Life and Thought* (New York 1953), passim.

60 Siehe dazu Theodor W. Adorno. »Der wunderliche Realist. Über Siegfried Kracauer«, in: *Noten zur Literatur III* (Frankfurt 1965).

61 Siegfried Kracauer, *Von Caligari bis Hitler* (Hamburg 1958).

62 Adorno, *Alban Berg: Der Meister des kleinsten Übergangs* (Wien 1968), S. 20.

63 René Leibowitz, »Der Komponist Theodor W. Adorno«, in: *Zeugnisse: Theodor W. Adorno zum sechzigsten Geburtstag,* hrsg. v. Max Horkheimer (Frankfurt 1963).

64 Arthur Koestler, *Arrow in the Blue* (New York 1952), S. 131.

65 Adorno, *Alban Berg,* S. 37.

66 *Ibid.*

67 Adorno, *Die Transzendenz des Dinglichen und Noematischen in Husserls Phänomenologie* (Frankfurt 1924).

68 Zum Verhältnis Tillichs zum Institut und seiner Theologie zur Kritischen Theorie siehe Horkheimer und Adorno in: *Werk und Wirken Paul Tillichs: Ein Gedenkbuch* (Stuttgart 1967).

69 Adorno, *Kierkegaard: Konstruktion des Ästhetischen* (Tübingen 1933; rev. Ausg. Frankfurt 1966).

70 Entfallen, weil für das Verständnis nicht erforderlich.

71 F. Weil, »Rosa Luxemburg über die Russische Revolution«, in: *Grünbergs Archiv XIII* (1928), und »Die Arbeiterbewegung in Argentinien«, *ibid. XI* (1925).

72 Horkheimer, *Die Anfänge der bürgerlichen Geschichtsphilosophie* (Stuttgart 1930).

73 »Die gegenwärtige Lage der Sozialphilosophie und die Aufgaben eines Instituts für Sozialforschung«, in: *Frankfurter Universitätsreden, XXVII* (Frankfurt 1931).

74 K. A. Wittfogel, *Wirtschaft und Gesellschaft Chinas* (Leipzig 1931). Eine aktuellere Einschätzung des Wittfogelschen Werks stammt von Iring Fetscher, »Asien im Lichte des Marxismus: Zu Karl Wittfogels Forschungen über die orientalische Despotie«, in: *Merkur, XX,* 3 (März 1966).

75 Gespräch mit Löwenthal im August 1968.

76 Horkheimer, »Vorwort«, in: *ZfS I,* 1/2 (1932).

77 Horkheimer, »Bemerkungen über Wissenschaft und Krise«, in: *ZfS I,* 1/2 (1932), und in: *Kritische Theorie,* Bd. I (Frankfurt 1968).

78 Grossmann, »Die Wert-Preis-Transformation bei Marx und das Krisisproblem«, in: *ZfS I,* 1/2 (1932).

79 Pollock, »Die gegenwärtige Lage des Kapitalismus und die Aussichten einer planwirtschaftlichen Neuordnung«, in: *ZfS I,* 1/2 (1932).

80 Leo Löwenthal, »Zur gesellschaftlichen Lage der Literatur«, und Adorno, »Zur gesellschaftlichen Lage der Musik«, in: *ZfS I,* 1/2 (1932).

81 Horkheimer, »Geschichte und Psychologie«, in: *ZfS I,* 1/2 (1932) und in: *Kritische Theorie,* Bd. I.

82 Erich Fromm, »Über Methode und Aufgabe einer analytischen Sozialpsychologie«, in: *ZfS I*, 1/2 (1932).

83 *Festschrift für Carl Grünberg: Zum 70. Geburtstag* (Leipzig 1932).

84 Herbert Marcuse, *Hegels Ontologie und die Grundlegung einer Theorie der Geschichtlichkeit* (Frankfurt 1932).

85 Adorno, Kritik zu *Hegels Ontologie*, in: *ZfS I*, 3 (1932), S. 410.

86 Eine Liste von Professoren, die von deutschen Universitäten verjagt wurden, findet sich in: *The Intellectual Migration: Europe and America, 1930-1960*, hrsg. v. Donald Fleming und Bernard Bailyn (Cambridge, Mass. 1969), S. 234.

87 Charles Beard, Célestin Bouglé, Alexander Farquharson, Henryk Grossmann, Paul Guggenheim, Maurice Halbwachs, Jean de la Harpe, Max Horkheimer, Karl Landauer, Lewis L. Lorwin, Robert S. Lynd, Robert M. MacIver, Sidney Webb (Lord Passfield), Jean Piaget, Friedrich Pollock (Erster Vorsitzender), Raymond de Saussure, Georges Scelle, Ernst Schachtel, Andries Sternheim, R. H. Tawney und Paul Tillich.

88 Brief von Horkheimer an Löwenthal vom 17. April 1934.

89 Paul Sweezy schreibt: »Es besteht kein Zweifel, daß Pauls geistige Entwicklung tief und nachhaltig durch seine Erlebnisse und Freundschaften in Frankfurt beeinflußt war« (»Paul Alexander Baran: a Personal Memoir«, in: *Monthly Review XVI*, 2, März 1965, S. 32). Barans Freundschaft mit Institutsmitgliedern fand ihre Fortsetzung, als er im Jahr 1939 in die Vereinigten Staaten kam. Baran starb 1964 in Leo Löwenthals Haus in San Franzisco.

90 Josef Dünner, *If I Forget Thee . . .* (Washington, D. C. 1937).

91 Regius (Horkheimer), *Dämmerung*, S. 80.

92 Erst nach dem Krieg kam Horkheimer zu dem melancholischen Schluß, der Zionismus sei der einzige Ausweg für die europäischen Juden gewesen. Siehe dazu »Über die deutschen Juden«, in: *Zur Kritik der instrumentellen Vernunft* (Frankfurt 1967), S. 309.

93 Brief von Weil an mich vom 1. Juni 1969.

94 Gespräch mit Wittfogel am 21. Juni 1971 in New York.

95 Franz Neumann, *Behemoth: The Structure and Practice of National Socialism 1933-1944* (New York, rev. Ausg. 1944), S. 121.

96 L. Löwenthal, »Das Dämonische«, in: *Gabe Herrn Rabbiner Dr. Nobel zum fünfzigsten Geburtstag* (Frankfurt 1921).

97 Siehe z. B. Edgar Friedenberg, »Neo-Freudianism and Erich Fromm«, in: *Commentary XXXIV*, 4 (Oktober 1962), oder Maurice S. Friedman, *Martin Buber, the Life of Dialogue* (New York 1960), S. 184f.

98 Istvan Deak, *Weimar Germany's Left-Wing Intellectuals* (Berkeley und Los Angeles 1968), S. 29.

99 Brief von Pollock an mich vom 24. März 1970.

100 Gespräch mit Pollock im März 1969. Jahre später verteidigte Adorno seinen Namenswechsel indirekt in einem Memorandum, das er für das Institutsprojekt über Antisemitismus in der Arbeiterschaft verfaßte. »Die Überlegung, die Juden sollten mehr Stolz zeigen, indem sie an ihren Namen festhalten, ist nur eine sehr fadenscheinige Rationalisierung des Wunsches, sie möchten ins Licht treten, damit man sie erkennen und leichter verfolgen kann« (3. November 1944; das Memorandum befindet sich im Besitz von Paul Lazarsfeld).

[101] Gespräch mit Paul Massing in New York am 25. November 1970.

[102] Jürgen Habermas, »Der deutsche Idealismus der jüdischen Philosophen«, in: *Philosophisch-Politische Profile* (Frankfurt 1971).

[103] Hannah Arendt, Einleitung zur Übersetzung der *Illuminationen* von Walter Benjamin durch Harry Zohn ins Englische *(Illuminations,* N. Y. 1968) S. 29.

[104] Adolph Löwe, ein Freund aus Stuttgarter Kindertagen, erinnert sich, daß Horkheimer und Pollock ihren Vätern von England aus ein Ultimatum stellten: entweder sie durften bei ihrer Rückkehr nach Deutschland mit dem Studium beginnen, oder sie würden auswandern. Beide Väter scheinen, ohne viel Widerstand zu leisten, nachgegeben zu haben (Gespräch mit Löwe am 28. Dezember 1971 in New York).

[105] Brief von Pollock an mich vom 16. Juli 1970. Wenngleich keine Intellektuelle in dem Sinne, in dem Adornos Frau Gretel es war, war Maidon Horkheimer ihrem Mann eine große Stütze bis zu ihrem Tode im Herbst 1969. Als ich beide im März jenes Jahres, in ihrem dreiundvierzigsten und letzten Ehejahr, miteinander sah, war ich tief berührt von der Wärme und Zuneigung, die sie einander entgegenbrachten.

[106] Regius (Horkheimer), *Dämmerung,* S. 165.

[107] *Ibid.*

[108] Andries Sternheim, »Zum Problem der Freizeitgestaltung«, in: *ZfS I,* 3 (1932). Sternheim verfaßte außerdem einen Beitrag, eine Monographie über Wirtschaft und Familie, für das Gemeinschaftsprojekt des Instituts, die *Studien über Autorität und Familie* (Paris 1936), und schrieb regelmäßig Kritiken für den Rezensionsteil der *Zeitschrift.*

[109] George Rusche, »Arbeitsmarkt und Strafvollzug«, in: *ZfS II,* 1 (1933).

[110] Kurt Baumann, »Autarkie und Planwirtschaft«, in: *ZfS II,* 1 (1933); Gerhard Meyer, »Neue englische Literatur zur Planwirtschaft«, in: *ZfS II,* 2 (1933).

[111] Paul Ludwig Landsberg, »Rassenideologie und Rassenwirtschaft«, in: *ZfS II,* 3 (1933).

[112] Julian Gumperz, »Zur Soziologie des amerikanischen Parteiensystems«, in: *ZfS I,* 3 (1932), und »Recent Social Trends in the U.S.A.«, in: *ZfS II,* 2 (1933).

[113] Grossmann, *Marx, die klassische Ökonomie und das Problem der Dynamik,* S. 97.

[114] Siehe Franz Neumann et al., *The Cultural Migration* (Philadelphia 1953).

[115] London 1937.

[116] Der Aufsatz war unter dem Namen Fritz Jungmann geschrieben und trug den Titel »Autorität und Sexualmoral in der freien bürgerlichen Jugendbewegung«, in: *Studien über Autorität und Familie* (Paris 1936)

[117] Paul Honigsheim, »Reminiscences of the Durkheim School«, in: *Emile Durkheim, 1858-1917,* hrsg. v. Kurt H. Wolff (Columbus, Ohio 1960), S. 313f.

[118] J. Gumperz, *Pattern for World Revolution,* zusammen mit Robert Reindl unter dem gemeinsamen Pseudonym »Ypsilon« (Chicago und New York 1947).

[119] Gespräch mit Horkheimer im März 1969 in Montagnola.

[120] Siehe Fleming und Bailyn, *The Intellectual Migration;* Laura Fermi, *Illustrious Immigrants* (Chicago 1968); *The Legacy of the German Refugee In-*

tellectuals (Salmagundi, 10/11, Herbst 1969/ Winter 1970); und Helge Pross, *Die deutsche akademische Emigration nach den Vereinigten Staaten 1933-1941* (Berlin 1955).

[121] Der berühmte Historiker M. I. Finley, Übersetzer und redaktioneller Mitarbeiter am Institut in den dreißiger Jahren, hat die ablehnende Haltung der *New School* dem Marxismus des Instituts gegenüber nachdrücklich betont (Gespräch am 31. Januar 1972 in Berkeley).

[122] Eine vollständige Liste aller Seminare und Vorlesungen des Instituts zwischen 1936 und 1938 siehe *International Institute of Social Research: A Report on Its History, Aims, and Activities 1933-1938* (New York 1938), S. 35f.

[123] Regius (Horkheimer), *Dämmerung,* S. 8.

II. Die Genese der Kritischen Theorie

[1] Zur Diskussion über die Linkshegelianer siehe George Lichtheim, *The Origins of Socialism* (New York 1969), und *Marxism: A Historical and Critical Study* (New York und London 1961); Shlomo Avineri, *The Social and Political thought of Karl Marx* (Cambridge 1968), und Karl Löwith, *Von Hegel zu Nietzsche* (Zürich und Stuttgart 1941, Neuauflage 1964).

[2] Zum Verständnis des Übergangs von negativer zu positiver Gesellschaftstheorie siehe Herbert Marcuse, *Reason and Revolution,* rev. Ausg. (New York 1960), dt.: *Vernunft und Revolution* (Neuwied und Berlin 1962), und Jürgen Habermas, *Erkenntnis und Interesse* (Frankfurt 1968).

[3] In *Marxismus und Philosophie* (Frankfurt 1966), dessen Titelaufsatz ursprünglich in *Grünebergs Archiv* im Jahr 1923 erschienen war, erörterte Korsch den Zusammenhang zwischen der reformistischen Politik der Zweiten Internationale und dem mechanistischen, undialektischen Materialismus, den sie mit Marxismus gleichsetzte.

[4] Siehe H. Stuart Hughes, *Consciousness and Society* (New York 1958), S. 161-229 zur Diskussion über Dilthey, Croce und Sorel. Lukács war stark beeinflußt von der sorelianischen Einstellung Ervin Szabos, dem geistigen Vater der ungarischen sozialdemokratischen Linksopposition. Siehe Lukács' 1967 geschriebenes Vorwort zu *Geschichte und Klassenbewußtsein* in: *Georg Lukács Werke,* Bd. 2 (Neuwied und Berlin 1968).

[5] Zu ihrem Einfluß siehe Furio Cerutti, »Hegel, Lukács, Korsch. Zum dialektischen Selbstverständnis des kritischen Marxismus«, in: *Aktualität und Folgen der Philosophie Hegels,* hrsg. v. Oskar Negt (Frankfurt 1970).

[6] *International Institute of Social Research: Report on Its History and Activities 1933–1938* (New York 1938), S. 28.

[7] Siehe z. B. Max Horkheimer, »Schopenhauer Today«, in: *The Critical Spirit: Essays in Honor of Herbert Marcuse,* hrsg. v. Kurt H. Wolff und Barrington Moore jr. (Boston 1967).

[8] Gespräch mit Horkheimer im März 1969 in Montagnola.

[9] Horkheimer, *Kants Kritik der Urteilskraft als Bindeglied zwischen theoretischer und praktischer Philosophie* (Stuttgart 1925).

[10] Brief von Pollock an mich vom 24. März 1970.

[11] Hans Cornelius, »Leben und Lehre«, in: *Die Philosophie der Gegenwart in Selbstdarstellungen,* hrsg. v. Raymund Schmidt, 2 Bde. (Leipzig 1923), S. 6.

[12] Brief von Pollock an mich vom 24. März 1970.

[13] Cornelius, *Die Elementargesetze der bildenden Kunst* (Leipzig 1908).

[14] Brief von Pollock an mich vom 24. März 1970.
[15] Cornelius, »Leben und Lehre«, S. 19.
[16] *Ibid.* S. 65. Interessant ist, daß Horkheimer, als er 1962 über Kant schrieb (»Kants Philosophie und die Aufklärung«, in: *Zur Kritik der instrumentellen Vernunft,* Frankfurt 1967, S. 210), die antiharmonistischen und kritischen Elemente in dessen Philosophie rühmte.
[17] So wird verfahren in einem anonymen Artikel in *Times Literary Supplement,* »From Historicism to Marxist Humanism« (5. Juni 1969), S. 598. Der Artikel stammt von George Lichtheim. Zu Hegels Bedeutung für die Kritische Theorie siehe Friedrich W. Schmidt, »Hegel in der Kritischen Theorie der Frankfurter Schule«, in: *Aktualität und Folgen der Philosophie Hegels,* hrsg. v. Oskar Negt (Frankfurt 1970).
[18] Regius (Horkheimer), *Dämmerung,* S. 86.
[19] Horkheimer, »Zum Problem der Wahrheit«, in: *ZfS IV,* 3 (1935), S. 333; und in: *Kritische Theorie* Bd. I, S. 241f.
[20] Horkheimer, »Ein neuer Ideologiebegriff?«, in: *Grünbergs Archiv XV,* 1 (1930), S. 34, und in: *Sozialphilosophische Studien* (Frankfurt 1972), S. 14.
[21] Horkheimer, »Hegel und die Metaphysik«, in: *Festschrift für Carl Grünberg: Zum 70. Geburtstag* (Leipzig 1932).
[22] *Ibid.* S. 197. [23] *Ibid.* S. 192.
[24] Lukács, *Geschichte und Klassenbewußtsein,* Vorwort in: *Werke,* Bd. 2 (Neuwied u. Berlin 1968), S. 25.
[25] Horkheimer, »Gedanke zur Religion«, in: *Kritische Theorie,* Bd. I, ursprünglich unter dem Titel »Nachbemerkung« in: *ZfS IV,* 1 (1935).
[26] *Ibid.* S. 375. Vgl. auch Regius (Horkheimer), *Dämmerung,* S. 55.
[27] Horkheimer, »Zum Rationalismusstreit in der gegenwärtigen Philosophie«, in: *ZfS III,* 1 (1934), S. 9; und in: *Kritische Theorie,* Bd. I, S. 126.
[28] Horkheimer, »Materialismus und Metaphysik«, in: *ZfS II,* 1 (1933), S. 3–4; und in: *Kritische Theorie,* Bd. I, S. 33.
[29] Horkheimer, »Zum Rationalismusstreit . . .«, in: *ZfS III,* 1 (1934), S. 36, und in: *Kritische Theorie,* Bd. I, S. 154.
[30] *Ibid.*
[31] Horkheimer, »Der neueste Angriff auf die Metaphysik«, in: *ZfS VI,* 1 (1937), S. 9; und in: *Kritische Theorie,* Bd. II, S. 88.
[32] Karl Mannheim äußerte denselben Gedanken in seinem Aufsatz »Das konservative Denken«, in: *Archiv für Sozialwissenschaften und Sozialpolitik,* Bd 57. Er schrieb dies allerdings bereits 1925, also lange vor der Machtübernahme durch die Nazis.
[33] Siehe Lukács, *Die Zerstörung der Vernunft,* in: *Werke,* Bd. 9 (Neuwied 1969). Lukács distanziert sich hier von seinem eigenen ehemaligen Rekurs auf Dilthey, Simmel und andere, insbesondere, wie er ihn in *Geschichte und Klassenbewußtsein* (1923) einst vornahm.
[34] Horkheimer, »Geschichte und Psychologie«, in: *ZfS I,* 1/2 (1932), passim; und in: *Kritische Theorie,* Bd. I, passim.
[35] Horkheimer, »The Relation between Psychology and Sociology in the Work of Wilhelm Dilthey«, in: *SPSS VII,* 3 (1939), passim; und in: *Kritische Theorie,* Bd. II, unter dem Titel »Psychologie und Soziologie im Werk Wilhelm Diltheys«.
[36] Zu Vico siehe Horkheimer, *Anfänge der bürgerlichen Geschichtsphilosophie* (Stuttgart 1930).

[37] Horkheimer, »Zum Problem der Wahrheit«, in: *ZfS IV,* 3 (1935), S. 361; und in: *Kritische Theorie,* Bd. I, S. 275.

[38] Horkheimer, »Bemerkungen zu Jaspers' ›Nietzsche‹«, in: *ZfS VI,* 2 (1937).

[39] Horkheimer, »Zum Problem der Wahrheit«, in: *ZfS IV,* 3 (1935), S. 357; und in: *Kritische Theorie,* Bd. I, S. 270.

[40] Horkheimer, »Zum Rationalismusstreit in der gegenwärtigen Philosophie«, in: *ZfS III,* 1 (1934), S. 44; und in: *Kritische Theorie,* Bd. I, S. 166.

[41] Ähnlich äußerte sich Theodor W. Adorno in einer Rezension der Wagner-Biographie Franz Neumanns *(Kenyon Review* IX, 1, Winter 1947). Nietzsches Negativismus, so schrieb er, »drückte das Menschliche in einer Welt aus, in der Menschlichkeit zum Schein geworden war«. Seine »einzigartige Demonstration des repressiven Charakters abendländischer Kultur« sei es, was ihn von Wagner unterscheide (S. 161).

[42] Siehe Horkheimer, »Zu Bergsons Metaphysik der Zeit«, in: *ZfS III,* 3 (1934); und in: *Kritische Theorie,* Bd. I, sowie seine *Kritik zu* Bergsons *»Les deux sources de la morale et de la religion«* in: *ZfS II,* 2 (1933); und in: *Kritische Theorie,* Bd. I.

[43] *Kritik zu Bergsons Les deux sources . . .«* in: *ZfS II,* 2 (1933), S. 106; und in: *Kritische Theorie,* Bd. I, S. 70.

[44] Zitiert bei Horkheimer, *Kritische Theorie,* Bd. I, S. 175, aus einem Brief an Célestin Bouglé (24. Januar 1935).

[45] Daß ihre Wurzeln bis in die Reformation zurückreichten, war ihm natürlich klar. Siehe z. B. seine Ausführungen über Luther in Horkheimer, »Montaigne und die Funktion des Skepsis«, in: *ZfS VII,* 1 (1938), S. 10–13; und in: *Kritische Theorie,* Bd. II, S. 214f.

[46] Horkheimer, »Materialismus und Moral«, in: *ZfS II,* 2 (1933), S. 165; und in: *Kritische Theorie,* Bd. I, S. 78.

[47] Adorno, *Minima Moralia* (Frankfurt 1951), S. 80.

[48] Horkheimer, »Materialismus und Moral«, in: *ZfS II,* 2 (1933), S. 183–184; und in: *Kritische Theorie,* Bd. I, S. 96.

[49] *Ibid.,* S. 186 bzw. S. 98.

[50] Horkheimer, »Materialismus und Metaphysik«, in: *ZfS II,* 1 (1933); und in: *Kritische Theorie,* Bd. I.

[51] *Ibid.,* S. 14 bzw. S. 45.

[52] Karl Marx, »Thesen über Feuerbach«, in: *Marx Engels Werke (MEW),* Bd. III (Berlin 1962), S. 5.

[53] Adorno, *Zur Metakritik der Erkenntnistheorie* (Stuttgart 1956), S. 82.

[54] Lukács, *Geschichte und Klassenbewußtsein* in: *Werke,* Bd. 2, S. 346.

[55] Beispiel für solche Überlegungen im Institut ist u. a. Adornos Aufsatz »Veblens Angriff auf die Kultur«, in: *Prismen* (Frankfurt 1955), in dem Adorno den Begriff der »conspicuous consumption« (S. 97) untersucht.

[56] Eine Erörterung der Marxschen Einstellung zum Staat, in die dieser Punkt Eingang gefunden hat, stammt von Avineri, *Social and Political Thought of Marx,* S. 202 f.

[57] Regius (Horkheimer), *Dämmerung,* S. 18.

[58] Horkheimer, »Bemerkungen zur philosophischen Anthropologie«, in: *ZfS IV,* 1 (1935), S. 5; und in: *Kritische Theorie,* Bd. I., S. 202.

[59] Adorno, *Zur Metakritik der Erkenntnistheorie;* Marcuse, »Zum Begriff des Wesens,; in: *ZfS V,* 1 (1936).

[60] Anon., »From Historicism to Marxist Humanism«, S. 598.

[61] Vgl. Interview mit Horkheimer in: *Der Spiegel* (5. Januar 1970) unter dem Titel »Auf das Andere hoffen«.

[62] Siehe z. B. Horkheimer, »Montaigne und die Funktion der Skepsis«, in: *ZfS VII*, 1 (1938), S. 21 u. 45; und in: *Kritische Theorie*, Bd. II, S. 217 u. 243; und Horkheimer, »Zum Problem der Wahrheit «, in: *ZfS IV*, 3 (1935), S. 363; und in: *Kritische Theorie*, Bd. I, S. 277.

[63] Regius (Horkheimer), *Dämmerung*, S. 116.

[64] Jürgen Habermas, »Der deutsche Idealismus der jüdischen Philosophen«, in: *Philosophisch-politische Profile* (Frankfurt 1971), S. 41. Ähnlich äußerte sich auch Horkheimer in: »Über die deutschen Juden«, in: *Kritik der instrumentellen Vernunft*, S. 311.

[65] Siehe H. Marcuse, *An Essay on Liberation* (Boston 1969), S. 6f.; dt.: *Versuch über die Befreiung* (Frankfurt 1969), S. 21f.

[66] Avineri, *Social and Political Thought of Marx*, S. 85.

[67] Regius (Horkheimer), *Dämmerung*, S. 181.

[68] Walter Benjamin, *Illuminations*, ins Englische übers. v. Harry Zohn und eingeleitet von Hannah Arendt (New York 1968), S. 261; ursprünglicher Titel *Illuminationen* (Frankfurt 1961), S. 274. (Wir zitieren in Zukunft nur nach der deutschen Originalausgabe, es sei denn, es handle sich um Hannah Arendts Vorwort; die Übers.)

[69] Horkheimer, »Egoismus und Freiheitsbewegung«, in: *ZfS V*, 2 (1936); und in: *Kritische Theorie*, Bd. II.

[70] Vgl. H. Marcuse in seinem Aufsatz »Über den affirmativen Charakter der Kultur«, in: *Kultur und Gesellschaft I*, (Frankfurt 1965), S. 87; ursprünglich in: *ZfS VI*, 1 (1937).

[71] Horkheimer, »Egoismus und Freiheitsbewegung«, in: *ZfS V*, 2 (1936), S. 171; und in: *Kritische Theorie*, Bd. II, S. 12. Marcuse hat diesen Gedanken später psychoanalytisch erweitert mit seinem Begriff der »repressiven Entsublimierung«.

[72] *Ibid.*, S. 174–215 passim bzw. S. 15–62 passim.

[73] H. Marcuse, »Zur Kritik des Hedonismus«, in: *ZfS VI*, 1 (1938); und in: *Kultur und Gesellschaft I*.

[74] *Ibid.*, S. 160 bzw. S. 129.

[75] *Ibid.*, S. 168 bzw. S. 136.

[76] *Ibid.*, S. 190 bzw. S. 158.

[77] *Ibid.*, S. 191 bzw. S. 160.

[78] *Ibid.*, S. 193 bzw. S. 161.

[79] (Neuwied und Berlin 1967), zunächst in Englisch als *One-Dimensional Man* (Boston 1964) erschienen.

[80] H. Marcuse, »Zur Kritik des Hedonismus«, S. 199 bzw. 167f.

[81] Zum Begriff der »positiven Freiheit« siehe Franz Neumann, »The Concept of Political Freedom«, in: *The Democratic and the Authoritarian State*, hrsg. v. Herbert Marcuse (New York 1957); dt. liegt Neumanns Aufsatz vor unter dem Titel »Zum Begriff der politischen Freiheit«, in: *Zeitschrift für die Gesamte Staatswissenschaft*, Bd. CIX Nr. 1 1953. Siehe ebenso Isaiah Berlin, *Four Essays on Liberty* (Oxford 1969).

[82] Siehe z. B. Horkheimers *Eclipse of Reason* (New York 1947); dt. in einem Band mit weiteren Schriften von Horkheimer unter dem Titel *ZurKritik der instrumentellen Vernunft* (Frankfurt 1967) erschienen. Wir zitieren nach der deutschen Übersetzung von Alfred Schmidt, die Übers.

[83] H. Marcuse, »Philosophie und Kritische Theorie«, in: *ZfS VI,* 3 (1937); und in: *Kultur und Gesellschaft I.* Weiter ausgeführt ist der Unterschied zwischen Verstand und Vernunft in Marcuses *Vernunft und Revolution,* S. 50 ff.

[84] Zur Bedeutung der Identitätstheorie in Marcuses Schriften siehe meinen Aufsatz »The Metapolitics of Utopianism«, in: *Dissent* XVII, (Juli–August 1970).

[85] Horkheimer, »Zum Rationalismusstreit«, S. 1 bzw. S. 118; »Der neueste Angriff auf die Metaphysik«, S. 6 bzw. S. 85.

[86] Horkheimer, »Zum Problem der Wahrheit«, S. 354, bzw. in: *Kritische Theorie,* Bd. I, S. 267.

[87] *Ibid.* S. 357 bzw. S. 270.

[88] Zur Emigration des Wiener Kreises in die Vereinigten Staaten siehe Herbert Feigl, »The Wiener Kreis in America«, in: *The Intellectual Migration: Europe and America, 1930–1960,* hrsg. v. Donald Fleming und Bernard Bailyn (Cambridge, Mass. 1969).

[89] Siehe Horkheimer, *Zur Kritik der instrumentellen Vernunft,* passim.

[90] Horkheimer, »Der neueste Angriff auf die Metaphysik«, in: *ZfS VI,* 1 (1937); und in: *Kritische Theorie,* Bd. II.

[91] *Ibid.* S. 13 bzw. S. 92.

[92] Weiter ausgeführt ist dieser Gedanke bei einem Denker der zweiten Generation der Frankfurter Schule, bei Jürgen Habermas, in: *Erkenntnis und Interesse* (Frankfurt 1968), passim.

[93] Horkheimer, »Der neueste Angriff auf die Metaphysik«, S. 27 bzw. S. 108.

[94] *Ibid.,* S. 49 bzw. S. 129 u. S. 130.

[95] *Ibid.,* S. 29 bzw. S. 110.

[96] Horkheimer, »Zum Problem der Wahrheit«, S. 337–338 bzw. S. 248–249.

[97] H. Marcuse, »Philosophie und Kritische Theorie«, in: *Kultur und Gesellschaft I,* S. 116; ursprünglich in: *ZfS VI,* 3 (1937).

[98] Horkheimer, »Ein neuer Ideologiebegriff«, in: *Grünbergs Archiv XV,* 1 (1930); und in: *Sozialphilosophische Studien.* (Frankfurt 1972).

[99] *Ibid.,* S. 50 bzw. S. 27.

[100] *Ibid.,* S.56 bzw. S. 32.

[101] *Ibid.,* S. 55 bzw. 31. Siehe auch Marcuse in seinem Aufsatz über Mannheim (»Zur Wahrheitsproblematik der soziologischen Methode«, in: *Die Gesellschaft VI,* Oktober 1929, S 361–362). Marcuse interpretierte Mannheim etwas freundlicher, als Horkheimer es tat, wenn er sagte, Mannheims Reduktion des Marxismus auf das Bewußtsein einer besonderen Klasse ziele auf den tatsächlich bestehenden Zusammenhang zwischen Theorie und Praxis ab. Er kritisierte Mannheim allerdings dort, wo er »das intentionale Moment allen Geschehens« nicht sehe (S. 362), sowie wegen seines Relationismus, der voller quietistischer Implikationen sei. Adorno ging mit der Wissenssoziologie viel härter ins Gericht, siehe seinen Aufsatz »Das Bewußtsein der Wissenssoziologie«, in: *Prismen.*

[102] H. Marcuse, *Vernunft und Revolution,* S. 282.

[103] Hannah Arendt, »What ist Authority?«, in: *Between Past and Future* (Cleveland und New York 1961).

[104] Adorno, *Kierkegaard: Konstruktion des Ästhetischen* (Tübingen 1933) und *Zur Metakritik der Erkenntnistheorie* (Stuttgart 1956).

[105] Brief von Adorno an Löwenthal vom 6. Juli 1934.

[106] Benjamins Kritik siehe in: *Vossische Zeitung* (2. April 1933). Tillich, so-

eben an die Fakultät des *Union Theological Seminary* in New York berufen, schrieb seine Kritik im *Journal of Philosophy,* XXXI, 23 (8. November 1934). Karl Löwith rezensierte das Buch ebenfalls; siehe: *Deutsche Literatur-Zeitung,* V 3F, 5 (1934).

107 »Notiz« in der dritten Auflage von *Kierkegaard: Konstruktion des Ästhetischen* (Frankfurt 1966), S. 321.

108 Zitiert in *Kierkegaard* (Aufl. von 1966), S. 29.

109 *Ibid.*, S. 29.

110 *Ibid.*, S. 46.

111 *Ibid.*, S. 135.

112 *Ibid.*, S. 111.

113 *Ibid.*, S. 62.

114 *Ibid.*, S. 67.

115 *Ibid.*, S. 90.

116 *Ibid.*, S. 97.

117 In *SPPS VIII,* 3 (1939–1940), schrieb Adorno einen Artikel »On Kierkegaard's Doctrine of Love«.

118 Adorno benutzte dieses Wort in einem Gespräch mit mir im März 1969 in Frankfurt.

119 Adorno, *Kierkegaard,* S. 137.

120 Adorno. *Zur Metakritik der Erkenntnistheorie,* S. 24–25.

121 *Ibid.*, S. 79.

122 *Ibid.*, S. 82.

123 Adorno, »Husserl and the Problem of Idealism«, *Journal of Philosophy XXVII,* 1 (4. Januar 1940), S. 11.

124 Adorno, *Zur Metakritik . . .*, S. 43.

125 Adorno, »Husserl and the Problem of Idealism«, S. 7.

126 Adorno, *Zur Metakritik . . .*, S. 47.

127 *Ibid.*, S. 55.

128 *Ibid.*, S. 79.

129 *Ibid.*, S. 84 u. S. 88.

130 *Ibid.*, S.90.

131 *Ibid.*, S. 146. 132 *Ibid.*, S. 154.

133 In seinem Aufsatz über den Verfall des Erzählens (»Der Erzähler: Betrachtungen zum Werk Nikolai Lesskows«, in: *Illuminationen)* schrieb Benjamin: ». . . die Erfahrung ist im Kurs gefallen . . . nie sind Erfahrungen gründlicher Lügen gestraft worden als die strategischen durch den Stellungskrieg, die wirtschaftlichen durch die Inflation, die körperlichen durch die Materialschlacht, die sittlichen durch die Machthaber« (S. 410).

134 Adorno, *Zur Metakritik, . . .*, S. 221.

135 *Ibid.*, S. 180.

136 *Ibid.*, S. 28f. Marcuse hat dies in seinem Aufsatz »Zum Begriff des Wesens« noch weiter pointiert, in: *ZfS V,* 1 (1936).

137 Adorno, »Charakteristik Walter Benjamins«, in: *Prismen,* S. 292f.

138 Georg Picht gab seinem Artikel zum Tode Adornos die Überschrift »Atonale Philosophie« (*Merkur* XXIII, 10. Oktober 1969).

139 Ein neueres Beispiel dafür gibt Jerry Cohen, »The Philosophy of Marcuse«, in: *New Left Review* (September–Oktober 1969).

140 Jürgen Habermas, »Zum Geleit«, in: *Antworten auf Herbert Marcuse,* hrsg. v. Jürgen Habermas (Frankfurt 1968), S. 11f.

141 Siehe z. B. Alfred Schmidt, »Existential-Ontologie und historischer Materialismus bei Marcuse«, in: *Antworten auf Herbert Marcuse;* ebenso Paul Piccone und Alex Delfini, »Marcuse's Heideggerian Marxism«, in: *Telos* (Herbst 1970).

142 H. Marcuse, »Beiträge zu einer Phänomenologie des historischen Materialismus«, in: *Philosophische Hefte I,* 1 (1928).

143 *Ibid.,* S. 52.

144 *Ibid.,* S. 55. Schmidt zufolge (»Existential-Ontologie«, S. 28–29) zeigten sich darin Elemente eines expressionistischen Handelns um des Handelns willen. Im allgemeinen steht Schmidt Marcuses Versuch, Marxismus und Phänomenologie miteinander zu verbinden, sehr kritisch gegenüber.

145 H. Marcuse, »Beiträge . . .«, S. 46.

146 *Ibid.*, S. 68.

147 *Ibid.*, S. 59.

148 *Ibid.*, S. 65.

149 *Ibid.*, S. 60.

150 H. Marcuse, »Zum Problem der Dialektik«, in: *Die Gesellschaft* VII, 1 (Januar 1930), S. 26.

151 H. Marcuse, »Das Problem der geschichtlichen Wirklichkeit«, in: *Die Gesellschaft* VIII, 4 (April 1931).

152 H. Marcuse, *Hegels Ontologie und die Grundlegung einer Theorie der Geschichtlichkeit* (Frankfurt 1932; Neuaufl. 1968).

153 Zu beiden Hegel-Büchern siehe Alain de Libera, »La Critique de Hegel«, in: *La Nef* (Januar-März 1969).

154 H. Marcuse, *Hegels Ontologie . . .*, S. 368.

155 H. Marcuse, »Neue Quellen zur Grundlegung des Historischen Materialismus«, in: *Die Gesellschaft* IX, 8 (1932); und in: *Ideen zu einer Kritischen Theorie der Gesellschaft* (Frankfurt 1969).

156 *Ibid.*, S. 151 bzw. S. 29.

157 *Ibid.*, S. 167 bzw. S. 45.

158 *Ibid.*, S. 147 bzw. S. 53.

159 *Ibid.*, S. 173 bzw. S. 53. Über die ontologische Bedeutung von Arbeit hat Marcuse einen gesonderten Aufsatz geschrieben, »Über die philosophischen Grundlagen des wirtschaftswissenschaftlichen Arbeitsbegriffs«, in: *Archiv für Sozialwissenschaft und Sozialpolitik* LXIX, 3 (Juni 1933); und in: *Kultur und Gesellschaft* 2.

160 H. Marcuse, »Neue Quellen . . .«, S. 158 bzw. S. 34.

161 H. Marcuse, *Vernunft und Revolution,* S. 78.

162 Habermas, *Technik und Wissenschaft als »Ideologie«* (Frankfurt 1968), S. 42.

163 H. Marcuse, *Vernunft und Revolution,* S. 76.

164 Siehe H. Marcuse, *Triebstruktur und Gesellschaft* (Frankfurt 1967), S. 185–194 über den »Spieltrieb«; Originaltitel: *Eros and Civilization* (Boston 1955).

165 Siehe z. B. H. Marcuse, »Der Kampf gegen den Liberalismus in der totalitären Staatsauffassung«, in: *ZfS III,* 2 (1934); und in: *Kultur und Gesellschaft* I.

166 H. Marcuse, »Zum Begriff des Wesens«, in: *ZfS V,* 1 (1936), S. 1f.

167 *Ibid.,* S. 21.

168 *Ibid.,* S. 30f.

169 H.Marcuse, »Philosophie und Kritische Theorie«, in: *Kultur und Gesellschaft* I, S. 115. (Ursprünglich in: *ZfS VI,* 3 (1937).

170 *Ibid.*, S. 118.

171 *Ibid.*, S. 124f.

172 *Ibid.*, S. 123. Die Bedeutung der Phantasie hat Marcuse in späteren Schriften, insbesondere in *Triebstruktur und Gesellschaft,* weiter ausgeführt.

173 New York 1941. Ein Teil des Buches erschien in den *SPSS* als: Marcuse, »An Introduction to Hegel's Philosophy«, VIII, 3 (1939).

174 Im Lichte seiner späteren Einstellung eine Ironie, schmeichelte Marcuse seiner amerikanischen Leserschaft, indem er Hegels Glauben zitierte, der rationale Geist Amerikas mache dieses Land zum »Land der Zukunft« (*Vernunft und Revolution*, S. 12).

175 *Ibid.*, S. 63.

176 *Ibid.*, S. 275.

177 *Ibid.*, S. 218.

178 *Ibid.*, S. 282.

179 Siehe z. B. Habermas, *Erkenntnis und Interesse* und *Technik und Wissenschaft als »Ideologie«;* ebenso Albrecht Wellmer, *Kritische Gesellschaftstheorie und Positivismus* (Frankfurt 1969).

180 H.Marcuse, *Vernunft und Revolution,* S. 352.

181 Paul Tillich wies darauf hin in einer allgemein freundlichen Kritik in *SPSS IX,* 3 (1941), und Karl Löwith in einer schärferen Kritik in *Philosophy and Phenomenological Research* II, 4 (1942). Es handelt sich um ein Thema, das immer wiederaufgenommen wurde; siehe Lucio Colletti, »Von Hegel zu Marcuse«, in: *Alternative* 72/73 (Juni–August 1970).

182 Horkheimer, »Traditionelle und Kritische Theorie«, in: *ZfS VI,* 2 (1937); und in: *Kritische Theorie* Bd. II.

183 *Ibid.*, S. 257 bzw. S. 150.

184 Horkheimer, »Zum Problem der Voraussagbarkeit in den Sozialwissenschaften«, in: *ZfS II,* 3 (1933); und in: *Kritische Theorie* Bd. I.

185 Horkheimer, »Traditionelle und Kritische Theorie«, S. 276 bzw. S. 172.

186 *Ibid.*, S. 275 bzw. S. 171.

187 *Ibid.*, S. 277 bzw. S. 173.

188 Zitiert in Adorno, *Prismen,* S. 286.

189 George Kline, »Some Critical Comments on Marx's Philosophy«, in: *Marx and the Western World,* hrsg. v. Nicholas Lobkowicz (Notre Dame, Ind. 1967). S. 431.

190 Siehe z. B. Horkheimer, »Zum Problem der Wahrheit«, in: *ZfS IV,* 3 (1935), S. 340–343; und in: *Kritische Theorie,* Bd. I, S. 250–253, sowie »Traditionelle und Kritische Theorie«, S. 252 bzw. S. 145.

191 Brief von Horkheimer an Löwenthal vom 14. Januar 1946 (Löwenthal-Sammlung).

192 Horkheimer, »Zum Problem der Wahrheit«, S. 343 bzw. S. 253.

193 Gespräche mit Löwenthal in Berkeley (August 1968) und Habermas in Frankfurt (Februar 1969). Habermas' Gedanken über den Pragmatismus siehe in *Erkenntnis und Interesse,* an jener Stelle, wo er sich über C. S. Pierce ausläßt.

194 Horkheimer, »Zum Problem der Wahrheit«, S. 345 bzw. S. 256.

195 Horkheimer, »Traditionelle und Kritische Theorie«, S. 269 bzw. S. 164.

196 *Ibid.*, S. 269 bzw. S. 164.

[197] H. Marcuse, »Der Kampf gegen den Liberalismus in der totalitären Staatsauffassung«, in: *Kultur und Gesellschaft* I, S. 55.

[198] Horkheimer, »Autoritärer Staat«, in: »Walter Benjamin zum Gedächtnis« (unveröff., 1942; befindet sich in Pollocks Schriftensammlung), inzwischen erschienen in: Max Horkheimer, *Gesellschaft im Übergang* (Frankfurt 1972).

III. Die Integration der Psychoanalyse

[1] Zu frühen Versuchen, Freud und Marx zu verbinden, siehe »When Dogma bites Dogma, or The Difficult Marriage of Marx and Freud«, in: *The Times Literary Supplement* (8. Januar 1971).

[2] Zur Beschreibung der mißlichen Situation, in der Reich sich befand, siehe Paul A. Robinson, *The Freudian Left* (New York 1969), S. 28-59.

[3] Philip Rieff, *Freud: The Mind of the Moralist* (New York 1959), S. 237 ff.

[4] Siehe Franz Neumann, »Anxiety and Politics«, in seinem: *The Democratic and the Authoritarian State,* hrsg. v. H. Marcuse (New York 1957); ebenso H. Stuart Hughes, »Franz Neumann between Marxism and Liberal Democracy«, in: *The Intellectual Migration: Europe and America, 1930–1960,* hrsg. v. Donald Fleming und Bernard Bailyn (Cambridge, Mass. 1969).

[5] Henrik de Man, *Zur Psychologie des Sozialismus* (Jena 1926). Über de Man siehe Peter Dodge, *Beyond Marxism: The Faith and Works of Henrik de Man* (den Haag 1966).

[6] Ich habe diese Information von Professor Gladys Meyer von der Barnard-Universität. Professor Meyer – sie hat vor der Emigration am Institut studiert – hat einen Roman geschrieben, *The Magic Circle* (New York 1944), in dem de Man, kaum kaschiert unter dem Namen Adriaan de Barenne, als eine der Hauptfiguren auftritt. Pollock hat im März 1969 mir gegenüber in Abrede gestellt, de Man sei in der Absicht nach Frankfurt geholt worden, die Professor Meyer nennt.

[7] Theodor Wiesengrund, »Der Begriff des Unbewußten in der transzendentalen Seelenlehre« (unveröff. Dissertation, Universität Frankfurt 1927).

[8] *Ibid., S. 318.*

[9] Gespräch mit Horkheimer in Montagnola im März 1969.

[10] Es war entstanden aus einer Fraktion innerhalb der deutschen psychoanalytischen Bewegung. Siehe Carl. M. Grossmann und Sylvia Grossmann, *The Wild Analyst* (New York 1965), S. 178.

[11] Gespräch mit Horkheimer im März 1969.

[12] Meng hielt eine Vorlesung unter dem Titel »Einführung in die Psychoanalyse«, Landauer über »Psychoanalytische Klinik«, Frieda Fromm-Reichmann über »Psychoanalytische Trieblehre« und Fromm über »Die Anwendung der Psychoanalyse auf Soziologie und Religionswissenschaft«. Siehe die Mai-Juni-Ausgabe 1929 von *Die psychoanalytische Bewegung* (I, 1); hier findet sich eine Schilderung der Institutseröffnung. Siehe auch Adolf Friedmann, »Heinrich Meng, Psychoanalysis and Mental Hygiene», *Psychoanalytic Pioneers,* hrsg. v. Franz Alexander, Samuel Eisenstein und Martin Grotjahn (New York 1966).

[13] Erich Fromm, *Beyond the Chains of Illusion* (New York 1962), S. 5.

[14] Siehe z. B. Fromm, *Marx's Concept of Man* (New York 1961), dt.: *Das Menschenbild bei Marx* (Frankfurt 1963).

[15] In *Die Furcht vor der Freiheit* (Frankfurt 1966); Originaltitel: *Escape of Freedom* (New York 1941), unterstreicht Fromm die Bedeutung von Hegel und Marx hinsichtlich ihres Begriffs der Entfremdung, S. 121.

[16] Fromm, *Beyond the Chains of Illusion,* S. 28.

[17] John Schaar hat in *Escape from Authority: The Perspectives of Erich Fromm* (New York 1961) geschrieben, es sei Fromm nicht gelungen, G. E. Moores und David Humes Vorwurf eines falschen Naturalismus zu widerlegen, Fromm verstehe nicht, daß Gesellschaft mehr sei als Natur, daß man erst die Natur erkennen müsse, ehe man beurteilen könne, was natürlich sei und was nicht, und daß, wenn Böses existiere, es auch Teil der Natur sein müsse (S. 20–24).

[18] Brief von Fromm an mich vom 14. Mai 1971.

[19] Siehe Fromm, *Das Menschenbild bei Marx;* Marx' Fähigkeit als Psychologe findet hier Anerkennung. Eine ausführliche Darlegung des Themas bringt Fromms Aufsatz »Marx' Beitrag zur Wissenschaft des Menschen«, in: *Analytische Sozialpsychologie und Gesellschaftstheorie* (Frankfurt 1970); Originaltitel: *The Crisis of Psychoanalysis* (New York 1970).

[20] Fromm, *Beyond the Chains of Illusion,* S. 12. In seinem Brief vom 14. Mai 1971 schrieb mir Dr. Fromm, er bedauere diesen Vergleich, weil es töricht sei, zwei große Männer miteinander zu vergleichen; sein Urteil über ihre jeweiligen Verdienste blieb jedoch unverändert.

[21] Fromm, *Beyond the Chains of Illusion,* S. 10: »In keiner meiner Schriften, nicht in dieser und in keiner anderen, ziehe ich einen theoretischen Schluß über die Psyche des Menschen, der nicht auf einer kritischen Beobachtung menschlichen Verhaltens im Verlauf meiner psychoanalytischen Arbeit beruhte.« Die Widerlegung dieser Behauptung unternimmt J. A. C. Brown, *Freud and the Post-Freudians* (London 1961), S. 205.

[22] Fromm, »Der Sabbath«, in: *Imgago* XIII, Nr. 2, 3, 4 (1927).

[23] (München 1955); erstmals erschienen in Wien 1931.

[24] *Ibid.*, S. 88.

[25] *Ibid.*, S. 91.

[26] Fromm, »Über Methode und Aufgabe einer analytischen Sozialpsychologie«, in: *ZfS I,* 1/2 (1932).

[27] *Ibid.*, S. 32. Reichs spätere Schrift fand seine Zustimmung; siehe Fromms Besprechung von Reichs *Der Einbruch der Sexualmoral,* in: *ZfS II,* 1 (1933).

[28] Fromm, »Über Methode . . .«, S. 48.

[29] Fromm, »Über Methode . . .«, S. 45.

[30] *Ibid.*, S. 28.

[31] *Ibid.*, S. 30.

[32] Brief von Fromm an mich vom 14. Mai 1971.

[33] Fromm, »Über Methode . . .«, S. 38.

[34] Fromm, »Die psychoanalytische Charakterologie und ihre Bedeutung für die Sozialpsychologie«, in: *ZfS I,* 3 (1932).

[35] *Ibid.*, S. 265.

[36] In *Triebstruktur und Gesellschaft* schrieb Marcuse: »Die Reaktivierung polymorpher und narzißtischer Sexualität stellt keine Bedrohung der Kultur mehr dar und kann selber der Kulturentwicklung dienen, wenn der Organismus nicht als ein Instrument entfremdeter Arbeit existiert, sondern als ein Subjekt der Selbstrealisierung . . .« (S. 207). »Polymorphe Perversität«

war ein Begriff, den O. Brown mit seinem Buch *Life against Death* (New York 1959) populär gemacht hatte.

[37] Reich unterschied sich von Fromm in der Behauptung, jede Art von Charakter-»Armierung« sei verderblich und repressiv. Siehe Robinson, *The Freudian Left,* S. 23.

[38] Gespräch mit Fromm in New York im Dezember 1968.

[39] Fromm, »Die psychoanalytische Charakterologie«, S. 268.

[40] *Ibid.,* S. 273.

[41] E. M. Butler, *The Tyranny of Greece over Germany* (Cambridge 1935), S. 327. Zu einer Bibliographie von Aufsätzen über Bachofen in den zwanziger Jahren siehe Adrien Turel, *Bachofen-Freud; Zur Emanzipation des Mannes vom Reich der Mutter* (Bern 1939), S. 209f.

[42] Zitiert bei Robinson, *The Freudian Left,* S. 50.

[43] »Family Sentiments«, in: *ZfS III,* 1 (1934).

[44] Fromm, »Die sozialpsychologische Bedeutung der Mutterrechtstheorie«, in: *ZfS III,* 2 (1934).

[45] Die Vorstellung von der Natur als einer beherrschenden Kraft, der der Mensch sich passiv unterzuordnen habe, spielte in der Faschismus-Analyse des Instituts eine große Rolle. Siehe etwa Marcuses »Der Kampf gegen den Liberalismus in der totalitären Staatsauffassung«, in: *ZfS III,* 2 (1934) und in: *Kultur und Gesellschaft I* (Frankfurt 1965); Leo Löwenthals »Knut Hamsun; Zur Vorgeschichte der autoritären Ideologie«, in: *ZfS VI,* 2 (1937) und in: Leo Löwenthal, *Das Bild des Menschen in der Literatur* (Neuwied u. Berlin 1966).

[46] Fromm, »Die sozialpsychologische Bedeutung der Mutterrechtstheorie«, S. 221.

[47] Angesichts von Fromms früher Religiosität ist seine Erörterung der jüdischen Religion in diesem Zusammenhang von Interesse. Obwohl er den patriarchalischen Gott im Kern akzeptierte, verwies er auch auf Elemente im jüdischen Denken wie die Vision von Land, wo Milch und Honig fließen, auf eindeutig matriarchalische Vorstellungen. Die Hasidim, so meinte er (übrigens ganz im Sinne von Buber), seien besonders matriarchalisch in ihrem Charakter gewesen *(ibid.,* S. 223).

[48] Fromm, »Die gesellschaftliche Bedingtheit der psychoanalytischen Therapie«, in: *ZfS IV,* 3 (1935).

[49] *Ibid.,* S. 371–375.

[50] H. Marcuse, »Repressive Toleranz«, in: *Kritik der reinen Toleranz* zus. mit Barrington Moore jr. und Robert Paul Wolff (Frankfurt 1966). Adorno etwa schrieb: »Der Bürger aber ist tolerant. Seine Liebe zu den Leuten, wie sie sind, entspringt dem Haß gegen den richtigen Menschen« *(Minima Moralia* – Frankfurt 1951, S. 27 –). Ähnlich äußerte sich auch Horkheimer in *Zur Kritik der instrumentellen Vernunft* (Frankfurt 1967), S. 28.

[51] Fromm, »Die gesellschaftliche Bedingtheit . . .«, S. 393.

[52] H. Marcuse, »Repressive Toleranz«, S. 120.

[53] Zu Fromms eigener Einstellung Radikalen gegenüber siehe »Der revolutionäre Charakter«, in: *Zur Entstehung des Christusdogmas* (Wien 1931). Horkheimer hatte bereits 1934 ähnliche Zweifel hinsichtlich Freuds Haltung Revolutionären gegenüber geäußert in: Heinrich Regius, *Dämmerung* (Zürich 1934), S. 256.

[54] Fromm, »Die gesellschaftliche Bedingtheit . . .«, S. 384f.

[55] Ernest Jones, *The Life and Work of Sigmund Freud* (New York 1963), S. 400; dt.: *Das Leben und Werk von Sigmund Freud,* Bern u. Stuttgart 1960/1962; gekürzte Ausg.: *Sigmund Freud; Leben und Werk,* S. Fischer, Frankfurt/M. 1969. Jones behauptete auch, Otto Rank sei geisteskrank gewesen. Fromm versuchte, dies zurechtzurücken in *Sigmund Freud's Mission* (New York 1959).

[56] Grossman und Grossman, *The Wild Analyst,* S. 195. Frieda Fromm-Reichmann stand Groddeck besonders nahe; sie gehörte zu den letzten, die ihn vor seinem Tode 1934 sahen. Sie widmete ihm ihr erstes Buch, *Principles of Intensive Psychotherapy* (Chicago 1950).

[57] Fromm, »Zum Gefühtıüer Ohnmacht«, in: *ZfS VI,* 1 (1937). Dieser Aufsatz sowie Fromms Beitrag zu den *Studien über Autorität und Familie* (Paris 1936) sollen im nächsten Kapitel behandelt werden.

[58] Siehe Schaar, *Escape from Authority . . .,* und Guyton Hammond, *Man in Estrangement* (Nashville 1965); beide besprechen das Buch ausführlich.

[59] Fromm, *Die Furcht vor der Freiheit,* S. 19.

[60] *Ibid.,* S. 180.

[61] *Ibid.,* S. 287.

[62] *Ibid.,* S. 287.

[63] Fromm, *Psychoanalyse und Ethik* (Stuttgart u. Konstanz 1969); ursprünglich ersch. in englisch unter dem Titel *Man for Himself* (New York 1947). Fromm teilte die Charaktertypen nach »produktiv« und »nicht produktiv« orientierten. Letztere unterteilte er noch einmal in die rezeptiven, die ausbeuterischen, die hamsternden und die marktorientierten, S. 135.

[64] Die deutsche Version von Fromm, *Die Furcht vor der Freiheit* verzichtet auf diesen Hinweis, im Original S. 7. In *Der moderne Mensch und seine Zukunft* (Frankfurt 1955) hingegen kritisiert Fromm Sullians Vorstellung von Liebe als einer entfremdeten.

[65] Brief von Fromm an mich vom 14. Mai 1971.

[66] *Die Furcht vor der Freiheit,* S. 270.

[67] *Ibid.,* S. 29f.

[68] *Ibid.,* S. 151.

[69] *Ibid.,* S. 157. Dies war ein Begriff, den Fromm in seiner Diskussion des Sado-Masochismus in den *Studien über Autorität und Familie* (»Sozialpsychologischer Teil«) nicht benutzt hatte.

[70] *Die Furcht vor der Freiheit,* S. 251.

[71] Psychoanalyse und Ethik, S. 242.

[72] Fromm, *Zen Buddhism and Psychoanalysis,* zusammen mit D. T. Suzuki und R. de Martino (New York 1960).

[73] Brief von Fromm an mich vom 14. Mai 1971.

[74] *Ibid.*

[75] Horkheimer, »Geschichte und Psychologie«, in: *ZfS I,* 1/2 (1932), S. 141; und in: *Kritische Theorie,* I (Frankfurt 1968), S. 26.

[76] Horkheimer, »Egoismus und Freiheitsbewegung«, in: *ZfS V,* 2 (1936) S. 225f.; und in: *Kritische Theorie* Bd. II, S. 74f.

[77] Benjamin schrieb 1934 einen Aufsatz über Bachofen. Geplant für die *Nouvelle Revue Française,* die ihn ablehnte, erschien er erst 1954 in *Les Lettres Nouvelles;* Walter Benjamin, *Briefe,* hrsg. v. Gershom Scholem und Theodor W. Adorno (Frankfurt 1966), Bd. II, S. 614–615. In einer kurzen Geschichte des Instituts, die Benjamin für Thomas Manns Zeitschrift *Maß und*

Wert im Jahr 1938 (I, 5. Mai–Juni) schrieb, widmete er Fromms Arbeit an der Mutterrechtstheorie besondere Aufmerksamkeit.

78 Gespräch mit Fromm im Dezember 1968 in New York.

79 Gespräch mit Löwenthal im August 1968 in Berkeley.

80 Horkheimer, »Psychologie und Soziologie im Werk Wilhelm Diltheys«, in: *SPSS VIII,* 3 (1939); und in: *Kritische Theorie* Bd. II.

81 Brief von Horkheimer an Löwenthal, geschrieben am 31. Oktober 1942 aus Palisades, Kalifornien (Löwenthal–Sammlung).

82 Horkheimer, »Traditionelle und Kritische Theorie«, in: *ZfS VI,* 2 (1937), S. 276; und in: *Kritische Theorie* Bd. II, S. 172.

83 In *Sociologica: Aufsätze, Max Horkheimer zum sechzigsten Geburtstag gewidmet* (Frankfurt 1955) und *New Left Review,* 46 (November–Dezember 1967) sowie 47 (Januar–Februar 1968).

84 Professor Löwenthal war so freundlich, mir das Referat zur Verfügung zu stellen. Es gibt eine deutsche Version davon in *Sociologica II: Reden und Vorträge,* hrsg. v. Max Horkheimer und Theodor W. Adorno (Frankfurt 1962).

85 Adorno »Die revidierte Psychoanalyse«, in: *Sociologica II,* S. 96.

86 Benjamin hatte ausführlich über die Bedeutung des Schocks im modernen Leben in einem Aufsatz »Über einige Motive bei Baudelaire« geschrieben, der in der *ZfS VIII,* 1/2 (1939) erschien und später in die *Illuminationen* (Frankfurt 1961) aufgenommen wurde. Zur Untermauerung seiner Interpretation stützte er sich explizit auf Freudsche Gedanken.

87 Adorno, »Die revidierte Psychoanalyse«, S. 98.

88 *Ibid.,* S. 98.

89 *Ibid.,* S. 104.

90 *Ibid.* S. 104.

91 *Ibid.,* S. 109.

92 Walter Benjamin, »Goethes Wahlverwandtschaften«, in: *Illuminationen,* S. 147.

93 Adorno, »Die revidierte Psychoanalyse«, S. 110.

94 Adorno, *Minima Moralia,* S. 78.

95 Schöpferisch angewendet wird Freuds Theorie bei einer zweiten Generation von kritischen Theoretikern; siehe dazu Jürgen Habermas, *Erkenntnis und Interesse* (Frankfurt 1968). Bereits kurz nach seiner Rückkehr aus der Emigration hatte das Institut mit psychoanalytischen Kategorien in seinen empirischen Studien gearbeitet, so im *Gruppenexperiment,* hrsg. v. Friedrich Pollock, erschienen in der Reihe der *Frankfurter Beiträge zur Soziologie,* Bd. II (Frankfurt 1955).

96 *Freud in der Gegenwart; Frankfurter Beiträge zur Soziologie,* Bd. VI (Frankfurt 1957). Das Buch enthält Reden und Referate, gehalten von einer Anzahl renommierter Psychologen, darunter Erik Erikson, Franz Alexander, René Spitz und Ludwig Binswanger.

97 H. Marcuse, »Autorität und Familie in der deutschen Soziologie bis 1933«, in: *Studien über Autorität und Familie.* Marcuse steuerte außerdem einen langen Einleitungsaufsatz über die Geschichte des Autoritätsgedankens bei.

98 Robinson, *The Freudian Left,* S. 188–191.

99 H. Marcuse, »Über den affirmativen Charakter der Kultur«, in: *Kultur und Gesellschaft,* I (Frankfurt 1965), ursprünglich in: *ZfS VI,* 1 (1937).

100 *Ibid.,* S. 84. Marcuse bekundete hier die Neigung, die Verdinglichung in ihr

eigenes Extrem zu treiben, eine Idee, die er später bewundernd an *L'Etre et le Néant* von Sartre konstatieren sollte (»Existentialismus: Bemerkungen zu Jean Paul Sartre's L'Etre et le Néant«, in: *Kultur und Gesellschaft,* I.

101 H. Marcuse, »Zur Kritik des Hedonismus«, in: *Kultur und Gesellschaft,* I, passim.

102 Robinson, *The Freudian Left,* S. 179.

103 H. Marcuse, *Triebstruktur und Gesellschaft,* S. 235.

104 *Ibid.,* S. 49.

105 *Ibid.,* S. 241.

106 *Ibid.,* S. 64.

107 *Ibid.,* S. 249.

108 *Ibid.,* S. 253.

109 »Obwohl primäre Quelle und Grundmodell neurotischer Konflikte, ist der Ödipuskomplex sicherlich nicht die zentrale Ursache des Unbehagens in der Kultur und nicht das zentrale Hindernis für dessen Behebung« (*ibid.,* S. 201f.). Robinson zitiert diese Passage in *The Freudian Left,* jedoch ohne Marcuses Diskussion über den Ödipuskomplex in seinem Epilog zu berücksichtigen, wo er ihm weit mehr Bedeutung beimißt. Als exzellente Kritik der Marcuseschen Einschätzung des Ödipuskomplexes siehe Sidney Lipshire, »Herbert Marcuse: From Marx to Freud and Beyond« (Ph. D. Dissertation, University of Connecticut, 1971).

110 Zitiert bei Marcuse, *Triebstruktur und Gesellschaft,* S. 264, aus Fromm, *Psychoanalysis and Religion* (New Haven 1950), S. 79f.

111 Marcuse, *Triebstruktur und Gesellschaft,* S. 265.

112 Siehe hierzu Fromm, *Psychoanalyse und Ethik,* S. 233.

113 H. Marcuse, *Triebstruktur und Gesellschaft,* S. 267.

114 Sigmund Freud, *Jenseits des Lustprinzips.*

115 H. Marcuse, *Triebstruktur und Gesellschaft,* S. 231f.

116 Marcuse ging hier nicht so weit wie Norman O. Brown, der sagte, jede Art von sexueller Organisation sei repressiv; vgl. Browns *Life Against Death,* S. 122f. Marcuse weigerte sich, dem Zerfall der Differenzierungen aller Arten beizupflichten, den Brown erklärte.

117 Der Begriff taucht auf in Marcuses *Der eindimensionale Mensch* (Neuwied und Berlin 1967), S. 36.

118 Sowohl Horkheimer wie Adorno äußerten Zweifel an der Marcuseschen Lesart von Freud, als ich im Winter 1968/1969 mit ihnen sprach.

119 Fromm, »The Human Implications of Instinctive 'Radicalism'«, in: *Dissent II,* 4 (Herbst 1955) und »A Counter-Rebuttal«, in: *Dissent* III, 1 (Winter 1956).

120 Fromm, »The Human Implications of Instinctive 'Radicalism'«, S. 346.

121 Marcuse, »A Reply to Erich Fromm«, in: *Dissent,* III, 1 (Winter 1956). In *Crisis of Psychoanalysis* nahm Fromm die Diskussion dort wieder auf, wo er sie fünfzehn Jahre zuvor abgebrochen hatte (S. 14–20).

122 *Ibid.,* S. 81. Marcuse sollte diesen Terminus ausgiebig in *Der eindimensionale Mensch* und anderen späteren Schriften verwenden. »Nicht Mitmachen« war, wie Löwenthal mir in einem Brief schrieb (15. August 1970), im Institut von Anfang an eine bevorzugte »Losung« gewesen.

123 Fromm, *Die Furcht vor der Freiheit,* S. 181. (Hervorhebung im Original).

124 Fromm, *The Heart of Man* (New York 1964) S. 53f.

125 Horkheimer, »Gedanke zur Religion«, in: *Kritische Theorie,* Bd. I, S. 375.

[1] Max Horkheimer, »Autoritärer Staat«, in: »Walter Benjamin zum Gedächtnis« (unveröff., 1942; Friedrich Pollock-Sammlung in Montagnola, Schweiz), S. 152; und in: Horkheimer, *Gesellschaft im Übergang* (Frankfurt 1972), S. 30.

[2] Margeret Mead, »On the Institutionalized Role of Women and Character Formation«, in: *ZfS V,* 1 (1936); Charles Beard, »The Social Sciences in the United States«, in: *ZfS IV,* 1 (1935); Harold Lasswell, »Collective Autism as a Consequence of Culture Contact«, in: *ZfS IV,* 2 (1935).

[3] Tönnies' wenig aufregender Aufsatz über das Recht auf Arbeit wurde 1935 mit Rücksicht auf seine Position und seinen Ruf gebracht, »Das Recht auf Arbeit«, in: *ZfS IV,* 1 (1935).

[4] Nichtveröffentlichte mimeographierte Geschichte des Instituts aus dem Jahr 1938; sie befindet sich in der Pollock-Sammlung in Montagnola, S. 13.

[5] »Ten Years on Morningside Heights: A Report on the Institute's History 1934–1944« (unveröff., 1944), in der Löwenthal-Sammlung. Honorarzahlungen für abgedruckte und nichtabgedruckte Aufsätze in der *Zeitschrift* waren ein Mittel, zu dem man immer wieder griff, um etwaige finanzielle Unterstützung »respektabler« zu machen (Brief von Löwenthal an mich vom 15. August 1970).

[6] Gespräch mit Pollock im März 1969 in Montagnola in der Schweiz.

[7] Ludwig Marcuse, *Mein zwanzigstes Jahrhundert* (München 1960), S. 239f.

[8] Gespräch mit Professor Pachter, New York, am 13. Oktober 1971.

[9] Diese Beschuldigungen tauchten auf in zwei Nummern der *Alternative,* 56/57 (Oktober-Dezember 1967) und 59/60 (April-Juni 1968).

[10] Die Zeit an der Columbia-Universität schildert u. a. Robert MacIver in seiner Autobiographie *As a Tale That is Told* (Chicago 1968). Seiner Darstellung zufolge wollte MacIver ein umfassenderes, mehr theoretisch orientiertes Department als Lynd, der von einem utilitaristischen, fachlich eingegrenzten Ansatz ausging. Zum endgültigen Bruch zwischen beiden kam es anläßlich einer negativen Kritik von Lynds *Knowledge for What* durch MacIver (S. 137–141).

[11] Brief von Horkheimer an Löwenthal vom 8. November 1942 (Löwenthal-Sammlung).

[12] Henry Pachter, »A Memoir«, in: *The Legacy of German Refugee Intellectuals* (Salmagundi, 10/11, Herbst 1969/Winter 1970), S. 18.

[13] Horkheimer, »Die gegenwärtige Lage der Sozialphilosophie und die Aufgaben eines Instituts für Sozialforschung«, in: *Frankfurter Universitätsreden* (Frankfurt 1931), S. 14f.

[14] Adolf Levenstein, *Die Arbeiterfrage* (München 1912). Paul Lazarsfeld war es, der mich auf diesen Vorläufer aufmerksam gemacht hat. Einer seiner Schüler, Anthony Oberschall, hat über Levenstein geschrieben, in *Empirical Social Research in Germany, 1846–1914* (Paris u. Den Haag 1965), S. 94f. Fromm bestreitet die Bedeutung des Levensteinschen Modells (Brief von Fromm an mich vom 14. Mai 1971).

[15] Fromm, »Die psychoanalytische Charakterologie und ihre Bedeutung für die Sozialpsychologie«, in *ZfS I,* 3 (1932).

[16] Fromm, *Social Character in a Mexican Village, zus. mit Michael Maccoby (Englewood Cliffs, N.J. 1970).*

[17] So hieß es in dem *International Institute of Social Research: A Report on Its History and Activities, 1933–1938* (New York 1938), S. 14–15.

[18] Brief von Pollock an mich vom 24. März 1970. Paul Massing, der in seinen Frankfurter Tagen Student am Institut war, deutete mir gegenüber an, die Untersuchung sei wirklich nicht so schlüssig gewesen, denn unter bestimmten Bedingungen könne es eben auch unter autoritären Verhältnissen zu Revolutionen kommen (Gespräch mit Massing am 25. November 1970 in New York).

[19] Brief von Fromm an mich vom 14. Mai 1971.

[20] Fromm, *Die Furcht vor der Freiheit* (Frankfurt 1966), S. 208; ursprünglich erschienen als *Escape from Freedom* (London 1942).

[21] Horkheimer, »Allgemeiner Teil«, in: *Studien über Autorität und Familie* (Paris 1936), S. 23f.; und in: *Kritiche Theorie,* Bd. I (Frankfurt 1968), S. 300.

[22] Siehe z. B. Franz Neumanns Aufsatz »Economics and Politics in the Twentieth Century« (dt. erschienen als »Ökonomie und Politik im 20. Jahrhundert«, in: *Zeitschrift für Politik* Bd. II, 1, 1955) in: *The Democratic and the Authoritarian State,* hrsg. v. H. Marcuse (New York 1957). Hier heißt es: »Die marxistische Theorie leidet unter einem Mißverständnis: der Verwechslung von soziologischer Analyse mit der Theorie politischen Handelns« (S. 273). In einem posthum veröffentlichten Aufsatz mit dem Titel »Confining Conditions and Revolutionary Breakthroughs«, in: *Politics, Law and Social Change: Selected Essays of Otto Kirchheimer,* hrsg. v. Frederic S. Burin und Kurt L. Shell (New York und London 1969), äußert sich Kirchheimer ebenfalls in diesem Sinne.

[23] Eine neuere Diskussion zu diesem Punkt siehe Sheldon Wolin, *Politics and Vision* (Boston 1960).

[24] H. Marcuse, »Vorwort« zu *Kultur und Gesellschaft I* (Frankfurt 1965), S. 7.

[25] Zur Bedeutung von »Gesellschaft« für das Institut siehe Adornos »Society«, in: *Legacy of the German Refugee Intellectuals (Salmagundi,* 10/11, Herbst 1969/Winter 1970).

[26] H. Marcuse, »Der Kampf gegen den Liberalismus in der totalitären Staatsauffassung«, in: *Kultur und Gesellschaft I,* S. 44, ursprüngl. in: *ZfS III,* 1 (1934).

[27] Dieser Wandel wird erörtert u. a. von Robert V. Daniels, »Fate and Will in the Marxian Philosophy of History«, in: *European Intellectual History Since Darwin and Marx,* hrsg. v. W. Warren Wager (New York 1966).

[28] Horkheimer, »Vernunft und Selbsterhaltung«, in: »Walter Benjamin zum Gedächtnis«, S. 25; und in: *Autoritärer Staat* (Amsterdam 1968) S. 88.

[29] Fromm, *Die Furcht vor der Freiheit, S. 38.*

[30] H. Marcuse, »Der Kampf gegen den Liberalismus . . .«, S. 52 (Hervorhebung im Original).

[31] Horkheimer, »Autoritärer Staat«, in: »Walter Benjamin zum Gedächtnis«, S. 153; und in: *Gesellschaft im Übergang,* S. 30f.

[32] Horkheimer, »Allgemeiner Teil«, in: *Studien über Autorität . . .,* S. 48f., und in: *Kritische Theorie* Bd. I, S. 328f.

[33] Fromm, »Sozialpsychologischer Teil«, in: *Studien über Autorität . . .,* S. 132f.

[34] Horkheimer, »Vernunft und Selbsterhaltung«, S. 29 bzw. S. 91.

[35] Der relevante Teil dieser Arbeit erschien in englisch im Jahr 1947 in Max

Weber, *The Theory of Social and Economic Organization,* in der Übrsetzung von A. M. Henderson und Talcott Parsons (New York 1947).

[36] *Ibid.* S. 185.

[37] Horkheimer, »Allgemeiner Teil«, S. 48 f. bzw. S. 328 f.

[38] Horkheimer, »Vernunft und Selbsterhaltung«, S. 56 bzw. S. 119.

[39] H. Marcuse, »Der Kampf gegen den Liberalismus . . .«, S. 32.

[40] Horkheimer, »Die Juden in Europa«, in: *ZfS VIII,* 1/2 (1939), S. 115; und in: *Autoritärer Staat* (Amsterdam 1968), S. 8.

[41] Horkheimer, »Zum Rationalismusstreit in der gegenwärtigen Philosophie«, in: *ZfS III,* 1 (1934), S. 36; und in: *Kritische Theorie* Bd. I, S. 158.

[42] H. Marcuse, »Der Kampf gegen den Liberalismus . . .«, in: *Kultur und Gesellschaft I,* S. 31.

[43] *Ibid.,* S. 26.

[44] *Ibid.,* S. 37.

[45] *Ibid.,* S. 44.

[4] *Ibid.,* S. 45.

[47] *Ibid.,* S. 49.

[48] *Ibid.,* S. 51.

[49] *Ibid.,* S. 52.

[50] Horkheimer, »Die Juden in Europa«, S. 125 bzw. S. 22.

[51] *Ibid.,* s. 121 bzw. S. 17.

[52] Vgl. die Analyse des Faschismus als Mittelstandsextremismus, die von einem Theoretiker stammt, der sich von der Frankfurter Schule ganz erheblich unterscheidet, nämlich von Seymour Martin Lipset, *Political Man* (New York 1960).

[53] Horkheimer, »Vorwort« zu den *Studien über Autorität und Familie,* S. XII.

[54] J. N. Findley schreibt in seinem Buch *Hegel: A Reexamination* (New York 1958): »Als einziger unter den modernen Philosophen besitzt Hegel eine nahezu Freudsche Fähigkeit zur Wahrnehmung der einfachen sexuellen und familiären Grundlagen von organisiertem Gruppenleben«, S. 16.

[55] Eine neere Darstellung der Literatur zur Familie im letzten Jahrhundert stammt von René König, »Soziologie der Familie«, in: *Handbuch der empirischen Sozialforschung,* Bd. II (Stuttgart 1969).

[56] Horkheimer, »Allgemeiner Teil«, S. 19 bzw. S. 295.

[57] *Ibid.,* S. 49 bzw. S. 329.

[58] In einem späteren Artikel in der *ZfS VI,* 1 (1937), mit dem Titel »Zum Gefühl der Ohnmacht«, untersuchte Fromm Folgen und Ursachen des zunehmenden Gefühls der Ohnmacht.

[59] Horkheimer, »Allgemeiner Teil«, S. 66 bzw. S. 349.

[60] *Ibid.,* S. 75 f. bzw. 359 f.

[61] Alexander Mitscherlich, Psychoanalytiker und Direktor des Sigmund-Freud-Instituts in Frankfurt und mit der dortigen Universität verbunden, wurde nach dem Kriege stark beeinflußt vom Institut für Sozialforschung. Seine *Vaterlose Gesellschaft* (München 1963) zeigt, wie sehr er den früheren sozialpsychologischen Untersuchungen der Frankfurter Schule verpflichtet war.

[62] Fromm, »Sozialpsychologischer Teil«, S. 84.

[63] *Ibid.,* S. 101.

[64] *Ibid.,* S. 110.

[65] Vgl. Kapitel 3, S. 174 (Manuskript).

66 Er behandelte diese Symptome masochistischer Passivität in »Zum Gefühl der Ohnmacht«, S. 117.

67 H. Marcuse, »Autorität und Familie in der deutscen Soziologie bis 1933«, in: *Studien über Autorität und Familie.*

68 Siehe z. B. Alasdair MacIntyres sehr schroffe Kritik an seiner Arbeit, *Herbert Marcuse: An Exposition and a Polemic* (New York 1970).

69 H. Marcuse, »Ideengeschichtlicher Teil«, in: *Studien über Autorität und Familie,* S. 140.

70 Das Institut bewegte sich generell durchaus im Rahmen der deutschen akademischen Philosophie, indem es sich auf die Griechen, auf Descartes, Kant und Hegel, die verschiedenen Lebensphilosophen und die modernen Phänomenologen konzentrierte. Die mittelalterliche Philosophie blieb weitgehend ausgespart, während die empiristische Tradition gewöhnlich in toto erörtert wurde, um schließlich abgetan zu werden. Marcuse allerdings behandelte in seinen Vorlesungen auch Hobbes, Locke und Rousseau (Brief von Löwenthal an mich vom 15. August 1970).

71 Dieses Zitat stammt aus der englischen Zusammenfassung am Ende der *Studien über Autorität und Familie,* S. 901.

72 Brief von Fromm an mich vom 14. Mai 1971.

73 Gespräch mit Ernst Schachtel in New York im Juli 1970.

74 Fromm, »Geschichte un Methoden der Erhebungen«, in: *Studien über Autorität und Familie,* S. 235–238.

75 *Ibid.,* S. 235.

76 Ernst Schachtel, »Zum Begriff und zur Diagnose der Persönlichkeit in den ›Personality Tests‹«, in: *ZfS VI,* 3 (1937).

77 Zu diesen Studien zählten: Karl A. Wittfogel, »Wirtschaftsgeschichtliche Grundlagen der Entwicklung der Familienautorität«; Ernst Mannheim, »Beiträge zu einer Geschichte der autoritären Familie«; Andries Sternheim, »Materialien zur Wirksamkeit ökonomischer Faktoren in der gegenwärtigen Familie«; Hilde Weiss, »Materialien zum Verhältnis von Konjunktur und Familie«; Gottfried Salomon, »Bemerkungen zur Geschichte der französischen Familie«; Willi Strelewicz, »Aus den familienpolitischen Debatten der deutschen Nationalversammlung 1919«; Ernst Schachtel, »Das Recht der Gegenwart und die Autorität in der Familie«; Harald Mankiewics, »Die Entwicklung des französischen Scheidungsrechts«. ders., »Die Rechtslage der in nichtlegalisierten Ehen lebenden Personen in Frankreich«; Zoltán Ronai, »Die Familie in der französischen und belgischen Sozialpolitik«; Hubert Abrahamsohn, »Die Familie in der deutschen Sozialpolitik«; Paul Honigsheim, »Materialien zur Beziehung zwischen Familie und Asozialität von Jugendlichen«; Kurt Goldstein, »Bemerkungen über die Bedeutung der Biologie für die Soziologie anläßlich des Autoritätsproblems«; Fritz Jungmann, »Autorität und Sexualmoral in der freien bürgerlichen Jugendbewegung« (Jungmann war ein Pseudonym für Franz Borkenau, der zu jener Zeit in London lebte. Diese Arbeit war sein letzter Institutsbeitrag); Marie Jahoda-Lazarsfeld, »Autorität und Erziehung in der Familie, Schule und Jugendbewegung«; Curt Wormann, »Autorität und Familie in der deutschen Belletristik nach dem Weltkrieg«.

78 Gespräch mit Pollock im März 1969.

79 Horkheimer, »Die Juden in Europa«.

[80] Hans Speier, Kritik der »Studien über Autorität und Familie«, in: *Social Research III,* 4 (November 1936), S. 501–504.

[81] Zu Wittfogels Aufsätzen in den dreißiger Jahren, die allesamt Teil seines ehrgeizigeren Projekts waren, eine ganze Serie von Büchern über die chinesische Geschichte und die chinesische Gesellschaft zu schreiben, zählten folgende: »The Foundations and Stages of Chinese Economic History«, in: *ZfS IV,* 1 (1935); und »Die Theorie der orientalischen Gesellschaft«, in: *ZfS VII,* 1 (1938). Seine zweite Frau, Olga Lang, deren Buch *Chinese Family and Society* (New Haven 1946) unter der Schirmherrschaft des *Institute of Pacific Relations* und des *Institute of Social Research* erschien, half ihm viel bei seiner Arbeit. Wie seine Schriften wandten auch die ihren die Methode der Kritischen Theorie nicht wirklich an, wie Professor Lang mir gegenüber auch selbst einräumte.

[82] Felix Weil, *The Argentine Riddle* (New York 1944).

[83] Mirra Komarowsky, *The Unemployed Man and His Family* (New York 1940). Ursprünglich war diese Arbeit als Teil einer komparativen Untersuchung über Arbeitslosigkeit und die Familie in europäischen Großstädten geplant; die europäischen Niederlassungen des Instituts mußten 1938 jedoch sämtlich geschlossen werden.

[84] Zu Lazarsfelds *Research Center* siehe seinen Aufsatz »An Episode in the History of Social Research: A Memoir«, in: *The Intellectual Migration: Europe and America, 1930–1960,* hrsg. v. Donald Fleming und Bernard Bailyn (Cambridge, Mass. 19697, S. 285f.

[85] Paul Lazarsfeld, »Some Remarks on the Typological Procedures in Social Research«, in: *ZfS VI,* 1 (1937).

[86] Komarowsky, *The Unemployed Man and His Family,* S. 122.

[87] *Ibid.,* S. 3

[88] Adorno, »Fragmente über Wagner«, in: *ZfS VIII,* 1/2 (1939). Es handelt sich hier um einen Extrakt mehrerer Kapitel aus seinem später erschienenen Buch *Versuch über Wagner* (Frankfurt 1952).

[89] Leo Löwenthal, *Erzählkunst und Gesellschaft; Die Gesellschaftsproblematik in der deutschen Literatur des 19. Jahrhunderts* (Neuwied und Berlin 1971).

[90] *Ibid.,* S. 83.

[91] *Ibid.,* S. 132.

[92] Neben dem Eingangsaufsatz und der Schrift über Meyer, die beide in der *Zeitschrift* abgedruckt waren, erschien eine gekürzte Version des Goethe-Aufsatzes in Löwenthals Buch *Das Bild des Menschen in der Literatur* (Neuwied und Berlin 1966) sowie eine ebenfalls gekürzte Fassung des Freytag-Kapitels in einer Festschrift für Georg Lukács, *Georg Lukács zum achtzigsten Geburtstag,* hrsg. v. Frank Benseler (Neuwied 1965).

[93] Löwenthal, »Zur gesellschaftlichen Lage der Literatur«, in: *ZfS I* 1 (1932).

[94] *Ibid.,* S. 90.

[95] Löwenthal, »Conrad Ferdinand Meyers heroische Geschichtsauffassung«, in: *ZfS II,* 1 (1933); und in: *Erzählkunst und Gesellschaft* unter dem Titel, »Conrad Ferdinand Meyer – die Apologia des Großbürgertums« (Neuwied und Berlin 1971).

[96] *Ibid.,* S. 61 bzw. S. 205.

[97] Löwenthal, »Die Auffassung Dostojewskis im Vorkriegsdeutschland«, in: *ZfS III,* 3 (1934). Eine engl. Version des Aufsatzes findet sich in *The Arts in Society* (Englewood Cliffs, N. J. 1964).

[98] Benjamin schrieb ihm am 1. Juli 1934 von Paris aus einen sehr anerkennenden Brief, in dem er von einem Durchbruch dieser Art von Untersuchungen sprach (Löwenthal-Sammlung).
[99] Löwenthal, *The Arts in Society,* S. 125.
[100] Löwenthal, »Die Auffassung Dostojewskis im Vorkriegsdeutschland«, in: *ZfS III,* 3 (1934) S. 368.
[101] Löwenthal, »Das Individuum in der individualistischen Gesellschaft. Bemerkungen über Ibsen«, in: *ZfS V,* 3 (1936); und in: *Das Bild des Menschen in der Literatur.* (Neuwied und Berlin 1966); (Wir zitieren nach der Neuerscheinung; die Übers.).
[102] *Ibid.*, S. 233.
[103] *Ibid.*, S. 239.
[104] *Ibid.*, S. 244.
[105] *Ibid.*, S. 249.
[106] Löwenthal, »Knut Hamsun. Zur Vorgeschichte der autoritären Ideologie« und in: *ZfS VI,* 3 (1937), wiederveröff. in: *Das Bild des Menschen in der Literatur* (wir zitieren hieraus; die Übers.).
[107] So sagte mir Löwenthal in einem Gespräch im August 1968 in Berkeley, Kalifornien.
[108] Löwenthal, »Knut Hamsun . . .«, in: *Das Bild des Menschen in der Literatur,* S. 266.
[109] *Ibid.*, S. 272.
[110] Sie fänden sich außerdem, wie Adorno in einer Fußnote zu Löwenthals Text (unter dem Pseudonym Hektor Rottweiler) anmerkte, in der Musik von Jan Sibelius (Nur im Original S. 338 in der *ZfS* erwähnt).
[111] *Ibid.*, S. 291.

V. Die Nazismus-Analyse des Instituts

[1] Gespräch mit Alice Maier im Mai 1969 in New York.
[2] Franz Neumann, *Behemoth: The Structure and Practice of National Socialism, 1933–1944* (rev. Aufl., New York 1944).
[3] Neumann et al., *The Cultural Migration: The European Scholar in America* (Philadelphia 1953), S. 18.
[4] Herbert Marcuse, im Vorwort zu *The Democratic and the Authoritarian State: Essays in Political and Legal Theory* von Franz Neumann (New York 1957), S. VII. Siehe auch H. Stuart Hughes, »Franz Neumann between Marxism and Liberal Democracy«, in: *The Intellectual Migration: Europe and America, 1930–1960,* hrsg. v. Donald Fleming und Bernard Bailyn (Cambridge, Mass. 1969).
[5] Am häufigsten schrieb er für *Die Arbeit* und *Die Gesellschaft.*
[6] Franz Neumann, »Der Funktionswandel des Gesetzes im Recht der bürgerlichen Gesellschaft«, in: *ZfS VI,* 3 (1937).
[7] *Ibid.*, S. 561.
[8] *Ibid.*, S. 565.
[9] *Ibid.*, S. 577.
[10] *Ibid.*, S. 592.
[11] Neumann sagte dies auch in *Behemoth,* S. 451.
[12] Neumann, »Der Funktionswandel . . .«, S. 595.

[13] Herbert Marcuse, »Der Kampf gegen den Liberalismus in der totalitären Staatsauffassung«, in: *ZfS III,* 1 (1934); und in: *Kultur und Gesellschaft I* (Frankfurt 1965).

[14] Neumann, »Types of Natural Law«, in: *SPSS VIII,* 3 (1934). Die *Studies in Philosophy and Social Science* waren die Fortsetzung der *Zeitschrift für Sozialforschung.* Dies war die erste Nummer; Neumanns Aufsatz erschien wieder in: *The Democratic and the Authoritarian State,* woraus auch die folgenden Zitate stammen.

[15] *Ibid.,* S. 15.

[16] *Ibid.,* S. 75. Neumann sollte seine Meinung über Rousseau sowie über die positive Freiheit im allgemeinen später ändern.

[17] *Ibid.,* S. 79.

[18] Selbst in seiner späteren, liberaleren Phase schrieb Neumann: »Ich bin nicht damit einverstanden . . . es trifft nicht zu, daß der Staat immer der Feind der Freiheit ist« (»Intellektuelle und politische Freiheit«, in: *Sociologica I, Frankfurter Beiträge zur Soziologie* (Frankfurt 1955), S. 158.

[19] Zur Biographie Kirchheimers siehe John H. Herz und Erich Hula, »Otto Kirchheimer: An Introduction to His Life and Work«, in: Otto Kirchheimer, *Politics, Law, and Social Change,* hrsg. v. Frederic S. Burin und Kurt L. Shell (New York 1969).

[20] Otto Kirchheimer, »The Socialist and Bolshevik Theory of the State«, in: *Politics, Law, and Social Change,* S. 15. Später ist Kirchheimer von der Auffassung Carl Schmitts in bezug auf den »Ausnahmezustand« abgerückt. Vgl. »In Quest of Sovereignty«, ebenfalls in: *Politics, Law, and Social Change,* S. 191.

[21] Kirchheimer, *Weimar – und was dann?* (Berlin 1930), wiederersch. in: *Politics, Law, and Social Change.*

[22] Kirchheimer, »Constitutional Reaction in 1932«, in: *Politics, Law, and Social Change,* S. 79, ursprüngl. in: *Die Gesellschaft, IX (1932).*

[23] Herz und Hula schreiben in ihrer Einleitung: »In dieser Hinsicht unterschätzte Kirchheimer ganz eindeutig die Vorzüge, die selbst eine autoritäre Regierung von Zivil- und Militärbeamten vor dem noch haben würde, was da kommen sollte: Der Totalitarismus der Nazis! *(Politics, Law, and Social Change,* S. XVI). Ich möchte hier in keine Diskussion über diesen Punkt eintreten, glaube jedoch, daß Kirchheimers Position stärker war, als Herz und Hula ihm zugestehen. Die Gründe dafür habe ich in einer Kritik an Istvan Deaks *Weimar Germany's Left-Wing Intellectuals* in: *Commentary XLIV,* 4 (Oktober 1969) zu entwickeln versucht.

[24] Auch die französischen Versuche, ein autoritäres Regime jenseits von Politik zu errichten, hat Kirchheimer analysiert: »Decree Powers and Constitutional Law in France under the Third Republic«, in: *Politics, Law, and Social Change;* ursprüngl. in: *American Political Science Review* XXXIV (1940). Kirchheimer schrieb: »Das französische Beispiel acht Jahre nach der Präsidialregierung von Brüning und Papen zeigt, daß die unbegrenzte Verordnungsherrschaft einer verfassungsmäßigen Regierung mit einer zweifelhaften Basis in Volk oder Parlament nur als Zwischenstation auf dem Weg zum Totalitarismus dient« (S. 130).

[25] Kirchheimer schrieb für die *Archives de philosophie du droit et de sociologie juridique IV* (1934) sowie für die *Revue de science criminelle et de droit pénal comparé I* (1936).

[26] *Staatsgefüge und Recht des Dritten Reiches* (Hamburg 1935), geschrieben unter dem Namen Dr. Hermann Seitz und als Untergrundliteratur nach Deutschland geschmuggelt.

[27] Kirchheimer und George Rusche, *Punishment and Social Structure* (New York 1939).

[28] *Ibid.*, S. 5.

[29] Kirchheimer, »The Legal Order of National Socialism«, in: *SPSS IX,* 2 (1941).

[30] Kirchheimer und Rusche, *Punishment and Social Structure,* S. 179.

[31] A. R. L. Gurland, *Produktionsweise – Staat – Klassendiktatur* (Leipzig 1929). Betreuer der Arbeit war Hans Freyer.

[32] Gurland, »Die Dialektik der Geschichte und die Geschichtsauffassung Karl Kautskys«, in: *Klassenkampf* (Berlin, 1. Sept. 1929).

[33] Gurland, »Die K. P. D. und die rechte Gefahr», in: *Klassenkampf* (Berlin, 1. Dez. 1928). Gurland erörterte auch die Lage der SPD, wobei er die Notwendigkeit von Praxis hervorhob; erschienen als *Das Heute der proletarischen Aktion* (Berlin 1931).

[34] Zu Grossmanns Laufbahn siehe Walter Bräuer, »Henryk Grossmann als Nationalökonom«, in: *Arbeit und Wisssenschaft,* Bd. VIII (1954).

[35] Henryk Grossmann, »Marx, die klassische Nationalökonomie und das Problem der Dynamik«, (mimeographiert, 1940). Bräuer verweist auf ein Manuskript mit dem Titel »Marx Ricardiensis?«, von dem Pollock annimmt, daß es sich um dieselbe Arbeit unter anderem Titel handelt, obgleich sie laut Bräuer über 300 Seiten umfaßte, während die Schrift, an die Pollock denkt und die sich in seinem Besitz befindet, nur 113 Seiten zählt (Brief von Pollock an mich vom 16. April 1970). Die Arbeit wurde schließlich mit einem Nachwort von Paul Mattick 1969 in Frankfurt veröffentlicht.

[36] Henryk Grossmann, »The Evolutionist Revolt against Classical Economics«, in: *Journal of Political Economy LI,* 5 (1943); »W. Playfair, the Earliest Theorist of Capitalist Development«, *Economic History Review,* XVIII, 1 (1948).

[37] Ob ich mit Löwenthal, Pollock oder Marcuse sprach, alle erwähnten sie Grossmanns in den vierziger Jahren ständig wachsendes Mißtrauen den Institutsmitgliedern gegenüber. In der Korrespondenz von Löwenthal und Horkheimer finden diese Feststellungen ihre Bestätigung.

[38] Das gleiche läßt sich hinsichtlich eines anderen Bekannten des Instituts, Ernst Bloch, sagen, dem das Institut finanzielle Hilfe aufgrund seiner politischen Linie versagte (Gespräch mit Leo Löwenthal im August 1968 in Berkeley, Kalifornien).

[39] Gespräch im Mai 1969 in New York.

[40] Gerhard Meyer, »Krisenpolitik und Planwirtschaft«, in: *ZfS IV,* 3 (1935); Meyer steuerte auch verschiedene bibliographische Aufsätze bei: »Neue Literatur über Planwirtschaft«, in: *ZfS I,* 3 (1932), und »Neue englische Literatur zur Planwirtschaft«, in: *ZfS II,* 2 (1933). Zusammen mit Kurt Mandelbaum schrieb er »Zur Theorie der Planwirtschaft«, in: *ZfS III,* 2 (1934).

[41] Uter dem Pseudonym Kurt Baumann schrib Mandelbaum »Autarkie und Planwirtschaft«, in: *ZfS II,* 1 (1933). Unter seinem wirklichen Namen erschienen »Neuere Literatur über technologische Arbeitslosigkeit«, in: *ZfS V,* 1 (1936).

[42] Auch Erich Baumann war ein Pseudonym für Mandelbaum. Der Aufsatz, der unter diesem Namen erschien, lautete, »Keynes' Revision der liberalistischen Nationalökonomie«, in: *ZfS V*, 3 (1936). »Serings« Schrift trug den Titel »Zu Marshalls neuklassischer Ökonomie«, in: *ZfS VI*, 3 (1937).

[43] Felix Weil, »Neuere Literatur zum ›New Deal‹«, in: *ZfS V*, 3 (1936), und »Neuere Literatur zur deutschen Wehrwirtschaft«, in: *ZfS VII*, 1/2 (1938).

[44] H. Marcuse, »Some Social Implications of Modern Technology«, in: *SPSS IX*, 3 (1941); in diesem Aufsatz klangen zum erstenmal die Vorstellungen an, die Marcuse in *Der eindimensionale Mensch* entwickeln sollte. Gurland, »Technological Trends and Economic Structure under National Socialism«, in: *SPSS IX*, 2 (1941).

[45] Gespräch mit Karl August Wittfogel am 21. Juni 1971 in New York.

[46] Gespräch mit Gerhard Meyer am 19. Juli 1971 in Meredith, N. H.

[47] Friedrich Pollock, *Die planwirtschaftlichen Versuche in der Sowjetunion (1917–1927) (Leipzig 1929).*

[48] Pollock, »Die gegenwärtige Lage des Kapitalismus und die Aussichten einer planwirtschaftlichen Neuordnung«, in: *ZfS I*, 1/2 (1932). Ein Jahr später setzte er die Diskussion über die Wirtschaftsdepression in der *ZfS II*, 3 (1933) mit einem Aufsatz über »Bemerkungen zur Wirtschaftskrise« fort.

[49] Pollock, »State Capitalism: Its Possibilities and Limitations«, in: *SPSS IX*, 2 (1941).

[50] *Ibid.*, S. 207.

[51] James Burnham, *The Managerial Revolution* (New York 1941). Burnham war ursprünglich Trotzkist. Obwohl Trotzki selbst den Begriff des Staatskapitalismus zumindest in seiner Anwendung auf die Sowjetunion verwarf, vertraten eine ganze Anzahl seiner geistigen Kinder diese Auffassung. Es gibt indes keinerlei Anhaltspunkt, daß Pollock aus dieser Quelle geschöpft hätte.

[52] Pollock, »Is National Socialism a New Order?«, in: *SPSS IX*, 3 (1941), S. 447.

[53] *Ibid.*, S. 449.

[54] *Ibid.*, S. 450. Auch Neumann verwandte diesen Begriff in seinem Buch *Behemoth;* Willi Neuling hatte ihn in »Wettbewerb, Monopol und Befehl in der heutigen Wirtschaft« geprägt, in: *Zeitschrift für die gesamte Staatswissenschaft,* LXXXXIX (1939).

[55] Eine neuere Erörterung dieser Frage unternimmt T. W. Mason mit »The Primacy of Politics: Politics and Economics in National Socialist Germany«, in: *The Nature of Fascism,* hrsg. v. S. J. Woolf (New York 1968).

[56] Max Horkheimer, »Philosophie und Kritische Theorie«, in *ZfS VI*, 3 (1937), S. 629; und in: *Kritische Theorie Bd. II* (Frankfurt 1968), als »Nachtrag« S. 197.

[57] Pollock, »State Capitalism . . .«, S. 207.

[58] Siehe dazu Robert C. Tucker, »Marx as a Political Theorist«, in: *Marx and the Western World,* hrsg. v. N. Lobkowicz (Notre Dame, Ind. 1967).

[59] H. Marcuse, *Vernunft und Revolution* (Neuwied und Berlin 1962), S. 361. Auch in seinem Aufsatz »Der Kampf gegen den Liberalismus in der totalitären Staatsauffassung«, in: *ZfS III*, 1 (1934), und in: *Kultur und Gesellschaft I* (Frankfurt 1965) sprach Marcuse ausschließlich von »Monokapitalismus«. 1934 befand er sich damit allerdings im Einklang mit den übrigen Institutsmitgliedern.

60 Horkheimer, »Autoritärer Staat«. in: »Walter Benjamin zum Gedächtnis« (unveröff., 1942; befindet sich in der Pollock-Sammlung, S. 124f.), und in: *Gesellschaft im Übergang* (Frankfurt 1972), S. 13f.

61 Horkheimer, Vorwort zu *SPSS IX*, 2 (1941), S. 195.

62 Horkheimer, »Vernunft und Selbsterhaltung«, in: »Walter Benjamin zum Gedächtnis«, S. 66; und in: *Autoritärer Staat* (Amsterdam 1968), S. 98.

63 Kirchheimer, »In Quest of Sovereignty«, S. 178ff. Kirchheimer stellt hier einen Zusammenhang zwischen den Gangstern und dem technologischen Ethos der modernen Gesellschaft her: »Rackets scheinen einer Gesellschaftsstufe zu entsprechen, auf der der Erfolg eher von der Organisation und vom Zugang zur richtigen technischen Ausstattung abhängt als von besonderen Fähigkeiten« (S. 179).

64 Horkheimer, Vorwort zu *SPSS IX*, 2 (1941), S. 198.

65 Horkheimer, »Die Juden in Europa«, in: *ZfS VIII*, 1/2 (1939), S. 115; und in: *Autoritärer Staat* (Amsterdam 1968), S. 8. Dieser Aufsatz war eine der letzten prinzipiell marxistischen Schriften von Horkheimer. Es ist kein Zufall, daß er nicht in die später von Alfred Schmidt herausgegebenen 2 Bände der *Kritischen Theorie* aufgenommen wurde.

66 Horkheimer, »Autoritärer Staat«, S. 151 bzw. S. 69.

67 Walter Benjamin, *Illuminationen* (Frankfurt 1961), S. 276.

68 Horkheimer, »Autoritärer Staat«, S. 143 bzw. S. 61.

69 *Ibid.*, S. 148f. bzw. S. 67.

70 Eine umfassende Diskussion über die Funktion von Terror und Zwang lieferte ein anderes Institutsmitglied, Leo Löwenthal, in «Terror's Atomization of Man«, in: *Commentary* I, 3 (Januar 1946). In einem späteren Aufsatz über »The Lessons of Fascism«, in: *Tensions That Cause Wars*, hrsg. v. Hadley Cantril (Urbana, Ill. 1950), schrieb Horkheimer, der autoritäre Charakter sei nicht in gleicher Weise verbreitet gewesen, ehe die Nazis mit Terror und massiver Propaganda die Bevölkerung zu atomisieren begonnen hätten (S. 223).

71 Horkheimer, »Die Juden in Europa«, S. 125 bzw. S. 23.

72 Horkheimer, »Autoritärer Staat«, S. 138 bzw. S. 22.

73 Horkheimer, »Vernunft und Selbsterhaltung«, S. 59 bzw. S. 122.

74 Horkheimer, »Autoritarer Staat«, S. 160 bzw. S. 34.

75 So Löwenthal in einem der Gespräche, die ich im August 1968 in Berkeley mit ihm führen konnte.

76 Kirchheimer, »Criminal Law in National Socialist Germany«, in: *SPSS VIII*, 3 (1939). Kirchheimer schrieb einen weiteren Aufsatz über die deutsche Strafpraxis, »Recent Trends in German Treatment of Juvenile Delinquency«, in: *Journal of Criminal Law and Criminology* XXIX (1938).

77 Vergleiche Kirchheimers Kritik des phänomenologischen Rechts mit Marcuses Aufsatz »Zum Begriff des Wesens«, in: *ZfS V*, 1 (1936), und Adornos schärferer Kritik an Husserl in seiner *Metakritik der Erkenntnistheorie* (Stuttgart 1956). Die Quelle der Phänomenologie der Kieler Schule war viel eher Schelers materialistische Eidetik als Husserls idealistische Variation.

78 Kirchheimer, »The Legal Order of National Socialism«, in: *SPSS IX*, 3 (1941); wiedererschienen in: *Politics, Law, and Social Change;* hieraus stammen die folgenden Zitate, S. 93.

79 *Ibid.*, S. 99.

[80] *Ibid.*, S. 108.

[81] Kirchheimer, »Changes in the Structure of Political Compromise«, in: *SPSS IX*, 2, (1941), wiedererschienen in: *Politics, Law, and Social Change;* wir zitieren danach.

[82] *Ibid.*, S. 131.

[83] *Ibid.*, S. 155.

[84] *Ibid.*, S. 158 f.

[85] Gurland, »Technological Trends and Economic Structure under National Socialism«, in: *SPSS IX*, 2 (1941).

[86] *Ibid.*, S. 248.

[87] *Ibid.*, S. 261.

[88] Bei dieser Feststellung stützen wir uns vornehmlich auf Gespräche mit H. Marcuse und Löwenthal.

[89] Über Emil Lederers *State of the Masses: The Threat of the Classless Society* (New York 1940) schrieb Neumann: »Wäre Lederers Analyse richtig, dann wäre unsere bisherige Diskussion völlig falsch . . . Der Rassismus beträfe nicht allein kleine Gruppen, sondern steckte tief in den Massen« *(Behemoth,* S. 366).

[90] *Behemoth,* S. 121.

[91] *Studies* IX, 1 (1941), S. 141.

[92] *Behemoth,* S. 465.

[93] *Ibid.*, S. 476.

[94] Kehr wird mehrmals in *Behemoth* erwähnt und als »extrem begabt« (S. 203) bezeichnet. Kehrs Einschätzung der Psychoanalyse findet sich in seinem Aufsatz »Neuere deutsche Geschichtsschreibung«, in: *Der Primat der Innenpolitik,* hrsg. v. Hans-Ulrich Wehler (Berlin 1965).

[95] *Behemoth,* S. 403–413.

[96] *Ibid., S. 224.*

[97] *Ibid.*, S. 227.

[98] *Ibid.*, S. 228–234.

[99] *Ibid.*, S. 260.

[100] Zitiert bei John M. Cammett, »Communist Theories of Fascism, 1920–1935«, in: *Science and Society,* XXXI, 2 (Frühjahr 1967).

[101] *Behemoth,* S. 261.

[102] *Ibid.*, S. 298.

[103] *Ibid.*, S. 305.

[104] *Ibid.*, S. 185.

[105] *Ibid.*, S. 354.

[106] *Ibid.*, S. 366.

[107] *Ibid.*, S. 449. David Schönbaums »Revision« von Neumann in seinem Buch *Hitler's Social Revolution* (Garden City, N. Y. 1966), die sich auf die Bedeutung der Statusrevolution bei den Nazis stützt, war damit zum Teil von Neumann selbst antizipiert.

[108] *Behemoth,* S. 278.

[109] *Ibid.*, S. 472.

[110] *Ibid.*, S. XII.

[111] *Ibid.*, S. 471.

[112] Horkheimer, Vorwort zu den *SPSS VIII,* 3 (1939), S. 321. Datiert schließlich mit Juli 1940.

[113] Dem Direktorium der *Social Studies Association* gehörten an: Charles

Beard, Robert MacIver, Robert Lynd, Morris Cohen und Paul Tillich, alles alte Freunde des Instituts. (»Supplementary Memorandum on the Activities of the Institute from 1939 to 1941«, mimeogr.; Friedrich-Pollock-Sammlung in Montagnola).

114 Unter den neuen Forschungsmitarbeitern trug Karsen am meisten zur *Zeitschrift* bei, er schrieb zwei bibliographische Aufsätze, »Neue Literatur über Gesellschaft und Erziehung«, in: *ZfS III,* 1, (1934) und »Neue amerikanische Literatur über Gesellschaft und Erziehung«: in *ZfS VIII,* 1 (1939).

115 Gespräche mit H. Marcuse (Mai 1968) in Cambridge, Mass., und Löwenthal (August 1968). Man sollte von Neumanns Reibereien mit anderen Institutsmitgliedern nicht allzu viel hermachen. Pollock, dessen Kontroversen mit Neumann in theoretischen Fragen offensichtlich sind, hielt bei Neumanns Beerdigung im Dezember 1954 in der Schweiz am Grab eine Eloge.

116 Gurland, Neumann und Kirchheimer, *The Fate of Small Business in Nazi Germany* (Washington, D. C. 1943). Die Arbeit war teilweise von der *Carnegie Foundation* finanziert. Peppers Unterausschuß sollte Probleme des amerikanischen Kleingewerbes untersuchen. Der Schluß, zu dem das Buch kommt, das Kleingewerbe in Weimar und auch im nazistischen Deutschland sei in die Zwickmühle zwischen *big business* und Arbeiterschaft geraten, entsprach voll den Vorstellungen des Unterausschusses.

117 »Cultural Aspects of National Socialism« in der Löwenthal-Sammlung in Berkeley. Ein anderes Projekt, zu dem es nicht kam und für das das Institut Geldgeber suchte, war eine Untersuchung über den Wiederaufbau in Deutschland nach dem Kriege.

118 Ibid. , S. 151.

119 Die Dissertation war eine Studie über die Situation der Landwirtschaft in Frankreich nach dem Ersten Weltkrieg. Einen großen Teil der Forschungsarbeit besorgte Massing an der Sorbonne; er studierte nach ihrer Fertigstellung noch achtzehn Monate am Agrarinstitut in Moskau. (Diese und die nachfolgenden biographischen Informationen stammen aus einem Gespräch mit Dr. Massing am 25. November 1970 in New York.)

120 Massing (Pseudonym: Karl Billinger), *Schutzhäftling 880* (Paris 1955); Wittfogel (Pseudonym: Klaus Hinrichs), *Staatliches Konzentrationslager VII* (London 1936). Die Information über das Pseudonym gab mir Massing in New York.

121 Siehe Wittfogels Aussage vom 7. August 1951, *Internal Security Subcommittee of the Senate Committee, 82nd Congress,* 1951–1952, Bd. III, S. 276.

122 Eine Schilderung der Reise gibt Hede Massing. in *This Deception* (New York 1951), S. 244f.

123 Gespräch mit Wittfogel am 21. Juni 1971 in New York.

124 Dies war der Grund, den Marcuse mir gegenüber im Gespräch nannte.

125 »Ten Years on Morningside Heights« (nicht veröff., 1944); in der Löwenthal-Sammlung.

126 Horkheimer, »Egoismus und Freiheitsbewegung«, in: *ZfS V,* 1 (1936), S. 219. und in: *Kritische Theorie* Bd. II, S. 67. Marcuse schrieb einen Aufsatz »Über den affirmativen Charakter der Kultur«, in: *ZfS VI,* 1 (1937); auch in: *Kultur und Gesellschaft I* (Frankfurt 1965), den wir im folgenden Kapitel erörtern wollen.

[1] George Steiner, »Marxism and the Literary Critic«, in: *Language and Silence* (New York 1967).

[2] Georg Lukács, *Der historische Roman* (Berlin 1955).

[3] Mit seinem Buch *Wider den mißverstandenen Realismus* (Hamburg 1958) nach Stalins Tod milderte Lukács seine ablehnende Haltung ein wenig. Siehe Roy Pascals Aufsatz in: *Georg Lukács: The Man, His Work, and His Ideas,* hrsg. v. G. H. R. Parkinson (New York 1970).

[4] Siehe seine langatmige Polemik gegen den »Irrationalismus« in: Lukács, *Die Zerstörung der Vernunft* (Berlin 1954).

[5] Herbert Marcuses Kritik am sozialistischen Realismus in seinem Buch *Die Gesellschaft des sowjetischen Marxismus* (Neuwied und Berlin 1964), ursprünglich in englisch unter dem Titel *Soviet-Marxism: A Critical Analysis (New York 1958)* erschienen, weist auf diesen Irrtum hin.

[6] Walter Benjamin, *Briefe,* hrsg. v. Gershom Scholem und Theodor W. Adorno (Frankfurt 1966), Bd. I, S.350–355.

[7] Theodor Adorno, »Erpreßte Versöhnung«, in: *Noten zur Literatur II* (Frankfurt 1961), S. 152.

[8] Siehe Adorno, »George und Hofmannsthal. Zum Briefwechsel«, in: *Prismen* (Frankfurt 1955), S. 272.

[9] Zu Cornelius' künstlerischem Fundus siehe seinen Aufsatz »Leben und Lehre«, in: *Die Philosophie der Gegenwart in Selbstdarstellungen,* hrsg. v. Raymund Schmidt (Leipzig 1923), Bd. II. Zu seinen ästhetischen Schriften zählen u. a. *Elementargesetze der bildenden Kunst: Grundlagen einer praktischen Ästhetik* (Leipzig und Berlin 1911) und *Kunstpädagogik* (Erlenbach-Zürich 1920).

[10] In einem Brief an Horkheimer vom 27. Oktober 1942 bezieht sich Löwenthal auf einen Roman, den Horkheimer zu schreiben begonnen hatte. (Löwenthal-Sammlung).

[11] Ein interessanter Aufsatz über die Schwierigkeiten, Adorno zu übersetzen, stammt von Samuel und Shierry Weber, er leitet die englische Version der *Prismen* ein, *Prisms* (London 1967).

[12] Adorno, *Prismen,* S. 281.

[13] *Ibid., S. 181.*

[14] *Ibid., S. 302.*

[15] *Ibid.,* S. 285.

[16] Eine ähnliche Aufgabe scheint Norman O. Brown sich in *Love's Body* (New York 1966) gestellt zu haben; ein großer Teil des Textes besteht aus Zitaten.

[17] Siehe seinen Brief an Max Rychner in: Benjamin, *Briefe* Bd. II, S. 524.

[18] Zitiert in: Adorno, *Prismen,* S. 287.

[19] Benjamin, *Briefe,* Bd. II, S. 726f.

[20] »Ten Years on Morningside Heights: A Report on the Institute's History, 1934–1944« (unveröff., 1944); Löwenthal-Sammlung.

[21] Adorno, *Prismen,* S. 80.

[22] Benjamin, *Illuminationen* (Frankfurt 1961), S. 271f.

[23] Horkheimer, »Neue Kunst und Massenkultur«, in: *Kritische Theorie* Bd. II (Frankfurt 1968), S. 313f., ursprünglich unter dem Titel »Art and Mass Culture«, in: *SPSS IX,* 2 (1941), S. 291.

[24] Diesen Schritt vollzog übrigens der junge Lukács auch. Siehe Lucien Goldmann, »The Early Writings of Georg Lukács«, in: *Tri-Quarterly IX* (Frühjahr 1967).

[25] Adorno, *Prismen,* S. 229. »Kraftfeld« war ein Begriff, den, so erinnern wir uns, Adorno auch in seiner Kritik an Husserl benutzt hatte.

[26] *Ibid.*, S. 328f.

[27] *Ibid.*, S. 126.

[28] Diese Feststellung stammt von Ilse Müller-Strömsdörfer in »Die ›helfende Kraft bestimmter Negation‹«, in: *Philosophische Rundschau VIII,* 2/3 (Januar 1961), S. 98.

[29] Adorno, »Über den Fetischcharakter in der Musik und die Regression des Hörens«, in: *ZfS VII,* 3 (1938), S. 321; und in: *Dissonanzen* (Göttingen 1963), S. 9; Leo Löwenthal, *Literatur und Gesellschaft* (Neuwied und Berlin 1964), ursprünglich erschienen unter dem Titel *Literature, Popular Culture, and Society* (Englewood Cliffs, N. J. 1961), passim.

[30] Adorno, *Prismen,* S. 24.

[31] Benjamin, *Briefe* Bd. II, S. 785; Adorno, *Prismen,* S. 294.

[32] Horkheimer, »Neue Kunst und Massenkultur«, in: *Kritische Theorie* Bd. II, S. 315. Weiter ausgeführt ist der Zusammenhang von Religion und Kunst bei Adorno in »Theses upon Art and Religion Today«, in: *Kenyon Review* VII, 4 (Herbst 1945).

[33] Als erster hatte Nietzsche dieses Wort aufgenommen, um es gegen Kants Definition von Schönheit als dem Objekt interesselosen Wohlgefallens zu wenden. Marcuse verwendete es erstmals in »Über den affirmativen Charakter der Kultur«, in: *ZfS VI,* 1 (1937), und in: *Kultur und Gesellschaft I* (Frankfurt 1965), S. 83 (wir zitieren im folgenden diesen Aufsatz nach *Kultur und Gesellschaft;* d. Übers.).

[34] So Horkheimer (unter dem Pseudonym Heinrich Regius) in *Dämmerung* (Zürich 1934), S. 60, und Adorno in *Prismen,* S. 26.

[35] Adorno, *Prismen,* S. 27.

[36] *Ibid.* S. 213.

[37] *Ibid.*, S. 27.

[38] Adorno, »Theses on Art and Religion Today«, S. 678.

[39] H. Marcuse, »Über den affirmativen Charakter der Kultur«, S. 85. Dies sollte eines der Hauptthemen in seinem Buch *Triebstruktur und Gesellschaft* (Frankfurt 1967) sein.

[40] Adorno, *Prismen,* S. 87.

[41] *Ibid.*, S. 284f.

[42] H. Marcuse, »Zur Kritik des Hedonismus«, in: *Kultur und Gesellschaft I,* S. 167; ursprüngl. in: *ZfS VI,* 1 (1938).

[43] In einem seiner letzten Aufsätze wandte sich Adorno noch einmal der zentralen Bedeutung von Vermittlung für eine genuin ästhetische Theorie zu. Die Vorstellung von Kommunikation in der Arbeit des Musiksoziologen Alphons Silbermann kritisierend, schrieb Adorno: »Vermittlung ist . . . in der Sache selbst, nicht eine zwischen der Sache und denen, an welche sie herangebracht wird. Vermittlung heißt also, wie Gesellschaft eigentlich in Kunstwerke eingeht und wie sie aus ihnen spricht. Unter Kommunikation jedoch wird allein ein Verhältnis zwischen Produkten und Konsumenten gedacht«, (»Thesen zur Kunstsoziologie«, in: *Kölner Zeitschrift für Soziologie und Sozialpsychologie* XIX, 1, März 1967, S. 92).

44 Adorno, *Prismen,* S. 28.
45 Benjamin, *Briefe* Bd. II, S. 672, 676. Verschiedene Briefe Adornos an Benjamin sind in diesem Band enthalten.
46 Adorno, *Prismen,* S. 98.
47 *Ibid.,* S. 97.
48 »Musik ›repräsentierte‹ nichts als sich selbst§ sie lag auf der Linie von Andacht und Spiel, und nicht etwa auf der Linie des Malens und Schreibens. Der Verfall dieser Realität von Musik, ihre Verwandlung ins Bildhafte will den Zauber brechen« (Adorno, »Currents of Music: Elements of a Radio Theory«, geschrieben für das *Princeton Radio Research Project,* 1939, S. 72; unveröffentlichtes Manuskript, das Professor Lazarsfeld mir dankenswerterweise zur Verfügung stellte).
49 Viele seiner frühen Aufsätze erschienen in dem von ihm selbst herausgegebenen *Anbruch;* Adorno veröffentlichte aber auch in anderen Zeitschriften, wie *Musik, Pult und Taktstock, Scheinwerfer* und *23.*
50 Verschiedene dieser Aufsätze sind wiederschienen in Adorno, *Moments Musicaux* (Frankfurt 1964).
51 Adorno, »Zur gesellschaftlichen Lage der Musik«, in: *ZfS I,* 1/2 und *I,* 3 (1932).
52 *Ibid.,* 1/2, S. 106.
53 Adorno, *Philosophie der neuen Musik* (Frankfurt 1949).
54 Adorno, »Zur gesellschaftlichen Lage der Musik«, 1/2, S. 109.
55 Adorno, *Prismen,* S. 206.
56 Adorno, »Zur gesellschaftlichen Lage der Musik«, 1/2, S. 116. Der Zusammenhang zwischen neoklassischem Objektivismus und Faschismus ist nicht so weit hergeholt. Stephen Spender hat im Werk von T. E. Hulme eine ähnliche Verbindung aufgezeigt; siehe *The Struggle of the Modern* (Berkeley und Los Angeles 1963), S. 49.
57 Adorno, »Zur gesellschaftlichen Lage der Musik«, 1/2, S. 119.
58 *Ibid.,* 3, S. 359.
59 *Ibid.,* S. 365.
60 *Ibid.,* S. 368.
61 Adorno (Hektor Rottweiler), »Über Jazz«, in: *ZfS V, 2* (1936); und in: *Moments Musicaux.*
62 Adorno, *Moments Musicaux,* S. 9.
63 In *Versuch über die Befreiung* (Frankfurt 1969) sollte Marcuse später Blues und Jazz unter die Kunsterzeugnisse der »neuen Sensibilität« einreihen, die seiner Meinung nach die herrschende affirmative Kultur kritisierte (S. 63).
64 Adorno, »Oxforder Nachträge«, in: *Moments Musicaux,* S. 117. Adorno hatte diese Notizen bereits 1937 während seines Aufenthalts am Merton College in Oxford geschrieben.
65 Adorno (Rottweiler), »Über Jazz«, in: *ZfS V, 2* (1936), S. 238; und in: *Moments Musicaux,* S. 88.
66 *Ibid.,* S. 242 bzw. S. 94.
67 Adorno »Zeitlose Mode. Zum Jazz«, in: *Prismen,* S. 145.
68 Hans Mayer, *Der Repräsentant und der Märtyrer* (Frankfurt 1971), S. 156f.
69 Eine Kritik von Wilder Hobsons *American Jazz Music* und Winthrop Sargeants *Jazz Hot and Hybrid,* geschrieben mit Eunice Cooper, veröffentlicht in *SPSS IX,* 1 (1941), S. 169. Während er von Sargeants Jazzinterpretation begeistert war, sah er in ihr doch die »einheimische« Bestätigung seiner ei-

genen Überlegungen, kritisierte Adorno Hobson, weil er versuche, die Musik von ihrem Warencharakter abzulösen.

70 *Ibid.*, S. 177.

71 Adorno, »Oxforder Nachträge«, in: *Moments Musicaux,* S. 119.

72 *Ibid.*, S. 122.

73 *Ibid.*, S. 123.

74 Adorno, *Prismen,* S. 144f.

75 Adorno, »Scientific Experiences of a European Scholar in America«, in: *The Intellectual Migration: Europe and America, 1930–1960,* hrsg. v. Donald Fleming und Bernard Bailyn (Cambridge, Mass. 1969), S. 341. Kurioserweise schreibt Adorno: »Tatsächlich hielt ich Jazz immer noch für eine spontane Form des Ausdrucks«, was kaum der Fall gewesen zu sein scheint.

76 Marcuses Begeisterung für die »Gegenkultur« während der sechziger Jahre schien in den siebziger Jahren zu schwinden; siehe z. B. seine Kritik zu Charles Reichs *The Greening of America (The New York Times* vom 6. November 1970, S. 41) sowie seine Schrift *Counterrevolution and Revolt* (Boston 1972).

77 Adorno, »Scientific Experiences of a European Scholar in America«, S. 340.

78 *Ibid.*, S. 341, und Paul Lazarsfeld, »An Episode in the History of Social Research: A Memoir«, in: *The Intellectual Migration,* S. 322f.

79 Lazarsfeld, »An Episode in the History of Social Research«, S. 301.

80 Adorno, »Über den Fetischcharakter in der Musik und die Regression des Hörens«, in: *ZfS VII,* 3 (1938); und in: *Dissonanzen* (Göttingen 1963).

81 Benjamin, »L'Œuvre de l'art à l'époque de sa réproduction mécanisée«, in: *ZfS V,* 1 (1936); und in: *Illuminationen* (Frankfurt 1961) unter dem Titel »Das Kunstwerk im Zeitalter seiner technischen Reproduzierbarkeit«.

82 Adorno, »Über den Fetischcharakter . . .«, in: *Dissonanzen,* S. 16.

83 *Ibid.*, S. 19.

84 Orthodoxe marxistische Kritiker haben diesen Punkt stets als eine Inadäquanz in Adornos Arbeit hervorgehoben. Siehe z. B. Konrad Böhmer, »Adorno, Musik und Gesellschaft«, in: *Die neue Linke nach Adorno,* hrsg. v. Wilfried F. Schöller (München 1969), S. 163.

85 Adorno, »Über den Fetischcharakter . . .«, in: *Dissonanzen,* S. 45.

86 Adorno würdigte Simpsons Unterstützung in seinem Aufsatz »Scientific Experiences«, in: *The Intellectual Migration . . .,* S. 350f. Simpson war ein Schüler von MacIver. Einen Namen machte er sich durch seine Durkheim-Übersetzung und -Kritik.

87 Adorno, »A Social Critique of Radio Music«, in: *Kenyon Review* VII, 2 (Frühjahr 1945).

88 Ernst Krĕnek, »Bemerkungen zur Rundfunkmusik«, in: *ZfS VII,* 1/2 (1938). Adorno hat ihm später mit »Zur Physiognomik Krĕneks«, in: *Moments Musicaux,* seinen Respekt erwiesen.

89 Adorno, »A Social Critique of Radio Research . . .«, S. 210f.

90 Zu ihrer Entstehung siehe *The Intellectual Migration,* S. 351.

91 Adorno, »On Popular Music«, in: *SPSS IX,* 1 (1941).

92 *Ibid.*, S. 48.

93 Professor Lazarsfeld machte mir freundlicherweise das Originalmanuskript zugänglich. Sein Titel lautet »Currents of Music: Elements of a Radio Theory«. Eine gekürzte Version erschien als »The Radio Symphony«, in:

Radio Research, 1941, hrsg. v. Paul Lazarsfeld und Frank Stanton (New York 1941).

94 *Ibid.*, S. 14.

95 Benjamin, »Geschichtsphilosophische Thesen«, in: *Illuminationen,* S. 276.

96 Adorno, »Currents of Music«, S. 26.

97 *Ibid.*, S. 79.

98 Adorno, »Scientific Experiences . . .«, S. 352.

99 Adorno, »Fragmente über Wagner«, in: *ZfS VIII,* 1/2 (1939).

100 In einem Brief im Juni 1941 an Löwenthal sprach Horkheimer begeistert von seinen neuen Freundschaften mit den ehemaligen Größen deutscher Bildung und Wissenschaft.

101 Horkheimer, »Die Philosophie der absoluten Konzentration«, in: *ZfS VII,* 3 (1938).

102 Gespräch mit Pollock im März 1969 in Montagnola. Die Ergebnisse der Untersuchung, die zeigten, daß Konservative und Katholiken mehr für die Juden getan hatten als andere Gruppen in der Gesellschaft, sind niemals publiziert worden.

103 Thomas Mann, *Die Entstehung des Doktor Faustus* (Amsterdam 1949), S. 86.

104 *Ibid.*, S. 93.

105 *Ibid.*, S. 44f.

106 *Ibid.*, S. 46.

107 *Ibid.*, S. 133.

108 *Ibid.*, S. 194.

109 Siehe *Letters of Thomas Mann, 1889–1955,* hrsg. von Clara Winston (New York 1971), S. 546f. u. 587f.

110 Hanns Eisler, *Composition for the Film* (New York 1947). Zu Adornos Rolle bei der Entstehung der Schrift siehe Helmut Lück, »Anmerkungen zu Theodor W. Adornos Zusammenarbeit mit Hanns Eisler«, in: *Die neue Linke nach Adorno.* Eislers Bruder Gerhart war seines kommunistischen Engagements wegen zu jener Zeit scharfen Angriffen ausgesetzt, und Adorno wollte nicht über das Buch damit in Verbindung gebracht werden.

111 Adorno, »Gegängelte Musik«, in: *Dissonanzen.*

112 Adorno, *Minima Moralia* (Frankfurt 1951); und Adorno und Horkheimer, *Dialektik der Aufklärung* (Amsterdam 1947).

113 Adorno et al., *The Authoritarian Personality* (New York 1950). Dt. Ausg.: Studien zum autoritären Charakter. Frankfurt/M. 1973. Adornos Aufsatz über Martin Luther Thomas wurde nicht veröffentlicht.

114 Adorno und Bernice T. Eiduson, »How to Look at Television« (Vortrag vor der *Hacker Foundation* in Los Angeles am 13. April 1953), Löwenthal-Sammlung.

115 Adorno, »The Stars Down to Earth: *The Los Angeles Times* Astrology Column: A Study in Secondary Superstition«, in: *Jahrbuch für Amerikastudien* Bd. II (Heidelberg 1957); und in: *Sociologica II* (Frankfurt 1962) unter dem Titel »Aberglaube aus zweiter Hand«.

116 Adorno, »Thesen gegen den Okkultismus«, in: *Minima Moralia,* S. 462f.

117 Adorno legte diese Arbeit einem Artikel zugrunde, den er etwa zur gleichen Zeit schrieb, »Freudian Theory and the Pattern of Fascist Propaganda«, in: *Psychoanalysis and the Social Sciences,* hrsg. v. Geza Roheim (New York 1951).

118 Adorno, »Stars Down to Earth«, S. 82.
119 Adorno, *Prismen,* S. 113.
120 Siehe z. B. seinen Brief an Horkheimer im Herbst 1934 (Benjamin, *Briefe,* Bd. II, S. 625). Auch Einladungen, nach Dänemark, Palästina oder in die Sowjetunion zu übersiedeln, lehnte Benjamin ab.
121 Adorno, »Interimbescheid«, in: *Über Walter Benjamin* (Frankfurt 1970) S. 95.
122 Benjamin, *Briefe,* Bd. II, S. 834. Den Rest der Geschichte von Benjamins Leben entnehmen wir Hannah Arendts Einleitung zur Übersetzung der *Illuminationen* ins Englische (*Illuminations,* New York 1968) sowie der Kurzbiographie in Benjamins *Schriften* von Friedrich Pollock, hrsg. v. Gershom Scholem und Theodor W. Adorno, Bd. II (Frankfurt 1955).
123 Arthur Koestler, *The Invisible Writing* (London 1954), S. 512.
124 *Ibid.,* S. 513.
125 Horkheimer, »Autoritärer Staat« und »Vernunft und Selbsterhaltung«; Adorno, »George und Hofmannsthal«; und Benjamin, »Thesen zur Geschichtsphilosophie«, in: »Walter Benjamin zum Gedächtnis« (unveröffentlicht 1942) Friedrich Pollock-Sammlung in Montagnola.
126 Rolf Tiedemann, *Studien zur Philosophie Walter Benjamins* (Frankfurt 1965).
127 Siehe insbesondere *Alternative* 56/7 (Oktober-Dezember 1967) und 59/60 (April–Juni 1968) sowie Hannah Arendt, Einleitung zu *Illuminations.* Weitere Beiträge zu dieser Debatte stammen von Siegfried Unseld, »Zur Kritik an den Editionen Walter Benjamins«, in: *Frankfurter Rundschau* (24. Januar 1968); Rolf Tiedemann, »Zur ›Beschlagnahme‹ Walter Benjamins, oder wie man mit der Philologie Schlitten fährt«, in: *Das Argument* X, 1/2 (März 1968); Friedrich Pollock, »Zu dem Aufsatz von Hannah Arendt über Walter Benjamin«, in: *Merkur* XXII, 6 (1968); Hannah Arendt, »Walter Benjamin und das Institut für Sozialforschung – noch einmal«, in: *Merkur* XXII, 10 (1968); und Hildegard Brenner, »Theodor W. Adorno als Sachwalter des Benjaminschen Werkes«, in: *Die neue Linke nach Adorno.* Adornos eigene Antwort, »Interimbescheid«, ist abgedruckt in seinem Buch *Über Walter Benjamin.* Eine Zusammenfassung der Debatte bringt *Der Spiegel* XXII, 16 (vom 15. April 1968) in einem Artikel mit dem Titel »Marxistischer Rabbi«.
128 Siehe Benjamins Aufsatz, »Ich packe meine Bibliothek aus« in: *Angelus Novus* (Frankfurt 1966).
129 Benjamin, *Berliner Kindheit um Neunzehnhundert* (Frankfurt 1950) passim. 1940 schrieb Benjamin an Adorno: »Warum sollte ich Ihnen verheimlichen, daß ich die Wurzel meiner ›Theorie der Erfahrung‹ in einer Erinnerung aus der Kindheit finde?« *(Briefe,* Bd. II, S. 848).
130 Gershom Scholem deutet des an in »Walter Benjamin«, in: *Leo Baeck Institute Yearbook* (New York 1965).
131 Adorno, *Über Walter Benjamin,* S. 97.
132 Benjamin, *Briefe* Bd. II, S. 655.
133 Gretel Adorno bestreitet, daß seine gescheiterte Ehe und seine Abkehr vom Zionismus etwas miteinander zu tun hatten (Brief an mich vom 4. November 1970); Hannah Arendt äußert sich in ihrer Einleitung zu den *Illuminations* gegenteilig, S. 36.
134 Max Rychner, »Erinnerungen an Walter Benjamin«, in: *Der Monat* XVIII,

216 (September 1966), S. 42. *Der Ursprung des deutschen Trauerspiels* wurde 1928 in Berlin veröffentlicht.

135 Benjamin, *Briefe,* Bd. II, S. 524.

136 Adorno, »Charakteristik Walter Benjamins«, in: *Prismen,* S. 290.

137 Siehe Benjamin, »Die Aufgabe des Übersetzers«, in: *Illuminationen;* Hans Heinz Holz, »Philosophie als Interpretation«, in: *Alternative,* 56/57 (Oktober–Dezember 1967); und »Walter Benjamin: Towards a Philosophy of Language«, in: *The Times Literary Supplement* (London, 22. August 1968). Wenngleich anonym erschienen, dürfte der Autor dieses Artikels doch mit ziemlicher Sicherheit George Steiner sein.

138 *Illuminationen,* S. 276. Ernst Bloch meinte in seinen »Erinnerungen an Walter Benjamin«, in: *Der Monat* XVIII, 216 (Sept. 1966), daß ›Jetztzeit‹ einen Bruch in der Kontinuität des zeitlichen Flußes bedeute, bei dem die Vergangenheit plötzlich zur Gegenwart werde (S. 40).

139 Benjamin, »Geschichtsphilosophische Thesen«, in: *Illuminationen,* S. 268.

140 Brief von Löwenthal an Horkheimer vom 18. Juni 1942.

141 Benjamin, *Briefe,* Bd. II, S. 786. Dies scheint in Widerspruch zu stehen zu Hildegard Brenners Behauptung, Adorno habe versucht, die theologischen Elemente in Benjamins Werk zu verstärken; siehe ihren Aufsatz »Die Lesbarkeit der Bilder: Skizzen zum Passagenentwurf«, in: *Alternative* 59/60 (April–Juni 1968), S. 56.

142 Ein Grund für Benjamins Distanziertheit dem Marxismus gegenüber in der Zeit unmittelbar nach dem Krieg bestand möglicherweise darin, daß Marxismus häufig in Verbindung gebracht wurde mit expressionistischer Ästhetik, und sie wiederum war Benjamin zutiefst zuwider. Über ein Verschmelzen von Radikalismus und Expressionismus siehe Lewis D. Wurgaft, »The Activist Movement: Cultural Politics on the German Left, 1914–1933« (Ph. D. Diss., Harvard-Universität, 1970). Zu Benjamins ablehnender Haltung dem Expressionismus gegenüber siehe Adorno, *Über Walter Benjamin,* S. 38.

143 Adorno zufolge erwachte zu Beginn der Inflation in diesem Jahr auch Benjamins soziales Gewissen *(Über Walter Benjamin,* S. 57).

144 Benjamin zitiert aus der *Theorie des Romans* (Berlin 1920) in seinem Essay über Nikolai Leskow, »Der Erzähler«, in: *Illuminationen,* S. 409.

145 Scholem bezeichnete Brechts Einfluß auf Benjamin in seinem Aufsatz »Walter Benjamin« (S. 18) als »verderblich und in mancher Hinsicht sogar unheilvoll«. Adorno warnte Benjamin immer wieder vor Brecht; siehe z. B. Benjamin, *Briefe,* Bd. II, S. 676.

146 Tiedemann, *Studien zur Philosophie Walter Benjamins,* S. 89.

147 Siehe die Auszüge in Iring Fetscher, »Bertolt Brecht and America«, in: *Legacy of the German Refugee Intellectuals (Salmagundi,* 10/11, 1970). Brecht schrieb am 12. Mai 1942 in sein Tagebuch: »Mit Eisler bei Horkheimer zum Essen. Danach macht Eisler einen Vorschlag zum Tui Roman: die Geschichte des Frankfurter Instituts für Sozialforschung. Ein reicher, alter Mann stirbt aus Gram über das Leiden in der Welt, er hinterläßt in seinem Testament eine beträchtliche Summe zur Errichtung eines Instituts, das die Ursache des Elends ergründen soll – die natürlich er selbst war« (S. 264).

148 Benjamin, *Briefe,* Bd. II, S. 594.

149 Einleitung zu *Illuminations,* S. 15. Die Wendung vom »plumpen Denken« entstammt Brechts eigener Beschreibung seines Denkstils. Benjamin nahm

sie auf in seiner Besprechung von Brechts *Dreigroschenroman* (Benjamin, *Versuche über Brecht,* hrsg. v. Rolf Tiedemann, Frankfurt 1966, S. 90).

150 Einleitung zu *Illuminations,* S. 15.

151 Siehe z. B. Hildegaard Brenners Aufsatz in: *Die neue Linke nach Adorno,* passim.

152 Benjamin, *Versuche über Brecht* (Frankfurt 1966).

153 Benjamin, *Briefe,* Bd. II, S. 657. Benjamin nannte die *Bibliothèque Nationale* als Grund, warum er Paris nicht für immer gegen Svendborg eintauschen könne.

154 Bertolt Brecht, »An Walter Benjamin, der sich auf der Flucht vor Hitler entleibte« und »Zum Freitod des Flüchtlings W. B.«, in: *Gedichte IV* (Frankfurt 1964).

155 Benjamin, *Der Begriff der Kunstkritik in der deutschen Romantik* (Bern 1920).

156 Benjamin, *Briefe,* Bd. II, S. 857.

157 Benjamin, »Über das Programm der kommenden Philosophie«, in: *Zur Kritik der Gewalt und andere Aufsätze* (Frankfurt 1965), S. 15f.

158 Zitiert in Adorno, *Prismen,* S. 287.

159 Benjamin, *Briefe* Bd. II, S. 726f.

160 Adorno, *Alban Berg: Der Meister des kleinsten Übergangs* (Wien 1968), S. 32.

161 Benjamin »Der Autor als Produzent«, in: *Versuche über Brecht* (Frankfurt 1966).

162 Benjamin, *Illuminationen,* S. 278. Gretel Adorno bestritt in einem Brief an mich nachdrücklich, daß es im Denken ihres verstorbenen Mannes ein analoges Element gegeben habe (27. Januar 1970).

163 Zitiert bei Adorno, *Prismen,* S. 290.

164 *Ibid.,* S. 299.

165 Erschienen in Hofmannsthals Neue Deutsche Beiträge II, 1 (April 1924).

166 Siehe Hannah Arendts Einleitung zu *Illuminations,* S. 8f.

167 Benjamin, *Briefe,* Bd. I, S. 379.

168 Gemeinsam mit Franz Hessel übersetzte Benjamin in den zwanziger Jahren *A l'ombre des jeunes Filles en fleurs* und zwei Bände von *Le Côté de Guermantes.*

169 Brief von Gretel Adorno an mich vom 4. November 1970.

170 Benjamin, *Berliner Kindheit um Neunzehnhundert* (Frankfurt 1950).

171 Was Benjamin einst über Kafka schrieb, ließe sich auf ihn selber anwenden: »Kafkas Werk ist eine Ellipse mit zwei weit voneinander entfernten Brennpunkten, die bestimmt sind durch mystische Erfahrung (insbesondere die Erfahrung der Tradition) einerseits und die Erfahrung des modernen Großstadtbewohners andererseits« (Rückübersetzung aus *Illuminations,* S. 144f.

172 Benjamin (Detlef Holz), *Deutsche Menschen: Eine Folge von Briefen* (Luzern 1936).

173 Adornos Erinnerung zufolge lernten sie sich entweder durch Kracauer oder in einem soziologischen Seminar bei Gottfried Salomon-Delatour in Frankfurt kennen. Siehe »Erinnerungen an Walter Benjamin«, in: *Der Monat,* XVIII, 216 (September 1966). Benjamin war zugleich eng befreundet mit Marguerite (Gretel) Karplus, der späteren Frau Adornos, die er 1928 kennenlernte. Viele seiner Briefe sind an »Felizitas« gerichtet (siehe *Briefe),* wie Benjamin Gretel Adorno nannte. 1928, so schrieb Adorno *(Über Wal-*

ter Benjamin, S. 98), sei Benjamin ein Mitglied des Institutskreises geworden. Enges Mitglied war Benjamin jedoch ganz sicher nicht; lernte er doch Horkheimer erst im Jahr 1938 kennen.

174 Benjamin, »Zum gegenwärtigen gesellschaftlichen Standort des französischen Schriftstellers«, in: *ZfS III,* 1 (1934); und in: *Angelus Novus,* (Frankfurt 1966). In seiner Erörterung über französische Schriftsteller von Barrès bis Gide äußerte sich Benjamins Distanz zum leninistischen Ansatz in der marxistischen Ästhetik sehr deutlich. Er vertrat z. B. die Auffassung, daß der Surrealismus, wenngleich unpolitisch bei Apollinaire beginnend, sich in den Werken von Breton und Aragon auf eine Versöhnung mit politischer Praxis zubewege (S. 73 bzw. S. 291).

175 Benjamin, *Briefe,* Bd. II, S. 652.

176 *Ibid.,* S. 689.

177 Auf diese Veränderung weist Helga Gallas hin in ihrem Artikel »Wie es zu den Eingriffen in Benjamins Texte kam oder über die Herstellbarkeit von Einverständnis«, in: *Alternative* 59/60, S. 80.

178 Horkheimer (Regius), *Dämmerung,* S. 178.

179 Benjamin, »Eduard Fuchs, der Sammler und Historiker«, in: *ZfS* VI, 2 (1937); und in: *Angelus Novus* (Frankfurt 1966) sowie »L'Œuvre de l'art à l'époque de sa reproduction mécanisée«, in: *ZfS V,* 1 (1936) und unter dem Titel »Das Kunstwerk im Zeitalter seiner technischen Reproduzierbarkeit«, in: *Illuminationen* (Frankfurt 1961).

180 Hildegaard Brenner behauptet, die Veränderungen seien verglichen mit dem Originalmanuskript, das im Potsdamer Zentralarchiv in der DDR liegt, erheblich; vgl. ihren Aufsatz in: *Die neue Linke nach Adorno,* S. 162.

181 Benjamin, *Briefe,* Bd. II, S. 742.

182 Zumindest war dies ein möglicher Plan für die Arbeit; siehe *Briefe,* Bd. II, S. 774.

183 *Briefe,* Bd. II, S. 671–683.

184 *Ibid.,* S. 678.

185 *Ibid.,* S. 681 f.

186 *Ibid.,* S. 782–790.

187 *Ibid.,* S. 786.

188 *Ibid.,* S. 788.

189 *Ibid.,* S. 790–799.

190 *Ibid.,* S. 794 f.

191 »Paris, die Hauptstadt des XIX. Jahrhundert« erschien 1961 in: *Illuminationen,* hrsg. von Siegfried Unseld unter Mithilfe von Gretel und Th. W. Adorno; ihr folgte 1969 die umfassendere Version: *Charles Baudelaire: Ein Lyriker im Zeitalter des Hochkapitalismus* (Frankfurt).

192 Benjamin »Über einige Motive bei Baudelaire«, in: *ZfS VIII,* 1/2 (1939); und in: *Illuminationen,* S. 202.

193 Benjamin zufolge war der Schaffensprozeß für Baudelaire wie ein Duell mit durch Schocks verursachten Traumata, in dem der Künstler versuchte, sich mit allen Kräften zur Wehr zu setzen *(Illuminationen* S. 208).

194 *Ibid.,* S. 218.

195 Hannah Arendts Einleitung zu *Illuminations* z. B. beruht auf dieser Auffassung von Benjamin.

196 Benjamin, *Illuminationen,* S. 228.

197 Siehe Benjamin, *Ursprung des deutschen Trauerspiels.* Tiedemann kom-

mentiert ausführlich die Benjaminsche »Umfunktionierung« von Goethes Urphänomenen in seinen *Studien zur Philosphie Walter Benjamins,* S. 59.

[198] Horkheimer, »Zu Bergsons Metaphysik der Zeit«, in: *ZfS III,* 3 (1934); und in: *Kritische Theorie,* Bd. I (Frankfurt 1968).

[199] Benjamin, *Illuminationen,* S. 232.

[200] Tiedemann, *Studien zur Philosophie Walter Benjamins,* S. 69.

[201] Benjamin, *Illuminationen,* S. 276.

[202] Zu Kraus' Beschäftigung mit dem Ursprung siehe Hans Mayer, *Der Repräsentant und der Märtyrer,* S. 51f.

[203] Fredric Jameson überschrieb seinen Aufsatz in *The Legacy of the German Refugee Intellectuals (Salmagundi,* 10/11, 1969f.) »Walter Benjamin, or Nostalgia«; von Peter Szondi stammt »Hoffnung im Vergangenen«, in: *Zeugnisse: Theodor W. Adorno zum Sechzigsten Geburtstag* (Frankfurt 1963), ein Aufsatz, in dem Szondi sagt, Benjamin suche sein Utopia in der Vergangenheit.

[204] Benjamin, »Über einige Motive bei Baudelaire«, in: *Illuminationen,* S. 233.

[205] *Ibid.,* S. 154.

[206] *Ibid.,* S. 152.

[207] *Ibid.,* S. 155.

[208] *Ibid.,* S. 156.

[209] Brecht war von der Filmversion der *Dreigroschenoper* 1931 enttäuscht. Aus dieser Erfahrung heraus traf er die Feststellung, die Intellektuellen seien selbst proletarisiert, ein Thema, das Benjamin aufgriff in »Der Autor als Produzent«, geschrieben 1934 und veröffentlicht in seinen *Versuchen über Brecht.* Benjamin kritisiert hier die reaktionäre Vorstellung von einer unabhängigen intellektuellen »Logokratie«, wie Kurt Hiller und die Aktivisten sie im Auge hätten. Per Implikation bezweifelte Benjamin auch die Tendenz in Adornos Ästhetik, die Kunst der Avantgarde der Massenkultur der Arbeiterklasse gegenüberzustellen. ». . . der revolutionäre Kampf«, so schloß er seinen Aufsatz, »spielt sich nicht zwischen dem Kapitalismus und dem Geist sondern zwischen dem Kapitalismus und dem Proletariat ab« *(Versuche über Brecht,* S. 116).

[210] Benjamin, *Illuminationen,* S. 167.

[211] *Ibid.,* S. 174.

[212] *Ibid.,* S. 176.

[213] Benjamin, *Briefe,* Bd. II, S. 798. Adorno blieb skeptisch, was die Stichhaltigkeit von Benjamins Position anging; er sprach von »Identifikation mit dem Aggressor« in seiner Einleitung zu den *Briefen,* Bd. I, S. 16. »Identifikation mit dem Aggressor«, ist einer der klassischen psychoanalytischen Abwehrmechanismen. Siehe Anna Freud, *The Ego and the Mechanisms of Defense,* rev. Aufl. (New York 1966), S. 109f.; dt. Ausg.: *Das Ich und die Abwehrmechanismen,* München 1964.

[214] Benjamin prägte diesen Satz in seiner Untersuchung über Goethes *Wahlverwandtschaften* in: *Neue Deutsche Beiträge,* II, 1 (April 1924); er wird zitiert in *Der eindimensionale Mensch* (Berlin u. Neuwied 1967), S. 268.

[215] Herta Herzog, »On Borrowed Experience: An Analysis of Listening to Daytime Sketches«; Harold Lasswell, »Radio as an Instrument of Reducing Personal Insecurity«; Charles A. Siepmann, »Radio and Education«; und Adorno gemeinsam mit George Simpson, »On Popular Music«, in: *SPSS IX,* 1 (1941).

[216] Horkheimer, »Art and Mass Culture«, in: *SPSS IX*, 1 (1941).

[217] Leo Löwenthal, »German Popular Biographies: Culture's Bargain Counter«, in: *The Critical Spirit: Essays in Honor of Herbert Marcuse*, hrsg. v. Kurt H. Wolff und Barrington Moore, Jr. (Boston 1967).

[218] Löwenthal, »Biographies in Popular Magazines«, in: *Radio Research 1942–1943*, hrsg. von Paul Lazarsfeld und Frank Stanton (New York 1944); später wiederveröffentlicht in *Literatur und Gesellschaft* in dem Kapitel »Der Triumph der Massenidole«.

[219] Adorno, *Prismen*, S. 123f. Damit soll die Analyse von Kritikern wie Edward Shils (»Daydreams and Nightmares: Reflections on the Criticism of Mass Culture«, in: *Sewanee Review* LXV, 4, 1957) widerlegt werden, die das Institut wegen seines Angriffs auf den Eskapismus als puritanisch bezeichnen.

[220] Zitiert in *Prismen*, S. 130.

[221] Siehe Kapitel 3, S. 179.

[222] Marcuse, *Triebstruktur und Gesellschaft*, S. 205.

[223] Adorno, »Resumé über Kulturindustrie«, in: *Ohne Leitbild* (Frankfurt 1967), S. 60.

[224] Ursprünglich ein Ausdruck Nietzsches. Adorno und Horkheimer zitieren ihn in der *Dialektik der Aufklärung* (Amsterdam 1947), S. 153.

[225] *Ibid.*, S. 187.

[226] *Ibid.*, S. 166f.

[227] *Ibid.*, S. 170. Das gleiche Beispiel hatte Marcuse in seinem Aufsatz über den affirmativen Charakter der Kultur benutzt, wo er erklärt, »in der höchsten Verdinglichung triumphiert der Mensch über die Verdinglichung«. Auf denselben Gedanken stieß er auch bei Sartre, wie sein Aufsatz »Existentialism: Remarks on Jean-Paul Sartres L'Etre et le Néant«, in: *Philosophy and Phenomenological Research*, VIII, 3 (März 1948), zeigt.

[228] Zu einer ausführlicheren Diskussion dieses Punktes siehe meinen Aufsatz »The Frankfurt School in Exile«, in: *Perspectives in American History*, Bd. VI (Cambridge 1972).

[229] Zu einer Geschichte der Kritik an der Massenkultur siehe Leon Bramson, *The Political Context of Sociology* (Princeton 1961); William Kornhauser, *The Politics of Mass Society* (Glencoe, Ill. 1959); Bernard Rosenberg und David Manning White, *Mass Culture: The Popular Arts in America* (London 1957); sowie Löwenthals Aufsatz in *Literatur und Gesellschaft*.

[230] Siehe z. B. David Riesman, *The Lonely Crowd*, geschrieben in Zusammenarbeit mit Reuel Denny und Nathan Glazer (New Haven 1950). Die Autoren verweisen ausdrücklich auf den Einfluß der Löwenthal-Untersuchung über populäre Biographien (S. 239).

[231] Richard Hoggart, *The Uses of Literacy* (London 1957). Verschiedene Aufsätze von Dwight Macdonald über Massenkultur sind gesammelt in seinem Buch *Against the American Grain* (New York 1962).

[232] Adorno nannte sein eigenes Leben ein »beschädigtes«; vgl. seinen Untertitel zu den *Minima Moralia*.

1 Die Jahre in New York, schrieb er, seien keineswegs nur negativ gewesen, jedoch sei das Institut hier zu einem »Betrieb« mit allen Begleiterscheinungen und Problemen geworden (Horkheimer an Löwenthal am 3. Mai 1941), Löwenthal-Sammlung.

2 Dazu siehe Paul Lazarsfeld, »An Episode in the History of Social Research: A Memoir«, in: *The Intellectual Migration Europe and America, 1930–1960,* hrsg. v. Donald Fleming und Bernard Bailyn (Cambridge, Mass. 1969).

3 In der Nummer der *SPSS,* die den Massenmedien (*IX,* 1 1941) gewidmet war, gab Lazarsfeld eine sehr optimistische Einschätzung von der zukünftigen wechselseitigen Befruchtung durch die beiden Forschungsstile.

4 Die Ergebnisse der Inhaltsanalyse, die sämtliche Institutsveröffentlichungen einschloß, waren in einem begleitenden Memorandum niedergelegt und sind es wert, hier angeführt zu werden:

Bücher	16
Aufsätze und Monographien	91
Vorlesungs- und Seminarmanuskripte	38
Forschungsberichte	2
Insgesamt	147

Veröffentlichungen nach Interessengebiet	Zahl der Veröffentlichungen	Prozentsatz
Studien über Autorität	76	40
Philosophie	43	22
Studien über Literatur, Musik und Kunst	38	18
Soziales Vorurteil	17	9
Verschiedenes	22	11
Insgesamt	196	100

5 Brief von Horkheimer an Lazarsfeld vom 10. Juni 1946, Löwenthal-Sammlung.

6 Brief von Horkheimer an Löwenthal vom 31. Oktober 1942, Löwenthal-Sammlung.

7 *SPSS IX* (1941); der Entwurf datierte von 1939.

8 Adorno, »Scientific Experiences of a European Scholar in America«, in: *The Intellectual Migration,* S. 343.

9 *Ibid.,* S. 347.

10 Brief von Lazarsfeld an Adorno (ohne Datum), Löwenthal-Sammlung. Lazarsfeld meint, er sei im Sommer 1939 geschrieben. Die folgenden Zitate entstammen diesem Brief.

11 Lazarsfeld, »An Episode in the History of Social Research: A Memoir«, S. 325.

12 *Ibid.,* S.

13 Gespräch mit Massing in New York am 25. November 1970.

14 Brief von Massing an Leo Löwenthal vom 31. Mai 1953 (Löwenthal-Sammlung).

[15] Memorandum vom 1. Dezember 1944. Paul Lazarsfeld hat mir dankenswerterweise dieses und andere Memoranden zum Arbeiter-Projekt zugänglich gemacht.
[16] Gespräch mit Pollock in Montagnola am 28. März 1969.
[17] Brief von Horkheimer an Löwenthal vom 26. Juli 1944 (Löwenthal-Sammlung).
[18] Gespräch mit Massing in New York am 25. November 1970.
[19] Massing an Löwenthal am 31. Mai 1953.
[20] Memorandum, dem Brief Massings beigelegt und von Alice Maier unterzeichnet.
[21] Adorno et al., *The Authoritarian Personality,* Bd. II, S. 605.
[22] Siehe Iring Fetscher, »Bertolt Brecht and America«, in: *The Legacy of the German Refugee Intellectuals, Salmagundi,* 10/11 (Herbst 1969 Winter 1970).
[23] *The Authoritarian Personality,* Bd. I, S. VII. Diese Passage ist zu vergleichen mit Adornos Diskussion des Syndroms von »Erziehung anstelle von gesellschaftlichem Wandel«, wie es für gewisse Hocheingestufte (Hs) auf der F-Skala bezeichnend ist (Bd. II, S. 700).
[24] *Ibid.,* Bd. I, S. VII.
[25] Herbert H. Hyman und Paul B. Sheatsley, »The Authoritarian Personality – a Methodological Critique«, in: *Studies in the Scope and Method of »The Authoritarian Personality«,* hrsg. v. Richard Christie und Marie Jahoda (Glencoe, Ill. 1954), S. 109.
[26] Die Verbreitung der Ich-Psychologie, so meinte Adorno in einem späteren Aufsatz, sei ein Reflex der Gesellschaft, bei dem Individuen Automaten gleich objektive Tendenzen widerspiegelten; Adorno, zum Verhältnis von »Soziologie und Psychologie«, in: *Sociologica I* (Frankfurt 1955), passim.
[27] Siehe dazu weiter vorn, Kapitel 3, S. 132 ff.
[28] *The Authoritarian Personality,* Bd. II, S. 747.
[29] Horkheimer, »Sociological Background of the Psychoanalytic Approach«, *Anti-Semitism: A Social Disease,* hrsg. v. E. Simmel (New York 1946), S. 3.
[30] Brief von Horkheimer an Löwenthal vom 2. Oktober 1946.
[31] *The Authoritarian Personality,* Bd. II, S. 671.
[32] Memorandum von Adorno zum Labor Project vom 3. November 1944, S. 43 ff., (Lazarsfeld-Sammlung).
[33] Karl Marx, »Zur Judenfrage«, in: *Marx Engels Werke* (MEW), Bd I (Berlin, 1964).
[34] Horkheimer und Adorno, *Dialektik der Aufklärung* (Amsterdam 1947), S. 204.
[35] *Ibid.,* S. 228.
[36] *Ibid.,* S. 230.
[37] *Ibid.,* S. 233.
[38] Adorno, »Note on Anti-Semitism«, 30. September 1940 (Löwenthal-Sammlung).
[39] *Ibid.,* S. 1. Es sieht hier so aus, als habe Adorno die Situation der Juden nach der Diaspora auf eine viel frühere Periode zurückprojiziert. Einen konkreten Beweis für eine solche historische Realität nennt Adorno nicht.
[40] *Ibid.,* S. 1.
[41] Horkheimer an Löwenthal am 24. Juli 1944 (Löwenthal-Sammlung).
[42] Horkheimer und Adorno, *Dialektik der Aufklärung,* S. 234.

[43] *Ibid.*, S. 199.
[44] Horkheimer an Löwenthal am 5. Juli 1946 (Löwenthal-Sammlung).
[45] Das englische Wort »atonement« fängt den Sinn besonders gut ein, wenn man es liest als »at-one-ment«. Yom Kippur ist bekannt als »Day of Atonement«.
[46] In einem Brief an Löwenthal (17. November 1945) plädiert Horkheimer für Alternativvorstellungen zur Schaffung eines Staates Israel, »um das Judentum davor zu bewahren, in toto moralisch für die Fehler des Zionismus verantwortlich gemacht zu werden.«
[47] *Dialektik der Aufklärung,* S. 236.
[48] Adorno, »Scientific Experiences of a European Scholar in America«, S. 356.
[49] Bruno Bettelheim und Morris Janowitz, *Dynamics of Prejudice: A Psychological and Sociological Study of Veterans* (New York 1950).
[50] Nathan W. Ackerman und Marie Jahoda, *Anti-Semitism and Emotional Disorder: A Psychoanalytic Interpretation* (New York 1950).
[51] Leo Löwenthal und Norbert Guterman, *Prophets of Deceit* (New York 1949).
[52] Paul Massing, *Rehearsal for Destruction* (New York 1949).
[53] *Die Arbeitslosen von Marienthal* (Leipzig 1932).
[54] Die bekannteren sind *Love Is Not Enough* (Glencoe, Ill. 1950), *Symbolic Wounds* (Glencoe, Ill. 1968), und *The Children of the Dream* (New York 1969).
[55] Bettelheim und Janowitz, *Dynamics of Prejudice,* S. 171.
[56] Bruno Bettelheim und Morris Janowitz, *Social Change and Prejudice* (New York 1964), S. 74f. Es handelt sich dabei um eine rev. Ausgabe der *Dynamics of Prejudice,* die um viel Material bereichert worden war.
[57] Nathan Glazer, »*The Authoritarian Personality* in Profile: Report on a Major Study of Race Hatred«, in: *Commentary,* IV, 2 (Juni 1950).
[58] Löwenthal und Guterman, *Prophets of Deceit,* S. XVI. Horkheimer, »Egoismus und Freiheitsbewegung«, in: *ZfS V,* 2 (1936) bzw. in: *Kritische Theorie* (Frankfurt 1968).
[59] *Prophets of Deceit,* S. XII.
[60] *Ibid.,* S. 140.
[61] Adorno, »Freudian Theory and the Pattern of Fascist Propaganda«, in: *Psychoanalysis and the Social Sciences,* hrsg. v. Geza Roheim (New York 1951). Der Freudsche Text, auf den Adorno sich in seiner Argumentation vornehmlich stützte, war *Massenpsychologie und Ich-Analyse.* Er bezog sich außerdem auf Eriksons Arbeit über Faschismus (siehe die folgende Anmerkung).
[62] Erik Erikson, »Hitler's Imagery and German Youth«, in: *Psychiatry* V, 4 (November 1942); aufgenommen in: *Kindheit und Gesellschaft* (Stuttgart 1971) als »Die Legende von Hitlers Kindheit« (Wir zitieren nach der deutschen Version; die Übers.).
[63] *Ibid.,* S. 326.
[64] Leon Bramson, *The Political Context of Sociology* (Princeton 1961).
[65] So Adorno in »Scientific Experiences . . .«, S. 358.
[66] Else Frenkel-Brunswik war selbst Flüchtling aus Wien und die Frau des bekannten Psychologen Egon Brunswik. Weitere Informationen über ihren Beitrag zur amerikanischen Psychologie siehe Jean Matter Mandler und

George Mandler, »The Diaspora of Experimentalist Psychology: The Gestaltists and Others«, in: *The Intellectual Migration,* S. 411 ff. Levinson wurde später Professor für Psychologie an der *Yale Medical School,* und Sanford ging als Professor für Psychologie und Erziehungswissenschaft nach Stanford.

67 R. Nevitt Sanford und H. S. Conrad, »Some Personality Correlates of Morale«, in: *Journal of Abnormal and Social Psychology,* XXXVIII, 1 (Januar 1943).

68 *The Authoritarian Personality,* S. XII.

69 *Ibid.,* S. IX.

70 Roger Brown weist auf die Ähnlichkeit in *Social Psychology* (New York und London 1965) hin.

71 Ein Teil der Schrift erschien in *The Partisan Review,* 1946, vollständig ins Englische übersetzt wurde sie erst 1948 vom G. J. Becker.

72 Wilhelm Reich, *Massenpsychologie des Faschismus* (Kopenhagen 1933 und 3. korrigierte Aufl. Köln und Berlin 1971) und Abraham H. Maslow, »The Authoritarian Character Structure«, in: *Journal of Social Psychology,* 18 (1943).

73 Horkheimer, »The Lessons of Fascism«, in: *Tensions That Cause War* (Urbana, Ill. 1950), S. 230. und in: *Gesellschaft im Übergang* (Frankfurt 1972) unter dem Titel »Lehren aus dem Faschismus«, S. 51.

74 Adorno, »Scientific Experiences . . .«, S. 363.

75 Horkheimer, »Notes on Institute Activities«, in: *SPSS IX,* 1 (1941), S. 123.

76 Ernst Schachtel hatte, wie erinnerlich, Persönlichkeitstests aus ähnlichen Gründen kritisiert »Zum Begriff und zur Diagnose der Persönlichkeit in den ›Personality Tests‹«, in: *ZfS VI,* 3 1937).

77 *The Authoritarian Personality,* S. 15.

78 *Ibid.,* S. 18.

79 Besprochen sind diese beiden Skalen von Marie Jahoda, Morton Deutsch und Stuart W. Cook in: *Untersuchungsmethoden der Sozialforschung,* 2 Bde. (Neuwied und Darmstadt 1972), S. 222-235.

80 *Ibid.,* S. 234.

81 *The Authoritarian Pereonality,* Bd. I, Kapitel 7.

82 *Ibid.,* S. 228.

83 Herbert H. Hyman und Paul B. Sheatsley, »*The Authoritarian Personality* – A Methodological Critique.«

84 Lazarsfeld, »Problems in Methodology«, in: *Sociology Today,* hrsg. v. Robert K. Merton, Leonard Broom, Leonard Cotrell, Jr. (New York 1959), S. 50.

85 Brown, *Social Psychology,* S. 523.

86 *Ibid.,* S. 515.

87 *Ibid.,* S. 506.

88 Hyman und Sheatsley, »The Authoritarian Personality», S. 65.

89 Paul Kecskemeti, »The Study of Man: Prejudice in the Catastrophic Perspective«, in: *Commentary,* II, 3 (März 1951).

90 Ein Teil erschien unter Else Frenkel-Brunswiks Namen, »A Study of Prejudice in Children«, in: *Human Relations,* I, 3 (1948). Eins der Ergebnisse des Projekts modifizierte die Befunde der *Authoritarian Personality,* wie Adorno in »Scientific Experiences . . .« (S. 364) einräumte. Die Befunde in Frenkel-Brunswiks Arbeit, so schrieb er, »differenzierten die Vorstellung

vom Unterschied zwischen Konventionalität und autoritärem Temperament weiter. Es zeigte sich, daß gerade die ›braven‹, d. h. die konventionellen Kinder freier waren von Aggressionen und damit von einem der wesentlichsten Züge des autoritären Charakters und vice versa.« Damit schien eher die Argumentation von Bettelheim und Janowitz empirisch bestätigt als die der Berkeley-Gruppe, zumindest wenn man die Verhaltensmuster von Erwachsenen in gleicher Weise begreift wie die von Kindern.

91 *The Authoritarian Personality,* S. 359.

92 Bramson, *The Political Context of Sociology,* S. 137.

93 *The Authoritarian Personality,* S. 759f.

94 Fromm selbst hatte die sexuelle Interpretation des sado-masochistischen Charakters, die er in den *Studien* einst vorgetragen hatte, fallen gelassen. Vgl. hierzu Kapitel 3, S. 127.

95 *The Authoritarian Personality,* S. 759.

96 *Ibid.,* S. 760.

97 Horkheimer, »Authoritarianism and the Family Today«, in: *The Family: Its Function and Destiny,* hrsg. v. Ruth Nanda Anshen (New York 1949).

98 *Ibid.,* S. 367.

99 *The Authoritarian Personality,* S. 371.

100 Ralf Dahrendorf, *Gesellschaft und Demokratie in Deutschland* (München 1965), S. 402; und Hannah Arendt, *Between Past and Future* (Cleveland 1963), S. 97.

101 Edward Shils, »Authoritarianism: ›Right‹ and ›Left‹«, in: *Studies in the Scope and Method of the »The Authoritarian Personality«.* Bramson wiederholt diese Kritik in *The Political Concept of Sociology,* S. 122f.

102 Kecskemeti, »The Study of Man: Prejudice in the Catastrophic Perspective«, S. 290.

103 Bettelheim und Janowitz, *Social Change and Prejudice,* S. 75.

104 *The Authoritarian Personality,* S. 676.

105 *Ibid.,* S. 976.

106 *Ibid.,* S. 182. Der Begriff des »Pseudo-Konservatismus« wurde von anderen Wissenschaftlern in den fünfziger Jahren aufgenommen. Siehe u. a. Richard Hofstädter, »The Pseudo-Conservative Revolt«, in: *The Radical Right,* hrsg. v. Daniel Bell (New York 1963).

107 *The Authoritarian Personality,* S. 176.

108 *Ibid.,* S. 771.

109 Gespräch mit Adorno am 7. März 1969 in Frankfurt.

110 M. Rokeach, *The Open and Closed Mind* (New York 1960). Rokeach versuchte, eine »Dogmatismus(D)-Skala« zu entwickeln, um autoritäres Verhalten bei Linken messen zu können. Auf der Basis dieser und anderer Untersuchungen behauptete Seymour Martin Lipset, autoritäres Verhalten und Neurose könnten in der Arbeiterklasse durchaus in umgekehrtem Verhältnis zueinander stehen; Lipset, *Political Man* (New York 1960), S. 96.

111 Adorno, »Scientific Experiences . . .«, S. 361.

112 J. F. Browns Kritik der *Studies in Prejudice* in: *Annals of the American Academy of Political and Social Science,* CCVXX (Juli 1950), S. 178.

113 Eine Zusammenfassung solcher Bemühungen gibt Richard Christie, »Authoritarianism Reexamined«, in: *Studies in the Scope and Method of »The Authoritarian Personality«.*

114 Friedrich Pollock (Herausg.), *Gruppenexperiment: Ein Studienbericht*

(Frankfurt 1955), erschienen als Bd. II in der Reihe der *Frankfurter Beiträge zur Soziologie,* hrsg. v. T. W. Adorno und Walter Dirks.

115 Adorno, »Zur gegenwärtigen Stellung der empirischen Sozialforschung in Deutschland«, in: *Empirische Sozialforschung, Wissenschaftliche Schriftenreihe des Instituts zur Förderung Öffentlicher Angelegenheiten* e. V. Bd. XIV (Frankfurt 1952) S. 31.

116 Siehe z. B. Adornos Aufsatz »Contemporary German Sociology«, in: *Transactions of the Fourth World Congress of Sociology,* Bd. I (London 1959).

117 Ein Querschnitt der an der Debatte beteiligten Meinungen findet sich bei Ernst Topitsch (Hrsg.), *Logik der Sozialwissenschaften* (Köln und Berlin 1965). Adornos Beiträge, posthum gesammelt, sind erschienen in: *Aufsätze zur Gesellschaftstheorie und Methodologie* (Frankfurt 1970). Eine Übersicht über neuere Literatur bringt »Dialectical Methodology: Marx or Weber«, in: *The Times Literary Supplement* (London, 12. März 1970), anonym veröffentlicht, jedoch offensichtlich aus der Feder von George Lichtheim.

VIII. Zu einer Geschichtsphilosophie: Die Kritik der Aufklärung

1 So Adorno in einem Brief an Benjamin vom 10. November 1939; Theodor W. Adorno, *Über Walter Benjamin* (Frankfurt 1970), S. 143.

2 Max Horkheimer und Theodor W. Adorno, *Dialektik der Aufklärung* (Amsterdam 1947). Der Verlag war das Haus Querido.

3 Ich konnte zwei Besprechungen in einschlägigen Zeitschriften ausfindig machen: J. D. Mabbott in *Philosophy,* XXIII, 87 (Oktober 1948), eine insgesamt freundliche Kritik, und John R. Everett in *Journal of Philosophy,* XLV, 22 (21. Oktober 1948); sie war weniger begeistert. Von Löwenthal konnte ich erfahren, daß das Buch kaum Abnehmer fand.

4 Horkheimer, *Kritik der instrumentellen Vernunft* (Frankfurt 1967).

5 Göran Therborn, der das Gegenteil behauptet, scheint sich hier eindeutig zu irren. Siehe seinen Aufsatz »Frankfurt Marxism: A Critique«, in: *New Left Review,* 63, September–Oktober 1970, S. 76, wo er schreibt, daß es die Nichtbeherrschung der Natur »im Denken der Frankfurter von Anfang an nicht gab. Vielmehr teilten sie diese Vorstellung mit ihrem Erzfeind, Heidegger.«

6 Adorno, *Kierkegaard: Konstruktion des Ästhetischen,* rev. Aufl. (Frankfurt 1966), S. 97.

7 In einem frühen Aufsatz über *Der Freischütz* schrieb Adorno, Rettung sei nur in einer versöhnten Natur zu finden; siehe seine *Moments Musicaux* (Frankfurt 1964), S. 46.

8 Regius (Horkheimer), *Dämmerung* (Zürich 1934), S. 185f. oder 181 über die Arbeitsethik. In der *Dialektik der Aufklärung* gibt es einen langen Aphorismus über »Mensch und Tier«, S. 295f.

9 Leo Löwenthal, *Das Bild des Menschen in der Literatur* (Neuwied u. Berlin 1966), S. 265.

10 Erich Fromm, »Die sozialpsychologische Bedeutung der Mutterrechtstheorie«, in: *ZfS III,* 2 (1934), S. 206. Fromm zitierte in diesem Zusammenhang Bachofen, der gesagt habe, daß der Sieg der patriarchalischen Gesellschaft dem Bruch zwischen Natur und Geist entspreche, dem Triumph Roms über den Orient.

[11] Horkheimer, *Die Anfänge der bürgerlichen Geschichtsphilosophie* (Stuttgart 1930).

[12] Horkheimer, »Vernunft und Selbsterhaltung«, in: »Walter Benjamin zum Gedächtnis« (nichtveröffentlicht, 1942, S. 43, Pollock-Sammlung in Montagnola) und in: *Autoritärer Staat* (Amsterdam 1968), S. 106.

[13] Nur in seltenen Fällen versuchte das Institut, Arbeit und Leben eines Autors miteinander zu verknüpfen. Ein Beispiel ist Adornos Erörterung von Kierkegaards Rolle als Rentier in *Kierkegaard: Konstruktion des Ästhetischen,* S. 88.

[14] Brief von Horkheimer an Löwenthal vom 23. Mai 1942 (Löwenthal-Sammlung).

[15] Horkheimer, *Kritik der instrumentellen Vernunft,* S. 103.

[16] Therborn machte die scharfsinnige Beobachtung, daß im Unterschied zu Lukács, für den Verdinglichung im Kapitalismus die entscheidende Bedeutung besaß, oder zu Marcuse und anderen, die Entfremdung hervorhoben (auch Fromm gehört zu ihnen), Horkheimer und Adorno das Tauschprinzip als seinen Kern ansahen. Vgl. Therborn, »Frankfurt Marxism: A Critique«, S. 79.

[17] Friedrich Nietzsche, »Zur Genealogie der Moral«, in: *Werke in drei Bänden* (München 1966), passim.

[18] Viel später hat eines der jüngeren Mitglieder aus der zweiten Generation der Frankfurter Schule diesen Gedanken weiter ausgeführt; siehe Albrecht Wellmer, *Kritische Gesellschaftstheorie und Positivismus* (Frankfurt 1969).

[19] Diese Wendung stammt von Hannah Arendt; siehe ihre Marx-Kritik in *The Human Condition* (Chicago 1958). Sie unterscheidet zwischen dem Menschen als *animal laborans* und als *homo faber,* was die Frankfurter Schule nicht tat.

[20] So Adorno in unserem Gespräch am 15. März 1969 in Frankfurt.

[21] 1913-1914 hatte Lukács dem Kreis um Weber in Heidelberg angehört. Zu seinem Verhältnis zu Weber siehe George Lichtheim, *Georg Lukács* (New York 1970), passim.

[22] Horkheimer, »Vernunft und Selbsterhaltung«, S. 33 bzw. S. 96.

[23] *Ibid.,* S. 34 bzw. S. 97.

[24] Horkheimer, *Zur Kritik der instrumentellen Vernunft* (Frankfurt 1967), S. 162f.

[25] Adorno und Horkheimer, *Dialektik der Aufklärung,* S. 41.

[26] *Ibid.,* S. 35.

[27] Marcuse, in: *Kultur und Gesellschaft I* (Frankfurt 1965).

[28] Siehe seinen Aufsatz »Über Sprache überhaupt und über die Sprache des Menschen«, in: Walter Benjamin, *Schriften* Bd. II, hrsg. v. Theodor W. Adorno und Gershom Scholem (Frankfurt 1955). Erörterungen über diese Sprachtheorie siehe Hans Heinz Holz, »Philosophie als Interpretation«, in: *Alternative* 56/57 (Oktober–Dezember 1967); und Anon., »Walter Benjamin: Towards a Philosophy of Language«, in: *The Times literary Supplement* (London, 23. August 1968).

[29] Benjamin, »Die Aufgabe des Übersetzers«, in: *Illuminationen* (Frankfurt 1961), S. 76.

[30] *Ibid.,* S. 64.

[31] So äußerte sich Jürgen Habermas im Gespräch in Frankfurt am 7. März 1969.

[32] Anon., »Walter Benjamin: Towards a Philosophy of Language«, äußerte sich so, um Benjamin zu kennzeichnen. In der »Aufgabe des Übersetzers« schrieb Benjamin, Transparenz der Sprache lasse sich »vor allem erreichen durch Wörtlichkeit in der Übertragung der Syntax, und gerade sie erweist das Wort, nicht den Satz als das Urelement des Übersetzers« *(Illuminationen,* S. 66.

[33] Siehe den auf Seite 276 zitierten Brief von Horkheimer an Löwenthal.

[34] Horkheimer, *Zur Kritik der instrumentellen Vernunft,* S. 167.

[35] *Ibid.,* S. 168.

[36] *Ibid.,* S. 170.

[37] Walter Benjamin, *Briefe,* hrsg. v. Theodor W. Adorno und Gershom Scholem (Frankfurt 1966), Bd. II, S. 786.

[38] *Dialektik der Aufklärung,* S. 195.

[39] Herbert Marcuse beschäftigt sich ausführlich mit der »Absperrung des Universums der Rede« in seiner Schrift *Der eindimensionale Mensch* (Neuwied und Berlin 1967), S. 103ff.

[40] *Dialektik der Aufklärung,* S. 71. In *Triebstruktur und Gesellschaft* schrieb Marcuse, »daß der Kulturheld in den meisten Fällen der schlaue Betrüger und (leidende) Rebell gegen die Götter ist, der die Kultur um den Preis dauernden Leidens schafft« (S. 160). Prototyp war ihm dabei eher Prometheus als Odysseus.

[41] *Dialektik der Aufklärung,* S. 76f.

[42] *Ibid.,* S. 117f.

[43] Vgl. hierzu den Aphorismus »Mensch und Tier«, ibid., S. 267f.

[44] *Dialektik der Aufklärung,* S. 218. Horkheimer diskutierte diesen Punkt ausführlich in seiner *Kritik der instrumentellen Vernunft,* S. 118f.

[45] Alfred Schmidt hat versucht, zwischen Adorno als einem »Philosophen des realen Humanismus« und anderen konventionell-humanistischen Philosophen zu unterscheiden. Der Begriff des realen Humanismus taucht erstmals in Marx' *Die Heilige Familie* (1845) als Gegensatz zum abstrakten, ahistorischen Humanismus von Feuerbach auf. Adorno selbst bezeichnete sich gern als »Antihumanisten«, nicht nur aus den von Schmidt zitierten Gründen – seine Abneigung gegen die positiven Konnotationen jeder statischen Definition der menschlichen Natur –, sondern auch aus der Befürchtung heraus, mit Anthropozentrismus sei notwendig die Herabminderung der Natur verbunden. Zu Schmidts Gedankengang siehe seinen Aufsatz »Adorno – ein Philosoph des realen Humanismus«, in: *Philosophische Rundschau,* LXXX, 4 (1969). Vgl. hierzu auch meinen Aufsatz »The Frankfurt ›School's‹ Critique of Marxist Humanism«, in: *Social Research,* XXXIX, 2 (Sommer 1972).

[46] *Dialektik der Aufklärung,* S. 267.

[47] *Zur Kritik der instrumentellen Vernunft,* S. 171.

[48] Es ist viel Kritik laut geworden an Bloch gerade an diesem Punkt. Siehe z. B. Jürgen Habermas, »Ernst Bloch – A Marxist Romantic«, in: *The Legacy of the German Refugee Intellectuals, Salmagundi,* 10/11 (1969/1970).

[49] *Dialektik der Aufklärung,* S. 223.

[50] *Ibid.,* S. 305.

[51] In *Triebstruktur und Gesellschaft* schreibt Marcuse, »die Wiedereinsetzung der Erinnerung in ihr Recht als Mittel der Befreiung (ist) eine der edelsten Aufgaben des Denkens. In dieser Funktion erscheint die Erinnerung als

Abschluß der Hegelschen *Phänomenologie des Geistes, in dieser Funktion erscheint sie auch in Freuds Theorie«* (S. 228f.). Bei Marcuse hängt die Erinnerung an das, was voneinander getrennt ist, eng mit der Identitätstheorie zusammen, die er niemals völlig fallenließ. Auch Habermas hat in seinen brillanten Kapiteln über Psychoanalyse in *Erkenntnis und Interesse* (Frankfurt 1968), S. 262f., auf die Befreiungsfunktion von Erinnerung hingewiesen.

52 *Dialektik der Aufklärung,* S. 274.

53 Benjamin, *Berliner Kindheit um Neunzehnhundert* (Frankfurt 1950).

54 Brief von Adorno an Benjamin vom 29. Februar 1940 in: Adorno, *Über Walter Benjamin,* S. 159.

55 Adornos Verteidigung einer gewissen Verdinglichung als einem notwendigen Moment jeder Kultur ist artikuliert in seinem Aufsatz über Huxley. Siehe weiter oben, Kapitel 6, S. 214. In anderem Zusammenhang hatte Horkheimer Dilthey und seine Schüler dafür kritisiert, daß sie Geschichte auf das Nacherleben von Ereignissen aus der Vergangenheit reduzierten. Seine Begründung lautete ähnlich: Die völlige Übereinstimmung des Historikers als Subjekt mit dem historischen Ereignis als Objekt sei unerreichbar. Vgl. dazu Kapitel 2, S. 71.

56 Vortrag an der *Columbia University* am 17. April 1945. Es folgten drei weitere Vorträge in den folgenden Wochen. Sie sind den im Jahr 1944 gehaltenen, die der *Kritik der instrumentellen Vernunft* als Grundlage dienten, ähnlich, sind aber nicht mit ihnen identisch. (Löwenthal-Sammlung).

57 Karl Marx, »Ökonomisch-philosophische Manuskripte«, in: *Marx Engels Werke* (MEW), Ergänzungsband I (Berlin 1968), S. 538.

58 Marx selbst hatte auf eine einzige Wissenschaft gehofft: »Die Naturwissenschaft wird später ebenso die Wissenschaft von dem Menschen wie die Wissenschaft von dem Menschen die Naturwissenschaft unter sich subsumieren: es wird *eine* Wissenschaft sein« (ibid., S. 544). Seine Nachfolger vergaßen den zweiten Teil seines Satzes und übersahen außerdem, daß Marx erklärt hatte, »eines Tages« werde es eine gemeinsame Wissenschaft von Mensch und Natur geben.

59 Marcuse, »Zum Problem der Dialektik«, in: *Die Gesellschaft,* VII, 1 (Januar 1930), S. 26.

60 Siehe z. B. Louis Althusser, *For Marx* (New York 1969). Göran Therborn, dessen Aufsatz über die Frankfurter Schule bereits erwähnt wurde, ist Althusser-Schüler.

61 Emile Durkheim, *Der Selbstmord* (Neuwied und Berlin 1973), S. 124–150. Tardes Hauptschrift war *Les Lois de l'imitation* (Paris 1890).

62 Sigmund Freud, *Massenpsychologie und Ich-Analyse,* in: Sigmund Freud, *Gesammelte Werke,* Bd. XII, S. 95.

63 »Research Project on Anti-Semitism«, in: *SPSS IX,* 1 (1941), S. 139.

64 Horkheimer, *Zur Kritik der instrumentellen Vernunft,* S. 112.

65 *Ibid.,* S. 116.

66 Leo Löwenthal und Norbert Guterman sprechen in *Prophets of Deceit* (New York 1949) von der Häufigkeit, mit der antisemitische Agitatoren Juden imitieren (S. 79).

67 24. April 1945 (Löwenthal-Sammlung).

68 Horkheimer, *Zur Kritik der instrumentellen Vernunft.* S. 167.

69 *Ibid.,* 104f.

[70] *Ibid.*, S. 119.

[71] Siehe z. B. Marcuse, »Der Kampf gegen den Liberalismus in der totalitären Staatsauffassung«, in: *Kultur und Gesellschaft I* (Frankfurt 1965), S. 45.

[72] Gespräch mit Habermas im März 1969 in Frankfurt.

[73] Fritz Ringer, *The Decline of the German Mandarins* (Cambridge, Mass. 1969).

[74] Max Scheler, *Die Wissensformen und die Gesellschaft* (Leipzig 1926), S. 234f.

[75] Die ausführlichste Verteidigung dieser Position liefern Rolf Ahlers mit »Is Technology Intransically Repressive?«, in: *Continuum,* VIII, 1/2 (Frühjahr/Sommer 1970); und Paul Piccone und Alexander Delfini, »Marcuse's Heideggerian Marxism«, in: *Telos,* 6 (Herbst 1970).

[76] Der Aufsatz ist abgedruckt in Michael Oakeshott, *Rationalism in Politics and Other Essays* (London 1962). Oakeshott setzt Rationalismus mit seiner instrumentellen Variante gleich und kann deshalb sagen: »Diese Angleichung der Politik an die Technik ist in der Tat das, was man als den Mythos rationalistischer Politik bezeichnen kann« (S. 4).

[77] *Zur Kritik der instrumentellen Vernunft,* S. 119.

[78] *Ibid.,* S. 121.

[79] *Ibid.,* S.120. Das Buch enthält eine ausführliche Kritik zu den Schriften von Sidney Hook und John Dewey.

[80] Benjamin, »Eduard Fuchs, der Sammler und der Historiker«, in: *ZfS VI,* 2 (1937), S. 364; und in: *Angelus Novus* (Frankfurt 1966), S. 319.

[81] *Zur Kritik der instrumentellen Vernunft,* S. 123.

[82] *Ibid.*, S. 88. [83] *Ibid.*, S. 91.

[84] Horkheimer, »Bemerkungen zu Jaspers' ›Nietzsche‹«, in: *ZfS VI,* 2 (1937). In einem Brief an Löwenthal vom 2. Mai 1946 finden sich weitere verächtliche Worte über Jaspers (Löwenthal-Sammlung).

[85] Marcuse, »Der Kampf gegen den Liberalismus in der totalitären Staatsauffassung«, in: *Kultur und Gesellschaft I,* S. 52.

[86] *Ibid.,* S. 44f.

[87] Brief von Horkheimer an Löwenthal vom 19. August 1946 (Löwenthal-Sammlung).

[88] H. Marcuse, »Existentialismus: Bemerkungen zu Jean-Paul Sartres ›L'Etre et le Néant‹«, in: *Kultur und Gesellschaft II* (Frankfurt 1965); ursprünglich in: *Philosophy and Phenomenological Research* VIII, 3 (März 1948), sowie in: *Sinn und Form II,* 1 (Potsdam 1950).

[89] Sartre hat in seiner *Critique de la raison dialectique* viel von dem zurückgenommen, was er in *L'Etre et le Néant* gesagt hatte (Paris 1960). Marcuses Beurteilung der Schrift war weit freundlicher, vgl. hierzu den der späteren deutschen Version des Aufsatzes hinzugefügten Schluß in *Kultur und Gesellschaft II,* S. 83f.

[90] H. Marcuse, »Existentialismus . . .«, in: *Kultur und Gesellschaft II,* S. 65.

[91] *Ibid.,* S. 66.

[92] Zur Entfremdung der Existentialisten von der Natur siehe Albert William Levi, »The Concept of Nature«, in: *The Origins of Modern Consciousness,* hrsg. v. John Weiss (Detroit 1965), S. 57f.

[93] Paul Robinson, *The Freudian Left* (New York 1969), S. 192f.

[94] H. Marcuse, »Über den affirmativen Charakter in der Kultur«, in: *Kultur und Gesellschaft I,* S. 84.

Être et le Néant, sondern in einem Aufsatz mit dem Titel »Maté-
Révolution«, in: *Les Temps Modernes,* I, 1 und I, 2 (1946). Hier
artre, die materialistischen Prämissen des Marxismus zu wider-
doch revolutionär zu bleiben.

:, *Triebstruktur und Gesellschaft,* S. 40.

er Aufklärung, S. 280 f.

Briefe, Bd. II, S. 681 f.

re marxistische Kritiker der Frankfurter Schule haben stets auf
uer der Widersprüche unter dem Kapitalismus hingewiesen.
Paul Mattick, »The Limits of Integration«, in: *The Critical Spirit:*
onor of Herbert Marcuse, hrsg. v. Kurt H. Wolff und Barrington
(Boston 1967).

:r, *Zur Kritik der instrumentellen Vernunft,* S. 173.

inima Moralia, S. 10.

.

. Gleichen Sinnes schrieb er (S. 298): »Aufgabe von Kunst ist es
os in die Ordnung zu bringen.«

Reflexionen«, in: *Aufklärung,* IV, 1 (Juni 1951), S. 86.

oralia, S. 7.

.

).

1.

Illuminationen, S. 268 f.

egative Dialektik (Frankfurt 1966).

:r, »Schopenhauer Today«, in: *The Critical Spirit,* S. 70.

Horkheimer an Löwenthal vom 2. Dezember 1943 (Löwenthal-
.

e Untersuchung von Utopien sowie über Rousseau stammt von
hklar, *Men and Citizens: A Study of Rousseau's Social Theory*
:, Mass. 1969), S. 2.

115 Zitiert in Die *Süddeutsche Zeitung* (26./27. April 1969), S. 10.

116 Adorno, *Negative Dialektik,* S. 13.

117 Adornos jüngere Kritiker haben dieses Thema ausführlich erörtert. Siehe etwa Manfred Clemenz, »Theorie als Praxis?«, in: *Neue politische Literatur* XIII, 2 (1968).

Epilog

1 Brief von Leo Löwenthal an Max Horkheimer vom 12. Mai 1946 (Löwenthal-Sammlung).

2 Der erste Kontakt wurde brieflich mit Felix Weil und Friedrich Pollock aufgenommen; Löwenthal berichtet darüber in einem Brief an Horkheimer vom 19. Oktober 1946 (Löwenthal-Sammlung).

3 Brief von Horkheimer an Löwenthal vom 12. April 1947 (Löwenthal-Sammlung).

4 In einem Brief an Paul Lazarsfeld vom 4. August 1947 spricht Horkheimer von Möglichkeiten an der *University of California* in Los Angeles, an der *University of Southern California* und am *Occidental College* (Löwenthal-Sammlung).

[5] Gespräch mit Horkheimer in Montagnola am 12. März 1969.

[6] Brief von Horkheimer an Löwenthal vom 18. Februar 1950 (Löwenthal-Sammlung).

[7] Brief von Horkheimer an Löwenthal vom 8. April 1950 (Löwenthal-Sammlung).

[8] Gespräch mit Everett Hughes, Cambridge, Mass., am 21. Juli 1971.

[9] In seinem ersten Brief vom 22. November 1968 an mich sprach Horkheimer von Butlers »großer Freundlichkeit und seinem Verständnis« und fügte hinzu, »zum ersten Mal sah ich ihn ein paar Wochen nach meiner Ankunft in New York, ich werde nie vergessen, was wir ihm verdanken«.

[10] So drückte sich Pollock in einem Gespräch in Lugano im März 1969 aus.

[11] Es wurde ausgedehnt auf Werner Richter. Eine Beschreibung der Gesetzesvorlage existiert in Form einer Notiz, die sich in Horkheimers gesammelten Papieren befindet. Horkheimer hat sie mir freundlicherweise bei meinem Besuch gezeigt.

[12] Theodor W. Adorno, »Auf die Frage: Was ist deutsch«, in: *Stichworte: Kritische Modelle 2* (Frankfurt 1969), S. 110. An anderer Stelle schreibt Adorno: »Keinen Augenblick habe ich in der Emigration die Hoffnung auf Rückkunft aufgegeben« (S. 107).

[13] Herbert Marcuse, *Die Gesellschaftslehre des sowjetischen Marxismus* (Neuwied und Berlin 1964); ursprünglich *Soviet-Marxism* (New York 1958).

[14] Protokolle des Rechtsausschusses des Senats, 82. Kongreß 1951–1952, Bd. III.

[15] Gespräch mit Karl Wittfogel in New York am 21. Juni 1971.

[16] Die Petition befindet sich in der Löwenthal-Sammlung.

[17] Brief von Weil an mich vom 30. März 1971.

[18] Die Schilderung der Rückkehr des Instituts basiert auf Notizen aus Horkheimers Privatpapieren.

[19] *Sociologica I* (Frankfurt 1955).

[20] Horkheimers Reden über akademische Belange sind veröffentlicht als »Gegenwärtige Probleme der Universität«, in: *Frankfurter Universitätsreden VIII* (Frankfurt 1953).

[21] Horkheimers Antrittsrede als Rektor trug den Titel »Zum Begriff der Vernunft«, in: *Frankfurter Universitätsreden VII* (Frankfurt 1952); und in: *Sozialphilosophische Studien* (Frankfurt 1972).

[22] Horkheimer, *Survey of the Social Sciences in Western Germany* (Washington, D. C. 1952).

[23] Der Brief, ein offener Brief, der auch in der deutschen Presse erschien, ist abgedruckt in: Horkheimer, *Kritische Theorie,* Bd. II (Frankfurt 1968).

[24] Eine zwanzigbändige Ausgabe von Adornos Schriften ist derzeit in Arbeit (Suhrkamp Verlag).

[25] Siehe hierzu Paul Breines, »Marcuse and the New Left in America«, in: *Antworten auf Marcuse,* hrsg. v. Jürgen Habermas (Frankfurt 1968). Mit dem Einfluß des Instituts nach 1950 in Amerika habe ich mich befaßt in »The Frankfurt School in Exile«, in: *Perspectives in American History,* Bd. VI (Cambridge 1972).

[26] Die Notizbücher Horkheimers zeugen von vielen Auftritten in den Massenmedien.

[27] Brief von Horkheimer an Löwenthal vom 2. Februar 1943 (Löwenthal-Sammlung).

28 Adorno, *Prismen* (Frankfurt 1955), S. 206.
29 Siehe z. B. Claus Grossner, »Frankfurter Schule am Ende«, in: *Die Zeit* (Hamburg, 12. Mai 1970), S. 5.
30 1966 zeigte Horkheimer sich beunruhigt wegen der Gefahr, die das kommunistische China darstelle; er meinte, die Worte Kaiser Wilhelms II. über die gelbe Gefahr »seien heute sehr ernst zu nehmen« (»On the Concept of Freedom«, in: *Diogenes,* 53, Paris 1966). Ein Jahr danach erschien Horkheimer bei einer Veranstaltung der Deutsch-Amerikanischen Freundschaftswoche auf dem Römerberg in Frankfurt, was studentische Gegner des Vietnamkriegs zu dem Ruf »Horkheimer raus« in dem Bestreben veranlaßte, ihn dazu zu bewegen, sich von der amerikanischen Politik zu distanzieren. Es gelang nicht.
31 Edward Shils, »Tradition, Ecology and Institution in the History of Sociology«, in: *Daedalus* LXXXIX, 4 (1970).
32 Gespräch mit Marcuse am 18. Juni 1968 in Cambridge, Mass.
33 Lazarsfeld äußerte sich so. Siehe »An Episode in the History of Social Research: A Memoir«, in *The Intellectual Migration: Europe and America, 1930–1960,* hrsg. v. Donald Fleming und Bernard Bailyn (Cambridge, Mass. 1969), S. 286.
34 Gespräch mit Lazarsfeld in New York am 3. Januar 1971.
35 Gespräch mit Pollock in Montagnola am 14. März 1969.
36 Gespräch mit Paul Massing am 25. November 1970 in New York.
37 Am 12. November 1943 schrieb Löwenthal an Horkheimer, »wenn Du in der Encyclopedia of Social Sciences nachliest, dann siehst Du, daß dieser [George Herbert] Mead offensichtlich ein Philosoph und Soziologe mit wirklichen Fragen war.« Dies ist allerdings die einzige Stelle, die ich fand, an der Mead in den Institutsschriften erwähnt ist (Löwenthal-Sammlung).
38 Brief von Horkheimer an Löwenthal vom 17. Juli 1946 (Löwenthal-Sammlung). Ein Teil des Zitats erscheint in Horkheimers *Zur Kritik der instrumentellen Vernunft* (Frankfurt 1967), S. 151; die Stelle bei Poe: *The Portable Poe* (New York 1945), S. 660.
39 Hans Mommsen, »Historical Scholarship in Transition: The Situation in the Federal Republic of Germany«, in: *Daedalus,* C, 2 (Frühjahr 1971), S. 498.
40 Adorno, *Prismen,* S. 49f.
41 Horkheimer, »Traditionelle und kritische Theorie«, in: *ZfS VI,* 2 (1937), S. 269; und in: *Kritische Theorie,* Bd. II (Frankfurt 1968), S. 164.
42 Walter Benjamin, »Zeitschrift für Sozialforschung«, in: *Maß und Wert* I, 5 (Mai/Juni 1938), S. 820.
43 Adorno schrieb in einem seiner Aufsätze über Benjamin: »Ihn hatte die Vormacht des Geistes extrem seiner physischen und selbst psychologischen Existenz entfremdet . . . er (hatte) animalische Wärme mit einem Tabu bedacht, kaum durfte ein Freund es wagen, ihm auch nur die Hand auf die Schulter zu legen«, *Über Walter Benjamin* (Frankfurt 1970), S. 50.
44 Fritz Ringer *The Decline of the German Madarins* (Cambridge, Mass. 1969)
45 Carl Grünberg, »Festrede, gehalten zur Einweihung des Instituts für Sozialforschung an der Universität Frankfurt a. M. am 22. Juni 1924«, in: *Frankfurter Universitätsreden* XX (Frankfurt 1924), S. 4.
46 Ringer, *The Decline of the German Madarins,* S. 5.
47 *Ibid.,* S. 106.
48 *Ibid.,* S. 90.

[49] »Ich habe nur einen einzigen positiven Kommentar zu Freuds Arbeit in der wissenschaftlichen Literatur jener Zeit gefunden, und der stammte von dem radikalen Kritiker Ernst von Aster«, schrieb Ringer *(ibid.,* S. 383).

[50] Adorno, *Prismen,* S. 12.

[51] Damit soll nicht gesagt sein, die Frankfurter Schule habe die Fortdauer des Klassenkampfes rundweg bestritten. »Gesellschaft bleibt Klassenkampf, heute genauso wie zu der Zeit, da dieser Begriff entstand«, schrieb Adorno später; in: »Society«, in: *The Legacy of the German Refugee Intellectuals, Salmagundi* 10/11 (1969/1970), S. 149. Der Klassenkampf stand allerdings nicht mehr im Zentrum ihrer Analyse.

[52] Siehe etwa Hans Heinz Holz, *Utopie und Anarchismus: Zur Kritik der kritischen Theorie Herbert Marcuses* (Köln 1968), S. 60f.

[53] Erwähnt in Horkheimers Privatnotizen.

[54] Zitiert in einem Brief von Felix Weil an mich vom 31. Januar 1971.

[55] Harold Poor, *Kurt Tucholsky and the Ordeal of Germany, 1914–1935* (New York 1968), S. 137.

[56] Pollock nannte diese Zahl in einem Gespräch in Montagnola im März 1969.

[57] Adorno, *Minima Moralia* (Frankfurt 1951), S. 98.

[58] Göran Therborn schrieb, daß »der Faschismus verständlicherweise für die Frankfurter Schule zum Haupt der Medusa wurde. Die Folge war, daß die ursprüngliche Haltung heftiger Reaktion darauf in sich erstarrte, statt sich in einer wissenschaftlichen Analyse und in revolutionärer politischer Praxis zu entfalten«; »Frankfurt Marxism: A Critique«, in: *New Left Review,* 63 (September/Oktober 1970), S. 94. Seine Kritik kam von links, aber auch Liberale haben auf die Fixierung des Instituts auf das Faschismusproblem hingewiesen. Siehe z. B. Leon Bramson, *The Political Context of Sociology* (Princeton 1961), S. 129. und David Riesman, *Individualism Reconsidered and Other Essays* (Glencoe, Ill. 1954), S. 477.

[59] Martin Jay, Besprechungen von *The Intellectual Migration* (hrsg. v. Fleming und Bailyn) und *The Bauhaus* (Hans Wingler), in: *Commentary XXXXIX, 3 (März 1970).*

[60] Horkheimer (Regius), *Dämmerung* (Zürich 1934), S. 216.

[61] Marcuse äußerte sich entsprechend während eines Gesprächs am 18. Juni 1968 in Cambridge, Mass.

[62] Adorno, *Prismen,* S. 31.

Literaturverzeichnis

Grünbergs Archiv: *Archiv für die Geschichte des Sozialismus und der Arbeiterbewegung*
SPSS: *Studies in Philosophy and Social Sciences*
ZfS: *Zeitschrift für Sozialforschung*

Veröffentlichungen des Instituts

Mit dem Institut verbundene oder von ihm veröffentlichte Zeitschriften

Archiv für die Geschichte des Sozialismus und der Arbeiterbewegung, Bde. I–XV (1910–1930).
Zeitschrift für Sozialforschung, Bde. I–VIII, 2 (1932–1939).
Studies in Philosophy and Social Science, Bd. VIII, 3–IX, 3 (1939–1941). Einzelne *Beihefte* von Grünbergs *Archiv* werden unter den Namen ihrer Autoren aufgeführt.

Zu den Gemeinschaftsarbeiten des Instituts gehören die folgenden Arbeiten:
Studien über Autorität und Familie. Paris 1936.
»Anti-Semitism within American Labor: A Report to the Jewish Labor Committee«, 4 Bde. Unveröffentlicht, 1945, Pollock-Sammlung.

Arbeiten des Instituts über seine eigene Geschichte:

Institut für Sozialforschung an der Universität Frankfurt am Main. Frankfurt/M 1925.
International Institute of Social Research: A Short Description of Its History and Aims. New York 1935.
International Institute of Social Research: A Report on Its History and Activities, 1933–1938. New York 1938.
»Institute of Social Research (Columbia University), Supplementary Memorandum on the Activities of the Institute from 1939 to 1941«. Unveröffentlicht, 1941, Pollock-Sammlung.
»Supplement to the History of the Institute of Social Research«. Unveröffentlicht, 1942, Pollock-Sammlung.
»Ten Years on Morningside Heights: A Report on the Institut's History, 1934 to 1944.« Unveröffentlicht, 1944; in der Löwenthal-Sammlung und in der Pollock-Sammlung.

Institut für Sozialforschung an der Johann Wolfgang Goethe-Universität Frankfurt am Main; Ein Bericht über die Feier seiner Wiedereröffnung, seiner Geschichte, und seine Arbeiten. Frankfurt/M 1952.

Ferner wurden Dokumente, Briefe, unveröffentlichte Papiere, Memoranden und Vorlesungen im Besitz von Leo Löwenthal, Friedrich Pollock und Paul Lazarsfeld herangezogen, desgleichen die verschiedenen Eintragungen in Max Horkheimers Notizbüchern, die vor allem seit 1950 gesammelt wurden. Seit meiner Lektüre werden die Briefe der Löwenthal-Sammlung in der *Houghton Library* in Harvard aufbewahrt.

Die im Verlauf der Institutsgeschichte von einzelnen Mitarbeitern verfaßten Schriften

Nathan W. Ackerman und Marie Jahoda

Anti-Semitism and Emotional Disorder: A Psychoanalytic Interpretation. New York 1950.

Theodor W. Adorno

Adornos *Gesammelte Schriften* sind beim Suhrkamp Verlag herausgekommen. Bisher sind folgende Bände erschienen: 1, 5, 6, 7, 8, 9, 11, 12, 13, 14. Zur Arbeit herangezogene Einzelschriften:

Alban Berg: Der Meister des kleinsten Übergangs. Wien 1968.
»*Auf die Frage:* Was ist deutsch«, *Stichworte: Kritische Modelle 2.* Frankfurt/M 1969.
Aufsätze zur Gesellschaftstheorie und Methodologie. Frankfurt/M 1970.
The Authoritarian Personality, zus. mit Else Frenkel-Brunswik, Daniel J. Levinson und R. Nevitt Sanford. New York 1950. Dt. Ausg.: *Studien zum autoritären Charakter.* Frankfurt/M 1973.
»Der Begriff des Unbewußten in der Transzendentalen Seelenlehre«. Unveröffentlichte Diss., Universität Frankfurt/M 1927.
»Contemporary German Sociology«, in: *Transactions of the Fourth World Congress of Sociology,* Bd. I. London 1959.
»Currents of Music: Elements of a Radio Theory«. Unveröffentlicht, 1939, Lazarsfeld-Sammlung.
Dialektik der Aufklärung, zus. mit Max Horkheimer. Amsterdam 1947 und Frankfurt/M 1973, 2. Aufl., Fischer Taschenbuch Bd. 6144.
Dissonanzen: Musik in der verwalteten Welt. Frankfurt/M 1956. »Erpreßte Versöhnung«, in: *Noten zur Literatur II.* Frankfurt/M 1961.
»Fragmente über Wagner«, in: *ZfS* VIII, 1/2 (1939).
»Freudian Theory and the Pattern of Fascist Propaganda«, in: *Psychoanalysis and the Social Sciences* (Hg. Geza Roheim). New York 1951.
Der getreue Korrepetitor. Frankfurt/M 1963.
»How to Look at Television«, zus. mit Bernice T. Eiduson. Vortrag vor der Hacker Foundation, Los Angeles, 13. April 1953, Löwenthal-Sammlung.
»Husserl and the Problem of Idealism«, in: *Journal of Philosophy* XXVII, 1 (4. Januar 1940).

Kierkegaard: Konstruktion des Ästhetischen. Tübingen 1933; neubearbeitete Aufl. Frankfurt/M 1966.
Minima Moralia: Reflexionen aus dem beschädigten Leben. Frankfurt/M 1951.
Moments Musicaux. Frankfurt/M 1964.
Negative Dialektik. Frankfurt/M 1966.
Ohne Leitbild. Frankfurt/M 1967.
»On Kierkegaard's Doctrine of Love«, in: *SPSS* VIII, 3 (1939).
»On Popular Music«, unter Mitarbeit von George Simpson, in: *SPSS* IX, 1 (1941).
Philosophie der neuen Musik. Frankfurt/M 1949.
Prismen. Frankfurt/M 1955.
»Reflexionen«, in: *Aufklärung* IV, 1 (Juni 1951).
»Scientific Experiences of a European Scholar in America«, in: *The Intellectual Migration: Europe and America, 1930–1960.* (Hg. Donald Fleming und Bernard Bailyn). Cambridge, Mass. 1969.
»A Social Critique of Radio Music«, in: *Kenyon Review* VII, 2 (Frühjahr 1945).
»Social Science and Sociological Tendencies in Psychoanalysis«. Los Angeles, 27. April 1946, Löwenthal-Sammlung. Dt. Version in: *Sociologica* II: Reden und Vorträge. (Hg. Max Horkheimer und Theodor W. Adorno). Frankfurt/M 1962.
»Sociology and Psychology«, in: *New Left Review,* 46 (November-Dezember 1967) und 47 (Januar-Februar 1968).
»The Stars Down to Earth: *The Los Angeles Times* Astrology Column: A Study in Secondary Superstition«, in: *Jahrbuch für Amerikastudien,* Bd. II Heidelberg 1957 und in *Sociologica* II Frankfurt/M 1962 unter dem Titel: »Aberglaube aus zweiter Hand«.
»Thesen zur Kunstsoziologie«, in: *Kölner Zeitschrift für Soziologie und Sozialpsychologie* XIX, I (März 1967).
»Theses upon Art and Religion Today«, in: *Kenyon Review* VII, 4 (Herbst 1945).
»Über den Fetischcharakter in der Musik und die Regression des Hörens«, in: *ZfS VII, 3 (1938).*
Unter dem Pseudonym »Hektor Rottweiler«, *»Über Jazz«,* in: *ZfS* V, 2 (1936).
Über Walter Benjamin. Frankfurt/M 1970.
»Veblen's Attack on Culture«, in: *SPSS* IX, 3 (1941). Dt. Version:
»Veblens Angriff auf die Kultur«, in: *Prismen. Versuch über Wagner.* Frankfurt/M 1952.
»Wagner, Hitler, and Nietzsche«, in: *Kenyon Review* IX, I (1947).
»Zur gegenwärtigen Stellung der empirischen Sozialforschung in Deutschland«, in: *Empirische Sozialforschung, Schriftenreihe des Instituts zur Förderung Öffentlicher Angelegenheiten e. V.,* Bd. XIV. Frankfurt/M 1952.

Walter Benjamin

Berliner Kindheit um Neunzehnhundert. Frankfurt/M 1950.
Briefe. (Hg. Gershom Scholem und Th. W. Adorno), 2 Bde. Frankfurt/M 1966.
Charles Baudelaire: Ein Lyriker im Zeitalter des Hochkapitalismus. Frankfurt 1969.
Deutsche Menschen: Eine Folge von Briefen. (Unter dem Pseudonym »Detlef Holz«). Luzern 1936.

»Eduard Fuchs, der Sammler und der Historiker«, in: *ZfS* VI, 2 (1937) und in: *Angelus Novus.* Frankfurt/M 1966.
Illuminationen. Frankfurt/M 1961.
»L'Œuvre d'art à l'époque de sa reproduction mecanisée«, in: *ZfS* V, 1 (1936) und in: *Illuminationen* unter dem Titel: »Das Kunstwerk im Zeitalter seiner technischen Reproduzierbarkeit«. »Paris, die Hauptstadt des XIX. Jahrhundert«, in: *Illuminationen.*
»Probleme der Sprachsoziologie«, in: ZfS IV, 3 (1935).
Schriften. (Hg. Theodor W. Adorno und Gershom Scholem), 2 Bde. Frankfurt/M 1955.
Versuche über Brecht. (Hg. Rolf Tiedemann). Frankfurt/M 1966.
»Zeitschrift für Sozialforschung«, *Maß und Wert* I, 5 (Mai-Juni 1938).
»Zum gegenwärtigen gesellschaftlichen Standort des französischen Schriftstellers«, in: *ZfS* III, 1 (1934).
Zur Kritik der Gewalt und andere Aufsätze. Frankfurt/M 1965.

Bruno Bettelheim und Morris Janowitz

Dynamics of Prejudice: A Psychological and Sociological Study of Veterans. New York 1950.
Social Change and Prejudice. New York 1964.

Franz Borkenau

Der Übergang vom feudalen zum bürgerlichen Weltbild. Paris 1934. »Zur Soziologie des mechanistischen Weltbildes«, in: *ZfS* I, 3 (1932).

Erich Fromm

Beyond the Chains of Illusion: My Encounter with Marx and Freud. N.Y. 1962.
»A Counter-Rebuttal«, in: *Dissent* III, 1 (Winter 1956).
The Crisis of Psychoanalysis. New York 1970.
Fear of Freedom. London 1942. (Englische Version von: »*Escape from* Freedom«). Dt. Ausg.: *Die Furcht vor der Freiheit.* Frankfurt/M 1966. *Die gesellschaftliche Bedingtheit der psychoanalytischen Therapie«,* in: *ZfS* IV, 3 (1935).
The Heart of Man. New York 1964.
»The Human Implications of Instinctive ›Radicalism‹«, in: *Dissent* II, 4 (Herbst 1955).
The Life and Work of Sigmund Freud. New York 1963.
Man for Himself. New York 1947. Dt. Ausg.: *Psychoanalyse und Ethik.* Stuttgart und Konstanz 1969.
»Die psychoanalytische Charakterologie und ihre Bedeutung für die Sozialpsychologie«, in: *ZfS* I, 3 (1932).
»Der Sabbath«, in: *Imago* XIII, 2, 3, 4 (1927).
The Sane Society. New York 1955. Dt. Ausg.: *Der moderne Mensch und seine Zukunft.* Frankfurt/M 1955.
Social Character in a Mexican Village, zus. mit Michael Maccoby. Englewood Cliffs, N. J. 1970.
»Die sozialpsychologische Bedeutung der Mutterrechtstheorie«, in: *ZfS* III, 2 (1934).

»Sozialpsychologischer Teil«, in: *Studien über Autorität und Familien.* Paris 1936.
»Über Methode und Aufgabe einer analytischen Sozialpsychologie«, in: *ZfS* I, 1/2 (1932).
Sigmund Freud's Mission. New York 1963.
Zen Buddhism and Psychoanalysis, zus. mit D. T. Suzuki und R. de Martino. New York 1960.
»Zum Gefühl der Ohnmacht«, in: *ZfS* VI, 1 (1937).
Zur Entstehung des Christusdogmas. Wien 1931.

Henryk Grossmann

Das Akkumulations- und Zusammenbruchsgesetz des kapitalistischen Systems. Leipzig 1929.
»Die gesellschaftlichen Grundlagen der mechanistischen Philosophie und die Manufaktur«, in: *ZfS* IV, 2 (1935).
Marx, die klassische Nationalökonomie und das Problem der Dynamik, mit einem Nachwort von Paul Mattick. Frankfurt/M 1969.
»Die Wert-Preis-Transformation bei Marx und das Krisisproblem«, in: *ZfS* I, 1/2 (1932).

Carl Grünberg

»Festrede gehalten zur Einweihung des Instituts für Sozialforschung an der Universität Frankfurt a. M. am 22. Juni 1924«, in: *Frankfurter Universitätsreden,* Bd. XX. Frankfurt/M 1924.

Julian Gumperz

»Zur Soziologie des amerikanischen Parteiensystems«, in: *ZfS* I, 3 (1932).»Recent Social Trends«, in: *ZfS* II, 1 (1933).

Arcadius R. L. Gurland

»Die Dialektik der Geschichte und die Geschichtsauffassung Karl Kautskys«, in: *Klassenkampf.* Berlin 1. Sept. 1929.
The Fate of Small Business in Nazi Germany, zus. mit Franz Neumann und Otto Kirchheimer. Washington, D. C. 1943.
»Die K. P. D. und die rechte Gefahr«, in: *Klassenkampf.* Berlin 1. Dez. 1928.
»Technological Trends and Economic Structure under National Socialism«, in: *SPSS* IX, 2 (1941).

Max Horkheimer

Die meisten von Horkheimers Essays aus der ZfS sind in der Ausgabe »*Kritische Theorie*«, 2 Bde. Hg. Alfred Schmidt. Frankfurt/M 1968, zusammengefaßt. Andere Werke und einzelne Zeitschriftenaufsätze:

»Allgemeiner Teil«, in: *Studien über Autorität und Familie.* Paris 1936 und in *Kritische Theorie,* Bd. I.
Anfänge der bürgerlichen Geschichtsphilosophie. Stuttgart 1930 und Frankfurt/M, Fischer Taschenbuch Bd. 6014.

»Art and Mass Culture«, in: *SPSS* IX, 2 (1941). Dt. Version: »Neue Kunst und Massenkultur«, in: *Kritische Theorie,* Bd. II.
»Auf das Andere Hoffen«, Interview in: *Der Spiegel* v. 5 Jan. 1970.
»Authoritarianism and the Family Today«,in: *The Family: Its Function and Destiny.* (Hg. Ruth Nanda Anshen). New York 1949.
»Autoritärer Staat«, in: »Walter Benjamin zum Gedächtnis«. Unveröffentlicht, 1942, Pollock-Sammlung. Inzwischen erschienen in: Max Horkheimer, *Gesellschaft im Übergang.* Frankfurt/M 1972.
»Bemerkungen über Wissenschaft und Krise«, in: *ZfS* I, 1/2 (1932) und in: *Kritische Theorie,* Bd. I.
»Bemerkungen zu Jaspers' ›Nietzsche‹«, in: *ZfS* VI, 2 (1937).
»Bemerkungen zur philosophischen Anthropologie«, in: *ZfS* IV, 1 (1935).
Dämmerung. (Unter dem Pseudonym »Heinrich Regius«). Zürich 1934.
Dialektik der Aufklärung, zus. mit Theodor W. Adorno. Amsterdam 1947.
Eclipse of Reason. New York 1947. Dt. in einem Band mit weiteren Schriften Max Horkheimers unter dem Titel *Zur Kritik der instrumentellen Vernunft.* Frankfurt/M 1967 erschienen.
»Egoismus und Freiheitsbewegung«, in: *ZfS* V, 2 (1936) und in: *Kritische Theorie,* Bd. II.
»Die Gegenwärtige Lage der Sozialphilosophie und die Aufgaben eines Instituts für Sozialforschung«, in: *Frankfurter Universitätsreden,* Bd. XXVII. Frankfurt/M 1931.
»Geschichte und Psychologie«, in: *ZfS* I, 1/2 (1932) und in: *Kritische Theorie,* Bd. I.
»Hegel und die Metaphysik«, in: *Festschrift für Carl Grünberg: zum 70. Geburtstag.* Leibzig 1932.
»Die Juden in Europa«, in: *ZfS* VIII, 1/2 (1939) und in: *Autoritärer Staat. Amsterdam 1968.*
Kants Kritik der Urteilskraft als Bindeglied zwischen theoretischer und praktischer Philosophie. Stuttgart 1925.
»The Lessons of Fascism«, in: *Tensions That Cause Wars.* (Hg. Hadley Cantril). Urbana, Ill. 1950. Dt. Version in: *Gesellschaft im Übergang.* Frankfurt/M 1972.
»Materialismus und Metaphysik«, in: *ZfS* II, 1 (1933) und in: *Kritische Theorie,* Bd. I.
»Materialismus und Moral«, in: *ZfS* II, 2 (1933) und in: *Kritische Theorie,* Bd. I.
»Montaigne und die Funktion der Skepsis«, in: *ZfS* VII, 1 (1938) und in: *Kritische Theorie,* Bd. II.
»Ein neuer Ideologiebegriff?«, in: *Grünbergs Archiv* XV, 1 (1930) und in: *Sozialphilosophische Studien.* Frankfurt/M 1972.
»Der neueste Angriff auf die Metaphysik«, in: *ZfS* VI, 1 (1937) und in: *Kritische Theorie,* Bd. II.
»Notes on Institute Activities«, in: *SPSS* IX, 1 (1941).
»On the Concept of Freedom«, in: *Diogenes* 53. Paris 1966.
»Die Philosophie der absoluten Konzentration«, in: *ZfS* VII, 3 (1938).
»Philosophie und kritische Theorie«, in: *ZfS* VI, 3 (1937) und in: *Kritische Theorie,* Bd. II.
Preface, in: *SPSS* IX,2 (1941).
»The Relation between Psychology and Sociology in the Work of Wilhelm Dil-

they«, in: *SPSS* IX, 3 (1936) und in: *Kritische Theorie*, Bd. II unter dem Titel: »Psychologie und Soziologie im Werk Wilhelm Diltheys«.
»Schopenhauer Today«, in: *The Critical Spirit; Essays in Honor of Herbert Marcuse.* (Hg. Kurt H. Wolff und Barrington Moore, Jr.). Boston 1967.
»The Social Function of Philosophy«, in: *SPSS* VIII, 3 (1939).
»Sociological Background of the Psychoanalytic Approach«, in: *Anti-Semitism: A Social Disease.* (Hg. Ernst Simmel). New York 1946.
Survey of the Social Sciences in Western Germany. Washington, D. C. 1952.
»Traditionelle und kritische Theorie«, in: *ZfS* VI, 2 (1937) und in: *Kritische Theorie*, Bd. II und Frankfurt/M, Fischer Taschenbuch Bd. 6015.
»Vernunft und Selbsterhaltung«, in: »Walter Benjamin zum Gedächtnis«. Unveröffentlicht, 1942, Pollock-Sammlung. Inzwischen erschienen in: *Autoritärer Staat.* Amsterdam 1968 und Frankfurt/M 1970.
»Zu Bergsons Metaphysik der Zeit«, in: *ZfS* III, 3 (1934) und in: *Kritische Theorie*, Bd. I.
»Zum Begriff der Vernunft«, in: *Frankfurter Universitätsreden*, Bd. VII. Frankfurt/M 1952, und in: *Sozialphilosophische Studien.* Frankfurt/M 1972.
»Zum Problem der Voraussage in den Sozialwissenschaften«, in: *ZfS* II, 3 (1933) und in: *Kritische Theorie*, Bd. I.
»Zum Problem der Wahrheit«, in: *ZfS* IV, 3 (1935) und in: *Kritische Theorie*, Bd. I.
»Zum Rationalismusstreit in der gegenwärtigen Philosophie«, in: *ZfS* III,1 (1934) und in: *Kritische Theorie*, Bd. I.
Zur Kritik der instrumentellen Vernunft. Frankfurt/M 1967.

Otto Kirchheimer

»Criminal Law in National Socialist Germany«, in: *SPSS* VIII, 3 (1939).
The Fate of Small Business in Nazi Germany, zus. mit Arcadius R. L. Gurland und Franz Neumann. Washington, D. C. 1943.
»Franz Neumann: An Appreciation«, in: *Dissent* IV, 4 (Herbst 1957).
Political Justice: The Use of Legal Procedure for Political Ends. Princeton 1961. Dt. Ausg.: *Politische Justiz. Verwendung juristischer Verfahrensmöglichkeiten zu politischen Zwecken.* Neuwied und Berlin 1965.
Politics, Law, and Social Change: Selected Essays of Otto Kirchheimer. (Hg. Frederic S. Burin und Kurt L. Shell). New York und London 1969.
Punishment and Social Structure, zus. mit George Rusche. New York 1939. Dt. Ausg.: *Sozialstruktur und Strafvollzug.* Köln 1974.

Mirra Komarowsky

The Unemployed Man and His Family. New York 1940.

Ernst Křenek

»Bemerkungen zur Rundfunkmusik«, in: *ZfS* VII, 1/2 (1938).

Olga Lang

Chinese Family and Society. New Haven 1946.

Paul Lazarsfeld

»An Episode in the History of Social Research: A Memoir«, in: *The Intellectual Migration: Europe and America, 1930–1960.* (Hg. Donald Fleming und Bernard Bailyn). Cambridge, Mass. 1969.
»Problems in Methodology«, in: *Sociology Today.* (Hg. Robert K. Merton, Leonard Broom und Leonard S. Cottrell, Jr.) New York 1959.
»Remarks on Administrative and Critical Communications Research«, in: *SPSS* IX, 1 (1941).
»Some Remarks on the Typological Procedures in Social Research«, in: *ZfS* VI, 1 (1937).

Leo Löwenthal

»Die Auffassung Dostojewskis in Vorkriegsdeutschland«, in: *ZfS* III, 3 (1934).
»Conrad Ferdinand Meyers heroische Geschichtsauffassung«, in: *ZfS* II, 1 (1933) und in: *Erzählkunst und Gesellschaft* unter dem Titel: »Conrad Ferdinand Meyer – die Apologia des Großbürgertums«.
»Das Dämonische«, in: *Gabe Herrn Rabbiner Dr. Nobel zum 50. Geburtstag.* Frankfurt/M 1921.
Erzählkunst und Gesellschaft: Die Gesellschaftsproblematik in der deutschen Literatur des 19. Jahrhunderts, mit einer Einleitung von Frederic C. Tubach. Neuwied und Berlin 1971.
»German Popular Biographies: Culture's Bargain Counter«, in: *The Critical Spirit: Essays in Honor of Herbert Marcuse.* (Hg. Kurt H. Wolff und Barrington Moore, Jr.). Boston 1967.
»Historical Perspectives of Popular Culture«, in: *Mass Culture: The Popular Arts in America.* (Hg. Bernard Rosenberg und David Manning White). Glencoe, Ill. und London 1957.
Literature and the Image of Man. Boston 1957. Dt. Ausg.: *Das Bild des Menschen in der Literatur.* Neuwied und Berlin 1966.
Literature, Popular Culture, and Society. Englewood Cliffs, N. J. 1961. Dt. Ausg.: *Literatur und Gesellschaft.* Neuwied und Berlin 1964.
Prophets of Deceit, zus. mit Norbert Guterman. New York 1949.
»Terror's Atomization of Man«, in: *Commentary* I, 3 (Jan. 1946).
»Zugtier und Sklaverei«, in: *ZfS* II, 1 (1933).
»Zur gesellschaftlichen Lage der Literatur«, in: *ZfS* I, 1/2 (1932).

Richard Löwenthal (Paul Sering)

»Zu Marshals neuklassischer Ökonomie«, in: *ZfS* VI, 3 (1937).

Kurt Mandelbaum

(Unter dem Pseudonym »Kurt Baumann«), »Autarkie und Planwirtschaft«, in: *ZfS* II, 1 (1933).
(Unter dem Pseudonym »Erich Baumann«), »Keynes Revision der liberalistischen Nationalökonomie«, in: *ZfS* V, 3 (1936).
»Neuere Literatur über technologische Arbeitslosigkeit«, in: *ZfS* V, 1 (1936).
»Zur Theorie der Planwirtschaft«, zus. mit Gerhard Meyer, in: *ZfS* III, 2 (1934).

»Beiträge zu einer Phänomenologie des historischen Materialismus«, in: *Philosophische Hefte* I, 1 (1928).
»Der Einfluß der deutschen Emigranten auf das amerikanische Geistesleben: Philosophie und Soziologie«, in: *Jahrbuch für Amerikastudien*, Bd. X. Heidelberg 1965.
Eros and Civilization. Boston 1955. Dt.: *Triebstruktur und Gesellschaft*, Frankfurt/M 1965.
An Essay on Liberation. Boston 1969. Dt. Ausg.: *Versuch über die Befreiung.* Frankfurt/M 1969.
»Existentialism: Bemerkungen zu Jean-Paul Sartres *L'Etre et le Néant*«, in: *Kultur und Gesellschaft*, Bd. II.
Five Lectures. Boston 1970.
Hegels Ontologie und die Grundlegung einer Theorie der Geschichtlichkeit. Frankfurt/M 1932, 3. Aufl. 1975.
»Ideengeschichtlicher Teil«, in: *Studien über Autorität und Familie.* Paris 1936.
»An Introduction to Hegel's Philosophy«, in: *SPSS* VIII, 3 (1939).
»Der Kampf gegen den Liberalismus in der totalitären Staatsauffassung«, in: *ZfS* III, 1 (1934) und in: *Kultur und Gesellschaft*, Bd. I.
Kultur und Gesellschaft, 2 Bde. Frankfurt/M 1965.
Negations: Essays in Critical Theory. Boston 1968. Dt. Ausg. (fast vollständig): *Kultur und Gesellschaft.*
»Neue Quellen zur Grundlegung des historischen Materialismus«, in: *Die Gesellschaft* IX, 8 (Aug. 1932).
»The Obsolescence of Marxism«, in: *Marx and the Western World.* (Hg. Nicholas Lobkowicz). Notre Dame, Indiana 1967.
One-Dimensional Man: Studies in the Ideology of Advanced Industrial Society. Boston 1964. Dt. Ausg.: *Der eindimensionale Mensch.* Neuwied und Berlin 1967. »Philosophie und kritische Theorie«, in: *ZfS* VI, 3 (1937) und in: *Kultur und Gesellschaft, Bd. I.*
»Das Problem der geschichtlichen Wirklichkeit«, in: Die Gesellschaft VII, 4 (April 1931).
Psychoanalyse und Politik. Frankfurt/M 1968.
Reason and Revolution: Hegel and the Rise of Social Theory, neu bearb. Ausg. Boston 1960. Dt. Ausg.: *Vernunft und Revolution.* Neuwied u. Berlin 1962.
»A Reply to Erich Fromm«, in: *Dissent* III, 1 (Winter 1956).
»Repressive Tolerance«, in: *A Critique of Pure Tolerance*, zus. mit Robert Paul Wolff und Barrington Moore, Jr. Boston 1965. Dt. Version: »Repressive Toleranz«, in: *Kritik der reinen Toleranz.* Frankfurt/M 1966.
»Some Social Implications of Modern Technology«, in: *SPSS* IX, 3 (1941).
Soviet Marxism: A Critical Analysis. New York 1958. Dt. Ausg.: *Die Gesellschaftslehre des sowjetischen Marxismus.* Neuwied und Berlin 1974.
»Über den affirmativen Charakter der Kultur«, in: *ZfS* VI, 1 (1937).
»Über die philosophischen Grundlagen des wirtschaftswissenschaftlichen Arbeitsbegriff«, in: *Archiv für Sozialwissenschaft und Sozialpolitik* LXIX, 3 (Juni 1933).
»Zum Begriff des Wesens«, in: *ZfS* V, 1 (1936).
»Zum Problem der Dialektik«, in: *Die Gesellschaft* VII, 1 (Jan. 1930).
»Zur Kritik des Hedonismus«, in: *ZfS* VII, 1 (1938).

»Zur Wahrheitsproblematik der soziologischen Methode«, in: *Die Gesellschaft* VI, 10 (Okt. 1929).

Paul Massing

Rehearsal for Destruction. New York 1949.
(Unter dem Pseudonym »Karl Billinger«), *Schutzhäftling 880: Aus einem deutschen Konzentrationslager.* Paris 1935.

Gerhard Mayer

»Krisenpolitik und Planwirtschaft«, in: *ZfS* IV, 3 (1935).
»Neue englische Literatur zur Planwirtschaft«, in: *ZfS* II, 2 (1933).
»Neuere Literatur über Planwirtschaft«, in: *ZfS* I, 3 (1932).
»Zur Theorie der Planwirtschaft«, zus. mit Kurt Mandelbaum, in: *ZfS* III,2 (1934).

Franz Neumann

Behemoth: The Structure and Practice of National Socialism, 1933–1944, neubearbeitete Ausg. New York 1944.
The Democratic and the Authoritarian State: Essays in Political and Legal Theory, mit einem Vorwort von Herbert Marcuse. New York 1957. Dt. Ausg.: *Demokratischer und autoritärer Staat. Beiträge zur Soziologie der Politik.* Frankfurt/M 1971.
The Fate of Small Business in Nazi Germany, zus. mit Arcadius R. L. Gurland und Otto Kirchheimer. Washington 1943.
»The Social Sciences«, in: *The Cultural Migration: The European Scholar in America,* zus. mit Henri Peyre, Erwin Panofsky, Wolfgang Köhler und Paul Tillich, mit einer Einführung von W. Rexford Crawford. Philadelphia 1953.

Friedrich Pollock

The Economic and Social Consequences of Automation. Ins Engl. übersetzt. Oxford 1957.
»Die gegenwärtige Lage des Kapitalismus und die Aussichten einer planwirtschaftlichen Neuordnung«, in: *ZfS* I, 1/2 (1933).
(Hg.), *Gruppenexperiment: Ein Studienbericht; Frankfurter Beiträge zur Soziologie,* Bd. II. Frankfurt/M 1955.
»Is National Socialism a New Order?«, in: *SPSS* IX, 3 (1941).
Die planwirtschaftlichen Versuche in der Sowjetunion, 1917–1927. Leipzig 1929.
Sombarts »Widerlegung« des Marxismus. Leipzig 1926.
»Sozialismus und Landwirtschaft«, in: *Festschrift für Carl Grünberg: zum 70. Geburtstag.* Leipzig 1932.
»State Capitalism: Its Possibilities and Limitations«, in: *SPSS* IX, 2 (1941).
»Zu dem Aufsatz von Hannah Arendt über Walter Benjamin«, in: *Merkur* XXII, 6 (1968).

Ernst Schachtel

»Zum Begriff und zur Diagnose der Persönlichkeit in den ›Personality Tests‹«, in: *ZfS* VI, 3 (1937).

Andries Sternheim

»Zum Problem der Freizeitgestaltung«, in: *ZfS* I, 3 (1932).

Felix J. Weil

The Argentine Riddle. New York 1944.
»Neuere Literatur zum ›New Deal‹«, in: *ZfS* V, 3 (1936).
»Neuere Literatur zur deutschen Wehrwirtschaft«, in: *ZfS* VII 1/2 (1938).
Sozialisierung: Versuch einer begrifflichen Grundlegung (Nebst einer Kritik der Sozialisierungspläne). Berlin-Fichtenau 1921.

Karl August Wittfogel

Das Erwachende China. Wien 1926.
»The Foundations and Stages of Chinese Economic History«, in: *ZfS* IV, 1 (1935).
Geschichte der bürgerlichen Gesellschaft. Wien 1924.
Oriental Despotism: A Comparative Study of Total Power. New Haven, London und New York 1957. Dt. Ausg.: *Die orientalische Despotie. Eine vergleichende Untersuchung totaler Macht.* Köln.
Aussage vor dem *Internal Security Subcommittee* des *Senate Judiciary Committee,* 7. August 1951, *82nd Congress,* 1951–1952, Bd. III.
»Die Theorie der orientalischen Gesellschaft«, in: *ZfS* VII, 1 (1938).
Wirtschaft und Gesellschaft Chinas, Leipzig 1931.
Die Wissenschaft der bürgerlichen Gesellschaft. Berlin 1922.

Arbeiten, die sich unmittelbar auf das Institut oder eines seiner Mitglieder beziehen

Arendt, Hannah, Einführung zu *Illuminations: Essays and Reflections.* New York 1968. Dt. Ausg.: *Illuminationen,* herausgegeben und eingeleitet von Hannah Arendt. Frankfurt/M 1961. Nachgedruckt in: Hannah Arendt, *Men in Dark Times* unter dem Titel: »Walter Benjamin: 1892–1940«. New York 1968.
Axelos, Kostas, »Adorno et l'école de Francfort«, in: *Arguments* III, 14 (1959).
Bernsdorf, Wilhelm, *Internationales Soziologen Lexikon.* Stuttgart 1965.
Bloch, Ernst, »Erinnerungen an Walter Benjamin«, in: *Der Monat* XVIII, 216 Sept. 1966).
Böhmer, Konrad, »Adorno, Musik, Gesellschaft«, in: *Die neue Linke nach Adorno.* (Hg. Wilfried F. Schoeller). München 1969.
Bräuer, Walter, »Henryk Grossmann als Nationalökonom«, in: *Arbeit und Wissenschaft* VIII (1954).
Bramson, Leon, *The Political Context of Sociology.* Princeton 1961.
Braunthal, Alfred, »Der Zusammenbruch der Zusammenbruchstheorie«, in: *Die Gesellschaft* VI, 10 (Okt. 1929).
Brecht, Bertolt, *Gedichte VI.* Frankfurt/M 1964.
Breines, Paul (Hg.), *Critical Interruptions: New Left Perspectives on Herbert Marcuse.* New York 1970.
Brenner, Hildegard, »Die Lesbarkeit der Bilder: Skizzen zum Passagenentwurf«, in: *Alternative* 59/60 (April–Juni 1968).
–, »Theodor W. Adorno als Sachverwalter des Benjaminschen Werkes«, in:

Die neue Linke nach Adorno. (Hg. Wilfried F. Schoeller). München 1969.
Brown, Roger, *Social Psychology.* New York 1965.
Christie, Richard und Marie Jahoda, *Studies in the Scope and Method of »The Authoritarian Personality«.* Glencoe, Ill. 1954.
Claussen, Detlev, »Zum emanzipativen Gehalt der materialistischen Dialektik in Horkheimer Konzeption der kritischen Theorie«, in: *Neue Kritik* 55/56 (1970).
Clemenz, Manfred, »Theorie als Praxis?«, in: *Neue Politische Literatur* XIII, 2 (1968).
Cohen, Jerry, »The Philosophy of Marcuse«, in: *New Left Review* 57 (Sept.–Okt. 1969).
Colletti, Lucio, »Von Hegel zu Marcuse«, in: *Alternative* 72/73 (Juni–Aug. 1970).
Continuum VIII, 1/2 (Frühjahr–Sommer 1970).
Dahrendorf, Rolf, *Gesellschaft und Demokratie in Deutschland.* München 1965.
Deakin, F. W., und G. R. Storry, *The Case of Richard Sorge.* London 1966.
»Dialectical Methodology; Marx or Weber; the New *Methodenstreit* in Postwar German Philosophy«, in: *The Times Literary Supplement* (London 12. März 1970).
Fermi, Laura, *Illustrious Immigrants.* Chicago 1968.
Fetscher, Iring, »Asien im Lichte des Marxismus: Zu Karl Wittfogels Forschungen über die orientalische Despotie«, in: *Merkur* XX, 3 (März 1966).
–, »Ein Kämpfer ohne Illusion«, in: *Die Zeit* (Hamburg 19. Aug. 1969).
–, »Bertolt Brecht and America«, in: *The Legacy of the German Refugee Intellectuals, Salmagundi* 10/11 (Herbst 1969–Winter 1970).
Fingarette, Herbert, »Eros and Utopia«, in: *The Review of Metaphysics* X, 4 (Juni 1957).
Fleming, Donald, und Bernhard Bailyn (Hg.), *The Intellectual Migration: Europe and America, 1930–1960.* Cambridge, Mass. 1969.
Friedenberg, Edgar, »Neo-Freudianism and Erich Fromm«, in: *Commentary* XXXIV, 4 (Okt. 1962).
»From Historicism to Marxist Humanism«, in: *The Times Literary Supplement* (London 5. Juni 1969).
Gay, Peter, *Weimar Culture: The Outsider as Insider.* New York 1968.
Dt. Ausg.: *Die Republik der Außenseiter. Geist und Kultur in der Weimarer Zeit: 1918–33.* Frankfurt/M 1970.
Giltay, H., »Psychoanalyse und sozial-kulturelle Erneuerung«, in: *Psychoanalytische Bewegung* IV, 5 (Sept.–Okt. 1932).
Glazer, Nathan, »The Authoritarian Personality in Profile: Report on a Major Study of Race Hatred«, in: *Commentary* IV, 6 (Juni 1950).
Goldmann, Lucien, »La Pensée de Herbert Marcuse«, in: *La Nef* 36 (Jan.–März 1969).
Graubard, Allen, »One-dimensional Pessimism«, in: *Dissent* XV, 3 (Mai–Juni 1968).
Grossner, Claus, »Frankfurter Schule am Ende«, in: *Die Zeit* (Hamburg 12. Mai 1970).
Gruchot, Piet, »Konstruktive Sabotage: Walter Benjamin und der bürgerliche Intellektuelle«, in: *Alternative* 56/57 (Okt.–Dez. 1967).
Habermas, Jürgen (Hg.), *Antworten auf Herbert Marcuse.* Frankfurt/M 1968.
–, *Philosophisch-politische Profile.* Frankfurt/M 1971.

Hammond, Guyton B., *Man in Estrangement.* Nashville 1965.
Heise, Rosemarie, »Der Benjamin-Nachlaß in Potsdam«, Interview mit Hildegard Brenner in: *Alternative* 56/57 (Okt.–Dez. 1967).
–, »Nachbemerkungen zu einer Polemik oder widerlegbare Behauptungen der Frankfurter Benjamin-Herausgeber«, in: *Alternative* 59/60 (April-Juni 1968).
Herz, John H., und Erich Hula, »Otto Kirchheimer: An Introduction to his Life and Work«, in: *Politics, Law, and Social Change: Selected Essays by Otto Kirchheimer.* (Hg. Frederic S. Burin und Kurt L. Shell). New York und London 1969.
–, »Otto Kirchheimer«, in: *The Legacy of the German Refugee Intellectuals, Salmagundi* 10/11 (Herbst 1969–Winter 1970).
Holz, Hans Heinz, »Philosophie als Interpretation«, in: *Alternative* 56/57 (Okt.–Dez. 1967).
–, *Utopie und Anarchismus: Zur Kritik der Kritischen Theorie Herbert Marcuses.* Köln 1968.
Howard, Dick, und Karl Klare (Hg.), *The Unknown Dimension: European Marxism Since Lenin.* New York und London 1972.
Hughes, H. Stuart, »Franz Neumann between Marxism and Liberal Democracy«, in: *The Intellectual Migration: Europe and America, 1930–1960.* (Hg. Donald Fleming und Bernard Bailyn). Cambridge, Mass. 1969.
Jameson, Fredric, »T. W. Adorno, or Historical Tropes«, in: *Salmagundi* II, 1 (Frühjahr 1967).
–, »Walter Benjamin, or Nostalgia«, in: *The Legacy of the German Refugee Intellectuals, Salmagundi* 10/11 (Herbst 1969–Winter 1970).
Jay, Martin, »The Frankfurt School in Exile«, in: *Perspectives in American History,* Bd. VI., Cambridge 1972.
–, »The Frankfurt School's Critique of Marxist Humanism«, in: *Social Research* XXXIX, 2 (Sommer 1972).
–, »The Metapolitics of Utopianism«, in: *Dissent* XVII, 4 (Juli–Aug. 1970), nachgedruckt in: *The Revival of American Socialism.* (Hg. George Fischer et al.). New York 1971.
–, »The Permanent Exile of Theodor W. Adorno«, in: *Midstream* XV, 10 (Dez. 1969).
Kecskemeti, Paul, »The Study of Man: Prejudice in the Catastrophic Perspective«, in: *Commentary* XI, 3 (März 1951).
Kettler, David, »Dilemmas of Radicalism«, in: *Dissent* IV, 4 (Herbst 1957).
Kittsteiner, Heinz-Dieter, »Die ›geschichtsphilosophischen‹ Thesen«, in: *Alternative* 56/57 (Okt.–Dez. 1967).
Koestler, Arthur, *Arrow in the Blue.* New York 1952.
–, *The Invisible Writing.* London 1954.
König, René, »Soziologie der Familie«, in: *Handbuch der empirischen Sozialforschung,* Bd. II. Stuttgart 1969.
–, »On Some Recent Developments in the Relation Between Theory and Research«, in: *Transactions of the 4th World Congress of Sociology,* Bd. II. London 1959.
Laplanche, Jean, »Notes sur Marcuse et le Psychoanalyse«, in: *La Nef* 36 (Jan.–März 1969).
Lefebvre, Henri, »Eros et Logos«, in: *La Nef* 36 (Jan.–März 1969).
Leibowitz, René, »Der Komponist Theodor W. Adorno«, in: *Zeugnisse: Theo-*

dor W. Adorno zum sechzigsten Geburtstag. (Hg. Max Horkheimer). Frankfurt/M 1963.
Lethen, Helmut, »Zur materialistischen Kunsttheorie Benjamins«, in: *Alternative* 56/57 (Okt.–Dez. 1967).
Libera, Alain de, »La Critique de Hegel«, in: *La Nef* 36 (Jan.–März 1969).
Lichtheim, George, »From Marx to Hegel: Reflections on Georg Lukács, T. W. Adorno, and Herbert Marcuse«, in: *Tri-Quarterly,* 12 (Frühjahr 1968).
Lipshires, Sidney S., »Herbert Marcuse: From Marx to Freud and Beyond«, Diss., University of Connecticut, 1971.
Lück, Helmut, »Anmerkungen zu Theodor W. Adornos Zusammenarbeit mit Hanns Eisler«, in: *Die neue Linke nach Adorno.* (Hg. Wilfried F. Schoeller). München 1969.
MacIntyre, Alasdair, *Herbert Marcuse: An Exposition and a Polemic.* N. Y. 1970.
–, »Herbert Marcuse«, in: *Survey* 62 (Jan. 1967).
–, »Modern Society: An End to Revolt?«, in: *Dissent* XII, 2 (Frühjahr 1965).
Mann, Thomas, *Die Entstehung des Doktor Faustus.* Amsterdam 1949.
–, *Letters of Thomas Mann, 1889–1955.* Hg. Clara Winston. New York 1971.
Marks, Robert W., *The Meaning of Marcuse.* New York 1970.
Massing, Hede, *This Deception.* New York 1951.
Mayer, Gustav, *Erinnerungen.* Zürich und Wien 1949.
Mayer, Hans, *Der Repräsentant und der Märtyrer: Konstellationen der Literatur.* Frankfurt/M 1971.
Müller-Strömsdörfer, Ilse, »Die ›helfende Kraft bestimmter Negation‹«, in: *Philosophische Rundschau* VIII, 2/3 (Jan. 1961).
Oppens, Kurt, et. al., *Über Theodor W. Adorno.* Frankfurt/M 1968.
Piccone, Paul, und Alexander Delfini, »Marcuse's Heideggerian Marxism«, in: *Telos* VI (Herbst 1970).
Picht, Georg, »Atonale Philosophie. Theodor W. Adorno zum Gedächtnis«, in: *Merkur* XXIII (10. Okt. 1969).
Pross, Helge, Die deutsche akademische Emigration nach den Vereinigten Staaten, 1933–1941. Berlin 1955.
Radkau, Joachim, *Die deutsche Emigration in den USA: Ihr Einfluß auf die amerikanische Europapolitik, 1933–1945.* Düsseldorf 1971.
Riesman, David, und Nathan Glazer, *Faces in the Crowd.* New Haven 1952.
–, *Individualism Reconsidered and Other Essays.* Glencoe, Ill. 1954.
–, Reuel Denney, und Nathan Glazer, *The Lonely Crowd.* New Haven 1950. Dt. Ausg.: *Die einsame Masse.* Reinbek.
Robinson, Paul, *The Freudian Left.* New York 1969.
Rosenberg, Bernhard, und David Manning White (Hg.), *Mass Culture: The Popular Arts in America.* London 1957.
Rusconi, Gian Enrico, *La Teoria Critica della Società.* Bologna 1968.
Rychner, Max, »Erinnerungen an Walter Benjamin«, in: *Der Monat* XVIII, 216 (Sept. 1966).
Schaar, John H., *Escape from Authority: The Perspectives of Erich Fromm.* New York 1961.
Schmidt, Alfred, »Adorno – ein Philosoph des realen Humanismus«, in: *Neue Rundschau* LXXX, 4 (1969).
–, »Nachwort des Herausgebers: Zur Idee der kritischen Theorie«, in: *Kritische Theorie,* Bd. II. Frankfurt/M 1968.

–, *Die »Zeitschrift für Sozialforschung«: Geschichte und gegenwärtige Bedeutung.* München 1970.
Scholem, Gershom, »Erinnerungen an Walter Benjamin«, in: *Der Monat* XVIII 216 (Sept. 1966).
–, »Walter Benjamin«, in: *The Leo Baeck Institute Yearbook.* New York 1965.
Sedgewick, Peter, »Natural Science and Human Theory«, in: *The Socialist Register.* London 1966.
Shils, Edward, »Daydreams and Nightmares: Reflections on the Criticism of Mass Culture«, in: *Sewanee Review* LXV, 4 (Herbst 1957).
–, »Tradition, Ecology, and Institution in the History of Sociology«, in: *Daedalus* LXXXIX, 4 (Herbst 1970).
Silbermann, Alphons, »Anmerkungen zur Musiksoziologie,« in: *Kölner Zeitschrift für Soziologie und Sozialpsychologie* XIX, 3 (Sept. 1967).
Stourzh, Gerald, »Die deutschsprachige Emigration in den Vereinigten Staaten: Geschichtswissenschaft und Politische Wissenschaft«, in: *Jahrbuch für Amerikastudien* X. Heidelberg 1965.
Sweezy, Paul, »Paul Alexander Baran: A Personal Memoir«, in: *Monthly Review* XVI, 11 (März 1965).
Szondi, Peter, »Hoffnung im Vergangenen«, in: *Zeugnisse: Theodor W. Adorno zum sechzigsten Geburtstag.* Frankfurt/M 1963.
–, »Nachwort«, *Städtebilder* von Walter Benjamin, Frankfurt/M 1963.
Therborn, Göran, »Frankfurt Marxism: A Critique«, in: *New Left Review* 63 (Sept.–Okt. 1970).
»Theodor W. Adorno«, in: *The Times Literary Supplement* (London 28. Sept. 1967).
Tiedemann, Rolf, *Studien zur Philosophie Walter Benjamins.* Frankfurt/M 1965.
–, »Zur ›Beschlagnahme‹ Walter Benjamins, oder Wie man mit der Philologie Schlitten fährt«, in: *Das Argument* X, 1/2 (März 1968).
Trottman, Martin, *Zur Interpretation und Kritik der Zusammenbruchstheorie von Henryk Grossmann.* Zürich 1956.
Unseld, Siegfried, »Zur Kritik an den Editionen Walter Benjamins«, in: *Frankfurter Rundschau* (Jan. 1968).
»Walter Benjamin: Towards a Philosophy of Language«, in: *The Times Literary Supplement* (London 8. Jan. 1971).
Wellmer, Albrecht, *Kritische Gesellschaftstheorie und Positivismus.* Frankfurt/M 1969.
Werckmeister, O. K., »Das Kunstwerk als Negation; Zur Kunsttheorie Theodor W. Adornos«, in: *Die Neue Rundschau* LXXIII, 1 (1962).
»When Dogma Bites Dogma, or The Difficult Marriage of Marx and Freud«, in: *The Times Literary Supplement* (London 8. Jan. 1971).
Wilden, Anthony, »Marcuse and the Freudian Model: Energy, Information, and *Phantasie«, in: The Legacy of the German Refugee Intellectuals, Salmagundi* 10/11 (Herbst 1969–Winter 1970).
Wolff, Kurt H., und Barrington Moore, Jr. (Hg.), *The Critical Spirit: Essays in Honor of Herbert Marcuse.* Boston 1967.

Weitere Werke

Althusser, Louis, *Für Marx*. Frankfurt/M 1968.
Arendt, Hannah, *Between Past and Future*. Cleveland und New York 1961.
–, *The Human Condition*. Chicago 1958.
–, *The Origins of Totalitarianism*. Cleveland 1958.
Aron, Raymond, *German Sociology*. Glencoe, Ill. 1964. Dt. Ausg.: *Die deutsche Soziologie der Gegenwart*. Stuttgart, 3. Aufl. 1969.
Avineri, Shlomo, *The Social and Political Thought of Karl Marx*. Cambridge 1968.
Berlin, Isaiah, *Four Essays on Liberty*. Oxford 1969.
Bottomore, T. B. (Hg). *Karl Marx: Early Writings*. New York 1963.
Brown, Norman O., *Life Against Death*. New York 1959.
Butler, E. M., *The Tyranny of Greece over Germany*. Cambridge 1935.
Cornelius, Hans, »Leben und Lehre«, in: *Die Philosophie der Gegenwart in Selbstdarstellungen* (Hg. Raymund Schmidt), 2 Bde. Leipzig 1923.
Deak, Istvan, *Weimar Germany's Left-Wing Intellectuals: A Political History of the Weltbühne and Its Circle*. Berkeley und Los Angeles 1968.
Dodge, Peter, *Beyond Marxism: The Faith and Works of Hendrik de Man*. Den Haag 1966.
Duggan, Stephen, und Betty Drury, *The Rescue of Science and Learning*. New York 1948.
Erikson, Erik, *Childhood and Society*. New York 1950. Dt. Ausg.: *Kindheit und Gesellschaft*. Stuttgart 1971.
Findlay, J. N., *Hegel: A Reexamination*. New York 1958.
Friedemann, Adolf, »Heinrich Meng, Psychoanalysis and Mental Hygiene«, in: *Psychoanalytic Pioneers* (Hg. Franz Alexander, Samuel Eisenstein und Martin Grotjahn). New York und London 1966.
Goldmann, Lucien, »The Early Writings of George Lukács«, in: *Tri-Quarterly* 9 (Frühjahr 1967).
Grossman, Carl M., und Sylvia Grossman, *The Wild Analyst: The Life and Work of Georg Groddeck*. New York 1965.
Hoggart, Richard, *The Uses of Literacy*, London 1957.
Jahoda, Marie, Paul F. Lazarsfeld und Hans Zeisel, *Die Arbeitslosen von Marienthal*. Leipzig 1932.
–, Morton Deutsch und Stuart W. Cook, *Research Methods in Social Relations*, Bd. I, New York 1951. Dt. Ausg.: *Untersuchungsmethoden der Sozialforschung*, 2 Bde., Neuwied und Darmstadt 1972.
Habermas, Jürgen, *Knowledge and Human Interests*, ins Engl. übers. von Jeremy J. Shapiro (nicht identisch mit der deutschen Ausgabe »Erkenntnis und Interesse«). Boston 1971.
–, *Technik und Wissenschaft als »Ideologie«*. Frankfurt/M 1968.
–, *Theorie und Praxis*. Neuwied 1963.
–, *Toward a Rational Society*, ins Engl. übers. von Jeremy J. Shapiro (nicht identisch mit der deutschen Ausgabe). Boston 1970.
Honigsheim, Paul, »Reminiscences of the Durkheim School«, in: *Emile Durkheim, 1858–1917* (Hg. Kurt H. Wolff). Columbus, Ohio 1960.
Hughes, H. Stuart, *Consciousness and Society*. New York 1958.
Kockelmans, Joseph J. (Hg.), *Phenomenology*. New York 1967.
Kornhauser, William, *The Politics of Mass Society*. Glencoe, Ill. 1959.

Korsch, Karl, *Marxismus und Philosophie.* Frankfurt/M. 1966.
Kracauer, Siegfried, *From Caligari to Hitler.* Princeton 1947. Dt. Ausg.: *Von Caligari bis Hitler.* Hamburg 1958.
Leser, Norbert, *Zwischen Reformismus und Bolschewismus: Der Austromarxismus als Theorie und Praxis.* Wien, Frankfurt und Zürich 1968.
Lichtheim, George, *The Concept of Ideology.* New York 1967.
–, *George Lukács.* New York 1970. Dt. Ausg.: München, dtv.
–, *Marxism: An Historical and Critical Study.* New York und London 1961.
–, *The Origins of Socialism.* New York 1969. Dt. Ausg.: *Kurze Geschichte des Sozialismus.* Köln 1971 und München 1975, dtv.
Lipset, Seymour M., *Political Man.* New York 1960.
Lobkowicz, Nicholas (Hg.), *Marx and the Western World.* Notre Dame, Ind. 1967.
–, Theory and Practice: *History of a Concept From Aristotle to Marx.* Notre Dame, Ind. 1967.
Lorei, Madlen, und Richard Kirn, *Frankfurt und die goldenen zwanziger Jahre.* Frankfurt/M 1966.
Löwith, Karl, *Von Hegel zu Nietzsche.* Zürich und Stuttgart 1941, Neuaufl. 1964.
Lukács, Georg, *Essays on Thomas Mann.* Ins Engl. übers. von Stanley Mitchell. New York 1964.
–, Geschichte und Klassenbewußtsein, in: *Georg Lukács Werke,* Bd. 2, Neuwied und Berlin 1968.
–, *Der historische Roman.* Berlin 1955.
–, Die Zerstörung der Vernunft, in: *Georg Lukács Werke,* Bd. 9. Neuwied 1961.
MacDonald, Dwight, *Against the American Grain.* New York 1962.
MacIver, Robert M., *As a Tale That Is Told.* Chigago 1968.
Marcuse, Ludwig, *Mein zwanzigstes Jahrhundert.* München 1960.
Maslow, Abraham H., »The Authoritarian Character Structure«, in: *The Journal of Social Psychology* XVIII, 2 (Nov. 1943).
Mason, T. W., »The Primacy of Politics: Politics and Economics in National Socialist Germany«, in: *The Nature of Fascism* (Hg. S. J. Woolf). N. Y. 1968.
Maus, Heinz, »Bericht über die Soziologie in Deutschland 1933 bis 1945«, in: *Kölner Zeitschrift für Soziologie und Sozialpsychologie* II, 1 (1959).
Merton, Robert, *Social Theory and Social Structure,* bearb. Ausg. Glencoe, Ill. 1957.
Meyer, Gladys, *The Magic Circle.* New York 1944.
Mitscherlich, Alexander, *Die vaterlose Gesellschaft.* München 1963.
Negt, Oskar (Hg.), *Aktualität und Folgen der Philosophie Hegels.* Frankfurt/M 1970.
Oakeshott, Michael, *Rationalism in Politics and Other Essays.* London 1962.
Oberschall, Anthony, *Empirical Social Research in Germany.* Paris und Den Haag 1965.
Parkinson, G. H. R. (Hg.), *Georg Lukács: The Man, His Work, and His Ideas.* New York 1970.
Popper, Karl, *The Poverty of Historicism.* London 1957. Dt. Ausg.: *Das Elend des Historizismus.* Tübingen.
Reich, Wilhelm, *Die Massenpsychologie des Faschismus.* Kopenhagen 1933 und korrig. Aufl. Köln und Berlin 1971 und Frankfurt/M, Fischer Taschenbuch Bd. 6250.

Rieff, Philip, *Freud: The Mind of the Moralist.* New York 1959.
–, (Hg.), *On Intellectuals.* New York 1970.
Riemer, Svend, »Die Emigration der deutschen Soziologen nach den Vereinigten Staaten«, in: *Kölner Zeitschrift für Soziologie und Sozialpsychologie* II, 1 (1959).
Ringer, Fritz, *The Decline of the German Mandarins.* Cambridge, Mass. 1969.
Rokeach, M., *The Open and Closed Mind.* New York 1960.
Sanford, Nevitt, und H. S. Conrad, »Some Personality Correlates of Morale«, in: *Journal of Abnormal and Social Psychology* XXXVIII, 1 (Jan. 1943).
Scheler, Max, *Die Wissensformen und die Gesellschaft.* Leipzig 1926.
Schmidt, Alfred, *Der Begriff der Natur in der Lehre von Marx.* Frankfurt/M 1962.
Schoenbaum, David, *Hitler's Social Revolution.* Garden City, N. Y. 1966.
Shklar, Judith N., *Men and Citizens: A Study of Rousseau's Social Theory.* Cambridge 1969.
Speier, Hans, »*The Social Condition of the Intellectual Exile*«, in: *Social Order and the Risks of War: Papers in Political Sociology.* New York 1952.
Steiner, George, *Language and Silence: Essays on Language, Literature, and the Inhuman.* New York 1967. Dt. Ausg.: *Sprache und Schweigen. Essays über Sprache, Literatur und das Unmenschliche.* Frankfurt/M 1969.
Werk und Wirken Paul Tillichs: Ein Gedenkbuch. Stuttgart 1967.
Topitsch, Ernst, *Logik der Sozialwissenschaften.* Köln und Berlin 1965.
Turel, Adrien, *Bachofen-Freud: Zur Emanzipation des Mannes vom Reich der Mutter.* Bern 1939.
Weber, Max, *The Theory of Social and Economic Organization.* Ins Engl. übers. v. A. M. Henderson und Talcott Parsons. New York 1947.
Wolin, Sheldon, *Politics and Vision.* Boston 1960.
Wurgaft, Lewis D., »The Activist Movement: Cultural Politics on the German Left, 1914–1933.« Diss. Harvard University 1970.

Namen- und Sachregister

Abel, Theodore 262
Abraham, Karl 121
Ackermann, Nathan W. 278–279
Adenauer, Konrad 334
Adler, Max 41, 47
Adler, Mortimer 252
Adorno, Gretel 353 Anm., 385 Anm., 387 Anm., 388 Anm.
Adorno, Theodor W. 34, 39–43, 46, 48, 51, 54, 61, 63, 75, 77, 79–80, 84, 90–91, 95, 100, 103–105, 108, 113, 116, 130, 139, 143, 149, 155, 161, 168, 173, 175, 177, 185, 189, 205, 211, 234–235, 239, 242, 255, 268, 278, 281–282, 290, 293–294, 300, 322, 329, 332–333, 337, 344, 397 Anm., 403 Anm.; Biographisches 40–42, 224, 234–235; über Kunst 213–215, 224–225, 228, 234, 255, 342, 356 Anm.; Benjamin-Kritik 95, 217–218, 237, 239–240, 246–247, 250–251, 307, 389 Anm.; *Dialektik der Aufklärung* 135, 173, 189–190, 234, 253, 256–257, 263, 273–276, 277, 293, 297–311, 318, 322; frühe musikalische Ausbildung 41, 219; über empirische Forschung 264–266, 272–273, 277, 282–283, 295; »Über den Fetischcharakter und die Regression des Hörens« 226, 251; über Freud und Psychologie 114, 132–138, 270, 272, 392; über die Hacker Foundation 234, 333; Verhältnis zu Horkheimer 42–43, 90–91, 207, 226, 234; über Husserl 42,79, 93–94, 99, 377 Anm.; über Jazz 223–225, 227, 230, 255, 316, 382–383 Anm.; über Kafka 214, 234; *Kierkegaard und die Konstruktion des Ästhetischen* 43, 91–93, 211, 247, 301, 319, 397 Anm.; Beziehung zu Kracauer 40–41, 91; Sprache und Stil 212, 245, 308, 312, 323, 329; über Logik 93–94; über Marcuses »Hegels Ontologie« 47–48; über Marx 80; Verbindung mit Lazarsfeld 203, 228–231, 262, 265–266, 296; mit Thomas Mann 232–234; *Minima Moralia* 75, 135, 234, 263, 298–300, 323–325, 339, 364 Anm.; Ontologiekritik 95, 218, 324; Musikanalysen 79, 218–225, 228–233, 250, 382 Anm.; *Philosophie der Neuen Musik* 219, 220, 233, 234; *Prismen* 234, 356 Anm., 358 Anm., 380 Anm.; Rundfunkkritik 229–230, 250; über Schönberg und Strawinskij 212, 219–222, 225, 233–234, 248, 255; »The Stars Down to Earth« 235; über Veblen 217, 218; über Wagner 168, 225, 231–232, 356 Anm.
Allport, Gordon 332
Althusser, Louis 314, 399 Anm.
American Jewish Committee 205, 263, 267, 278–279, 282, 292, 336
Anarchismus 157, 179
Anderson, Eugene N. 204
Antigone 157
Apollinaire, Guillaume 388 Anm.
Aragon, Louis 388 Anm.

Arendt, Hannah 54, 89, 146, 191, 240, 397 Anm.
Aristoteles 22, 180
Aron, Betty 283
Aron, Raymond 57, 202, 332
Aster, Ernst von 404 Anm.
Aufbau 232, 267
Aufklärung 81, 86, 90, 123, 189, 255, 276, 297–298, 303–312, 315, 319, 321–322, 326, 341
Avenarius, Richard 67

Baader, Franz von 39
Bachofen, Johann Jacob 122–124, 130, 155, 158, 365 Anm., 396 Anm.
Bakunin, Michael 157
Balzac, Honoré de 78, 169, 210
Baran, Paul 50, 344, 352 Anm.
Barrès, Maurice 388 Anm.
Barton, Allen 267
Baudelaire, Charles 246–249, 313, 388 Anm.
Bauer, Otto 36, 37, 41
Bäumler, Alfred 122–123
Beard, Charles 59, 144
Bebel, August 122, 123
Beck, Maximilian 47, 203
Beer, Max 47
Beethoven, Ludwig van 216, 225, 230, 233
Benjamin, Walter 34, 52, 54, 55, 80, 91, 95, 108, 130, 134, 145, 168, 190, 203, 208, 210–212, 215, 218, 228, 236, 255–257, 312–313, 322, 324, 337, 340, 359 Anm., 365 Anm., 387 Anm., 403 Anm.; Biographisches 236–238, 239, 242; über Kunst 212–213, 248–251; der Begriff der »Aura« 230, 249, 255; »Der Autor als Produzent« 242; über Baudelaire 246, 248–250, 313, 388 Anm.; »Berliner Kindheit um Neunzehnhundert« 243, 312; über Brecht 240–241, 250, 387 Anm., 389 Anm.; zum Begriff der »durée« 249, 255; »Eduard Fuchs, der Sammler und Historiker« 246, 318; »Wahlverwandtschaften« 243; »Illumination« 244; Einfluß des jüdischen Denkens 212, 238–239, 306–307; über Sprache und Stil 212, 239, 248, 306–307, 398 Anm.; *Der Ursprung des deutschen Trauerspiels* 238, 243; *Passagenarbeit* 243, 246, 249; Verhältnis zum Institut 212–213, 236–239, 241–251, 257, 387–388 Anm.; »Geschichtsphilosophische Thesen« 239, 249; »Das Kunstwerk im Zeitalter der technischen Reproduzierbarkeit« 245–246, 250; Zionistische Phase 238, 385–386 Anm.
Bentham, Jeremy 81
Berg, Alban 41–42, 220
Bergson, Henri 30, 49, 65, 70, 73–74, 76, 92, 248–249
Berkeley Public Opinion Study Group 282, 289, 292, 295, 344
Bernfeld, Siegfried 113, 115
Bernstein, Eduard 36, 105, 120, 319
Bettelheim, Bruno 278–280, 292, 394–395 Anm.
Beveridge, Sir William 58
Blanqui, Auguste 245
Bloch, Ernst 66, 222, 239, 312, 375 Anm.
Blumer, Herbert 258
Borkenau, Franz 31, 34, 36, 39, 58, 119, 337, 350 Anm.; Der Übergang vom feudalen zum bürgerlichen Weltbild 34, 183
Bouglé, Célestin 49, 58, 145, 202
Bouglé, Jeanne 164
Bramson, Leon 289, 291
Brandes, Georg 168
Brecht, Bertolt 191, 232, 240–242, 250, 269, 389 Anm.; Kritik der »Tui-Intellektuellen« 240–241, 386–387 Anm.
Breton, André 388 Anm.
Briffault, Robert 122, 123
Brill, Hans Klaus 143
Brinton, Crane 204
Brown, C. F. 283
Brown, Norman O. 204, 363–364 Anm., 367 Anm.
Brown, Roger 288

Buber, Martin 39, 52, 116, 238
Bürgerliche Kultur *s.* Adorno, Benjamin, Horkheimer, Kritische Theorie, Marcuse
Burckhardt, Jacob 169
Burke, Edmund 161, 326
Burnham, James 186, 376 Anm.
Butler, E. M. 122
Butler, Nicholas Murray 59, 143, 329, 402 Anm.

Calvin 304
Cantril, Hadley 226
Cassirer, Ernst 146
Chaplin, Charlie 191, 251
Cole, G. D. H. 332
Comte, Auguste 103
Cornelius, Hans 24–25, 39, 42–43, 67, 114, 211, 243; Einfluß auf Horkheimer und Pollock 24–25, 39, 42, 67, 109
Creedon, Carol 283
Croce, Benedetto 64
Crouzet, Michel 209
Cunow, Heinrich 36

Darwinismus 318
Deak, Istvan 53
Deakin, F. W. 27, 31
Debussy, Claude 224
Delius 224
Demangeon, A. 202
Descartes, René 36, 85, 153, 302, 314, 317, 371 Anm.
Deutschland, das Junge 168
Dewey, John 116
Dialektik *s.* Adorno, Horkheimer, Kritische Theorie und Marcuse
Dieterle, William 232, 252
Dilthey, Wilhelm 64–65, 71–72, 76, 98–99, 102, 130, 153, 169, 314, 399 Anm.
Dimitrow, Georg 198
Döblin, Alfred 232
Dostojewski, Fjodor 170–171, 210, 215
Dünner, Josef 50
Duprat, Jeanne 202
Durkheim, Emile 49, 315

Eastman, Max 30
Eckert, Christian 29
Eiduson, Bernice T. 235
Eisler, Gerhart 23
Eisler, Hanns 221, 234, 242–245, 384 Anm., 386 Anm.
Empirische Studien *s.* Institut für Sozialforschung, Institutsprojekte
Empirismus(-Kritik) *s.* Adorno, Horkheimer, Institut für Sozialforschung
Engels, Friedrich 27–28, 31, 35, 78, 97, 105, 110, 123, 190, 209–211, 312–314; *Über den Ursprung der Familie* 122
Entfremdung 101, 116, 149, 155, 159, 223, 227, 249, 272, 311, 313, 363 Anm.
Epikur 179
Erikson, Erik 282, 289
Existentialismus 153–154, 159, 319, 320

Fabier 27
Farquharson, Alexander 49, 58
Faschismus *s.* Horkheimer, Institutsprojekte, Neumann, Franz
Favez, Juliette 143
Federn, Paul 113, 115
Fenichel, Otto 113
Ferenczi, Sandor 126, 137, 159
Feuerbach, Ludwig 76, 80, 398 Anm.
Fichtescher, Idealismus 76
Findlay, J. N. 370 Anm.
Finkelstein, Moses I. (M. I. Finley) 182, 330–331, 336, 354 Anm.
Finkelstein, Sydney 209
Fischer, Ruth 207
Fiske, Marjorie 330
Flowerman, Samuel 269, 278
Fogarasi, Bela 23
Ford, Franklin 204
Fourier, Charles 80
Fränkel, Ernst 176
Frankfurter Institut für Psychoanalyse 115
Frankfurter Schule *s. a.* Adorno, Horkheimer, Institut für Sozialforschung, Kritische Theorie, Löwen-

thal, Marcuse 23, 26, 30–31, 34, 41, 49–50, 53, 56, 64–66, 76–78, 83–85, 89, 95–96, 101, 104–105, 116, 130, 132, 148, 151, 154, 161, 168, 169, 176, 192, 200, 208–218, 227, 240, 255–256, 263, 281, 292, 295–305, 307, 312–314, 317, 322–323, 325–326, 327, 334–337, 338–341, 344–345, 397 Anm.; jüdischer Hintergrund 48, 51–55, 79–80, 84, 165, 238, 306, 337, 352 Anm.; großbürgerlicher Lebensstil 50, 56, 339, 340; Auswirkungen der Emigration nach Amerika 59–60, 144, 163, 202, 208, 226, 245, 299, 327–329, 336–337; Dominanz Horkheimers 29, 282, 335–336; Verlust der kritischen Schärfe 268, 292, 334–335, 404 Anm.; Kulturanalyse 213–216, 235, 250–258, 267, 308–309, 322, 342, 381 Anm.; Verhältnis zu Brecht 240–241, 386–387 Anm.; zur Sowjetunion 36, 37–39, 56, 58–59, 65, 66, 136, 149, 185, 189, 271, 292, 300, 343; zu Webers Schriften 150–151, 304–305
Frazer, Sir James 122
Freies Jüdisches Lehrhaus 39, 116, 238
Freisler, Roland 192
Frenkel-Brunswik, Else 278, 283, 286, 288–289, 393–394 Anm.
Freud, Anna 115
Freud, Sigmund 54, 103, 113–141, 158–161, 235, 248, 256, 270, 272, 278–279, 282, 313, 315–316, 321, 343, 364 Anm., 366 Anm., 398–399 Anm., 404 Anm.
Freytag, Gustav 168
Friedeburg, Ludwig von 333
Fried, Hans 203
Friedmann, Georges 57
Fromm, Erich 39, 46, 51, 52, 59, 115, 131–133, 137–138, 140, 147–148, 149, 177, 204, 228, 238, 258, 264, 272, 289, 335, 340, 346, 364 Anm., 368 Anm., 395 Anm.; Biographisches 52, 115; Judentum 52, 115–116, 364 Anm.; Verhältnis zum Institut 116, 126, 129, 132–134; philosophische Anthropologie 116, 119; Freud-Kritik 117, 119–120, 123–127, 134, 141, 158-160; Synthese von Marx und Freud 117–119; *Psychoanalyse und Ethik* 116, 127, 128; Analyse von Charaktertypen 121–122, 127, 133, 147, 159–160, 164, 197, 231, 269, 283, 365 Anm.; *Zur Entstehung des Christusdogmas* 118, 127; »Psychoanalyse und Politik« 118; *Die Furcht vor der Freiheit* 121–122, 126, 128, 130, 134, 141, 148, 149, 159, 363 Anm.; Matriarchat und Patriarchat 122–125, 160, 172, 291, 396 Anm.; über Toleranz 125, 269; *Die Kunst des Liebens* 129; Untersuchung über Autorität und Familie 126, 156, 158, 160, 163–165, 174, 282, 289; Kritik an Marcuse 140–142; *The Heart of Man* 142; »Das Gefühl der Ohnmacht« 228; *Beyond the Chains of Illusion* 363 Anm.
Fromm-Reichmann, Frieda 115, 365 Anm.

Geifer, Alois 332
Gelb, Adhemar 24, 42
George, Stefan 26, 42, 122, 214, 243
Gerlach, Kurt Albert 27–28, 31, 33, 46, 203
Gerth, Hans 50, 344
Gesellschaft für Sozialforschung 26, 332
Gide, André 388 Anm.
Ginsberg, Morris 49, 145, 202, 332
Geschichtlichkeit 96, 119, 314
Gesellschaft, Die 47, 99, 180
Glazer, Nathan 281
Godard, Jean-Luc 212
Goethe 63, 134, 168, 210, 216, 240, 243, 249
Goldfrank, Esther 166, 206
Goldmann, Lucien 34, 209
Gooch, G. P. 332
Graebner, I. 203
Gramsci, Antonio 56, 66

Greenberg, Clement 258
Groddeck, Georg 115, 126, 137, 365 Anm.
Groethuysen, Bernard 202
Grossmann, Henryk 35–40, 47–49, 57, 66, 78, 110, 114, 143, 155, 177, 183, 184–187, 205, 331; Biographisches 35, 183–184; Differenzen mit dem Institut 37–38, 78, 183, 375 Anm.; Kritik an Borkenau 35, 183; Marx-Verständnis 35–36, 78, 183
Grünberg, Carl 27, 29–30, 33, 34, 39, 41, 43–47, 50, 56, 114, 183, 205, 211; Marxismusinterpretation 27–28
Grünbergs Archiv 30, 37, 40, 43, 45, 64
Gumperz, Hede 23
Gumperz, Julian 23, 31, 57–59, 203, 331, 348 Anm.
Gunzert, Rudolf 333
Gurland, Arkadij R. L. 144, 175, 180, 182, 185, 187, 192, 194–195, 199, 201, 207, 267, 331
Guterman, Norbert 278, 281–282
Gutzkow, Karl 168–169

Habermas, Jürgen 54, 79, 96, 100, 109, 296, 317, 346, 366 Anm., 398 Anm.
Hacker, Frederick 235
Hacker Foundation 234, 333
Häckel, Ernst 76
Halbwachs, Maurice 49, 58, 236
Hamsun, Knut 173–174, 310
Harnack, Adolf von 118
Hartmann, Heinz 270
Hartmann, Nicolai 44
Hartock, Anna 147
Hegel, G. W. F. 25, 30, 34, 44, 46, 54, 63–70, 75, 77, 82, 83–85, 89–92, 94, 98–100, 103–104, 108, 124, 138, 145, 151, 154–155, 157, 161, 177, 183, 188, 218, 241, 303, 305, 311, 313, 320, 323, 346, 355 Anm., 361 Anm., 363 Anm., 370 Anm., 371 Anm., 398–399 Anm.
Heidegger, Martin 44, 47, 96–98, 101–104, 119, 153, 318–319
Held, Adolf 267
Heller, Hermann 180
Helvétius, Charles 81
Herzog, Herta 147, 252, 267
Hess, Moses 28
Hilferding, Rudolf 36, 44, 47, 99, 197
Hiller, Kurt 56, 389 Anm.
Hindemith, Paul 221
Hirschfeld, C. L. 50
Hiss, Alger 348 Anm.
Hobbes, Thomas 44, 76, 134, 161, 179, 200, 302–303, 371 Anm.
Hofmannsthal, Hugo von 214, 243
Hoggart, Richard 258
Holborn, Hajo 204
Homer 308–310
Honigsheim, Paul 58, 143, 202
Hook, Sidney 109
Hooker, Richard 179
Horkheimer-Löwenthal-Korrespondenz 109, 131, 146, 226, 245, 252–255, 261, 262–263, 275–276, 299, 303, 319–320, 325, 327–328, 334, 337–338, 393 Anm.
Horkheimer, Maidon 55, 353 Anm.
Horkheimer, Max 24–25, 29–30, 33–35, 38–43, 45, 47–51, 57, 59–61, 66–68, 85, 90, 91–92, 101–106, 116, 119, 120, 129, 136, 139, 142, 143, 145, 148–150, 152, 154, 156, 161–162, 167, 174, 175, 177, 183–185, 189, 192, 199, 204–205, 211, 215, 231, 237, 240, 241, 244, 252, 257–258, 265, 297, 325–326, 332–333, 342–343, 345; Biographisches 24–25, 55, 207, 261, 277, 299, 327–329, 332; Kritik des Absoluten und Ewigen 68–69, 75, 77–78, 88, 130, 305–306, 324; künstlerische Neigungen 41, 211; als »Heinrich Regius« 55, 61, 350 Anm.; Verhältnis zu Adorno 42–43, 90, 226, 298; Übernahme der Institutsleitung 43-44; Kritik der Askese 80–82, 322; über Autorität und Familie 155–158, 283–284, 290–291, 316; »Der autoritäre Staat« 189, 190, 192, 255, 300, 304; über Bergson 73–74, 76, 131,

249; *Die Anfänge der bürgerlichen Geschichtsphilosophie* 44, 301; über traditionelle und kritische Theorie 44, 106–107, 132; *Dämmerung* 32, 38, 51, 55, 66, 68, 78–80, 90, 110, 196, 245, 301; *Dialektik der Aufklärung* 135, 173, 189–190, 234, 253, 256–257, 263, 273–276, 277, 293, 297–311, 318, 322; ökonomische Analyse 185, 188–189; über Erkenntnistheorie 46, 68, 75–76, 86–87, 108–109, 284; über Dilthey 70–72, 76, 107, 399 Anm.; »Egoismus und Freiheitsbewegung« 81, 130, 281, 308; Empirismus-Kritik 86, 106; über Faschismus 81, 151, 189–190, 201, 325; über Freud und die Psychologie 46, 114–115, 129, 136, 146, 256, 316, 364 Anm.; Kritik an den Neo-Freudianern 131–132; über Hegel 25, 68–69, 75, 78; Kritik der Identitätstheorie 69, 89, 305; »Die Juden in Europa« 165, 190, 276, 377 Anm.; über Kant 25, 66–68, 74 bis 75, 81, 213, 348 Anm.; 355 Anm.; zum Verhältnis von Wissenschaft und Gesellschaft 44, 46, 70, 75, 77, 107, 132, 274, 284, 323; *Kritische Theorie* 334; über Arbeit 304; über Lebensphilosophie 71–75, 83; Kritik der formalen Logik 78, 85; über Mannheim 30, 88, 358 Anm.; frühe politische Sympathien 32, 38; über Marx 68–69, 76–77, 80, 109–110, 189, 303; »Materialismus und Metaphysik« 76; über Natur 76–77, 173, 190, 302, 312, 316–317, 318–319; über Nietzsche 70–72, 76; Verhältnis zu Pollock 24–25, 32, 204, 335, 353 Anm.; Pragmatismus-Kritik 86, 109, 319; Einstellung zur Religion 79, 311; über Sartre 319–320; über Schopenhauer 66, 324; *Survey of the Social Sciences in West Germany* 333; über den Neu-Thomismus 319; über Vico 44, 72, 107, 302, 314; über Verstand und Vernunft 84–85, 88, 299, 304–305, 317; Kritik der instrumentellen Vernunft 263, 298–300, 303, 307, 312, 315, 317–320, 325, 333; über Weber 304

Horney, Karen 127–129, 131–132, 140

Hughes, Everell 328

Hughes, H. Stuart 204

Humboldt, Wilhelm von 29

Hume, David 86, 161, 303, 363 Anm.

Husserl, Edmund 42, 48, 65, 74, 79, 93–95, 99, 102, 106, 153, 225, 299, 317

Huxley, Aldous 141, 214, 234–235, 255

Hyman, Herbert H. 270, 288

Ibsen, Henrik 158, 171–172

Idealismus, deutscher 44, 54, 65, 69, 76, 79, 307

Imago 118

Institut für Sozialforschung *s. a.* Adorno, Frankfurter Schule, Horkheimer, Institutsprojekte, Institutsveröffentlichungen, Kritische Theorie, Löwenthal, Marcuse; Gründung 23–24, 26–29; Umzug nach Genf 49–50, 57, 143; europäische Niederlassungen 45, 49, 143, 145–146, 163–164, 202; Beziehung zur Columbia Universität 59–61, 66, 143–144, 166, 184, 204, 207, 261–262, 315; der Innere Kreis *s.* Frankfurter Schule; Finanzierung 26, 50, 57–59, 144, 202–205, 226, 236, 262–263, 332, 336; die Methodologie empirischer Untersuchungen 162–165, 166, 167, 263 bis 265, 267–270, 277, 282 bis 287, 294–295; Faschismus-Studien 173–174, 175, 177, 182, 184, 192, 193–202; Unterstützung von Emigranten 59, 144–145, 203, 344, 368 Anm.; Rückkehr nach Deutschland 295, 299, 327–329, 332–333, 338, 346

Institutsprojekte, *Die deutschen Arbeiter in der Weimarer Republik* 147; »Cultural Aspects of National Socialism« 204; *Studien über Autorität und Familie* 58, 126, 148, 155–158, 161–168, 172, 174, 175, 180, 202, 208, 232, 264, 269, 280, 283, 286, 289, 371 Anm.; *Studies in Prejudice* 165, 208, 258, 263, 268–269, 271, 277–281, 292, 295–296, 297, 316, 327; Untersuchung über Antisemitismus in der amerikanischen Arbeiterschaft 245, 267–269, 271; *The Authoritarian Personality* 113, 135, 147, 163, 234–235, 266, 269–270, 278–296, 297, 394–395 Anm.
Institutsveröffentlichungen, *Zeitschrift für Sozialforschung* 40, 45–47, 49–50, 57, 60, 119, 143–144, 166, 169, 183–184, 202, 207, 245, 262, 327, 333; *Studies in Philosophy and Social Science* 182, 187, 189–192, 194, 202–203, 205, 217, 229, 252, 262, 284; *Frankfurter Beiträge zur Soziologie* 135, 333, 366 Anm.
Internationale Arbeiterorganisation, 45

Jaeckh, Ernst 176
Jaensch, E. R. 283
Jahn (Turnvater) 145
Jahoda, Marie 278–279
Janowitz, Morris 278–280, 292, 394–395 Anm.
Jaspers, Karl 72, 319
Jewish Labor Committee 267
Johnson, Alain 59
Jones, Ernest 121, 126
Joyce, James 210
Jung, Carl 137, 246

Kafka, Franz 210, 212–214, 234, 387 Anm.
Kapp, Karl Wilhelm 203
Karsen, Fritz 144, 203
Kautsky, Karl 28, 35, 105, 120, 183, 314
Kecskemeti, Paul 288, 292
Kehr, Eckhart 197
Keller, Gottfried 168
Kellner, Dora 238, 240
Kellner, Leon 238
Kieler Schule 192, 377 Anm.
Kierkegaard, Sören 43, 91–93, 145, 171, 210, 214, 247, 302, 319, 397 Anm.
Kirchheimer, Otto 57, 143, 148, 175, 180, 182, 189, 192, 200–201, 204, 207, 337; Biographisches 180–182, 330; *Punishment and Social Structure* 181, 192, 208; *Politische Justiz* 330; über Nazismus 189, 192–194, 374 Anm., 377 Anm.
Klages, Ludwig 122–123
Kline, George 108
Kölner Vierteljahreshefte für Soziologie 46
Kölner Forschungsinstitut für Sozialwissenschaften 29
König, René 332
Koestler, Arthur 42, 236
Kogon, Eugen 332
Komarowsky, Mirra 164, 167, 264, 372 Anm.
Komintern 198
Kommunistische Partei Deutschlands (KPD) 22, 56, 344
Kommunistische Partei und Psychoanalyse 113
Korsch, Hedda 23
Korsch, Karl 23, 28, 32, 47, 64, 349 Anm., 354 Anm.
Koyré, Alexander 47, 202
Kracauer, Siegfried 40, 91; Beziehung zu Adorno 40–41, 91
Kraus, Karl 42, 220, 249
Krĕnek, Ernst 229–230, 248, 250
Krieger, Leonard 204
Kris, Ernst 130, 146, 270
Kritische Theorie *s. a.* Adorno, Frankfurter Schule, Horkheimer, Institut für Sozialforschung, Löwenthal, Marcuse 23–24, 28–30, 39–40, 54–56, 61, 65, 68, 74, 79, 85, 87–91, 96, 101–102, 108, 110, 114, 132, 136, 138, 140, 142, 146, 148, 162, 164, 166, 167, 175, 179,

183, 185, 191, 196, 211, 215–218, 219, 237, 238, 242, 252, 256, 258, 262, 263, 269–270, 277, 281, 284, 288, 295, 297–299, 313, 323–324, 338, 355 Anm.; Ursprünge 63, 64–65, 102–103; »affirmative Kultur« 208, 217–218, 223, 230, 255, 309, 342; *Bewußtsein und Sein* 77, 83, 110, 313, 316; Kultur und Gesellschaft 81, 208, 211–217, 235, 253–256, 258, 322, 341; Dialektikverständnis 77–78, 88, 91, 105, 108–109, 148, 159, 190, 218, 246, 258, 322, 324, 342; über Herrschaft 188–190, 200–201, 290–291, 292, 301, 305–306, 308, 310–311, 316–317, 321, 326; Erfahrung 70, 247–248, 256, 313; Kritik an der Fetischisierung 55, 81, 188, 213, 218, 227, 292; über Glück 81–83, 217, 321, 324, 342; zur Judenfrage 51–54, 165, 196, 267, 273–274, 352 Anm., 392 Anm.; materialistische Gesellschaftstheorie 76–79, 107, 148, 169, 217–218, 342; Kritik der Metaphysik 68–69, 85, 92, 95, 102, 106, 302, 313; Mimesis 315–316; negative Anthropologie 80, 89, 179, 311; Kritik des ontologischen Materialismus 76, 89; Unterschiede zum »orthodoxen Marxismus« 70, 76–77, 80, 89, 102, 105, 107, 110, 148, 185, 189, 217–218, 298, 300, 303, 342–343; Phantasie 103, 108; politische Untersuchungen 148, 281–282; Positivismuskritik 70, 77, 80, 85, 95, 104, 109, 138, 178–179, 274, 310, 319, 341; über das Proletariat als revolutionäre Kraft 65–66, 109–110, 146, 181, 201, 343, 404 Anm.; Kritik an der Quantifizierung 264, 266; Vernunft 84–85, 88, 89, 131, 149, 299, 304–307, 310, 317–319, 326; über Subjektivismus 74, 91, 95, 107, 214, 222, 313; technische Rationalität 106, 189, 193, 195, 201, 304, 309–310, 317; vom Liberalismus zum Totalitarismus 81, 110, 152–153, 170, 174, 177–178, 197–201, 222, 256–257, 258, 276, 292–293, 301, 306, 310, 322, 344–345

Lacis, Asja 240
Lamprecht, Karl 33
Landauer, Karl 47, 115, 163, 203, 337
Landsberg, Paul Ludwig 57, 337, 372 Anm.
Lang, Olga 48, 203
Lassalle, Ferdinand 190
Laski, Harold 49, 145, 176
Lasswell, Harold 144, 252
Lazarsfeld, Paul 144, 146, 163, 167, 203, 228–231, 252, 262, 265, 267, 279, 288, 296, 332, 335, 345; Radio Research Project 203, 226, 229–231, 252, 262, 264–266; Bureau of Applied Social Research 146, 262, 267; Kritik an Adorno 265–266
Lebensphilosophie 71–76, 89, 96, 152, 174
Le Bon, Gustave 315
Lederer, Emil 199, 378 Anm.
Leibniz 108, 313
Leichter, Käthe 163
Leninismus 76, 105, 162, 180, 191, 209, 215, 231, 388 Anm.
Le Play, Frédéric 155
Leroy, Maxime 202
Levenstein, Adolf 147, 368 Anm.
Levinson, Daniel J. 278, 287, 393–394 Anm.
Levinson-Hertz, Maria 283
Lewin, Kurt 47
Lichtheim, George 354 Anm.
Likert, Rensis 286
Lindemann, Hugo 29
Links-Hegelianer 63–65, 88, 145, 242
Lipset, S. M. 395 Anm.
Locke, John 86, 161, 179, 371 Anm.
Löwe, Adolf 43–44, 353 Anm.
Löwenthal, Leo 34, 39–40, 43, 45–46, 49–51, 52, 59, 67, 90, 109, 114, 130–132, 156, 164, 168, 189, 196, 203–204, 207–208, 211, 215, 226, 232, 245, 247, 255, 261–262,

267–268, 271, 275–277, 283, 299–303, 319, 325, 327, 330, 334, 337, 340, 372 Anm., 377 Anm., 403 Anm.; Biographisches 39–40, 52, 330; Redakteur der Institutsveröffentlichungen 40, 46, 164, 169; Löwenthal und Fromm 47, 52, 115; literatursoziologischer Ansatz 168–171; frühe Schriften 168–170; über die Dostojewski-Rezeption in Deutschland 170–171, 174, 215, 252; über Conrad Ferdinand Meyer 169–170, 252; über Ibsen 171–172, 252; über Hamsun 173–174, 310, 312; *Das Bild des Menschen in der Literatur (Literature and the Image of Man)* 174; Löwenthal und Neumann 176; »Prophets of Deceit« (Lügenpropheten) 135, 278, 281; *Literatur und Gesellschaft (Literature, Popular Culture, and Society)* 252; über Massenkultur 252–255
Löwenthal, Richard 185
Lukács, Georg 4–5, 28, 34, 56, 65–66, 69, 71, 77, 110, 209–211, 215, 218, 239, 314, 343, 354 Anm., 397 Anm.; *Geschichte und Klassenbewußtsein* 22, 64, 69, 77, 98–99, 210, 239, 304; *Der historische Roman* 210; *Die Theorie des Romans* 168, 239
Luxemburg, Rosa 22, 32, 36, 191
Lynd, Robert 59, 146, 156, 261, 332, 368 Anm.

Maccoley, Michael 147
MacDonald, Dwight 258
Mach, Ernst 67
Machiavelli, Nicolo 44, 301
MacIver, Robert 59, 146, 261, 322, 368 Anm.
Mackauer, Wilhelm 203
Maier, Alice 175, 184, 203, 333
Maier, Joseph 203, 327, 330
Maine, Sir Henry 199
Maistre, Joseph de 161
Malik-Verlag 43
Malinowski, Bronislaw 122, 124
Mallarmé, Stefan 307
Man, Hendrik de 50, 114, 119, 362 Anm.
Mandarine 29, 56, 340–343
Mandelbaum, Kurt 45, 57, 184, 330, 337, 375 Anm.
Mandeville, Bernard de 81
Mann, Heinrich 232
Mann, Thomas 146, 232, 267; Beziehung zum Institut 232–233; Verhältnis zu Schönberg 234; *Buddenbrooks* 340; *Doktor Faustus* 233–234
Mannheim, Karl 30, 43, 48, 88, 107, 335, 339, 358 Anm.
Marburger Schule 44
Marcuse, Herbert 23, 25, 47–49, 51, 59–61, 79, 80–82, 90, 93, 96, 116, 121, 149, 152, 156, 176–177, 185, 189, 201, 204, 207, 211, 216–217, 225, 232, 241, 252, 255, 261–262, 314, 334, 344, 346, 357 Anm., 371 Anm.; Biographisches 47–48, 96, 105, 330; über affirmative Kultur 217, 255, 390 Anm.; über Autorität und Familie 156, 161–162, 366 Anm.; über Dilthey 98–99, 102, 152; Einstellung zur empirischen Arbeit 101, 162; Begriff des Wesens 102; *Triebstruktur und Gesellschaft* 113, 132, 136–137, 139–141, 289, 300, 317, 330, 359–360 Anm., 398–399 Anm.; Freud-Interpretation 136–142, 317, 321, 361, 367 Anm.; Angriff auf den Neo-Freudianismus 127, 132, 137–139, 141–142, 161; über Hegel 47, 98–104, 154, 361 Anm., 367 Anm.; *Hegels Ontologie und die Grundlegung einer Theorie der Geschichtlichkeit* 47, 98–99; Verhältnis zu Heidegger 47, 96–98, 101, 119, 153, 318, 360 Anm.; Verhältnis zu Horkheimer 101,103–105; Unterschiede zu Adorno und Horkheimer 84–85, 96, 101, 105, 139, 141, 149, 335; »über Hedonismus« 82–83, 136, 217, 308, 321; über Arbeit

100–101, 104, 360 Anm.; über Marx 96, 100, 104–105; über Natur 97, 100, 153, 321, 364 Anm.; *Der eindimensionale Mensch* 83, 200, 217, 251, 257, 300, 308, 322, 330, 367 Anm.; »Philosophie und Kritische Theorie« 102; Kritik des Existentialismus 153, 178, 319; über Vernunft 84, 96, 99; *Vernunft und Revolution* 88, 98–100, 103–105, 138, 154, 189, 204, 361 Anm.; repressive Entsublimierung 256; über Sartre 320–321, 366–367 Anm.; Kritik der Wissenssoziologie 88–89, 358 Anm.; »Der Kampf gegen den Liberalismus in der totalitären Staatsauffassung« 152–153, 169, 306, 376 Anm.; Sowjet-Marxismus 330; über Theorie und Praxis 88–89, 102–106, 110, 358 Anm.; über Technologie 191; über Toleranz 125, 269
Marcuse, Ludwig 25, 145
Marx, Karl 21, 24, 31, 33, 37, 51, 63, 66–67, 76, 89, 97, 99–100, 102–105, 109, 113–119, 128, 136, 139, 148–150, 155, 157, 161, 166, 180, 185, 189, 201, 217, 227, 239, 273–274, 303–304, 307, 314, 324, 343, 363 Anm., 398 Anm.; *Ökonomisch-Philosophische Manuskripte* 31, 64, 80, 99–100, 116
Marxismus 21, 23, 26, 27, 29, 30, 34, 35–36, 39, 46–48, 56, 61, 64–66, 77, 96–97, 109–111, 119, 136, 146, 148, 155, 176–177, 183, 207, 211, 231, 238–239, 249, 255, 269, 292, 303, 314, 319; orthodoxer Marxismus 28, 30, 35–36, 64, 66, 68, 70, 76–78, 80, 83, 89, 98, 107, 110, 166, 169, 183–185, 188–189, 199, 201, 211, 215–218, 240, 269, 297, 300, 339, 342–344, 354 Anm., 401 Anm.; Austro-Marxismus 28, 45
Marx-Engels-Institut 31, 37
Maslow, Abraham 283
Massing, Hede 23, 331, 348 Anm.
Massing, Paul 23, 54, 175, 206–207, 262, 267–268, 278, 281, 330, 337, 348 Anm., 369 Anm., 379 Anm.; Biographisches 205-207; *Schutzhäftling 880 (Fatherland)* 205; *Hitler Is No Fool* 206; *Rehearsal for Destruction* 278
Materialismus *s.* Horkheimer, orthodoxer Marxismus, Kritische Theorie
Mattick, Paul 35, 57
Majakowski, Wladimir 240
Mayer, Gustav 27
Mayer, Hans 144, 224
McCarren, Pat 331
McCloy, John 328–329, 332
McDougall, W. 159
McLuhan, Marshall 106
McWilliams, Joseph E. 281
Mead, George Herbert 336, 403 Anm.
Mead, Margaret 144
Mehring, Franz 169
Meng, Heinrich 47, 115
Mennicke, Karl 43
Merleau-Ponty, Maurice 66, 96
Merton, Robert 262
Meyer, Conrad Ferdinand 168–170
Meyer, Gerhard 57, 143–144, 184, 330
Meyer, Gladys 50, 362 Anm.
Mill, John Stuart 82, 106
Mitchell, Wesley 59
Mitscherlich, Alexander 158, 370 Anm.
Moeller van den Bruck, Arthur 171
Moore, G. E. 363 Anm.
Morgan, Lewis 122
Morgenthau, Hans 176
Mörike, Eduard 168
Morrow, William 283

Nazismus *s.* Horkheimer, Institutsprojekte, Kirchheimer, Marcuse, Neumann, Pollock
Negt, Oskar 346
Nelson, Benjamin 336
Neo-Freudianer *s.* Adorno, Fromm, Horkheimer, Marcuse
Neue Linke 23, 330, 343
Neue Sachlichkeit 28, 221, 332, 345

Neu-Kantianer 151, 241, 304
Neuling, Willi 188
Neumann, Franz 52, 114, 148, 152, 175, 176, 179–181, 187, 192, 194, 195, 198, 201, 205, 262, 330, 335, 346, 373–374 Anm.; Biographisches 175–177; *Behemoth* 52, 152, 175, 180, 182, 185, 191, 196–197, 200, 204; theoretische Differenzen mit der Frankfurter Schule 177, 179, 195–198, 199–200, 204, 379 Anm.; *»The Fate of Small Business in Nazi Germany«* 204, 379 Anm.; Studien zum Recht 177–179; zu Pollocks Theorie des Staatskapitalismus 197–200; über Psychoanalyse 114, 177, 197
Neumann, Sigmund 176
New School for Social Research 59, 165, 199, 354 Anm.
Niebuhr, Reinhold 59
Nietzsche, Friedrich 63, 65, 71–73, 76, 82, 93, 134, 145, 153, 210, 230, 255, 303, 310, 324, 356 Anm.
Nobel, Nehemiah 39, 52, 116
Novalis 309

Oakeshott, Michael 326, 348, 400 Anm.
Office of Strategic Services 203–204
Ortega y Gassett, José 181, 255
Ossietzky, Carl von 56

Pachter, Henry 145–146
Pareto, Vilfredo 162
Park, Robert 258
Parson, Talcott 332
Patti, Adelina 41
Pawlowscher Behaviorismus 113
Pepper, Claude 204
Phelps, George Allison 281
Phänomenologie 43, 67, 79, 93, 94–95, 102, 114, 242
Philosophische Hefte 47
Picasso, Pablo 251
Pietismus, schwäbischer 307
Pinthus, Kurt 203
Piscator-Theater 34, 43
Platon 89, 214, 249
Plechanow, Georg 105
Poe, Edgar Allan 337
Polgar, Alfred 232
Pollock, Friedrich 23–27, 30, 32, 37–39, 43–47, 49, 51, 53–55, 57–59, 66–67, 90, 110, 143, 145, 148, 156, 165, 185, 190–192, 201, 204, 207, 236, 262, 267, 283, 292, 295, 299–301, 335, 362 Anm.; Biographisches 24–25; Verhältnis zu Horkheimer 24–25, 32, 66–67, 329, 335, 353 Anm.; zur Sowjetunion 37–38, 39, 185–186, 292–293; über den Mehrwert 37; über Staatskapitalismus 148, 185–188, 195–197, 200; über Nazismus 187, 193; Differenzen mit Neumann und Gurland 187, 195–200, 204
Popper, Karl 70
Positivismus(kritik *s.* Adorno, Horkheimer, Kritische Theorie, Marcuse, Positivisten, logische
Positivisten, logische 87, 345
Pragmatismus 86, 109, 138, 179, 336, 361 Anm.
Praxis 22, 32, 37, 65, 68, 75, 83, 88–89, 95, 97, 103–110, 137, 174, 183, 192, 196, 212, 225, 251, 264, 269, 284, 297, 298, 300, 302, 311–312, 325–326, 339, 341, 343, 388 Anm.
Proust, Marcel 210, 214, 248, 313
Psychoanalyse *s.* Adorno, Benjamin, Freud, Fromm, Horkheimer, Institutsprojekte, Löwenthal

Rathenau, Walter 52
Rationalität *s.* Adorno, Horkheimer, Kritische Theorie, Marcuse, Weber
Realismus, sozialistischer 209, 210, 221, 234, 343
Reich, Wilhelm 47, 113, 121, 123, 137, 140, 283, 364 Anm.
Reik, Theodor 118
Renner, Karl 41
Richter, Werner 333
Rickert, Heinrich 241
Rieff, Philip 113
Rienzi, Cola di 281

Riesman, David 258
Rigaudias-Weiss, Hilde 349 Anm.
Riezler, Kurt 43, 48
Ringer, Fritz 317, 341–342
Robespierre 81, 281
Robinson, Paul 135, 321, 367 Anm.
Rockefeller Foundation 166, 266
Röckle, Franz 28, 332
Rokeach, Milton 395 Anm.
Romantiker 145, 168, 221
Rosenberg, Arthur 174
Rosenzweig, Franz 39, 116
Rousseau 89, 150, 161, 173, 179, 371 Anm.
Rumney, Jay 143, 163–164
Rusche, George 57, 180
Russell, Bertrand 119
Ryazanow, David 31, 37
Rychner, Max 238

Sachs, Hanns 115, 118
Sade, Marquis de 81, 310, 318
Saint-Simonisten 122
Salomon-Delatour, Gottfried 387–388 Anm.
Salzberger, Georg 116
Sanford, R. Nevitt 278, 282, 283, 393–394 Anm.
Sartre, Jean-Paul 66, 96, 209; *Antisemit und Jude* 283; *L'Etre et le Néant* 319–321, 390 Anm., 401 Anm.
Savonarola 81, 281
Scelle, Georges 49, 236
Schaar, John 150, 363 Anm.
Schachtel, Ernst 147, 163–164, 394 Anm.
Schardt, Alois 203
Scheler, Max 29, 44, 74, 79, 102, 180, 317, 377 Anm.
Schiller 216, 336
Schlesinger, Rose (Frau K. A. Wittfogel) 23, 33
Schlesinger, Rudolf 38–39
Schmidt, Alfred 333, 346, 360 Anm., 398 Anm.
Schmitt, Carl 149, 153–154, 180, 319
Schmückle, Karl 23
Schön, Ernst 243
Schönberg, Arnold 42, 96, 212, 219–220, 225, 228, 233–234, 255
Scholem, Gershom 237–238, 240
Schopenhauer, Arthur 65–66, 70, 134, 145, 232
Schopenhauer-Gesellschaft 67
Schorske, Carl 22, 204
Schücking, Lewin 168
Schultz, Franz 243
Scott, Walter 210
Seiber, Mátyás 223
Sekles, Bernhard 41
Sheatsley, Paul B. 270, 288
Shils, Edward 291–294, 335
Shotwell, James T. 332
Siepmann, Charles A. 252
Simon, Ernst 39
Simon, Hans 176
Simpson, George 228
Sinzheimer, Hugo 48, 176
Slawson, John 263, 278, 329
Smend, Rudolf 180
Sombart, Werner 30
Sorel, Georges 64, 162
Sorge, Christiane 23, 31
Sorge, Richard 23, 27, 31, 39, 348 Anm.
Soudek, Joseph 185, 203
Sozialdemokratische Partei Deutschlands (SPD) 22, 32, 47, 56, 73, 176, 180, 182
Soziologische Verlagsanstalt 43
Spann, Othmar 44
Speier, Hans 165
Spengler, Otto 213
Spielhagen, Friedrich 168
Spinoza 116, 179
Stahl, Friedrich Julius 104, 161
Stanton, Frank 226
Steffens, Lincoln 205
Stein, Lorenz von 104
Steiner, Georg 209
Stendhal 169, 215
Sternheim, Andries 49, 57, 143, 156, 163, 203, 337, 353 Anm.
Steuermann, Eduard 42
Stirner, Max 145, 321
Storfer, A. J. 118
Storry, G. R. 27, 31
Strauss, Richard 222

Strawinskij, Igor 219–221
Strindberg, August 158
Sullivan, Harry Stack 127
Swede, Oskar H. 30
Sweezy, Paul 352 Anm.
Szabo, Ervin 354 Anm.

Tarde, Gabriel 315
Tawny, R. H. 48, 49
Theorie und Praxis *s.* Praxis
Therborn, Göran 397 Anm., 404 Anm.
Thomas, Albert 45, 57
Thomas, Martin Luther 281
Thomismus 179, 319
Thurstone, L. L. 286
Tiedemann, Rolf 237, 240, 249
Tillich, Paul 43, 44, 48, 50, 91, 332, 351 Anm., 358–359 Anm.
Toscanini, Arturo 227
Treves, Paolo 174
Trotzki, Leon 113, 376 Anm.
Tocqueville, Alexis de 258
Toller, Ernst 340
Tönnies, Ferdinand 144, 368 Anm.
Tucholsky, Kurt 340
Tugan-Baranowski, M. I. 36

Universität Frankfurt 24–26, 48, 243, 370 Anm.
Utilitarismus 81, 82

Valéry, Paul 214, 342
Veblen, Thorstein 217, 218
Verlag Félix Alcan (Librairie Félix Alcan) 50, 60, 143, 202
Verdinglichung 76, 82, 94, 157, 188, 211, 214, 218, 246, 250–257, 270, 295, 304, 313, 321, 390 Anm., 399 Anm.
Vico, Giambattista 44, 72, 107, 302, 314
Vierkandt, Alfred 159
Vinci, Leonardo da 36
Vogt, Karl 76

Wagner, Richard 225, 231–233, 356 Anm.
Webb, Sidney 49
Weber, Alfred 107
Weber, Max 65, 77, 107, 151, 152, 285, 304, 305, 341, 397 Anm.
Webern, Anton von 220
Weil, Anne 164
Weil, Felix 23, 24, 26–30, 33, 39, 43, 44, 50, 51, 156, 166, 185, 207, 267, 332, 344, 348 Anm.
Weil, Hermann 23, 26, 42, 50, 55, 165, 203, 348 Anm.
Weil, Kate 23
Weill, Kurt 221
Weimarer Republik 21, 22, 52, 53, 146, 176, 178, 180, 196, 197, 232, 334, 340, 345, 346
Wellmer, Albrecht 346
Weltbühne, Die 53
Wertheimer, Max 165
Wiener Kreis *s.* Positivisten, logische
Wiese, Leopold von 29, 46, 332
Wilson, Edmund 209
Wissenssoziologie 88
Wittfogel, Karl August 23, 31, 33–36, 38, 39, 45, 47, 48, 52, 58, 166, 177, 183, 204, 205–207, 237, 340, 348 Anm.; Biographisches 33; Kommunismus 31, 38, 206, 207, 331; über Ästhetik 34, 211; Untersuchungen über China 33, 34, 166, 372 Anm.
Wolfers, Arnold 176
Wyneken, Gustav 237

Zetkin, Klara 23
Zetkin, Konstantin 23
Zhadanow, Andrei 209, 210
Zilsel, Edgar 145, 203
Zimmermann, Charles 267
Zionismus 51, 277, 352 Anm., 393 Anm.
Zola, Emile 169, 210
Zweite Internationale 64, 98, 105, 314

Bitte umblättern:

auf den nächsten Seiten informieren wir Sie über weitere interessante Fischer Taschenbücher.

Psychologie

Eine Auswahl

Hans Bender
Parapsychologie – ihre Ergebnisse und Probleme (6316)

Morey Bernstein
Protokoll einer Wiedergeburt (1917)

Charles Brenner
Grundzüge der Psychoanalyse (6309)

Charlotte Bühler
Das Seelenleben des Jugendlichen (6303)

Johannes Cremerius (Hrsg.)
Psychoanalyse und Erziehungspraxis (6076)

Werner Correll
Lernen und Verhalten (6146)

Andrew Crowcroft
Der Psychotiker (6701)

Klaus Dörner
Bürger und Irre (6282)

Fischer Lexikon Psychologie
(FL 6)

Anna Freud/Thesi Bergmann
Kranke Kinder (6363)

Funk-Kolleg
Pädagogische Psychologie Band 1 und 2 (6115/6116)

Reader zum Funk-Kolleg
Pädagogische Psychologie Band 1 und 2 (6113/6114)

Hermann Glaser
Sigmund Freuds Zwanzigstes Jahrhundert (6395)

Georg Groddeck
Psychoanalytische Schriften zur Literatur und Kunst (6362)
Das Buch vom Es (6367)

Peter Groskurth/ Walter Volpert
Lohnarbeitspsychologie (6288)

Klaus Holzkamp
Kritische Psychologie (6505)

Jolande Jacobi
Die Psychologie von C. G. Jung (6365)

Arthur Janov
Der Urschrei (6286)
Anatomie der Neurose (6322)
Das befreite Kind (6345)

C. G. Jung
Bewußtes und Unbewußtes (6058)
Über die Psychologie des Unbewußten (6299)
Über Grundlagen der Analytischen Psychologie (6302)